L'INVESTISSEUR INTELLIGENT

ÉDITION RÉVISÉE

Édition originale

The Intelligent Investor, Revised Edition, © 1973 de Benjamin Graham et annotations © 2003 de Jason Zweig. HarperCollins Publishers, Inc.
ISBN : 0-06-055566-1

Édition française

ISBN : 978-2-36117-025-07

L'INVESTISSEUR INTELLIGENT

UNE RÉFÉRENCE EN MATIÈRE D'INVESTISSEMENT

BENJAMIN GRAHAM

Gérant de fonds
Maître de conférences en finance
À l'université de Columbia

Pré- et postfacé par
WARREN BUFFETT

Commenté par
JASON ZWEIG

Traduit et annoté par
DIDIER COUTTON

À travers tant d'épreuves, à travers tant de vicissitudes nous courons...[1]
VIRGILE – L'ÉNÉIDE

Note de Benjamin Graham :

De nombreux amis m'ont aidé dans la préparation de cette cinquième édition de mon livre. D'abord mon collaborateur de toujours, Warren Buffett, dont les conseils et l'aide n'ont pas de prix. Alan et Thomas Kahn, de la société d'investissement *Abraham & Co*, qui ont fourni un travail précieux. Permettez-moi aussi de remercier un de mes anciens élèves et ami de toujours, Conrad Taff, et tous ceux qui, de près ou de loin, ont collaboré à cet ouvrage.

[1] NDT : Graham est un financier érudit, fin connaisseur de la littérature latine et grecque.

SOMMAIRE

NOTE DE TRADUCTION DE DIDIER COUTTON

Ceux qui ne peuvent se rappeler le passé sont condamnés à le répéter.

George Santayana

Celui qui recherche le gain sans risques, ne sera jamais très riche et celui qui prend tous les risques connaîtra la pauvreté : il est donc sage de préférer la certitude à l'aventure.

Sir Francis Bacon

Un livre et un auteur de référence

L'investisseur intelligent est encore aujourd'hui un des livres de finance les plus lus dans le monde. C'est celui que l'on retrouve sur la table de chevet de nombreux investisseurs. C'est un livre qui a fait la fortune de certains, comme Warren Buffett et d'autres (cf. Annexe 1). Pourtant, il ne livre pas de formule miracle, mais plutôt des principes, des règles, des méthodes et des idées toujours pertinentes.

Benjamin Graham (1894-1976) a véritablement révolutionné la théorie et la pratique des marchés financiers, d'abord en tant qu'auteur avec son ouvrage fondateur, *Security Analysis*[1], publié pour la première fois en 1934, puis avec *The Intelligent Investor*[2], publié en 1948 et avec d'autres livres moins ambitieux comme *The Interpretation of Financial Statements*[3]. La qualité rédactionnelle, la densité des textes et l'économie de mots font de Graham un auteur hors pair et mérite une lecture attentive. Ensuite, il fut l'un des premiers professeurs de finance. Il enseigna à l'université de *Columbia* à New York, entre 1927 et 1954. Connu pour la clarté de son enseignement, illustré par l'actualité financière du moment, ses étudiants, dont Warren Buffett, l'ont plébiscité. Son cours d'analyse financière est d'ailleurs toujours dispensé[4]. Enfin et surtout, Graham fut un praticien de renom, gérant plusieurs fonds dont la performance sera exceptionnelle. En fin de carrière, il accueillera en stage Warren Buffett et deviendra son mentor.

Graham a connu les premiers soubresauts de la bourse moderne au début du XXème siècle, les premières théories financières[5], venant valider ses intuitions, l'évolution fulgurante des marchés financiers après la Seconde Guerre mondiale, mais aussi tous les aléas boursiers, avec ses bulles et ses krachs successifs. Enfant, il a souffert

---

[1] NDT : Graham B., Dodd D., Coutton D. (traduction), *Security Analysis - Analyse et évaluation financières des valeurs mobilières*, Valor Éditions, 2015.

[2] NDT : Graham B., Coutton D. (traduction), *L'investisseur intelligent*, Valor Éditions, 2018.

[3] Graham B., Meredith S., Coutton D. (traduction), *L'interprétation des états financiers*, Valor Éditions, 2003.

[4] NDT : Cf. https://www8.gsb.columbia.edu/valueinvesting/coursesfaculty/valueinvestingprogram.

[5] NDT : Graham a été le rapporteur d'un article de recherche - *The Theory of Investment Value* - de John Burr Williams, où ce dernier démontre le principe d'actualisation pour évaluer un actif.

de voir sa mère perdre ses quelques économies avec le krach de 1907. Adulte, il a perdu une grande partie de sa richesse en 1929, avant de rebondir. Ses écrits sont donc empreints d'humilité et de prudence. D'ailleurs, il laisse entendre implicitement que la première règle pour s'enrichir est de commencer par ne pas s'appauvrir.

L'ouvrage

Cet ouvrage édité pour la première fois en 1948, a régulièrement été remis à jour par Benjamin Graham en 1953, 1959, 1965 et enfin en 1972. C'est cette dernière version qui a été traduite, avec les remarques d'un célèbre journaliste financier, Jason Zweig. Ces commentaires ont été rédigés en 2003, au lendemain de l'explosion de la bulle Internet. Ils illustrent les écrits de Graham à la lumière de l'actualité de l'époque. Par ailleurs, le lecteur aura à sa disposition de nombreuses notes de bas de page de Benjamin Graham (dénommées NDG), mais aussi des annotations de l'éditeur (NDE) et du traducteur (NDT), pour expliquer, illustrer, adapter, contextualiser les propos de Graham et faciliter la lecture ou la compréhension des notions évoquées. Le lecteur trouvera enfin une préface et une postface écrite par Warren Buffett.

Pour comprendre le caractère fondateur de *L'investisseur intelligent* et la substance de l'ouvrage, il faut replacer le livre et son auteur dans le contexte de sa rédaction. La première édition sort en 1948, après la Grande Dépression et la Seconde Guerre mondiale. Le lecteur comprendra donc pourquoi Benjamin Graham attache autant d'importance à la solvabilité de l'entreprise ou au risque de défaut des valeurs obligataires, pourquoi l'analyse du bilan l'emporte sur celle du compte de résultat et pourquoi la certitude des résultats historiques l'emporte sur l'incertitude des résultats prévisionnels.

Les marchés financiers américains des années 1970 n'étaient pas aussi vastes qu'aujourd'hui – le nombre de valeurs cotées était plus faible – mais elles étaient déjà très sophistiquées, car elles ne se limitaient pas aux seules actions ordinaires ou aux obligations d'entreprises. En effet, le système bancaire n'étant pas aussi développé, les entreprises se finançaient sur le marché obligataire, ce qui explique l'importance donnée à l'analyse des valeurs obligataires. Le compartiment des titres hybrides – actions de préférence ou obligations assorties d'une option – était lui aussi très actif. Graham y consacre tout un chapitre (Chapitre 16).

Les normes comptables restaient en grande partie à la discrétion des entreprises, qui n'hésitaient pas à les utiliser à leur avantage. C'est pour cette raison que Graham revient sur les principes d'analyse financière (Chapitre 11) et sur les pièges dans la présentation du bénéfice par action (Chapitre 12).

Au-delà des quelques considérations techniques, qui pourraient rebuter le néophyte, Graham esquisse (Chapitre 1) le profil de deux catégories d'investisseurs – *l'actif* et *le passif* – et les deux approches financières – *l'investissement* et *la spéculation* – pour n'approfondir que les stratégies d'investissement (Chapitres 4 à 7). Il s'intéresse à l'analyse financière et à la sélection de valeurs spécifiques (Chapitres 14 à 16), qu'il illustre par des études de cas (Chapitres 17 et 18). Mais, il explique aussi comment analyser le niveau d'un marché (Chapitre 8) et savoir s'il est surévalué ou non, en regard de ses performances historiques (Chapitre 3).

Graham était très réservé sur l'utilisation des méthodes mathématiques d'évaluation financière et leurs hypothèses trop optimistes. Il montre (cf. p. 442) que l'outillage mathématique financier a introduit un nouveau facteur spéculatif sur les marchés. Les principes d'évaluation proposés par Graham font donc autant appel à des facteurs qualitatifs pour évaluer le risque, qu'à des critères quantitatifs en suggérant de prendre une « *marge de sécurité* » (Chapitre 20) pour couvrir les aléas du marché et les erreurs d'appréciation. Il met en garde l'investisseur qui achète à un cours valorisé avec un PER supérieur à 20, à défaut de pouvoir évaluer précisément l'entreprise, il loue les vertus de l'analyse comparative (Chapitre 18).

Graham s'intéresse aussi à la gouvernance de l'entreprise – sans se faire trop d'illusions – en débattant de la politique de dividende (Chapitre 19), montrant comment l'actionnaire doit interpréter les politiques d'investissement et de financement. La finance comportementale peut lui être reconnaissant d'avoir mis en évidence plusieurs biais comportementaux comme l'excès d'optimisme, qui conduit à vendre les titres gagnants et à conserver les titres perdants ou de décrire le comportement grégaire des investisseurs en évoquant la « *psychologie des marchés* » avec son personnage allégorique, dénommé M. le Marché.

Enfin, il reconnaît explicitement que les marchés ne sont pas parfaitement efficients, mais il est convaincu que l'*investisseur intelligent* saura tirer parti de la divergence persistante entre les prix et la valeur.

Benjamin Graham a pavé la route à plusieurs générations de financiers, il a tracé la voie à la pratique de l'investissement. Source d'inspiration, il nous invite à le suivre.

La qualité des quelques 500 pages et du million de caractères tient aussi à la patience, à la pugnacité et à la perspicacité de Benoit Snoeck, qui a traqué avec minutie les erreurs orthographiques, grammaticales, syntaxiques et typographiques. Qu'il en soit remercié.

Bonne lecture !

Didier Coutton[6]

Paris, le 30 novembre 2020

---

[6] NDT : Docteur en sciences de gestion, MBA et membre de la *Société Française des Analystes Financiers* (SFAF). Professeur de finance à INSEEC U., consultant et administrateur, il a déjà traduit plusieurs ouvrages portant sur l'investissement dans la valeur : *Security Analysis – Analyse et évaluation financière des valeurs mobilières,* Benjamin Graham ; *L'interprétation des états financiers,* Benjamin Graham ; *Les écrits de Warren Buffett,* Warren Buffett ; *L'investissement dans la valeur,* Bruce Greenwald ; *Actions ordinaires et profits extraordinaires,* Philip Fisher.

PRÉFACE DE WARREN BUFFETT

En 1950, j'avais tout juste dix-neuf ans quand j'ai découvert ce livre[1]. À l'époque, j'étais convaincu que c'était le meilleur livre jamais écrit sur l'investissement en bourse. J'en suis toujours persuadé.

En matière d'investissement, pour réussir dans la durée, il n'est ni indispensable d'avoir un Ql de génie ou un sens aigu des affaires, ni nécessaire d'être un initié[2]. Ce qu'il faut, c'est développer un esprit critique pour prendre les bonnes décisions et maîtriser ses peurs. Et l'objet de ce livre est précisément de nous éclairer sur les facultés intellectuelles à acquérir... et à utiliser pour dominer ses émotions.

Si vous suivez les principes – intellectuels et comportementaux – enseignés par Graham – si, en particulier, vous prenez grand soin de suivre les conseils qu'il nous donne aux Chapitres 8 et 20 – vous ne ferez pas de grosses erreurs dans vos décisions financières (et c'est déjà beaucoup). Quant à obtenir des résultats tout simplement exceptionnels, cela dépendra aussi bien des conditions de marché, que de votre démarche d'investissement. Plus les marchés seront irrationnels, plus l'approche de Graham sera payante. Suivez la voie qu'il a tracée plutôt que la folie des marchés : vous ne le regretterez pas.

Pour moi, Ben Graham est bien plus qu'un auteur ou un professeur. Plus que quiconque – sauf peut-être mon père – cet homme a influencé ma vie.

Peu de temps après sa mort, en 1976, j'ai écrit le court article, qui suit, à sa mémoire dans le *Financial Analysts Journal.* En lisant ce livre, j'espère que vous retrouverez les qualités auxquelles je rends hommage dans ce papier.

Benjamin Graham (1894-1976)[3]

Il y a quelques années, alors qu'il était presque octogénaire, Ben Graham confia ces quelques mots à l'un de ses proches. Il espérait, disait-il, faire de chaque jour de sa vie, « *quelque chose de fou, quelque chose de créatif et quelque chose de bon* ».

Son premier objectif reflète le côté fantasque et original de sa pensée, qui traduit son aptitude à manier les idées avec une autodérision de bon aloi, sans tomber dans

---

[1] NDT : À seulement 19 ans, Warren Buffett se présente à Harvard, mais sa candidature est rejetée. Trop jeune ! Déçu, il se tourne vers l'université de Columbia à New York où il rencontre Benjamin Graham, son professeur de finance, qui deviendra plus tard son mentor et lui inspirera sa philosophie. Warren Buffett débute sa carrière en 1954 sous la houlette de Benjamin Graham avec qui il travaille jusqu'en 1956. Et c'est là qu'il découvre cet ouvrage ainsi que *Security Analysis*, la « *bible financière* » écrite par Graham au sortir de la Grande Dépression. C'est le tournant de sa vie.

[2] NDT : Un initié est une personne détenant une information matérielle, non publique, qui est susceptible d'avoir un impact sur le cours de bourse si elle est publiée.

[3] NDT : Extrait du *Financial Analysts Journal*, novembre-décembre 1976.

les pièges d'un académisme sentencieux. La force des concepts qu'il manie ne l'a pas empêché de les rendre accessibles.

Les lecteurs de cette revue n'ont nul besoin que je leur rappelle tout ce que nous lui devons en matière de créativité, son deuxième objectif. Rares sont les pères d'une science, comme celle de l'analyse financière, qui ne voient pas leur travail, un jour ou l'autre, éclipsé par celui de leurs disciples. Le fait est que plus de quarante ans après la première publication de ce livre, qui tentait de construire une démarche cohérente dans le champ de l'analyse financière – souvent gouvernée par le désordre et la confusion – je ne vois aucun candidat susceptible de prétendre au rôle de challenger. Dans un domaine où, nombre d'idées exprimées, même par les plus grands, sont devenues obsolètes, voire ridicules, tous les principes de Ben ont survécu à l'épreuve du temps. Ils se sont même avérés encore plus précieux et mieux compris quand les marchés s'affolent : des périodes fatales à bien des théories. La sagesse de ses conseils fit la fortune de ses fidèles disciples. Pourtant beaucoup n'avaient pas le talent de ceux qui ont échoué en suivant à la lettre des conseils prétendument pertinents ou à la mode.

Il est surprenant d'observer que Ben est arrivé à maîtriser un champ si vaste et si dense sans que cela n'accapare tout son intellect. C'est l'expression d'une richesse et d'une curiosité intellectuelle. Je n'ai jamais connu quiconque avec une telle ouverture d'esprit. À une mémoire infaillible et à une fascination totale pour la nouveauté, s'ajoutait son agilité intellectuelle pour mettre en perspectives les sujets les plus divers.

Mais c'est dans son troisième objectif – la générosité – qu'il excellait. J'ai connu le professeur, l'employeur et l'ami. Dans chacun de ces rôles, il m'a offert une ouverture d'esprit exceptionnelle, une générosité intellectuelle débordante et une disponibilité de tous les instants. Il a toujours été là pour m'aider à clarifier une situation ou pour prodiguer conseils et encouragements.

Walter Lippmann évoque ces hommes qui plantent des arbres à l'ombre desquels d'autres s'épanouissent. Ben Graham était de ceux-là.

Warren Buffett[4]
1976

[4] NDT : Warren Buffett, né le 30 août 1930, entrepreneur, financier et désormais philanthrope, a bâti sa fortune sur des idées simples : prendre des participations ou acheter des sociétés, dont il comprend le *business model*, dotées d'une équipe dirigeante professionnelle et honnête et détenant un avantage concurrentiel. Aujourd'hui, il est à la tête d'un conglomérat de plusieurs dizaines de sociétés. Sa réussite dans l'investissement dans la valeur a suscité beaucoup d'intérêt et en fait une célébrité mondiale.

NOTE DE JASON ZWEIG

Qui est Benjamin Graham et pourquoi s'y intéresser ? Graham fut non seulement un des plus grands financiers de tous les temps, mais il fut aussi le plus grand penseur en la matière qui n'ait jamais existé. Avant Graham, les professionnels de la finance se comportaient un peu comme une gilde moyenâgeuse, se laissant guider à l'instinct, par des superstitions ou par des rites ésotériques. L'ouvrage séminal de Graham – *Security Analysis*[1] – fut le texte de référence qui transforma une corporation vieillotte en une profession moderne.

L'investisseur intelligent est le tout premier livre, destiné à l'investisseur individuel, qui décrive aussi bien le contexte émotionnel et les outils analytiques indispensables à la réussite d'un investissement financier. Cet ouvrage demeure le meilleur livre à destination du grand public jamais écrit sur le sujet. *L'Investisseur intelligent* a été le premier livre que j'ai lu lorsque j'ai rejoint *Forbes Magazine* comme journaliste stagiaire en 1987. À l'époque, je fus surpris par la certitude de Graham, qu'à un moment ou à un autre, les marchés haussiers allaient s'effondrer. C'est ce mois d'octobre 1987 que la Bourse américaine a, en une seule journée, connu le pire krach de toute son histoire[2]. J'étais devenu accro au marché. (La hausse frénétique des bourses à la fin des années 1990, suivie d'une plongée brutale des cours au début des années 2000 montre que *L'investisseur intelligent* a plus que jamais des vertus prophétiques.[3])

C'est dans la douleur que Graham[4] a fait germer ses idées, en expérimentant lui-même la peur de perdre et en étudiant l'histoire et la psychologie des marchés. Il est né, à Londres, sous le nom de Benjamin Grossbaum, le 9 mai 1894.[5] Son père était un négociant en articles d'art de la table et de décoration. Toute la famille a déménagé à New York alors que Ben n'avait qu'un an. Au début, ils filèrent des jours heureux au nord de la *Fifth Avenue*, avec une femme de ménage, un cuisinier et une gouvernante française[6]. Quand il perd son père en 1903, les activités familiales de négoce périclitent rapidement et la famille sombre alors dans la pauvreté. La mère de Ben transforma

---

[1] NDT : *Security Analysis*, publié pour la première fois en 1934 et co-écrit avec David Dodd, est l'ouvrage fondateur de l'analyse fondamentale. En 1940, paraît la deuxième édition actualisée permettant à Graham de tester la robustesse de son approche et de vérifier ses conclusions. Cette édition est considérée comme la plus aboutie des trois versions auxquelles Benjamin Graham a personnellement contribué. Elle existe en version française (*Security Analysis* – Analyse et évaluation financières des valeurs mobilières – Valor Éditions). La première édition de l'ouvrage *L'investisseur intelligent* est un condensé de cette version. En 1951, paraît la troisième et dernière édition de *Security Analysis* à laquelle Benjamin Graham, qui a 57 ans, a participé. *Security Analysis* s'est vendu à plus d'un million d'exemplaires.

[2] NDT : Le *Dow Jones* a effectivement perdu 22,6% de sa valeur le 19 octobre 1987.

[3] NDT : Et que dire de la crise financière de 2007-2008 !

[4] NDT : Le lecteur pourra découvrir sa biographie complète en Annexes (p. 456).

[5] NDT : Les Grossbaum ont changé leur nom en Graham durant la Première Guerre mondiale à une époque où les noms à consonance allemande étaient regardés avec suspicion.

[6] NDT : Benjamin Graham est connu pour être francophile et francophone. Il a appris très tôt le français, grâce à sa gouvernante. Il a aussi étudié le latin et le grec. Sa quatrième et dernière conjointe est une française, qu'il a rencontrée en 1954. Il a vécu quelques mois par an en France à partir de 1966 et il s'est éteint le 21 septembre 1976 à Aix-en-Provence.

leur maison en pension de famille, mais elle fut ruinée par le krach de 1907 après avoir acheté à découvert. Ben vivra le restant de sa vie dans l'humiliation d'avoir eu à encaisser sur le compte de sa mère un chèque de 5 dollars et entendre le caissier de la banque lui demander : « *Madame Dorothy Grossbaum peut-elle payer cette dette ?* »

Heureusement Ben obtint une bourse d'étude pour l'université de *Columbia* et c'est là que son intelligence explosa aux yeux de tous. Il fut diplômé en 1914, classé deuxième de sa promotion. Bien avant la fin du dernier semestre d'études, trois facultés – celles de philosophie, d'anglais et de mathématiques – lui proposèrent de rejoindre leur corps enseignant à tout juste 20 ans.

Au lieu de rentrer dans le monde universitaire, Graham décida de rejoindre *Wall Street*. Il débuta en tant que commis chez un agent de change spécialisé sur le marché obligataire. Promu au poste d'analyste, il devint rapidement un des associés de la charge, avant de créer son propre fonds.

L'envolée des valeurs Internet, pas plus que l'éclatement de la bulle spéculative n'auraient surpris Graham. En avril 1919, lors de l'introduction en bourse de *Savold Tires*, il enregistra une plus-value de 250% dans la journée, dans un contexte de boom sur le secteur automobile. À la mi-octobre, le titre ne valait plus rien après l'annonce de fraudes dans l'entreprise.

Graham devint maître dans l'art du détail. C'est ainsi qu'en 1925, alors qu'il passait au peigne fin les rapports obscurs déposés par les sociétés exploitantes de pipelines pétroliers auprès de la *U.S. Interstate Commerce Commission*, il apprit que la *Northern Pipe-Line Co.* – dont l'action s'échangeait alors à 65$ – détenait pour plus de 80$ de valeur en obligations seniors. Il acheta l'action, harcela les dirigeants pour une hausse du dividende, pour revendre le titre trois ans plus tard à 110$.

Le portefeuille de titres de Graham perdit près de 70% en valeur pendant le krach des années 1929-1932. Il traversa cette douloureuse épreuve et prospéra les années suivantes en misant sur les valeurs qui avaient survécu à cette tempête boursière. Nous n'avons pas connaissance des performances enregistrées par Graham en début de carrière, mais entre 1936 et le moment où il prît sa retraite en 1956, sa société – la *Graham-Newman Corp.* – enregistra une performance annuelle de 14,7%, qui est à comparer aux 12,2% de la Bourse de New York – une des meilleures performances historiques de *Wall Street*[7].

Quelle fut la recette du succès de Graham ? Grâce à sa puissance intellectuelle, alliée à un bon sens hors du commun et à une large expérience professionnelle, Graham a développé les principes – aussi valables aujourd'hui qu'hier – suivants :

- Une action ne se résume pas à un code ISIN ou à un cours. C'est un titre d'associé dans une entreprise dont la valeur intrinsèque ne dépend pas du cours de l'action.[8]

---

[7] NDT : *Graham-Newman Corp.* était un fonds commun de placement (cf. Chapitre 9) que Graham gérait en partenariat avec Jérôme Newman, lui-même investisseur professionnel. Ce fonds a pendant longtemps été fermé aux nouveaux investisseurs. Je suis reconnaissant à Walter Schloss pour m'avoir fourni des données afin d'estimer les rendements de *Graham-Newman*. Le rendement annuel de 20% de *Graham-Newman* cité dans le Post-scriptum de ce livre semble avoir ignoré les frais de gestion.

[8] NDT : La valeur intrinsèque correspond à la valeur économique de l'entreprise et non à sa valeur de marché, c'est-à-dire à sa capitalisation boursière. Autrement dit, dans l'esprit de Graham, il ne faut pas confondre la valeur de l'entreprise – ce que valent ses fondamentaux – à son prix – ce qu'il faut payer.

- Le marché est un pendule qui oscille entre un optimisme exagéré (poussant les titres à leur plus haut) et un pessimisme injustifié (les rendant trop bon marché). L'*investisseur intelligent* est un réaliste qui vend aux optimistes et qui achète aux pessimistes.[9]
- La performance potentielle de tout investissement dépend de son prix d'achat. Plus le prix payé est élevé et plus son rendement sera faible.[10]
- Quel que soit le soin pris dans l'analyse d'un titre, le seul risque que court l'investisseur et qu'il ne pourra jamais éliminer, est le risque de se tromper. Ce n'est qu'en prenant, ce que Graham appelle, une « *marge de sécurité* » – ne jamais surpayer un titre même s'il paraît exceptionnel – que vous pourrez minimiser vos risques d'erreur.[11]
- Le secret de votre succès financier est en vous-même. Si vous êtes de ceux qui sont dotés d'un esprit critique, qui ne prennent aucun des arguments de *Wall Street* pour argent comptant et qui investissent avec confiance et patience, alors vous saurez tirer parti même des pires marchés baissiers. Discipliné et courageux, vous refuserez de suivre les sautes d'humeurs des foules pour gouverner votre destinée financière. Ce qui compte, c'est votre comportement, pas celui de votre portefeuille.

Le but de cette édition révisée de *L'investisseur intelligent,* c'est d'appliquer les idées de Graham aux marchés financiers d'aujourd'hui tout en gardant son texte originel entièrement intact (à l'exception des notes explicatives).[12] Les Chapitres rédigés par Graham seront suivis de commentaires destinés à les illustrer dans le but de montrer combien les principes fondateurs de Graham restent aujourd'hui pertinents.

À vrai dire, je vous envie de savoir à l'avance que la découverte de ce joyau va susciter votre enthousiasme, que ce soit à la première comme à la quatrième lecture du livre. Comme tous les classiques, cet ouvrage altère notre vision du monde et régénère notre esprit. Ajoutons que ce texte se bonifie au fil des relectures. Avec Graham pour guide, vous avez l'assurance de devenir un investisseur bien plus intelligent.

Jason Zweig[13]
2003

---

[9] NDT : Une autre façon de l'exprimer : « *Il faut acheter quand les vendeurs se pressent et les acheteurs sont absents.* »
[10] NDT : C'est une des caractéristiques des titres « *value* » qui sont considérés, par définition, comme « *bon marché.* » C'est le premier principe d'investissement proposé par Graham.
[11] NDT : Le concept de « *marge de sécurité* » est le second principe de Graham.
[12] NDT : Le texte reproduit ici est celui de la quatrième édition révisée, qui a été remise à jour, pour la dernière fois, par Graham en 1971-1972 et qui a été publiée en 1973.
[13] NDT : Jason Zweig est journaliste depuis 1987, d'abord au *Time* puis au magazine *Money* avant de rejoindre *The Wall Street Journal* en 2008. Il est l'auteur de deux livres (*Your Money and Your Brain* en 2007 et *The Devil's Financial Dictionary* en 2015).

L'INVESTISSEUR INTELLIGENT

EN GUISE D'INTRODUCTION

L'objectif de ce livre est de proposer dans un langage accessible au profane, des conseils pour mettre en place et suivre une méthode d'investissement intelligente. Nous ne ferons qu'effleurer les techniques d'analyse financière, pour nous concentrer sur les principes et les comportements que devraient avoir les investisseurs.[1] Nous fournirons cependant bon nombre d'exemples de valeurs – essentiellement issues de la cote du *New York Stock Exchange* – pour illustrer concrètement comment procéder.

Nous consacrerons une part importante du livre à l'étude historique des marchés financiers, revenant parfois plusieurs décennies en arrière. En effet, avant d'investir intelligemment sur les marchés, chacun doit connaître la performance historique des différentes classes d'actifs – actions et obligations – en fonction des conditions économiques, car nous pourrons les revivre. Aucune affirmation n'est plus vraie à *Wall Street* que cette fameuse mise en garde de Santayana[2] : « *Ceux qui ne peuvent se rappeler le passé sont condamnés à le répéter.* »

Tout d'abord, cet ouvrage est destiné aux investisseurs et non aux spéculateurs et notre première tâche sera de clarifier et de souligner ce qui les distingue. Autant reconnaître que le but n'est pas de vous expliquer comment gagner un million en bourse. Aucune route ne mène droit à la fortune, pas plus à *Wall Street* qu'ailleurs. Il est peut-être utile d'illustrer cela avec un peu d'histoire financière – d'autant qu'il n'y a pas qu'une seule morale à en tirer.

Au plus fort de l'année 1929, John J. Raskob, une figure iconique de *Wall Street* et de *Main Street*[3], louait le capitalisme dans un article du magazine *Ladies' Home Journal* intitulé « *Everybody Ought to Be Rich.*[4] » Sa thèse reposait sur le fait qu'épargner 15$ par mois et investir dans des actions bien choisies – et réinvestir les dividendes distribués – permettait de se constituer un patrimoine de 80.000$ en l'espace d'une vingtaine d'années pour une épargne totale d'à peine 3.600$. Si ce monsieur, grand dirigeant de *General Motors*, disait vrai, le chemin vers la fortune était tout tracé. Avait-il raison ? Nos calculs, même approximatifs – en nous basant sur l'hypothèse d'un placement dans les trente actions composant l'indice *Dow Jones Industrial Average* (*DJIA*) – indiquent que si la prescription de Raskob avait été suivie sur la période 1929-1948, le capital détenu par l'investisseur en 1949 se serait élevé à

---

[1] NDT : Les lecteurs qui voudront aller plus loin dans les techniques d'analyse financière utilisées par Benjamin Graham pourront utilement se reporter sur les ouvrages suivants : Graham B., Dodd D., Coutton D. (traduction), *Security Analysis - Analyse et évaluation financières des valeurs mobilières*, Valor Éditions, 2016, et Graham B., Meredith S., Coutton D. (traduction), *L'interprétation des états financiers*, Valor Éditions, 2003.

[2] NDT : George Santayana (1863 – 1952), philosophe espagnol et professeur à Harvard, il est connu pour son agnosticisme (la pensée de l'interrogation).

[3] NDT : Comprendre « *une personnalité connue des cercles financiers et du grand public* ».

[4] NDT : À traduire par « *Tout le monde devrait être riche* ».

8.500$. Nous sommes bien loin des 80.000$ promis par ce grand homme. Cela montre combien nous devons nous protéger de l'audace et de prévisions optimistes. Il faut quand même souligner que le rendement annuel moyen de ce placement sur 20 ans est de 8% alors que l'investisseur avait commencé ses achats avec un *Dow Jones* à 300 points et qu'il avait soldé ses positions en 1948 avec un *Dow* retombé à 177 points. Ce résultat est un argument convaincant en faveur d'une stratégie d'achat régulière quelle que soit le contexte boursier, une stratégie consistant à moyenner, connue sous le nom de « *dollar-cost averaging* ».[5]

Entendu que cet ouvrage ne s'adresse pas aux spéculateurs, il n'est pas destiné à ceux qui sont très actifs en bourse. Ces derniers sont, pour la plupart, guidés dans leurs décisions par des graphiques ou des règles destinées à savoir quand acheter et vendre. L'unique principe, qui s'applique à quasiment toutes ces approches dites « *techniques* » c'est qu'il faut acheter quand une action ou un marché a monté et qu'il faut vendre parce qu'il a baissé. Voilà ici l'exact opposé de ce que le simple bon sens nous invite à faire partout ailleurs. Il est peu probable qu'une telle stratégie débouche à *Wall Street* sur des succès durables. Pour ce qui est de notre propre expérience et de nos propres observations, qui s'étalent sur plus de 50 ans, nous n'avons jamais rencontré quiconque ayant réussi sur la durée à gagner de l'argent en « *suivant les caprices de la bourse* ». Nous n'hésitons pas à affirmer qu'une telle approche est aussi fallacieuse que populaire. Nous allons illustrer ce propos – même si ce n'est pas une preuve irréfutable – par une brève analyse de la fameuse théorie de *Dow*.[6]

Nous aurons aussi l'occasion d'illustrer combien les théories populaires peuvent être erronées. L'analyse technique n'offre pas un succès durable. Peu d'investisseurs ont gagné de l'argent en allant « *dans le sens du marché* ».

Depuis sa première édition en 1949, une révision du texte a été faite à peu près tous les cinq ans. Cette dernière mise à jour nous amène à intégrer un certain nombre d'évolutions apparues depuis 1965 avec notamment :

1. La hausse historique des taux d'intérêt sur les obligations de première catégorie les mieux notées.
2. La chute des cours des valeurs vedettes de près de 35%, entre 1965 et mai 1970 ; la plus forte baisse enregistrée en 30 ans. (Un très grand nombre de valeurs secondaires ont perdu beaucoup plus.)
3. L'inflation persistante sur les prix de gros et de détail, qui n'a fait que s'accentuer, malgré le ralentissement économique en 1970.
4. La multiplication rapide des conglomérats, des franchises et autres nouveautés dans le domaine des affaires et de la finance. [Y compris l'arrivée d'un certain

---

[5] NDE : Raskob (1879-1950) fut administrateur de *Du Pont*, le géant de l'industrie chimique, et à la tête du comité financier de *General Motors*. Il servit également comme président national du parti démocrate et il fut l'instigateur de la construction de *l'Empire State Building*. Les calculs réalisés par le professeur Jeremy Siegel confirment que la stratégie boursière de Raskob aurait rapporté un peu moins de 9.000$ au bout de 20 ans, sachant que l'inflation aurait effacé le plus gros des gains. Pour avoir une évaluation récente des méthodes de Raskob en termes d'investissement boursier à long terme, nous pouvons nous reporter à l'essai rédigé par William Bernstein sur www.efficientfrontier.com/ef/197/raskob.htm.

[6] NDE : Cette « *brève discussion* » de Graham est en deux parties. Pour plus de détails sur la théorie de *Dow*, voir http://viking.som.yale.edu/will/dow/dowpage.html.

nombre de produits dangereux comme les stock-options et les certificats d'attribution d'actions gratuites[7] (*letter stocks*[8]).]

5. La faillite de nos principales compagnies de chemin de fer, un endettement financier excessif à court et à long termes de nos plus belles entreprises et même des problèmes de solvabilité rencontrés par certains grands noms du courtage à *Wall Street*[9].
6. La primauté à la performance dans la gestion des fonds communs de placement, y compris ceux gérés par des banques, avec des conséquences inquiétantes.

Ces nouveaux phénomènes sont à prendre en compte dans l'analyse et certains méritent que l'on modifie nos conclusions par rapport aux précédentes éditions de ce livre. En effet, si les principes de base, qui guident nos investissements, ne doivent pas changer d'une décennie à l'autre, l'application de ces principes doit, néanmoins, suivre les évolutions majeures des mécanismes de marché et de l'environnement financier.

Ce dernier point a d'ailleurs été mis à l'épreuve lors la rédaction de la présente édition dont le premier jet a été terminé en janvier 1971. À l'époque le *Dow* remontait de ses plus bas de 1970 à 632 et allait vers ses hauts de 1971 à 951, dans un optimisme exacerbé. À la fin de la dernière relecture de ce livre, en novembre 1971, le marché se retrouvait de nouveau pris dans les affres d'une spirale baissière ramenant l'indice à 797 dans un climat psychologique maussade. En fait, ces aléas ne changent pas vraiment les caractéristiques d'une bonne stratégie d'investissement. Celle-ci demeure, dans ses grandes lignes, très proche de celle décrite dans la première édition datant de 1949.

La forte baisse des années 1969-1970 aurait dû dissiper une erreur qui s'était progressivement imposée comme vérité au cours des vingt dernières années. À savoir, croire que les valeurs à la mode pouvaient être acquises n'importe quand et à n'importe quel prix, avec l'assurance non seulement de réaliser une plus-value, mais aussi de combler les éventuelles pertes par un rebond du marché vers de nouveaux records. C'était trop beau pour être vrai. Finalement le marché a remis les pendules à l'heure et les investisseurs, comme les spéculateurs, ont vu leurs portefeuilles fortement fluctuer à la hausse, comme à la baisse.

Les valeurs secondaires[10] et les titres de sociétés nouvellement introduites en bourse ont bien plus soufferts de la chute du marché. Rien de plus normal (c'est bien

---

[7] NDG : Les fonds communs de placement ont acheté ces certificats dans le cadre de transactions en gré à gré à de faibles prix pour les réévaluer au prix du marché. Cela permettait à ces fonds d'afficher au milieu des années 1960 des rendements dopés par ces manipulations. La *SEC* a réprimé ces abus en 1969. Aujourd'hui, ces titres ne représentent plus de danger pour les investisseurs.

[8] NDE : Un « *letter stock* » est un certificat non enregistré auprès de la *SEC*, non négociable sur un marché, et pour lequel l'acheteur fournit une lettre déclarant que l'achat a été fait à titre d'investissement.

[9] NDE : La *Penn Central Transportation Co.*, à l'époque la plus grande société de chemin de fer du pays, s'est placée sous la protection de la loi contre les faillites le 21 janvier 1970 au grand dam des investisseurs qui ne s'y attendaient absolument pas. Parmi ces entreprises trop lourdement endettées, Graham pensait à *Ling-Temco-Vought* et à *National General Corp.* Ces problèmes de solvabilité ont touché *Wall Street* entre 1968 et 1971, quand de prestigieuses sociétés de courtage se sont retrouvées en faillite.

[10] NDE : Valeurs de moindre notoriété, autrement dit, des titres de faible capitalisation boursière, peu suivis et souvent cotés dans les marchés boursiers de second ordre.

ce qui s'était déjà produit lors de la baisse de 1961-62), mais la différence était que certains fonds communs de placement, parmi les plus importants, étaient fortement investis sur des valeurs à l'évidence spéculatives et surévaluées. Peut-être faut-il rappeler, et pas seulement au néophyte, qu'en bourse, un enthousiasme excessif mène souvent à la catastrophe.

L'une de nos principales préoccupations est la forte hausse des rendements des obligations les mieux notées. Depuis fin 1967, leur rendement est le double du rendement en dividende offert aux actionnaires. Début 1972, le rendement des obligations les mieux notées atteignait 7,19%, alors que celui des actions plafonnait à 2,76% (ces chiffres sont à comparer aux 4,40% et 2,92% de rendement servis respectivement par les obligations et par les actions fin 1964). Il est maintenant difficile de réaliser qu'à l'époque de la première parution de ce livre, en 1949, ces chiffres étaient inversés : les obligations rapportaient seulement 2,66% alors que les dividendes offraient un rendement de 6,82%.[11] Lors des éditions précédentes, nous recommandions à l'investisseur prudent de détenir au moins 25% de son portefeuille en actions et une répartition à 50/50 pour les autres. Il nous faut maintenant intégrer l'avantage comparatif des obligations sur les actions pour décider si cela ne peut pas justifier d'une allocation exclusive en obligations, jusqu'à ce que l'écart de rendement revienne à des niveaux plus normaux. Par ailleurs, la question d'une inflation durable des prix doit aussi être prise en compte. Un chapitre sera consacré à cela.[12]

Par le passé, nous avons toujours fait la distinction entre les deux types d'investisseurs à qui nous dédions ce livre : l'investisseur passif (ou défensif) et l'investisseur actif. L'investisseur passif cherchera d'abord à éviter de se tromper et de perdre en capital. Il cherchera ensuite à se libérer des contraintes, des difficultés et de la nécessité de prendre des décisions fréquentes. La principale caractéristique de l'investisseur actif est sa volonté de prendre le temps de rechercher des titres qui sont à la fois moins risqués et plus intéressants que la moyenne. À long terme, l'investisseur actif peut s'attendre à voir ses efforts et ses compétences récompensés par une performance supérieure à celle qu'aurait enregistrée l'investisseur passif. Néanmoins, nous doutons que les conditions actuelles des marchés permettent à l'investisseur actif de toucher cette juste récompense. Cela étant, les conditions de marché peuvent évoluer et nous continuerons donc à suivre les résultats offerts à l'investisseur actif.

Une opinion répandue souligne que l'art de la réussite boursière repose d'abord sur la capacité à sélectionner les secteurs économiques les plus prometteurs en termes de croissance, puis à identifier les meilleures entreprises de ces secteurs.[13] Par exemple, les investisseurs perspicaces ont depuis longtemps reconnu le potentiel de croissance de l'industrie informatique en général et de *International Business Machines* (*IBM*) en particulier. Il en est de même pour bien d'autres industries et entreprises de

---

[11] NDG : Ces chiffres sont tirés des statistiques de *Moody's* sur les obligations notées AAA et les actions des valeurs industrielles.

[12] NDE : Cf. Chapitre 2. Début 2003, les obligations du Trésor américain, à maturité 10 ans avaient un rendement de 3,8%, alors que les actions (représentées par l'indice *Dow Jones Industrial Average*) rapportaient 1,9%. (Vous remarquerez que cette relation n'est pas bien différente des chiffres de 1964 cités par Ben Graham.) Les rendements des obligations les mieux notées n'ont pas cessé de baisser depuis 1981.

[13] NDT : Approche qualifiée de « *top-down* ».

croissance. Mais la chose n'est pas aussi simple qu'elle paraît *a posteriori*. Pour revenir dès à présent sur ce point, je citerais le paragraphe suivant tiré de la première édition de ce livre (1949).

Cet investisseur peut, par exemple, sélectionner les titres de compagnies aériennes, car il pense que leur avenir sera meilleur que ce qui est reflété dans leurs cours. Le principal intérêt du livre sera de mettre en garde cet investisseur contre les pièges d'un tel raisonnement.[14]

Ces pièges se sont d'ailleurs révélés particulièrement dangereux dans le secteur du transport aérien. Il n'était pas difficile de prévoir l'explosion du trafic. C'est pour cela que les titres de ce secteur ont été si convoités par les investisseurs institutionnels. Cependant, malgré un taux de croissance du chiffre d'affaires bien supérieur à celui du secteur informatique, les problèmes d'obsolescence technologique et de surcapacité ont entraîné une forte volatilité et même une chute de la rentabilité économique du secteur aérien. En 1970, malgré des records de trafic, le secteur du transport aérien a perdu plus de 200 millions de dollars (comme ce fut déjà le cas en 1945 et en 1961). Cette année-là, les titres des compagnies aériennes ont chuté bien plus lourdement que le marché. L'histoire retiendra que les gérants de fonds se sont complètement trompés sur les perspectives à court terme de ce secteur pourtant simple à comprendre.

À l'inverse, même si les gérants de fonds ont enregistré de belles performances avec le titre *IBM*, le fait que le titre semble survalorisé à leurs yeux, ajouté à la difficulté de prévoir son potentiel de croissance, les ont rendus frileux au point de n'investir guère plus de 3% de leurs portefeuilles sur cette pépite. Autrement dit, les gérants n'ont pas su en profiter. Pour tout aggraver, à l'exception d'*IBM*, la plupart des valeurs informatiques ont été de très mauvais investissements. Nous pouvons tirer deux enseignements de ces deux exemples :

1. La conviction d'un potentiel de croissance d'un secteur ne se traduit pas toujours par des plus-values.
2. Les experts n'ont aucune méthode infaillible pour sélectionner les secteurs les plus prometteurs et dénicher les meilleurs titres dans ces secteurs.

L'auteur n'a jamais suivi cette approche dans sa carrière de gérant de fonds et il ne saurait offrir de conseils à ceux qui envisagent d'investir ainsi.

Quel est donc notre objectif ? Notre but est de guider le lecteur pour qu'il évite de se tromper et pour qu'il reste dans sa zone de confort. Nous parlerons beaucoup de la

---

[14] NDE : Ces compagnies aériennes ont généré autant d'enthousiasme à la fin des années 1940 et au début des années 1950 que les valeurs Internet l'ont fait quelque 50 ans plus tard. *Aeronautical Securities* et *Missiles-Rockets-Jets & Automation* faisaient partie des fonds de placement les plus prisés de l'époque. Ces derniers, comme les actions qu'ils détenaient, ont été de véritables désastres. Aujourd'hui, tout le monde reconnaît que les profits cumulés de l'industrie aérienne ont été globalement négatifs sur toute son histoire. La leçon que Graham propose ici, ce n'est pas que vous devriez éviter d'acheter des actions de compagnies aériennes, mais que vous ne devriez jamais succomber à la certitude de croire qu'un secteur surperformera tous les autres.

psychologie des investisseurs. En effet, le pire ennemi de l'investisseur n'est autre que lui-même (« *La faute, cher investisseur, n'est pas à attribuer à la malchance ou aux marchés, mais à vous-même...* »). Cela s'est d'ailleurs confirmé ces dernières années avec des investisseurs frileux, mais avides de sensations, qui sont allés se frotter aux marchés. À l'aide d'arguments, d'exemples et de conseils, nous espérons aider le lecteur pour qu'il développe les capacités intellectuelles et comportementales les plus adaptées pour investir. Nous avons pu constater que des gens « *ordinaires* », mais possédant des qualités psychologiques adaptées au processus d'investissement, gagnaient plus et perdaient moins que ceux n'ayant pas ces prédispositions, même s'ils n'avaient pas une grande compétence en finance, en comptabilité ou une bonne connaissance des marchés financiers.

Ajoutons que nous espérons développer chez le lecteur la faculté de raisonner et de décider en termes de valeur et non de prix. Autrement dit, dans 99% des cas, le lecteur devrait être en mesure de savoir à quel cours un titre est bon marché pour en justifier l'achat et à quel cours il est trop cher pour en justifier la vente. Le réflexe consistant à comparer systématiquement ce que ça coûte – le cours – à ce qui est offert – la valeur intrinsèque – est une qualité inestimable pour investir. Dans un article paru dans la presse féminine, il y a quelques années, nous conseillions aux lectrices d'investir en bourse comme si elles faisaient leurs courses. C'est-à-dire en s'assurant qu'elles en avaient pour leur argent et pas en réagissant comme si elles achetaient un parfum. Les plus gros bouillons enregistrés ces dernières années (et à maintes reprises dans un passé plus lointain) l'ont été sur des valeurs convoitées, qui avaient été achetées sans que jamais personne ne se pose la question : « *Quelle est la valeur de ce titre ?* »

En juin 1970, à la question « *Combien ça vaut ?* » appliquée aux obligations, nous aurions répondu par le chiffre magique 9,40% (le rendement offert sur les dernières émissions obligataires des sociétés de production d'électricité les mieux notées). Le rendement de ces obligations est maintenant tombé à 7,3% et à ce prix nous sommes tentés de nous demander : « *Faut-il réviser l'estimation ?* » Il y a d'autres réponses possibles à cette question et nous devons les considérer avec attention. De plus, nous ne cessons de répéter que nous devons nous préparer à l'émergence de conditions bien différentes dans la période 1973-1977 à venir.

Nous allons donc détailler une méthode pour investir en actions ; méthode qui sera pour partie à destination des deux catégories d'investisseurs et pour partie à l'intention des plus intrépides, les investisseurs actifs. Peut-être trouverez-vous étrange qu'un de nos premiers conseils soit que nos lecteurs ne sélectionnent que des titres dont le cours n'est pas trop éloigné de l'actif net comptable.[15]

Ce qui motive cette recommandation désuète est à la fois d'ordre pratique et psychologique. L'expérience nous a enseigné que, s'il y de nombreuses *valeurs de croissance* qui se paient plusieurs fois la valeur de leur actif net comptable, ceux qui achètent à ces niveaux sont très exposés aux caprices de la bourse et aux fluctuations

---

[15] NDE : L'actif net comptable est la valeur des actifs, nette des dettes. Parmi les éléments d'actif, sont exclus les actifs incorporels (marques commerciales, droits d'auteur, brevets, goodwill, ...) et les actifs fictifs (frais d'établissement, ...).

des cours. À l'inverse, celui qui investit dans le titre d'une société de production d'électricité à un cours proche de la valeur de son actif net comptable, pourra toujours se considérer comme le détenteur d'un titre de capital d'une entreprise saine, acquis à un prix raisonnable, même si le marché dit le contraire. La performance d'une telle stratégie d'investissement a toutes les chances d'être bien meilleure que celle, tentante mais dangereuse, dans des secteurs potentiellement à forte croissance.

Il existe dans l'art d'investir une caractéristique rarement appréciée à sa juste valeur. Obtenir une performance honorable, sans être spectaculaire, est à la portée de tous, même d'un néophyte y consacrant un minimum de temps et de travail. En revanche, aller au-delà réclame beaucoup d'énergie et une bonne dose de sagesse. Vous risquez même d'avoir de plus mauvais résultats en y consacrant trop peu de temps.

Puisque tout le monde peut égaler la performance d'un indice de marché en investissant dans un portefeuille de titres diversifiés, il ne semble *a priori* pas difficile de « *battre le marché* ». Or, l'observation montre que beaucoup d'investisseurs avertis s'y sont essayés sans succès, démentant cette affirmation. Même les fonds communs de placement, dotés de gérants chevronnés, n'ont pas fait mieux que le marché dans son ensemble. D'ailleurs, les prévisions boursières des courtiers confortent cela, car il est prouvé qu'elles sont moins fiables que les résultats d'un simple tirage à pile ou face.

Lors de la rédaction de cet ouvrage, nous avons gardé en tête cet écueil. Les vertus d'une stratégie d'investissement toute simple, qui consiste à acheter des obligations bien notées et des actions d'entreprises peu risquées – stratégie qu'un investisseur peut appliquer sans recours à une expertise externe – sont soulignés. Au-delà de cette zone de sécurité, l'investisseur entre sur un terrain périlleux, où sa propre psychologie n'est pas le moindre des dangers. Avant de se lancer dans une telle aventure, l'investisseur devra s'assurer de ses propres capacités et de celles de ses conseillers. Il veillera, en particulier, à vérifier que ces derniers font bien la différence entre *investissement* et *spéculation*, entre *prix* et *valeur intrinsèque*.

Une stratégie d'investissement, respectant le principe de *marge de sécurité*, pourra être payante. Mais, décider de s'adonner à ce type de gestion, plutôt que suivre une gestion passive, ne doit pas se décider à la légère.

Permettez-moi une dernière pensée rétrospective. Quand, jeune auteur, je découvris *Wall Street* en 1914,[16] personne ne soupçonnait ce que nous réserverait le demi-siècle qui suivit. La bourse était loin de se douter qu'une guerre mondiale allait éclater deux mois plus tard, ce qui provoquerait la fermeture du *New York Stock Exchange*. Aujourd'hui, en 1972, nous sommes devenus le pays le plus riche et le plus puissant de la planète, mais, assaillis par toutes sortes de problèmes, nous avons peur de l'avenir. Et pourtant, en se limitant à l'observation de la Bourse américaine de ce dernier demi-siècle, nous avons des raisons d'être optimiste. Malgré nombre de vicissitudes et d'accidents, les principes simples d'investissement, que nous donnons, ont offert des résultats tout à fait honorables. Nous devons continuer à investir en supposant que cela restera vrai.

---

[16] NDT : En 1914, Benjamin Graham sort second de sa promotion de Columbia et décide de faire carrière dans la finance sur les conseils du doyen de l'université. Il rejoint alors la société d'investissement *Newburger, Henderson and Loeb*. Cette année-là, en raison d'un sentiment antigermanique dans la société américaine, il change son patronyme Grossbaum pour Graham.

Note de Graham (NDG) : Cet ouvrage ne couvre pas toutes les stratégies d'épargne ou de placement. Il ne s'intéresse qu'aux stratégies d'investissement en titres négociables : actions et obligations. Par conséquent, nous n'aborderons pas les produits d'épargne suivants : dépôts à vue ou à terme, plans d'épargne logement, assurance-vie ou investissement immobilier. Le lecteur ne devra pas oublier qu'à chaque fois qu'il trouvera dans ce texte le mot *maintenant* ou un équivalent, c'est que nous faisons référence à la période fin 1971- début 1972.

COMMENTAIRES SUR L'INTRODUCTION[1]

Si vous avez bâti des châteaux dans les nuages, votre travail n'est pas vain ; c'est là qu'ils doivent être. À présent, construisez leurs fondations.

Henry David Thoreau, Walden

Remarquez que Graham annonce, dès le début de ce livre, qu'il ne nous dira pas comment battre le marché. Aucun livre sérieux ne le peut.

À la place, ce livre vous enseignera trois leçons capitales :

- Comment minimiser les risques de perdre de façon irréversible ?
- Comment maximiser les chances de gagner raisonnablement ?
- Comment contrôler des comportements contraires à vos intérêts ?

Revenons aux années euphoriques de la fin des années 1990, lorsque le cours des valeurs technologiques doublait presque tous les jours. À cette époque, l'idée de perdre tout le capital investi dans ces titres semblait improbable. Pourtant fin 2002, nombre de valeurs télécom et dot-com avaient perdu 95% de leur valeur, voire plus. Or, quand vous avez perdu 95% de votre capital, il vous faut regagner 1.900% pour revenir à votre capital de départ.[2] Prendre un tel risque peut vous enfoncer si profond qu'il devient impossible de sortir du trou. C'est la raison pour laquelle Graham insiste si souvent sur l'importance d'éviter les pertes – et pas seulement aux chapitres 6, 14 et 20, mais tout au long du livre[3].

Peu importe la diversification de votre portefeuille, sa valeur peut occasionnellement baisser. Personne ne peut éliminer ce risque, Graham vous montrera comment le gérer – et comment contrôler vos peurs.

Êtes-vous un ***investisseur intelligent*** ?

Maintenant essayons de répondre à une question essentielle. Qu'est-ce que Graham sous-entend par le qualificatif *d'intelligent* ? Si nous nous reportons à la première édition du livre, Graham en donne la définition – et il est très clair sur le fait que la notion d'intelligence à laquelle il fait référence n'a rien à voir avec une quelconque mesure du QI ou un score à un test scolaire comme le SAT[4]. Cela veut tout simplement dire qu'il faut être à la fois patient, discipliné et disposé à apprendre, mais aussi être

---

[1] NDT : L'éditeur, Jason Zweig, commente à la fin de chaque chapitre les notions abordées par Graham en les illustrant d'exemples tirés de la période 1996-2002, qui a vu l'émergence puis l'explosion de la bulle Internet. Ces commentaires ont été rédigés début 2003.

[2] NDE : Pour mettre ceci en perspective, cela revient à avoir la chance d'acheter une action à 30$ et de la revendre à 600$.

[3] NDT : Comme le souligne Warren Buffett, pour s'enrichir, il faut commencer par ne pas s'appauvrir.

[4] NDT : Le SAT est un test d'admission aux universités américaines.

capable de dominer ses émotions et de penser par soi-même. Comme l'explique Graham, ce type d'intelligence « *est plus un trait de caractère qu'une aptitude intellectuelle*[5] ».

La preuve existe qu'un QI élevé et une formation supérieure ne suffisent pas à rendre un *investisseur intelligent*. En 1998, *Long-Term Capital Management L.P.*, un *hedge fund* géré par un bataillon de mathématiciens, d'informaticiens et deux lauréats du prix Nobel d'économie, a perdu plus de 2 milliards de dollars en quelques semaines en pariant que le marché obligataire allait revenir à des conditions « *normales* ». Or le marché obligataire est resté incohérent et *LTCM*, qui avait emprunté des sommes énormes, a failli faire chavirer tout le système financier dans sa faillite.[6]

Et si nous remontons le temps pour revenir au printemps 1720, quand Sir Isaac Newton détenait des actions de la *Compagnie des Mers du Sud* – la valeur la plus recherchée sur le marché anglais. Sentant que le marché perdait ses repères, le célèbre mathématicien a soi-disant dit « *Je sais calculer le mouvement des corps, mais pas la folie des foules* » en se débarrassant de ses actions, empochant quand même une plus-value de 7.000£ soit un gain de 100%. Mais un mois plus tard, emporté par l'enthousiasme irrationnel du marché, il racheta le titre à un prix bien plus élevé pour finalement perdre près de 20.000£ (soit environ 3 millions de dollars d'aujourd'hui). Pour le restant de ses jours, il interdit à quiconque de prononcer le nom de la *Compagnie des Mers du Sud* en sa présence.[7]

Sir Isaac Newton fut pourtant l'une des personnalités les plus brillantes qui n'ait jamais existé, du moins si nous nous en référons à la façon dont la plupart des gens définissent l'intelligence. En revanche, du point de vue de Graham, Newton n'était pas, et de loin, un *investisseur intelligent*. En laissant les cris de la foule prendre le dessus sur son propre jugement, l'un des plus grands génies de l'humanité a agi comme un fou.

En deux mots, si jusqu'à présent vos investissements n'ont pas été couronnés de succès, ce n'est pas parce que vous êtes stupide. C'est parce que, comme Isaac Newton, vous n'avez pas acquis une discipline suffisante pour maîtriser vos émotions. Au Chapitre 8, Graham décrit comment renforcer votre *intelligence* en maîtrisant vos émotions et en refusant de suivre l'irrationalité du marché. Vous retiendrez sa leçon si vous comprenez que devenir un *investisseur intelligent* est plus une question de « *caractère* » que de « *puissance intellectuelle* ».

---

[5] NDE : Graham B., *The Intelligent Investor*, Harper & Row, 1949, p.4.

[6] NDE : Un *hedge fund* est composé de fonds commun de placement, qui investissent de façon agressive pour le compte d'une clientèle fortunée ou d'investisseurs institutionnels. Pour un superbe récit de l'histoire de *LTCM*, lire Lowenstein R., *When Genius Failed*, Random House, 2000.

[7] NDE : Carswell J., *The South Sea Bubble*, Cresset Press, London, 1960, pp. 131, 199. Voir également www.harvard-magazine.com/issues/mj99/damnd.html.

La chronique d'une calamité

Prenons un instant pour revenir sur quelques événements de ces dernières années, parmi lesquels nous pouvons citer :

1. Le plus grand krach boursier depuis la Grande Dépression des années 1930, où les actions américaines ont perdu 50,2% de leur valeur – soit 7.400 milliards de dollars – entre mars 2000 et octobre 2002.
2. L'effondrement encore plus significatif des valeurs à la mode dans les années 1990 – comme *AOL*, *Cisco*, *JDS Uniphase*, *Lucent* et *Qualcomm* – ainsi que la faillite et la liquidation de centaines de valeurs Internet.
3. Les accusations de fraudes financières massives proférées à l'encontre de quelques-unes des sociétés les plus respectées et les plus importantes du pays comme *Enron*, *Tyco* et *Xerox*.
4. Les faillites de sociétés autrefois éblouissantes comme *Conseco*, *Global Crossing* et *WorldCom*.
5. Les allégations sur des cabinets d'expertise comptable trafiquant les livres de comptes et allant jusqu'à la destruction de documents comptables, dans le but d'aider leurs clients à tromper les marchés financiers.
6. Les accusations portant sur des dirigeants de sociétés importantes, qui auraient détourné des centaines de millions de dollars pour leur propre compte.
7. La preuve que les analystes financiers de *Wall Street* vantaient publiquement les mérites de certains titres, tout en reconnaissant officieusement que ces derniers ne valaient rien.
8. Le marché boursier qui, même après sa terrible chute, restait historiquement surévalué, laissant de nombreux experts penser que les cours pourraient tomber plus bas.
9. La baisse des taux d'intérêt laissant les investisseurs sans aucune autre alternative, sinon détenir des actions.
10. L'environnement financier à la merci de menaces géopolitiques imprévisibles en termes de terrorisme global et de risques de guerre au Moyen-Orient.

La plupart de tous ces effets négatifs auraient pu être évité (et l'ont été) par les investisseurs appliquant les principes de Graham. Comme ce dernier le raconte : « *Un enthousiasme excessif mène souvent à la catastrophe.* » Emporté par l'euphorie et positionnés sur les valeurs Internet, sur les « *valeurs de croissance* » ou sur les actions en général, beaucoup ont commis l'erreur d'Isaac Newton. Ils ont laissé aux autres investisseurs, le soin d'évaluer à leur place la valeur intrinsèque des titres. Ils n'ont pas tenu compte de la mise en garde de Graham « *Les pertes les plus lourdes* » arrivent toujours quand on n'a pas pris soin de se demander : « *Combien ça vaut ?* » Le plus terrible est que les gens perdent tout esprit critique au moment même où ils en ont le plus besoin, confirmant la conviction de Graham que « *le principal problème de l'investisseur – et même son pire ennemi – n'est autre que lui-même* ».

Des placements sans risques qui ne l'étaient pas

Nombre d'investisseurs ont été séduits par les valeurs technologiques, croyant qu'elles étaient promises à une croissance supérieure au reste de l'économie pour les années à venir[8], voire à tout jamais :

- À la mi-1999, après avoir gagné 117,3% dans les cinq premiers mois de l'année, Alexander Cheung – gérant d'un portefeuille de valeurs Internet dénommé *Monument Internet Fund* – prédit que la performance annuelle de son fonds serait de 50% dans les 3 à 5 prochaines années et se poursuivrait à un rythme de 35% « *dans les vingt années suivantes* ».[9]
- Avec une performance incroyable de 248,9% en 1999, le gérant du fonds commun de placement *Amerindo Technology Fund* – Alberto Vilar – tournait en dérision quiconque mettait en doute l'idée que l'Internet était une véritable corne d'abondance : « *Si vous n'investissez pas dans ce secteur, vous allez sous-performer. Vous ferez la course dans une diligence, alors que moi je roulerai en Porsche. Si vous n'êtes pas intéressés par les opportunités de croissance rapide, je vous conseille d'aller voir ailleurs.* »[10]
- En février 2000, le gérant d'un *hedge fund* – James J. Cramer – affirma que les titres des entreprises liées à Internet sont les seules valeurs « *qui méritent aujourd'hui d'être en portefeuille* ». Ces « *champions de la nouvelle donne* » comme il se plaisait à dire, sont « *les seuls qui s'apprécient aussi bien dans les bons comme dans les mauvais jours* ». Cramer a même tiré à boulets rouges sur Graham : « *Il vous faut jetez vos modèles d'évaluation archaïques, vos formules désuètes et vos ouvrages financiers surannés, qui avaient cours avant l'arrivée du Web... Si nous utilisions ce que Graham & Dodd nous ont enseigné, plus personne ne ferait appel à nous.* »[11]

---

[8] NDT : On parlait alors de *Nouvelle Économie* pour qualifier ce changement de paradigme.

[9] NDE : Loizos C., *Q&R: Alex Cheung*, InvestmentNews, 17 mai 1999, p. 38. De toute l'histoire financière, le record en termes de performance annuelle pour un fonds commun de placement est celui du fonds *Fidelity Magellan*, dirigé par le légendaire Peter Lynch, avec un rendement annuel de 25,8% entre 1974 et 1994. Cette performance porte un capital de départ de 10.000$ à plus de 982.000$ en 20 ans. La prévision de Cheung aurait transformé un investissement initial de 10.000$ en plus de 4 millions de dollars sur la même période. Pourtant, au lieu de considérer Cheung comme un fanfaron à l'optimisme débridé, les investisseurs lui ont confié 100 millions de dollars en l'espace d'un an. En réalité, en investissant 10.000$ dans *Monument Internet Fund* en mai 1999, l'investisseur n'a pu récupérer que 2.000$ fin 2002. (Ce fonds n'existe plus aujourd'hui, du moins sous sa forme originale. Il a été rebaptisé *Orbitex Emerging Technology Fund*).

[10] NDE : Reilly Cullen L., *The Triple Digit Club*, Money, décembre 1999, p. 170. En plaçant 10.000$ dans le fonds de Vilar, fin 1999, il ne vous resterait que 1.195$ fin 2002 – une des pires performances de toute l'histoire de la gestion collective.

[11] NDE : Cf. www.thestreet.com/funds/smarter/891820.html. Les valeurs sélectionnées par Cramer ne se sont pas appréciées « *dans les bons comme dans les mauvais jours* ». Fin 2002, un dixième des titres qu'il détenait avaient déjà fait faillite. En investissant la même somme sur tous les titres, un portefeuille de 10.000$ aurait perdu 94% de sa valeur pour terminer à 597,44$.

Ces soi-disant experts ignoraient tous la mise en garde de Graham : « *La conviction d'un potentiel de croissance d'un secteur ne se traduit pas toujours par des plus-values.* » Même s'il est assez simple de prévoir les secteurs d'activité qui seront en forte croissance, cela n'a pas grand intérêt si cette clairvoyance est partagée par tous les investisseurs. À partir du moment où tout le monde s'accorde sur le secteur qui sera le plus porteur, les cours se seront tellement envolés que la rentabilité offerte par ce secteur sera nulle, voire négative.

Pour l'heure, personne n'a l'audace de prétendre que les valeurs technologiques offrent des perspectives de rendement.[12] N'oubliez jamais ceci : ceux, qui prétendent que le prochain cheval gagnant sera *à coup sûr* le secteur de la santé, de l'immobilier ou de l'or, n'ont finalement pas plus de chances d'avoir raison que les plus grands supporters des valeurs technologiques.

Le bon côté des choses

Si dans les années 1990 les cours de bourse ne semblaient jamais assez haut, à l'inverse, en 2003, ils donnaient l'impression de n'être jamais assez bas. Comme aimait à le souligner Graham, le marché est passé d'un enthousiasme irrationnel à un pessimisme injustifiable. Pour la seule année 2002, 27 milliards de dollars sont sortis des fonds actions et une étude conduite par la *Security Industry Association* a montré que près d'un investisseur sur dix a réduit son exposition aux actions d'au moins 25%. Les mêmes, qui avaient été si désireux d'acheter des actions à la fin des années 1990 – à une époque où la bourse ne faisait que monter pour être surévaluée – vendaient maintenant leurs titres alors que leurs cours baissaient et qu'ils devenaient donc plus intéressants.

Comme l'explique brillamment Graham dans le Chapitre 8, c'est tout l'inverse qu'il faut faire. L'*investisseur intelligent* sait que les actions sont plus risquées, et non l'inverse, quand leurs cours augmentent – et moins risquées quand ils baissent. L'*investisseur intelligent* redoute les marchés haussiers, car les titres sont plus chers à l'achat. Et à l'opposé (du moins tant que vous avez assez de liquidités pour financer vos besoins), vous devez vous réjouir d'un marché baissier, puisque cela vous permet de dénicher de bonnes affaires.[13]

Pour faire court : La mort d'un marché haussier n'est pas forcément une mauvaise nouvelle, comme toute le monde le croit. Investir après une chute des cours est bien mieux pour bâtir sa fortune. Poursuivez votre lecture et laissez à Graham le soin de vous montrer comment.

---

[12] NDT : Rappelons qu'au moment où ces lignes ont été écrites, la bulle Internet venait tout juste d'éclater.

[13] NDE : La seule exception à cette règle concerne l'investisseur âgé et à la retraite, qui n'a pas le loisir d'attendre. Pourtant, même un très vieil investisseur ne devrait jamais vendre ses titres au motif d'une baisse des cours, car une telle décision non seulement concrétise une perte potentielle en une réelle moins-value, mais prive aussi ses héritiers de la possibilité de disposer de ces actions à un faible cours, réduisant ainsi les droits de succession.

CHAPITRE 1. L'INVESTISSEMENT ET LA SPÉCULATION

Ce chapitre décrit les principaux concepts et notre vision de ce que nous considérons comme étant une bonne stratégie.

Investissement ou spéculation ?

Comment définir le terme *investisseur* ? Tout au long de ce livre, ce vocable sera utilisé par opposition à celui de *spéculateur*. Si nous remontons à 1934 et à notre ouvrage séminal *Security Analysis*[1], nous avions tenté de formuler avec précision les deux termes : « *Un investissement est une opération financière qui, après analyse approfondie, garantit le capital investi et promet un rendement satisfaisant. Les opérations qui ne respectent pas ces exigences sont dites spéculatives.* »[2]

Si nous nous sommes toujours tenus à cette définition – et ce depuis 38 ans – il faut souligner que l'utilisation du terme *investisseur* a radicalement changé depuis cette époque. D'abord, après la débâcle des années 1929-1932, *toutes* les actions – sans exceptions – furent considérées comme des valeurs spéculatives par nature. (D'ailleurs, une personnalité reconnue affirma tout bonnement que seules les obligations pouvaient s'assimiler à des investissements.[3]) Nous devions alors défendre notre définition face à ceux qui nous reprochaient d'être trop vague.

Maintenant c'est tout le contraire.[4] Nous devons empêcher nos lecteurs d'accepter l'usage courant du terme *investisseur*, qualifiant ainsi tous ceux qui s'intéressent à la bourse. Dans notre précédente édition, nous citions le titre à la une d'un grand quotidien financier, daté de juin 1962 : « *Pessimisme chez les petits porteurs, ils vendent à découvert.* » Or, en octobre 1970, le même journal publiait un éditorial critiquant les investisseurs téméraires qui achetaient tout et n'importe quoi.

Ceci illustre bien la confusion qui, depuis des années, existe dans l'utilisation des expressions *investissement* et *spéculation*. Imprégnez-vous de la définition de *l'investissement* que nous suggérions ci-dessus et comparez-la à une vente à découvert passée par un néophyte ne détenant même pas ce qu'il vend et qui est totalement convaincu qu'il pourra racheter le titre à moindre prix. (En 1962, lors de la publication de l'article, le marché sortait d'une longue période de baisse et s'apprêtait à repartir à

---

[1] NDT : Disponible en français Graham B., Dodd D., Coutton D. (traduction), *Security Analysis - Analyse et évaluation financières des valeurs mobilières*, Valor Éditions, 2016.

[2] NDT : Extrait de la 4ème édition de *Security Analysis*, Graham B., Dodd D., Cottle S., Tatham C., McGraw-Hill, 1962 – à retrouver page 128 dans la traduction française.

[3] NDG : Citation tirée de *Investment and Speculation* de Lawrence Chamberlain, 1931.

[4] NDT : Comprendre que dans les années 1930, tout était spéculation et aujourd'hui (1973) tout est investissement.

la hausse. Autrement dit, c'était le plus mauvais moment pour se placer à découvert.) L'expression *investisseur téméraire* porte en elle une contradiction amusante. C'est un peu comme si l'on parlait d'un *avare généreux* ; un oxymore cependant moins dangereux que dans l'exemple précédent.

Ce quotidien financier utilisait le terme *investisseur* dans les deux cas, car dans le langage commun, quiconque achète ou vend des actions est aujourd'hui un *investisseur.* Peu importe ce qu'il achète, à quel prix et comment (comptant ou à terme). Cette situation est à mettre en parallèle avec l'attitude du grand public envers les actions en 1948, à une époque où plus de 90% des gens étaient opposés à l'achat de toute action[5]. Pour moitié d'entre eux, la raison qu'ils invoquaient était « *c'est risqué, c'est du casino* » et pour l'autre « *je n'y connais rien, alors je préfère rester à l'écart* ».

Bien sûr, il est ironique (mais pas surprenant) de qualifier l'achat d'actions de spéculatif ou risqué quand elles sont les plus intéressantes en termes de valeur ; juste avant que le marché ne reparte à la hausse. En revanche, le fait que les actions aient en d'autres temps atteint des niveaux si faibles (à en juger par notre expérience) nous invite à les considérer comme un *investissement* et à qualifier les boursicoteurs *d'investisseurs.*

Savoir en bourse faire la distinction entre *investissement* et *spéculation* est salutaire. Leur confusion est une cause d'inquiétude. Nous avons toujours dit que *Wall Street,* en tant qu'institution, aurait intérêt à promouvoir cette différence auprès du grand public. Faute de quoi, les sociétés d'investissement risquent un jour d'être tenues pour responsable de pertes spéculatives énormes par des victimes insuffisamment informées. Autre ironie de l'histoire, nombre de problèmes financiers, auxquels sont aujourd'hui confrontées les sociétés de bourse, sont la conséquence de l'achat de titres spéculatifs en fonds propres. Nous croyons que le lecteur saura être plus clairvoyant quant aux risques inhérents à tout placement en actions. Ces risques sont aussi attachés aux opportunités de plus-values. Les deux parties de l'équation sont donc à considérer dans la prise de décision.

Ce que nous signifions, c'est qu'il n'existe probablement pas de pure stratégie *d'investissement* en actions, car, dans l'absolu, les achats ne se font jamais à un cours plancher qui mettrait l'investisseur à l'abri de tout risque de baisse du cours. L'investisseur doit se rendre à l'évidence. La plupart du temps, il existe bel et bien un *facteur spéculatif* dans tout placement en actions. Le rôle de l'investisseur est de minimiser ce facteur, tout en se préparant financièrement et psychologiquement à enregistrer des pertes sur des durées plus ou moins longues.

Deux paragraphes seront consacrés à la pure spéculation, qui est à distinguer du *facteur spéculatif* inhérent à tout placement boursier. La spéculation en soi n'est ni

---

[5] NDE : Le sondage cité par Graham a été réalisé pour la Réserve Fédérale américaine par l'université du Michigan et a été publiée dans le *Federal Reserve Bulletin* (Juillet 1948). La question était la suivante : « *Imaginez une personne qui décide de dépenser son argent. Que pensez-vous qu'il est le plus sage de faire en termes de placement aujourd'hui : le mettre sur un compte de dépôt ; le placer en bons du trésor ; l'investir en immobilier ou acheter des actions ?* » Seulement 4% ont répondu que les actions offraient un rendement *satisfaisant,* 26% considéraient que c'était un placement *risqué* voire un *pari.* Pourtant, de 1949 à 1958, la bourse a connu sa plus forte hausse historique avec une hausse moyenne annuelle de 18,7%. Pour faire écho à cette étude, le magazine *Business Week* rapportait, fin 2002, que seulement 24% des investisseurs étaient prêts à renforcer leurs positions à comparer aux 47% trois ans plus tôt.

illégale, ni immorale, mais, dans la plupart des cas, elle ne vous enrichira pas. Bien sûr un peu de spéculation est nécessaire, voire inévitable dans la mesure où tout placement en actions est risqué et ce risque est assumé par l'actionnaire[6]. Comme il existe un investissement intelligent, il existe aussi une spéculation intelligente. En revanche, les exemples de mauvaise spéculation sont nombreux ; à titre d'exemple : (1) spéculer alors que l'on croit investir, (2) spéculer alors que l'on n'a ni les connaissances, ni les capacités pour le faire, (3) mettre plus de capital dans un placement spéculatif qu'on ne peut se permettre d'en perdre.

Si nous reprenons notre définition du terme *spéculation*, tout investisseur individuel, non-professionnel, qui utilise un compte sur marge[7] pour acheter des titres, est *ipso facto* un *spéculateur* et son courtier a pour devoir de l'avertir. De même tous ceux, qui achètent une valeur travaillée ou qui parient sur un événement, spéculent ou jouent comme au casino. Spéculer est envoûtant et amusant. Si vous voulez vous y aventurer, ne placez qu'une fraction de votre capital (la plus petite possible) sur un compte dédié à ce but. Ne gonflez pas ce compte au motif que la bourse monte et que les profits chutent. (C'est plutôt le moment d'empocher vos gains.) Ne confondez pas *investissement* et *spéculation* dans vos comptes comme dans votre tête.

Les performances promises à l'investisseur passif

Nous avons déjà défini l'investisseur passif comme étant celui qui recherche avant tout la sécurité dans ses décisions. Quelle approche doit-il suivre et quelle rentabilité peut-il espérer dans des *conditions normales de marché*, si de telles conditions existent bel et bien ? Pour répondre à ces questions nous allons d'abord revenir sur ce que nous écrivions à ce sujet, il y a sept ans, avant d'aborder ce qui a changé depuis. Enfin, nous décrirons ce que l'investisseur peut faire et est en droit d'attendre aujourd'hui (en ce début d'année 1972).

1. Ce que nous avons dit il y a sept ans

Nous recommandions à l'investisseur de répartir ses placements entre des obligations bien notées et des actions de fond de portefeuille : les obligations représentant entre

---

[6] NDE : La spéculation est utile à deux titres. En effet, sans spéculation, les startups aux modèles économiques non éprouvés (comme *amazon.com* ou, à l'époque de Graham, *Edison Electric Light Co.*) n'auraient jamais pu lever les capitaux nécessaires à leur développement. Les perspectives de gains faramineux, même si elles sont minces, sont l'huile qui lubrifie la machine de l'innovation. D'autre part, chaque échange de titres est un échange de risques. L'acheteur prend le risque le plus élevé – celui de voir l'action chuter – alors que le vendeur conserve toujours un risque d'opportunité, celui de voir monter le cours de l'action qu'il vient de vendre !

[7] NDE : Un compte sur marge permet d'acheter des actions avec des capitaux prêtés par la société de courtage. En investissant avec les capitaux empruntés, votre rentabilité est multipliée quand les cours montent, mais vous pouvez tout perdre lorsqu'ils chutent. Les titres achetés sont laissés en garantie du prêt et donc vous devez compenser la perte de valeur de vos titres lorsque leur cours baisse sous le montant emprunté. Pour plus d'information sur les comptes sur marge, reportez-vous à www.sec.gov/investor/pubs/margin.htm, www.sia.com/publications/pdf/MarginsA.pdf et www.nyse.com/pdfs/2001_factbook_09.pdf.

25% et 75% du total ou simplement en divisant le portefeuille en deux parts égales, pour le rééquilibrer lorsque l'écart dépassait 5%. L'autre possibilité consistait à réduire la composante actions à 25% si le marché était trop haut ou à l'augmenter jusqu'à 75%, si la baisse des cours avait rendu les actions très attractives.

En 1965, la performance des obligations de première catégorie atteignait 4,5% et 3,5% pour celles non imposables[8]. Or, le rendement du dividende des grosses capitalisations (avec un *Dow Jones* à 892) ne s'élevait qu'à 3,2%. Cette faible rentabilité des actions incitait les investisseurs à rester prudents. À cette époque, nous laissions entendre qu'à *un niveau normal de marché*, l'investisseur pouvait envisager un rendement compris entre 3,5% et 4,5% pour les seuls dividendes, auquel il fallait ajouter une appréciation des cours sensiblement égale, pour atteindre une rentabilité totale de 7,5% l'an. Une répartition à parts égales entre actions et obligations permettait d'avoir une rentabilité de 6% avant impôts. Nous précisions en outre que la composante en actions jouait un rôle d'amortisseur contre une baisse du pouvoir d'achat provoquée par une forte inflation.

Nous précisions que nos calculs étaient fondés sur une hypothèse de hausse de la bourse bien inférieure à la moyenne historique de la période 1949-1964. Or, sur cette période, la hausse annuelle des cours fut en moyenne supérieure à 10%, ce qui laissait penser que ce taux resterait le même à l'avenir. Peu d'observateurs ont compris que cette hausse des cours anormalement forte signifiait que les cours étaient « *désormais trop hauts* » et par conséquent « *que les résultats formidables obtenus depuis 1949 ne laissaient pas présager de belles performances, mais plutôt le contraire* ».[9]

2. Que s'est-il passé depuis 1964 ?

L'évolution marquante depuis 1964 est la hausse des taux d'intérêt des obligations de première catégorie[10], à des niveaux inconnus jusqu'alors, même si ces taux ont légèrement diminué depuis 1970. Le rendement offert par des obligations peu risquées d'entreprises s'élève à 7,5% environ aujourd'hui, contre 4,5% seulement en 1964. Dans le même temps, le rendement (en dividende) du *Dow Jones* a augmenté de concert à la chute des bourses en 1969-70. Au moment où nous écrivons ces lignes (avec un *Dow Jones* à 900) le rendement des actions est de 3,5%, contre 3,2% en 1964. La hausse des taux d'intérêt a dans le même temps entraîné une dépréciation de 38% du cours des obligations de maturité moyenne (20 ans).[11]

Ces évolutions peuvent paraître paradoxales. En effet, en 1964, nous soulignions que le niveau élevé des actions les rendait vulnérables à une baisse générale de la bourse, mais nous avions passé sous silence ce même risque pour les obligations (et nous n'étions pas les seuls). Tout juste, avertissions-nous nos lecteurs que « *les obligations à longue échéance pouvaient voir leurs cours fortement fluctuer en*

---

[8] NDT : Les intérêts des obligations émises par les collectivités locales ne sont pas taxables.

[9] NDG : Cf. édition de 1965, p 8.

[10] NDT : Obligations peu risquées et bien notées par les agences de notation.

[11] NDT : Lorsque les rendements obligataires montent, la valeur des obligations en portefeuille baisse et réciproquement.

réponse aux évolutions des taux d'intérêt[12] ». Au vu de ce qui s'est passé, nous reconnaissons volontiers que cet avertissement n'était pas suffisamment appuyé. En fait, l'investisseur qui a investi dans l'indice *Dow Jones* fin 1964 (avec un *DJIA* à 874) est légèrement gagnant aujourd'hui (à la fin 1971). Même au plus bas de 1970, lorsque le *Dow Jones* était à 631, sa perte aurait été inférieure à celle subie en investissant dans des obligations peu risquées et de longue maturité. Cela étant, si l'investisseur avait opté pour des obligations à court terme ou des dépôts d'épargne rémunérés, il n'aurait subi aucune perte sur le principal et il aurait même touché des coupons bien supérieurs aux dividendes des actions. Les instruments monétaires furent donc le meilleur placement sur la période 1964-1971, même si, en théorie, les actions sont préférables en période inflationniste. Ajoutons que la baisse des marchés obligataires est la conséquence de l'évolution profonde des marchés monétaires ; changements qui jusqu'alors n'avaient pas eu d'incidence sur les stratégies des investisseurs individuels.

Ne voyez là qu'un exemple de plus pour illustrer le caractère imprévisible de la bourse.[13] L'histoire nous apprend que le cours des obligations fluctue beaucoup moins que celui des actions et que les investisseurs peuvent donc acheter les titres obligataires peu risqués sans trop se préoccuper des variations de leur cours. Cette règle souffre de quelques exceptions, la période 1964-1971 en est manifestement une. Nous reviendrons sur ce point dans un prochain chapitre.

3. Perspectives et stratégie d'investissement (début 1972)

Fin 1971, les obligations de maturité moyenne émises par des entreprises bien notées et des collectivités territoriales offraient un rendement respectif de 8% et de 5,7%.[14] Celles à 5 ans du Trésor public américain affichaient un rendement de 6% et sont sans risques si l'investisseur les conserve jusqu'à leur échéance, relativement proche. Or, actuellement, le *Dow Jones* (*DJIA*) est à 900 et offre un rendement sur dividendes de 3,5%.

Partons de l'hypothèse, déjà évoquée, que toute décision d'investissement consiste à arbitrer entre un portefeuille d'obligations de première catégorie bien notées (ou des instruments monétaires) et un portefeuille de *blue chips*[15] ; que doit faire l'investisseur alors que rien ne laisse présager à moyen terme une évolution de la bourse à la hausse ou à la baisse ? Sans évolution contraire des marchés, l'investisseur passif peut s'attendre à percevoir un rendement de 3,5% sur son portefeuille d'actions auquel peut s'ajouter une plus-value moyenne proche de 4% par an. Comme nous l'expliquerons plus loin, cette plus-value est le résultat du réinvestissement des profits non distribués aux actionnaires. Avant impôt, la rentabilité moyenne du portefeuille actions est donc de l'ordre de 7,5% soit un peu moins que les taux offerts par les

---

[12] NDT : Les obligations à longue échéance sont plus sensibles à une évolution des taux d'intérêt que celles de courte maturité.

[13] NDE : Relisez la phrase de Graham et remarquez que le plus grand expert de toute l'histoire financière affirme que le cours d'une action n'est jamais prévisible. À la lecture du livre, vous remarquerez que tout ce que Graham écrit est destiné à vous faire appréhender cette vérité. Puisqu'il est impossible d'anticiper le comportement des marchés, mieux vaut apprendre à comprendre et à maîtriser son propre comportement.

[14] NDE : Les obligations émises par les collectivités territoriales (États ou municipalités) sont exemptées de l'impôt fédéral sur les coupons et de l'impôt local pour les résidents de l'État émetteur.

[15] NDT : Actions de sociétés ayant une grosse capitalisation boursière.

coupons d'obligations de première catégorie[16]. Après impôt, la rentabilité des actions est de l'ordre de 5,3%.[17] Soit, à peu de choses près, ce que rapportent les obligations des collectivités (non soumises à l'impôt) ou les obligations de maturité moyenne.

Par rapport à notre analyse de 1964, ces perspectives sont comparativement bien moins favorables aux actions qu'aux obligations. (Ceci tout simplement parce que les rendements obligataires se sont bien plus appréciés que les rendements des actions.) Il ne faut pas perdre de vue que le paiement du principal et des coupons d'obligations de première catégorie offre une meilleure garantie que celui du dividende et des plus-values sur les actions. Tout cela nous amène à dire, qu'en cette fin d'année 1971, il est préférable d'investir sur le marché obligataire plutôt que sur le marché actions. Si nous sommes convaincus par cette conclusion, nous ne pouvons qu'encourager l'investisseur passif à placer la *totalité* de son capital sur des valeurs obligataires et ignorer les actions tant que le différentiel de rentabilité ne revient pas largement en faveur des actions.

Naturellement, nous ne pouvons pas être sûrs que les obligations feront mieux que les actions. Le lecteur pourra objecter, à juste titre d'ailleurs, que l'inflation peut changer les termes de l'équation. Nous aurons l'occasion de revenir sur ce point dans le prochain chapitre. Nous montrerons que l'observation de l'inflation au cours du XXème siècle ne peut justifier d'arbitrer en faveur des actions, en tous cas au niveau actuel du différentiel avec les rendements obligataires. Cela étant, il ne faut pas négliger la probabilité – même si elle est faible – de connaître une accélération de l'inflation, qui favoriserait les actions aux dépens des obligations non indexées sur l'inflation. [18] Il existe aussi un autre scénario, à notre avis peu probable, où l'économie américaine est si prospère – sans reprise de l'inflation – que le marché actions monte très haut. Enfin, il y a la possibilité, plus probable, de voir une nouvelle hausse importante des marchés boursiers sans réelle justification en termes de valeur sous-jacente. Chacun de ces scénarios – et d'autres que nous n'avons même pas imaginé – peut conduire l'investisseur à regretter d'être totalement investi en obligations, même à des niveaux de rendement très intéressants.

---

[16] NDE : Quel est *a posteriori* la qualité de la prévision de Graham ? En première analyse, sa prévision est de très bonne facture : de début 1972 à la fin 1981, les actions ont offert un rendement annuel moyen de 6,5%. Graham n'avait pas précisé la période retenue pour sa prévision, mais tout laisse penser qu'il avait un horizon à 10 ans. Cependant, sur cette période l'inflation a fait rage, affichant un taux annuel de 8,6%, effaçant la totalité des gains. Dans cette section du livre, Graham reprend le modèle d'évaluation des actions de Gordon qui stipule que la rentabilité d'un placement en actions est égale à la somme du rendement des dividendes courant et du taux de croissance des bénéfices. Avec un rendement des dividendes à 2% en 2003, un taux de croissance des bénéfices autour de 2% et une inflation à 2%, une rentabilité moyenne des actions de 6% environ est tout à fait plausible (cf. *Commentaires sur le Chapitre 3* p. 82).

[17] NDT : En faisant l'hypothèse d'un taux d'imposition de 40% sur les dividendes et de 20% sur les plus-values.

[18] NDE : Depuis 1997, époque où les TIPS (bons du trésor indexés sut l'inflation) ont été introduits, les actions n'ont plus été systématiquement l'investissement préféré des investisseurs soucieux d'une reprise de l'inflation. Les TIPS, à l'inverse des obligations non indexées, voient leurs cours s'accroître avec la hausse de l'indice des prix, immunisant *de facto* l'investisseur contre une perte de pouvoir d'achat. Les actions ne sont pas indexées et représentent une mauvaise couverture contre des taux d'inflation élevés. Pour plus de détails, reportez-vous aux *Commentaires sur le Chapitre 2*.

Après cette brève analyse, nous en venons donc à énoncer une politique d'investissement à destination de l'investisseur passif, qui est faite de compromis, à savoir placer une part importante de ses capitaux sur des titres obligataires et une autre part, non moins importante, sur des actions. La vérité d'hier – une répartition à parts égales – tient toujours aujourd'hui sous réserve d'allouer, en fonction du jugement de chacun, entre 25% et 75% du total sur chacun des deux compartiments. Nous détaillerons ces différentes stratégies dans un prochain chapitre.

Entendu que la rentabilité offerte par le marché actions est sensiblement la même que celle obtenue sur le marché obligataire, le rendement d'un portefeuille (plus-values incluses) dépend donc peu de sa composition. Quelle que soit la classe d'actifs, la rentabilité globale est de l'ordre de 7,8% brut et de 5,5% après impôt. Un tel rapport est nettement meilleur que ceux observés par le passé par l'investisseur prudent. Cette rentabilité peut paraître bien faible par rapport aux 14% enregistrés en moyenne par la bourse entre 1949 et 1969. Encore faut-il rappeler qu'entre 1949 et 1969, le *Dow Jones* a été multipliée par cinq, alors que les bénéfices et les dividendes n'ont fait que doubler. Autrement dit, cette performance est plus à mettre au crédit d'une évolution du comportement des investisseurs qu'à celle des fondamentaux des entreprises. Dans une certaine mesure, c'est ce que l'on pourrait appeler du *bidouillage*.

Dans notre propos, nous faisions allusion aux 30 valeurs qui composent l'indice *Dow Jones Industrial Average*. C'est seulement par souci de simplicité que nous avons pris ces titres pour exemple, cela ne veut pas dire que l'investisseur doit se limiter à ces valeurs, à l'exclusion de toutes les autres. Il y a beaucoup d'autres entreprises de qualité équivalente à celles constituant l'indice *Dow Jones*, voire meilleures en termes de fondamentaux économiques. C'est notamment le cas des sociétés de service public,[19] qui n'entrent pas dans la composition de l'indice *Dow Jones Industrial Average*[20]. Il faut savoir que la performance obtenue par l'investisseur passif sera approximativement la même s'il détient un portefeuille de titres diversifiés. Ni lui, ni un professionnel ne saura *a priori* sélectionner le meilleur portefeuille. Il est vrai que tout l'art de l'investissement est supposé reposer sur la faculté de choisir des titres qui battront le marché. Pour des raisons que nous verrons plus loin, nous pensons que l'investisseur passif est en général incapable de battre le marché ; c'est aussi vrai pour les gérants de fonds diversifiés.

Nous allons illustrer ce point par un exemple qui, *a priori*, semble prouver le contraire. De décembre 1960 à décembre 1970, le *DJIA* est passé de 616 à 839 points, soit une hausse de 36%. Dans le même temps l'indice *Standard & Poor's* (beaucoup plus large, puisqu'il est composé de 500 valeurs) s'est apprécié de 58% passant de 58,11 à 92,15 points. À l'évidence, ce deuxième indice a fait bien mieux que le *Dow Jones*.

---

[19] NDT : Sociétés de distribution électrique, de gaz et d'eau (traduit aussi plus loin par *service public)*.

[20] NDE : Aujourd'hui, les alternatives à l'indice *Dow Jones* les plus couramment utilisées sont l'indice *Standard & Poor's 500* (*S&P 500*) et l'indice *Wilshire 5000*. Le *S&P 500* se concentre sur plus les 500 plus grosses capitalisations boursières qui représentent environ 70% de la valeur totale de l'ensemble du marché actions américain. Le *Wilshire 5000* regroupe la quasi-totalité des sociétés cotées aux États-Unis (6.700 sociétés cotées) ; mais comme les plus grandes entreprises comptent pour le plus gros de la valeur de l'indice, l'évolution du *Wilshire 5000* suit celle du *S&P 500*. Des fonds communs de placement à faible coût (fonds ETF) permettent aux investisseurs d'avoir un portefeuille de titre représentatif de ces indices (voir Chapitre 9).

Mais, qui aurait été assez téméraire pour prévoir en 1960, qu'un portefeuille de titres aussi hétérogènes aurait battu l'aristocratie de la bourse composée des « *trente tyrans* » du *Dow Jones*. Ceci est une preuve supplémentaire que la fiabilité des prévisions boursières, tant en valeur relative qu'absolue, tient à la chance.

Inutile de s'excuser pour ces redites, car vous ne serez jamais trop mis en garde. C'est un leurre qu'espérer battre le marché en participant aux introductions en bourse ou en faisant des « *coups* » dans l'espoir d'une plus-value facile.[21] À long terme vous êtes sûr du contraire. L'investisseur passif doit seulement s'intéresser aux titres de grandes entreprises en bonne santé (tout analyste financier qualifié est capable de dresser cette liste). Les investisseurs actifs pourront s'aventurer sur d'autres catégories de titres, mais ils prendront soin de faire leur choix sur des critères bien établis et une analyse clairvoyante.

Pour conclure cette section, laissez-nous vous présenter de façon succincte trois concepts ou méthodes à l'usage de l'investisseur passif. La première est d'acheter des parts de fonds commun de placement de qualité plutôt qu'investir directement en actions. L'investisseur passif peut aussi donner un mandat de gestion à des sociétés d'investissement réputées. Cela lui permettra d'avoir un portefeuille géré par des professionnels. La deuxième technique consiste à *moyenner*[22], ce qui signifie placer le même montant à fréquence régulière. L'intérêt de cette méthode est de contraindre l'investisseur à acheter plus d'actions quand le marché est bas que lorsqu'il est haut, lui permettant ainsi de terminer avec un montant plus élevé. Cette stratégie est l'application d'une stratégie dénommée « *investissement à formule* ». Pour terminer, nous avons déjà fait allusion à la troisième méthode, quand nous suggérions d'allouer une proportion d'actions comprise entre 25% et 75% du portefeuille. Toutes ces méthodes ont de nombreux mérites, que nous détaillerons dans les prochains chapitres.[23]

Les performances promises à l'investisseur actif

Notre investisseur actif cherchera à faire mieux que l'investisseur passif, mais il lui faudra d'abord se garantir de faire pire ! En effet, en matière d'investissement, la sueur et la douleur ne garantissent pas le succès, loin de là. Les vertus du travail, si elles sont mal utilisées deviennent vite des handicaps. Il est donc primordial que l'investisseur actif comprenne d'abord quelles sont les méthodes qui offrent le plus de chances de réussite et celles qui conduisent tout droit à l'échec.

---

[21] NDE : Pour plus de détails, voir le Chapitre 6.

[22] NDT : *Dollar-cost averaging.*

[23] NDE : Pour des conseils sur les « *fonds commun de placement de qualité* », voir au Chapitre 9. La « *gestion par un professionnel d'une société d'investissement reconnue* » est abordée au Chapitre 10. Comment *moyenner* est expliqué au Chapitre 5.

Passons d'abord en revue les techniques préférées des investisseurs et des spéculateurs pour battre le marché. On trouve pêle-mêle :

1. **SUIVRE LA TENDANCE DU MARCHÉ.** C'est-à-dire acquérir des actions quand le marché monte et vendre une fois qu'il s'est retourné. Les titres sélectionnés sont généralement ceux qui se sont le mieux *comportés* sur le marché. Quelques professionnels se lancent aussi dans la vente à découvert. Dans ce cas, ils vendront des titres qu'ils ne détiennent pas et ils emprunteront le montant en garantie à l'aide de mécanismes propres à la bourse. Leur objectif est de profiter de la chute anticipée des cours de ces titres pour les racheter moins cher qu'ils ne les ont vendus à l'origine pour rembourser les prêteurs. (Comme cité en début d'ouvrage par le *Wall Street Journal*, même les *petits porteurs* – bannissez ce terme – *s'essaient maladroitement à la vente à découvert.*)

2. **INVESTIR AVEC UNE VISION COURT TERME.** Il s'agit d'acheter les titres d'entreprises qui annoncent ou doivent annoncer des résultats à la hausse ou de bonnes nouvelles.

3. **MISER À LONG TERME.** Ici, l'accent est mis sur l'excellence des performances historiques supposées se perpétuer. Dans certains cas, le supposé *investisseur* sélectionne des valeurs qui n'ont pas encore de bons résultats, mais qui qui sont supposées offrir de bien meilleures perspectives. (Ces entreprises évoluent souvent dans les secteurs de haute technologie – informatique, pharmacie, électronique – et développent de nouveaux procédés ou de nouveaux produits qui paraissent prometteurs.)

Nous avons déjà exprimé nos doutes sur les chances de succès laissées à ceux qui s'aventurent sur ces chemins. Nous avons déjà écarté du champ de l'investissement la première stratégie, tant pour des raisons théoriques que pratiques. *Suivre la tendance du marché* n'offre aucune garantie de hausse, ni une rentabilité adéquate. Nous développerons ce point dans un prochain chapitre[24].

Quant à l'investisseur, qui s'échine à sélectionner des valeurs prometteuses à court et à long terme, il est confronté à deux obstacles : l'erreur humaine et la concurrence. Il peut se tromper dans ses prévisions et, même s'il a raison, le cours peut déjà intégrer ses anticipations. Les résultats courants des sociétés et ceux à venir – dès lors qu'ils sont fiables – sont déjà pris en compte par le marché. Par conséquent, celui qui fonde sa stratégie d'achat sur la base des bons résultats de l'année en cours ou sur les rumeurs de ceux à venir, risque d'être confronté à d'autres investisseurs prenant les mêmes décisions pour les mêmes raisons.[25]

---

[24] NDE : Cf. Chapitre 8.

[25] NDT : Les marchés financiers, réputés efficients, intègrent toute l'information disponible dans les cours. Donc, il est en théorie impossible de faire un arbitrage sans risques en utilisant l'information disponible. Cependant l'information disponible n'est pas complète, ou est mal analysée, ce qui laisse encore quelques opportunités à l'*investisseur intelligent* pour dénicher des pépites. Mais, elles se font rares.

Quant à ceux qui fondent leurs choix sur des perspectives à plus long terme, ils rencontrent les mêmes problèmes. La possibilité de se tromper dans leurs prévisions – comme pour les compagnies aériennes du chapitre précédent – est d'autant plus grande qu'ils extrapolent à long terme. Le plus souvent, même les experts se trompent. En théorie, l'investisseur ne peut tirer parti des prévisions, que si les marchés font fausse route. Mais ce n'est qu'un vœu pieux. Combien sont-ils ceux qui peuvent compter sur leur perspicacité et leur intuition pour battre des analystes professionnels à leur propre jeu (évaluer les perspectives bénéficiaires) ?

Cela nous mène droit à une conclusion logique, mais néanmoins déroutante : pour avoir une chance raisonnable de battre le marché, l'investisseur doit s'en tenir à appliquer des stratégies (1) qui sont connues pour être robustes et prometteuses et (2) qui ne sont pas en vogue sur les marchés.

Est-ce que ces stratégies existent ? Oui, en théorie, mais nous avons aussi toutes les raisons de croire que c'est également vrai en pratique. Chacun sait que les mouvements de cours engendrés par la spéculation vont toujours trop loin dans un sens ou dans l'autre, touchant parfois toute la bourse et plus fréquemment plusieurs valeurs. Sans compter qu'un titre peut être sous-évalué tout simplement parce qu'il n'intéresse personne ou parce qu'il est maltraité. Nous pouvons ajouter et affirmer que beaucoup d'investisseurs sur le marché actions ne font pas la distinction entre *les différentes parties de leur anatomie* – pour rester poli.[26] Nous relèverons dans cet ouvrage de très nombreux exemples où apparaissent des différences flagrantes entre la valeur de marché – le cours – et la valeur intrinsèque d'une action. Il semble donc possible, pour quelqu'un d'intelligent, qui sait manier les chiffres, de s'enrichir aux dépens de la folie des autres. Attention, cela n'a tout de même rien d'aussi évident qu'il n'y paraît. Acheter un titre négligé par les investisseurs et donc sous-évalué, pour faire une plus-value, est une expérience qui peut traîner en longueur et mettre votre patience à rude épreuve. De même, vendre à découvert un titre demandé, donc surévalué, est non seulement une épreuve de courage et de résistance, mais aussi un test de votre pouvoir financier.[27] Réussir n'est pas une mission impossible, mais c'est un art difficile à maîtriser.

Il existe aussi nombre de situations *particulières* qui peuvent offrir une rentabilité de 20%, voire plus, à qui sait les exploiter. Il s'agit d'opérations d'arbitrage sur titres, d'intervention sur des valeurs de sociétés en dépôt de bilan ou d'opérations de couverture. Le cas le plus courant est celui de projets de fusion-acquisition permettant de revendre certaines classes d'actions à des cours plus élevés qu'au jour de l'annonce

---

[26] NDT : Graham fait allusion aux investisseurs, qui croient prendre des décisions rationnelles – avec leur cerveau – alors qu'ils réagissent par instinct – avec leurs tripes.

[27] NDE : En vendant une action « *à découvert* » vous faites le pari que le cours de l'action va baisser. La transaction de vente à découvert se fait en deux étapes. D'abord il y a emprunt des actions à quelqu'un qui en détient et simultanément vente des actions empruntées. Puis au terme de l'opération, achat des actions et remboursement de l'emprunt en actions. Si le cours de l'action baisse, vous achetez les actions à un prix inférieur à celui auquel vous les avez initialement vendues. Le gain brut se traduit par la différence entre le prix auquel vous avez vendu vos actions empruntées et le prix que vous avez payé pour acheter les actions à rembourser (à ce gain sont à déduire le dividende, les intérêts d'emprunt des titres et les frais de courtage). Cependant, si au lieu de baisser le cours du titre monte, votre perte est potentiellement illimitée – ce qui qualifie la vente à découvert d'opération spéculative.

de l'opération. Ces opérations se sont multipliées ces dernières années et ce fut une période bénie pour les plus avertis. Mais avec l'augmentation des projets de fusion-acquisition, de nouveaux obstacles sont apparus empêchant la concrétisation de certaines opérations. Les investisseurs, qui avaient connu des jours heureux, ont amassé des pertes. La concurrence entre investisseurs a probablement érodé les profits.[28]

La chute de la rentabilité de ce type d'opérations financières est la manifestation d'une sorte de processus d'autodestruction – un peu comme la loi des rendements décroissants – qui n'a fait que s'accélérer depuis la première édition de ce livre. En 1949, nous présentions une étude sur l'évolution historique des cours de bourse des 75 dernières années, pour déterminer, à partir d'une formule basée sur les bénéfices et les taux d'intérêt courants, des seuils d'achat du *DJIA* situés au-dessous d'une valeur *moyenne* ou *intrinsèque* et des seuils de vente au-dessus de ces niveaux. Ce n'était là qu'une application de la fameuse maxime des Rothschild[29] : « *Achetez bas et vendez haut.* » Cette formule offrait l'avantage d'aller à contre-courant de la philosophie dominante, qui consistait à acheter à la hausse et vendre à la baisse. Hélas, après 1949 cette formule n'a plus marché. La fameuse *Théorie de Dow* sur l'évolution des cours est une autre illustration du danger de ces méthodes prêtes à l'emploi. En effet, si les performances enregistrées par la *Théorie de Dow* furent impressionnantes de 1897 à 1933, elles furent bien décevantes ensuite.

Analysons un troisième et dernier exemple de ce que furent des opportunités, qui aujourd'hui n'existent plus. Bon nombre de nos opérations d'investissement s'intéressaient à l'achat de valeurs bradées ou boudées par le marché, que nous définissions comme étant les titres dont les cours étaient inférieurs à leur fonds de roulement net[30]. À l'évidence ces titres se vendaient à un prix bien inférieur à la valeur intrinsèque de l'entreprise. Dans ces conditions, aucun propriétaire, aucun actionnaire majoritaire ne braderait les actifs industriels de son entreprise au prix donné par le cours de l'action. Pourtant, aussi bizarre que cela puisse paraître, ces anomalies n'étaient pas si rares. Nous avons publié en 1957 une liste de 200 titres offrant de telles caractéristiques. Tôt ou tard, ces valeurs ont toutes tenu leurs promesses et leur performance a très largement été supérieure à la plupart des placements. Hélas, ces belles occasions ont toutes disparu dans les dix années suivantes et, avec elles, la possibilité d'investir intelligemment et à peu de risque. Cela étant, au

---

[28] NDE : À la fin des années 1980, alors que les rachats d'entreprises avec effet de levier (*leveraged buyouts*) et les OPA hostiles se multipliaient, les banques d'investissement de *Wall Street* mirent en place des desks d'arbitrage institutionnel pour tirer parti des erreurs de valorisation pouvant apparaître sur de telles opérations. Le nombre d'arbitragistes se multiplia au point de faire disparaître les opportunités d'arbitrage et ces desks furent fermés. Même si Graham l'aborde plus loin dans le livre, cette forme d'arbitrage n'est ni adaptée, ni possible dans la mesure où il faut aujourd'hui des montants de plusieurs milliards de dollars pour espérer dégager des gains intéressants. Les investisseurs individuels fortunés et les institutions financières peuvent néanmoins utiliser cette stratégie en passant par des *hedge funds* spécialisés.

[29] NDE : La famille Rothschild dirigée à l'époque par Nathan Mayer Rothschild, a dominé la banque d'investissement et le courtage en Europe au XIXème siècle. Pour découvrir l'histoire brillamment contée, lisez le livre de Niall Ferguson, *The House of Rothschild : Money Prophets*, 1798-1848 (Viking, 1998).

[30] NDE : À savoir, pour Graham, actif circulant (stocks + créances client et disponibilités) moins dettes d'exploitation et dettes financières à court et long terme.

plus bas de l'année 1970, de telles situations sont réapparues. Aujourd'hui encore, malgré la reprise du marché, il existe toujours quelques opportunités à saisir pour composer un portefeuille diversifié.

L'investisseur actif confronté aux conditions actuelles des marchés a encore la possibilité de battre le marché. Dans la très longue liste des valeurs cotées, il y a nécessairement des titres considérés comme sous-évalués en regard de certains critères de valeur. Ces titres devraient avoir une performance meilleure à celle de l'indice *Dow Jones* ou d'un autre indice large. À notre avis, ce travail d'analyse n'est intéressant que si l'investisseur peut espérer une prime d'au moins 5% (avant impôt) sur la performance moyenne de son portefeuille en actions. Dans les chapitres à venir, nous allons proposer à l'investisseur actif plusieurs méthodes pour y arriver.

COMMENTAIRES SUR LE CHAPITRE 1

Tout le malheur des hommes vient de ne savoir pas demeurer en repos, dans une chambre.

Blaise Pascal

À votre avis, pourquoi les brokers opérant sur le parquet du *New York Stock Exchange* applaudissent-ils systématiquement lorsque retentit la cloche annonçant la clôture de séance et quel que soit le sens de la bourse ce jour-là ? Tout simplement parce qu'ils gagnent à tous les coups – peu importe votre sort. En spéculant au lieu d'investir, vous diminuez vos chances de vous enrichir et multipliez celles que ce soit un autre qui en profite.[31]

La définition de l'investissement que donne Graham ne saurait être plus claire : « *Un investissement est une opération financière qui, après analyse approfondie, garantit le capital investi et promet un rendement satisfaisant. Les opérations qui ne respectent pas ces exigences sont dites spéculatives.* »[32]

Vous remarquerez qu'investir, d'après Graham, se compose à parts égales des trois éléments suivants :

1. Vous devez procéder à une sérieuse analyse de l'entreprise et de ses activités, avant de passer à l'achat ;
2. Vous devez délibérément vous protéger contre de lourdes pertes ;
3. Vous devez prétendre à une rentabilité *satisfaisante,* sans être exagérée.

Un investisseur estime la valeur d'une action en se fondant sur la valeur intrinsèque des activités de l'entreprise. Un spéculateur fait le pari d'une hausse du cours parce qu'un autre spéculateur sera prêt à payer encore plus. Comme l'a écrit Graham, les investisseurs jugent « *le cours d'un titre en fonction de standards de valeur* », alors que les spéculateurs « *fondent leurs standards de valeur sur les cours du marché* ».[33] Pour un spéculateur, le flux incessant des cotations de titres est comme de l'oxygène ; vous le lui coupez et il meurt. Pour l'investisseur, la *valeur de marché,* comme l'appelle Graham, compte beaucoup moins que la valeur intrinsèque. Graham

---

[31] NDT : Un classique de la littérature financière, datant de 1940 et traduit en français sous le titre *Mais où sont les yachts des clients ?* de Fred Schwed, pourra éclairer le lecteur.

[32] NDE : Graham va même plus loin en ajoutant des qualificatifs à chacun des termes clefs de sa définition : une « *analyse approfondie* » signifiant « *l'étude de faits en relation avec les critères de sécurité et de valeur* » ; « *la garantie du capital investi* » voulant dire « *une protection contre une perte dans des conditions ou des fluctuations normales ou raisonnables* » et « *un rendement satisfaisant* » en référence à « *un rendement, que l'investisseur raisonnable est prêt à accepter, même s'il est faible* ». (*Security Analysis, Analyse et évaluation financières des valeurs mobilières,* Valor Éditions, pp. 128-129).

[33] NDE : *Security Analysis,* 1934, p. 310.

ne vous recommande d'investir, que si vous vous êtes capable de détenir un titre, sans connaître chaque jour son cours.[34]

Comme au casino ou sur un terrain de courses hippiques, spéculer en bourse est excitant et même rémunérateur (si la chance est avec vous). Mais c'est la pire des façons pour bâtir une fortune. Tout simplement parce que *Wall Street*, Las Vegas et le *PMU* ont étalonné les probabilités de gains, de telle sorte que ce soit toujours eux qui, *in fine*, gagnent aux dépens de ceux qui tentent de les battre à leur propre jeu.

À l'inverse, *investir* est un type de pari tout à fait singulier, car c'est un jeu où, à la fin, vous ne pouvez pas perdre – du moins tant que vous jouez en mettant la chance de votre côté en respectant quelques règles. En résumé, ceux qui *investissent* gagnent à leur profit ; ceux qui *spéculent* font gagner de l'argent à tous les intermédiaires financiers. C'est pour cette raison que *Wall Street* a toujours minimisé l'intérêt de l'investissement et vanté celui de la spéculation.

Vitesse = Danger

Graham nous met en garde en rappelant que confondre *spéculation* et *investissement* est nécessairement une erreur. Dans les années 1990, cette confusion a entraîné une destruction massive de richesse. Tout le monde, semble-t-il, a perdu patience et l'Amérique entière s'est jetée dans les délices de la spéculation. Tout un chacun s'est transformé en trader sautant d'un titre à l'autre, comme des sauterelles en plein été.

Les gens se prirent à croire que le seul critère d'investissement était que *ça monte* même à court terme. Le seul fait qu'ils battent le marché suffisait pour qu'ils se vantent *d'avoir raison,* peu importe que leur stratégie soit stupide ou risquée. En revanche, l'*investisseur intelligent* ne veut pas avoir raison à court terme. Pour atteindre vos objectifs financiers à long terme, vous devez toujours avoir raison. Toutes les stratégies en vogue dans les années 1990 semblaient marcher : le *day trading*, l'investissement « *ciblé*[35]», la sélection de fonds « *tendance*[36] » ou l'abonnement à des systèmes de sélection automatique de titres. Or, aucune de ces méthodes n'avait la moindre chance de survivre à long terme, car aucune ne répondait aux trois critères d'investissement proposés par Graham.

Pour comprendre pourquoi des rendements élevés temporaires ne prouvent rien du tout, imaginez deux lieux séparés de 200 km. À une vitesse de 100 km/h, je peux parcourir cette distance en deux heures. Mais si je roule à 200 km/h, il suffit d'une heure seulement. Supposons que je tente le coup et que je n'ai pas d'accident, est-ce que j'ai eu pour autant raison ? Et est-ce que le fait de se vanter d'y être arrivé doit vous encourager à suivre mon exemple au motif que ça a marché pour moi ? C'est la même

---

[34] NDE : Comme Graham l'avait conseillé dans une interview : « *Demandez-vous : est-ce que je serais prêt à acheter les actions de cette entreprise, même si elle n'est pas cotée en bourse ?* » (*Forbes*, 1er janvier 1972, p. 90).

[35] NDT : Investissement concentré sur quelques titres et ignorant le principe de diversification.

[36] NDT : Fonds communs de placement à la mode, car offrant des rendements élevés mais présentant aussi de gros risques.

chose en bourse : ces artifices fonctionnent à court terme, tant que la chance est de votre côté. À long terme, ils vont vous ruiner.

En 1973, au moment de la publication de la dernière révision de l'ouvrage, le turnover annuel sur le *New York Stock Exchange* s'élevait à 20%, ce qui veut dire que les actionnaires conservaient en portefeuille une action pendant 5 ans avant de la revendre. En 2002, ce turnover atteignait les 105%, soit une durée de détention d'à peine de 11,4 mois.[37] Si en 1973, les fonds communs de placement conservaient leurs titres en portefeuille pendant trois ans ; en 2002, cette durée de détention n'était plus que de 11 mois. C'est un peu comme si les gérants de ces fonds avaient tout juste eu le temps d'analyser les titres pour se rendre compte qu'ils n'auraient jamais dû les acheter et s'en débarrasser aussitôt, avant de recommencer et refaire la même erreur.

Même les gérants de fonds les plus respectés sont parfois impatients. C'est le cas de Jeffrey Vinik, gérant du *Fidelity Magellan Fund* (à l'époque le plus grand fonds commun de placement actions au monde), qui avait investi 42,5% de son portefeuille dans des valeurs technologiques en 1995. Vinik affirma que les investisseurs « *avaient placé dans ce fonds dans un objectif de très long terme... Je pense que leurs objectifs sont les mêmes que les miens et qu'ils pensent, comme moi, que la meilleure stratégie est d'investir à long terme* ». Pourtant, six mois plus tard, il se délesta de toutes ses valeurs technologiques, revendant pour près de 19 Md$ de titres en tout juste huit semaines. Tant pis pour le long terme ! D'ailleurs en 1999, *Fidelity* proposait à ses clients d'effectuer leurs transactions à partir d'un ordinateur de poche Palm, n'importe où et n'importe quand ; une stratégie parfaitement en phase avec le nouveau slogan de la maison : « *Chaque seconde compte.* »

Quant au *Nasdaq*, le turnover avait atteint la vitesse de la lumière, comme nous le voyons sur l'illustration en page suivante.[38]

À titre d'exemple, en 1999, les actions de *Puma Technology* changeaient de main en moyenne une fois tous les 5,7 jours. En dépit de la belle devise du *Nasdaq – La Bourse pour les cent prochaines années* – la plupart des investisseurs avaient du mal à conserver leurs titres plus d'une centaine d'heures.

---

[37] NDT : À titre de comparaison, la durée de détention des actions à la Bourse de Paris était de 4,6 années en 1973 et de 9 mois en 2002. En 2018, la durée de détention moyenne est inférieure à 6 mois. La dématérialisation des titres, le développement des technologies de l'information et de la communication et la baisse des coûts de transaction sont les principales raisons expliquant la hausse du turnover des titres.

[38] NDE : Galbraith S., Stanford C. Bernstein & Co. *Rapport de recherche*, 10 janvier 2000. Les actions figurant sur ce graphique ont eu un rendement annuel de 1196,4% en 1999. Elles ont perdu en moyenne 79,1% de leur valeur en 2000 ; 35,5% en 2001 et 44,5% en 2002 – effaçant tous les gains de 1999 et même plus.

FIGURE 1 : DURÉE DE DÉTENTION DE QUELQUES VALEURS (EN JOURS)

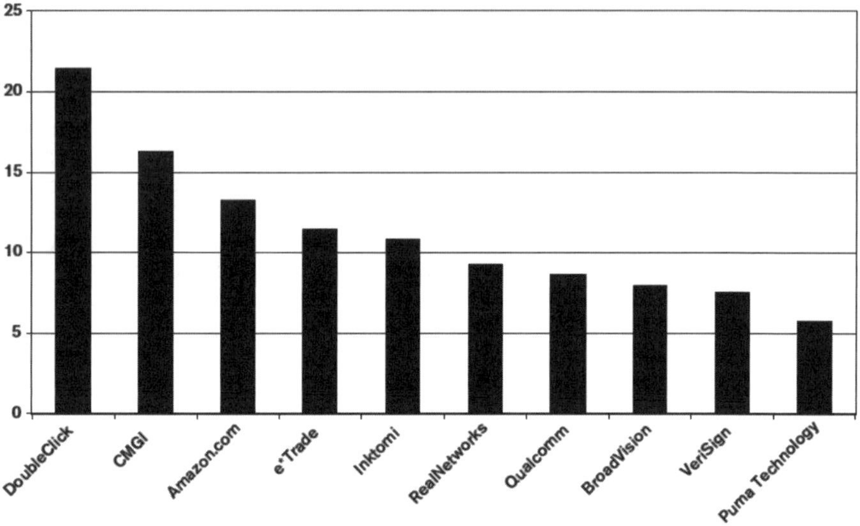

Un jeu vidéo financier

Wall Street a vendu le *trading online* comme un moyen de s'enrichir. *Discover Brokerage*, le *broker online* appartenant à la vénérable maison *Morgan Stanley*, passait une pub télé dans laquelle le conducteur d'une compagnie de dépannage ramassait en bord de route un cadre supérieur sur son trente-et-un. Ce dernier voyant sur le tableau de bord une photo d'une plage paradisiaque, s'enquiert : « *Vos vacances ?* » « *En fait,* » répond le dépanneur, « *C'est chez moi.* » Étonné, le cadre réplique : « *On dirait une île entière.* » Et le conducteur de répondre : « *En réalité, c'est même un pays.* »

La propagande est même montée d'un cran : nul besoin d'étudier, ni de réfléchir pour faire du *trading online*. Une pub télé du broker online *Ameritrade* montrait deux ménagères revenant de leur jogging, l'une d'elles se branche sur son ordinateur, clique deux ou trois fois sur sa souris et exulte : « *Je crois que je viens de gagner 1.700$!* » Sur une pub télé du broker *Waterhouse*, on peut voir quelqu'un demander au coach de basket Phil Jackson : « *Vous vous y connaissez en bourse ?* » Sa réponse : « *Je vais m'y mettre aussitôt.* » (Combien de matches l'équipe NBA de Jackson aurait-elle gagnée s'il avait transposé cette philosophie sur les terrains de basket ? En gros, cela revient à ne rien savoir sur l'équipe adverse et dire sans hésitations : « *On est prêt à jouer tout de suite.* » Impossible de gagner ainsi.)

En 1999, les États-Unis comptaient au moins 6 millions de gens qui faisaient du *trading online* ; un dixième d'entre eux était des *day-traders*, qui achetaient et revendaient des titres à la vitesse de la lumière. Parmi ces derniers, on trouvait toutes sortes de gens, de la diva Barbra Streisand à Nicholas Birbas, un ancien barman new-yorkais du Queens, âgé de 25 ans. « *Avant* » pouffait Birbas « *J'investissais à long terme et je me suis rendu compte que ce n'était pas très intelligent.* » Désormais, Birbas passait une dizaine d'ordres par jour et escomptait gagner 100.000$ dans l'année. « *Je ne supporte pas de voir du rouge sur mon compte* », disait en frissonnant Barbra Streisand dans une interview à *Fortune.* « *Je suis Taureau et je réagis au rouge. Si je vois du rouge, je vends immédiatement.* »[39]

En déversant un flot continu d'informations boursières dans les bars, les salons de coiffure, les cafés ou les taxis, les sites Web financiers et les chaînes TV d'information financière ont transformé la bourse en un immense jeu vidéo sans fin. Tout le monde s'est pris à croire qu'il connaissait mieux les marchés que par le passé. Or, noyé sous un flot de données, personne n'en a tiré des conclusions. On vit apparaître un découplage complet entre la valeur des actions et celle des entreprises qui les avaient émises, tout était virtuel. Rien d'autre que la hausse des cours ne comptait.

Le 20 décembre 1999, la société *Juno Online Service* a publié un business plan particulièrement novateur, consistant à perdre volontairement autant d'argent que possible. *Juno* annonça que l'entreprise allait désormais offrir toutes sortes de services gratuits : service de gestion de courriel gratuit, service d'accès à Internet gratuit. De plus, ils allaient dépenser des millions de dollars en publicité au cours des prochaines années. À la publication de ce plan « *hara-kiri* », le marché réagit en faisant passer le cours de l'action de 16,37$ à 66,75$ en deux séances de bourse.[40]

À quoi bon analyser les comptes d'une entreprise pour savoir si elle est profitable ou pour découvrir quels sont ses produits, ses services ou ses dirigeants, ou tout simplement pour savoir quel nom de la société se cache derrière leur acronyme ? La seule chose à connaître est leur code mnémonique : CBLT, INKT, PCLN, TGLO, VRSN, WBVN.[41] C'est ainsi que vous pouvez acheter encore plus vite, sans perdre de fichues secondes à rechercher le code sur un moteur de recherche. Fin 1998, l'action d'une petite entreprise de services d'entretien de bâtiments, *Temco Services*, a pratiquement triplé en l'espace de quelques minutes et sur des volumes records. Pourquoi ? Sans doute en raison d'une rare forme de dyslexie financière, qui fit que des milliers de traders se mirent à acheter du *Temco* après avoir saisi par erreur son code mnémonique, TMCO, au lieu de celui de *Ticketmaster Online* (TMCS), une valeur vedette du moment, introduite en bourse ce jour-là.[42]

Oscar Wilde disait en plaisantant qu'un cynique « *est un homme qui connaît le prix de tout et la valeur de rien* ». Si l'on en croit cette définition, la bourse est constamment cynique. Pourtant, même Oscar Wilde aurait été choqué par cette situation. Le cours d'une action pouvait doubler sur de simples allégations, sans aucune analyse sérieuse. Fin 1998, Henry Blodget, un analyste financier de *CIBC*

---

[39] NDE : Barbara Streisand aurait bien mieux fait de s'intéresser à Graham. L'*investisseur intelligent* ne se débarrasse jamais d'une action parce que son prix baisse. Il s'interroge d'abord pour savoir si la valeur intrinsèque de l'entreprise a changé.

[40] NDE : Un an plus tard, les actions *Juno* ne valaient plus que 1,09$.

[41] NDE : Le code mnémonique est une abréviation, d'une à cinq lettres, du nom d'une société. Il est utilisé comme raccourci pour identifier une valeur cotée sur une place boursière.

[42] NDE : Cet incident n'est pas le seul. Fin des années 1990, à au moins trois occasions, les traders ont fait valser par erreur les cours de sociétés, après avoir confondu leurs codes mnémoniques avec celui de valeurs Internet récemment introduites en bourse.

Oppenheimer, avait prévenu que : « *En ce qui concerne les valeurs Internet, la valorisation est plus un art qu'une science.* » Pourtant, en se fondant seulement sur sa croissance prévisionnelle, ce dernier avait remonté son « *objectif de cours* » sur *amazon.com* de 150$ à 400$ d'un seul coup. C'est ainsi que le cours de la société *amazon.com* flamba de 19% en une journée et – même si Blodget a rappelé que son objectif de cours était à un an – le cours du titre perça le seuil de 400$ en moins de trois semaines.[43] En 1999, l'analyste de *Paine Webber*, Walter Piecyk prédit que *Qualcomm* devrait atteindre les 1.000$ par action dans l'année à venir. Le titre, qui avait déjà gagné 1.842% depuis le début de l'année, progressa encore de 31% ce même jour, pour atteindre 659$.[44]

Le fiasco

Faire du trading avec vos tripes n'est pas la seule forme que peut prendre la spéculation. Au fil de la décennie écoulée[45], nous avons assisté à l'émergence de formules d'investissement à caractère spéculatif, largement promues avant d'être rangées aux oubliettes. Toutes partageaient des points communs – être à court terme, simples et sans risques – à savoir une des caractéristiques énoncées par Graham pour distinguer *investissement* et *spéculation*. En voici quelques-unes, qui furent un temps très *à la mode* :

- **Tirez profit des anomalies du calendrier.** « *L'effet janvier* » – la tendance, qu'ont les petites capitalisations à marquer de jolis gains au tournant de l'année, a été largement décrite dans des articles universitaires et des livres à succès dans les années 1980. Ces études montraient que si vous achetiez un portefeuille diversifié de petites capitalisations dans la deuxième quinzaine de décembre pour le revendre fin janvier, vous pouviez facilement battre le marché de 10%. De nombreux experts sont restés stupéfaits par ce résultat. En effet, si c'était aussi simple, tout le monde le saurait, tout le monde l'aurait fait et cette opportunité aurait disparu.[46]
  Qu'est-ce qui provoque cette anomalie ? D'abord, beaucoup d'investisseurs vendent leurs actions les plus minables avant la fin de l'année calendaire pour réaliser leurs pertes, qui viennent en réduction de leurs gains, diminuant ainsi leur impôt. Deuxièmement, les gérants professionnels sont de plus en plus prudents à mesure que la fin de l'année approche, cherchant à figer leur surperformance (ou à minimiser leur sous-performance). Ceci les rend réticents à acheter (ou même

---

[43] NDT : Ce fut un des rares paris gagnant sur toutes les valeurs Internet.

[44] NDE : En 2000 et 2001, *amazon.com* et *Qualcomm* ont perdu respectivement 85,8% et 71,3% de leur valeur.

[45] NDT : Les années 1990.

[46] NDT : En effet, les économistes assurent que les marchés sont si efficients, qu'il n'existe pas d'opportunité d'arbitrage sans risques. Autrement dit, si un passant trouve sur son chemin un billet de 100 euros, c'est parce qu'il s'agit d'un faux billet, qui n'intéresse personne. La réalité est plus nuancée, les marchés financiers ne sont pas aussi efficients que le postulent les théories financières, il existe donc quelques billets sous nos pieds, il ne reste qu'à les chercher !

à conserver) une action dont le cours chute. Et si c'est une petite capitalisation inconnue, qui sous-performe, notre gérant sera encore moins enclin à la voir apparaître en fin d'année dans la liste des titres en portefeuille. Ce sont tous ces facteurs qui expliquent pourquoi les petites valeurs sont momentanément de *bonnes affaires*. Quand le volume des ventes, motivé par des raisons fiscales, chute en janvier, leurs cours rebondit en général, produisant des gains rapides et robustes.

L'effet janvier n'a pas totalement disparu, mais il s'est affaibli. D'après William Schwert, professeur de finance à l'université de Rochester, si vous aviez acheté des petites capitalisations en décembre pour les revendre début janvier, vous auriez battu le marché de quelques 8,5% en moyenne entre 1962 et 1979 ; de 4,4% entre 1980 et 1989 et de 5,8% entre 1990 et 2001.[47]

Au fur et à mesure que les investisseurs ont découvert *l'effet janvier*, de plus en plus de traders ont acheté de petites capitalisations en décembre, rendant celles-ci moins intéressantes à l'achat et ce faisant réduisant le rendement de cette stratégie. *L'effet janvier* est d'autant plus prononcé que la valeur est petite, mais d'après le *Plexus Group* – une société d'analyse financière – les coûts de transaction pour acheter puis revendre les plus petites capitalisations peuvent représenter jusqu'à 8% des sommes investies.[48] Autrement dit, une fois réglé les frais de courtage, vos gains auront fondu comme neige au soleil.

- **Contentez-vous de *ce qui marche*.** En 1996, un obscur gérant de fonds, du nom de James O'Shaughnessy, a publié un livre intitulé *What Works on Wall Street*[49]. Dans celui-ci, il soutient que « *les investisseurs peuvent battre le marché* ». O'Shaughnessy fait dans cet ouvrage une affirmation stupéfiante : entre 1954 et 1994, vous auriez pu avec 10.000$ obtenir 8.074.504$, autrement dit faire dix fois mieux que le marché, avec un rendement annuel moyen extraordinaire de 18,2%. Comment ? En achetant un panier de 50 actions ayant toutes les caractéristiques suivantes : les plus forts rendements sur les douze derniers mois, cinq années de hausse consécutives de leur résultat et un cours de bourse ne dépassant pas 1,5 fois leur chiffre d'affaires.[50] Se transformant en un Thomas Edison de *Wall Street*, O'Shaughnessy prît soin de breveter ses *stratégies automatisées* (U.S. Patent n°5.978.778) et de lancer quatre fonds communs de placement pour tirer parti de ses découvertes. Fin 1999, ses fonds avaient réussi à collecter 175 M$ auprès du grand-public. Dans sa lettre annuelle aux actionnaires du fonds, O'Shaughnessy déclara solennellement : « *J'espère qu'ensemble nous saurons atteindre nos objectifs de long terme en tenant le cap et en restant fidèle à nos stratégies d'investissement qui ont survécu à l'épreuve du temps.* »

---

[47] NDE : Schwert discute de ces découvertes dans un brillant article de recherche, « *Anomalies and Market Efficiency* » que l'on peut trouver sur http://schwert.ssb.rochester.edu/papers.htm.
[48] NDE : Cf. Plexus Group Commentary 54, *The Official Icebergs of Transaction Costs*, janvier 1998, www.plexusgroup.com/fs_research.html.
[49] NDT : Comprendre « *Ce qui marche à Wall Street* », titre de son livre.
[50] NDE : O'Shaughnessy J., *What Works on Wall Street*, McGraw-Hill, 1996, XVI, 273-295.

Or, *What works on Wall Street* n'a plus fonctionné dès la médiatisation de ses découvertes. Comme le montre l'illustration ci-après, deux de ses fonds n'ont pas atteint les performances escomptées, si bien qu'ils ont été fermés début 2000 et la bourse dans son ensemble (mesurée par la performance du *S&P 500*) a battu à plate couture tous les fonds de O'Shaughnessy dans les quatre années qui ont suivi leur création.

FIGURE 2 : CE QUI UN JOUR A MARCHÉ À *WALL STREET*

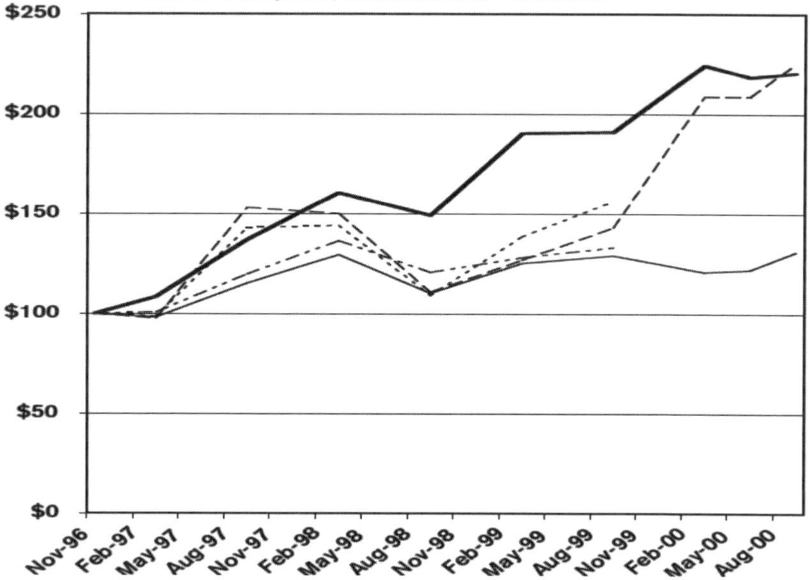

Nota : Pour 100$ investis le 1er novembre 1996 – la courbe en trait épais représente l'évolution du *S&P 500* sur la période, comparée à la performance des quatre autres fonds.
Source : *Morningstar*

En juin 2000, O'Shaughnessy décida de revenir à ses « *objectifs personnels à long terme* » en confiant ses fonds à un nouveau gérant, charge à lui de suivre ses « *stratégies d'investissement qui ont survécu à l'épreuve du temps* ».[51] Les épargnants dans les fonds de O'Shaughnessy auraient certainement été moins contrariés s'il avait donné à son livre un titre plus précis du genre « *What Used to Work on Wall Street... Until I Wrote This Book*[52] ».

[51] NDE : L'ironie du sort est que les deux fonds de O'Shaughnessy, qui ont survécu (aujourd'hui dénommés *Hennessy Funds*), ont vu leurs performances s'améliorer significativement au moment où O'Shaughnessy annonça qu'il allait en céder la gestion à un autre fond. Les détenteurs de parts du fonds furent outrés. Sur un forum de www.morningstar.com, l'un d'eux enrageait : « *C'est à croire que le long terme pour O'S c'est 3 ans...C'est douloureux, moi aussi j'avais cru dans la méthode d'O'S...J'avais parlé de ce fonds à plusieurs de mes amis et parents et aujourd'hui je suis soulagé de savoir qu'ils n'ont pas suivi mes conseils.* »

[52] NDT : Comprendre « *Ce qui a marché à Wall Street… jusqu'à ce que j'écrive ce livre* ».

- **Suivez les « *Foolish Four*[53] ».** Au milieu des années 1990, le site Web du *Motley Fool*[54] (et plusieurs livres) ont lancé, à grand renfort de publicité, une technique qu'ils avaient baptisée « *The Foolish Four* ». À en croire le *Motley Fool*, en utilisant cette méthode « *Vous auriez écrasé tous les grands indices de marché sur les 25 dernières années* » et « *battu la performance de vos fonds communs de placement* » en passant « *à peine 15 minutes par an* » pour décider de vos investissements. Cerise sur le gâteau, cette technique était *quasiment sans risques.* Tout ce qu'il fallait savoir se résumait à cela :

  1. Prendre les 5 valeurs du *Dow Jones Industrial Average* dont le cours (PER) était le plus faible et les rendements en dividendes les plus élevés.
  2. Écarter la valeur dont le cours (PER) était le plus faible.
  3. Placer 40% de vos avoirs sur le titre dont le cours (PER) est le deuxième le plus bas.
  4. Placer 20% de vos capitaux sur chacun des trois titres restants.
  5. Une année plus tard, classez de la même façon les 30 valeurs du *DJIA* et réinitialisez le portefeuille en reprenant les étapes 1 à 4.
  6. Répétez le processus jusqu'à la fortune.

  À en croire le *Motley Fool*, sur 25 ans, cette technique aurait permis de faire chaque année 10,1% de plus que le marché. Ils laissaient entendre qu'en 20 ans, 20.000$ investis dans les *Foolish Four* auraient rapporté 1.791.000$. (En outre, ils prétendaient que l'on pouvait encore faire mieux en choisissant les cinq valeurs du *Dow* affichant le plus fort ratios rendement des dividendes divisé par la racine carrée des cours, puis en écartant le titre obtenant le score le plus élevé et enfin, en achetant les quatre suivants.)

  Examinons dans quelle mesure cette soi-disant stratégie peut satisfaire à la définition d'un investissement par Graham :

  - En quoi une *analyse approfondie* peut-elle justifier d'écarter le titre dont le cours et le rendement sont les plus intéressants tout en conservant les quatre autres valeurs moins bien notées sur ces deux critères ?
  - Pourquoi peut-on dire que placer 40% de ses capitaux sur une seule valeur est la garantie d'un *risque minimal ?*
  - Comment un portefeuille composé de seulement quatre actions peut-il être suffisamment diversifié pour *garantir le capital investi ?*

---

[53] NDT : Comprendre « *Quatre étapes stupides* » en référence aux quatre phases de cette méthode simpliste et au nom de la société.
[54] NDT : *Motley Fool* est une société de service d'information financière offrant des conseils d'investissement.

Les *Foolish Four* sont en deux mots l'une des méthodes les plus farfelues de *stock picking*[55] jamais inventées. Ses adeptes ont commis la même erreur que O'Shaughnessy : si vous analysez une grande quantité de données sur une longue période, vous allez nécessairement trouver des stratégies d'investissement qui marchent, ne serait-ce que par chance.[56] C'est par pur hasard que les sociétés qui génèrent des rendements supérieurs à la moyenne partagent certaines caractéristiques. Or ces critères ne permettent pas de prévoir les performances à venir, sauf s'ils sont la cause de la surperformance des titres.[57]
Aucune des caractéristiques découvertes avec tant d'enthousiasme par O'Shaughnessy n'a pu causer ou expliquer la performance future d'un titre. D'ailleurs, le magazine *Money* a découvert qu'un portefeuille composé d'actions dont les noms contenaient des lettres toutes différentes aurait eu une performance aussi bonne que celle d'un portefeuille *Foolish Four* – et pour la même raison : le hasard pur et simple.[58] Comme Graham ne cesse de le rappeler, la performance prévisionnelle d'une valeur tient à la performance opérationnelle de l'entreprise – rien de moins, rien de plus.
Au lieu de plomber le marché, les *Foolish Four* ont ruiné des milliers de gens assez naïfs pour croire qu'il s'agissait d'une *méthode d'investissement miracle*. Sur la seule année 2000, les actions composant les *Foolish Four – Caterpillar, Eastman Kodak, SBC, et General-Motors* – ont perdu 14% alors que le *Dow Jones* baissait de 4,7% seulement.

Comme l'illustrent ces exemples, à *Wall Street*, seules les idées stupides ne connaissent jamais la crise. Toutes ces méthodes miracles ne résistent pas à la *Loi de Graham*. Toutes ces formules destinées à battre le marché ne sont que *des techniques suicidaires – assimilables à la loi des rendements décroissants*. Deux raisons expliquent pourquoi les performances baissent. Si la formule des *Motley Fools* reposait sur des aléas statistiques heureux (comme pour les *Foolish Four*), les rendements obtenus sur une longue période montreraient que cette méthode n'a aucun sens. Et si la formule a prouvé son utilité (comme l'*effet janvier*), alors le seul fait de la faire connaître réduit son intérêt jusqu'à le faire disparaître.

Tout cela ne fait que renforcer la mise en garde de Graham, qui nous prie d'aborder la spéculation comme les joueurs chevronnés abordent leurs visites au casino :

- Vous ne devez jamais croire que vous investissez quand vous spéculez.
- Spéculer est très dangereux quand vous le prenez au sérieux.
- Vous devez plafonner le montant de vos paris spéculatifs.

---

[55] NDT : Sélection de titres individuels.

[56] NDT : C'est l'un des pièges du *big data*. En effet, le volume de données est si important qu'il est facile de vérifier une hypothèse ou de trouver des corrélations, même si l'hypothèse ne peut pas être validée statistiquement et la corrélation ne peut pas expliquer une relation de cause à effet.

[57] NDT : Confondre *corrélation* – c'est-à-dire la relation entre deux observations – et *causalité* – c'est-à-dire la relation de cause à effet entre deux observations – est un autre des pièges de l'usage des statistiques.

[58] NDT : Zweig J., *False Profits*, Money, août 1999, pp. 55-57. Pour découvrir en détail la méthode des *Foolish Four* voir www.investorhome.com/fool.htm.

À l'image des joueurs raisonnables qui vont au casino avec 100$ en poche et laissent le reste dans le coffre-fort de leur chambre d'hôtel, l'*investisseur intelligent* ne consacrera qu'une infime portion de son portefeuille à spéculer. Pour la plupart d'entre nous, il ne faudra pas y consacrer plus de 10%. Il faudra *toujours* différencier les deux comptes, *toujours* distinguer les activités spéculatives, des opérations d'investissement et *toujours* limiter votre compte spéculatif à 10% de vos avoirs, en toutes circonstances.

Pour le meilleur ou pour le pire, l'instinct du jeu fait partie de la nature humaine et il est donc inutile de s'essayer à le supprimer. En revanche, vous devez pouvoir le contenir. C'est le meilleur moyen pour ne pas confondre *investissement* et *spéculation*.

CHAPITRE 2. L'INVESTISSEMENT ET L'INFLATION

L'inflation et les moyens de lutter contre ce fléau ont fait l'actualité ces dernières années. L'érosion du pouvoir d'achat et plus spécialement la crainte (ou l'espoir chez le spéculateur) de la poursuite de cette tendance ont eu une influence déterminante sur le comportement de *Wall Street.* À l'évidence, pâtissent de la hausse des prix, ceux dont les revenus du travail ou du capital sont fixes. À l'inverse, les actionnaires peuvent avoir l'espoir de voir la baisse de leur pouvoir d'achat compensée par la hausse du dividende et l'appréciation du cours.

Pour ces raisons, les acteurs financiers ont conclu qu'il fallait fuir les obligations et leur préférer les actions. Nous avons ainsi pu voir des gérants, conseiller aux fondations sans but lucratif de placer la totalité de leurs avoirs en actions et de se détourner des obligations.[1] C'est une véritable volte-face par rapport à la sagesse d'antan, quand certains fonds communs étaient légalement tenus de détenir, pour des raisons prudentielles, des obligations de première catégorie, bien notée et quelques actions de premier choix.

Nos lecteurs sont suffisamment *intelligents* pour comprendre que les actions, même de premier choix, ne peuvent pas être une meilleure alternative aux obligations, quelles que soient les conditions de marché – i.e. même avec un marché à son plus haut ou avec un rendement obligataire inférieur aux taux coupon. Cette affirmation est aussi absurde que celle – trop souvent entendue par le passé – jugeant qu'une obligation est toujours moins risquée qu'une action. Dans ce chapitre, nous tenterons d'intégrer le facteur inflation dans notre réflexion pour savoir comment les anticipations inflationnistes peuvent être prises en compte par l'investisseur.

Dans ce domaine, tout comme dans bien d'autres en finance, nous fonderons notre analyse sur les enseignements tirés du passé.[2] L'inflation est-elle un phénomène récent en Amérique, au moins dans sa forme actuelle ? Si nous avons connu pareille

---

[1] NDE : Vers la fin des années 1990, ce conseil – qui est tout à fait approprié pour une fondation ayant un horizon d'investissement à très long terme – a aussi été prodigué aux investisseurs individuels dont l'horizon d'investissement est beaucoup plus court. Dans l'édition 1994, de son livre qui fait autorité – *Stocks for the Long Run – Investir sur les actions à long terme : Le guide des rendements des marchés et les stratégies d'investissement à long terme,* Valor Éditions, 2017 – le professeur de finance Jeremy Siegel de *Wharton School* recommandait, aux investisseurs prêts à prendre des risques, d'utiliser le système de règlement différé pour acheter des actions en empruntant jusqu'à 35% pour être exposé à hauteur de 135% de leurs capitaux sur le marché actions. Même les pouvoirs publics s'y sont mis. En février 1999, l'honorable Richard Dixon, trésorier de l'État du Maryland, déclara lors d'une conférence sur l'investissement : « *Cela n'a aucun sens de placer son argent sur un fonds obligataire.* »

[2] NDT : Toutes les prévisions de rendement et de risque sont fondées sur l'analyse de séries historiques ; autrement dit, les financiers font l'hypothèse – sans doute assez juste – que le futur n'est qu'une réplique du passé.

inflation par le passé, quelles leçons peut-on en tirer ? Commençons par nous pencher sur le Tableau 1, qui reproduit l'évolution des prix, des résultats des entreprises et des cours de bourse. Nos statistiques démarrent en 1915 et couvrent 55 années par périodes de cinq ans. (Nous avons choisi de prendre 1946 au lieu de 1945 pour ignorer l'impact du contrôle des prix en 1945.)

TABLEAU 1 : INDICE DES PRIX ET INDICE *S&P 500* (1915-1970)

	Indice des prix		Indice *S&P 500*		Variation par rapport à la période précédente			
Année	Gros	Conso.	Bénéfice	Cours	Prix de gros	Prix conso.	Bénéfice	Cours
1915	38,0	35,4		8,31				
1920	84,5	69,8		7,98	+96,0%	+96,8%		-4,0%
1925	56,6	61,1	1,24	11,15	-33,4%	-12,4%		+41,5%
1930	47,3	58,2	0,97	21,63	-16,5%	-4,7%	-21,9%	+88,0%
1935	43,8	47,8	0,76	15,47	-7,4%	-18,0%	-21,6%	-26,0%
1940	43,0	48,8	1,05	11,02	-0,2%	+2,1%	+33,1%	-28,8%
1945	66,1	68,0	1,06	17,08	+53,7%	+40,0%	+1,0%	+55,0%
1950	86,8	83,8	2,84	18,40	+31,5%	+23,1%	+168,0%	+21,4%
1955	97,2	93,3	3,62	40,49	+6,2%	+11,4%	+27,4%	+121,0%
1960	100,7	103,1	3,27	55,85	+9,2%	+10,5%	-9,7%	+38,0%
1965	102,5	109,9	5,19	88,17	+1,8%	+6,6%	+58,8%	+57,0%
1970	117,5	134,0	5,36	92,15	+14,6%	+21,9%	+3,3%	+4,40%

La première observation est que l'inflation n'est pas un phénomène nouveau. La période 1915-1920 est celle qui a connu la plus forte inflation puisque les prix ont quasiment doublé en cinq ans. Ceci est à mettre en perspective avec les 15% d'inflation enregistrés entre 1965 et 1970. Entre ces deux époques, nous avons connu trois épisodes de déflation[3] et six d'inflation, parfois presque nulle. Tout cela montre que l'investisseur peut s'attendre à connaître une nouvelle période inflationniste.

Peut-on pour autant savoir quelle en sera le niveau ? Ces statistiques n'apportent aucune réponse concluante, car elles montrent une large amplitude de taux. Prendre pour référence les vingt dernières années, nous semble néanmoins cohérent. Durant ce laps de temps, le taux annuel d'inflation s'est élevé à 2,5% ; puis à 4,5% entre 1965 et 1970 et à 5,4% pour la seule année 1970. La politique du gouvernement a été de lutter contre cette inflation et tout laisse penser que les politiques de la *Réserve Fédérale*[4] seront encore plus efficaces que par le passé.[5] Nous pensons donc qu'il est logique de tabler, pour les années à venir, sur un taux d'inflation probable (mais rien n'est certain) de 3%. (À comparer aux 2,5% pour la période 1915-1970.)[6]

---

[3] NDT : Baisse des prix.

[4] NDE : C'est le nom du réseau des 12 banques composant le Système de Réserve Fédérale (ou *Fed*) autrement dit la banque centrale qui émet et contrôle la masse monétaire.

[5] NDE : C'est une des rares erreurs de jugement de Graham. En 1973, à peine deux ans après l'instauration d'un contrôle des prix et des salaires par le président Nixon, l'inflation atteignit 8,7%, son niveau le plus élevé depuis la fin de la Seconde Guerre mondiale. La décennie allant de 1973 à 1982 a été celle pendant laquelle on a connu la plus forte inflation des prix de toute l'histoire moderne des États-Unis, car le coût de la vie a plus que doublé.

[6] NDE : Ce passage a été rédigé avant que le président Nixon ne gèle les prix et les salaires en août 1971.

Quelles seraient les conséquences d'un tel scénario ? L'investisseur perdrait, en termes de pouvoir d'achat, près de la moitié des coupons servis par des obligations défiscalisées de maturité moyenne (ou par des obligations de première catégorie mais après impôts) – une baisse significative, mais qu'il ne faut pas exagérer. En effet, la valeur d'un patrimoine, exprimée en termes réels, c'est-à-dire en termes de pouvoir d'achat, ne s'effriterait pas puisque seulement la moitié des intérêts perçus (après impôts) permettrait de conserver le même pouvoir d'achat, même avec un taux d'inflation de 3%.

La question, que nous devons maintenant nous poser, est la suivante : « *Un investisseur peut-il dégager une meilleure rentabilité en investissant dans des valeurs autres que des obligations de première catégorie, même aux taux exceptionnels servis en 1970-71 ?* » Autrement dit, un portefeuille entièrement investi en actions ne ferait-il pas mieux qu'un portefeuille réparti à parts égales en actions et en obligations ? Les actions offrent-elles une protection contre l'inflation et ne sont-elles donc pas un meilleur *investissement* que des obligations ? En effet, les actions ont offert une meilleure rentabilité que les obligations sur les 55 années de notre étude.

La réponse à ces questions n'est pas simple. Il est vrai que la performance à long terme des actions a été meilleure que celle des obligations. L'indice *Dow Jones,* qui est passé de 77 en 1915 à 753 en 1970, a offert une rentabilité annuelle de 4%, à laquelle il faut ajouter 4% pour les dividendes distribués. (La performance du *S&P 500* est similaire.) Un rendement global de 8% par an est évidemment supérieur à celui du marché obligataire sur ces 55 dernières années. En revanche, il n'est pas supérieur aux rendements offerts *actuellement* par les titres obligataires. Ce qui nous mène à la question suivante : existe-t-il des raisons de croire que les actions feront encore mieux à l'avenir que lors de ces 55 dernières années ?

Notre réponse à cette question est tout simplement *non.* Les actions pourront peut-être offrir à l'avenir un meilleur rendement que par le passé, mais cette probabilité est faible. Il faut ici tenir compte de deux horizons d'investissement pour juger des résultats. Le premier est celui du long terme, à savoir les 25 prochaines années. Le second est celui du moyen terme, à savoir les 5 prochaines années, correspondant à l'horizon financier et psychologique de l'investisseur. En effet, son cadre psychologique, ses espoirs et ses craintes, sa satisfaction et ses regrets, mais aussi ses décisions sont tous ancrés dans son expérience récente et non fonction d'une perspective de très long terme.[7]

Nous sommes catégoriques sur ce point. Il n'y a pas de corrélation marquée entre le taux d'inflation (ou de déflation) et l'évolution des résultats financiers des entreprises ou de leurs cours de bourse. La période 1966-1970 en est un exemple. Le coût de la vie a augmenté de 22%, la plus forte hausse depuis les années 1946-1950. Pourtant les bénéfices par action, comme les cours des actions ont baissé en dollars constants durant cette période. Les mêmes contradictions apparaissent sur la période 1960-1965.

---

[7] NDT : Sans le savoir, Graham fait référence à un biais cognitif connu en finance comportementale, qui fait que l'information la plus récente pèse plus dans la prise de décision que l'information plus ancienne.

L'inflation et les résultats des entreprises

L'étude de la rentabilité financière[8] des entreprises américaines est une autre façon d'aborder la question de l'inflation. Cette rentabilité a naturellement fluctué, en général de concert, avec le taux de croissance de l'économie, mais elle ne semble pas corrélée avec l'indice des prix de gros ou celui du coût de la vie. En réalité la rentabilité financière a eu tendance à diminuer sur les vingt dernières années malgré une forte inflation. Cette baisse est en partie imputable à une évolution des règles comptables permettant d'accélérer les amortissements[9] (cf. Tableau 2). Notre analyse nous amène à conclure qu'il ne faut pas compter voir cette rentabilité financière dépasser celle enregistrée ces 5 dernières années par les 30 entreprises qui composent le *DJIA, soit* 10% environ.[10] En effet, comme le cours des titres est supérieur à leur valeur comptable – pour un *Dow Jones* à 900, la valeur des capitaux propres n'est que de 560 en 1971 – la rentabilité exigée par les actionnaire calculée par rapport aux cours[11] est de 6,25%.(Ce taux est plus souvent exprimé par son inverse – le PER – à savoir le rapport entre cours et bénéfice net par action. Autrement dit, un *DJIA* à 900, correspond à un PER de 16 pour les 12 mois entre juillet 1970 à juin 1971.)

TABLEAU 2 : ENDETTEMENT FINANCIER, RÉSULTATS ET RENTABILITÉ (1950-1969)

Années	Endettement net (Md$)	Résultats		Rentabilité financière (ROE)	
		Avant impôts (M$)	Après impôts (M$)	Source S&P	Autre source
1950	140,2	42,6	17,8	18,3%	15,0%
1955	212,1	48,6	27,0	18,3%	12,9%
1960	302,8	49,7	26,7	10,4%	9,1%
1965	453,3	77,8	46,5	10,8%	11,8%
1969	692,9	91,2	48,5	11,8%	11,3%

Ces résultats ne sont pas trop éloignés de l'hypothèse émise au chapitre précédent qui, rappelons-le, supposait un rendement moyen en dividende de 3,5% et une hausse annuelle moyenne des cours de 4%, en faisant l'hypothèse d'un réinvestissement des bénéfices. (Chaque dollar de bénéfice net par action est supposé correspondre à une appréciation du cours de 1,60$.)

Le lecteur pourra objecter que nos calculs n'incluent pas l'incidence d'une inflation de 3% sur nos projections de croissance des bénéfices et des cours des titres. L'étude précédente ne nous a donc pas permis de conclure à une corrélation entre inflation et bénéfice par action. Les chiffres bruts démontrent au contraire que la principale composante de la hausse du bénéfice par action des valeurs du *Dow Jones,*

[8] NDT : La rentabilité financière (*ROE : Return on Equity*) est le rapport entre le résultat net et les capitaux propres des entreprises.
[9] NDT : L'accélération des amortissements a pour conséquence de diminuer le résultat net à court terme.
[10] NDG : La rentabilité financière moyenne des sociétés composant l'indice *S&P 500* s'élevait à 11,5%, soit un taux légèrement supérieur à celui du *DJIA*, notamment en raison de la présence de la société *IBM* dans cet indice (alors qu'elle ne faisait pas partie du *DJIA* en 1971).
[11] NDT : La rentabilité financière calculée ainsi est équivalente à l'inverse du PER (soit 1/0,0625 = 16).

au cours des 20 dernières années, est imputable à l'augmentation de l'actif économique en raison des bénéfices mis en réserves et réinvestis. Si l'inflation avait été un facteur favorable et indépendant, son effet aurait été d'accroître la valeur monétaire des capitaux propres préexistants, ce qui aurait accru mécaniquement la rentabilité financière des capitaux propres incluant les bénéfices mis en réserves. Cependant, rien ne nous permet de le prouver malgré une hausse de 40% des prix de gros. (Notons que les résultats des entreprises sont plus influencés par l'inflation des prix de gros que par celle des prix à la consommation.) L'inflation ne peut avoir une incidence que sur la rentabilité financière. Or, les statistiques montrent que cela n'a pas été le cas.

L'observation des cycles économiques démontre que la croissance économique est accompagnée d'une reprise de l'inflation et la récession par la déflation. Tout le monde considère qu'une inflation modérée a un effet positif dans les résultats des entreprises. Cette opinion n'est pas contredite par l'histoire récente (1950-1970), qui révèle que la prospérité économique a été accompagnée d'inflation. Néanmoins, les chiffres indiquent aussi que l'effet réel de l'inflation sur la rentabilité des capitaux propres a été très limité. En fait, l'inflation n'a même pas permis de préserver la rentabilité financière réelle exprimée en dollars constants. À l'évidence, l'inflation a eu des effets défavorables qui ont empêché une amélioration de la profitabilité des entreprises américaines. Les principales conséquences négatives de l'inflation ont été (1) un accroissement des salaires supérieur aux gains de productivité et (2) le recours à des augmentations de capital réduisant le ratio chiffre d'affaires sur capitaux permanents.[12]

Les statistiques du Tableau 2 (cf. p. 62) montrent que l'inflation, loin d'avoir profité aux entreprises et à leurs actionnaires, leur a été préjudiciable. Les chiffres les plus surprenants sont ceux qui montrent la croissance de l'endettement des entreprises entre 1950 et 1969. Il est également étonnant de constater que ni les économistes, ni *Wall Street*, ne se sont inquiétés de cette hausse. La dette des entreprises a été multipliée par cinq alors que leurs bénéfices avant impôts ont tout juste doublé sur la même période. Avec la hausse considérable des taux d'intérêt, la dette financière totale des entreprises est aujourd'hui un poids pour l'économie et un problème délicat pour nombre d'entreprises. (Notons qu'en 1950 le résultat courant avant impôts des entreprises représentait 30% de leur endettement financier et que ce taux est tombé à 13,2% en 1969. Nous pouvons nous attendre à ce que ce taux soit pire encore en 1970.) Pour résumer, il semble qu'une partie des 11% de la rentabilité financière soit le résultat d'un endettement au taux de 4% ou moins après impôt.[13] Si nos entreprises ne s'étaient pas endettées depuis 1950, leur rentabilité financière aurait été moindre, malgré l'inflation.

Le marché a considéré que les sociétés de service public sont les principales victimes de l'inflation, car elles sont prises en tenaille entre la hausse du coût de leur dette et la difficulté à faire passer des hausses de prix en raison de la réglementation

---

[12] NDT : Les capitaux permanents ou ressources stables sont les capitaux propres et les dettes financières à long et moyen terme.

[13] NDT : Graham fait référence à l'effet de levier de la dette. La hausse de l'endettement d'une entreprise, dont la rentabilité opérationnelle est supérieure au coût de sa dette, a pour conséquence d'améliorer la rentabilité financière de l'actionnaire.

des tarifs. Or, il y a lieu de remarquer que les tarifs de l'électricité, du gaz et des communications téléphoniques ont augmenté bien moins que l'indice général des prix, ce qui permet d'envisager un rattrapage des prix pour les années à venir[14]. En effet, la loi les autorise désormais à fixer des tarifs leur permettant de dégager une rentabilité financière satisfaisante, ce qui protégera leurs actionnaires de l'inflation, ce qui n'était pas auparavant le cas.

Tout ce qui vient d'être dit, nous ramène à la conclusion que l'investisseur ne peut espérer recevoir une rentabilité moyenne supérieure à environ 8% par an pour un portefeuille composé de grandes capitalisations aux cours actuels de bourse. Même si ces estimations s'avèrent être largement sous-évaluées, cela ne veut pas dire pour autant qu'il soit judicieux d'avoir 100% en actions. La seule chose certaine est que les bénéfices des entreprises et leurs cours ne vont pas croître à un taux uniforme de 4% l'an, par exemple. Pour paraphraser J.P Morgan : « *La bourse va bouger.* »[15] Ce qui signifie que l'investisseur court le risque de connaître des performances décevantes sur des périodes plus ou moins longues. Il a fallu 25 ans à *General Electric* (et au *DJIA*) pour rattraper le terrain perdu durant la débâcle de 1929-1932. Et si l'investisseur place tout en actions, il a de fortes chances de se laisser porter par l'euphorie des hausses ou la déprime des baisses. Ce sera encore plus vrai si son raisonnement prend en compte les anticipations inflationnistes. En effet, lorsque se présente un marché haussier, l'investisseur ne prend pas la hausse comme un signal de baisse à venir ou comme l'opportunité de réaliser une plus-value, il l'interprète plutôt comme la manifestation de l'inflation, connue pour doper les marchés. De ce fait, il va continuer à acheter, même si la bourse est surévaluée et les rendements en dividende faibles. Tout cela pour son plus grand malheur.

Les alternatives aux actions pour se protéger contre l'inflation

La stratégie classique de ceux qui perdent confiance dans leur monnaie a été d'acheter et détenir de l'or. Ce type d'investissement a été interdit aux Américains depuis 1935, pour leur plus grand bien. Sur les 35 dernières années le prix de l'or est passé de 35 dollars l'once à 48 dollars en 1972, soit une hausse de 35% seulement.[16] Or, pendant tout ce temps, le détenteur d'or n'a perçu aucun intérêt et a dû s'acquitter des coûts de stockage. À l'évidence, un livret d'épargne lui aurait plus rapporté malgré l'inflation.

Constater que l'or n'est pas un rempart à l'inflation, nous fait douter de la justesse du poncif qui laisse entendre que seuls les actifs physiques et les matières premières[17]

---

[14] NDE : Un graphique des prix, publié par *ATT* en 1971, montre que les tarifs appliqués sur les communications téléphoniques privées étaient en 1975 inférieurs à ceux pratiqués en 1970.

[15] NDE : John Pierpont Morgan a été le plus puissant des financiers de la fin du XIXème et début du XXème siècle. En raison de sa notoriété, on lui demandait fréquemment ce qu'il pensait des perspectives boursières. Morgan mit au point une réponse courte, mais toujours exacte : « *Elle va bouger.* » Cf. Jean Strouse, *Morgan: American Financier,* Random House, 1999, p. 11.

[16] NDE : Le même calcul sur 35 ans donnait en 2002 un résultat tout à fait comparable.

[17] NDE : Peter L. Bernstein – l'écrivain des marchés – estime que Graham a *vraiment tort* au sujet des métaux précieux et de l'or en particulier, lequel (du moins dans les années qui ont suivi l'écriture de ce chapitre par

protègent de l'inflation. Certains objets de valeur ont effectivement connu de belles hausses en quelques années (tels les diamants, les tableaux de grands maîtres, les éditions originales de livres, les timbres rares, les pièces de monnaie, etc.). Or, ces prix étaient souvent artificiels voire carrément irréalistes. Qui peut croire que mettre 67.500$ dans une pièce d'un dollar argent, datée de 1804 et qui ne fut même pas frappée cette année-là, est un *investissement*[18] ? Ce type de placement sort de notre domaine de compétence et de celui de nos lecteurs.

L'immobilier a pendant longtemps été considéré comme un investissement solide à long terme, épargné par l'inflation. Malheureusement, la valeur des biens immobiliers est, elle aussi, soumise à de fortes variations, sans compter que l'on peut se tromper sur la localisation, le prix, etc. et tout autre piège tendu par d'habiles vendeurs. En fin de compte, trop diversifier n'est pas simple pour l'investisseur peu fortuné, sauf grâce aux fonds communs de placement, ce qui n'est finalement pas si différent que détenir des actions en direct. Avec l'investissement en immobilier, nous sortons également de notre champ de compétence. Tout ce que nous pouvons dire à l'investisseur c'est *connaître les tenants et aboutissants de ces placements avant d'acheter.*

La conclusion

Tout naturellement, nous revenons à la stratégie préconisée au chapitre précédent. L'investisseur ne peut pas se permettre de placer tous ses œufs dans le même panier, car le futur est incertain : qu'il s'agisse du panier obligataire, malgré des rendements exceptionnels ou du panier actions, malgré des anticipations inflationnistes.

Plus les revenus de l'investisseur dépendent de la performance de son portefeuille, plus il doit se mettre à l'abri des imprévus. À l'évidence, l'investisseur prudent doit chercher à minimiser ses risques. Nous sommes convaincus que les risques pris, quand on achète une obligation d'une compagnie de téléphone, qui rapporte du 7,5%, sont moins élevés que ceux pris dans l'achat de l'indice *DJIA* à 900. La probabilité d'une *très forte* inflation à venir demeure et l'investisseur doit se protéger. Rien ne dit qu'un placement en actions vous assurera convenablement contre l'inflation, mais il offrira plus de protection que des obligations.

Graham) a démontré sa robustesse face à l'inflation. William Bernstein – le conseiller en investissement – est d'accord sur ce point, faisant remarquer qu'une allocation insignifiante sur un fonds métaux précieux (disons 2%) est trop faible pour obérer les performances du portefeuille quand l'or connaît de mauvais jours. Mais quand l'or se porte bien, cette allocation peut rapporter des performances tellement spectaculaires – dépassant parfois les 100% sur une année – qu'elle peut, à elle seule rendre son brillant à un portefeuille qui autrement resterait terne. Cependant, l'*investisseur intelligent* évitera d'investir directement dans de l'or métal, à cause de ses coûts élevés de stockage et d'assurance ; à la place, il cherchera un fonds de placement diversifié spécialisé dans les valeurs or et prélevant des dépenses annuelles inférieures à 1%. Vous limiterez votre mise à 2% de vos actifs financiers globaux (ou 5% si vous avez plus de 65 ans).

[18] NDG : Paru dans le *Wall Street Journal*, octobre 1970.

Voici ce que nous écrivions à ce sujet dans l'édition de 1965. Aujourd'hui, nous ne changerons pas un seul mot :

Le lecteur comprendra que nous ne sommes pas enthousiastes à l'idée de rentrer sur le marché action au niveau actuel (892 pour le DJIA). Mais, pour les raisons que nous avons déjà évoquées, il nous semble que l'investisseur passif ne peut se permettre de rester à l'écart des actions, car investir uniquement en obligations serait un mal plus grand encore.

COMMENTAIRES SUR LE CHAPITRE 2

Les Américains sont de plus en plus costauds. Il y a vingt ans, il fallait deux personnes pour charger 10$ de provisions dans sa voiture. Aujourd'hui, un enfant de cinq ans suffit.

Henry Youngman

L'inflation ? Qui s'en préoccupe ?

Le taux d'inflation des biens et services n'a pas dépassé les 2,2% entre 1997 et 2002 et les économistes estiment même que ce taux, particulièrement bas, est peut-être surestimé.[19] (En effet, prenez par exemple, le cas des ordinateurs et des produits électroniques qui ont vu leur prix s'effondrer et leur performance augmenter, ce qui signifie que les consommateurs en ont plus pour leur argent.) Ces dernières années, le taux d'inflation réel a probablement été proche de 1% aux États-Unis – une hausse si insignifiante que de nombreux d'experts ont proclamé « *la mort de l'inflation* ».[20]

L'illusion monétaire

Une autre raison explique pourquoi les investisseurs négligent l'importance de l'inflation, c'est ce que les psychologues appellent *l'illusion monétaire*. En effet, vous préférez une augmentation de salaire de 2%, quand l'inflation est de 4% à une baisse de salaire de 2% quand l'inflation est à zéro. Pourtant, les deux options sont presque les mêmes, car elles conduisent à une baisse de votre pouvoir d'achat de 2%. Nous sommes plus sensibles au taux *nominal* (en termes absolus), considérant que c'est une bonne chose quand il est positif, qu'au taux *réel* (après inflation). L'évolution de nos revenus est plus marquante que celle des prix.[21] De la même façon, les investisseurs étaient ravis de gagner 11% sur des comptes à terme (certificats de dépôts) en 1980. En 2003, ils sont franchement déçus de ne gagner que de 2%, alors qu'ils perdaient par le passé en termes de pouvoir d'achat et qu'ils font aujourd'hui jeu égal avec l'inflation. Le taux nominal est celui qui est affiché aux vitrines des banques et imprimé sur leurs

---

[19] NDE : Le *US Bureau of Labor Statistics*, qui calcule l'indice des prix à la consommation – indice qui mesure l'inflation – dispose d'un site particulièrement intéressant : www.bls.gov/cpi/home.htm.

[20] NDE : Concernant le débat sur le thème de « *la mort de l'inflation* » reportez-vous à www.pbs.org/newshour/bb/economy/july-dec97/inflation_12-16.html. En 1996, la commission *Boskin*, un groupe d'économistes, qui avait été chargé par les autorités d'enquêter sur la représentativité du taux d'inflation officiel, a estimé que l'inflation réelle aurait été surestimée d'environ 2% par an. Si vous désirez vous reporter au rapport publié par la commission, voir www.ssa.gov/history/reports/boskinrpt.html. Aujourd'hui, nombre d'experts financiers pensent que les risques de déflation – une chute des prix – sont plus forts que ceux d'inflation. Le meilleur moyen de se couvrir contre ce risque est d'avoir une part de votre portefeuille toujours investie en obligations (cf. commentaires du Chapitre 4).

[21] NDE : Pour en savoir plus sur ce biais comportemental, voir Shafir E., Diamond P., Tversky A., *Money Illusion*, dans le livre de Daniel Kahneman et Amos Tversky, *Choices, Values and Frames*, Cambridge University Press, 2000, pp. 335-355.

publicités. C'est celui qui nous fait saliver quand il est élevé. Or, l'inflation réduit le rendement de façon insidieuse en grignotant lentement notre richesse. C'est pour cela qu'il est si facile d'oublier l'inflation. C'est aussi pour cela qu'il est important d'estimer ses performances en mesurant, non pas ce que vous gagnez, mais ce qu'il vous reste déduction faite de l'inflation.

Plus fondamentalement encore, l'*investisseur intelligent* doit constamment être sur ses gardes pour se protéger contre tout ce qui pourrait être imprévu et sous-estimé. Et à ce propos, il y a trois bonnes raisons de penser que l'inflation n'est pas morte :

- Très récemment, entre 1973 et 1982, les États-Unis ont connu l'une des plus douloureuses poussées inflationnistes de toute leur histoire. Les prix ont plus que doublé en 10 ans, soit un taux annuel d'inflation proche de 9%. Pour la seule année 1979, l'inflation a atteint les 13,3%, paralysant l'économie dans ce qui fut baptisé une *stagflation,* laissant les commentateurs s'interroger sur la compétitivité des États-Unis.[22] Les biens et services qui valaient 100$ début 1973 coûtaient 230$ fin 1982, écornant la valeur du billet vert de 55%. Ceux, qui ont connu cette période, ne prennent pas à la légère l'érosion monétaire et, ceux qui restent prudents, doivent se protéger d'une nouvelle flambée inflationniste.
- Depuis 1960, 69% des économies de marché ont connu au moins une année où le taux d'inflation a atteint ou dépassé les 25%. En moyenne, ces périodes inflationnistes ont détruit 53% du pouvoir d'achat de l'investisseur.[23] Il faut être fou pour croire que les États-Unis sont immunisés contre ce fléau et, il faut être encore plus fou pour croire que cela ne pourra jamais nous arriver.[24]
- La hausse des prix facilite le remboursement des dettes de l'Oncle Sam avec des dollars dévalorisés par l'inflation. Donc l'éradication de l'inflation va à l'encontre des intérêts des gouvernements endettés.[25]

Une couverture partielle

Dès lors, comment l'*investisseur intelligent* peut-il se protéger contre l'inflation ? La réponse classique est « *d'acheter des actions* » – mais, ce n'est pas tout à fait vrai.

---

[22] NDE : Cette année-là, le président Jimmy Carter a délivré son fameux discours sur le *malaise américain*, dans lequel il nous mettait en garde contre une « *crise de confiance* » qui « *touche le cœur, l'âme et l'esprit* » et « *menace de détruire le tissu social et politique de l'Amérique* ».

[23] NDE : Cf. Fisher S., Sahay R., Vegh C., *Modern Hyper and High Inflation*, National Bureau of Economic Research, Working Paper 8930, sur www.nber.org/papers/w8930.

[24] NDE : En fait, les États-Unis ont eu deux périodes d'hyperinflation. Durant la Révolution Américaine, les prix ont pratiquement triplé tous les ans entre 1777 et 1779, avec une livre de beurre qui coûtait 12$ et un baril de farine qui valait près de 1.600$ dans le Massachusetts révolutionnaire. Pendant la Guerre Civile, l'inflation faisait rage à un taux de 29% (dans le Nord) et de 200% (dans la Confédération). Plus récemment, en 1946, l'inflation a atteint les 18,1% aux États-Unis.

[25] NDE : Je suis redevable à Lawrence Siegel de la *Ford Foundation* pour cette interprétation lucide et exacte. À l'opposé, en période de déflation (ou de baisse des prix), il est plus avantageux d'être prêteur qu'emprunteur – et c'est la raison pour laquelle la plupart des investisseurs devraient conserver au moins une petite portion de leurs actifs sous la forme d'obligations, comme une sorte d'assurance contre une baisse des prix.

L'illustration ci-dessous montre, de 1926 à 2002, la relation entre inflation et performance des actions.

FIGURE 3 : LES ACTIONS PROTÈGENT-ELLES DE L'INFLATION ?

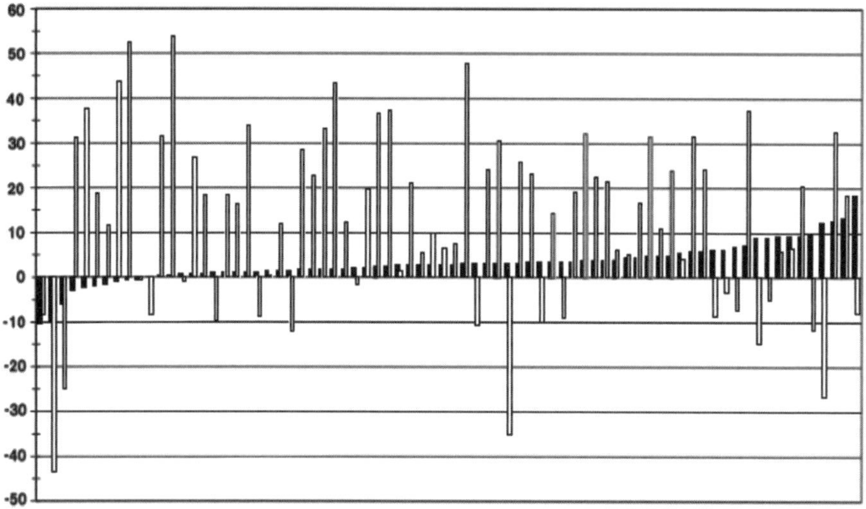

Légende : Taux d'inflation (histogramme plein) et performance de la bourse (histogramme vide) exprimés en pourcentage.
Commentaire : Ce graphique montre l'inflation et la rentabilité annuelle des actions entre 1926 et 2002 – classées, non pas par ordre chronologique, mais en fonction du taux d'inflation, du plus faible au plus élevé. Quand l'inflation est fortement négative (partie gauche du graphe), les actions performent particulièrement mal. Quand l'inflation est modérée, comme au début des années 2000, les actions en règle générale performent bien. Quand l'inflation est très élevée (partie droite du graphe), les actions affichent une performance erratique, perdant souvent au moins 10%.

Comme vous pouvez l'observer sur la partie gauche du graphique, le rendement offert par les actions a été épouvantable en période de déflation, avec une baisse de la bourse allant jusqu'à 43%.[26] Quand l'inflation est passée au-dessus de 6% à droite du graphique, la performance du marché actions a été mauvaise. La bourse a alors baissé 8 années sur 14 ; le rendement moyen sur ces 14 années a été de 2,6%.

Si une faible inflation permet aux entreprises de faire passer la hausse des prix des matières premières sur les consommateurs, une forte inflation sème le chaos en forçant les consommateurs à réduire leur consommation, ralentissant l'activité économique dans son ensemble.

Les preuves historiques sont claires. Depuis 1926, où nous avons des données boursières précises, nous avons connu 64 périodes de 5 ans (par exemple, 1926-1930, 1927-1931, 1928-1932 et ainsi de suite). Dans 50 de ces 64 périodes de 5 ans (soit 78%

[26] NDE : La *déflation* est une situation économique où le taux d'inflation est négatif. La chute régulière des prix peut d'abord sembler intéressante, mais aboutit à la situation du Japon. En effet, l'économie nippone est en déflation depuis 1989. Les marchés boursiers et l'immobilier ont plongé chaque année, un véritable supplice pour la deuxième plus grande économie du globe.

du temps), les actions ont fait mieux que l'inflation.[27] C'est beaucoup, mais insuffisant, car cela veut dire que les actions n'ont pas su protéger les investisseurs pendant près d'un cinquième du temps.

Deux acronymes à la rescousse

Fort heureusement, en diversifiant vos investissements au-delà des seules actions, vous pouvez mieux vous protéger de l'inflation. Depuis la dernière édition du livre de Graham, deux nouveaux véhicules d'investissement permettent de lutter contre l'inflation :

Les REIT (SCPI). Les *Real Estate Investment Trusts*[28] sont des sociétés qui détiennent et gèrent des portefeuilles d'immobilier commercial et résidentiel et qui collectent les loyers.[29] Les REIT ont eu une performance honnête pour lutter contre l'inflation. Le meilleur choix est le *Vanguard REIT Index Fund* et parmi les autres que vous pouvez avoir à relativement bon prix, nous pouvons citer *Cohen & Steers Realty Shares*, *Columbia Real Estate Equity Fund* et *Fidelity Real Estate investment Fund*.[30] Si le REIT n'est pas parfaitement infaillible pour lutter contre l'inflation, à long terme il offre une belle garantie contre l'érosion de votre pouvoir d'achat sans pour autant porter atteinte au rendement.

Les TIPS (OATi). Les *Treasury Inflation-Protected Securities*[31] sont des obligations d'État, qui ont été émises à partir de 1997 et qui s'apprécient de concert avec l'inflation. Elles sont sans risques de défaut de paiement, car elles sont émises par le gouvernement des États-Unis. Les TIPS protègent également votre capital contre l'érosion monétaire. En un seul produit, vous avez une double garantie : une assurance contre une perte financière et contre une perte de pouvoir d'achat.[32]

Néanmoins, les TIPS ont un inconvénient. Lorsque le cours de votre obligation s'apprécie avec l'inflation, les services fiscaux considèrent cette augmentation comme une plus-value taxable – alors que cela ne représente qu'un gain théorique (à moins

---

[27] NDE : Ibbotson Associates, *Stocks, Bonds, Bills, and Inflation*, 2003 Handbook, Ibbotson Associates, Chicago, 2003. Le même constat peut être fait à l'extérieur des États-Unis : en Belgique, Italie et Allemagne, des pays où l'inflation fut particulièrement élevée au début du XXème siècle, « *l'inflation semble avoir eu un impact négatif à la fois sur les marchés d'actions et les marchés obligataires* », remarquent Elroy Dimson, Paul Marsh et Mike Shauton (*Triumph of Optimists : 101 Years of Global Investment Returns*, Princeton University Press, 2002, p. 53).

[28] NDT : Équivalent des SCPI (société civile de placement immobilier).

[29] NDE : Des informations complètes bien qu'un peu dépassées sur les REIT peuvent être retrouvées sur www.nareit.com.

[30] NDE : Pour plus d'informations, reportez-vous à www.vanguard.com et www.fidelity.com. Il est plus difficile de plaider la cause de l'investissement dans des REIT pour quelqu'un qui détient déjà un bien immobilier personnel, puisque ces produits sont des substituts à la détention physique de biens immobiliers.

[31] NDT : Équivalent des OATi françaises.

[32] NDE : Pour plus d'information sur les TIPS, vous pouvez vous reporter au site du Trésor public : www.publicdebt.treas.gov/of/ofinflin/htm.
Pour aller encore plus loin, voir www.federalreserve.gov/Pubs/feds/2002/200232/200232pap.pdf, www.tiaa-crefinstitute.org/Publications/resdiags/73_09-2002.htm.

d'avoir vendu l'obligation à son nouveau prix). Pourquoi le fisc a-t-il une interprétation aussi restrictive des choses ? C'est là que l'*investisseur intelligent* devra se remémorer les paroles de l'analyste financier Mark Schweber : « *La seule question à ne jamais poser à un fonctionnaire du fisc est Pourquoi ?* » En raison de cette conséquence fiscale, les TIPS sont surtout utilisés comme produits de retraite à imposition différée et sont placés dans des véhicules comme les IRA, les Keogh ou les 401(k)[33], car ils ne vont pas alourdir l'assiette fiscale.

Vous pouvez acheter des TIPS directement auprès du gouvernement américain sur www.publicdent.treas.gov/of/ofinflin.htm ou dans le cadre d'un fonds commun de placement low-cost comme le *Vanguard Inflation-Protected Securities* ou le *Fidelity Inflation-Protected Bond Fund*.[34] Que ce soit directement ou au travers d'un fonds, les TIPS sont un substitut idéal pour la portion de votre épargne retraite que vous auriez autrement conservé en cash. Il ne faut pas faire du trading sur les TIPS, car ces produits peuvent être volatils à court terme et donc il est plus approprié de les considérer comme s'il s'agissait d'un investissement permanent que vous conserverez votre vie durant. Pour la plupart des investisseurs, allouer au moins 10% de sa capacité d'épargne-retraite dans des TIPS est la meilleure façon de garantir son capital, tout en le préservant des effets de l'inflation.

---

[33] NDT : Les 401(k) sont des plans d'épargne retraite par capitalisation très répandus aux États-Unis.

[34] NDE : Pour plus de détails sur ces fonds, reportez-vous à www.vanguard.com ou à www.fidelity.com.

CHAPITRE 3. UN SIÈCLE DE BOURSE

Le portefeuille actions de l'investisseur n'est qu'un petit échantillon de cette formidable institution qu'est la bourse. Être prudent signifie aussi avoir une bonne connaissance de l'histoire des marchés boursiers et notamment connaître l'évolution historique des indices boursiers, des PER et des rendements. Après, l'*investisseur intelligent* sera en mesure de porter un jugement objectif sur les niveaux du marché. Le hasard fait que nous avons à notre disposition un siècle de données historiques, puisque les statistiques boursières remontent à 1871. La qualité de ces statistiques n'est pas aussi bonne pour les 50 premières années que pour les 50 années suivantes, mais même les plus anciennes sont utiles. Nous consacrerons ce chapitre à la présentation de ces données sous forme synthétique avec deux objectifs à l'esprit. Le premier est de comprendre l'évolution cyclique des cours de bourse sur un siècle. Le second sera de décomposer ce siècle en décennies, non seulement pour suivre l'évolution des cours moyens, mais aussi celle des bénéfices et des dividendes servis, pour faire apparaître les relations entre ces trois facteurs. À partir de ces informations, nous évaluerons le niveau des cours de bourse en ce début d'année 1972.

La longue histoire de la bourse est résumée par deux tableaux et un graphique. Le Tableau 3 nous donne les plafonds et planchers des 19 cycles de hausse et de baisse en un siècle. Nous avons utilisé deux indices de marché. Le premier indice combine celui de la *Commission Cowles,* qui remonte à 1870, que nous avons retraité pour être cohérent avec le fameux *Standard & Poor's 500* (ou *S&P 500*). Le second n'est autre que le *Dow Jones Industrial Average* (ou *DJIA* ou encore *Dow*) qui remonte à 1897. Il est composé de 30 valeurs dont *ATT,* les 29 autres étant de grandes entreprises industrielles.[1]

La Figure 4 de *Standard & Poor's* décrit les fluctuations de l'indice des 425 valeurs industrielles de 1900 à 1970. (L'évolution du *Dow* serait très proche.) Le lecteur pourra distinguer trois phases distinctes ; chacune couvrant environ un tiers des 70 années décrites. La première période s'étend de 1900 à 1924, on y voit une série de cycles de trois à cinq ans. La hausse annuelle moyenne est de 3%. Puis on passe au marché haussier de la *Nouvelle Ère*[2] qui culmina en 1929 et fut suivi de la *Grande Dépression,* pour se terminer par des oscillations irrégulières jusqu'en 1949. La hausse annuelle des cours, qui n'a pas dépassé 1,5% entre 1924 et 1949, s'explique aussi par un profond désintérêt du grand public pour tout ce qui a trait à la bourse. Le marché était alors

[1] NDE : *Dow Jones* et *Standard & Poor's* calculent des indices distincts pour les sociétés de production-distribution de gaz et d'électricité et les sociétés de transport (essentiellement les chemins de fer). Depuis 1965, le *New York Stock Exchange* établit un indice prenant en compte tous les titres ordinaires inscrits sur cette Bourse.

[2] NDT : Connue sous le qualificatif des *années folles.* La *Nouvelle Ère,* qui a vu l'émergence de l'automobile et de l'électricité, est à mettre en parallèle avec la *Nouvelle Économie,* qui a vu l'émergence de l'Internet au milieu des années 1990.

mûr pour démarrer la plus forte période de hausse de son histoire (partie droite du graphique). La bourse culmina en décembre 1968 avec un *S&P 425* des valeurs industrielles à 118 (et un *S&P 500* à 108). Comme nous pouvons le voir sur le Tableau 3, d'importantes corrections cassèrent cette avancée entre 1949 et 1968 (surtout en 1956-57 puis en 1961-62). Le marché récupéra à chaque fois si rapidement que ces baisses furent qualifiées de corrections et non de cycles baissiers. D'un plus bas du marché à 162 pour le *Dow* à la mi-1949, à un plus haut à 995 en début 1966, la hausse a permis de gagner plus de 600% en 17 ans. Soit une rentabilité annuelle moyenne de 11%, à laquelle il faut ajouter les dividendes versés soit 3,5% de plus. La hausse du *S&P 500* fut même supérieure à celle du *Dow* puisque l'indice passa de 14 à 96.

TABLEAU 3 : ÉVOLUTION DES INDICES BOURSIERS (1871-1971)

	Indice Cowles-Standard 500			Indice Dow Jones Industrial Average		
Année	Haut	Bas	Baisse	Haut	Bas	Baisse
1871		4,64				
1881	6,58					
1885		4,24	28%			
1887	5,90					
1893		4,08	31%			
1897					38,85	
1899				77,6		
1900					53,5	31%
1901	8,50			78,3		
1903		6,26	26%		43,2	45%
1906	10,03			103		
1907		6,25	38%		53	48%
1909	10,30			100,5		
1914		7,35	29%		53,2	47%
1916-18	10,21			110,2		
1917		6,80	33%		73,4	33%
1919	9,51			119,6		
1921		6,45	32%		63,9	47%
1929	31,92			381		
1932		4,40	86%		41,2	89%
1937	18,68			197,4		
1938		8,50	55%		99	50%
1939	13,23			158		
1942		7,47	44%		92,9	41%
1946	19,25			212,5		
1949		13,55	30%		161,2	24%
1952	26,6			292		
1952-53		22,7	15%		256	13%
1956	49,7			521		
1957		39,0	24%		420	20%
1961	76,7			735		
1962		54,8	29%		536	27%
1966-68	108,4			995		
1970		69,3	36%		631	37%
Début 1972	100			900		

Ce rendement de 14% fut présenté dans une étude[3] largement médiatisée[4] datant de 1963. *Wall Street,* vaniteuse, se laissa bercer de l'espoir que l'avenir promettait d'aussi belles performances. Personne ne voulait croire que cette performance traduisait un excès. La chute qui suivit, entre 1968 et 1970, fit perdre 36% au *S&P* (37% au *Dow*) et leurs illusions aux investisseurs. Ce fut la plus forte baisse enregistrée depuis la chute de 44%, qui suivit Pearl Harbor[5]. Le cycle maniaco-dépressif de *Wall Street* se traduisit ensuite par une violente reprise des deux grands indices portant le *S&P* à un plus haut historique début 1972. La performance annuelle moyenne pour la période 1949-1970 s'éleva à 9% (en prenant la valeur annuelle moyenne de l'indice de la première et de la dernière année) soit un taux supérieur à tout ce qui a été constaté avant 1950 sur des périodes de même durée. Cela étant, sur les 10 dernières années, le taux d'appréciation du *S&P* n'est plus que de 5,25% et celui du *Dow* de 3% seulement.

FIGURE 4 : ÉVOLUTION DE L'INDICE *S&P 500* (1900 – 1970)

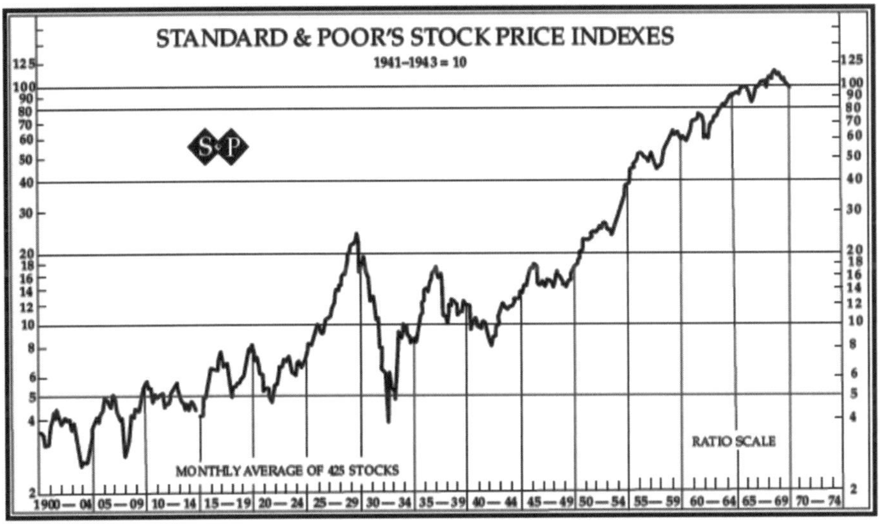

Les statistiques de cours doivent être complétées par d'autres données concernant les bénéfices et les dividendes afin d'avoir une vision complète du marché sur plus de dix décennies. Nous présentons une vue synoptique de la situation dans notre Tableau 4. Peut-être est-ce trop demander au lecteur que de se concentrer sur ces chiffres. Ceux qui en auront le courage trouveront l'analyse instructive.

---

[3] NDG : Étude du Centre de Recherche Financière de l'Université de Chicago financée par la fondation Charles E. Merrill.

[4] NDE : L'étude, dans sa forme originale, était signée de Fisher L., Lorie J., *Rates of Return on Investments in Common Stocks: the Year-by-Year Record, 1926-65*, The Journal of Business, vol. XLI, n°3, juillet 1968, pp. 291-316. Pour connaître l'influence de cette étude sur le public, voir http://library.dfaus.com/work_of_art/.

[5] NDT : Le 7 décembre 1941.

TABLEAU 4 : SYNTHÈSE DES PERFORMANCES DU MARCHÉ (1871-1970)

Périodes	Cours moyen	Bénéfice net par action	PER moyen	Dividende moyen	Rendement moyen	Taux de distribution moyen	Taux de croissance annuel	
							Bénéfice	Dividende
1871-80	3,58	0,32	11,3	0,21	6,0%	67%		
1881-90	5,00	0,32	15,6	0,24	4,7%	75%	-0,64%	-0,66%
1891-00	4,65	0,30	15,5	0,19	4,0%	64%	-1,04%	-2,23%
1901-10	8,32	0,63	13,1	0,35	4,2%	58%	+6,91%	+5,33%
1911-20	8,62	0,86	10,0	0,50	5,8%	58%	+3,85%	+3,84%
1921-30	13,89	1,05	13,3	0,71	5,1%	68%	+2,84%	+2,29%
1931-40	11,55	0,68	17,0	0,78	5,1%	85%	-2,15%	-0,23%
1941-50	13,90	1,46	9,5	0,87	6,3%	60%	+10,60%	+3,25%
1951-60	39,20	3,00	13,1	1,63	4,2%	54%	+6,74%	+5,90%
1961-70	82,50	4,83	17,1	2,68	3,2%	55%	+5,80%	+5,40%
1954-56	38,19	2,56	15,1	1,64	4,3%	65%	+2,40%*	+7,80%*
1961-63	66,10	3,66	18,1	2,14	3,2%	58%	+5,15%*	+4,42%*
1968-70	93,25	5,60	16,7	3,13	3,3%	56%	+6,30%*	+5,60%*

Les données sont issues de l'article de N, Molodovsky *Stock Values and Stock Prices, Financial Analyst Journal*, Mai 1960 et du livre de la *Cowles Commission* « *Common Stock Indexes* » pour les années antérieures à 1926 et de l'indice *S&P 500* pour les périodes au-delà de 1926.
(*) Les taux de croissance indiqués le sont entre les périodes suivantes : 1954-1956 et 1947-1949 ; 1961-1963 et 1954-1956 ; 1968-1970 et 1958-1960.

Quelques commentaires : Les statistiques de ces 13 décennies lissent les fluctuations erratiques pour donner une idée de la croissance à long terme. Sur les 10 premières décennies, seules deux enregistrent une baisse des cours et des bénéfices (1891-1900 et 1931-1940). Aucune période postérieure à 1900 n'a vu de baisse des dividendes. En revanche, les taux de croissance de ces trois catégories sont fort différents suivant l'époque considérée. Les performances semblent globalement meilleures après la Seconde Guerre mondiale. En revanche, celles des années 1960 sont inférieures à celles des années 1950. Malheureusement, il est impossible d'extrapoler la performance des dix prochaines années en termes de bénéfices, de dividendes et de cours. Cette étude historique montre cependant que l'investisseur a, en bourse, toutes les chances de tirer son épingle du jeu.

Un point, qui n'apparaît pas dans le Tableau 4, mérite d'être mentionné. L'année 1970 a été marquée par une très nette détérioration de la profitabilité des entreprises. La rentabilité des capitaux investis est tombée à son plus bas niveau depuis la Deuxième Guerre mondiale. Autre point troublant, un nombre record d'entreprises a dû afficher des pertes sur ce dernier exercice. Nombre d'entre elles ont connu des difficultés financières graves et, pour la première fois depuis trente ans, certaines grandes entreprises sont entrées dans une procédure de liquidation judiciaire. Ces faits permettent de conclure que le boom d'après-guerre s'est probablement achevé en 1969-70.

La caractéristique la plus surprenante du Tableau 4, c'est l'évolution du ratio Cours / Bénéfice[6] depuis la Seconde Guerre mondiale.[7] En juin 1949, le *S&P 500*

[6] NDT : PER, *Price-Earnings Ratio.*
[7] NDE : Le PER d'une action ou d'un indice de marché, comme l'indice du *S&P 500*, est un simple outil pour prendre la température du marché. Si, par exemple, une entreprise a gagné 1$ de bénéfice net par action au cours de l'année écoulée et que son action est de 8,93$, son ratio Cours / Bénéfice s'élève à 8,93.

s'échangeait à 6,3 fois les bénéfices des 12 derniers mois et en mars 1961, le multiple s'affichait à 22,9. Dans le même temps, le rendement des dividendes sur l'indice *S&P 500* est passée de 7% en 1949 à 3% seulement en 1961, alors que les taux servis par les obligations les mieux notées sont passés de 2,6% à 4,5%. Ce changement de comportement des investisseurs est sans doute un revirement sans précédent dans toute l'histoire boursière.

Pour ceux qui ont une longue expérience des marchés et une sagesse innée, une telle volte-face est un signe annonciateur de troubles à venir en bourse. Cela rappelle le scénario dramatique qui s'est déroulé de 1926 à 1929 et qui déboucha sur l'effondrement que l'on connaît. Il est pourtant vrai que le cours de clôture du *Dow Jones* en 1970 était le même que six ans et demi plus tôt et que les fameuses années soixante ne furent qu'une succession de hauts et de bas. Pourtant, nous n'avons rien connu de comparable à l'effondrement boursier et à la dépression économique des années 1929-1932.

La bourse début 1972

Avec une vue d'ensemble sur un siècle de cours boursiers, de PER et de rendement, essayons de tirer quelques conclusions sur le niveau du marché avec un *DJIA* à 900 et un *S&P 500* à 100 (en janvier 1972).

Dans chacune de nos précédentes éditions, nous avons toujours consacré une section à débattre du niveau de la bourse pour tenter de savoir s'il était trop élevé et conseiller l'achat à un investisseur prudent. Le lecteur peut relire avec intérêt nos conclusions tirées à différentes époques. Ce n'est pas un exercice d'auto-flagellation. Cette étude cimente les différents épisodes boursiers de ces vingt dernières années. C'est aussi un exemple concret des difficultés auxquelles se confronte l'investisseur, qui veut se forger une opinion sur les conditions de marché à un moment donné. Reprenons d'abord le résumé de nos analyses faites en 1948, 1953 et 1959, reprises dans notre édition de 1965 :

En 1948, nous avons été délibérément prudents pour jauger du niveau du Dow Jones qui cotait à 180 pour conclure que le niveau n'était pas trop élevé par rapport à la valeur intrinsèque des titres. Quand nous nous sommes interrogés en 1953 le Dow Jones s'élevait à 275, soit une hausse de 50% en cinq ans : « À ce niveau le Dow Jones est-il trop cher pour faire un bon investissement ? » À la lumière de la forte hausse qui a suivi, vous serez surpris d'apprendre qu'il nous fut alors très difficile de formuler une opinion arrêtée sur l'intérêt de la bourse à ce niveau de prix. Nous affirmions cependant, qu'en « raison des fondamentaux, il était encore possible de rentrer en bourse ». Mais nous étions inquiets, car la durée de la hausse dépassait celle des marchés haussiers d'autrefois avec en plus des indices montrant que nous étions à des plus hauts historiques. Ceci pondérant notre opinion positive, nous suggérions la prudence. La suite nous a montré que nos conseils auraient pu être meilleurs. Tout

---

Si l'action s'échange à 69,70$, alors le PER est de 69,7. En général un PER au-dessous de 10 est considéré comme faible, au-dessous de 20 comme modéré et supérieur à 20 comme cher.

bon prophète aurait su que le marché pouvait doubler dans les cinq années suivantes. À notre décharge, ajoutons que ceux dont le métier est de faire des prévisions (ce qui n'est pas notre cas) n'ont pas fait mieux.

Début 1959, nous retrouvions le DJIA à un plus haut historique de 584. Notre analyse peut être résumée ainsi[8] : « Globalement, nous avons le devoir de dire que les niveaux actuels de la bourse sont dangereux. Investir est périlleux, car les cours sont déjà bien trop élevés. Et même si nous nous trompons, la poussée haussière (momentum) du marché est si forte, que les cours peuvent atteindre des sommets injustifiables. Très franchement, nous estimons que la bourse chutera lourdement à un moment ou à un autre et donc que les profits sont loin d'être garantis. »

Notre mise en garde de 1959 fut plus justifiée que celle de 1954 par la suite des événements. Cela étant, elle n'était pas totalement exacte. Le DJIA monta jusqu'à 685 en 1961, avant de retomber à son niveau de 584 (puis 566) en milieu d'année pour remonter à 735 fin 1961 et ensuite chuter dans un mouvement de panique à 536 en mai 1962, enregistrant une perte de 27% en 6 mois. Le plongeon des valeurs de croissance en vogue fut, quant à lui, encore plus prononcé comme l'illustre IBM – indiscutable leader du groupe – qui chuta d'un plus haut de 607$ en décembre 1961 à un bas de 300$ en juin 1962.

Cette époque fut celle de la débâcle des valeurs nouvellement introduites en bourse à des cours exagérément élevés, poussés par une spéculation débridée à des niveaux stratosphériques. La plupart de ces valeurs perdirent 90%, voire plus, en à peine quelques mois.

L'effondrement du marché, début 1962, pris au dépourvu aussi bien les spéculateurs que les imprudents qui se prenaient pour des investisseurs. Le rebond du marché en fin d'année surprit tous les opérateurs. Les indices de marché repartirent à la hausse comme le montre le tableau ci-dessous.

	DJIA	***S&P 500***
Décembre 1961	*735*	*72,64*
Juin 1962	*536*	*52,32*
Novembre 1964	*892*	*86,28*

Le rattrapage et la hausse des cours furent réellement impressionnants avec une révision du sentiment de marché. Si en juin 1962, au plus bas du marché, les prévisions pessimistes étaient dominantes, l'opinion générale fut plus nuancée après la première reprise avec encore une majorité de sceptiques. Puis, à l'horizon 1964, l'optimisme naturel des sociétés de courtage de Wall Street reprit le dessus ; toutes les prévisions étaient au beau fixe. Cette année-là, cet optimisme ne fit que se nourrir de la hausse du marché.

Il nous reste à nous prononcer sur les niveaux de novembre 1964 (892 pour le DJIA). Trois conclusions découlent de l'analyse des marchés sous différentes perspectives. La première est que les critères utilisés jusqu'alors pour les fondamentaux d'évaluation ne sont plus applicables et aucun autre n'a été testé. La

[8] NDG : Édition de 1959, p. 59.

seconde est que l'investisseur doit désormais prendre en compte de lourdes incertitudes pesant sur le marché. Tout est possible : la poursuite d'une hausse de 50% par exemple (avec un objectif de 1.350 pour le DJIA) ou un effondrement-surprise des cours d'une même ampleur ramenant les indices autour de 450. La troisième conclusion est sans équivoque : « Pour parler vrai, si le niveau actuel (de 1964) n'est pas trop élevé, alors autant dire qu'aucun niveau de prix ne le sera jamais. » Le chapitre se terminait ainsi : « Que faire ? »

Alors que faire ?

Les investisseurs ne doivent pas en conclure qu'en 1964, le niveau des cours est élevé au motif qu'ils l'ont lu dans ce livre. Ils doivent pondérer cette opinion par celle des meilleurs analystes de Wall Street qui est aux antipodes de nos convictions. C'est à chacun de prendre ses responsabilités. Pour autant, nous suggérons à l'investisseur qui doute, de choisir la voie de la prudence. Les principes de l'investissement qui sont les nôtres en appellent à la poursuite de la stratégie suivante, par ordre de priorité :

1. *N'acheter, ni conserver de titres achetés à crédit.*
2. *Ne pas augmenter la pondération des actions dans le portefeuille.*
3. *Réduire la part en actions du portefeuille pour la ramener à un maximum de 50% du total. Les plus-values après impôts seront placées en obligations de première catégorie ou sur un compte de dépôt rémunéré.*

Les investisseurs qui moyennent, en achetant régulièrement le même montant de titre, peuvent continuer dans cette voie ou suspendre leurs achats jusqu'à ce qu'ils estiment que le marché est moins dangereux. En revanche, nous déconseillons de vouloir moyenner en démarrant aujourd'hui, car peu d'investisseurs sauront continuer à acheter si les marchés commencent à baisser dans les prochains mois.

Là, nous pouvons dire que les faits ont justifié notre prudence. Le *DJIA* gagna 11% de plus (à 995), avant de tomber par paliers jusqu'à un plus bas de 632 en 1970, pour finir l'année à 839. La même débâcle, que celle de 1961-62, se produisit sur les *valeurs de croissance* avec des baisses allant jusqu'à -90%. Comme nous le soulignions dans l'introduction, le sentiment du marché va de l'enthousiasme débordant au doute total. Un simple fait résume bien la situation : le *DJIA* termina l'année 1970 à un niveau inférieur à celui de 1964 : une première depuis 1944 !

Voilà nos prévisions de marché. Y a-t-il un enseignement à tirer de tout cela ? Nous avons estimé que le marché était sur une tendance haussière en 1948 et en 1953 (sans doute étions-nous trop prudents en 1953), dangereux en 1959 (à 584 pour le *DJIA*) et trop haut (à 892) en 1964. Aujourd'hui encore, nous pourrions facilement défendre nos recommandations, mais ce n'est pas notre propos. En effet, nous doutons que nos prévisions soient aussi utiles que nos conseils qui invitent à investir en actions avec raison et à se tenir à l'écart de stratégies visant à battre le marché ou à parier gros.

Nous pensons néanmoins que le lecteur trouvera un intérêt à réévaluer de temps en temps le niveau atteint par les indices boursiers – dans notre cas à la fin 1971 – même si ce que nous concluons est indicatif. Il y a un très beau passage dans *Éthique à Nicomaque* d'Aristote[9] qui nous dit : « *C'est dans le même esprit, dès lors, que devront être accueillies les diverses vues que nous émettons : car il est d'un homme cultivé de ne chercher la rigueur pour chaque genre de choses que dans la mesure où la nature du sujet l'admet : il est évidemment à peu près aussi déraisonnable d'accepter d'un mathématicien des raisonnements probables que d'exiger d'un rhéteur[10] des démonstrations proprement dites.* »[11] Le travail de l'analyste financier est quelque part entre celui du mathématicien et de l'orateur.

À plusieurs reprises en 1971, le *DJIA* a atteint les 892 points du mois de novembre 1964, que nous avions étudié dans notre précédente édition. Pour la suite de notre analyse, nous préférerons le *S&P 500*, qui nous paraît plus représentatif du marché que le *DJIA* avec ses 30 valeurs. Notre étude comparative reprendra les niveaux charnières de fin 1948, 1953, 1958, 1963 et 1968 que nous avions utilisés lors de nos précédentes éditions. Nous prendrons un *S&P 500* à 100 points – un chiffre pratique – comme cours actuel, car il a été plusieurs fois atteint par l'indice en 1971 et début 1972. Les données les plus intéressantes sont synthétisées dans le Tableau 5. Les statistiques de bénéfices sont celles de l'année écoulée et la moyenne des trois dernières années. Pour les dividendes de 1971, nous utiliserons les chiffres des 12 derniers mois. Enfin les taux obligataires et les prix de gros sont ceux d'août 1971.

TABLEAU 5 : DONNÉES PORTANT SUR LE *S&P 500* POUR DIFFÉRENTES ANNÉES

Années	1948	1953	1958	1963	1968	1971
Cours de clôture	15,2	24,81	55,21	75,02	103,9	100
Bénéfice courant	2,24	2,51	2,89	4,02	5,76	5,23
Bénéfice moyen des 3 années précédentes	1,65	2,44	2,22	3,63	5,37	5,53
Dividende courant	0,93	1,48	1,75	2,28	2,99	3,10
Rendement des obligations peu risquées	2,77%	3,08%	4,12%	4,36%	6,51%	7,57%
Indice des prix	87,9	92,7	100,4	105,0	108,7	114,3
Ratios :						
PER (Cours / Bénéfice année précédente)	6,3x	9,9x	18,4x	18,6x	18,0x	19,2x
PER (Cours / Bénéfice des 3 années précédentes)	9,2x	10,2x	17,6x	20,7x	19,5x	18,1x
Taux de rentabilité exigé (inverse du PER - 3 ans)	10,9%	9,80%	5,80%	4,80%	5,15%	5,53%
Rendement du dividende	5,60%	5,50%	3,30%	3,04%	2,87%	3,11%
Taux de rentabilité exigé / Rendement obligataire	3,96x	3,20x	1,41x	1,10x	0,80x	0,72x
Rendement dividende / Rendement obligataire	2,1x	1,8x	0,80x	0,70x	0,44x	0,41x
Bénéfice / Capitaux propres	11,2%	11,8%	12,8%	10,5%	11,5%	11,5%

Le PER moyen du marché, calculé sur trois ans, était, en octobre 1971, inférieur à celui de fin 1963 et de fin 1968. Il était proche de celui de 1958, mais bien supérieur à celui des premières années de ce long marché haussier dont les origines remontent à 1949. Cet indicateur important n'explique pas, loin de là, pourquoi nous estimons que le marché est particulièrement surévalué en janvier 1972. Mais une fois pris en compte les rendements obligataires, la prudence est de mise. Le lecteur remarquera à la lecture de ce tableau que le taux de rentabilité exigé sur les actions – l'inverse du PER – n'a

[9] NDT : Graham est féru de grec.
[10] NDT : Orateur.
[11] NDT : Aristote, *Éthique à Nicomaque*, traduction J. Tricot, Les Éditions du Maquis, 2004.

fait que se détériorer sur la période analysée. Sur ce seul critère, les données de janvier 1972 n'invitent pas à investir en actions par rapport aux années antérieures. L'analyse comparée du rendement des dividendes (Dividendes / Cours) et des taux obligataires (Coupons / Cours) montre que la relation s'est complétement renversée entre 1948 et 1972. En début de période, les actions rapportaient deux fois plus que les obligations, maintenant c'est l'inverse.

Finalement, nous pouvons en conclure que la baisse du ratio (Taux de rentabilité exigé sur le marché action / Taux obligataire) ne fait que compenser la hausse du PER. Ce qui nous laisse entendre que le marché boursier de 1972 est comparable à celui de 1965 ; à savoir un marché peu attractif pour l'investisseur prudent. (Ceci est valable pour tous les niveaux de marché enregistrés en 1971, à savoir un *DJIA* fluctuant entre 800 et 950 points.)

Si nous replaçons l'évolution des cours de bourse dans une perspective historique, l'année 1971 est celle d'une reprise chaotique après la forte baisse des années 1969 et 1970. De tels rebonds ont, par le passé, été annonciateur de nouvelles hausses dans le mouvement haussier qui débuta en 1949. (C'était l'opinion dominante à *Wall Street* courant 1971.) Après l'échec des introductions en bourse de valeurs de mauvaise qualité entre 1968 et 1970, le marché de 1971 n'était pas prêt à participer aux nouvelles introductions. Or, ce signal à la fois fiable et annonciateur d'une forte baisse[12] n'était pas présent en 1971, contrairement à novembre 1964 (*DJIA* à 892) lors de notre précédente édition. Par conséquent, les perspectives purement techniques de marché semblent favoriser le scénario d'une avancée du *DJIA* au-dessus des 900 avant retournement. Mais nous sommes mal à l'aise avec ce scénario. Le fait que le marché de 1971 ait oublié l'expérience traumatisante, vieille de moins d'un an, ne fait que renforcer notre inquiétude. Une telle insouciance ne risque-t-elle pas un jour d'être punie ? Il nous semble que l'investisseur doit se préparer à des temps difficiles qui prendront peut-être la forme du recul de 1969-1970 ou peut-être celle d'un emballement à la hausse suivi d'un effondrement d'autant plus douloureux.[13] Alors que faire ?

Relisez ce que nous disions lors de la précédente édition, reproduit plus haut. Notre opinion sur le marché de 1972 est identique à celle que nous exprimions sur celui de 1964 quand le *DJIA* était approximativement aux mêmes niveaux (900).

---

[12] NDT : En référence aux introductions en bourse de mauvaise qualité.

[13] NDG : Ces lignes ont été rédigées début 1971 avec un DJIA à 940. L'opinion dominante à *Wall Street,* qui allait à l'encontre de la nôtre, était parfaitement exprimée par une étude largement diffusée anticipant un *DJIA* à 1520 avant de passer à 1975, ce qui correspond à un indice à 1200 (après actualisation). En mars 1972 le *Dow* était toujours à 940 après avoir chuté à 798 dans l'intervalle.

COMMENTAIRES SUR LE CHAPITRE 3

Attention, si vous ne connaissez pas votre destination, vous risquez de ne pas l'atteindre.

Yogi Berra

Les exagérations des marchés haussiers

Ce chapitre illustre les talents prophétiques de Graham. Il se projette deux ans plus loin, prévoyant le plongeon de la bourse en 1973-1974, au cours duquel les actions ont perdu 37% de leur valeur.[14] Il se projette même 20 ans plus tard, démontant la logique des gourous et des best-sellers financiers de la fin des années 1990.

L'idée que l'*investisseur intelligent* ne doit pas prévoir le futur en extrapolant le passé est au centre de son argumentation. C'est malheureusement l'erreur commise par beaucoup d'experts dans les années 1990. Toute une série de livres louant la poursuite des marchés haussiers sont sortis sur les traces du livre de Jeremy Siegel, professeur de finance à *Wharton* et intitulé *Stocks for the Long Run*[15]. Ce lot de publications trouva son point culminant avec la publication d'ouvrages comme celui de James Glassman et Kevin Hassett – *Dow 36.000*[16] – celui de David Elias – *Dow 40.000* – et de Charles Kadlec – *Dow 100.000* – tous publiés en 1999. Ces auteurs fondaient leur raisonnement sur l'hypothèse que les actions avaient offert un rendement réel[17] de 7% depuis 1802. Ils en déduisaient donc l'évolution du marché actions.

Les plus optimistes sont même allés plus loin. Les actions ayant *toujours* fait mieux que les obligations, quelle que soit la période sur les 30 années passées, ils en conclurent que les actions étaient forcément moins risquées que des obligations ou qu'un compte de dépôt. Alors, si en détenant des actions suffisamment longtemps, on peut éliminer quasiment tous les risques, pourquoi ergoter sur leur cours d'achat ? (Pour avoir la réponse à cette question reportez-vous à l'encadré de la page 84.)

En 1999 et au début de l'année 2000, le marché n'était qu'une grosse bulle prête à éclater :

- Le 7 décembre 1999, Kevin Landis, gérant de portefeuille pour le fonds *Firsthand* est invité à l'émission *Moneyline* de *CNN*. Quand le journaliste l'interroge pour savoir si les valeurs télécoms sont surévaluées, car elles s'échangent à des PER grotesques, Landis sort une réponse toute prête. « *Nous ne sommes pas dans une bulle* » rétorque-t-il. « *Observez leur croissance, la valeur de cette croissance est colossale* ».

---

[14] NDE : Les actions ont en réalité perdu 47,8% en deux ans (hors dividendes).

[15] NDT : Siegel J., *Investir sur les actions à long terme : Le guide des rendements des marchés et les stratégies d'investissement à long terme*, Valor Éditions, 2017.

[16] NDT : Glassman J., Hassett K., *Dow 36.000*, Valor Éditions, 2000.

[17] NDT : Hors inflation.

- Le 18 janvier 2000, Robert Froelich, stratégiste chez *Kemper Funds*, déclare au *Wall Street Journal* : « *C'est un nouvel ordre mondial. Nous rencontrons des gens ignorants ces très belles entreprises au motif que leur cours est élevé – c'est la pire erreur qu'ils puissent faire.* »

- Dans le numéro de *Business Week* daté du 10 avril 2000, Jeffrey M. Applegate, stratégiste chez *Lehman Brothers*, s'interroge : « *La bourse est-elle aujourd'hui plus risquée qu'il y a deux ans, car les cours sont élevés ? La réponse est Non.* »

Pourtant, la réponse a bien été oui. Et il en a toujours été ainsi.

Quand Ben Graham se demande « *une telle insouciance ne risque-t-elle pas d'être punie ?* », il sait que la réponse sera *oui*. Tel un dieu grec enragé, la bourse s'est chargée de réduire à néant ceux qui pensaient que les rendements mirifiques de la fin des années 1990 était une sorte de droit divin. Pour vous en convaincre, jugez les prévisions des Landis, Froelich, Applegate et consorts :

- De 2000 à 2002 – Nokia – la valeur la moins exposée de toutes celles détenues par Landis – n'a perdu que 67% de sa valeur ; la pire – *Instar Communication* – a chuté de 99,9%.

- Les actions favorites de Froelich – *Cisco System* et *Motorola* – ont baissé de plus de 70% à la fin 2002. Les investisseurs ont perdu plus de 400 milliards de dollars sur la seule valeur *Cisco* – soit plus que le produit intérieur brut de Hong Kong, d'Israël, du Koweït et de Singapour réunis.

- En avril 2000, quand Applegate posait sa question, le *Dow Jones* culminait à 11.187 et le *Nasdaq* à 4.446. Fin 2002, le *Dow* piétinait autour des 8.300, tandis que le *Nasdaq* était tombé à 1.300 environ – effaçant tous les gains des six années précédentes.

Plus les cours montent haut, plus rapide est la chute

Pour se protéger de l'exubérance des marchés haussiers, Graham invite l'*investisseur intelligent* à s'interroger et à rester sceptique. Qu'est-ce qui laisse penser que les performances à venir de la bourse seront les mêmes que par le passé ? Quand les investisseurs se mettent à rêver que la bourse n'est pas risquée, n'est-ce pas un signe qu'elle est surévaluée ? Et lorsque c'est le cas, comment peut-on croire que les performances du marché resteront élevées ?

Les réponses de Graham sont, comme toujours, logiques et empreintes de bon sens. L'intérêt d'un investissement est toujours fonction du prix d'achat. À la fin des années 1990, l'inflation diminuait, les résultats des entreprises étaient bons et la planète était en paix. Pour autant, cela ne voulait pas dire – et ne voudra jamais dire – que l'on peut acheter des actions à *n'importe quel prix*. Les bénéfices d'entreprises, pas plus que leur cours de bourse, ne peuvent monter aux cieux.

Autrement dit : Michael Jordan a probablement été le plus grand joueur de basket de tous les temps. Il pouvait remplir à lui seul une arène comme celle du *Chicago Stadium* avec ses fans. Il est clair que les *Chicago Bulls* ont fait une bonne affaire quand ils payaient Jordan 34 millions de dollars par saison. Pour autant, le payer 10, 100 ou 1000 fois plus n'est pas justifié.

Le biais du survivant : la survie des plus gros

L'argument qui consiste à dire que les actions ont *toujours* battu les obligations sur la durée est erroné, car aucune donnée fiable n'existe avant 1871. Les premiers indices, construits pour refléter le rendement de la Bourse américaine, ne contiennent pour certains que sept actions différentes.[18] Or, en 1800, il y avait 300 entreprises significatives aux États-Unis (dont beaucoup seraient l'équivalent des sociétés de l'Internet). La plupart d'entre elles ont fait faillite. Leurs investisseurs ont donc tout perdu.

Ces indices reconstruits ignorent donc toutes les entreprises qui ont fait faillite à cette époque lointaine, ce qui représente un problème statistique dénommé « *biais du survivant* ». Dès lors, les indices boursiers surévaluent les performances réelles enregistrées par les investisseurs de l'époque – des gens qui ne pouvaient pas savoir quelles seraient les sept actions qui allaient survivre au temps. Seule, une petite poignée d'entreprises, dont *Bank of New York* et *J.P Morgan Chase* ont réussi à prospérer depuis 1790. Mais pour chaque survivant, des milliers d'entreprises ont connu des désastres financiers tels que les sociétés *Dismal Swamp Canal Co.*, *Pennsylvania Cultivation of Vines Co.* et la *Snickers's Gap Turnpike Co.* – aucune n'a duré suffisamment longtemps pour entrer dans les indices de marché.

Les données collectées par Jeremy Siegel montrent que de 1802 à 1870, les actions ont eu un rendement réel (hors inflation) de 7%, les obligations de 4,8% et les produits monétaires de 5,1%. Cependant, Elroy Dimson et ses collègues de la *London Business School* estiment qu'avant 1871, les performances boursières reconstituées ont été surestimées d'au moins 2% par an.[19] En réalité, les actions n'ont pas fait mieux que les obligations – voire même pire. Tous ceux qui prétendent que les statistiques historiques « *prouvent* » que les actions ont fait mieux que les obligations sont des ignorants.

[18] NDE : À partir des années 1840, ces indices ont intégré 7 valeurs financières et 27 actions de compagnies de chemin de fer – soit un échantillon non représentatif de la Bourse américaine au début du millénaire.

[19] NDE : Cf. Zweig J., *The New Cause for Caution on Stocks*, Time, 6 mai 2002, p. 71. Comme Graham le laisse entendre, même la bourse en 1871, comme dans les années 1920 doit faire avec ce « *biais du survivant* » ne serait-ce qu'à cause de ces centaines de constructeurs d'automobiles ou d'avions et de compagnies de radio qui ont fait faillite sans laisser de traces. Ces résultats, eux aussi, sont probablement surévalués d'un ou deux pour cent.

Les limites de l'optimisme

Graham nous met en garde contre le risque de se focaliser sur les rendements, notamment quand ils sont particulièrement bons, car cela peut aboutir « *à une conclusion insensée et dangereuse laissant croire que les performances à venir reflètent celles du passé.* » De 1995 à 1999, l'optimisme des investisseurs n'a cessé de croître quand la bourse grimpait à un taux supérieur à 20% par an – une performance sans précédent sur les marchés américains :

- Au milieu de l'année 1998, les investisseurs, interrogés par la société de sondages *Gallup,* pour le compte du courtier *Paine Webber,* prévoyaient une appréciation de leurs portefeuilles de 13% par an pour les années à venir. Début 2000, ils anticipaient une hausse supérieure à 18%.
- Les professionnels « *compétents* » n'étaient pas moins optimistes en révélant leurs prévisions. À titre d'exemple, en 2001 *SBC Communication* relevait de 8,5% à 9,5% son objectif de rendement pour son fonds de retraite. En 2002, les fonds de retraite par capitalisation des compagnies composant le *S&P 500* tablaient sur un rendement record de 9,2%.

Voici, un rappel de ce qui s'est ensuite passé et qui montre les conséquences catastrophiques d'un enthousiasme exacerbé :

- *Gallup* a mesuré qu'en 2001 et 2002, les perspectives de gains des investisseurs n'étaient plus que de 7%, alors que ces derniers pouvaient acheter à des cours de 50% inférieurs à ceux de l'année 2000.[20]
- Cette exubérance coûtera, entre 2002 et 2004, 32 milliards de dollars aux sociétés de l'indice *S&P 500,* d'après des estimations données par le *Wall Street Journal.*

Si tout le monde sait qu'il faut acheter bon marché et vendre cher, en réalité c'est souvent l'inverse qui se produit. Le conseil de Graham est simple : *Faire le contraire.* Plus les investisseurs sont enthousiastes, plus la bourse leur donne tort. Au 24 mars 2000, la capitalisation boursière du marché américain culmina à 14,75 trilliards de dollars. Le 9 octobre 2002, soit 30 mois plus tard, elle était retombée à 7,34 trilliards de dollars, soit 50,2% de moins. Entre temps, la morosité s'était installée dans les esprits augurant une stabilité ou une baisse des cours pour les années, voire les décennies à venir.

Et Graham de s'interroger à nouveau : « *Si par le passé, les soi-disant experts se sont trompés dans leurs prévisions, pourquoi l'investisseur intelligent devrait-il les croire aujourd'hui ?* »

---

[20] NDE : Ce qui ne signifie pas qu'à de tels cours d'achat, leur objectif était atteignable.

L'avenir

Prenons un peu de distance pour, à l'image de Graham, nous interroger sur l'avenir des marchés. La performance de la bourse dépend de trois facteurs :

1. Du taux de croissance – en termes réels – des bénéfices et des dividendes servis par les entreprises.
2. Du taux d'inflation (la hausse des prix à la consommation).
3. Du facteur spéculatif (hausse ou baisse) qui attise ou réduit l'appétit des investisseurs pour les actions.

Sur une longue période, le taux de croissance annuel du bénéfice par action offert des entreprises cotées est resté dans une fourchette de 1,5% à 2% (hors inflation).[21] Début 2003, l'inflation progressait à un rythme de 2,4% l'an et le rendement des dividendes servis s'élevait à 1,9%. Donc, la performance espérée s'élevait à :

1,5 à 2%
\+ 2,4%
\+ 1,9%
= 5,8 à 6,3%

Ce qui signifie, qu'à long terme, l'investisseur peut raisonnablement s'attendre à obtenir une rentabilité moyenne de 6%, soit 4% après inflation. Si les investisseurs deviennent, une fois de plus, trop gourmands, poussant les cours à leurs plus hauts, les performances boursières engendrées par cette fièvre spéculative seront encore plus fortes. Si au contraire les investisseurs sont déprimés, comme dans les années 1930 et 1970, alors la performance du marché action va temporairement chuter. (Nous somme dans cette situation en 2003.)

Robert Shiller, professeur de finance à Yale, souligne que Graham a inspiré sa méthode de valorisation. En effet, Shiller compare le niveau du *S&P 500* au résultat net moyen (hors inflation) enregistré par les entreprises de l'indice sur les 10 dernières années. En observant l'évolution de ce ratio[22], Shiller montre que lorsque son ratio dépasse largement les 20, le marché est promis à des performances à venir médiocres. À l'inverse, quand il tombe largement au-dessous de 10, le marché action offre de belles performances les années suivantes. En ce début 2003, le ratio de Shiller est égal à 22,8 fois les résultats de la décennie écoulée (ajustés de l'inflation) – autrement dit, la bourse est toujours en zone de danger, mais moins que lorsque le ratio avait atteint 44,2 fois les résultats en décembre 1999.[23]

---

[21] NDE : Cf. Siegel J., *Investir sur les actions à long terme : Le guide des rendements des marchés et les stratégies d'investissement à long terme,* Valor Éditions, 2017, et Arnott R., Bernstein W., *The Two Percent Dilution,* document de travail, juillet 2002.
[22] NDT : Ce ratio est l'équivalent du PER du marché, où le niveau de l'indice est rapporté à la moyenne des 10 années de bénéfice net par action pour gommer les évolutions erratiques des bénéfices annuels.
[23] NDT : Le lecteur pourra suivre ce ratio sur le site http://www.multpl.com/shiller-pe/.

Que s'est-il passé lorsque le ratio de Shiller était le même que celui d'aujourd'hui ? Le Tableau 6 montre les périodes passées où le marché a connu des niveaux de valorisation comparables à ceux d'aujourd'hui (2003) et la performance offerte par le marché dans les dix années suivantes.

Nous observons que la bourse a parfois connu de très belles hausses sur la décennie suivante, parfois des résultats médiocres et moyens le reste du temps. J'imagine que Graham, en homme prudent, aurait fait la moyenne des rendements passés et projetés ce taux de croissance sur la décennie à venir. Autrement dit, la bourse pourrait offrir une rentabilité annuelle d'environ 6%, soit 4% après inflation. (Fait intéressant, cette prévision correspond aux estimations que nous avons faites plus tôt quand nous avons additionné le taux de croissance des dividendes, le taux d'inflation et le facteur spéculatif.) Comparé aux rendements des années 1990, un taux de 6% est insignifiant. Mais c'est un peu mieux que le rendement offert par le marché obligataire : une raison suffisante pour que la plupart des investisseurs conservent leurs actions.

Une deuxième leçon est à tirer de l'approche de Graham. La seule certitude en matière de prévision boursière est que vous avez toutes les chances de vous tromper. La seule vérité que nous enseigne l'histoire financière, c'est que le futur nous surprendra toujours ! Le corollaire à cette loi est que ceux qui seront le plus surpris par le marché, sont ceux qui sont le plus convaincus dans la qualité de leurs prévisions. L'humilité, à l'image de Graham, vous évitera de miser gros sur des anticipations qui pourraient s'avérer fausses.

TABLEAU 6 : RATIO DE SHILLER ET PERFORMANCE BOURSIÈRE

Année	PER (Cours / Bénéfice net moyen de la décennie passée)	Performances boursières des 10 années suivantes
1898	21,4	9,2%
1900	20,7	7,1%
1901	21,7	5,9%
1905	19,6	5,0%
1929	22,0	-0,1%
1936	21,1	4,4%
1955	18,9	11,1%
1959	18,6	7,8%
1961	22,0	7,1%
1962	18,6	9,9%
1963	21,0	6,0%
1964	22,8	1,2%
1965	23,7	3,3%
1966	19,7	6,6%
1967	21,8	3,6%
1968	22,3	3,2%
1972	18,6	6,7%
1992	20,4	9,3%
Moyenne	**20,8**	**6,0%**

Sources : http://aida.econ.yale.edu/-shiller/data/ie_data.htm;
Wilson J., Jones C., *An Analysis of the S&P 500 Index and Cowles' Extensions: Price Index and Stock returns, 1870-1999*, The Journal of Business, vol. 75, n°3, juillet 2002, pp. 527-529; Ibbotson Associates.
Note : Le PER est calculé par Shiller (c'est la valeur de l'indice au 31 décembre divisée par la moyenne sur 10 ans des bénéfices en termes réels du *S&P 500*). La performance boursière des 10 années suivantes est donnée en valeur nominale.

Soyez modestes dans vos prévisions chiffrées, sans pour autant vous décourager. Pour l'*investisseur intelligent*, l'espoir fait vivre. C'est bien ainsi qu'il faut voir les choses. Sur les marchés financiers, plus l'avenir paraît bouché, plus les performances ont de chances d'être bonnes. Un personnage cynique dit un jour à G. K. Chesterton, écrivain essayiste anglais : « *Bienheureux celui qui n'attend rien, parce qu'il ne sera pas déçu.* » Et Chesterton de répliquer : « *Bienheureux celui qui n'attend rien, parce qu'il sera heureux.* »

CHAPITRE 4. LA STRATÉGIE POUR INVESTISSEUR PASSIF

La composition d'un portefeuille dépend de la nature de l'investisseur. D'un côté, il y a les caisses d'épargne, les compagnies d'assurance-vie et les fonds de gestion défensifs. Il y a une vingtaine d'années, leur politique d'investissement était encadrée par des lois, limitant leur univers d'investissement aux seules obligations de première catégorie et à certaines actions de préférence. De l'autre, il y a les investisseurs actifs, qui s'intéressent à toutes les valeurs, sans distinction, dès lors qu'elles leur semblent sous-évaluées.

Un vieux principe souligne que ceux qui ne peuvent pas se permettre de prendre de risques doivent se contenter d'un rendement modeste. Il en découle que la rentabilité espérée par l'investisseur est plus ou moins proportionnelle au risque qu'il est prêt à assumer.[1] Nous ne sommes pas d'accord avec cette formulation. La rentabilité espérée devrait plutôt être fonction de la qualité et de la quantité de travail de l'investisseur. La performance minimale sera celle de l'investisseur passif qui recherche à la fois sécurité et tranquillité. La rentabilité maximale sera celle réalisée par l'investisseur actif qui saura mettre à profit son intelligence et ses aptitudes. Nous ajoutions en 1965 : « *Dans nombre de cas, il y a moins de risques à acheter une action sous-évaluée qu'une obligation offrant un rendement de 4,5%.* » Cette affirmation est, me semble-t-il, plus vraie aujourd'hui qu'hier, car toutes les valeurs obligataires ont vu leur cours baisser en raison de la hausse des taux d'intérêt.

La question de la composition du portefeuille

Nous avons déjà brièvement esquissé la stratégie d'investissement de l'investisseur passif[2] qui devrait répartir son capital entre actions et obligations de première catégorie.

De manière générale, nous avons proposé que l'investisseur place jamais moins de 25%, ni plus de 75% de ses capitaux dans l'une ou l'autre des deux classes d'actifs que sont les actions et les obligations. Il en découle que l'allocation standard est une répartition à 50/50 entre les deux supports. La seule bonne raison pouvant inciter l'investisseur passif à augmenter la composante actions, c'est que la bourse est peu chère après un long marché baissier. À l'inverse, limiter la composante actions à moins

---

[1] NDT : Cette relation a été formulée au début des années soixante. C'est le fameux *Modèle d'Évaluation Des Actifs Financiers* (MEDAF), développé indépendamment par John Lintner, William Sharpe Jack Treynor, qui met en relation le risque d'un actif et l'espérance de rentabilité.

[2] NDF : Voir la conclusion du Chapitre 2.

de 50% est une sage décision quand l'investisseur juge que le marché a atteint des niveaux dangereusement élevés.

Ces belles règles sont plus simples à énoncer qu'à respecter, car elles vont à contre-courant de la nature humaine, qui est à l'origine des excès boursiers. L'investisseur trouvera paradoxal d'alléger la composante actions de son portefeuille quand les marchés montent au-delà d'un certain niveau et de la renforcer quand ils retombent sous ces niveaux. C'est d'ailleurs tout simplement parce que l'investisseur de base fait le contraire, que l'histoire boursière regorge de bulles et de krachs. C'est aussi pour cette raison que nous pensons qu'il y en aura encore.

Si distinguer investissement et spéculation était aussi simple aujourd'hui, qu'hier, nous pourrions assimiler les investisseurs à des individus expérimentés et subtils, qui vendent à des spéculateurs insouciants et malchanceux, quand les cours atteignent des niveaux trop élevés et qui leur rachètent les mêmes titres quand ils sont sous-évalués. Cette façon de voir les choses était vraie par le passé, mais ce n'est plus le cas depuis 1949. Rien n'indique que les professionnels, tels que les gérants de fonds communs de placement, suivent ces principes. Il s'avère par exemple, que les lignes détenues dans les portefeuilles actions des deux grandes catégories de fonds communs de placement (fonds équilibré et fonds en actions) ont peu changé dans le temps. En fait, la principale activité des gérants a, semble-t-il, été de vendre une ligne de titres pour la remplacer par une autre jugée plus prometteuse.

Si, comme nous le pensons, les standards d'autrefois ne sont plus applicables et ceux d'aujourd'hui ne sont pas encore connus, il nous est impossible de donner une règle d'allocation fiable pour décider de réduire la part d'actions au seuil minimal de 25% ou de la remonter jusqu'au seuil maximal de 75%. De manière générale, nous ne pouvons que recommander à l'investisseur passif de ne pas détenir plus de la moitié de son portefeuille en actions, sauf s'il est intimement convaincu de la robustesse de sa position et s'il est capable de ne pas perdre son sang-froid si le marché se retourne comme en 1969-1970. Dans les conditions de marché actuelles (1972), nous craignons que de leurs convictions soient vite ébranlées. Nous conseillons donc d'allouer moins de 50% du portefeuille en actions. Cela étant, pour des raisons complémentaires, il est tout aussi difficile de recommander d'allouer moins de 50% en actions, sauf si l'investisseur est pessimiste et s'il est prêt à laisser tomber des plus-values potentielles. Dans ce cas, allouer seulement 25% en actions est justifié.

Tout cela nous conduit à conseiller, à la plupart des lecteurs, de répartir leur portefeuille tout simplement à parts égales entre actions et obligations. Dans ce but, la règle sera de préserver autant que possible cette répartition. Si la hausse des cours de bourse entraîne une augmentation de la part des actions, disons à 55%, il faudra restaurer l'équilibre en vendant 1/11ème des actions pour acheter des obligations avec le produit de la vente. À l'opposé, la baisse de la part des actions au-dessous de 45% décidera de la vente de 1/11ème des obligations pour acheter des actions.

La fondation de l'Université de Yale a adopté cette technique de rééquilibrage à partir de 1937 avec un objectif de 35% en actions. Elle a, semble-t-il, abandonné cette méthode depuis le début des années 1950. En 1969, la fondation consacrait 61% de son portefeuille en actions (y compris quelques titres convertibles). À cette époque l'épargne des fondations de 71 universités totalisaient 7,6 milliards de dollars placés à 60,3% sur les marchés actions. L'exemple de Yale illustre bien l'effet négatif qu'a eu la forte hausse de la bourse dans la composition du portefeuille. Nous sommes convaincus que notre formule équilibrée à 50/50 est la mieux adaptée à l'investisseur passif. En effet, elle est extrêmement simple, elle pousse l'investisseur à prendre les bonnes décisions d'achat et de vente et elle lui donne l'impression de ne pas rester complétement inactif en rééquilibrant régulièrement son portefeuille en fonction de l'évolution des cours. Enfin, plus que tout, elle l'empêchera de surpondérer en actions lorsque la bourse monte à des niveaux dangereusement élevés.

L'investisseur passif se satisfera d'enregistrer des plus-values sur la moitié de son portefeuille quand la bourse monte. Si les marchés baissent, il se consolera de pertes plus faibles que celles d'investisseurs plus exposés.

Si notre répartition à 50/50 est sans doute la stratégie de base la plus simple à mettre en place, elle n'est pas nécessairement la meilleure en termes de performances. (Aucune méthode ne peut garantir de faire mieux qu'une autre.) Les taux obligataires sont supérieurs aux rendements des actions, ce qui est aujourd'hui un argument en faveur de la composante obligations. Le choix d'allouer 50% ou moins en actions dépend finalement du tempérament de l'investisseur. S'il sait garder son sang-froid, il choisira d'allouer seulement 25% en actions, en attendant que le rendement des dividendes atteigne au moins deux tiers de celui des obligations pour, à ce moment-là, porter sa part actions à 50%. Avec un *DJIA* à 900 et des dividendes à 36$ par unité d'indice, cela signifie une baisse des rendements obligataires de 7,5% à 5,5% sans changement pour les actions ou alors une chute du *DJIA* à 660 avec des rendements obligataires et des dividendes stables. Une combinaison de ces deux scénarios peut d'ailleurs générer la même décision d'achat. Appliquer une telle stratégie n'est pas particulièrement compliqué. Le plus difficile est de s'y tenir, même si les faits montrent que moins de prudence aurait été payant.

Les obligations dans le portefeuille[3]

La sélection d'obligations se résume à répondre à deux questions : (1) Doit-on choisir des obligations dont les revenus sont imposables ou pas ? (2) Doit-on opter pour des obligations à maturité courte ou longue ?

La décision fiscale, qui répond à la première interrogation, est un problème d'arithmétique, qui nécessite de comparer les rendements avant et après impôts en fonction de la tranche d'imposition de l'investisseur. À titre d'exemple, en janvier 1972 les obligations d'entreprise à 20 ans, notées Aa, offrent un rendement de 7,5%, alors que les obligations municipales (obligations émises par les États et les comtés en franchise d'impôt) rapportent 5,3%. La rémunération des municipales est inférieure de 30%. Donc si le taux marginal d'imposition de l'investisseur est supérieur à 30%, il a tout intérêt à choisir les municipales et vice-versa. Le taux d'imposition marginal d'un célibataire est de 30%, dès que son revenu net annuel dépasse les 10.000$. Pour

[3] NDE : Cette section décrit les différentes catégories de titres obligataires offertes à l'investisseur américain du début des années soixante-dix. Bien qu'il ne soit pas d'actualité, ni indispensable à la compréhension des chapitres suivants, nous avons jugé bon de le conserver, car la méthodologie d'analyse expliquée par Benjamin Graham est à la fois universelle et intemporelle.

un couple marié, il faut que son revenu net annuel dépasse les 20.000$. Donc la plupart des investisseurs individuels auront un rendement net supérieur avec des obligations municipales.

Le choix de la maturité dépend de la réponse que l'investisseur donne à la question suivante. Souhaite-t-il se protéger contre une baisse des cours en acceptant (1) un rendement moins élevé et (2) un coût d'opportunité, qui se traduit par un manque à gagner, résultant d'une hausse des cours plus élevée si les taux baissent ? Nous répondrons à cette question au Chapitre 8 : L'investisseur et les mouvements du marché.

Pendant très longtemps, les seules valeurs obligataires réservées aux investisseurs individuels étaient les obligations du Trésor américain. Leur risque crédit (risque de défaut) était, et demeure nul. Elles offraient un meilleur rendement que d'autres valeurs obligataires de même risque. Une option de remboursement anticipé et d'autres privilèges les rendaient même encore plus intéressants.

Ces obligations possèdent aujourd'hui encore certains avantages pour l'investisseur individuel. Pour celui qui dispose d'un capital modeste, disons moins de 10.000$ à placer en obligations, nous estimons qu'elles sont toujours le meilleur placement. Ceux qui ont plus d'argent à investir trouveront d'autres produits plus intéressants.

Faisons la liste de ces titres obligataires en examinant leur niveau de risque, leur rendement, leur cours, les différents risques, leur intérêt fiscal et d'autres caractéristiques encore.

Les US Saving Bonds, Séries E et H.

Nous allons d'abord résumer leurs principales caractéristiques avant d'évoquer leurs avantages. Les obligations de la série H servent des coupons semestriels comme beaucoup d'autres titres. Le taux coupon est de 4,29% la première année, puis de 5,10% jusqu'à leur échéance. Les intérêts des obligations de série E ne sont pas payés, mais capitalisés et remboursés *in fine*.[4] Ces obligations sont donc vendues à 75% de leur valeur faciale et sont remboursées à 100%, 5 ans et 10 mois après l'émission. Leur taux de rendement actuariel est donc de 5%, capitalisé semestriellement. Si elles sont remboursées par anticipation, le taux annuel passe de 4,01% la première année à une moyenne de 5,20% jusqu'à l'échéance.

Les intérêts de ces obligations sont soumis à l'impôt fédéral sur le revenu, mais sont exempts de l'impôt local. L'impôt fédéral peut soit être payé chaque année, soit à l'échéance, soit à la revente de l'obligation.

Les porteurs de série E peuvent demander leur remboursement, à tout moment et au cours de remboursement courant. Les détenteurs de série H ont la possibilité d'obtenir leur remboursement au pair à tout moment. La série E peut être convertie en série H, avec des avantages fiscaux à la clé. Les titres perdus ou volés peuvent être remplacés sans frais. Les achats annuels sont limités en valeur, mais cette limite est théorique en raison de clauses permettant la co-détention par les membres d'une même famille.

---

[4] NDT : Il s'agit d'obligations dites zéro-coupon, car elles ne versent pas de coupon.

Commentaires. Il n'existe aucun autre placement combinant à la fois (1) une garantie sur le remboursement du principal et le paiement des intérêts, (2) une option permanente de remboursement anticipée, (3) un rendement de 5% garanti pour au moins 10 ans. Les détenteurs des premières émissions de série E avaient le droit de conserver leurs titres au-delà de leur maturité originelle et de capitaliser les intérêts à un taux encore plus élevé. Le paiement différé de l'impôt sur de si longues périodes est très intéressant. Nous avons pu calculer que cet avantage fiscal augmentait le rendement net d'un tiers. De plus, la possibilité d'un remboursement anticipé au pair, ou plus, permettait à l'investisseur de se protéger en cas de hausse des taux contre une baisse du cours du titre. L'investisseur profitait même d'une hausse des taux en remplaçant les séries anciennement émises par les nouveaux tirages plus rémunérateurs.

À notre avis, ces avantages font plus que compenser le moindre rendement servi par rapport à d'autres obligations du Trésor.

Les autres obligations du Trésor.

Il y a pléthore de titres du Trésor américain offrant un large éventail de taux et de maturités. Tous promettent la garantie fédérale pour le paiement des coupons et le remboursement du principal. Ils sont soumis aux impôts fédéraux, mais exempts d'impôts locaux. Fin 1971, les titres de longue maturité (supérieure à 10 ans) offraient un taux actuariel de 6,09%, ceux de maturité moyenne (3 à 5 ans) du 6,35% et 6,03% pour les plus courtes.

En 1970, il était possible d'acquérir des séries plus anciennes à un cours bien au-dessous du pair. Certains titres étaient pourtant acceptés au pair pour le paiement de certains droits de mutation. Par exemple, les séries du Trésor, au taux de 3,5% à échéance 1990, entraient dans cette catégorie, elles cotaient 60 début 1970 avant de terminer l'année à 77.

Notons que les obligations avec garantie indirecte du gouvernement américain rapportaient plus que les obligations directement garantie de même maturité. Au moment où nous écrivons ces lignes, il existe une émission obligataire à 7,05% offrant *la garantie du Secrétaire d'État au Transport du Département du Transport des États-Unis d'Amérique.* Curieusement, elle sert un rendement supérieur de 1% à celui des obligations du Trésor public de même maturité, directement garanties par l'État américain. Ces titres sont en fait émis pour le compte de la *Penn Central Transportation Co* mais avec confirmation par *l'Attorney General* que cette garantie « *est une obligation des États-Unis d'Amérique* ». Les obligations avec garantie indirecte des États-Unis sont, comme celles-ci, pleinement assumées par le gouvernement américain. Jusqu'à présent, toutes ces garanties ont été honorées.

Le lecteur peut se demander pourquoi offrir « *la garantie personnelle* » du Secrétaire d'État au Transport et un meilleur rendement. La principale raison de cette garantie indirecte du Trésor est qu'elle permet de s'affranchir du seuil d'endettement imposé par le Congrès américain. Les garanties indirectes du gouvernement américain ne sont, semble-t-il, pas assimilées à des dettes – question de sémantique, bien sûr. Cela a eu pour conséquence l'émission par le Département au Logement (*Housing Authority*) d'obligations défiscalisées, qui jouissent de l'équivalent d'une garantie fédérale, ce qui en fait la seule obligation non imposable, équivalente à une obligation émise par le Trésor. Les obligations de *New Community* à 7,6%, échéance septembre 1971, sont un autre type d'émission cautionnée par les États-Unis.

Les obligations des États de l'Union et des collectivités territoriales.

Les obligations des collectivités territoriales (obligations municipales) sont exemptes de l'impôt fédéral sur les revenus. Elles sont aussi exemptes des impôts sur le revenu dans leurs États d'émission[5]. Ce sont, soit des obligations émises directement par l'un des cinquante États ou un comté, soit des obligations qui financent des infrastructures et sont remboursées par les revenus d'une concession d'exploitation, comme un pont à péage par exemple. Toutes ces obligations n'offrent pas suffisamment de garanties sur le principal et les coupons pour être acquises par l'investisseur passif. Ce dernier peut vérifier la qualité de signature de chaque émission auprès d'une agence de notation comme *Moody's* ou *Standard & Poor's*. Les trois meilleurs niveaux de qualité Aaa (AAA), Aa (AA) ou A sont un bon indicateur pour se protéger contre un risque de défaut. Les rendements offerts sont fonction du risque de l'émission et de sa maturité. Les maturités les plus courtes servent des taux moins élevés. Fin 1971, les obligations municipales, de l'indice *Standard & Poor's*, notées AA, à 20 ans, offraient un rendement de 5,78%.

Les obligations d'entreprises.

Ces obligations sont assujetties aux taxes fédérales et à celles des États. Fin 1972, les obligations de l'indice *Moody's* pour les émissions à 25 ans, notées Aaa, offraient un rendement de 7,19%. Celles notées Baa servaient du 8,23% sur 25 ans. Notons que le rendement est plus faible pour les courtes maturités.

Commentaires. Cette synthèse montre que l'investisseur a un grand choix dans les obligations dites de qualité ou de première catégorie à sa disposition. Ceux qui sont fortement imposés ont intérêt à s'orienter vers des émissions non imposables. Quant aux autres, la fourchette des taux offerts début 1972 va de 5% pour les *US Savings Bonds* et leurs intéressantes caractéristiques, à 7,5% pour les obligations d'entreprises de première catégorie (AAA).

Les obligations à haut rendement.

L'investisseur, prêt à prendre plus de risques, en sacrifiant la qualité, peut obtenir une meilleure rémunération. Cependant, notre expérience nous permet de dire que l'investisseur individuel doit rester à l'écart de ces obligations à haut rendement. En effet, si globalement, elles offrent une meilleure rentabilité que les obligations bien notées, elles exposent leurs détenteurs à des risques allant d'une forte chute des cours à un défaut de paiement pur et simple. (Il est vrai que parmi ces valeurs très mal

---

[5] NDT : Donc un résident californien a tout intérêt à acheter les obligations émises par l'État de Californie plutôt que celles de l'État de New York.

notées[6], il y a quelques belles opportunités, qui réclament néanmoins des efforts et de l'expertise pour les dénicher.)[7]

Ajoutons que les limitations imposées par le Congrès, quant à l'émission d'obligations garanties directement par le gouvernement américain, ont donné naissance à au moins deux types de titres sous-évalués. L'une a déjà été mentionnée, ce sont les obligations du département du Logement (*New Housing issues*). L'autre est un produit nouvellement créé, les *New Community debentures*[8]. L'émission de titres *New Housing* de juillet 1971 a été placée à un taux de 5,8% net d'impôt alors que les *New Community debentures* vendues en septembre 1971 rapportaient du 7,60% avant impôt. Ces émissions jouissent de la garantie fédérale et servent un bien meilleur rapport que les obligations du Trésor américain.[9]

Les comptes d'épargne rémunérés en tant qu'alternatives aux obligations.

L'investisseur peut aujourd'hui toucher autant d'intérêts avec un compte rémunéré d'une banque de dépôt (ou avec un compte à terme) qu'avec une obligation de première catégorie et de courte maturité. Les taux servis sur ces comptes baisseront peut-être à l'avenir, mais pour l'heure ils offrent une alternative tout à fait intéressante aux obligations de faible maturité.

Les titres convertibles.

Ils seront abordés au Chapitre 16 (page 321). L'évolution des cours des obligations sera étudiée au Chapitre 8 (page 165).

Les options de remboursement anticipé.

Dans les éditions précédentes, nous avons longuement abordé cette caractéristique des émissions obligataires, car elle n'est pas sans conséquences pour l'investisseur. Dans le cas le plus courant, les obligations sont remboursables peu après l'émission avec une prime de remboursement dérisoire, environ 5% au-dessus du pair. Cela signifie qu'en période de forte volatilité des taux d'intérêt, l'investisseur assume seul le risque de taux lorsque les taux montent et il est partiellement privé d'une baisse des taux.[10]

---

[6] NDE : Ces valeurs sont maintenant connues sous le nom de *junk-bonds*. Les risques de défaut ont été largement commentés par la presse financière à la suite de la faillite de *Drexel Burnham Lambert,* de l'effondrement des marchés secondaires des *junk-bonds* en 1990 et de la disparition du marché primaire.

[7] NDE : L'objection que soulève Graham sur les obligations à haut rendement est atténuée aujourd'hui grâce aux nombreux fonds communs de placement qui diversifient le risque et sélectionnent les *junk bonds.*

[8] NDE : Il s'agit d'obligations d'entreprise garanties par les actifs de l'entreprise.

[9] NDE : Les obligations *New Housing* et les *New Community Debentures* n'existent plus. Les nouvelles obligations de la *Housing Authority* étaient garanties par le *Department of Housing* et exemptes d'impôts sur les revenus, mais plus aucune n'a été émise depuis 1974. Les *New Community Debentures*, également cautionnées par le *Department of Housing*, avaient été autorisées par une loi fédérale votée en 1968. Quelque 350 millions de dollars de ces titres ont été émis jusqu'en 1975, mais le programme a été arrêté en 1983.

[10] NDT : Rappelons que lorsque les taux d'intérêt baissent, l'investisseur réclame un rendement moins élevé, ce qui a pour conséquence une hausse du cours des obligations déjà émises. L'émetteur exercera son option de remboursement anticipé (call) quand les taux baissent, l'investisseur ne profitera donc pas de la hausse du cours et devra réinvestir le produit de la vente des obligations à un taux plus faible. Dans le cas d'une hausse des taux, l'émetteur n'exercera pas son option, le cours de l'obligation baissera, ce qui pénalisera l'investisseur qui vend son titre.

Exemple : Prenons le cas typique de l'obligation *American Gaz & Electric* à 5% et 100 ans de maturité, vendue aux investisseurs à 101[11] en 1928. Quatre ans plus tard, pendant le tumulte de la Grande Dépression, son cours est tombé à 62,5 avec un rendement de 8%. En 1946, la situation s'est renversée, les rendements demandés se sont effondrés à 3%, avec un cours théorique de 160. Or, l'entreprise exerça son option de remboursement anticipé en retirant le titre à 106.

Cette option de remboursement anticipé est une sorte de tirage à « *pile je gagne, face tu perds* ». Les acteurs financiers, chargés du placement de ces titres, ont dénoncé cette injustice. C'est pourquoi, ces dernières années, la majorité des émissions à long terme, servant un coupon élevé, n'ont pas d'option de remboursement anticipé dans les dix premières années qui suivent l'émission. Cela limite le potentiel de hausse du cours, mais de façon un peu plus équitable.[12]

Nous conseillons à l'investisseur de sacrifier le rendement pour ne pas avoir d'option de remboursement anticipé pendant les 20 à 25 premières années environ. Ajoutons qu'il est préférable d'acheter une obligation offrant un faible coupon[13] avec une prime d'émission, plutôt qu'une obligation à coupon élevé au pair, mais avec une clause de remboursement anticipé exerçable quelques années plus tard. En effet la prime d'émission (exemple : une obligation servant un coupon de 3,5% vendue à 63,5 pour un rendement de 7,85%) dissuadera l'émetteur d'exercer son option de remboursement anticipé.

Les actions de préférence (non convertibles)[14]

Ce sujet mérite, avant d'aller plus loin, quelques explications d'ordre général. Seules quelques actions de préférence sont intéressantes, malgré leurs défauts conceptuels. Le détenteur de tels titres est à la merci des dirigeants pour le versement du dividende sur les actions ordinaires. Si le dividende sur actions ordinaires est suspendu ou risque de l'être, le porteur d'actions de préférence se trouvera dans une situation inconfortable. En effet, les administrateurs n'ont aucune obligation de verser de dividende

---

[11] NDE : Aux États-Unis, comme en France, les obligations sont cotées en pourcentage, ce qui rend les comparaisons plus faciles. Elles sont, en général, émises à un prix proche du pair et sont remboursées au pair (à 100% de leur valeur faciale).

[12] NDT : Lorsque les taux d'intérêt baissent, le cours des obligations augmente et il augmente d'autant plus que la maturité et le taux coupons sont élevés. Lorsque les taux baissent, l'émetteur est incité à refinancer sa dette à un taux plus faible. S'il bénéfice d'une option de remboursement anticipé, il exercera son droit, remboursant ainsi sa dette avec le produit de la nouvelle émission à un taux moindre. Lorsqu'il existe une option de remboursement anticipé et que la date d'exercice de l'option approche, le cours converge vers la valeur de remboursement prévue à l'exercice de l'option. Autrement dit, les obligations assorties d'une option de remboursement anticipé ne voient pas leur cours flamber lors d'une forte baisse des taux.

[13] NDE : Le coupon d'une obligation est l'intérêt servi. Un coupon faible paiera un intérêt au-dessous de la moyenne du marché.

[14] NDT : Il s'agit de titres en capital qui offrent en général un rendement constant. Ils ont priorité sur les actions ordinaires dans le versement du dividende et le bonus de liquidation. En général, les actions de préférence n'ont pas de droit de vote. La plupart des actions de préférence sont dites *cumulatives*, c'est-à-dire que si le dividende n'est pas versé, il s'accumule pour être payé lorsque des dividendes ordinaires seront servis. Si l'action de préférence est dite *participative*, son détenteur peut recevoir une part des bénéfices au-delà du taux fixe. Les actions de préférence *non cumulatives et non participatives* offrent tous les inconvénients mentionnés par Graham dans le texte. Rappelons qu'aux États-Unis, la décision de distribution du dividende n'est pas soumise au vote des actionnaires.

préférentiel sauf s'ils versent un dividende ordinaire. À l'inverse, si tout se passe bien, l'action de préférence n'a aucun droit sur les bénéfices au-delà du rendement fixe du dividende préférentiel. Autrement dit, le détenteur d'actions de préférence n'a ni les garanties offertes à un créancier (comme celui qui détient des obligations), ni les opportunités de plus-values de l'actionnaire.

Ces inconvénients intrinsèques aux actions de préférence sont encore plus forts en période de récession. Seules quelques actions de préférence sont capables de résister aux aléas des marchés. L'expérience nous montre que le meilleur moment pour investir dans de tels titres, c'est justement quand leurs cours sont injustement chahutés en période de troubles économiques. (Elles peuvent alors offrir de belles opportunités aux investisseurs actifs, mais pas aux investisseurs passifs.)

En résumé, il ne faut s'y intéresser que lorsqu'il s'agît de belles occasions en termes de prix. Nous évoquerons plus tard les titres convertibles et les valeurs auxquelles sont attachés des privilèges spécifiques, car elles peuvent offrir des opportunités de plus-values intéressantes. Ces valeurs ne sont pas destinées au portefeuille de l'investisseur passif.

Une autre caractéristique de ces titres mérite notre attention. Ils offrent un traitement fiscal de faveur aux sociétés par rapport aux investisseurs individuels. En effet, les entreprises ne paient l'impôt que sur 15% des revenus perçus sous forme de dividende préférentiel. En revanche, elles sont imposables sur la totalité de leurs produits financiers ordinaires. Entendu que l'impôt sur les bénéfices des entreprises est de 48%, cela revient à dire que 100$ de dividendes perçus sur ces titres donnent lieu à un impôt minimal de 7,20$, alors que 100$ de coupons reçus sur des obligations classiques sont amputés d'un impôt de 48$. En revanche, les personnes physiques n'ont pas droit à ce traitement de faveur. Par conséquent, les actions de préférence (non convertibles) n'intéressent que les sociétés, tout comme les obligations défiscalisées n'intéressent que les investisseurs qui s'acquittent de l'impôt sur le revenu.[15]

Les différentes formes de titres

Les obligations et les actions de préférence sont des instruments financiers relativement simples, dont les caractéristiques sont comprises par tous. Le détenteur d'obligations a le droit au versement des coupons et du principal à des échéances connues d'avance. Le détenteur d'actions de préférence a droit à un dividende fixe – rien de plus – dividende qui doit être payé avant versement du dividende ordinaire. Le principal ne lui est pas remboursé à une date déterminée à l'avance. (Suivant les clauses spécifiques à chaque émission, les dividendes peuvent être cumulatifs ou pas, le titre peut être assorti d'un droit de vote ou pas.)

---

[15] NDE : Si la démonstration de Graham reste valable, les chiffres ont changé. Les sociétés peuvent aujourd'hui déduire 70% des revenus qu'elles reçoivent en dividendes et le taux d'imposition des bénéfices standard est de 35%. Donc une société paierait en gros 24,50$ de taxes sur 100$ de dividendes préférentiels contre 35$ de taxes sur 100$ de revenus d'intérêt perçus. Les personnes physiques paient le même taux d'imposition sur les revenus de dividendes et d'intérêts. Donc les actions de préférence ne leur offrent aucun avantage.

Nous avons décrit les clauses les plus courantes attachées à ces titres, cela étant, les exceptions sont légions. Les plus communes sont les obligations convertibles et les créances subordonnées à la réalisation d'un bénéfice. Pour ce dernier produit, les intérêts ne sont versés au créancier que si les bénéfices de l'entreprise le permettent. En cas de non-paiement sur un ou plusieurs exercices, ils sont cumulés et payés par prélèvement sur les bénéfices futurs (la période de cumul étant souvent limitée à trois exercices).

Ce type de créances devrait être plus fréquemment utilisé par les entreprises qu'elles ne le font, en raison d'expériences passées malheureuses. En effet, ces titres ont été émis en quantité pour financer la réorganisation des compagnies de chemin de fer américaines. Ils ont ainsi été associés dès leur origine aux déconvenues de ce secteur. Ces titres financiers revêtent dans leur forme de nombreux avantages par rapport aux actions de préférence (convertibles ou non) émises récemment. D'abord les intérêts versés sont déductibles des revenus imposables de l'entreprise, ce qui en pratique baisse leurs coûts de moitié. Quant à l'investisseur il a tout intérêt à se porter vers ces supports qui (1) offrent un droit inconditionnel de recevoir un coupon dès que l'entreprise est bénéficiaire et (2) ouvrent d'autres formes de recours que la mise en règlement judiciaire dans le cas du non-versement des coupons. Les clauses de ces créances peuvent être arrangées dans l'intérêt mutuel des parties. (On peut prévoir d'y associer des options de conversion.) L'intérêt porté aux actions de préférence, qui présentent de nombreux inconvénients et le rejet de produits intéressants (comme les créances subordonnées) sont la parfaite illustration des traditions et des habitudes qui sclérosent *Wall Street.* À chaque bouffée d'optimisme ou de pessimisme, tous les investisseurs sont prêts à oublier les leçons du passé. En revanche, tous s'accrochent à leurs préjugés.

COMMENTAIRES SUR LE CHAPITRE 4

C'est quand vous misez sur la chance, qu'elle vous abandonne.

Pat Riley (entraîneur de basket-ball).

Quel risque prendre ?

Ceci, nous répond Graham, dépend moins du véhicule financier que de la catégorie d'investisseur à laquelle vous apportez. Il y a deux façons d'être un *investisseur intelligent* :

- En consacrant chaque instant à chercher, puis sélectionner des valeurs et piloter un portefeuille d'actions, d'obligations ou de fonds commun de placement ;
- Ou en créant un portefeuille stable et autogéré, qui ne nécessite aucun effort de gestion et suscite peu d'enthousiasme.

Graham qualifie la première stratégie d'*active*, car elle est gourmande en temps et en énergie. La seconde est une stratégie *passive* ou *défensive*, qui ne réclame pas beaucoup de temps ou d'efforts. En revanche, elle exige une totale indifférence au brouhaha du marché. Comme l'explique Charles Ellis, expert financier, une approche *active* est physiquement et intellectuellement éprouvante, alors qu'une stratégie *passive* est émotionnellement exigeante.[16]

Si vous avez du temps, si vous êtes un compétiteur dans l'âme, si vous réagissez comme un fan de sport et si vous adorez les défis intellectuels, adoptez une stratégie *active*. Si vous êtes toujours pressé, si vous aspirez à la simplicité et si vous ne tirez aucun plaisir des affaires d'argent, adoptez une stratégie *passive*. (D'autres sont à l'aise en combinant les deux approches – en créant un portefeuille qui est essentiellement *actif* et partiellement *passif* ou vice-versa.)

Les deux approches sont tout aussi intéressantes et vous pouvez réussir en suivant aussi bien l'une que l'autre, à condition de bien vous connaître pour choisir la bonne, de lui rester fidèle tout au long de votre vie d'investisseur et de maîtriser vos émotions. La distinction que fait Graham entre investisseurs *actifs* et *passifs* est une autre façon de nous rappeler que le risque financier est non seulement dans l'économie ou dans l'actif financier, mais aussi en vous-même.

[16] NDE : Pour mieux comprendre en quoi investir est physiquement et intellectuellement difficile ou émotionnellement délicat, reportez-vous au Chapitre 8 ou au livre : *Three Ways to Succeed as an Investor*, Charles Ellis et James R. Vertin, eds., The Investor's Anthology, John Wiley & Sons, 1997, p. 72.

Êtes-vous prêt à prendre des risques ?

Comment l'investisseur passif doit-il procéder pour démarrer ? La première décision consiste à savoir combien miser sur les actions et sur les obligations et combien garder en liquidités. (Vous remarquerez que Graham a délibérément placé ce débat après un chapitre consacré à l'inflation où il en décrit les dangers.)

Ce qui paraît étonnant dans sa présentation sur l'allocation entre actions et obligations, c'est qu'à aucun moment il n'évoque *l'âge* de l'investisseur. Graham est clairement à contre-courant des idées reçues, qui tiennent pour acquis que le risque que peut assumer un investisseur dépend avant tout de son âge.[17] La règle empirique consiste à soustraire votre âge de 100%, pour obtenir le pourcentage à investir en actions, le reste se répartissant entre obligations et liquidités. (Un individu âgé de 28 ans devrait donc placer 72% de son capital en actions, alors qu'un homme âgé de 81 ans ne devrait pas placer plus de 19%.) Comme pour le reste, ces hypothèses ont été poussées à leur maximum dans les années 1990. En 1999, un best-seller défendait l'idée qu'avant 30 ans, il fallait placer 95% de son épargne en actions, même avec une faible tolérance au risque ![18]

À moins d'enlever 100 points à votre QI, vous devez voir que quelque chose ne va pas dans ce principe. Pourquoi faut-il que le risque pris soit fonction de l'âge ? Pourquoi une personne de 89 ans – détenant un capital de 3 millions de dollars et disposant d'une retraite confortable avec une flopée de petits-enfants – serait-elle devenue folle en misant tout son capital en actions ? Elle a déjà des revenus suffisants et des petits-enfants qui auront tout le temps de faire fructifier ce portefeuille après en avoir hérité. Pourquoi un individu de 25 ans – épargnant pour financer son mariage et préparer un achat immobilier – serait-il devenu fou en plaçant toute son épargne disponible en obligations ? Si la bourse fait le grand plongeon, il lui restera les revenus obligataires pour amortir la chute.

Quel que soit votre âge, vous n'êtes pas à l'abri d'être obligé de retirer tous vos fonds placés en bourse, … Pas dans 40 ans, mais tout de suite. Vous pouvez dans la minute perdre votre emploi, divorcer, avoir un accident grave ou une mauvaise surprise. L'inattendu peut frapper à tout moment et à n'importe quel âge. Nous devons donc tous conserver une partie de notre patrimoine sous forme de liquidités.

Par ailleurs, beaucoup de gens arrêtent d'investir quand la bourse chute. Les psychologues ont montré que les gens ne savent pas quelle sera leur réaction à un événement à forte charge émotionnelle.[19] Tant que les actions prennent 15% à 20% par an, comme ce fut le cas dans les années 1980 et 1990, ils imaginent être mariés aux actions pour toujours. En revanche, quand vous voyez le capital, que vous avez durement épargné, s'envoler, il est difficile de résister au chant des sirènes, qui vous poussent à tout mettre en obligations ou en liquidités. Au lieu d'acheter et de conserver

[17] NDE : Une recherche avec Google sur les mots clés « *age + asset allocation* » donne plus de 1,5 millions de références en ligne.

[18] NDE : James K. Glassman et Kevin A. Hassett, *Dow 36.000: The New Strategy for Profiting from the Coming Rise in the Stock Market,* Times Business, 1999, p. 250.

[19] NDE : Pour un essai passionnant sur ce phénomène psychologique, reportez-vous au livre de D. Gilbert et T. Wilson, *Miswanting,* à l'adresse www.wjh.harvard.edu/-dtg/Gilbert_&_Wilson(Miswanting).pdf.

leurs actions, beaucoup finissent pas acheter haut, vendre bas et ne rien garder sinon des regrets. C'est parce que très peu d'investisseurs ont le courage de conserver leurs actions dans un marché baissier, que Graham insiste pour détenir un minimum de 25% en obligations. Il fait valoir que l'effet amortisseur des obligations donne le courage de garder ses actions quand la bourse est au plus mal.

Pour vous permettre de mieux cerner votre degré d'aversion au risque, pensez aux principaux événements de votre vie, quand et comment vont-ils affecter votre vie et quelles en seront les conséquences en termes financiers :

- Êtes-vous marié ou célibataire ? Quelle profession exerce votre époux ou votre épouse ?
- Envisagez-vous d'avoir des enfants ? Quand devrez-vous financer leurs études ?
- Allez-vous hériter ? Serez-vous financièrement responsable de vos parents âgés ?
- Quels sont les facteurs qui peuvent avoir un impact négatif sur votre carrière professionnelle ? (Si vous travaillez dans une banque ou dans l'immobilier, une hausse des taux d'intérêt peut vous mettre au chômage. Si vous travaillez dans l'industrie chimique, la hausse des prix du pétrole n'augure rien de bon pour vous.)
- Si vous êtes auto-entrepreneur, pendant combien de temps des affaires vont-elles vous sourire ?
- Avez-vous besoin de puiser dans vos placements ? (Avec des obligations c'est possible, pas avec des actions.)
- Compte tenu de vos revenus et de vos dépenses, combien pouvez-vous perdre sur vos placements ?

Si, après avoir pris en compte ces facteurs, vous estimez pouvoir assumer plus de risque en détenant encore plus d'actions, vous pouvez alors décider d'avoir un minimum de 25% en obligations et en liquidités comme le dit Graham. Sinon, restez surtout à l'écart des actions avec 75% en cash et en obligations. (Pour savoir si vous pouvez aller jusqu'à 100%, reportez-vous à l'encadré de la page suivante.)

Une fois que vous avez déterminé la répartition idéale, ne la changez que si votre vie évolue. N'achetez pas plus d'actions parce que la bourse monte, ne vendez pas parce qu'elle baisse. La stratégie d'investissement proposée par Graham est de remplacer le petit jeu des devinettes par de la discipline. Heureusement, vos plans d'épargne retraite 401(k) peuvent être autogérés. Supposons que vous êtes à l'aise avec un niveau de risque élevé pour mettre par exemple 70% de vos actifs en actions et seulement 30% en obligations. Si la bourse monte de 25% (et que les obligations ne bougent pas), vous allez avoir dans votre portefeuille environ 75% en actions et seulement 25% en obligations.[20] À ce moment-là, vendez vos actions pour rééquilibrer votre portefeuille jusqu'à atteindre l'objectif de 70/30. Le but est de faire ce rééquilibrage à date ou à fréquence fixe pour éviter un déséquilibre du portefeuille. Je suggère de le faire tous les six mois à des dates facilement mémorisables comme le nouvel an et la fête nationale.

---

[20] NDE : Par soucis de simplicité, nous supposons que les actions montent d'un coup.

Pourquoi pas mettre tout mettre en actions ?

Graham nous recommande de ne jamais consacrer plus de 75% du portefeuille en actions. Mais est-ce un conseil pertinent pour tous ? Non. Pour certains, un portefeuille totalement en actions peut être judicieux si :

- Vous avez mis de côté suffisamment de liquidités pour subvenir à vos besoins pendant au moins une année.
- Vous pouvez investir pendant encore au moins 20 ans.
- Vous avez survécu au marché baissier de 2000.
- Vous n'avez pas vendu vos actions durant le marché baissier de 2000.
- Vous avez acheté encore plus d'actions durant le marché baissier de 2000.
- Vous avez lu le Chapitre 8 de ce livre et mis en place une stratégie pour contrôler votre tempérament.

Ne placez pas tout en actions, sauf si vous répondez positivement à toutes les questions ci-dessus. Tous ceux qui ont paniqué lors du dernier krach boursier, paniqueront lors du prochain – et regretteront de ne pas avoir d'obligations et de liquidités en guise d'amortisseur.

L'intérêt de ce système de rééquilibrage périodique est qu'il force les décisions d'investissement pour conserver la même composition du portefeuille, plutôt qu'imaginer tous les scénarios sur la direction des taux d'intérêt ou des indices boursiers. Certains fonds communs de placement, comme le *T. Rowe Price*, offrent des solutions pour rééquilibrer automatiquement les plans d'épargne retraite 401(k), de façon à ne plus avoir à s'en soucier.

Les tenants et aboutissants des obligations

À l'époque de Graham, les investisseurs étaient confrontés à deux choix basiques : Imposable ou non ? Court ou long terme ? Aujourd'hui, il y en a un troisième : obligations ou fonds obligataires ?

Imposable ou non ? À moins d'être dans la tranche inférieure[21], n'investissez – en dehors de votre épargne retraite – que dans des obligations des collectivités territoriales (*municipals*), qui offrent un avantage fiscal. Sinon, vos revenus obligataires seront taxés. Ce n'est que dans votre compte d'épargne retraite 401(k) que vous pouvez détenir des obligations dont les intérêts versés sont taxables, car ce

[21] NDE : Pour l'année fiscale 2003, la première tranche pour un célibataire est à 28.400$ et pour un couple marié (avec une déclaration commune) à 47.450$.

compte n'est pas fiscalisé. Autrement dit, les obligations des collectivités n'ont rien à y faire.[22]

Court ou long terme ? Le cours des obligations et les taux d'intérêt évoluent en sens inverse : si les taux d'intérêt montent, les cours obligataires baissent – même si le cours d'une obligation à court terme diminue moins que celui d'une obligation à long terme. À l'inverse, si les taux d'intérêt baissent, le cours des obligations augmentent – et une obligation à long terme verra son cours croître plus que celui d'une obligation à plus court terme.[23] Vous pouvez couper la poire en deux en achetant tout simplement des obligations de maturité intermédiaire – entre 5 et 10 ans – qui ne vont pas grimper en flèche quand les taux courts ou longs vont baisser, mais qui ne vont pas non plus s'écraser dans le cas contraire. Pour nombre d'investisseurs, les obligations de maturité intermédiaire sont la meilleure solution, car elles évitent de s'interroger sur l'évolution des taux d'intérêt.

Obligations ou fonds obligataires ? Comme la valeur faciale d'une obligation est souvent de 10.000$ et qu'il faut au minimum 10 obligations pour diversifier le risque de défaut, cela n'a aucun sens d'acheter des obligations à l'unité, sauf si vous avez à placer 100.000$. (Les obligations du Trésor américain sont la seule exception à cette règle, car elles sont garanties.)

Les fonds obligataires permettent de diversifier facilement et à moindre coût, tout en percevant chaque mois un revenu qui peut être réinvesti immédiatement au taux du jour, sans payer de commission. Les fonds obligataires sont donc, pour la plupart des investisseurs, plus intéressants que les obligations détenues en direct (à l'exception des titres du Trésor et de quelques obligations des collectivités). Des sociétés de premier plan comme *Vanguard*, *Fidelity*, *Schwab* et *T. Rowe Price* offrent un large choix de fonds obligataires à faible coût de gestion.[24] La gamme de valeurs obligataires s'est largement étendue depuis l'époque de Graham, c'est pourquoi je me propose de mettre à jour sa liste dans le Tableau 7 ci-après. En 2003, les taux d'intérêt sont tombés si bas que les investisseurs ont désespérément recherché des supports offrant des rendements plus élevés, avec plus de risques. Or, il existe des moyens pour augmenter

---

[22] NDE : Deux calculateurs permettent de comparer les revenus nets après impôts versés par les obligations des collectivités (*municipals*) – non imposables – et ceux des autres obligations – imposables. Il s'agit des sites www.investinginbonds.com/cgi-bin/calculator.pl et www.lebenthal.com/index_infocenter.html. Si vous voulez savoir si une obligation municipale est adaptée à votre profil, vous pouvez calculer *le rendement imposable équivalent* et comparez le résultat obtenu à celui des taux d'intérêt servis par les bons du Trésor (http://money.cnn.com/markets/bondcenter/ ou www.bloomberg.com/markets/C13.html). Si le rendement des obligations du Trésor est supérieur au rendement taxable équivalent, c'est que les obligations des collectivités ne sont pas pour vous. Dans tous les cas, sachez que les obligations municipales offrent des coupons plus faibles et ont une volatilité de leur cours plus élevée que la plupart des autres obligations imposables.

[23] NDE : Si vous désirez une excellente lecture d'introduction sur l'investissement obligataire, lisez à http://flagship.vanguard.com/web/planret/AdvicePTIBInvestmentsInvestingInBonds.htlm#InterestRates. Et pour une explication encore plus simple sur le fonctionnent des obligations, allez sur http://money.cnn.com/pf/101/lessons/7/. Un portefeuille avec des obligations sur une large gamme de maturité permet de se protéger contre une évolution non symétrique des taux.

[24] NDE : Pour plus d'information, reportez-vous aux sites Web : www.vanguard.com, www.fidelity.com, www.schwab.com et www.troweprice.com.

votre rémunération sans prendre des risques excessifs.[25] Le Tableau 7 résume les avantages et les inconvénients de chaque valeur.

TABLEAU 7 : L'UNIVERS OBLIGATAIRE

Valeurs	Durée (maturité)	Quotité (montant minimal)	Risque de défaut	Risque de taux	Liquidité des titres	Rendement au 31/12/02
Bons du trésor	Inférieur à 1 an	1,000$	Très faible	Très faible	Élevée	1,2%
Bons du trésor	1 et 10 ans	1,000$	Très faible	Moyen	Élevée	2,7%
Obligations du trésor	Plus de 10 ans	1,000$	Très faible	Élevé	Élevée	4,8%
Obligations des caisses d'ép.	Jusqu'à 30 ans	25$	Très faible	Très faible	Faible	4,2%
Certificats de dépôt	1 mois à 5 ans	500$	Faible	Faible	Faible	1,5%
Fonds monétaires	Moins de 1 an	2,500$	Très faible	Faible	Élevée	0,8%
Obligations hypothécaires	1 à 30 ans	2,000-3,000$	Faible à élevé	Moyen	Moyenne	4,6%
Obligations des collectivités	1 à 30 ans et +	5,000$	Faible à élevé	Moyen	Moyenne	4,3%
Actions de préférence	Indéfini	Aucune	Élevé	Élevé	Moyenne	Variable
Obligations haut rendement	7 à 20 ans	2,000-3,000$	Élevé	Moyen	Faible	11,9%
Obligations des pays émerg.	Jusqu'à 30 ans	2,000-3,000$	Élevé	Moyen	Faible	8,8%

Source : Bankrate.com, Bloomberg, Lehman Brothers, Merrill Lynch, Morningstar, wwwsavingsbonds.gov

Analysons maintenant quelques valeurs obligataires pour connaître les besoins auxquelles elles répondent.

Les liquidités non rémunérées ne servent à rien

Comment percevoir un intérêt en plaçant des liquidités ? L'*investisseur intelligent* devrait d'abord vider ses comptes à terme et vendre les autres produits monétaires – qui offrent de maigres rendements – pour les placer dans les véhicules suivants :

Les titres du Trésor public, telles les obligations d'État américaines, sans risques de défaut, car l'Oncle Sam a la capacité d'augmenter les impôts ou de faire marcher la planche à billets. Les bons du Trésor (*T-Bills*) ont des échéances à 4, 13 et 26 semaines. En raison de leur faible maturité, les *T-Bills* sont peu touchés par une hausse des taux longs à la différence des autres valeurs obligataires, notamment celles à long terme. Les intérêts des titres du Trésor sont uniquement soumis à une taxe fédérale et, avec 3.700 milliards de dollars en circulation, ce compartiment de marché est énorme et donc très liquide. Vous pouvez acheter directement des bons du Trésor, des notes à court terme et des obligations à long terme, sans payer de commissions, en passant par le site www.publicdebt.treas.gov. (Pour plus d'informations sur les obligations d'État indexées sur l'inflation – TIPS – reportez-vous aux Commentaires que nous avons faits au Chapitre 2 p. 67.)

Les obligations d'épargne (*savings bonds*) ne sont pas négociables : vous ne pourrez donc pas facilement les céder et vous perdez trois mois d'intérêts si vous les faites rembourser avant 5 ans. Ces produits ne servent qu'à mettre de l'argent de côté en prévision d'une dépense à venir : un cadeau ou le financement des études d'un enfant. Ces titres sont disponibles dans des dénominations aussi petites que 25$, ce

[25] NDE : Pour un résumé sur l'investissement obligataire, cf. www.aaii.com/promo/20021118/bonds.shtml.

qui en fait des cadeaux pour les petits-enfants. Pour les investisseurs qui souhaitent placer à long terme, les obligations couvertes contre le risque d'inflation – *I-bonds* – offrent actuellement des rendements intéressants avoisinant les 4%. Pour en savoir plus à ce sujet, consultez le site www.savingbonds.gov.

Les autres titres obligataires

Les titres adossés à des crédits hypothécaires (obligations hypothécaires). Ces valeurs, issues du regroupement de milliers de crédits hypothécaires sur l'ensemble du territoire des États-Unis, sont émises par des agences fédérales comme la *Federal National Mortgage Association* (*Fannie Mae*) ou la *Government National Mortgage Association* (*Ginnie Mae*). Cependant, ces titres ne sont pas garantis directement par le Trésor public américain. Ils offrent donc un rendement supérieur pour refléter un risque plus élevé. Ces obligations hypothécaires généralement sous-performent quand les taux d'intérêt baissent et surperforment quand ils montent. (À long terme, ces variations ont tendance à s'équilibrer et un rendement moyen supérieur se révèle payant.) Des parts de fonds d'obligations hypothécaires peuvent être acquis chez *Vanguard*, *Fidelity* ou *Pimco*. En revanche, si un courtier cherche à vous vendre une obligation hypothécaire à l'unité – ce que l'on appelle un CMO (*Collateral Mortgage Obligation*) – dites-lui que vous n'avez pas le temps, car vous êtes en retard à un rendez-vous médical !

La retraite par capitalisation. Ce placement assurantiel permet de différer le paiement de l'impôt et de bénéficier d'une rente viagère au moment de la retraite. La sortie en rente fixe offre un rendement déterminé à l'avance, celle en rente variable donne des rendements qui fluctuent. Un conseil : l'investisseur passif doit se protéger des hordes d'agents d'assurance, d'intermédiaires ou de gestionnaires de patrimoine véreux, qui vendent ces produits financiers en prenant de lourdes commissions. Souvent, le coût de ces supports – y compris les pénalités de remboursement anticipé – effacent les avantages que l'on pourrait en tirer. En fait, seuls les bons produits sont à sélectionner. Si le vendeur se paie grassement, il y a fort à parier que le rendement sera médiocre. Nous conseillons d'aller seulement vers les produits proposés par des intermédiaires prenant de faibles commissions comme *Ameritas*, *TIAA-CREF* et *Vanguard*.[26]

Actions de préférence. Les actions de préférence sont des placements qui réunissent le pire des deux mondes. Elles sont moins sûres que les obligations, puisqu'elles sont subordonnées au remboursement des dettes obligataires en cas de faillite. De plus, elles n'offrent pas les mêmes perspectives de plus-values que les actions ordinaires, car les

---

[26] NDE : En règle générale, les rentes variables ne sont pas intéressantes pour les investisseurs de moins de 50 ans, pour ceux qui escomptent faire partie des tranches d'imposition élevées pendant leur retraite ou pour ceux qui n'ont pas encore atteint le plafond de leurs comptes de retraite 401(k) ou IRA. Les rentes fixes (sauf pour *TIAA-CREF*) peuvent modifier unilatéralement leurs taux « *garantis* » et imposer des pénalités de rachat onéreuses. Pour obtenir une analyse complète et objective sur les rentes, reportez-vous à deux très bons articles de Walter Updegrave : *Income for Life*, Money, juillet 2002, pp. 89-96, et *Annuity Buyer's Guide*, Money, novembre 2002, pp. 104-110.

entreprises peuvent souvent racheter leurs actions de préférence quand les taux d'intérêt sont faibles ou quand les émetteurs améliorent leur notation financière et peuvent emprunter à un coût moindre. Contrairement aux coupons obligataires, les émetteurs ne peuvent pas déduire les dividendes préférentiels de leur bénéfice imposable. Il est donc légitime de s'interroger sur les raisons qui poussent une entreprise en bonne santé à émettre des actions de préférence : pourquoi de généreux dividendes plutôt qu'émettre des obligations classiques qui bénéficient d'un meilleur traitement fiscal ? La réponse est que l'entreprise ne peut pas accéder au marché obligataire en raison de sa mauvaise santé financière. Par conséquent, ne touchez à ce produit qu'avec d'infinies précautions.

Actions ordinaires. L'utilisation d'un comparateur d'action comme celui de *Yahoo* (http://screen.yahoo.com/stocks.html) début 2003, vous aurait permis de voir que 115 des 500 actions du *S&P 500* offraient des rendements en dividende supérieurs ou égaux à 3%. Aucun *investisseur intelligent*, aussi désespéré soit-il, n'achètera une action au motif qu'elle offre un beau dividende. L'entreprise et ses perspectives doivent être solides et le cours de l'action raisonnable. Cependant, avec la baisse du cours des actions depuis 2000, les actions offrent un rendement en dividende supérieur à celui des obligations du Trésor. Par conséquent, même l'investisseur le plus prudent peut compléter un portefeuille exclusivement en obligations avec des actions sélectionnées avec attention pour augmenter sa rémunération (coupons et intérêts) et son potentiel de plus-value.[27]

[27] NDE : Pour en savoir plus sur le rôle des dividendes dans un portefeuille, voir le Chapitre 19.

CHAPITRE 5. L'INVESTISSEUR PASSIF ET LES ACTIONS ORDINAIRES

L'intérêt des actions ordinaires

Dans notre première édition (1949), nous avions jugé nécessaire d'expliquer pourquoi il fallait absolument détenir une forte proportion d'actions dans un portefeuille.[1] Les actions étaient considérées comme un placement spéculatif, donc risqué : n'avaient-elles pas lourdement chuté depuis leurs plus hauts de 1946 ? Or, au lieu d'encourager les investisseurs à acheter à des cours plus faibles, cette baisse a eu l'effet inverse, elle les a refroidis. Nous avons déjà évoqué le scénario inverse des vingt années suivantes, qui a fait croire aux investisseurs que les actions étaient devenues des produits sûrs et rémunérateurs quand les indices boursiers étaient à leur plus haut.[2]

Notre raisonnement, qui en 1949 encourageait l'achat d'actions, reposait sur deux arguments. Le premier portait sur l'intérêt des actions par rapport aux obligations pour se couvrir de l'érosion monétaire causée par l'inflation. La deuxième raison découlait de la supériorité des actions sur les obligations en matière de rentabilité. Ceci était la conséquence d'un rendement en dividende supérieur au rendement offert par des obligations de première catégorie et de la tendance haussière des cours grâce au réinvestissement des bénéfices non distribués.

Si ces deux avantages sont déterminants et ont permis aux actions d'enregistrer de meilleures performances historiques que les obligations, nous n'avons pas manqué d'avertir les investisseurs que payer les actions trop chères était insuffisant. Ce fut le cas en 1929, il a fallu 25 ans à la bourse pour remonter de l'abîme dans lequel elle s'était enfoncée entre 1929 et 1932.[3] Depuis 1957, les actions ont une fois de plus, perdu de

---

[1] NDE : Début 1949, la performance moyenne annuelle des actions lors des 20 années précédentes s'élevait à 3,1%, tandis que les obligations à long terme du Trésor rapportaient du 3,9%, ce qui voulait dire que 10.000$ investis en actions auraient donné 18.415$ au bout de 20 ans, alors que le même montant investi sur des obligations se serait transformé en 21.494$. C'est donc sans surprise, que l'année 1949 s'est avérée être un bon millésime pour acheter des actions. En effet, sur la décennie suivante, l'indice *S&P 500* a gagné 20,1% par an, soit l'une des plus fortes performances boursières de toute l'histoire des marchés américains.

[2] NDE : Imaginez un instant ce que Graham aurait pensé de la bourse de la fin des années 1990, quand chaque nouveau record était interprété comme la *preuve* que les actions étaient bel et bien la meilleure façon de s'enrichir sans risques !

[3] NDE : Le *DJIA* a clôturé à un plus haut historique de 381,17 points le 3 septembre 1929. Il faudra attendre le 23 novembre 1954 pour qu'il dépasse à nouveau ce seuil – soit plus d'un quart de siècle plus tard – en touchant les 382,74. (Quand vous dites que vous avez l'intention de détenir des actions *à long terme*, mesurez-vous le temps que cela peut prendre et que nombre d'investisseurs de 1929 n'étaient tout simplement plus en vie en 1954 ?) Cependant, pour les investisseurs patients qui ont réinvesti tous leurs dividendes, la performance a été positive sur cette période passablement déprimée et ce, simplement parce que les dividendes ont rapporté en moyenne 5,6% par an. D'après les professeurs Elroy Dimson, Paul Marsh et Mike Staunton de la *London Business School*, si vous aviez investi 1$ en actions américaines en 1900 et

leur attrait en raison des cours élevés.[4] Reste à savoir si l'inflation et la croissance économique viendront à l'avenir compenser ces inconvénients.

Le lecteur comprendra que nous ne sommes pas euphoriques sur le marché action aujourd'hui (avec un *DJIA* à 900 fin 1971). Cependant, pour les raisons déjà évoquées, nous estimons que l'investisseur passif doit en détenir, car elles représentent un moindre risque par rapport à un portefeuille entièrement investi en obligations.

Les quelques règles à destination de l'investisseur passif

La sélection des actions entrant dans le portefeuille de titres de l'investisseur passif est relativement aisée. Nous vous suggérons quatre règles à suivre :

1. Il faut diversifier sans tomber dans l'excès. En clair, nous conseillons la détention de 10 à 30 lignes maximum.[5]
2. Toutes les valeurs sélectionnées devraient être celles de grandes entreprises réputées, gérées avec prudence. Même si ces caractéristiques sont imprécises, elles sont suffisamment claires. Nous y reviendrons à la fin de ce chapitre.
3. Toutes les sociétés doivent avoir servi, longtemps et sans interruption, un dividende. Tous les titres composant le *Dow Jones Industrial Average* seraient sélectionnés sur ce critère, fin 1971. Pour être plus précis, nous suggérons de choisir les sociétés ayant versé chaque année un dividende à leurs actionnaires depuis au moins 1950.[6]
4. L'investisseur devrait se fixer un cours d'achat maximum. Cette limite serait à calculer en fonction de la moyenne des bénéfices annuels des sept dernières années, par exemple. Nous proposons un cours maximal de 25 fois la moyenne des bénéfices passés et pas plus de 20 fois les bénéfices des 12 derniers mois[7].

---

dépensé tous vos dividendes, votre portefeuille boursier serait passé à 198$ en 2000. Mais si vous aviez réinvesti tous vos dividendes, votre portefeuille se serait élevé à 16.797$! Loin d'être une considération secondaire, les dividendes sont la principale composante de la performance boursière.

[4] NDE : Pourquoi un « *cours élevé* » affecte-t-il le rendement du dividende ? Le rendement d'une action est le rapport entre le dividende distribué et le cours de l'action. Si une entreprise verse un dividende de 2$ et que son cours de bourse est de 100$ par action, son rendement est de 2%. Mais si le cours de bourse double alors que le dividende reste constant, le rendement des dividendes tombera à 1%. En 1959, quand la tendance, décrite par Graham en 1957, a été remarquée des autres financiers, la plupart des experts de *Wall Street* ont déclaré qu'il était impossible que celle-ci ne dure. Jamais dans l'histoire, le rendement des actions n'avait été inférieur à celui des obligations. Après tout, les actions étaient plus risquées que les obligations, alors pourquoi les acheter si elles n'offrent pas une rentabilité supérieure pour compenser le risque pris ? Les experts prédisaient donc que le rendement des dividendes ne resterait pas longtemps inférieur aux rendements obligataires et qu'ensuite les choses *retourneraient à la normale*. Plus de quatre décennies plus tard, nous observons que cette relation n'est jamais redevenue normale. Les rendements offerts par les dividendes sont toujours (à ce jour) au-dessous des rendements des obligations.

[5] NDE : Pour une autre opinion sur la diversification, voir l'encadré dans les *Commentaires sur le Chapitre 14* (p. 294).

[6] NDE : De nos jours, l'investisseur passif devrait probablement exiger au moins 10 années interrompues de de dividendes (ce qui exclurait seulement un membre du *DJIA* – *Microsoft* – et laisserait le choix de 317 actions parmi celles composant le *S&P 500*). Même exiger 20 ans de dividendes, servis sans interruption, ne serait pas trop restrictif. D'après *Morgan Stanley*, 255 sociétés parmi celles composants le *S&P 500* respectaient cette condition à la fin de l'année 2002.

[7] NDT : Autrement dit, Graham suggère de vendre lorsque le PER du titre dépasse 20.

Malheureusement, cette contrainte élimine quasiment toutes les valeurs les plus populaires de notre portefeuille et notamment les *valeurs de croissance* – favorites des spéculateurs et des institutionnels. Nous allons vous expliquer les raisons de ce choix qui peut paraître excessif.

Les *valeurs de croissance* et l'investisseur passif

Le qualificatif *valeur de croissance* est utilisé pour tout titre dont le taux de croissance des bénéfices – historique et prévisionnel – est très supérieur à celui du marché. Certains estiment qu'une *valeur de croissance* doit voir son bénéfice par action doubler en moins de dix ans, ce qui signifie un taux de croissance annuel supérieur à 7,1% l'an.[8] Évidemment, de telles pépites sont intéressantes, à condition qu'elles ne soient pas surévaluées. C'est là tout le problème, car nous savons d'expérience que les *valeurs de croissance* sont chères rapportées à leur PER courant, mais aussi chères par rapport à leurs bénéfices passés. C'est ce qui en fait des valeurs spéculatives avec des perspectives de plus-values aléatoires.

La société *IBM* a longtemps été une *valeur de croissance* emblématique offrant à ses actionnaires des performances exceptionnelles. Rappelons que cette belle valeur a vu son cours perdre 50% dans le marché baissier de 1961-62 et pratiquement autant en 1969-70. De nombreuses autres *valeurs de croissance* ont été encore plus touchées. Certaines ont aussi vu leurs résultats chuter de concert avec le cours de l'action, entraînant les cours encore plus bas. *Texas Instruments* est un cas d'école. Son cours a grimpé de 5 à 256 dollars, sans verser de dividende, alors que le bénéfice par action passait de 40 cents à 3,91 dollars. Vous noterez que les cours se sont appréciés cinq fois plus vite que les bénéfices. Ceci est une caractéristique commune à toutes les *valeurs de croissance* à la mode. Malheureusement, en moins de deux ans, les bénéfices ont chuté de 50% et les cours de 80% pour revenir à 49$.[9]

À la découverte de ces exemples, le lecteur comprendra pourquoi nous considérons les *valeurs de croissance* comme des supports d'investissement inadaptés à l'investisseur passif. Évidemment, une belle valeur, achetée et vendue au bon moment et au bon cours, fera des miracles. Pour l'investisseur moyen, de tels espoirs ne sont pas plus réalistes que de s'attendre à voir pousser de l'argent à la place des feuilles des arbres. En revanche, nous sommes convaincus que les grandes

---

[8] NDE : La *règle des 72* permet d'obtenir un résultat approximatif. Pour estimer le temps nécessaire pour qu'un montant double, il suffit de diviser le nombre 72 par le taux de croissance prévisionnel. Par exemple, un capital placé à 6% double en 12 ans (72 divisé par 6 égal 12). Pour le taux de 7,1% cité par Graham, une *valeur de croissance* double son bénéfice par action en un peu plus de dix ans (72/7,1 = 10,1 années).

[9] NDE : Pour montrer la véracité des observations de Graham, nous pouvons substituer *Microsoft* à *IBM* et *Cisco* à *Texas Instruments*. À trente ans d'intervalle, les résultats sont étrangement similaires : l'action *Microsoft* a chuté de 55,7% de 2000 à 2002, tandis que l'action *Cisco* – qui avait été multipliée par 50 au cours des 6 années précédentes – perdit 76% de sa valeur entre 2000 et 2002. Comme ce fut le cas pour *Texas Instruments*, la chute du cours de bourse de *Cisco* a été plus forte que la baisse de ses bénéfices, qui chutèrent de 39,2% seulement (tiré d'une comparaison de la moyenne à trois ans sur la période 2000-2002 par rapport à la période 1997-1999). Comme d'habitude, plus la hausse est importante, plus la chute est lourde.

capitalisations, délaissées par les masses et acquises à des PER modérés,[10] offrent un bien meilleur potentiel au grand public. Nous reviendrons sur ce concept dans notre chapitre consacré à la constitution d'un portefeuille.

Le rééquilibrage du portefeuille

Habituellement, la composition d'un portefeuille est régulièrement revue pour savoir comment en améliorer la performance. C'est un service de conseil gratuit proposé aux clients des courtiers pour donner des idées d'achat ou de vente en échange de commissions de courtage. Certains courtiers préfèrent facturer leurs conseils.

En conséquence, tout investisseur passif devrait recevoir, au moins une fois par an, le même niveau de conseil pour ajuster son portefeuille que celui reçu pour le créer. En raison de son manque d'expertise, il ne doit faire confiance qu'aux établissements financiers réputés, sinon il risque de tomber dans des mains incompétentes ou sans scrupules. En tous cas, il doit exiger que son conseiller adhère aux quatre règles, que nous avons énoncées. À ce propos, il ne sera pas utile de modifier de façon significative la composition du portefeuille, si la sélection des valeurs a été bien faite à sa création[11].

Moyenner (le système du *Dollar-Cost Averaging*)

La Bourse de New York a tenté de promouvoir la stratégie consistant à placer chaque mois un montant fixe en actions (sur une ou plusieurs valeurs). C'est l'application de la stratégie consistant à *moyenner* (*dollar-cost averaging*). En périodes de hausse du marché, comme celle que nous avons connue depuis 1949, c'est une stratégie qui donne des résultats particulièrement satisfaisants, car elle évite notamment d'investir quand les cours sont élevés.

Dans l'ouvrage que Lucile Tomlinson a consacré à cette stratégie[12], l'auteur nous présente le résultat de cette approche sur les valeurs du *Dow Jones*. Elle a testé 23 périodes mobiles de 10 ans se terminant entre 1929 et 1952. Dans tous les cas, l'investisseur aurait dégagé des plus-values soit à la clôture de la période, soit au plus tard cinq années après le dernier versement. La performance moyenne sur ces 23 décennies se serait élevée à 21,5%, sans tenir compte des dividendes distribués. Inutile de rappeler qu'à certaines époques, les pertes enregistrées ont été colossales. Lucile Tomlinson conclut son livre par cette phrase déconcertante : « *Personne n'a découvert, à ce jour, de stratégie plus robuste que celle consistant à moyenner.* »

---

[10] NDE : Ces PER représentent le rapport entre le cours de l'action et le bénéfice de l'entreprise. Ils mesurent combien les investisseurs sont prêts à payer pour une action par rapport à la profitabilité de l'entreprise.

[11] NDE : Les investisseurs peuvent aujourd'hui mettre en place leur propre système automatique de sélection pour surveiller la qualité de leurs lignes en utilisant des systèmes d'analyse de portefeuille que l'on trouve sur des sites Web tels que www.quicken.com, www.moneycentral.msn.com, www.finance.yahoo.com et www.morningstar.com. Graham nous mettrait, aujourd'hui, en garde contre une dépendance complète à ce type de système, car il faut être capable d'avoir un esprit critique pour compléter ces systèmes de tri.

[12] NDG : Tomlinson L., *Formules Utiles Pour Réussir en Investissement*, Wilfred Funk, 1953.

On peut prétexter que si *moyenner* est, en théorie, une stratégie d'investissement intéressante, en réalité, c'est une stratégie peu réaliste, car rares sont ceux qui peuvent placer chaque mois la même somme pendant 20 ans. Or, il semble que cet argument soit aujourd'hui moins vrai, car les actions font désormais partie de tous plans d'épargne diversifiée. Autrement dit, *moyenner* ne présente pas plus de difficultés financières et psychologiques qu'effectuer des versements programmés sur un plan d'assurance-vie ou sur un plan d'épargne en obligations. D'ailleurs, toutes ces stratégies d'investissement sont plus complémentaires que mutuellement exclusives. Les mensualités peuvent être faibles, mais produire au bout de vingt ans un beau capital.

La situation personnelle de l'investisseur

Au début de ce chapitre, nous avons fait allusion à la situation personnelle de l'investisseur. Revenons-y un instant à la lumière des considérations suivantes. Dans quelle mesure la composition d'un portefeuille peut-elle changer en fonction de considérations spécifiques ? Pour répondre à cette question, nous prendrons des exemples concrets de situations fort différentes. Nous aurons : (1) une veuve héritant d'un capital de 200.000$ avec lequel elle doit vivre avec ses enfants ; (2) un médecin en milieu de carrière, avec un capital disponible de 100.000$ et une capacité d'épargne annuelle de 10.000$; (3) un jeune homme gagnant 800$ par mois et économisant 1.000$ chaque année.[13]

Pour la veuve, le problème de subvenir à ses besoins avec les revenus de son capital n'est pas simple à résoudre, d'autant qu'elle ne peut pas prendre de risques. Répartir équitablement son capital entre obligations souveraines et actions de première qualité est un bon compromis pour répondre à ses objectifs et reprend nos principes gouvernant l'investissement passif. La composante en actions peut être portée à 75% si notre veuve est réellement prête à accepter un risque plus élevé et si elle est certaine de ne pas acheter trop cher, ce qui n'est pas le cas en ce début 1972.

Nous n'excluons pas le fait que cette veuve soit un investisseur actif, auquel cas ses objectifs et sa stratégie seront différents. La seule chose qu'elle devra éviter est de spéculer pour tenter d'avoir de meilleurs revenus. Ce qui signifie parier sur une plus-value sans aucune garantie de succès. Mieux vaut prélever chaque année 2.000$ sur le capital pour joindre les deux bouts, plutôt que prendre des risques inconsidérés sur la moitié de ce capital.

Le médecin n'a pas les mêmes exigences et pourtant nous estimons que les choix, qui lui sont offerts, sont pratiquement les mêmes. A-t-il envie de s'investir personnellement dans la gestion de son portefeuille ? S'il manque de flair ou de motivation, alors mieux vaut qu'il endosse les habits de l'investisseur passif. La composition de son portefeuille ne sera pas si différente de celle de la veuve, avec la même latitude pour déterminer la part en actions. Ses revenus devraient être placés dans les mêmes proportions que son portefeuille. Notre médecin sera un meilleur

---

[13] NDE : Pour mettre à jour les chiffres de Graham, prenez les montants indiqués et multipliez-les par cinq.

candidat que la veuve à être un investisseur actif, avec sans doute plus de chances de réussir dans ce rôle. Il a pourtant un gros handicap : celui d'une moindre disponibilité pour développer ses connaissances et gérer son capital. La réalité montre que les professionnels de santé sont, en général, de piètres investisseurs. La raison tient à un excès de confiance dans leurs capacités intellectuelles et à un objectif de performance trop ambitieux. Ils ne comprennent pas que réussir réclame beaucoup de temps et une approche professionnelle pour évaluer les titres.

Enfin, le jeune homme, qui économise 1.000$ par an et escompte faire mieux les années suivantes, se retrouve confronté aux mêmes choix que les autres, mais pour des raisons encore différentes. Une partie de son épargne sera directement placée sur des obligations d'État. Le solde sera trop petit pour justifier le temps nécessaire à développer les compétences et le tempérament pour être un investisseur actif. Donc la stratégie classique de l'investisseur passif est pour lui la meilleure des stratégies.

Il ne faut pourtant pas sous-estimer la nature humaine. La finance fascine tant les jeunes, brillants et peu fortunés, qu'ils veulent à la fois être intelligents et actifs dans leurs décisions d'investissement, même si les revenus qu'ils peuvent espérer dégager sont bien moins importants que leurs salaires. Après tout, cette attitude est positive, car le jeune investisseur tirera d'énormes avantages à commencer tôt son éducation et son expérience financière. S'il choisit d'être dès le départ un investisseur actif, il est sûr de commettre des erreurs qui lui coûteront cher. Mais la jeunesse peut apprendre de ses erreurs. Nous encourageons le néophyte à ne pas perdre son énergie et son argent en tentant de battre le marché. Qu'il sélectionne des titres et teste sa stratégie sur de petites sommes.

Nous en revenons à l'affirmation de départ : la nature des titres à acheter et la rentabilité escomptée ne dépendent pas des ressources financières de l'investisseur, mais de ses connaissances financières, de son expérience et de son tempérament.

Une remarque sur le concept de risque

II est d'usage de considérer que les obligations de qualité sont moins risquées que les actions de préférence, elles-mêmes jugées moins risquées que les actions ordinaires. D'où l'idée reçue que les actions ordinaires sont risquées, ce que montre, en 1948, une enquête de la Réserve Fédérale. Précisons que les notions de *risque* et de *sécurité* portent en finance deux sens très différents, ce qui ajoute à la confusion sur le sujet.

On considère qu'une obligation n'est pas sûre quand l'émetteur peut faire défaut sur les intérêts et le principal. De même, une action de préférence, voire une action ordinaire, acquises pour leur rendement, ne sont pas sûres, car le rendement ou le dividende attendus ne seront peut-être pas servis. Une autre définition du risque couvre l'éventualité d'avoir à vendre un titre à un prix inférieur à son prix d'achat.

Cette dernière définition du risque s'applique aussi à la probabilité de baisse du cours d'un titre, même si cette baisse est cyclique et temporaire et que le détenteur n'est pas acculé à la vente. Ces accidents sont inhérents à la détention de toutes valeurs mobilières autres que les obligations souveraines. Ce risque est, de manière générale, plus fort sur les actions ordinaires que sur les obligations. Pourtant, nous estimons qu'il ne s'agit pas d'un véritable risque au sens qui nous intéresse. L'émetteur d'un prêt hypothécaire subira des pertes s'il est acculé à la vente de l'immeuble au mauvais moment. Or, ce facteur de risque n'est pas pris en compte pour juger du *risque* ou de la *sécurité* du prêt hypothécaire, le seul critère retenu est la garantie de paiement des intérêts et le remboursement du principal. De même, le risque de l'entrepreneur est mesuré par la probabilité de faire des pertes, pas par la probabilité de perdre de l'argent en cas de liquidation.

Nous montrerons, au Chapitre 8, qu'un investisseur ne perd pas nécessairement quand les cours baissent. Par conséquent, une baisse ne signifie pas nécessairement que l'investisseur court un véritable risque de perte. Si un échantillon d'actions ordinaires, bien choisies, offre sur plusieurs années une rentabilité satisfaisante, ce portefeuille de titres sera réputé être *sûr*. Naturellement, les cours vont forcément fluctuer, pour peut-être passer sous le cours d'achat. Si cela en fait un investissement *risqué* alors, par extension, cet investissement est à la fois *risqué* et *sûr*. Nous éviterons cette confusion, en appliquant la notion de *risque* aux seuls cas de perte en valeur, que cette perte soit réalisée par la cession des titres, qu'elle provienne d'une dégradation de la performance de l'entreprise ou, ce qui est plus probable, qu'elle résulte d'un achat à un cours supérieur à la valeur intrinsèque de l'entreprise.[14]

Les actions ordinaires sont sujettes à ces risques. Pour autant, la thèse que nous défendons, c'est qu'un portefeuille de valeurs diversifiées et correctement sélectionnées n'est pas très *risqué* et ne doit pas être qualifié de *risqué* en raison de la volatilité des cours. En revanche, le risque existera bel et bien, si le prix payé est démesurément supérieur à la valeur intrinsèque du titre, même si le cours peut rebondir au-dessus du cours d'achat après une forte baisse de marché.

Les *grandes entreprises réputées et gérées avec prudence*

La phrase en italique dans notre en-tête est celle que nous avons utilisée au début du chapitre pour qualifier les valeurs que l'investisseur passif devrait sélectionner, si elles ont versé, sans interruption et depuis longtemps, un dividende. Les critères qualitatifs sont toujours ambigus. Où placer la ligne de démarcation dans les qualificatifs de *grandes*, *réputées* et *gérées avec prudence* ? Sur le dernier point, nous pouvons suggérer une mesure précise qui, même arbitraire, est partagée par toute la communauté financière. Une entreprise industrielle est gérée avec prudence si la valeur comptable de ses capitaux propres représente plus de la moitié de sa dette, y compris, les dettes financières.[15] Ce ratio est ramené à au moins 30% pour les compagnies de chemin de fer ou les sociétés de production d'électricité.

Les qualificatifs de *grandes* et *réputées* sont fonction de la taille de l'entreprise et de sa part de marché dans son secteur d'activité. Ces sociétés sont souvent dites de

---

[14] NDG : La mesure mathématique du risque d'un titre est approchée par la mesure des variations moyennes des rendement ou une mesure de volatilité. C'est ce que fait, par exemple, Richard A. Brearley dans *An Introduction to Risk and Return*, M.I.T Press, 1969. Pour nous, cette utilisation du terme de *risque* fait plus de mal que de bien en matière d'aide à la décision financière. En effet, ces définitions donnent trop d'importance aux variations de cours.

[15] NDG : Toutes les valeurs du *Dow Jones* satisfont à ces exigences en 1971. NDE : en juin 1991, alors que le rapport Capitalisation boursière / Valeur comptable des capitaux propres du *Dow Jones* est supérieur à 2, ces conditions ne sont vérifiées que pour quelques titres seulement.

première catégorie, alors que les autres sont dites de seconde catégorie, à l'exception des *valeurs de croissance* représentant une catégorie à part par ceux qui les achètent. Pour compléter ce panorama, ajoutons qu'en 1971, une grande entreprise doit avoir un actif et un chiffre d'affaires supérieurs à 50 millions de dollars.[16]

Il ne faut pas pour autant accorder trop d'importance à des critères si arbitraires, comme ceux-ci. Ils ne servent que de guides pour ceux qui en ont besoin. Toute règle que se fixe l'investisseur et qui n'est pas en contradiction avec la signification habituellement donnée à *grande* et *réputée* est acceptable. En conséquence, la subjectivité de chacun fera que certains titres seront inclus par les uns et exclus par les autres. Cette diversité d'opinions n'est pas gênante. Elle est même salutaire pour le marché, car elle permet une distinction graduelle entre les titres de première et ceux de seconde catégorie.

[16] NDE : En 2003, pour faire partie des grandes entreprises, une société doit avoir une capitalisation boursière supérieure à 10 milliards de dollars, soit un échantillon de 300 valeurs.

COMMENTAIRES SUR LE CHAPITRE 5

Le bonheur humain n'est pas tant le produit des grands coups de bonne fortune, qui arrivent rarement, que celui des petits avantages qui ont lieu tous les jours.

Benjamin Franklin

La meilleure défense, c'est l'attaque

Après le bain de sang que nous avons connu sur les marchés ces dernières années[17], qu'est-ce qui peut motiver l'investisseur à risquer ne serait-ce qu'un centime en bourse ?

D'abord, rappelez-vous ce qu'écrit Graham sur le fait que qualifier un investisseur de *passif* dépend plus de sa capacité à consacrer temps et énergie à la gestion de son portefeuille, que de sa tolérance au risque. Et si vous le faites en suivant ses conseils, investir en actions n'est pas plus difficile qu'acheter des obligations. (Comme nous allons le voir au Chapitre 9, il n'est pas plus difficile d'acheter un fonds indiciel que de faire ses courses.)

Au beau milieu de ce marché baissier, qui débuta en 2000, nous comprenons que vous avez l'impression de vous être brûlé les ailes et que vous n'avez plus envie de revenir en bourse. Comme le dit un vieux proverbe turc : « *Si vous vous êtes brûlé la bouche avec du lait bouillant, vous soufflerez sur votre yaourt.* » L'explosion de la bulle Internet des années 2000 à 2002 a été terrible et vous voulez éviter de vous faire échauder une nouvelle fois. Paradoxalement, c'est justement le krach qui a partiellement effacé le risque boursier. Hier, le lait était bouillant ; aujourd'hui, il est tout juste tiède.

Si nous restons rationnels, la décision d'investir ou non en actions n'a rien à voir avec ce que l'on a pu perdre lors du krach précédent. Quand le cours des actions est raisonnable pour profiter des perspectives de croissance, passez à l'achat, indépendamment de vos pertes antérieures. C'est encore plus vrai quand les taux obligataires sont bas, réduisant le montant des coupons.

Comme nous l'avons évoqué au Chapitre 3, les actions ne sont (début 2003) que légèrement surévaluées en termes historiques. Les obligations offrent aujourd'hui des rendements si faibles que l'investisseur, qui les achète pour leur sécurité supposée, ressemble au fumeur qui croit être protégé d'un risque de cancer en fumant des cigarettes à faible teneur en goudrons. Peu importe quel type d'investisseur passif vous êtes – peu actif dans le sens donné par Graham ou averse au risque dans le sens actuel – les niveaux actuels de valorisation laissent entendre que vous devriez placer en actions une part de votre portefeuille.

---

[17] NDT : L'éditeur fait référence à l'explosion de la bulle Internet. Rappelons que ce commentaire a été rédigé en 2003.

Heureusement, il n'a jamais été aussi simple d'acheter des actions qu'aujourd'hui grâce au plan d'épargne programmés, qui alloue automatiquement les versements mensuels programmés, pour éviter de passer trop de temps.

Devez-vous investir dans « *ce que vous connaissez* » ?

D'abord, évoquons ce que l'investisseur passif ne doit surtout pas croire : imaginer que l'on peut investir en actions sans y passer du temps. Dans les années 1980 et au début des années 1990, l'un des slogans les plus connus était « *Achetez ce que vous connaissez* ». Peter Lynch – qui, de 1977 à 1990, a présidé à la destinée des fonds *Fidelity Magellan* et qui a obtenu les meilleures performances de l'histoire de la gestion collective – était l'un des prédicateurs les plus charismatiques de cette parole d'évangile. Lynch soutenait que les néophytes ont un avantage sur les investisseurs professionnels qui ont oublié d'utiliser leur « *bon sens* ». Si vous découvrez un bon restaurant, une belle voiture ou un dentifrice efficace – ou si vous remarquez que le parking de tel ou tel centre commercial ou centre d'affaires est toujours bondé ou que les lumières du siège de l'entreprise sont allumées tard dans la nuit, cela est un indice sur l'intérêt d'une valeur, indice que n'aura pas forcément l'analyste financier ou le gérant professionnel. Comme le dit Lynch : « *Dans une vie au cours de laquelle vous achetez des appareils photos ou des voitures, vous développez un sens inné de ce qui est bon et ce qui ne l'est pas, ... Mieux, vous pouvez le savoir avant Wall Street.* »[18]

La règle de Lynch « *vous pouvez battre les professionnels si vous utilisez votre avantage en investissant dans des entreprises ou dans des secteurs économiques que vous comprenez déjà* » – ce qui n'est pas complétement illogique. D'ailleurs, des milliers d'investisseurs en ont tiré parti au fil des ans. Mais cette règle de Lynch ne marche que si vous respectez bien son corollaire, à savoir : « *Dénicher une bonne entreprise n'est que la première étape. La deuxième c'est l'analyser.* » À son crédit, Lynch insiste sur le fait que nul ne devrait investir dans une entreprise, quelle que soit la qualité de ses produits, sans étudier en parallèle ses états financiers et estimer sa valeur.

Malheureusement nombre d'investisseurs l'ont ignoré. Barbra Streisand, la diva du *day-trading*, a personnifié à merveille le résultat des enseignements de Lynch. On l'entendait jacasser en 1999 : « *Je vais chez Starbuck tous les jours et c'est pour ça que j'achète des actions Starbuck.* » Mais la chanteuse a oublié que ce qui importe, ce n'est pas d'aimer leurs grandes tasses de Latte, c'est d'analyser les états financiers et de vérifier que le cours de l'action *Starbuck* n'est pas aussi cher que ses cafés. Des milliers d'actionnaires ont commis la même erreur en achetant en masse des actions *amazon.com* parce qu'ils adoraient le site Web ou des actions *e*Trade* parce que c'était leur courtier en ligne.

De soi-disant experts ont donné foi en cette idée. Dans une interview télévisée sur *CNN* fin 1999, le gérant de portefeuille Kevin Landis de chez *Firsthand Funds* était interviewé : « *Comment faites-vous pour dénicher des pépites ? Pourquoi ne pourrais-*

[18] NDT : Lynch P., Rothschild J., *Battre Wall Street,* Valor Éditions, 2015, p. 23.

je pas le faire moi-même, Kevin ? » (De 1995 à la fin 1999, le *Firsthand Technology Fund* enregistra une performance moyenne stupéfiante de 58,2% par an.) « *Vous pouvez bien sûr le faire* », répondit Landis. « *Tout ce que vous devez savoir c'est qu'il faut se limiter à ce que l'on connaît, ne pas s'éloigner de son champ de compétence et interroger les gens qui connaissent le secteur étudié.* »[19]

La plus grosse erreur commise, en appliquant la règle de Lynch, fut celle appliquée aux fonds d'épargne retraite. Si vous êtes supposés « *acheter ce que vous connaissez* », alors quoi de mieux que de placer en actions de l'entreprise qui vous emploie ? Après tout, c'est là que vous travaillez. Vous devriez mieux connaître l'entreprise que quiconque externe à l'entreprise, non ?

Malheureusement, ceux qui ont suivi ce conseil et en particulier les salariés de *Enron*, *Global Crossing* et de *WorldCom* – qui ont investi une grande partie de leurs épargne retraite dans les actions de leur entreprise – ont appris à leurs dépens que les supposés connaisseurs ont l'illusion de savoir, mais pas la véritable connaissance.

Un groupe de psychologues dirigés par Baruch Fischhoff de l'université *Carnegie Mellon* a clairement montré que le fait de développer ses connaissances dans un domaine ne réduit pas l'excès de confiance.[20] C'est pourquoi le fait d'investir dans « *ce que vous connaissez* » n'est pas sans danger. Meilleure est votre connaissance d'un titre boursier et plus subjective sera votre analyse pour déceler les faiblesses du titre. La forme la plus pernicieuse de cet excès de confiance est le biais dit « *domestique* », à savoir l'habitude de n'investir que dans ce qui nous est familier. C'est ainsi que l'on observe que :

- Les investisseurs individuels détiennent trois fois plus d'actions de leur opérateur téléphonique que des concurrents.
- Les fonds communs de placement détiennent des actions d'entreprises qui se situent géographiquement à 180 km plus près de leurs bureaux que la moyenne des autres entreprises américaines.
- Les plans d'épargne retraite de type 401(k) des épargnants sont composés pour 25% à 30% par les actions de leur employeur.[21]

En résumé, nous sommes complaisants avec ce qui nous est familier. N'entend-on pas souvent à la télé, le voisin, le parent ou le meilleur ami du criminel dire bouleversé : « *C'était quelqu'un de très bien.* » Cela tient au fait que, dès que nous sommes proches de quelqu'un ou de quelque chose, nous ne remettons jamais en

---

[19] NDE : Kevin Landis interviewé sur CNN dans *In the Money*, le 5 novembre 1999. Si la performance boursière de Landis veut dire quelque chose, « *ce que l'on connaît* » c'est « *tout ce que vous devez savoir* » pour choisir des valeurs gagnantes. De la fin 1999 à la fin 2002, le fonds de Landis (rempli de valeurs technologiques qu'il prétendait très bien connaître depuis son bureau dans la Silicon Valley) a perdu 73,2% de sa valeur, une déroute plus importante que la moyenne.

[20] NDE : Lichtenstein S., Fischhoff B., *Do Those Who Know More Also Know More about How Much They Know?* Organizational Behavior and Human Performance, vol. 20, n°2, décembre 1977, pp. 159-183.

[21] NDE : Huberman G., *Familiarity Breeds Investment* ; Coval J., Moskowitz T., *The Geography of Investment* ; Huberman G., Sengmuller P., *Company Stock in 401(k) Plans.* Ces articles de recherche sont tous disponibles à l'adresse http://papers.ssrn.com.

cause nos convictions, comme nous le ferions avec quelqu'un ou quelque chose qui ne nous serait pas aussi familier. La familiarité avec un titre transforme l'investisseur passif en un investisseur paresseux, qui trouve inutile de réfléchir. Veillez à ne pas tomber dans ce piège.

Pouvez-vous tenir votre rang ?

Heureusement, l'investisseur passif, qui prend la peine de faire le travail d'analyse nécessaire à la constitution d'un portefeuille d'actions, est entré dans un nouvel âge d'or. Jamais dans l'histoire de la finance, détenir des actions n'a été aussi simple et bon marché qu'aujourd'hui.[22]

Gérez vous-même votre portefeuille. Grâce aux divers sites de courtage en ligne comme www.sharebuilder.com, www.foliofn.com et buyandhold.com, vous pouvez acheter des actions automatiquement même si vous avez une capacité d'épargne limitée. Ces sites ne prélèvent que 4$ de commission pour tout achat d'actions. Vous pouvez ainsi les utiliser pour investir régulièrement, chaque semaine ou chaque mois, vous pouvez réinvestir vos dividendes et même effectuer des versements programmés à partir de votre compte bancaire. *Sharebuilder* prélève de plus fortes commissions pour vendre que pour acheter – ce qui a le mérite de vous rappeler que la revente rapide d'actions est à éviter. *FolioFN* offre un excellent outil de suivi des impôts à acquitter.

À la différence des courtiers en ligne traditionnels ou des fonds communs de placement qui ne vous ouvrent leurs portes que pour des investissements supérieurs à 2.000 ou 3.000$, ces sites n'exigent aucun montant minimum à laisser sur votre compte-titres. Ils sont taillés sur mesure pour les néophytes qui veulent facilement gérer leur portefeuille boursier. Évidemment, une commission forfaitaire de 4$ représente 8% d'un investissement de 50$ – mais si c'est l'épargne maximum que vous pouvez placer chaque mois, ces sites sont les seuls pour vous permettre de bâtir un portefeuille diversifié.

Vous pouvez également acheter des actions directement auprès de l'émetteur. En 1994, la *Securities and Exchange Commission*[23] a autorisé les émetteurs à vendre en direct leurs actions au grand public. Des centaines d'entreprises en ont profité pour créer des sites Web pour permettre aux investisseurs d'acheter des actions sans passer par les services d'un courtier. Les sites suivants seront utiles : www.dripcentral.com, www.netstockdirect.com (une filiale de *Sharebuilder*) et www.wtockpower.com. Les commissions et frais de garde peuvent s'élever à 25$ par an, mais l'achat direct reste quand même meilleur marché que passer par un courtier.

---

[22] NDE : D'après Charles Jones, professeur de finance à *Columbia Business School*, le coût pour passer un ordre de bourse (à l'achat ou à la vente) sur une valeur cotée au *New York Stock Exchange* est passé d'environ 1,25% à l'époque de Graham à 0,25% en 2000. Pour des institutions financières comme les organismes de gestion collective, ces coûts sont en réalité supérieurs (cf. Jones C., *A Century of Stock Market Liquidity and Trading Costs*, article disponible à http://papers.ssrn.com.).

[23] NDT : Équivalent américain de *l'Autorité des Marchés Financiers*.

Sachez cependant qu'acheter des actions en petites quantité et à fréquence régulière pendant des années peut être un véritable casse-tête au moment de la déclaration fiscale. Si vous n'êtes pas prêt à tenir une comptabilité détaillée de vos achats, mieux vaut éviter de vous lancer dans une telle entreprise. Pour finir, ne misez jamais sur une seule ou quelques valeurs. N'investissez pas si vous ne pouvez pas diversifier. Graham recommande d'avoir entre 10 et 30 valeurs différentes en portefeuille, ce qui est un bon point de départ pour ceux qui veulent sélectionner leurs titres. Assurez-vous de ne pas être surexposé à un secteur particulier.[24] (Pour en savoir plus sur la façon de construire un portefeuille et de sélectionner des titres, voir les Chapitres 11, 14 et 15.)

Après avoir constitué votre portefeuille, si vous effectuez plus de deux transactions par an ou si vous passez plus d'une à deux heures par mois, c'est que quelque chose ne va pas. Ne cédez pas à la facilité et au flot d'informations fournies par Internet, qui vous transformera en un spéculateur. Un investisseur passif investit et gagne en restant assis et immobile.

Faites-vous aider. Un investisseur passif peut également détenir des actions via un courtier *low cost*, un gestionnaire de fonds ou un courtier traditionnel. Chez un courtier *low cost*, vous aurez à faire le plus gros du travail en termes de sélection des titres. Les conseils de Graham vous aideront à créer un portefeuille qui n'exigera qu'un travail minimal de mise à jour, tout en vous offrant les meilleures chances d'un rendement régulier. En revanche, si vous ne trouvez pas le temps ou l'intérêt à le faire tout seul, n'ayez aucun sentiment de culpabilité en faisant appel à un spécialiste qui sélectionnera les valeurs ou les fonds communs de placement à votre place. Une seule chose ne peut pas être déléguée. Vous êtes seuls à pouvoir vérifier que votre conseiller est digne de confiance et que ses honoraires sont raisonnables et justifiés. (Pour d'autres recommandations, reportez-vous au Chapitre 10.)

Sélectionnez des fonds communs de placement. Les fonds communs de placement sont, pour l'investisseur passif, la meilleure façon de tirer parti d'un placement en actions sans en avoir les contraintes, c'est-à-dire sans avoir à piloter son propre portefeuille. En investissant dans un fonds commun de placement, vous pouvez, pour un faible coût, acheter diversification et confort en laissant à un gérant professionnel le soin de sélectionner et de suivre votre portefeuille de titres. Les fonds indiciels[25] – fonds les plus aboutis – ne réclament aucune gestion. Les fonds indiciels sont un peu comme la *Belle au bois dormant*, ils ne font pas de mal, ne surprennent pas même si le fonds est investi sur la durée. Ces fonds indiciels sont le support idéal pour l'investisseur passif. Pour plus de détails, reportez-vous au Chapitre 9.

---

[24] NDE : Pour savoir si votre portefeuille est suffisamment diversifié sur les différents secteurs d'activité, vous pouvez le passer aux rayons X en utilisant la fonction *Instant X-Ray* du site www.morningstar.com ou en consultant la nomenclature sectorielle (*Global Industry Classification Standard)* disponible sur www.standardandpoors.com

[25] NDT : Les fonds indiciels sont des fonds communs de placement répliquant la performance d'un indice. Autrement dit, ce sont des fonds qui sont autant diversifiés que l'indice et qui offrent la même performance que l'indice.

Comment surmonter les obstacles ?

Quand les marchés toussotent ou s'affolent, l'investisseur passif peut rester serein. Refuser d'être un investisseur actif et renoncer à vouloir prédire l'avenir sont ses deux atouts. En programmant vos décisions d'investissement, vous évitez de prévoir et d'être contrarié par les aléas du marché.

Comme le fait remarquer Graham, moyenner (*dollar-cost averaging*) vous permet de placer à fréquence régulière un certain montant. Chaque semaine, chaque mois ou chaque trimestre, vous achetez – quels que soient les aléas du marché. Tous les courtiers, tous les fonds peuvent mettre en place des versements programmés, pour que vous n'ayez plus conscience de payer.

La meilleure façon de *moyenner*, c'est d'investir dans un portefeuille indiciel composé des actions ou des obligations méritantes. De cette manière, vous renoncez à deviner quelle direction va prendre le marché et quels sont les secteurs et les valeurs qui vont le mieux performer.

Imaginons que vous puissiez épargner 500$ par mois. Avec des versements programmés dans seulement trois fonds indiciels – 300$ dans un indice large de valeurs américaines, 100$ dans un autre composé de valeurs étrangères et 100$ dans un fonds détenant des obligations américaines – vous êtes sûrs d'investir dans quasiment tous les actifs financiers de la planète. Votre portefeuille sera abondé automatiquement chaque mois. Si le marché baisse, vous achèterez plus de titres que le mois précédant avec le même montant. Si le marché monte, vous achèterez moins de titres que le mois précédent. Avec cette stratégie, vous évitez de jeter de l'argent par les fenêtres au moment où la bourse monte (autrement dit, quand c'est le plus dangereux) et vous continuez d'investir quand tout est moins cher (mais quand tout paraît plus risqué) c'est-à-dire juste après un krach.

D'après *Ibbotson Associates*, une société d'analyse financière, si vous aviez investi 12.000$ en actions du *S&P 500* en septembre 1929, 10 ans plus tard, vous n'auriez plus que 7.223$. Mais si vous aviez débuté avec une somme dérisoire de 100$, pour investir ensuite 100$ chaque mois, 10 ans plus tard votre portefeuille s'élèverait à 15.571$! Telle est la performance des versements périodiques – même dans les pires conditions de la Grande Dépression et le pire marché boursier de tous les temps.[26]

L'illustration ci-dessous montre la magie des versements périodiques programmés au moment de l'explosion de la bulle Internet.

[26] NDE : Source : Publié avec l'autorisation de la société *Ibbotson Associates.* Même si l'investisseur individuel ne pouvait pas acheter tout l'indice *S&P 500* avant l'émergence des premiers fonds indiciels en 1976, l'exemple illustre l'importance d'acheter plus quand les cours baissent.

Figure 5 : Il en faut peu pour que ça marche

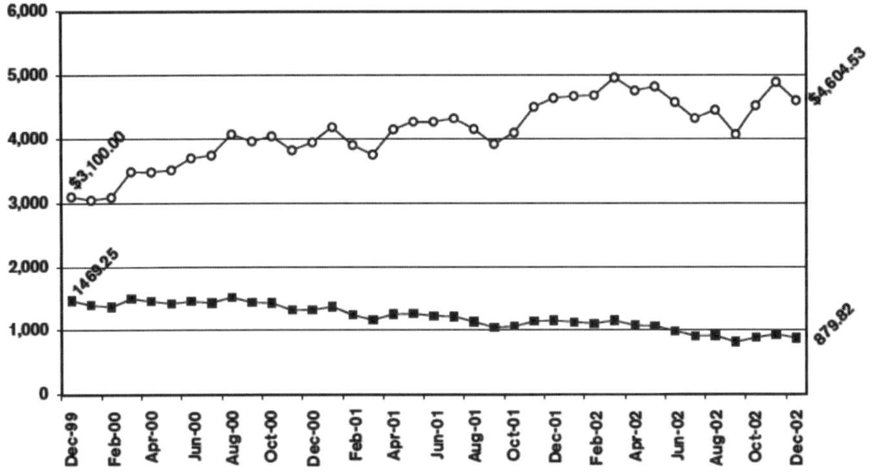

Courbe supérieure : valeur cumulée de 100$ investis chaque mois sur le *Vanguard 500 Index Fund.*
Courbe inférieure : valeur (fin de mois) du *S&P 500.*

Commentaires : De la fin 1999 à la fin 2002, le *S&P 500* a chuté sans discontinuer. Si vous aviez acheté un fonds indiciel avec un investissement minimum de 3.000$ et ajouté 100$ tous les mois, votre investissement total se serait élevé à 6.600$ et vous auriez perdu 30,2%, soit moins que les 41,3% de baisse du *S&P 500.* Mieux, en ayant acheté à des cours plus bas, vous étiez prêts à profiter du rebond du marché.

Source : *The Vanguard Group*

Avec une telle stratégie d'investissement dans un fonds indiciel, l'investisseur passif est capable de répondre à toutes les questions qu'on pourrait lui poser en disant : « *Je n'en sais rien et je m'en fiche.* » Si quelqu'un lui demande si les obligations vont faire mieux que les actions, il n'a qu'à dire « *je n'en sais rien et je m'en fiche* », puisque ses achats sont programmés chaque mois. Est-ce que les valeurs défensives vont faire mieux que les valeurs technologiques ? « *Je n'en sais rien et je m'en fiche* », car il les détient toutes les deux. Quel sera le prochain *Microsoft* ? « *Je n'en sais rien et je m'en fiche* », car dès que la valeur sera suffisamment grosse, elle sera dans son portefeuille. Est-ce que les actions étrangères feront mieux que les actions américaines l'an prochain ? « *Je n'en sais rien et je m'en fiche,* car si c'est le cas il en profitera et si ce n'est pas le cas, il pourra en acheter plus, à des cours plus faibles. »

En pouvant répondre « *je n'en sais rien et je m'en fiche* », cela vous évite de prévoir ce que feront les marchés et de croire que c'est possible.

L'arme la plus redoutable de l'investisseur passif est de reconnaître qu'il est impossible de prévoir le futur et d'accepter son ignorance.

CHAPITRE 6. LES MAUVAISES STRATÉGIES POUR INVESTISSEUR ACTIF

L'investisseur actif doit commencer à constituer son portefeuille, comme l'investisseur passif, en répartissant son capital entre actions et obligations peu risquées de première catégorie acquises à un cours raisonnable.[1] Il doit aussi être prêt à aller vers des actifs financiers plus exotiques, quand c'est justifié. Il est malheureusement impossible de présenter ce sujet de manière organisée, car il existe une multitude de façons d'investir activement. L'univers financier est si vaste, que le choix des supports dépend non seulement des connaissances et des compétences de l'investisseur, mais aussi de ses préférences et de ses motivations.

C'est en précisant ce que l'investisseur actif ne doit pas faire qu'il est plus simple de décrire sa stratégie. Il laissera les actions de préférence de première catégorie aux trésoriers d'entreprises. Il évitera les obligations ou les actions de préférence, sauf s'il peut les acheter à un cours sous-évalué, c'est-à-dire à 30% au-dessous du pair pour les obligations à haut rendement et moins encore pour les actions les moins bien notées.[2] Il laissera à d'autres le soin d'investir dans des valeurs étrangères, même si leurs perspectives semblent intéressantes. Il se méfiera des émissions de nouveaux titres, des obligations convertibles et des actions de préférence attrayantes ainsi que des actions ordinaires dont les bons résultats courants ne reflètent pas les performances passées.

En matière d'obligations, l'investisseur actif suivra la même démarche que celle de l'investisseur passif et fera sa sélection entre des obligations de première catégorie, qui rapportent aujourd'hui environ 7,25% et des obligations défiscalisées de faible risque, qui servent du 5,30% sur de longues maturités.[3]

---

[1] NDE : Le stylo de Graham a sans doute dérapé ici. Au Chapitre 1, il insiste sur le fait qu'un investisseur actif n'est pas celui qui recherche le risque, mais celui qui est prêt à consacrer du temps. Graham retombe ici dans la définition plus conventionnelle d'investisseur prenant des risques. Le reste du chapitre souligne clairement que Graham demeure fidèle à sa définition originale du terme. Le grand économiste britannique John Maynard Keynes semble avoir été le premier à utiliser le terme *actif* comme synonyme d'*investissement analytique*.

[2] NDE : Les *obligations à haut rendement* sont des obligations d'entreprise offrant un rendement au-dessus de la moyenne ou des actions de préférence servant un rendement élevé. Si une entreprise offre des rendements élevés, c'est qu'elle est risquée.

[3] NDE : Début 2003, le taux serait de 5,1% pour les obligations d'entreprise de première catégorie et de 4,7% pour les obligations détaxées à 20 ans émises par les collectivités territoriales. Pour mettre à jour ces taux, vous pouvez vous reporter à l'adresse Internet : www.bondsonline.com/asp/news/composites/html ou www.bloomberg.com/markets/rates.html et www.bloomberg.com/matkets/psamuni.html.

Les obligations de deuxième catégorie et les actions de préférence

Comme il est aujourd'hui (à la fin 1971) possible de trouver des obligations de première catégorie offrant un taux de 7,25%, voire plus, il est inutile de s'intéresser aux obligations plus risquées pour leur rémunération plus attractive. En effet, les entreprises ayant une mauvaise qualité de signature[4] ne peuvent plus émettre de nouvelles obligations classiques (non convertibles) depuis deux ans.[5] Les entreprises ont donc sollicité les marchés financiers en émettant des obligations convertibles (ou des obligations assorties de clauses optionnelles comme des options de remboursement anticipé) ce qui les classe dans une catégorie à part. Nous nous retrouvons donc dans une situation où les seules obligations classiques de deuxième catégorie, qui restent sur le marché, ont été émises il y fort longtemps et s'échangent à un cours largement inférieur au pair[6]. Elles offrent ainsi un potentiel de belles plus-values, sous réserve que les notes de crédit des entreprises s'améliorent et que les taux baissent.[7]

Même si les obligations de deuxième catégorie offrent des perspectives de gains, elles sont concurrencées par d'autres valeurs encore plus intéressantes. C'est, par exemple, le cas de valeurs émises à des taux faibles (entre 2,5 et 4%) qui se négocient à un cours de 50[8], citons les obligations : *American Telegraph & Telephone* 2,63% échéance 1986 à 51 ; *Atchison Topeka & Santa Fe* 4% échéance 1995 à 51 ; *McGraw-Hill* 3,87% échéance 1992 à 50,5.

Dans le contexte financier du moment (fin 1971), l'investisseur actif peut donc espérer trouver des obligations de première catégorie à un cours faible offrant le même potentiel de rendement (coupon et plus-value espérée) que des titres plus risqués.

Tout au long de ce livre, nous rappelons que le passé peut à l'avenir se reproduire. Par conséquent, nous devons envisager ce que devrait faire l'investisseur actif si les cours et les rendements servis pour les obligations de première catégorie peu risquées revenaient à la normale. C'est pour cette raison que nous reproduisons ci-dessous (en italique) les observations, que nous avions formulées à ce sujet en 1965, quand les rendements obligataires s'élevaient à 4,5%.

Il est temps de parler des obligations de deuxième catégorie qui peuvent offrir un rendement de 8% et plus. La principale différence entre les valeurs obligataires de première et de deuxième catégorie est dans le niveau de couverture des intérêts par les bénéfices. À titre d'exemple, début 1964 l'obligation de la compagnie de chemin de fer

---

[4] NDT : Comprendre « *les entreprises mal notées par les agences de notation* ».

[5] NDE : La situation est semblable aujourd'hui. Il n'y a eu que 15 nouvelles émissions obligataires notées AAA par *Standard & Poor's* dans l'année (2002) et plus aucunes émissions de *junk-bonds*.

[6] NDT : Les obligations s'échangent donc à un cours nettement inférieur au cours d'émission, car entre-temps les rendements demandés ont augmenté.

[7] NDT : Précisons que le cours d'une obligation monte quand le rendement demandé (i.e. le risque) baisse, autrement dit que la notation s'améliore. Ajoutons, qu'en général une obligation est remboursée au pair, autrement dit, conserver jusqu'à maturité une obligation achetée au-dessous du pair promet une plus-value certaine.

[8] NDT : Alors que le cours au pair est égal à 100.

Chicago, Milwaukee, St. Paul and Pacific servant un coupon à 5%, se négociait à 68 pour un rendement de 7,35%. Les coupons versés n'étaient couverts qu'à hauteur de 150% des bénéfices[9], alors que la norme que nous avions fixée était de 5 fois pour que le titre soit bien noté et soit qualifié de première catégorie.[10]

Beaucoup d'investisseurs se reportent sur ce type d'obligations au motif qu'ils ont besoin d'un rendement élevé et qu'ils ne peuvent se satisfaire des taux servis par les obligations de première catégorie. L'expérience montre qu'il est imprudent d'acquérir des obligations ou des actions de préférence risquées tout simplement en raison des rendements offerts. (L'expression « tout simplement » signifie que le cours du titre n'est pas largement au-dessous du pair et donc qu'il n'offre pas une plus-value potentielle sur le cours.) Quand les obligations sont acquises au pair (autour de 100),[11] le détenteur court le risque de les voir baisser. En effet, lorsque l'activité de l'entreprise ou les conditions de marché se dégradent, le cours de cette catégorie de titres risque de plonger, car le versement des coupons ou des dividendes peut être suspendu ou réduit. Souvent les cours baissent dans un environnement économique maussade, même si les conditions d'exploitation des émetteurs ne sont pas touchées.

Pour illustrer ce trait commun à toutes les obligations de deuxième catégorie, nous résumerons le comportement de marché d'un groupe de 10 obligations de compagnies de chemin de fer entre 1946 et 1947. Cet échantillon comprend toutes les valeurs vendues autour du pair (96 et plus) en 1946 avec un prix moyen de 102,5. Un an plus tard, ces titres s'échangeaient à un cours moyen de 68, soit une baisse de 33% en valeur. Pourtant, les compagnies ont eu de bien meilleurs résultats en 1947 qu'en 1946. Autrement dit, l'effondrement des cours, qui était le reflet d'une vague de ventes, allait à l'encontre des perspectives économiques propres au secteur. La chute des cours des obligations fut plus sévère que celle des actions du Dow Jones qui ne perdirent que 23%. Et pourtant, le détenteur de ce papier n'escomptait pas une hausse des cours. La seule caractéristique intéressante de ces titres était un rendement de 4,25% (contre 2,5% pour les obligations de première catégorie soit une prime annuelle de 1,75%). Les conséquences malheureuses ne se sont pas faites attendre, l'écart de rendement était largement insuffisant pour couvrir la baisse du cours.

Cet exemple nous permet d'illustrer une erreur courante : croire que le risque est compensé par une meilleure rémunération. Il est stupide de risquer une perte en capital pour une prime de 1 ou 2%. Si vous acceptez ce risque, il faut alors avoir l'assurance de faire de belles plus-values, si tout se passe bien. Par conséquent, une obligation de seconde catégorie qui rapporte du 5,5 ou du 6%, négociée au pair, sera

---

[9] NDT : Comprendre, les bénéfices représentent 1,5 fois les intérêts versés. Cette faible couverture des intérêts par le bénéfice en fait un titre risqué.

[10] NDG : En 1965, la compagnie de chemin de fer enregistra une grosse perte. Le versement des coupons fut suspendu, entraînant la chute du cours de 68 à 10.

[11] NDE : Le cours des obligations est exprimé en pourcentage de la valeur faciale, le *pair* étant égal à 100%. Une obligation cotant 85 se vend à 85% de la valeur du principal. Une obligation dont la valeur faciale est égale à 10.000$ mais dont le cours est de 85, vaut donc 8.500$. Quand les obligations s'échangent au-dessous de 100, on dit qu'elles s'échangent au-dessous du pair ou avec un rabais. Quand elles s'échangent au-dessus de 100, on dit qu'elles s'échangent avec une prime.

toujours un mauvais achat. Le même titre acheté 70$[12] sera plus intéressant. Si vous savez être patient, peut-être l'achèterez-vous un jour à ce prix.

Les obligations de deuxième catégorie et les actions de préférence ont deux attributs antinomiques, que l'investisseur doit avoir à l'esprit. D'un côté, le cours de ces titres va lourdement chuter en cas de tempête boursière ; de l'autre ils récupéreront, pour la plupart, leurs pertes dans des conditions de marché plus clémentes et, à terme, tout reviendra à la normale. C'est même vrai pour les actions de préférence (cumulatives) qui ne paient pas de dividende pendant de nombreuses années. Nous en avons connu beaucoup au début des années 1940 en raison de la Grande Dépression des années 1930. Durant le boom d'après-guerre, de 1945 à 1947, la plupart des dividendes ou des coupons en retard furent payés soit en numéraire, soit en nouveaux titres. Souvent, le principal fut également remboursé. C'est ainsi que ceux, qui ont acheté ces titres au bon moment, à des cours au plancher, ont fait de beaux profits.[13]

D'un point de vue strictement financier, le différentiel de taux des obligations de deuxième catégorie a peut-être compensé les pertes sur le principal. Autrement dit, l'investisseur qui a acquis ces titres à l'émission a pu faire aussi bien, voire mieux, à long terme, que celui qui ne s'est intéressé qu'aux obligations de première catégorie.[14]

Cependant, dans la réalité cette question n'a pas d'intérêt. En effet, quelle que soit l'issue, celui qui achète des obligations de deuxième catégorie au pair va s'inquiéter de la baisse précipitée des cours. Il ne pourra pas acheter assez de titres pour « moyenner » le cours à la baisse et il ne pourra pas « amortir » la baisse des cours par le différentiel de rendement. Le simple bon sens lui commande de ne pas acheter ces valeurs au pair, s'il sait qu'il pourra un jour les acheter à 70 dans un marché malade.

Les obligations souveraines étrangères

Tout le monde sait que ce compartiment de marché a enregistré de piètres performances depuis 1914. C'était inévitable en raison des deux guerres mondiales et d'une dépression d'une ampleur inégalée. Cela étant, certaines années les conditions de marché sont assez favorables pour émettre des obligations étrangères à des prix proches du pair. Ceci nous en dit d'ailleurs beaucoup sur le raisonnement de l'investisseur moyen, pas seulement dans le domaine des obligations.

Nous n'avons aucune *raison objective* d'attirer l'attention du lecteur sur les risques des émissions étrangères de qualité portant la signature de gouvernements comme ceux de l'Australie ou de la Norvège. Cependant, nous savons que lorsqu'il y a un problème de solvabilité, le détenteur de valeurs internationales a peu de moyens

---

[12] NDT : Ou 70% du pair.

[13] NDG : Par exemple, l'action de préférence de *City Service,* à 6$ de dividende, se négociait à un plus bas de 15$ en 1937 et de 27$ en 1943, quand les dividendes cumulés non versés atteignaient 60$ par action. En 1947, le titre fut échangé contre une obligation à 3% dont la valeur faciale s'élevait à 196,5$ et le cours à 186$.

[14] NDG : Une étude très complète, supervisée par le *National Bureau of Economic Research* a montré que ce fut bien le cas.

légaux de faire valoir ses droits.[15] Ceux qui se sont aventurés à acheter des obligations émises par le gouvernement de Cuba à 4,5%, qui cotaient 117 en 1953, ont connu la cessation du versement du coupon, entraînant l'effondrement du cours du titre à 20 en 1963. Cette année-là, la cote officielle du *New York Stock Exchange* affichait aussi une émission du Congo belge[16] à 5,25%, qui ne cotait plus que 36, une autre de la Grèce à 7% ne valant plus que 30 et plusieurs titres obligataires de Pologne s'échangeant à 7 seulement. Quels sont les lecteurs qui sont au courant des vicissitudes des obligations tchèques à 8% en 1922 à 96,5 ? Elles sont montées à 112 en 1928, puis retombées à 67,75 en 1932, se sont redressées à 106 en 1936, puis effondrées à 6 en 1939 pour revenir à 117 en 1946, avant de tomber une nouvelle fois à 35 en 1948 et s'écraser à 8 en 1970 ![17]

Il y a des années, certains n'hésitaient pas à penser qu'il était du devoir d'une nation riche comme la nôtre de prêter à l'étranger. Le temps a pris sa revanche, puisque nous nous retrouvons aujourd'hui avec une balance des paiements structurellement déficitaire, dont l'origine remonte aux achats massifs de titres étrangers par les résidents américains. Nous nous sommes longtemps interrogés sur l'intérêt de ces titres pour l'investisseur américain. Aujourd'hui, nous pouvons aussi nous demander si l'investisseur et les États-Unis ne se seraient pas mieux portés sans ces achats.

Les nouvelles émissions de titres

Il est imprudent de porter un jugement global sur l'émission de titres (marché primaire), tant elles recouvrent un large spectre en termes de risque. Même si toutes règles a ses exceptions, nous encourageons, sans hésiter, l'investisseur à se méfier de ces placements. Ce qui signifie qu'il doit procéder à un examen détaillé et envisager tous les scénarios possibles avant de passer à l'achat.

Deux raisons dictent cette mise en garde. La première est que toute nouvelle émission est placée grâce à d'énormes efforts commerciaux, qui invitent, en contrepartie, à une forte résistance à l'achat de la part des investisseurs intéressés.[18] La deuxième tient au fait que la plupart des émissions sont placées lorsque les conditions

---

[15] NDT : La situation s'est complétement transformée en vingt ans avec notamment l'apparition des Eurodollars (dépôts libellés en dollars dans des banques à l'extérieur des États-Unis) et la globalisation des marchés.

[16] NDT : Le Congo belge est aujourd'hui la République démocratique du Congo.

[17] NDT : Cela pourrait bien être l'histoire à venir d'une obligation émise en 2017 par le gouvernement argentin au taux de 8% avec une maturité de 100 ans ! Quand on sait que l'État argentin a fait défaut six fois dans le siècle passé, on peut se demander si le rendement de 8% est suffisant pour compenser le risque de défaut.

[18] NDE : Les émissions d'actions nouvelles (introductions en bourse ou IPO) sont généralement vendues sur le marché primaire avec un rabais de 7% pour garantir le placement par le syndicat de souscripteurs. Or, sur le marché de gré à gré, les blocs d'actions sont vendus avec un rabais de 4% seulement. Ce qui signifie que *Wall Street* gagne deux fois plus pour vendre du *neuf* que du *vieux*. On peut donc comprendre que *Wall Street* fasse des efforts pour promouvoir le titre.

de marché sont favorables ; comprenez favorables pour le vendeur et donc défavorables pour l'acquéreur.[19]

Les conséquences de ces considérations sont d'autant plus importantes qu'on monte dans l'échelle du risque : des obligations de première qualité aux obligations de seconde qualité, jusqu'aux actions ordinaires au sommet de l'échelle.

Un volume énorme de titres a été refinancé par le passé, consistant au remboursement anticipé d'obligations anciennes et à leur remplacement par de nouvelles émissions à un taux plus faible. Cela a touché le compartiment des obligations de première catégorie et celui des actions de préférence. Les acquéreurs étaient essentiellement des institutions financières aptes à protéger leurs intérêts. Par conséquent, ces nouvelles émissions ont été placées à des prix convenables, c'est-à-dire comparables aux cours de titres de qualité équivalente sur le marché secondaire. La pression commerciale accompagnant leur placement n'a eu que peu de prise sur le résultat. Et pourtant, quand les taux se sont mis à baisser, les investisseurs ont fini par payer des prix trop élevés pour ces titres, or beaucoup ont vu leur cours décliner par la suite. Ne voyez là qu'une conséquence de la tendance, qui consiste à placer du papier quand les conditions de marché sont les plus favorables pour l'émetteur. Les conséquences sur les cours de titres de moindre qualité sont plus dramatiques.

Pour illustrer ce point, étudions les obligations de deuxième catégorie et les actions de préférence introduites au cours des deux périodes suivantes : 1945-46 et 1960-61. Dans ces exemples, les effets de l'agressivité commerciale furent plus marqués, car le papier fut placé auprès d'investisseurs individuels souvent inexpérimentés. Tous ces placements avaient un historique insuffisant pour juger du cours d'introduction. En revanche, ces obligations paraissaient suffisamment sûres, car les coupons étaient versés. Les banques d'investissement, chargées du placement, ont malgré tout validé le placement et leurs commerciaux n'ont eu aucune difficulté à convaincre leurs clients d'acheter du papier. Cette attitude est déplorable et sera probablement dommageable à la profession.

Les introductions en bourse de sociétés privées se déroulent le plus souvent dans un marché haussier. Ce fut le cas en 1945-46, puis à nouveau à partir de 1960. Le volume gonfla avant de stopper net avec l'effondrement du marché en mai 1962. Après une « *gueule de bois* » de plusieurs années, la tragi-comédie se répéta à l'identique entre 1967 et 1969.[20]

---

[19] NDE : Les professeurs Owen Lamont de l'université de Chicago et Paul Schultz de l'université de Notre Dame ont montré que les entreprises ont pour habitude de s'introduire en bourse quand le marché est près d'un sommet. Pour une discussion technique de ces questions, reportez-vous aux documents de recherche suivants : Lamont *Evaluating Value Weighting : Corporate Events and Market Timing* et Schultz *Pseudo Market Timing and the Long-Run Performance of IPOs* accessible sur le site http://papers.ssrn.com.

[20] NDE : En deux ans, de juin 1960 à mai 1962, plus de 850 sociétés ont été introduites en bourse – soit plus d'une par jour. À la fin de l'année 1967, le marché des introductions a recommencé à surchauffer et en 1969, on en a enregistré un nombre record avec 781 introductions. Cette abondance de titres contribua aux marchés baissiers de 1969 et de 1973-1974. En 1974, le marché des introductions en bourse était si mal en point que seules 9 valeurs ont été introduites cette année-là et 14 en 1975. Ce manque d'introductions a, à son tour, contribué à alimenter le marché haussier des années 1980 où près de 4.000 nouvelles sociétés sont venues inonder le marché, contribuant à l'enthousiasme collectif, qui aboutit au krach de 1987. Le balancier a alors basculé en sens inverse : le volume des introductions en bourse s'est tari entre 1988 et 1990. Cette pénurie de nouveaux titres a participé au marché haussier des années 1990 avant que *Wall Street* se relance

Les introductions en bourse

Nous reproduisons ci-dessous en italique les paragraphes tirés de l'édition de 1959 :

Le financement d'une entreprise par augmentation de capital peut prendre deux formes différentes. Dans le cas de sociétés cotées, de nouvelles actions sont offertes aux anciens actionnaires au prorata de leurs droits. Le prix d'émission est fixé au-dessous des cours courants et les droits de souscription ont donc une valeur monétaire.[21] *Le placement des actions est en général confié à des banques d'investissement, dans l'espoir que les actionnaires exercent leurs droits de souscription. Par conséquent, une augmentation de capital par souscription d'actions nouvelles ne nécessite pas beaucoup d'efforts commerciaux de la part des banques.*

Dans le cas de sociétés non cotées, les titres sont vendus dans de bonnes conditions au profit des associés. (Quand des capitaux sont levés pour le compte de l'entreprise, cela se fait sous la forme d'émission d'actions de préférence, comme nous l'avons déjà vu.) Dans le cas d'une introduction en bourse, le processus suit un scénario, qui compte tenu de la nature des marchés boursiers, se déroule au détriment des intérêts des investisseurs. Les écueils tiennent aux caractéristiques des entreprises financées et aux conditions de marché, qui ont permis le placement des titres.

Au début du XXème siècle, seules les grandes entreprises étaient introduites en bourse. Avec le temps, le nombre d'entreprises de premier rang candidates s'est réduit, laissant donc la place aux plus petites entreprises. La préférence des investisseurs s'est alors tournée vers les grandes entreprises, avec une véritable défiance pour les petites. Cette méfiance tend néanmoins à disparaître dans les marchés haussiers et lorsque les gains faciles et rapides endorment l'esprit critique du public et ravive son instinct d'achat. Pendant ces périodes, il est toujours possible de trouver des sociétés nouvellement admises à la cote, qui sont intéressantes, même si avec quelques années de recul, cet intérêt n'est pas si évident.

Voilà en réalité ce qui se passe : les premières introductions en bourse arrivent au milieu du cycle de hausse. Au début les prix d'introduction sont intéressants et les premiers acquéreurs font de belles plus-values. Puis, au fur et à mesure que les

---

dans la danse avec près de 5.000 introductions. Après l'éclatement de la bulle Internet en 2000, seules 88 sociétés ont été introduites en 2001, le plus faible nombre depuis 1979. À chaque fois, le grand-public s'est brûlé les ailes, puis s'est éloigné du marché pendant au moins deux ans avant de revenir pour se faire peur. Depuis les origines de la bourse, nous avons toujours vu les investisseurs passer d'un cycle maniaco-dépressif à l'autre. Lors du premier boom des introductions en bourse de 1825, on raconte qu'un homme aurait été piétiné à mort par la foule des spéculateurs tentant d'acheter des actions de la *Bank of Southwark*. Les plus fortunés sont même allés jusqu'à embaucher des voyous pour couper les files d'attente. En 1829, les actions avaient reperdu 25% de leur valeur.

[21] NDE : Graham décrit ici les droits de souscriptions d'actions qui permettent aux actionnaires en place de conserver la même part d'intérêt dans la société, autrement dit de ne pas être dilué. Cette forme de financement, largement utilisée en Europe, est rare aux États-Unis, sinon dans le cadre des fonds de *private equity*.

marchés poursuivent leur hausse, le volume d'introduction s'accroît avec la dégradation de la qualité des sociétés. Les cours deviennent de plus en plus exorbitants. La fin prochaine du marché haussier est annoncée quand la valorisation de petites entreprises inconnues dépasse celle de sociétés moyennes ayant un long historique boursier. C'est un indice assez fiable. (D'ailleurs, les banques d'investissement réputées ne participent pas à ces placements.)[22]

L'insouciance des investisseurs et l'absence de scrupules des banques d'investissement conduisent à un effondrement des cours. Dans certains cas, les valeurs nouvellement cotées perdent plus de 75% par rapport à leur cours d'introduction. Cette situation s'aggrave encore quand les investisseurs se détournent de ces titres, alors qu'ils les avaient adorés en période d'insouciance. Ces valeurs chutent d'autant plus lourdement, que leur cours était trop élevé en période d'euphorie boursière.

L'investisseur intelligent doit absolument résister aux sirènes de la bourse pendant les marchés haussiers. Même si une ou deux valeurs répondent aux standards de qualité et de valeur, il vaut mieux rester à l'écart. Les courtiers se feront toujours un plaisir de vous rappeler le magnifique parcours de certains titres lors de leur introduction en bourse. Tout cela fait partie de l'ambiance spéculative des périodes d'euphorie. À ce jeu, soyez heureux de ne perdre que 2$ pour un dollar gagné.

Cela étant, certains titres seront de bons investissements quand, plusieurs années plus tard, personne ne voudra y toucher. Ils se négocieront à une fraction de leur valeur intrinsèque.

Dans notre édition de 1965 nous prolongions l'évocation du sujet en disant :

Même si le contexte boursier de 1949 n'était pas comparable au passé, le scénario des introductions en bourse, précédemment décrit, s'est déroulé comme prévu. Je ne crois pas que nous ayons connu autant d'introductions de si mauvaise qualité et avec une si forte baisse que durant les années 1960-1962.[23] *La capacité de résilience dont a fait preuve le marché dans son ensemble pour absorber rapidement ce désastre mérite quand même d'être soulignée. Elle rappelle, par bien des points, le souvenir de la robustesse du marché immobilier de Floride après son effondrement en 1925.*

---

[22] NDE : À l'époque de Graham, les banques d'investissement les plus prestigieuses restaient en général à l'écart des introductions en bourse, considérées comme l'exploitation indigne d'investisseurs crédules. Au meilleur du boom des introductions de la fin 1999 et du début 2000, les plus grandes banques d'investissement de *Wall Street* s'étaient résolues à se jeter à l'eau… des deux pieds ! Nous avons vu de vénérables institutions mettre un voile sur leur prudence légendaire et se conduire comme des maquignons avides, se précipitant pour balancer des titres honteusement surévalués à un public naïf. La description de Graham sur le processus d'introduction en bourse est un classique, qui devrait être enseigné dans un cours d'éthique destiné aux banquiers d'affaires ; si ce genre de cours existe.

[23] NDG : Un échantillon représentatif de 41 introductions tiré du *Stock Guide* de *Standard & Poor's* montre que 5 d'entre elles ont perdu 90% de leur valeur ou plus, 30 ont perdu plus de 50% et l'échantillon a en moyenne perdu près des deux tiers de sa valeur. Les très nombreuses opérations, qui n'apparaissent même pas sur le *Stock Guide*, ont dû enregistrer des résultats pires encore.

La folie spéculative va-t-elle revenir dans le marché haussier que nous connaissons ? Qui sait ? En revanche, nous savons que l'investisseur intelligent n'oubliera pas de sitôt ce qui s'est passé en 1962 et laissera à d'autres le soin d'assumer les pertes.

Nous poursuivions alors (dans l'édition de 1965) en citant un exemple terrible, celui de l'introduction en bourse des actions de la société *Aetna Maintenance Co.* à 9$ en novembre 1961 (cf. p. 451). Comme dans le scénario prévu, le titre s'apprécia d'abord rapidement pour atteindre 15$ avant de retomber à 2,37$ en 1963, pour se stabiliser finalement à 0,88$ en 1964 ! L'histoire, plus récente, de cette entreprise est édifiante et illustre parfaitement les métamorphoses surprenantes auxquelles nous ont accoutumées les entreprises américaines, petites ou grandes, ces dernières années.

Il n'est pas très difficile de trouver d'autres exemples aussi instructifs entre 1967 et 1970, car c'est toujours la même histoire. *AAA Entreprises*, première société listée dans le *Stock Guide* de *Standard & Poor's*, pour cause, conforte nos propos. L'action émise à 14$ en 1968, grimpa à 28$, pour s'effondrer à 0,25$ en 1971. Même à ce cours, le prix était largement surévalué, puisque la société a déposé son bilan dans un état désespéré. Il y a tellement d'enseignements à tirer de cet exemple que nous lui avons réservé un traitement de faveur au Chapitre 17.

COMMENTAIRES SUR LE CHAPITRE 6

Les coups de poing que vous évitez sont ceux qui vous fatiguent le plus.

Angelo Dundee (entraîneur de boxe)

Pour la réussite de l'investisseur actif, comme pour celle de l'investisseur passif, ce qu'il faut éviter de faire est aussi important que ce qu'il faut faire. Dans ce chapitre, Graham nous livre ce que l'investisseur actif ne doit pas faire. Voici cette liste remise au goût du jour.

Les *junk-bonds* : poubelle ?

Les obligations à haut rendement – que Graham qualifiait d'obligations de seconde catégorie et aujourd'hui *junk bonds* – sont écartées sans ménagement par Graham. À son époque, il était tout simplement trop coûteux et trop compliqué pour l'investisseur individuel d'éviter le risque de défaut en diversifiant. (Pour comprendre ce qu'il en coûte d'un titre qui fait défaut et combien il est facile de se tromper, le lecteur pourra lire l'encadré suivant.) Aujourd'hui, plus de 130 fonds sont spécialisés dans les *junk bonds*. Ces fonds achètent des *junk bonds* par chariots entiers et détiennent des dizaines et des dizaines de lignes différentes. L'argument du manque de diversification de Graham est donc moins pertinent aujourd'hui. (Cependant, son hostilité à l'égard des actions de préférence à fort rendement reste valable, car il n'existe toujours pas de moyen de diversifier le risque à moindre coût.)

Depuis 1978, le taux de défaut annuel moyen sur les *junk bonds* est de 4,4% du volume des émissions – mais, même en tenant compte de ce risque, leur rendement est de 10,5%, contre 8,6% pour les obligations du Trésor américain.[24] Malheureusement, la majorité des fonds de *junk bonds* prélèvent des commissions élevées et offrent peu de garantie sur le capital initial. Un fonds de *junk bonds* peut être approprié si vous êtes retraité, si vous recherchez un complément de revenu pour compléter votre retraite et si vous pouvez momentanément encaisser une baisse de votre portefeuille. Si vous travaillez pour une banque ou une société financière, une hausse prononcée des taux d'intérêt peut avoir un impact négatif sur vos revenus et augmenter le risque de perte de votre emploi. Un fonds de *junk bonds* aura de meilleures performances que les autres fonds obligataires quand les taux monteront, ce qui peut avoir un effet d'amortisseur dans votre plan d'épargne retraite 401(k). Investir dans un fonds de *junk bonds* n'est qu'un second choix pour l'*investisseur intelligent.*

[24] NDE : Altman E., Bana G., *Defaults and Returns on High-Yields Bonds*, rapport de recherche, Stern School of Business, New York University, 2002.

Un monde de douleur pour les obligations *WorldCom*

Acheter une obligation juste pour son rendement, c'est comme se marier juste pour le sexe. Si ce qui vous a attiré s'étiole, vous allez rapidement vous demander : « *qu'est-ce qu'il y a de plus ?* » Si la réponse est « *rien* » que vous soyez l'époux ou le malheureux détenteur d'obligations, vous n'aurez plus que vos yeux pour pleurer.

Le 9 mai 2001, *World Com, Inc.* a lancé la plus importante émission obligataire de toute l'histoire américaine – 11,9 milliards de dollars. Parmi les écureuils impatients, attirés par un juteux rendement de 8,3%, nous retrouvions le fonds de pension *California Public Employees* (un des plus grands fonds de pension au monde), le fonds de pension de l'État d'Alabama, dont les gestionnaires ont plus tard expliqué que ce sont les rendements qui les avaient attirés et le *Strong Corporate Bond Fund*, dont le gérant avait tellement aimé les performances, qu'il s'était vanté d'être grassement payé pour le risque.[25]

D'un simple coup d'œil jeté au prospectus, tout laissait penser que ces titres n'avaient rien d'autre à offrir qu'un rendement et qu'il y avait beaucoup à perdre. Les bénéfices avant impôts de deux des cinq dernières années étaient insuffisants pour couvrir les charges financières (les intérêts à verser aux détenteurs d'obligations), ce qui creusait un trou énorme de 4,1 milliards de dollars. Pour couvrir ses engagements financiers, *WorldCom* était contraint d'emprunter toujours plus auprès des banques. Avec une telle montagne de dette, *WorldCom* augmentait ses charges financières de 900 millions de dollars par an ![26] Comme pour M. Creososte dans le film *Monty Python – le sens de la vie*, *WorldCom* se gavait jusqu'à exploser.

Aucun rendement n'est jamais assez élevé pour compenser un risque de défaut. En réalité, les obligations *WorldCom* ont effectivement offert un rendement de 8%, mais pendant quelques mois seulement. Et puis soudain, comme l'a écrit Graham, ce généreux rendement n'a pas suffi à compenser les pertes.

- *WorldCom* a été mis en liquidation en juillet 2002.
- Les dirigeants de *WorldCom* ont reconnu en août 2002 qu'ils avaient surestimé leurs bénéfices de plus de 7 milliards de dollars.[27]
- Les obligations *WorldCom* ont été mises en défaut de paiement à partir du moment où l'entreprise n'a plus été capable de verser les coupons. Leur cours chuta de plus de 80%.

---

[25] NDE : Pour les sources citées, voir les sites www.calpers.ca.gov/whatshap/hottopic/worldcom_faqs.htm et www.calpers.ca.gov/whatsnew/press/2002/0716a.htm ; *Retirement Systems of Alabama Quarterly Report* du 31 mai 2001 à www.rsa.state.al.us/investments/quarterly_report.htm; et Bender J., *Strong Corporate Bond Fund*, cité dans www.businessweek.com/magazine/content/01_22/b3734118.htm.

Le portefeuille vodka-burrito

Graham pensait que parier sur les obligations étrangères ne valait pas mieux que parier sur des *junk bonds*.[28] Aujourd'hui, cependant, certaines obligations étrangères méritent d'être dans le portefeuille de l'investisseur qui peut assumer des risques élevés. Il y a environ une douzaine de fonds spécialisés sur les obligations émises par des pays émergents (ceux l'on appelait autrefois des pays du tiers-monde), comme le Brésil, le Mexique, le Nigeria, la Russie ou le Venezuela. Aucun investisseur avisé ne placerait plus de 10% de son portefeuille obligataire sur des produits exotiques comme ceux-ci. Cependant, les valeurs obligataires des pays émergents sont rarement en phase avec les marchés financiers américains. Elles font partie de ces rares actifs, qui ne baissent pas au motif que le *Dow Jones* chute. C'est une caractéristique qui vous réconfortera quand vous en aurez le plus besoin.[29]

Mourir comme un trader

Comme nous l'avons déjà vu au Chapitre 1, le *day-trading*, c'est-à-dire la détention de titres pendant quelques heures, est la meilleure arme de celui qui souhaite commettre un suicide financier. Si quelques allers-retours sont gagnants, la plupart vous feront perdre. En revanche, c'est votre courtier qui gagnera à tous les coups.

C'est votre suractivité qui vous fera perdre de l'argent. En effet, celui qui recherche à acheter une action à tout prix paiera facilement 10 cents de plus que le cours pour trouver un vendeur. Ce surcoût, appelé « *impact de marché* » n'apparaît jamais sur un avis d'opéré, mais son coût est bien réel. Si vous êtes trop impatient pour acheter 1.000 actions et si vous faites monter le cours de 5 cents, cet achat aura un surcoût de 50$. Même chose quand des vendeurs paniqués mettent leurs titres sur le marché à un cours inférieur au cours de marché. L'impact de marché joue en leur défaveur.

Les coûts de transaction réduisent les plus-values, comme autant de coups de rabot. L'achat ou la vente d'une valeur recherchée, peu liquide, peut vous coûter de 2% à 4% (ou de 4% à 8% pour un aller-retour).[30] Si vous placez 1.000$ en actions, vos

---

[26] NDE : Tous ces chiffres sont tirés du prospectus émis par *WorldCom* pour préparer l'émission obligataire. Même rétrospectivement, alors que nous savons que les résultats de *WorldCom* ont été frauduleusement surestimés, Graham aurait été abasourdi par cette émission obligataire.

[27] NDE : Pour en savoir plus sur l'effondrement de *WorldCom*, reportez-vous à www.worldcom.com/infodesk.

[28] NDE : Graham n'a pas émis à légère ses critiques sur les obligations étrangères, car il a passé de nombreuses années au début de sa carrière à agir en capacité d'agent basé à *New York* représentant des emprunteurs japonais auprès des émetteurs d'obligations.

[29] NDE : Nous vous suggérons deux fonds obligataires investis sur les marchés émergents, bien gérés et à faible coût, le fonds *Fidelity New Market Income Fund* et le *T. Rowe Price Emerging Markets Bond Fund*; pour plus d'informations reportez-vous à www.fidelity.com, à www.troweprice.com et à www.morningstar.com. N'achetez jamais de fonds obligataire sur marchés émergents, dont les frais de garde dépassent 1,25% et sachez que certains fonds prélèvent des commissions de rachat à court terme pour décourager les investisseurs à les détenir pendant moins de trois mois.

[30] NDE : La source la plus complète sur les coûts de transactions est celle du *Plexus Group* de Santa Monica en Californie et de son site Web : www.plexusgroup.com. *Plexus* fait valoir de manière argumentée que,

coûts de transaction peuvent engloutir environ 40$ avant même d'avoir les titres en portefeuille. Si vous décidez de revendre ces titres, vous perdrez 4% de plus.

Ah, c'est vrai, n'oublions pas l'impact fiscal : quand vous faites des allers-retours au lieu d'investir sur la durée, vous transformez des plus-values à long terme (taxées à un taux d'imposition maximum de 20%) en revenus ordinaires (imposés à un taux maximum de 38,6%).

Faites l'addition de tous ces coûts et vous constaterez qu'un trader doit gagner au moins 10% pour ne pas encaisser une perte nette.[31] Avec un peu de chance, c'est réalisable. Le répéter souvent, c'est impossible. Des milliers de gens s'y sont essayés. Les preuves sont sans appel : plus vous êtes actif, moins il vous en reste.

Les professeurs de finance Brad Barber et Terrance Odean de l'université de Californie ont analysé les transactions de plus de 66.000 clients des plus grandes maisons de courtage du pays. Entre 1991 et 1996, ces clients ont réalisé plus de 1,9 millions de transactions. Hors coûts de transaction, leur performance a dépassé celle du marché d'environ 1,5% par an. En revanche, après déduction des coûts de transaction – et avec des investisseurs faisant tourner plus de 20% de leur portefeuille en un mois – leur performance a été inférieure à celle du marché de 6,4% par an. Les investisseurs les plus patients – ceux faisant tourner à peine 0,2% de leur portefeuille chaque mois – firent légèrement mieux que le marché. Ces derniers, au lieu de partager leurs gains avec leur courtier et le fisc, ont réussi à garder presque tout.[32] Pour voir ces résultats reportez-vous à la Figure 6 (cf. p. 136).

La leçon est claire : ne soyez pas actif, restez immobile. Il est grand temps que chacun reconnaisse que la notion *d'investisseur de long terme* est un pléonasme. Investir à long terme est la seule forme d'investissement qui puisse exister. Quiconque s'avère incapable de conserver ses actions ne serait-ce que quelques mois sera une victime, pas un gagnant.

---

tout comme la plus grosse partie d'un iceberg est immergée, le gros des coûts de transaction sont invisibles – ce qui laisse croire à tort à l'investisseur que ses coûts de transaction sont insignifiants à partir du moment où les commissions prélevées sont faibles. Les coûts de transaction sur les valeurs du *NASDAQ* sont pour les investisseurs individuels considérablement supérieurs aux coûts de transaction sur les valeurs inscrites à la cote du *NYSE*.

[31] NDE : En conditions réelles, les coûts sont encore plus élevés, car nous ignorons ici l'impôt sur les revenus prélevé au niveau de chaque État.

[32] NDE : Les résultats de recherche des professeurs Barber et Odean sont disponibles sur le site http://faculty.haas.berkeley.edu/odean/Current%20Research.htm et sur http://faculty.gsm.ucdavis.edu/-bmbarber/research/default.html. Il s'avère que de nombreuses autres études ont trouvé des résultats similaires pour les gérants professionnels – ce qui tend à montrer que c'est loin d'être un problème spécifique aux investisseurs individuels trop « *naïfs* ».

FIGURE 6 : PLUS VITE VOUS COURREZ, PLUS VITE VOUS ÊTES LÂCHÉ

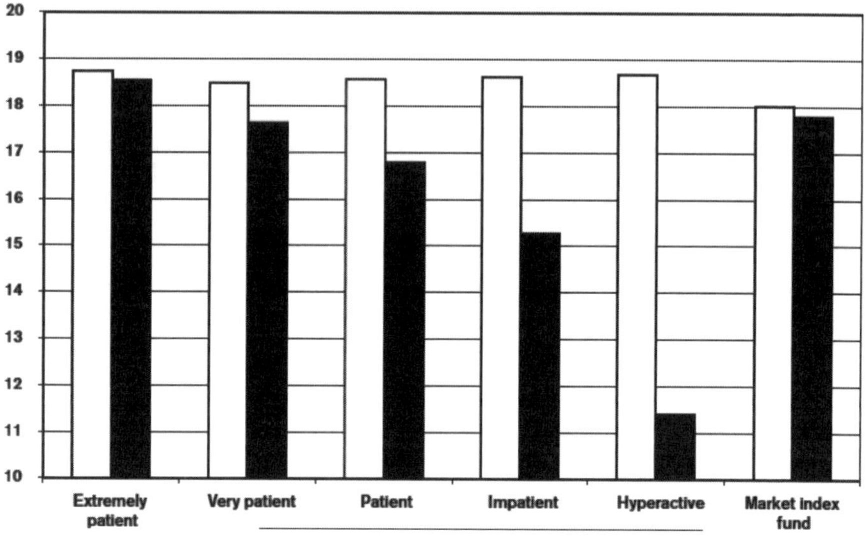

En clair : rendement annuel (%) **avant** coûts de transaction
En foncé : rendement annuel (%) **après** coûts de transaction

Les chercheurs Brad barber et Terrance Odean ont classé des milliers d'investisseurs en cinq groupes (De *Très patient* à gauche à *Hyperactif* à droite) en se basant sur les taux de rotation de leurs portefeuilles. Ceux qui étaient le moins actifs (à gauche) ont conservé le plus gros de leurs gains. Ceux rangés dans les catégories *Impatients et Hyperactifs* (à droite) n'ont contribué qu'à l'enrichissement de leurs courtiers, pas au leur. (Les barres à l'extrême droite montrent, à titre comparatif, la performance d'un fonds indiciel.)

Source : Brad Barber, University of California Davis, et Terrance Odean, University of California Berkeley.

Premiers arrivés premiers servis

Parmi les toxines, qui ont empoisonné le cerveau des investisseurs des années 1990, l'une des plus dangereuses a été celle de croire que l'on pouvait s'enrichir facilement en participant aux appels publics à l'épargne, c'est-à-dire aux introductions en bourse. Cela semble, *a priori*, une bonne idée. En effet, si vous aviez eu l'idée d'acheter 100 actions *Microsoft* lors de son introduction en bourse, le 13 mars 1986, votre investissement initial de 2.100$ s'élèverait en 2003 à 720.000$.[33] Les professeurs de finance, Jay Ritter et William Schwert, ont montré que si vous aviez investi 1.000$ répartis dans toutes sociétés introduites en bourse, à partir de début janvier 1960, pour les revendre à la fin du mois et réinvestir le produit de la vente dans les nouvelles introductions en bourse du mois suivant et continué de la sorte, mois après mois, jusqu'en fin 2001, votre portefeuille s'élèverait à plus de 533 décillions de dollars[34].

[33] NDE : Cf. www.microsoft.com/msft/stock.htm, *IPO investment results.*
[34] NDT : À savoir 533 suivi de 60 zéros !

Malheureusement, pour une introduction en bourse réussie, comme celle de *Microsoft,* il y a des milliers d'échecs. Les psychologues Daniel Kahneman et Amos Tversky ont montré que lorsque nous estimons la probabilité d'occurrence d'un événement, nous n'évaluons pas la fréquence de l'événement, mais la représentativité de cet événement dans notre mémoire. Chacun de nous veut acheter *le prochain Microsoft* – précisément parce que nous sommes passés à côté de l'achat du premier *Microsoft.* Or, nous avons opportunément oublié que la plupart des introductions en bourse ont été des investissements catastrophiques. Vous auriez pu gagner 533 décillions de dollars à la seule condition de ne pas avoir loupé un seul des rares gagnants à ce petit jeu. C'est impossible. En réalité, les grands gagnants des introductions en bourse sont les membres d'un club très privé composé des grandes banques d'investissement et des sociétés de gestion de fonds, qui peuvent mettre la main sur ces actions à leur cours d'introduction avant même les premiers échanges. Les meilleures performances sont obtenues par des valeurs si petites, que même les gros investisseurs ne peuvent pas en acheter, tout simplement parce qu'il n'y a pas suffisamment de titres disponibles à la vente.

Si, comme beaucoup d'investisseurs, vous ne pouvez avoir accès à ces titres nouvellement cotés que lorsque leur cours a bondi largement au-dessus du cours d'introduction, vos résultats seront désastreux. Si vous aviez acquis, entre 1980 et 2001, les actions à leur cours de clôture au jour de leur introduction en bourse et si vous les aviez conservées pendant trois ans, vous auriez sous-performé le marché de plus de 23% par an.[35]

Aucun titre mieux que *VA Linux* ne peut personnifier le doux rêve de devenir riche. « *LNUX est le prochain MSFT* » écrivait un des premiers investisseurs et d'ajouter : « *Achetez-le maintenant et vous pourrez prendre votre retraite dans 5 ans.* »[36]

Le 9 décembre 1999, l'action fut introduite au cours de 30$. La demande de titres fut si soutenue, qu'à l'ouverture du *NASDAQ,* les premières ventes sont passées à 299$. En ce premier jour de cotation, la valeur toucha un plus haut à 320$ pour clôturer à 239,25$, avec un gain de 697,5% *en une seule journée* pour le seul bénéfice d'une poignée d'investisseurs institutionnels, les investisseurs individuels étant hors course.

Ajoutons que participer à une introduction en bourse est une mauvaise idée, car cela va à l'encontre d'une des règles fondamentales de Graham : peu importe qui veut acheter, vous ne devez passer à l'achat que si l'action est un moyen peu onéreux d'acquérir une entreprise désirable. À son plus haut, le cours de l'action *VA Linux* valorisait la société à 12,7 milliards de dollars. Que valait vraiment cette entreprise ? Créée cinq ans plus tôt, le chiffre d'affaires cumulé de *VA Linux* s'élevait à 44 millions de dollars pour la vente de logiciels et de services, avec une perte totale de 25 millions de dollars. Le chiffre d'affaires du dernier trimestre se montait à 15 millions de dollars

---

[35] NDE : Ritter J., Welch I., *A Review of IPO Activity, Pricing, and Allocations,* The Journal of Finance, août 2002, p. 1797. Voir aussi le site de Ritter, http://bear.cba.ufl.edu/ritter/ et la page d'accueil à http://welch.som.yale.edu/, qui sont des mines d'or pour quiconque s'intéresse aux introductions en bourse.

[36] NDE : Message posté par *GoldFingers69* sur le forum de yahoo.com le 16 décembre 1999. MSFT est le mnémonique de *Microsoft* et LNUX celui de *VA Linux.*

pour une perte de 10 millions. Elle perdait donc 70 cents pour chaque dollar de vente. La perte cumulée de la société atteignait les 30 millions de dollars.

Si *VA Linux* avait été une société non cotée, détenue par votre voisin et que celui-ci vous demande, en passant la tête au-dessus de la barrière, combien vous seriez prêt à mettre pour le débarrasser de sa petite affaire, croulant sous les problèmes, est-ce que vous lui répondriez : « *12,7 milliards de dollars me semble un bon prix* ? » Ou alors, retourneriez-vous à votre barbecue, en lui souriant poliment, vous demandant ce qu'il avait bien pu fumer ? Avec votre bon sens, jamais de la vie vous ne pourriez imaginer qu'une boîte, qui a déjà perdu 30 millions de dollars, peut valoir 13 milliards.

Dès que l'on est en bourse, que l'évaluation d'un titre ressemble à concours de beauté, le cours du titre est plus important que sa valeur. Pourquoi se soucier de la valeur intrinsèque, tant qu'il y a un investisseur prêt à payer plus que vous. La Figure 7 montre, au contraire, pourquoi cela à son importance.

FIGURE 7 : LA LÉGENDE DE VA LINUX

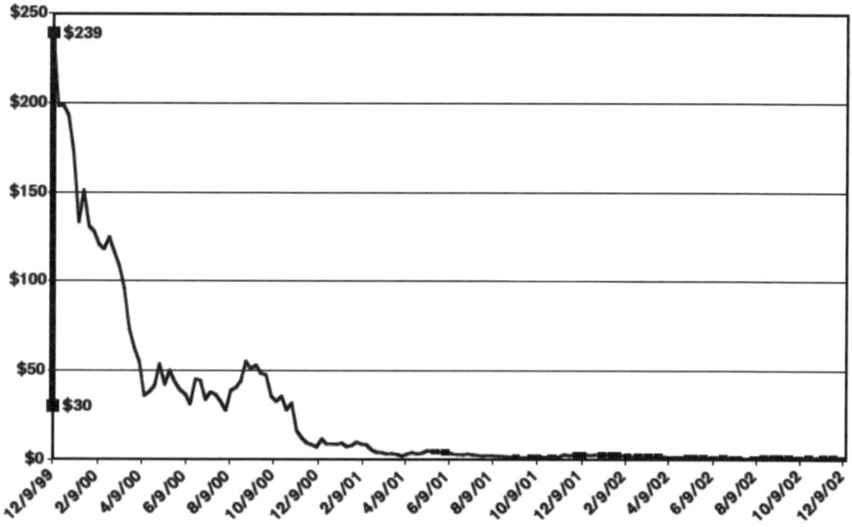

Cours de l'action
Source : VA Linux System, Inc. ; www.morningstar.com

Après avoir fusé comme une roquette lors de la première journée de cotation, le cours de *VA Linux* a chuté comme une brique. Dès le 9 décembre 2002, trois ans jour pour jour, après avoir atteint 239,50$, l'action *VA Linux* clôturait à 1,19$.

L'*investisseur intelligent*, celui qui sait être objectif, devrait conclure que le terme IPO ne veut pas seulement dire *Initial Public Offering*[37], mais aussi servir d'acronyme pour :

It's Probably Overpriced,
Imaginary Profits Only,
Insiders' Private Opportunity,
Idiotic, Preposterous, and Outrageous.[38]

[37] NDT : Pour *Introduction en bourse.*
[38] NDT : À traduire par : *C'est probablement trop cher – Seulement des profits imaginaires – Des opportunités pour initiés seulement – Stupide, absurde et scandaleux.*

CHAPITRE 7. LES BONNES STRATÉGIES POUR INVESTISSEUR ACTIF

Par définition, l'investisseur actif consacrera beaucoup de temps et d'efforts pour dégager une performance supérieure à la moyenne. Dans notre description de la stratégie globale d'investissement, nous avons conseillé quelques valeurs obligataires destinées à l'investisseur actif. Les opportunités ci-après devraient l'intéresser :

1. Les obligations défiscalisées de la *New Housing Authority* avec garantie du gouvernement des États-Unis.
2. Les obligations à haut rendement de la *New Community*, également garanties.
3. Les obligations des collectivités territoriales (*municipals*) défiscalisées émises pour financer des projets et remboursées par les loyers de concession.

Nous avons évoqué ces valeurs atypiques au Chapitre 4.[1] À l'autre extrémité du spectre, il y les obligations de seconde catégorie, si peu chères, qu'il s'agit de belles opportunités. Ces dernières appartiennent souvent au compartiment des obligations dites « *spéciales* » où il est difficile de faire une distinction claire entre actions et obligations.[2]

Investir en actions ordinaires

Les activités de l'investisseur actif peuvent être décomposées en quatre catégories :

1. Acheter bas et vendre haut ;
2. Acheter des *valeurs de croissance* choisies avec attention ;
3. Acheter des titres sous-cotés ;
4. Acheter des valeurs qualifiées de *situations spéciales.*

---

[1] NDE : Comme nous l'avons déjà indiqué, il n'y a plus d'émissions obligataires telles que celles de la *New Housing Authority* et de la *New Community.*

[2] NDE : Aujourd'hui, ces obligations de seconde catégorie, rangées dans le compartiment des *situations spéciales,* sont celles d'entreprises en cessation de paiement ou en liquidation. Quand une société est en cessation de paiement ou en dépôt de bilan, ses actions perdent toute valeur, car la loi américaine sur les faillites confère aux détenteurs d'obligations un rang de créance supérieur à celui des actionnaires. Cependant, en cas de restructuration financière, les créanciers obligataires reçoivent souvent des actions de la société nouvellement créée et le cours des obligations se redresse généralement une fois que la société est en mesure de reprendre le paiement des intérêts de sa dette. C'est pourquoi les obligations d'entreprises en difficulté peuvent donner presque d'aussi bons résultats que les actions d'entreprises saines. C'est pour cette raison que dans ce genre de situation, comme le dit Graham : « *Il est difficile de faire une distinction claire entre actions et obligations.* »

La politique générale

Nous consacrerons le prochain chapitre à évoquer les opportunités et les limites d'une stratégie d'entrée dans un marché déprimé et de sortie dans un marché haussier. Pendant très longtemps, beaucoup ont cru que cette stratégie géniale était simple et jouable, notamment grâce à l'analyse technique. L'évolution de la bourse de ces 20 dernières années montre que c'est faux. Les mouvements du marché, peu importants à l'époque, réclamaient du talent ou de l'intuition pour en profiter ; des qualités bien différentes de l'intelligence de nos lecteurs. C'est pourquoi, nous excluons toutes les opérations réclamant de tels dons.

La stratégie à 50-50[3], que nous suggérions à l'investisseur passif est la formule la plus passe-partout qui puisse être recommandée à n'importe quel investisseur compte tenu des conditions des marchés connues en 1972. Nous avons aussi proposé une fourchette de 25% à 75% d'actions pour tenir compte de l'avis des investisseurs sur l'intérêt ou la dangerosité du marché[4]. Il y a 20 ans, il était utile d'expliquer dans le détail les formules pour définir la proportion d'actions dans le portefeuille.[5]

Ces temps bénis semblent révolus et, depuis 1949, il y a peu d'intérêt à vouloir connaître les niveaux d'entrée et de sortie du marché à partir de l'analyse technique. Trop peu de temps s'est écoulé depuis pour proposer de nouvelles méthodes utiles.[6]

Investir dans les *valeurs de croissance*

Tous les investisseurs souhaiteraient sélectionner les titres de sociétés dont les résultats sont et seront les meilleurs sur la durée. Les *valeurs de croissance* satisfont à cette définition et promettent les mêmes perspectives à venir.[7] Il semble donc logique que l'*investisseur intelligent* s'y intéresse. Malheureusement, comme nous allons le montrer, les sélectionner n'est pas aussi simple.

Identifier les entreprises qui ont battu le marché n'est pas qu'un simple tri statistique. L'investisseur peut facilement obtenir, auprès de son courtier, une liste de

---

[3] NDT : C'est-à-dire un portefeuille équitablement réparti entre actions et obligations.

[4] NDT : Rappelons que pour Graham, plus les cours sont hauts, plus le marché est risqué. La notion de risque, dans son esprit, est synonyme de risque de perte en capital.

[5] NDG : Le lecteur pourra lire à ce sujet les ouvrages de Tomlinson L. *Formules utiles pour investir* et de Cottle S., Whitman W.T. *Investment Timing*, l'un et l'autre publiés en 1953.

[6] NDE : Soyez attentif à ce que Graham écrit en 1972. Il prétend que la période d'après 1949 – qui s'étend sur plus de 22 ans – est trop courte pour que nous puissions en tirer des conclusions fiables ! Avec sa maîtrise des mathématiques, Graham n'a pas oublié que pour tirer des conclusions robustes d'une série historique, il faut que l'échantillon soit important. Tous les charlatans, qui donnent des combines, pour sélectionner des valeurs, utilisent des séries historiques trop petites pour que Graham accepte les résultats. Graham utilisait souvent des séries historiques de 50 ans.

[7] NDG : Une entreprise, aux résultats dans la moyenne, ne peut pas être qualifiée de *valeur de croissance* (pour éviter toute confusion) au motif que ses supporters estiment qu'elle fera, à l'avenir, mieux que la moyenne. C'est au mieux, un titre à qualifier de prometteur.

50 à 100 titres remplissant ce critère.[8] Pourquoi ne suffit-il pas de retenir 15 à 20 valeurs de cette liste pour que la réussite soit assurée ?

Il y a deux pièges dans cette idée simpliste. Le premier est que les actions affichant de belles performances et de bonnes perspectives se vendent déjà à des prix reflétant cela.[9] Les perspectives peuvent se révéler exactes sans pour autant que le titre enregistre une belle performance, car l'investisseur a déjà payé (voire surpayé) ces perspectives. Le second est que les prévisions de l'investisseur sont fausses. Une croissance particulièrement forte tend à s'essouffler. En effet, la taille devient un handicap pour continuer à croître au même rythme. À un moment donné, le taux de croissance diminue, jusqu'à se retourner.

A posteriori, il n'est pas difficile de constater que les *valeurs de croissance* ont connu des fortunes diverses. Comment porter un jugement plus objectif sur les performances des *valeurs de croissance* ? L'analyse des performances des fonds dédiés aux *valeurs de croissance* devrait nous offrir des conclusions plus fiables. La bible de référence est *Investment Companies*, un ouvrage édité tous les ans par *Arthur Wiesenberger & Company* (membre du *New York Stock Exchange*) qui calcule les performances annuelles de 126 fonds de croissance et qui présente également leurs résultats passés. Nous avons retenu 45 fonds avec un historique d'au moins 10 ans. La performance moyenne de ces fonds sur 10 ans (sans pondération par leur taille) s'élève à 108% pour la période allant de 1961 à 1970. Ce chiffre est à comparer aux 105% du *S&P 500* et aux 83% du *DJIA* (Tableau 8, p. 144). Au cours des deux dernières années (1969 et 1970), ces 126 fonds de croissance ont le plus souvent enregistré des performances inférieures à celles des indices de référence. D'autres études confirment ces résultats. Nos recherches antérieures ont donné des résultats semblables. Par conséquent, nous pouvons en conclure que les *valeurs de croissance* n'offrent pas des performances supérieures à un portefeuille de valeurs diversifiées.[10]

Rien ne nous permet de penser que l'*investisseur intelligent,* peut battre les gérants professionnels sur la durée. En effet, ces derniers ont à leur disposition plus de ressources et de moyens que l'investisseur individuel. Par conséquent, nous conseillons à l'investisseur actif de rester à l'écart des *valeurs de croissance*,[11] dont les

---

[8] NDE : Aujourd'hui, l'investisseur actif n'aura aucun mal à avoir cette liste sur Internet en visitant les sites Web tels que www.morningstar.com ou www.quicken.com/investments/stocks/search/full et http://yahoo.marketguide.com.

[9] NDT : Graham traduit ici, ce que l'on appelle l'efficience des marchés, c'est-à-dire l'idée que toute l'information disponible est traduite dans le cours.

[10] NDE : Sur les dix années allant jusqu'au 31 décembre 2002, les fonds de grandes valeurs de croissance – l'équivalent de ce que Graham appelait des *fonds de croissance* – ont offert un rendement annuel moyen de 5,6%, sous-performant le marché dans son ensemble de 3,7% par an. Néanmoins les fonds *value*, avec des prix plus conservateurs ont également sous-performé le marché dans son ensemble sur la même période (de 1% par an). La cause est-elle liée à l'incapacité des gérants à sélectionner les valeurs qui vont battre le marché ou est-ce dû aux frais de gestion de ces fonds ? Pour mettre à jour les performances des fonds par catégorie, reportez-vous au site www.morningstar.com, onglet *Category Returns*. Pour avoir un rappel instructif montrant combien les performances des différents styles d'investissement sont aléatoires, reportez-vous à www.callan.com/resource/periodic_table/pertable.pdf.

[11] NDT : Rappelons que, pour Graham, l'investisseur actif n'est pas celui qui prend plus de risques que la moyenne ou qui achète des valeurs dynamiques. Un investisseur actif est tout simplement un investisseur prêt à consacrer plus de temps et d'énergie à son portefeuille.

perspectives de croissance sont déjà prises en compte par le marché avec des PER, calculés avec le bénéfice des 12 derniers mois, supérieurs à 20. (Rappelons que nous conseillons à l'investisseur passif de ne pas acheter quand le PER calculé avec la moyenne des bénéfices des 7 dernières années est supérieur à 25.)[12]

TABLEAU 8 : PERFORMANCE MOYENNE DES FONDS DE CROISSANCE (1961-1970)

Performances	Sur 1 an (1970)	Sur 5 ans (1966-1970)	Sur 10 ans (1961-1970)	Rendement (1970)
17 plus grands fonds	-7,5%	+23,2%	+121,1%	2,3%
106 plus petits fonds (groupe A)	-17,7%	+20,3%%	+102,1%	1,6%
38 plus petits fonds (groupe B)	-4,7%	+23,2%	+106,7%	1,4%
15 fonds avec « *croissance* » dans leur nom	-14,2%	+13,8%	+97,4%	1,7%
Indice *S&P 500*	+3,5%	+16,1%	+104,7%	3,4%
Indice *DJIA*	+8,7%	+2,9%	+83,0%	3,7%

Source : *Wiesenberger Financial Services*

La singularité des *valeurs de croissance* tient à la volatilité du cours des titres. C'est vrai pour les grosses capitalisations comme *General Electric* et *International Business Machines*, mais c'est encore plus vrai des titres de sociétés plus récentes et plus petites. Cette caractéristique conforte notre thèse, qui soutient que la principale évolution des marchés, depuis 1949, est la spéculation autour des valeurs qui ont enregistré les plus belles performances. Ce qui leur permet d'être bien évaluées par les agences de notation. (Leur qualité de signature est excellente et elles bénéficient des taux d'emprunt les plus faibles.) Leur qualité financière ne va pas changer, mais leur performance boursière sera tributaire de la bonne tenue de la bourse. Plus elles seront appréciées des investisseurs, plus leur PER va monter et plus ces titres seront risqués.[13]

---

[12] NDE : Vous remarquerez que Graham calcule le PER en prenant la moyenne de plusieurs années de bénéfices. Cette méthode réduit le risque de surestimer un cours en prenant le bénéfice courant qui n'est peut-être que conjoncturel. Prenons une entreprise avec un bénéfice de 3$ par action sur les douze derniers mois, mais seulement 50 cents cumulés sur les six années précédentes. Quel chiffre représente le mieux la tendance ? À 25 fois les 3$ de bénéfice, l'action vaut 75$. Mais à 25 fois le bénéfice moyen des sept dernières années (6$ de profits cumulés divisé par 7), cela donne un bénéfice moyen de 85,7 cents par action et porte la valeur du titre à 21,43$. Le chiffre que vous choisissez fait toute la différence. Par conséquent, la méthode qui prévaut aujourd'hui à *Wall Street* – consiste à évaluer le PER à partir du bénéfice prévisionnel des 12 prochains mois. Graham jetterait l'anathème sur cette méthode de calcul du PER. Comment peut-on évaluer une société à partir de bénéfices qui n'ont pas encore été gagnés ? C'est comme si on fixait la valeur d'une maison sur la base d'une rumeur annonçant la construction d'une Tour Eiffel à côté. NDT : S'il y a débat sur le calcul du PER, c'est qu'il y a désaccord sur le choix du dénominateur du ratio : le bénéfice par action de l'exercice à venir ou celui de l'exercice passé ; celui des 12 mois glissants à venir ou celui des 12 derniers mois. Le PER calculé par Shiller sur la base des 10 derniers exercices se rapproche de la définition de Graham, il permet de savoir si la Bourse américaine est surévaluée ou non.

[13] NDE : Des exemples confortent ce qu'écrit Graham. Le 21 septembre 2000, *Intel Corp.* – fabricant de micro-processeurs pour ordinateurs – annonce que son chiffre d'affaires devrait augmenter de 5% au cours du trimestre suivant. À première vue, c'est une bonne nouvelle : beaucoup de sociétés de cette taille seraient heureuses de voir leurs ventes croître de 5% en à peine 3 mois. Pourtant, le cours de l'action *Intel* a décroché de 22%, perdant 91 milliards de dollars de capitalisation en une seule journée. Pourquoi ? Parce que les analystes de *Wall Street* s'attendaient à voir le chiffre d'affaires augmenter de 10%, pas de 5% seulement ! Même chose, le 21 février 2001, *EMC Corp.* – une société de stockage de données – annonce qu'elle anticipe une hausse de 25% de son chiffre d'affaires pour 2001 – mais que la prudence de leurs clients « *pourrait*

Pourtant le lecteur peut s'interroger, n'est-il pas vrai que de grandes fortunes boursières ont été faites par ceux qui ont su s'engager très tôt dans une entreprise dans laquelle ils croyaient et qui ont su lui garder une confiance inébranlable quand le cours de ses actions a été multipliés par 100 ou plus ? Évidemment, la réponse est *oui*. Cependant, ces fortunes, faites sur une seule valeur, sont le plus souvent le lot d'individus qui ont une relation très étroite avec l'entreprise en question en tant que fondateur, employé, membre de la famille, etc. Ce qui justifie qu'ils y mettent une grande partie de leur patrimoine, malgré les vicissitudes et la tentation de vendre à bon prix. Un investisseur qui n'aurait pas ce rapport d'intimité, serait en droit de se demander si ce n'est pas trop risqué de tout mettre sur un seul support.[14] Toute baisse, même temporaire, ne ferait qu'accentuer son dilemme, car des pressions externes ou internes l'encourageront à prendre ses profits bien avant d'avoir fait fortune.[15]

Les trois domaines de prédilection de l'investisseur actif

Battre le marché réclame une stratégie de sélection ayant deux caractéristiques : (1) elle doit répondre à des standards et des tests de robustesse,[16] (2) elle doit se différencier de celle suivie par la majorité des investisseurs ou des spéculateurs. Notre expérience et notre analyse nous amène à recommander trois approches qui satisfont à ces critères. Elles sont distinctes et réclament des compétences et un tempérament différent.

Investir dans les grandes capitalisations délaissées

Si nous considérons que le marché surévalue les titres d'entreprises ayant offert de belles performances ou qui sont à la mode, nous pouvons logiquement imaginer que les entreprises, délaissées ou temporairement en difficulté, seront relativement sous-évaluées. Il s'agit de la loi du marché, qui nous suggère une stratégie d'investissement à la fois prometteuse et prudente.

---

allonger le cycle de vente. » Sur cette hésitation, le cours des actions *EMC* chuta de 12,8% en une seule journée.

[14] NDE : L'équivalent « *de ces individus qui ont une relation très étroite avec l'entreprise en question* » sont aujourd'hui les dirigeants et les administrateurs, qui participent à la gestion de l'entreprise et qui détiennent d'énormes blocs d'actions. Des hommes d'affaires comme Bill Gates de *Microsoft* ou Warren Buffett de *Berkshire Hathaway* ont un contrôle direct sur la destinée de l'entreprise – et les investisseurs extérieurs traduisent leur confiance en renouvelant les dirigeants qui placent tout leur patrimoine dans leur propre société. En revanche, les dirigeants sans influence et les salariés de base ne pèsent pas sur les cours et c'est pour cette raison qu'ils ne devraient épargner qu'une faible part de leurs capitaux dans les actions de leur entreprise. La même remarque vaut pour les investisseurs externes, même s'ils pensent très bien connaître l'entreprise dans laquelle ils investissent.

[15] NDG : Deux maximes populaires invitent l'investisseur à cela : « *Les arbres ne montent pas jusqu'au ciel* » et « *Un bull (un taureau ou haussier) peut gagner, un bear (un ours ou baissier) peut gagner mais un pig (un porc ou glouton) ne gagne jamais.* »

[16] NDT : Pour Graham, les standards ou normes sont des critères objectifs, quantitatifs ou qualitatifs, caractérisant la qualité et la valeur intrinsèque d'un titre. Les tests de robustesse vérifient que les standards dépassent des seuils ou répondent à des conditions prédéfinies.

Il faut que l'investisseur actif s'intéresse donc aux grandes capitalisations momentanément ignorées. Si les petites capitalisations peuvent être concernées pour les mêmes raisons et voir leurs bénéfices et leurs cours de bourse se redresser, le risque de perte ou de sombrer dans l'oubli malgré de bons résultats est plus élevé. En effet, les grandes entreprises ont un double avantage. D'abord, elles ont les ressources financières et humaines pour faire face à l'adversité et pour reconstruire leurs marges bénéficiaires. Ensuite, le marché répond plus vite à une amélioration de leurs performances financières.

La démonstration de cette thèse est donnée par les résultats d'études sur l'évolution des cours de valeurs impopulaires du *DJIA*. La performance sur un à cinq ans, d'un échantillon de 6 ou 10 valeurs du *Dow Jones* ayant le plus faible PER – titres considérés comme bon marché, ce qui traduit leur relative impopularité – peut être comparée à celle du *Dow Jones* ou à celle de titres ayant le PER le plus élevé – autrement dit les plus populaires du groupe. L'étude la plus complète porte sur les 53 dernières années.[17] Au cours de la période allant de 1917 à 1933, la stratégie privilégiant les titres délaissés s'est avérée infructueuse. En revanche, depuis 1933, elle démontre tout son intérêt. Sur les 34 tests faits *par Drexel & Company* (devenu *Drexel Firestone*[18] puis *Drexel Burnham Lambert*) entre 1937 et 1969, les titres bon marché ont fait moins bien que l'indice dans seulement trois cas. Les résultats des deux groupes ont été quasiment identiques dans six cas et les titres bon marché ont dépassé l'indice 25 fois. La supériorité des valeurs à faible multiple est aussi démontrée (cf. Tableau 9) par leurs performances sur des périodes de cinq ans, par rapport à celles du *DJIA* ou à celles de multiples élevés.

TABLEAU 9 : PERFORMANCE MOYENNE DES VALEURS TESTÉES (1937-1969)

Périodes	Performance des 10 valeurs au plus faible PER	Performance des 10 valeurs au plus fort PER	Performance des 30 valeurs du *DJIA*
1937-1942	-2,2%	-10,0%	-6,3%
1943-1947	17,3%	8,3%	14,9%
1948-1952	16,4%	4,6%	9,9%
1953-1957	20,9%	10,0%	13,7%
1958-1962	10,2%	-3,3%	3,6%
1963-1969 (8 ans)	8,0%	4,6%	4,0%

L'étude de *Drexel* démontre qu'un portefeuille de 10.000$ placés en 1936 sur des titres à faible PER et rééquilibré chaque année en fonction de l'évolution des PER

[17] NDG : Deux études existent. La première, conduite par H.G Schneider, un de nos élèves, couvre la période 1917-1950. Elle a été publiée en 1951 dans le *Journal of Finance*. La deuxième a été faite par *Drexel Firestone*, membre du *New York Stock Exchange* et couvre la période 1933-1969. Les résultats sont donnés ici avec leur aimable permission.

[18] NDE : *Drexel Firestone*, une banque d'investissement de Philadelphie a fusionné en 1973 avec *Burnham & Co.* Pour devenir plus tard *Drexel Burnham Lambert*, connue pour ses activités d'émission de *junk-bonds* lors du grand boom des fusions-acquisitions des années 1980.

aurait été estimé à 66.900$ en 1962. Le même investissement sur des titres à PER élevé aurait été valorisé à 25.300$ seulement et 44.000$ en achetant le *DJIA*.[19]

La stratégie consistant à investir dans les grandes capitalisations délaissées est finalement simple. Cependant, la forte volatilité des résultats est un facteur allant à l'encontre de cette apparente facilité, car ce genre de valeurs se négocient à des cours élevés et des PER faibles les bonnes années et à des cours faibles et des PER élevés les mauvaises années. Cette relation est illustrée dans le Tableau 10 par l'évolution du bénéfice, du cours et du PER du titre *Chrysler*. La bourse est sceptique et reste prudente quand les résultats sont élevés et réciproquement quand ils sont faibles. (Notons que mathématiquement le PER est très élevé quand les bénéfices sont faibles.)

En réalité, *Chrysler* a eu un comportement particulièrement atypique parmi les membres du *DJIA* et le titre n'a pas eu une forte influence sur l'échantillon des valeurs à faible PER. Il est donc aisé d'exclure les titres atypiques en sélectionnant uniquement les valeurs dont le cours est faible par rapport au bénéfice net moyen.

TABLEAU 10 : COURS ET BÉNÉFICE DE L'ACTION ORDINAIRE CHRYSLER (1952-1970)

Année	Bénéfice par action	Cours (haut ou bas)	PER
1952	9.04	H 98$	10.8
1954	2.13	B 56$	26.2
1955	11.49	H 101,5$	8.8
1956	2.29	B 52$	22.9
1957	13.75	H 82$	6.7
1958	3.88	B 44$	--
1968	24.92	H 294$	11.8
1970	--	B 65$	--

Lors de la révision du texte, nous avons testé les résultats de la stratégie de sélection de valeurs délaissées sur un groupe de titres, entre la fin de l'année 1968 et le 30 juin 1971. Les résultats sont plutôt déroutants, car les valeurs à faible PER (en prenant 6 ou 10 valeurs) ont baissé au profit de celles à PER élevé. Pour autant, ce seul résultat, même s'il ne peut être ignoré, n'invalide pas nos conclusions antérieures reposant sur 30 simulations. L'investisseur actif doit, peut-être, utiliser cette stratégie en y ajoutant d'autres filtres, qualitatifs ou quantitatifs, pour constituer son portefeuille.

Investir dans de bonnes affaires

Nous qualifierons de bonne affaire, un titre dont la valeur intrinsèque est supérieure à son cours de bourse. Cela couvre aussi bien les obligations et les actions de préférence, qui se traitent largement au-dessous du pair, que les actions ordinaires. Pour être concrets, nous suggérons de considérer qu'un titre est une bonne affaire, quand sa valeur intrinsèque dépasse son cours de plus de 50%. Pourquoi existe-t-il de

[19] NDE : La stratégie qui consiste à acheter les actions les moins chères du *Dow Jones Industrial Average* est baptisée *Stratégie des Dogs of the Dow*. Des informations sur les *Dow 10* sont disponibles sur le site www.djindexes.com/jsp/dow510Faq.jsp.

telles différences entre la valeur et le cours d'un titre ? Comment ces bonnes affaires surgissent-elles et comment l'investisseur peut-il en profiter ?

Il y a deux méthodes qui nous permettent de détecter une bonne affaire. La première repose sur l'évaluation financière consistant à estimer les bénéfices futurs, puis à les multiplier par un facteur dépendant des caractéristiques de risque du titre analysé. Si la valeur calculée est très nettement supérieure au cours du titre et si l'investisseur est confiant dans sa méthode d'estimation, il considérera alors le titre comme une bonne affaire. La seconde consiste à déterminer la valeur économique de l'entreprise du point de vue de l'industriel. Cette valeur est souvent tirée, comme précédemment, des bénéfices prévisionnels et peut aboutir à la même évaluation que celle de l'investisseur. Cependant, ce dernier accordera une plus grande attention à la valeur des *actifs* et notamment à l'actif net circulant.[20]

Quand la bourse est au plus bas, nombre de titres sont de bonnes affaires d'après ces étalons de mesure. (*General Motors* en est un exemple typique avec un cours de 30$ en 1941, soit un cours réévalué de 5$ en 1971, le bénéfice net s'élevait à 4$ par action et le dividende à 3,5$.) Il est vrai qu'avec un bénéfice net par action et des perspectives déplorables, l'estimation peut donner une valeur très supérieure au cours. Donc, le courage d'investir en période de déprime des marchés se justifie, non seulement par l'expérience, mais aussi par l'utilisation des techniques d'évaluation financière.

Les caprices des marchés font régulièrement apparaître des situations où quasiment tous les titres sont de bonnes affaires. La bourse fait souvent une montagne d'un rien et transforme un petit ennui en grand drame.[21] Un simple manque d'intérêt ou d'enthousiasme peut en certaines occasions conduire à un effondrement du cours. Nous voyons donc deux causes majeures de sous-évaluation d'un titre : (1) des résultats courants décevants et (2) un désintérêt ou une impopularité durable.

Cependant, aucune de ces deux raisons, prises isolément, ne peut justifier la sélection d'un titre. Comment pouvons-nous être sûrs que des résultats courants décevants ne seront que temporaires ? Il est vrai que beaucoup d'exemples le laissent penser. Les valeurs du secteur de l'acier sont connues pour leur configuration cyclique. L'investisseur sagace saura les acquérir à bon prix, quand leurs bénéfices sont catastrophiques, pour les vendre en période faste. Le Tableau 10 (cf. p. 147) de *Chrysler* en est un exemple édifiant.

---

[20] NDE : L'actif net circulant (aussi dénommé Besoin en Fonds de Roulement Net et en anglais *net current asset* ou *net working capital)* reprend l'actif circulant (les disponibilités, les créances clients, les stocks) moins le passif circulant (les comptes fournisseurs, les créances à court terme). Ce sont tous les capitaux destinés à financer le cycle d'exploitation, à savoir les capitaux nécessaires pour financer la transformation des matières premières en produits finis, puis les produits finis en ventes encaissées.

[21] NDE : Quelques exemples de montagnes faites d'un rien : en mai 1998, *Pfizer, Inc.* et la *U.S. Food and Drug Administration* ont annoncé que six hommes qui avaient pris du *Viagra* étaient morts de crises cardiaques en plein acte sexuel. L'action *Pfizer* a plongé d'un coup, perdant 3,4% sur une journée de forts volumes. Mais *Pfizer* repartit à la hausse quand d'autres recherches indiquèrent qu'il n'y avait pas de raison de s'inquiéter. Le cours de l'action grimpa de plus de 33% au cours des trois années suivantes. Fin 1997, les actions de *Warner-Lambert Co.* chutèrent de 19% le jour où son nouveau médicament contre le diabète fut temporairement retiré de la vente au Royaume-Uni. Le cours doubla dans les 6 mois suivants. Fin 2002, *Carnival Corp.*, un croisiériste, a perdu environ 10% de sa valeur après que des touristes furent pris de diarrhées et de vomissements sur des paquebots affrétés par d'autres compagnies.

Si ce comportement boursier était fréquent, il ne serait pas bien difficile de gagner de l'argent. Malheureusement, nous avons aussi de nombreux exemples où la baisse des bénéfices et des cours n'a pas été suivie d'une reprise. C'est le cas de la société *Anaconda Wire and Cable*, avec d'excellents résultats jusqu'en 1956 et un cours de 85$ cette année-là, qui vit son bénéfice chuter pendant 6 ans et son cours tomber à 23,5$ en 1962, avant d'être rachetée en 1963 par sa société mère (*Anaconda Corporation*) pour seulement 33$.

Nous pouvons multiplier les exemples de ce genre à l'infini. Par conséquent, il ne faut pas attendre que le cours ou les bénéfices s'effondrent pour passer à l'achat. Il faut aussi s'assurer de la stabilité des bénéfices sur plusieurs années (sans une seule année de déficit) ; de la taille suffisante de l'entreprise et d'un bilan sain pour qu'elle soit capable d'absorber un retournement économique. L'idéal consiste donc à sélectionner une grande entreprise, réputée, dont le cours et le PER sont largement inférieurs à leurs moyennes historiques. C'est ainsi que nous resterons à l'écart d'opportunités comme *Chrysler*, car ces titres s'échangent à des PER élevés en bas de cycle. Rappelons au lecteur qu'il y a un gouffre entre les *profits prévisionnels* et les *profits réels*. Nous doutons de l'intérêt pour l'*investisseur intelligent* de s'intéresser aux cas atypiques comme *Chrysler*.

Nous avons aussi évoqué le désintérêt ou l'impopularité comme cause de baisse des cours. *National Presto Industries* en est un exemple. Durant le marché haussier de 1968, le titre s'échangeait à 45$, soit seulement huit fois ses bénéfices de l'année (à 5,61$). Le bénéfice net par action s'est amélioré les deux années suivantes, alors que le cours chuta pour atteindre 21$ en 1970, soit un PER de 4 et un cours inférieur à la valeur du fonds de roulement net par action. En mars 1972, le titre valait 34$ soit seulement 5,5 fois le bénéfice de l'année et tout juste la valeur du fonds de roulement net.

Standard Oil of California est un autre exemple semblable. Début 1972, le titre s'échangeait à 56$, soit pratiquement le même cours que 13 ans plus tôt. Son résultat net avait été remarquablement stable avec seulement une année de baisse. L'action valait presque son fonds de roulement net. Malgré la qualité et la stabilité de ses performances entre 1958 et 1971, le titre n'a jamais pu atteindre un PER de 15, il n'était que de 10 début 1972.

La troisième raison à la sous-évaluation d'un titre est l'incapacité du marché à intégrer les bénéfices dans le cours. L'exemple de la compagnie *Northern Pacific Railway* est emblématique. En 1946 et 1947, le titre chuta de 36$ à 13,5$ alors que son résultat net réel s'élevait en 1947 à environ 10$ par action. Le titre était injustement attaqué en raison de la faiblesse du dividende servi de 1$. La bourse ignorait aussi le titre, car les perspectives bénéficiaires étaient masquées par les normes comptables propres aux compagnies de chemin de fer.

Les titres qui se vendent moins chers que leur fonds de roulement net[22] sont caractéristiques des bonnes affaires. Cela signifie que l'investisseur achète l'actif immobilisé (bâtiments, machines, etc.) pour rien. Très peu d'entreprises ont un cours

[22] NDE : Le *fonds de roulement net* correspond, ici, à l'actif circulant (disponibilités, créances clients et stocks) moins les passifs (y compris les actions de préférence et les dettes financières à long terme).

inférieur à leur fonds de roulement net. Vous en trouverez pourtant toujours quelques-unes. Le plus surprenant, c'est qu'il y en ait autant. Nous en avons découvert 150 en 1957, alors que la bourse n'était pas anormalement basse. Le Tableau 11 synthétise ce que vous auriez pu gagner en conservant les titres pendant 2 ans à partir du 31 décembre 1957. Les 85 titres choisis dans la liste des 150 apparaissent dans le *Monthly Stock Guide* de *Standard & Poor's.*

Chacune des catégories du tableau s'est appréciée en deux ans du montant du fonds de roulement. La performance enregistrée de ce « *portefeuille* » s'est élevée pendant la période à 75%, à comparer aux 50% du *S&P 500.* Plus remarquable encore : aucun titre n'a vu son cours baisser, 7 sont restés inchangés et 78 ont dégagé d'importantes plus-values.

TABLEAU 11 : FONDAMENTAUX DE SOCIÉTÉS SOUS-ÉVALUÉES

Marchés financiers	Nombre de sociétés	Fonds de Roul. (par action)	Cours (Déc. 1957)	Cours (Déc. 1957)
New York	35	748	419	838
American	25	495	289	492
Midwest	5	163	87	141
Marché OTC	20	425	288	433
Total	85	1.831	1.083	1.904

Avant 1957, cette stratégie a offert de belles performances, ce qui nous conduit à affirmer qu'il s'agit d'une méthode robuste pour profiter de situations d'extrême sous-évaluation. Malheureusement, depuis 1957, ces opportunités se font rares et celles qui restent sont faiblement bénéficiaires ou en pertes. Le plongeon de la bourse en 1969 et 1970 a vu le nombre de bonnes affaires de ce type augmenter. Nous y reviendrons au Chapitre 15.

Le cas des bonnes affaires dans les valeurs secondaires

Nous avons défini les valeurs secondaires – ou de seconde qualité – comme étant celles qui ne sont pas leaders dans leur secteur d'activité. Il peut s'agir d'une entreprise marginale dans un grand secteur d'activité ou d'une entreprise leader dans un secteur spécialisé. La seule exception concerne les *valeurs de croissance* – quelles que soient leur taille ou leur position concurrentielle – qui ne seront jamais considérées comme des valeurs secondaires.

Dans l'euphorie boursière des années 1920, aucune différence n'était faite entre les leaders d'un secteur et leurs poursuivants. Les investisseurs estimaient qu'une entreprise de taille moyenne était suffisamment forte pour essuyer bien des orages et qu'en plus, elle avait plus de potentiel de développement qu'une grosse entreprise. Or, ce sont les entreprises secondaires qui ont le plus souffert dans les années noires (1931 et 1932). C'est pour cette raison que les investisseurs expérimentés ont porté leur préférence sur les leaders, pour délaisser le plus souvent les valeurs secondaires. C'est ainsi que ces valeurs secondaires se vendent à des cours, rapportés à leurs bénéfices ou à leurs actifs, plus faibles que les leaders. Parfois, leur cours est tombé si bas, qu'il s'agit maintenant de bonnes affaires.

En délaissant les valeurs secondaires, même à des cours très bas, les investisseurs traduisent leur conviction ou leur crainte de perspectives médiocres. En fait, ils estiment inconsciemment que ces titres, aussi bon marché soient-ils, sont de toute façon trop chers compte tenu de leur mort prochaine. Ce raisonnement est à mettre en parallèle à celui des années 1920, où le marché prétendait que le cours des *blue chips*[23] n'était jamais trop cher compte tenu de leur potentiel de développement illimité. À l'évidence, ces deux opinions sont exagérées et erronées. En réalité, l'entreprise cotée « *de taille moyenne* » est plus grande que l'entreprise « *de taille moyenne* » non cotée. De plus, rien ne permet d'affirmer qu'elle ne sera pas pérenne, qu'elle sera incapable d'affronter les aléas économiques et qu'elle ne pourra pas offrir une rentabilité financière satisfaisante.

Ce bref rappel montre que l'opinion du marché à l'égard des valeurs secondaires n'est pas fondée et qu'elle est souvent à l'origine de la sous-évaluation de ces valeurs. Nul doute, la Seconde Guerre mondiale et l'expansion de l'après-guerre ont offert un environnement économique plus propice aux valeurs secondaires qu'aux grandes entreprises, car la concurrence n'était pas aussi féroce et les petites sociétés avaient plus de chances de prospérer. C'est ainsi qu'en 1946, le marché était complétement différent de celui d'avant-guerre. Entre fin 1938 et 1946, les valeurs leaders du *Dow Jones* ont gagné 40% alors que l'indice *S&P* des petites capitalisations a pris 280%. Les spéculateurs et les investisseurs de tous poils – oubliant, comme toujours, le passé – se sont rués sur les valeurs secondaires cotées, achetant alors trop cher. Malheureusement, le pendule est allé trop loin ! Les valeurs secondaires, autrefois de bonnes affaires, étaient désormais surévaluées. Le phénomène s'est reproduit, en 1961 puis en 1968, mais cette-fois avec les valeurs de petites sociétés introduites en bourse et de certains secteurs d'activité comme l'électronique et l'informatique notamment.[24]

Comme on pouvait s'y attendre, ces secteurs surévalués ont été décimés par les baisses successives. Parfois, le balancier va trop loin dans l'autre sens, créant de nouvelles situations de sous-évaluation.

Si le cours des valeurs secondaires est en général sous-évalué, peut-on espérer en tirer parti ? Et si cela dure, ne va-t-on pas rester coincé avec les titres sur les bras ? La réponse n'est pas aisée. Les valeurs secondaires sous-évaluées permettent d'enregistrer des gains de différentes façons. Premièrement, c'est en offrant des rendements en dividende relativement élevés. Deuxièmement, c'est avec des bénéfices substantiels réinvestis qui finissent par affecter le cours. Sur une période de 5 à 7 ans, les bénéfices mis en réserves font un effet boule de neige. Troisièmement, les marchés haussiers se montrent en général plus généreux avec les valeurs sous-évaluées ; les bonnes affaires

---

[23] NDT : Analogie avec le poker où les jetons de couleur bleu sont ceux qui ont le plus de valeur. En bourse, ce sont les sociétés ayant les plus grosses capitalisations.

[24] NDE : Entre 1975 et 1983, les valeurs secondaires ont surperformé les grandes capitalisations avec un écart étonnant de 17,6% par an entre les deux groupes. Les investisseurs individuels se sont intéressés aux petites valeurs, les sociétés de gestion de portefeuille ont également lancé des centaines de nouveaux fonds spécialisés dans ces valeurs. Puis les petites capitalisations ont répondu à cet intérêt en sous-performant les grosses capitalisations de 5% par an pendant la décennie suivante. Le cycle s'est reproduit en 1999, quand les petites actions battaient les grosses capitalisations de près de 9% par an. Ce qui encouragea les banques d'investissement à introduire en bourse toutes sortes de petites valeurs de haute-technologie très recherchées par le public. Il ne s'agissait pas des secteurs de l'électronique ou de l'informatique qui étaient alors à la mode, c'étaient les dénominations dont suffixes étaient en *.com* ou *wireless* et les préfixes en *e-* et *i-*.

reviennent à des niveaux normaux d'évaluation pour ne plus être de belles affaires. Quatrièmement, même dans un marché peu animé, le processus d'ajustement naturel des cours pousse les valeurs sous-évaluées à des niveaux de cours normaux. Enfin, les raisons d'être déçu tendent à disparaître à l'arrivée de nouvelles conditions économiques, d'un nouveau dirigeant ou avec un changement de stratégie.

L'acquisition de petites entreprises par des grosses, dans un but de diversification, est un autre facteur de hausse des cours apparu ces dernières années. En effet, les offres d'achat se sont avérées généreuses et en tout cas supérieures aux cours sous-évalués de l'époque.

Quand les taux d'intérêt étaient beaucoup plus bas que ceux de 1970, il était encore possible de trouver de bonnes affaires dans le compartiment des obligations et des actions de préférence, car elles se vendaient avec de forts rabais. Aujourd'hui, la situation est différente, car même les titres bien notés se négocient très nettement au-dessous du pair, quand le rendement offert à l'émission est inférieur aux taux d'intérêt courants (disons 4,5% ou moins). Par exemple, l'émission *American Telephone & Telegraph* à 2,6%, échéance 1986, s'échangeait à seulement 51$ en 1970 ou l'obligation *Deere & Co* à 4,5% due en 1983 à 62$. Ces cours deviennent très vite de bonnes affaires si les taux d'intérêt continuent de baisser. Pour qui recherche une bonne affaire plus classique dans cette classe d'obligations, mieux vaut se tourner vers les obligations émises par les compagnies de chemin de fer actuellement en pleine déconfiture financière et qui (pour cette raison et pas à cause du différentiel entre leurs coupons et les taux d'intérêt courants) se vendent à 20 ou 30 cents par dollar de nominal. Ces situations ne sont pas destinées aux novices ou à ceux qui connaissent mal la gestion obligataire, car ils pourraient se brûler les doigts. Cependant, les baisses sont souvent exagérées et donc ce secteur réserve globalement un potentiel de gain élevé pour celui qui poursuit une analyse méthodique et courageuse de ces titres. En effet, entre 1938 et 1948, le segment du marché obligataire regroupant les compagnies de chemin de fer en situation de faillite a offert des opportunités nombreuses et spectaculaires. Depuis, elles se sont faites rares, mais il n'est pas impossible qu'il y ait d'autres occasions dans les années 1970.[25]

Investir dans des situations « *spéciales* » : entreprises en redressement judiciaire et fusion-acquisition

Il n'y a pas si longtemps, ce secteur promettait de belles plus-values à ceux qui en connaissaient les règles, quel que soit l'état de la bourse. Ce jeu était l'arène exclusive des professionnels. Cependant le néophyte éclairé, avec un peu de flair, pouvait en apprendre les subtilités sans faire d'études longues et coûteuses. D'autres ont eu l'intelligence de reconnaître l'intérêt de ces situations et de s'attacher les services de

[25] NDE : Les obligations en cessation de paiement de compagnies de chemin de fer n'offrent pas d'opportunités significatives de nos jours. Cependant, comme nous l'avons déjà noté, les *junk-bonds* de sociétés en difficulté ou en détresse, de même que les obligations convertibles émises par des sociétés de haute-technologie, peuvent offrir de belles performances au lendemain du krach boursier de 2000-2002. Mais la diversification dans ce domaine est essentielle, chose qui n'est pas aisée sans avoir au moins 100.000$ de capital à dédier aux seules obligations en détresse. À moins que vous soyez un multimillionnaire, ce genre de diversification n'est pas possible.

jeunes professionnels spécialisés. Néanmoins, ces dernières années, pour des raisons que nous expliquerons plus loin, ces opérations sont devenues plus risquées et moins lucratives. Mais, tout laisse penser qu'elles seront à nouveau intéressantes. Quoi qu'il en soit, il est utile d'expliquer les tenants et aboutissants de ces opérations à l'aide d'un ou deux exemples.

La situation *spéciale* la plus courante est celle des fusions-acquisitions de petites entreprises par des grandes, dans les périodes où les dirigeants chantent les louanges de la diversification. Pour les grandes entreprises, il paraît souvent séduisant d'acquérir une petite société présente sur un marché qu'elles cherchent à conquérir plutôt que de le faire par croissance interne. Pour réussir et obtenir l'accord des actionnaires de la cible, il faut leur offrir un prix intéressant, très supérieur au cours. Ces opérations de croissance externe sont donc de belles opportunités pour ceux qui savent les saisir.

De plus, de très bonnes affaires ont été faites par des investisseurs avisés ayant acquis la dette obligataire de compagnies de chemin de fer en liquidation judiciaire. En effet, ces titres se sont appréciés après la réorganisation de leurs passifs. Après décision de justice, ces titres obligataires revenaient sur le marché à un cours bien supérieur à leur prix d'origine. Le seul risque était de voir le plan de réorganisation refusé ou retardé. Cela étant, ces opérations d'arbitrage[26] se sont souvent révélées très intéressantes.

Des opportunités similaires sont apparues lors du démantèlement des compagnies d'électricité en application de la réglementation de 1935. Ces sociétés valaient plus seules que regroupées sous une holding. La raison est à chercher dans la tendance des marchés à sous-évaluer les sociétés engagées dans des procédures juridiques complexes.[27] D'ailleurs, un vieux dicton de *Wall Street* avertit : « *Ne jamais acheter un procès.* » C'est peut-être un bon conseil pour le spéculateur impatient, mais ce réflexe, présent chez tous les investisseurs, est à l'origine de bonnes affaires, car le préjudice est souvent exagéré par les marchés.[28]

---

[26] NDT : Les opérations d'arbitrage consistent à acheter et vendre simultanément un même actif pour profiter d'une imperfection de prix ou des actifs différents mais dont les prix évoluent en sens opposés. Les opérations d'arbitrage sont censées permettre un gain sans risques. C'est notamment grâce à ces opérations que les marchés sont efficients et comme ils sont assez efficients, les opérations d'arbitrage sont peu rentables ou deviennent spéculatives et donc risquées. Dans ce cas, on ne peut plus réellement parler d'arbitrage. À la différence de l'époque de Graham, l'arbitrage (sans risques) est aujourd'hui difficile.

[27] NDE : Graham fait allusion aux efforts déployés par les actionnaires et les créditeurs pour éviter la faillite de la société après cessation de paiement et mise en redressement judiciaire. Ces plans impliquent généralement une réduction substantielle du service de la dette.

[28] NDE : *Philip Morris* est un autre exemple du même type. Le cours de ses actions a perdu 23% en l'espace de deux jours après la décision de la cour de justice de Floride, qui a autorisé les jurés à envisager des *dommages punitifs* pouvant aller jusqu'à 200 milliards de dollars contre la compagnie – qui a finalement admis que la cigarette pouvait causer des cancers. En l'espace d'une année, l'action *Philip Morris* a doublé, pour retomber ensuite à ses niveaux antérieurs quand un nouveau jugement de plusieurs milliards de dollars a été prononcé contre elle en Illinois. D'autres valeurs ont été massacrées après de telles poursuites judiciaires, telles que *John Manville*, *W. R. Grace* et *USG Corp.* D'où le dicton « *Ne jamais acheter un procès* » qui reste une règle valable pour tous, sauf les plus intrépides.

Exploiter ces situations spéciales[29] est un véritable métier qui requiert certaines aptitudes et peu d'investisseurs actifs se lancent dans ce type d'opérations. Ce livre n'est pas le lieu pour en décrire les subtilités.[30]

Conséquences sur nos principes d'investissement

La stratégie d'investissement, que nous avons exposée, dépend d'abord du choix de l'investisseur : être actif ou passif. L'investisseur actif doit avoir une maîtrise suffisante de l'évaluation financière pour exercer cette activité en professionnel. Il n'est pas possible d'être à mi-chemin entre le profil de l'investisseur actif et celui de l'investisseur passif. Beaucoup, pour ne pas dire la majorité des investisseurs se positionnent entre les deux. C'est, à notre avis, un compromis qui a toutes les chances de décevoir, plus que de satisfaire. Vous ne pouvez pas être un investisseur semi-professionnel et escompter dégager une rentabilité de semi-professionnel.

Par conséquent, la plupart des détenteurs de titres doivent se ranger dans la catégorie des investisseurs passifs. En effet, ces investisseurs n'ont ni le temps, ni la motivation, ni le tempérament pour investir comme un professionnel. Ils devraient donc se satisfaire du rendement que peut offrir un portefeuille passif et résister à la tentation de vouloir doper leurs performances en s'écartant de ce chemin.

L'investisseur actif peut néanmoins s'engager dans n'importe quelle forme de transactions financières s'il en a la compétence et si les opérations sont suffisamment prometteuses *sur la base d'une bonne évaluation financière.*

Dans nos conseils et nos mises en garde destinés aux investisseurs actifs, nous nous référons toujours à des critères objectifs d'évaluation. En ce qui concerne l'investisseur passif, nous sommes guidés par trois exigences : la sécurité du placement, la facilité à le sélectionner et enfin la promesse d'une rentabilité satisfaisante. Ces critères nous ont conduit à exclure de nos recommandations certaines valeurs pourtant considérées comme appropriées. Ces interdits sont mentionnés dans le premier chapitre de l'ouvrage.

Revenons sur ces exclusions. Nous vous avons alerté l'investisseur contre l'achat de trois catégories de titres, à un cours « *normal* » : (1) les obligations étrangères, (2) les actions de préférence classiques et (3) les actions ordinaires de second ordre,[31] groupe dans lequel nous incluons, évidemment, les valeurs nouvellement introduites en bourse. Par le qualificatif « *normal* », nous faisons référence à un cours proche du pair pour les obligations et les actions de préférence et à un cours égal à la valeur intrinsèque de l'entreprise pour les actions ordinaires. Les investisseurs passifs doivent rester à l'écart de ces trois catégories, quel que soit leur cours. L'investisseur actif ne doit passer à l'achat que lorsque leur cours en fait une bonne affaire – ce que nous

---

[29] NDE : Les *spinoffs* (scission d'entreprise) sont un autre type d'opérations spéciales incorrectement jugées par les marchés. À la suite de réorganisations d'entreprises souvent destinées à se défendre contre des OPA, les grandes sociétés détachent des activités ou des filiales non stratégiques. Les titres nouveaux, créés pour l'occasion (*spinoffs*) sont ensuite distribués aux actionnaires. Comme ces *spinoffs* assument de lourdes dettes, ils sont mal compris et peu appréciés des actionnaires des sociétés mères qui s'empressent de s'en débarrasser. Voilà pourquoi ces titres sont systématiquement sous-évalués par le marché.

[30] NDE : Voir au Chapitre 15 trois exemples de situations spéciales qui existaient en 1971.

[31] NDT : En référence aux petites capitalisations.

définissons comme un cours qui ne dépasse pas les deux-tiers de la valeur estimée des titres.

Que se passerait-il si tous les investisseurs suivaient scrupuleusement ces conseils ? Nous avons déjà soulevé ce sujet avec les titres obligataires étrangers (cf. p. 126) et nous n'avons rien à y ajouter pour l'instant. Les actions de préférence de première qualité ne devraient être acquises que par des sociétés, comme les compagnies d'assurance par exemple, qui peuvent bénéficier d'avantages fiscaux.

Notre politique d'exclusion a plus de conséquences pour les actions ordinaires secondaires. En effet, si les investisseurs, qui, en majorité, sont passifs, restent à l'écart de ces valeurs, le nombre d'investisseurs potentiels se réduit d'autant. Ajoutons que, si les investisseurs actifs ne les achètent que si ce sont de bonnes affaires, ces titres seront voués à être toujours sous-évalués, sauf s'ils sont achetés sans raison objective.

Ce jugement peut paraître sévère et même immoral. C'est en réalité ce qui s'est passé dans les quarante dernières années. En effet, en général le cours des valeurs secondaires fluctue autour d'un cours pivot qui est largement inférieur à la valeur intrinsèque du titre. Ce n'est qu'à la fin d'un marché haussier que leur cours dépasse la valeur intrinsèque, au moment où l'expérience dicte de rester à l'écart.

C'est pourquoi, nous invitons seulement les investisseurs actifs à s'intéresser aux titres secondaires et à considérer leur valeur intrinsèque comme étant le seuil pour décider de passer à l'achat ou à la vente.

En vérité, il y a là un paradoxe. Une valeur secondaire, convenablement choisie, peut être tout aussi prometteuse qu'une valeur leader sur son marché. La volatilité des performances des valeurs secondaires est un inconvénient, mais lui offre aussi des perspectives de croissance plus forte. Le lecteur pourra peut-être trouver anormal d'écarter l'achat de valeurs secondaires à leur valeur intrinsèque. La seule réponse est celle tirée de l'expérience. En effet, l'histoire boursière nous enseigne que l'investisseur ne peut, en règle générale, espérer de bonnes performances avec des valeurs secondaires, que s'il les achète à un cours inférieur à leur valeur intrinsèque.

Ce principe n'est valable que pour un actionnaire minoritaire (*outsiders*). Quiconque peut contrôler directement ou indirectement (*insiders*) une entreprise secondaire a tout à fait raison d'acheter les titres sur les mêmes bases d'évaluation que s'il investissait dans une entreprise individuelle ou dans une société non cotée. Plus l'entreprise est petite et plus la distinction entre *insiders* et *outsiders* est importante. En effet, pour les grandes capitalisations, les actions individuelles[32] ont pratiquement la même valeur que les actions de contrôle[33]. En revanche, pour les entreprises secondaires, la valeur moyenne d'une action vaut beaucoup moins que celle d'une action de contrôle. Pour cette raison, les relations entre actionnaires et dirigeants et celles entre *insiders* et *outsiders* sont tout naturellement plus conflictuelles pour les valeurs secondaires.

À la fin du Chapitre 5, nous avons abordé la difficulté de distinguer entre une valeur leader d'une valeur secondaire. Le cours des titres, qui sont à la frontière des deux catégories, a un comportement mixte. L'investisseur qui achète de tels titres,

---

[32] NDT : Sous-entendu : actions détenues par un *outsider*.

[33] NDT : Sous-entendu : actions détenues par un *insider*.

légèrement sous-évalués, n'est pas incohérent, car il sait que l'entreprise n'est pas loin d'être une entreprise leader.

Par conséquent, il est inutile de vouloir mettre une frontière entre les valeurs leaders et les valeurs secondaires, car si c'était le cas, un changement de classification aurait un impact sur le cours. Écrire ceci, c'est aussi reconnaître une zone d'incertitude dans la classification des valeurs. Zone d'incertitude qui n'existe pas dans la classification des investisseurs. La raison qui nous dicte cette apparente contradiction est la suivante : l'incertitude dans le classement d'une valeur ne représente pas de risque majeur et a peu d'impact. En revanche, la décision de l'investisseur d'être actif ou passif a d'énormes conséquences. Voilà pourquoi il doit s'interdire tout compromis dans son choix.

COMMENTAIRES SUR LE CHAPITRE 7

Il faut beaucoup d'audace et de prudence pour bâtir une fortune et une fois que vous y êtes parvenu, il faut dix fois plus d'intelligence pour la conserver.

Nathan Mayer Rothschild

Le *timing* ne sert à rien

Dans un monde idéal, l'*investisseur intelligent* détiendrait des actions quand elles sont bon marché, pour les vendre quand elles seraient surévaluées, puis se cacher sous un matelas d'obligations et de liquidités jusqu'à ce que les actions soient suffisamment bon marché pour être rachetées. Si l'on s'en tient à une étude, 1$ détenu en actions entre 1966 et fin 2001, aurait représenté 11,71$ en fin de période. Mais si vous aviez vendu la veille des cinq plus mauvaises séances de chaque année, pour racheter le lendemain, votre investissement initial de 1$ se serait élevé à 987,12$.[34]

Comme beaucoup d'idées brillantes répandues en bourse, celle-ci est fondée sur un tour de passe-passe. Comment connaître *a priori* les pires séances boursières de l'année ? Le 7 janvier 1973, le *New York Times* reproduisait l'interview d'un des meilleurs experts financiers, exhortant les gens à acheter des actions sans hésiter : « *On ne peut pas être plus optimiste qu'aujourd'hui.* » Cette personne s'appelait Alan Greenspan. Un futur président de la *Réserve Fédérale* qui ne s'est jamais autant trompé : 1973 et 1974 ont été les pires années, en matière de croissance économique et de performance boursière, depuis la Grande Dépression.[35]

Les professionnels peuvent-ils être plus perspicaces qu'Alan Greenspan ? « *Je ne vois aucune raison de croire que la baisse n'est pas derrière nous »,* déclarait le 3 décembre 2001, Kate Leary Lee, présidente de la société de prévision économique *R. M. Leary & Co.* « *C'est le moment d'être dans le marché* », ajouta-t-elle, prédisant que « *les actions sont bien orientées* » pour le premier trimestre 2002.[36] Dans les trois mois qui ont suivi, la bourse a monté d'un malheureux 0,28%, sous-performant les placements monétaires de 1,5%.

Leary n'est pas la seule à s'être trompée. Une étude menée par deux professeurs de finance de *Duke University* a montré que si vous aviez suivi les recommandations des meilleures lettres boursières, vous auriez engrangé un rendement annuel de 12,6%

---

[34] NDE : *La vérité sur le timing*, Barron's, 5 novembre 2001, p. 20. Le titre de cet article est le rappel d'un principe à destination de l'*investisseur intelligent*. Chaque fois que vous lisez le mot *vérité* dans un article financier, méfiez-vous. Rappelons que l'investisseur qui a acheté pour 1$ d'actions en 1966 et les a conservées jusqu'à la fin 2001 aurait fini avec 40$ et non 11,71$ comme indiqué par *Barron's*, car l'étude de *Barron's* ignore les dividendes réinvestis.

[35] NDE : *Economic Survey*, New York Times, 7 janvier 1973, pp. 2,19, 44.

[36] NDE : Communiqué de presse, « *C'est le moment d'être dans le marché* » R. M. Leary & Company, 3 décembre 2001.

de 1991 à 1995. Si vous les aviez ignorées, pour placer votre capital dans un fonds indiciel en actions, vous auriez gagné 16,4%.[37]

Comme le souligne le philosophe danois, Soren Kierkegaard, *c'est en prenant du recul que l'on comprend la vie, c'est en regardant devant qu'on la vit. A posteriori*, vous saurez toujours quand acheter ou vendre vos actions. En réalité, vous ne pourrez jamais savoir exactement quand entrer et sortir du marché. Prendre de la distance sur l'actualité financière, vous permet d'y voir plus clair. Tenter de prévoir, c'est comme être aveugle. Le *market timing* ne sert à rien.[38]

Ce qui monte...

Comme une fusée qui gagne de la vitesse en s'élevant dans la stratosphère, les *valeurs de croissance* semblent souvent défier les lois de la gravité. Regardons les trajectoires de trois actions, parmi les plus recherchées des années 1990 : *General Electric*, *Home Depot* et *Sun Microsystem*. (cf. Tableau 12.)

TABLEAU 12 : TOUJOURS PLUS HAUT

		1995	196	1997	1998	1999
General Electric	Chiffre d'affaires (M$)	43.013	46.119	48.952	51.546	55.645
	Bénéfice par action ($)	0,65	0,73	0,83	0,93	1,07
	Performance annuelle du cours (%)	44,5	40,0	50,6	40,7	53,2
	PER (à fin d'année)	18,4	22,8	29,9	36,4	47,9
Home Depot	Chiffre d'affaires (M$)	15.470	19.536	241.56	30.219	38.434
	Bénéfice par action ($)	0,34	0,43	0,52	0,71	1,00
	Performance annuelle du cours (%)	4,2	5,5	76,8	108,3	68,8
	PER (à fin d'année)	32,3	27,6	37,5	61,8	73,7
Sun Microsystem	Chiffre d'affaires (M$)	59.02	7.095	8.598	9.791	11.726
	Bénéfice par action ($)	0,11	0,17	0,24	0,29	0,36
	Performance annuelle du cours (%)	157,0	12,6	55,2	114,7	261,7
	PER (à fin d'année)	20,3	17,7	17,9	34,5	97,7

Source : Bloomberg, Value Line

Notes : Le chiffre d'affaires et les bénéfices sont calculés sur l'exercice fiscal, les rendements du dividende sur l'année calendaire et les PER sont calculés avec les cours au 31 décembre divisés par les bénéfices cumulés des quatre trimestres précédents.

De 1995 à 1999, ces entreprises ont vu croître d'année en année leur chiffre d'affaires et leur résultat net. Les bénéfices ont été multipliés par deux chez *Sun Microsystem* et ont plus que doublé chez *Home Depot*. D'après *Value line*, le chiffre d'affaires de *General Electric* a augmenté de 29% et ses résultats se sont appréciés de

[37] NDE : Vous auriez aussi économisé des milliers de dollars en frais de souscription (que nous n'avons pas déduit de nos calculs de rentabilité). Et les coûts de transaction, ainsi que les impôts sur les plus-values, sont en règle générale bien plus élevés pour ceux qui jouent que pour ceux qui conservent leurs titres. Pour l'étude de la *Duke University*, reportez-vous au papier de Graham J., Harvey C., *Grading the Performance of Market-Timing Newsletters*, Financial Analyst Journal, novembre/décembre 1997, pp. 54-66, également disponible sur www.duke.edu/-charvey-research.htm.

[38] NDE : Pour des alternatives judicieuses au *market timing*, comme le rééquilibrage du portefeuille et la stratégie consistant à moyenner, reportez-vous aux Chapitres 5 et 8.

65%. Chez *Home Depot* et chez *Sun Microsystem*, les résultats par action ont presque triplé.

Mais un autre phénomène – qui n'aurait pas surpris Ben Graham – s'est passé, les cours sont devenus chers. Et quand ils montent plus vite que leur valeur intrinsèque, les investisseurs finissent par trinquer. C'est ce que montre le Tableau 13 :

Une belle entreprise n'est jamais un bon investissement si vous la payez trop cher.

TABLEAU 13 : REGARDEZ DE PLUS PRÈS

	Cours (31/12/99)	Cours (31/12/02)	PER (31/12/99)	PER (Mars 2003)
General Electric	51,58$	24,35$	48,1	15,7
Homme Depot	68,75$	23,96$	97,4	14,3
Sun Microsystem	38,72$	38,72$	123,3	nd

Nd : non disponible – *Sun* a été en perte en 2002.
Source : www.morningstar.com ; yahoo.marketguide.com

Plus le cours d'une action s'apprécie, plus la hausse laisse croire que cela durera. Pourtant, cette idée est tout simplement contredite par la loi fondamentale de la physique financière : plus une valeur grossie, plus sa croissance est faible. Une société de 1 milliard de dollars peut doubler ses ventes assez facilement. En revanche, celle qui a un chiffre d'affaires de 50 milliards de dollars aura du mal à trouver 50 milliards de dollars de plus dans son marché.

Les *valeurs de croissance* sont intéressantes à un cours raisonnable, pas quand leur PER dépasse 25 ou 30 :

- La journaliste Carol Loomis a découvert que, de 1960 à 1999, seules 8 des 150 plus grandes sociétés de la liste *Fortune 500* sont parvenues à augmenter leurs bénéfices à un rythme annuel moyen de 15% sur les deux dernières décennies.[39]
- Sur une période de 50 ans, le cabinet d'analyse *Stanford C. Bernstein & Co* a montré que seulement 10% des plus grandes sociétés américaines ont réussi à augmenter leur résultat net de 20% sur au moins cinq années consécutives ; que seulement 3% ont réussi à le faire sur au moins dix années consécutives et que pas une seule n'y était parvenue sur 15 ans d'affilée.[40]
- Une étude universitaire portant sur un millier de valeurs américaines, entre 1951 et 1998, a montré que sur chaque décennie, les résultats nets ont augmenté en moyenne de 9,7%. Or, pour les plus grosses sociétés, les bénéfices n'ont augmenté que de 9,3%.[41]

Certains dirigeants d'entreprises ne comprennent pas ces chiffres (cf. encadré p. 161). L'*investisseur intelligent* s'intéresse aux grosses *valeurs de croissance*, non pas quand elles sont au sommet de leur popularité – mais quand elles vont mal. En juillet

[39] NDE : Loomis C., *The 15% Delusion*, Fortune, 5 février 2001, pp. 102-108.
[40] NDE : Zweig J., *A Matter of Expectations*, Money, janvier 2001, pp. 49-50.
[41] NDE : Chan L., Karceski J., Lakonishok J., *The level and Persistence of Growth Rates*, National Bureau of Economic Research, rapport n° 8282, mai 2001, disponible sur www.nber.org/papers/w8282.

2002, *Johnson & Johnson* a annoncé que l'organisme de régulation enquêtait sur des accusations de faux en comptabilité dans l'une de ses principales unités de production de médicaments. L'action décrocha de 16% en une seule journée. Cette chute fit tomber le PER de 24 à 20. À ce niveau, *Johnson & Johnson* devenait une *valeur de croissance* intéressante à l'achat – un exemple de ce que Graham appelle une « *grande capitalisation délaissée* ».[42] Cette impopularité passagère est l'opportunité d'acheter une belle entreprise à un bon prix.

Faut-il mettre tous ses œufs dans le même panier ?

« *Mettez tous vos œufs dans un même panier, mais surveillez-les de près* » lançait Andrew Carnegie il y a un siècle. « *Ne tirez pas dans toutes les directions... Les plus belles réussites sont dans la sélectivité* ». Comme le souligne Graham : « *Les grandes fortunes boursières sont celles de gens qui ont tout parié sur un seul actif financier qu'ils connaissaient très bien.* »

Les personnes les plus riches aux États-Unis ont presque toutes faites fortune en misant sur un seul secteur économique ou dans une seule entreprise (pensez à Bill Gates et *Microsoft*, Sam Walton et *Wal-Mart* ou les Rockefeller et la *Standard Oil*). La liste *Forbes 400* des américains les plus riches a toujours été dominée, depuis sa création en 1982, par des fortunes non diversifiées.

Pourtant aucune fortune plus modeste ne s'est faite ainsi – et rares sont les grosses fortunes qui n'ont pas été un jour diversifiées. Ce que Carnegie avait omis de mentionner, c'est que la non-diversification conduit aussi aux plus gros échecs. Reprenons la liste de *Forbes*. Si nous revenons à 1982, le patrimoine moyen des membres de la liste *Forbes 400* s'élevait à 230 millions de dollars. Pour rentrer dans la liste des *Forbes 400* en 2002, il fallait que le membre moyen de 1982 ait obtenu un rendement annuel de 4,5% sur la totalité de son patrimoine – dans une période où les produits monétaires rapportaient plus et où le marché boursier offrait en moyenne 13,2% par an.

Or, combien restait-il de membres de la liste 1982 des *Forbes 400*, vingt ans plus tard ? Seulement 64, soit à peine 16% du total. En gardant tous leurs œufs dans un même panier – dans des secteurs autrefois florissants comme l'énergie, l'informatique ou les industries de base – tous les autres membres de la liste de 1982 ont décroché du classement. Aucun n'était préparé à affronter les difficultés malgré leur assise financière. Ils ont été des spectateurs ballottés par les soubresauts économiques, qui ont écrasé leur unique panier rempli d'œufs.[43]

---

[42] NDE : Presque exactement 20 ans plus tôt, en octobre 1982, le cours de l'action *Johnson & Johnson* avait perdu 17,5% de sa valeur en une semaine quand plusieurs personnes furent découvertes mortes après avoir ingéré une gélule de *Tylenol* qui avait été remplie de cyanure par un individu jamais découvert. *Johnson & Johnson* répondit à cette crise en étant le premier à sortir des emballages inviolables. L'action finit par devenir l'un des titres vedette des années 1980.

[43] NDE : Pour cette remarque sur la difficulté de rester dans la liste des *Forbes 400*, permettez-moi de remercier le gestionnaire de fonds Kenneth Fisher (lui-même chroniqueur à *Forbes*).

Haut potentiel pour *valeurs de croissance*

Les investisseurs ne sont pas les seuls à tomber dans le piège de l'illusion d'une croissance infinie. En février 2000, le directeur général de *Nortel*, John Roth, répondit à la question de savoir à quel rythme pouvait espérer croître le grand opérateur de réseau de fibre optique : « *La croissance du secteur est de 14 à 15% par an et nous pensons que celle de Nortel sera d'environ 20%. Pour une société de notre taille, c'est beau.* » L'action *Nortel*, en hausse de 51% par an depuis six ans s'échangeait à un cours de 87 fois les bénéfices attendus par *Wall Street* pour l'année 2000. L'action est-elle surévaluée ? « *Un peu* » répondit Roth « *mais le cours a encore un potentiel de hausse avec notre développement dans le mobile* ». Et d'ajouter, « *Après tout, Cisco System s'échange à 121 fois ses résultats prévisionnels !* »[44]

Quant à *Cisco*, en novembre 2000, son directeur général, John Chambers, soulignait que l'objectif de croissance annuelle était de 50%. « *En toute logique* » déclarait-il, « *tout semble indiquer que nous sommes dans une phase de rupture* ». Le cours de l'action *Cisco* baissait – elle s'échangeait alors à un PER de 98 – et Chambers encourageait encore les investisseurs à acheter le titre. « *Sur quelle autre valeur allez-vous miser ?* » demanda-t-il. « *C'est une opportunité unique.* »[45]

Contrairement aux attentes, ces deux *valeurs de croissance* ont déçu et leur cours a plongé. Les ventes de *Nortel* chutèrent de quelques 37% en 2001 et l'entreprise enregistra une perte de plus de 26 milliards de dollars cette année-là. Les ventes de *Cisco* se sont accrues de 18% en 2001, mais la compagnie a terminé son exercice avec une perte nette de plus d'un milliard de dollars. L'action *Nortel*, à 113,50$ au moment des propos de Roth, termina l'année 2002 à 1,65$. L'action *Cisco*, qui valait 52$ quand Chambers voyait son entreprise « *en phase de rupture* » s'effondra ensuite à 13$.

Par la suite, les deux sociétés sont restées prudentes sur leurs perspectives de résultats.

La corbeille à papier des bonnes affaires

Vous pensez que dans notre monde ultra-connecté, rien n'est plus simple que de créer un portefeuille de *bonnes affaires*. Malheureusement, malgré l'utilité de l'Internet, vous devez toujours faire une grosse partie du travail.

Prenez la cote du *Wall Street Journal* et jetez un coup d'œil aux titres du *NYSE* et du *NASDAQ* qui sont à leur plus bas des 52 dernières semaines. C'est une façon rapide

[44] NDE : Gibbs L., *Optic Uptick*, Money, avril 2000, pp. 54-55.
[45] NDE : Southall B., *Cisco's Endgale Strategy*, Investment News, 30 novembre 2000, pp. 1, 23.

et facile de chercher des entreprises qui peuvent répondre au critère de sélection du fonds de roulement net de Graham.[46]

Pour savoir si une action se vend à un cours inférieur à la valeur de son fonds de roulement net (ce que les disciples de Graham appellent les *net nets* ou *double net*), téléchargez le rapport annuel ou trimestriel le plus récent sur le site Web de l'entreprise, qui vous intéresse ou sur la base de données EDGAR à www.sec.gov. Au montant de l'actif circulant (i.e. les actifs courants), déduisez le passif circulant ainsi que les dettes financières à long terme et les actions de préférence.

À la date du 31 octobre 2002, on trouve par exemple *Comverse Technology* avec un actif circulant de 2,4 milliards de dollars pour 1 milliard de dollars de passifs, soit 1,4 milliards de dollars de fonds de roulement net. Avec moins de 190 millions d'actions émises et un cours sous les 8$, la capitalisation boursière de *Comverse* s'élève à un peu moins de 1,4 milliards de dollars. À ce cours, l'action *Comverse* ne vaut pas plus que la valeur de ses liquidités et de ses stocks, ce qui signifie que la valeur de son actif immobilisé peut être acquis en bourse pour rien. Comme le dit Graham, vous pouvez quand même perdre de l'argent sur un titre comme *Comverse.* C'est la raison pour laquelle vous ne devez acheter ce genre de valeurs que quand vous pouvez en trouver au moins deux douzaines[47] et que vous êtes prêt à les conserver longtemps. C'est dans ces rares occasions, que M. le Marché offre autant de si bonnes affaires, que vous êtes quasiment assurés de gagner de l'argent.

S'intéresser aux valeurs étrangères

L'*investisseur intelligent* n'est pas obligé d'avoir des valeurs étrangères en portefeuille. En revanche, il doit diversifier. Pourquoi ? Lançons-nous dans un petit exercice mental. Nous sommes à la fin 1989 et vous êtes Japonais. Voici les faits :

- Dans la décennie écoulée, la bourse japonaise a gagné en moyenne 21,2% par an ; une performance supérieure aux 17,5% enregistrée aux États-Unis.
- Les entreprises japonaises rachètent tout ce qu'elles peuvent sur le sol des États-Unis : du golf de Pebble Beach au *Rockefeller Center* de Manhattan, quant au même moment des entreprises américaines comme *Drexel Burnham Lambert*, *Financial Corp. of America* et *Texaco* font faillite.
- Le secteur des hautes-technologies américains est moribond alors que son homologue japonais est en plein boom.

Si, en 1989, vous vivez au pays du soleil levant, votre seule conclusion est qu'il est stupide d'investir en dehors du Japon. Par conséquent, vous misez tout sur les actions japonaises.

Pour quel résultat ? Vous perdrez les deux tiers de votre capital dans la décennie suivante.

---

[46] NDE : En ligne, essayez l'adresse http://quote.morningstar.com/highlow.html?msection=HighLow.

[47] NDT : Sous-entendu *pour diversifier.*

Quelle leçon en tirer ? La conclusion n'est pas que vous n'auriez jamais dû investir sur un marché étranger comme le marché japonais, l'enseignement à tirer est que les Japonais n'auraient jamais dû concentrer tout leur patrimoine dans des actifs japonais. Cela vaut aussi pour vous. Si vous habitez aux États-Unis, travaillez aux États-Unis et si vous êtes payés en dollars, vous pariez tout sur l'économie américaine. Par prudence, vous devriez placer une partie de votre portefeuille ailleurs, car personne ne peut savoir ce que le futur nous réserve. Placer jusqu'à un tiers de son portefeuille dans des fonds communs de placement qui détiennent des actions étrangères, permet de s'assurer contre le risque domestique, car son propre pays n'est pas nécessairement le meilleur endroit pour investir.

CHAPITRE 8. L'INVESTISSEUR ET LES MOUVEMENTS DU MARCHÉ

Si l'investisseur place en obligations de première qualité, peu risquées, et de maturité relativement courte (moins de sept ans), il ne sera pas trop affecté par la variation des cours de son portefeuille et il n'aura pas trop à se soucier des mouvements du marché.[1] (C'est la même chose pour les obligations du Trésor qu'il pourra toujours revendre au pair, voire plus cher.) En revanche, la volatilité du cours des obligations à long terme et des actions ordinaires peut être élevée.

L'investisseur doit le savoir et s'y préparer à la fois financièrement et mentalement. Il profitera des variations de cours en voyant son portefeuille s'apprécier et en tentant d'acheter ou vendre au bon moment. Tirer profit d'un bon *timing* est inévitable et légitime. Cependant, c'est dangereux, car l'investisseur se retrouve dans la peau d'un spéculateur. Il est facile de déconseiller la spéculation. Plus dur est de ne pas y succomber. Rappelons que si vous voulez spéculer, faites-le en pleine conscience, en sachant qu'au bout du compte vous serez probablement perdant, limitez les risques et séparez vos placements spéculatifs des autres investissements.

Nous aborderons dans un premier temps la question du mouvement des cours des actions ordinaires, avant de passer aux obligations. Le Chapitre 3 était consacré à l'évolution historique de la bourse sur un siècle. Dans celui-ci, nous montrerons ce que les performances historiques laissent présager à l'investisseur qui ne touche pas à son portefeuille ou à celui qui achète au plus bas pour revendre au plus haut des marchés.

Les mouvements du marché comme outil d'aide à la décision

Comme le cours des actions, y compris celui des grosses capitalisations, est soumis à de fortes fluctuations, l'*investisseur intelligent* peut être tenté d'en profiter. Il y a deux façons de le faire : par le *timing*[2] ou par le *pricing*[3]. Par le *timing*, cela signifie acheter ou conserver en anticipation d'une hausse et vendre ou différer un achat en prévision d'une baisse. Par le *pricing*, cela signifie acheter quand le cours est inférieur à sa valeur intrinsèque et vendre quand il dépasse cette valeur. Une autre façon – moins ambitieuse – d'appliquer la méthode du *pricing* consiste à veiller à ne pas acheter trop

[1] NDT : Graham fait l'hypothèse que l'investisseur conservera ses titres jusqu'à maturité et qu'il les vendra donc au pair.
[2] NDT : Acheter et vendre au bon moment.
[3] NDT : Acheter et vendre au bon prix.

cher, ce qui est suffisant pour l'investisseur passif, qui investit à long terme, mais qui réclame, néanmoins, de suivre l'évolution des indices de marché.[4]

Nous sommes convaincus que l'*investisseur intelligent* peut tirer parti du *pricing*. En revanche, nous sommes convaincus que le *timing*, visant à anticiper le marché, le mettra dans la posture du spéculateur, avec les mauvais résultats qui l'accompagnent. La distinction entre *pricing* et *timing* n'est pas plus évidente aux yeux du néophyte que du professionnel de *Wall Street*. En effet, les courtiers et les gérants sont convaincus que les spéculateurs, aussi bien que les investisseurs, ne peuvent ignorer les prévisions de marché.

Cependant, plus on s'éloigne de *Wall Street*, plus fort est le scepticisme quant aux mérites de la prévision et du *timing*. L'investisseur ne peut pas prendre au sérieux les nombreuses prévisions sans s'interroger. Pourtant, il y prête attention et ces prévisions influencent ses décisions. Pourquoi ? Parce qu'il est déjà convaincu qu'il doit se forger une opinion sur l'évolution de la bourse et parce qu'il estime que l'opinion des professionnels est plus fiable que la sienne.[5]

Nous n'avons pas assez de place pour détailler les avantages et les inconvénients des analyses prévisionnelles. Beaucoup d'analystes se consacrent à cette tâche ; certains peuvent effectivement réussir grâce à l'analyse technique, mais il est faux de croire que le *grand public* le peut. Pour une raison bien simple : si tout le monde a la même opinion, personne ne sera là pour acheter le jour où les autres vendront. Lecteur, si vous escomptez vous enrichir en suivant telle méthode ou tel gourou, attendez-vous à reproduire ce que des milliers d'autres font et à être condamné à faire mieux que les autres pour réussir. Rien ne permet de croire que l'investisseur de base peut anticiper les mouvements de marché mieux que le grand public dont il fait partie.

Il y a un autre aspect dans la pratique du *timing* qui semble avoir échappé à tout le monde. Le *timing* est un facteur psychologique essentiel pour le spéculateur, car il doit prendre ses profits rapidement. Il ne peut pas se permettre d'attendre une année avant de voir le cours décoller. Cela n'a pas d'importance pour l'*investisseur intelligent*. Quel avantage peut-il tirer de rester à l'écart du marché jusqu'au moment de recevoir un signal (supposé fiable) indiquant de passer à l'achat ? En différant son achat, il y gagne uniquement s'il peut *acheter nettement moins cher* pour récupérer

---

[4] NDG : Les plans d'épargne par mensualités programmées, démarrés quand le marché est à un niveau raisonnable, sont la seule exception à ce principe.

[5] NDE : À la fin des années 1990, les prévisions des *stratégistes de marché* n'ont jamais eu autant d'influence. Elles ne sont pas devenues pour autant plus exactes. Le 10 mars 2000, le jour même où le *NASDAQ* a touché son plus haut historique à 5.048,62 points ; le responsable de l'analyse technique chez *Prudential Securities*, Ralph Acampora, dit au journal *USA Today* qu'il escomptait voir le *NASDAQ* toucher les 6.000 points sous 12 à 18 mois. Cinq semaines plus tard, l'indice *NASDAQ* avait déjà plongé à 3.321,29 – mais Thomas Galvin, un stratégiste de marché chez *Donaldson, Lufkin & Jenrette*, déclara : « *Nous avons un risque de baisse limité à 200-300 points sur le NASDAQ et un potentiel de gain de 2.000 points.* » En fait, le *NASDAQ* baissa de 2.000 points pour toucher le fond le 9 octobre 2002 à 1.114,11. En mars 2001, Abby Joseph Cohen, la stratégiste de *Goldman Sachs*, prédit que le *S&P 500* allait clore l'année à 1.650 et que le *Dow Jones Industrial Average* terminerait 2001 à 13.000. « *Nous n'attendons pas une récession,* » dit Cohen, « *et nous pensons que les profits des entreprises vont probablement repartir à la hausse à un rythme proche de leur taux de croissance tendanciel* ». Pourtant au moment même où elle proférait ces paroles, l'économie américaine s'enfonçait dans la récession et le *S&P 500* termina l'année 2001 à 1.148,08, tandis que le *Dow* clôtura l'année à 10.021,50 – respectivement à 30% et 23% au-dessous de ses prévisions.

au moins les dividendes non touchés. Cela signifie que le *timing* n'a aucun intérêt à moins de faire du *pricing* – autrement dit, si cela permet à l'investisseur de racheter ses titres à un cours largement inférieur à celui à qui il les aurait acquis plus tôt.

À ce sujet, la fameuse *théorie de Dow*[6] pour le *timing* des achats et des ventes est édifiante. En bref, cette technique tire ses signaux d'achat de cassures (graphiques) particulières des indices par le haut et ses signaux de vente de cassures similaires par le bas. Les résultats simulés (pas forcément les résultats réels) par utilisation de cette méthode ont démontré une série presque ininterrompue de gains entre 1897 et le début des années 1960. Sur la base de ces résultats, la *théorie de Dow* devrait avoir acquis ses lettres de noblesse. Or, le doute sur son efficacité tient probablement aux résultats de la simulation comparés aux résultats en situation réelle.

Une étude plus précise des performances de la *théorie de Dow* démontre qu'elle présente moins d'intérêt depuis 1938, soit peu de temps après l'adoption de la théorie par *Wall Street*. Son plus beau succès a été d'émettre un signal de vente, à 306 points sur le *Dow*, un mois avant le krach de 1929 et d'avoir tenu ses utilisateurs hors du long marché baissier jusqu'à ce que les choses reviennent à la normale en 1933 avec un *Dow* à 84 points. Mais à partir de 1938, la théorie entraîna ses disciples à sortir du marché à des cours faibles et rentrer à des cours élevés. Dans les trente années suivantes, les investisseurs auraient mieux fait de suivre une simple stratégie d'achat-conservation sur le *DJIA*.[7]

À notre avis, après analyse, la détérioration des performances de la *théorie de Dow* ne tient pas du hasard. Elle démontre une caractéristique inhérente aux techniques de prévision appliquées au monde des affaires et aux marchés financiers. En effet, ces méthodes gagnent en popularité quand elles donnent de bons résultats. Mais, dès qu'elles sont plus largement utilisées, leur intérêt diminue. À cela deux raisons : d'abord les conditions de marché, qui évoluent, ne sont pas prises en compte par la méthode. Ensuite, la popularité d'une méthode modifie le comportement du marché et réduit les opportunités de gains. (La popularité d'une théorie, comme celle de *Dow*, est auto-réalisatrice puisqu'elle pousse le marché à la hausse ou à la baisse, quand ses adeptes détectent un signal d'achat ou de vente. Cette fuite en avant est plus dangereuse qu'intéressante pour les acteurs de marché.)[8]

---

[6] NDT : Charles Dow, créateur de l'indice *Dow Jones Industrial Average* en 1884, est le promoteur de la *théorie de Dow*, à l'origine de l'analyse technique. Cette théorie est fondée sur l'analyse des tendances et des cycles, confirmés par des supports, des résistances et le volume d'échange de titres.

[7] NDG : D'après Robert M. Ross, une autorité reconnue de la *Théorie de Dow*, les deux derniers signaux d'achat lancés en décembre 1966 et en décembre 1970, se situaient bien au-dessous des signaux de vente précédents. NDE : Richard Russel, autorité respectée de la *Théorie de Dow*, a lancé un signal de vente le 15 octobre 1987 à la veille du krach.

[8] NDT : Des recherches académiques, réalisées dans les années 1970 et 1980, ont donné raison à Graham en concluant à l'efficience des marchés actions dans sa forme faible. Autrement dit, les données publiques et notamment les cours et volumes historiques ne permettent pas de prévoir l'évolution du marché. Notons cependant qu'en début de carrière et jusqu'à la fin des années 1940, Graham reconnaissait que les marchés n'étaient pas très efficients et qu'il était possible de battre le marché avec l'analyse financière d'une valeur. Kenneth Fisher dans son livre *100 Minds that made the market* (Les 100 personnalités qui ont fait la bourse) observe que la pensée de Graham a évolué au crépuscule de sa vie : « *L'ironie est que la reconnaissance par Graham de l'efficience des marchés est arrivée juste avant que les tests sur ordinateurs prouvent qu'ils y avaient de nombreuses anomalies dans cette théorie [de l'efficience].* »

La stratégie pour acheter bas et vendre haut

Nous sommes convaincus que l'investisseur moyen ne peut pas anticiper la tendance du marché. Peut-il néanmoins en profiter *a posteriori* en achetant après une forte baisse et en vendant après une avancée importante ? L'évolution du marché avant 1950 peut le laisser penser. D'ailleurs, c'est la définition de l'investisseur avisé : « *Celui qui sait acheter dans un marché baissier, quand tout le monde vend et qui sait vendre dans un marché haussier, quand tout le monde achète.* » En observant la Figure 4 : Évolution de l'indice *S&P 500* (1900 – 1970) (cf. p. 75) et le Tableau 4 : Synthèse des performances du marché (1871-1970) (cf. p. 76), nous comprenons tout de suite pourquoi cette opinion paraissait autrefois juste.

De 1897 à 1949, il y a eu une succession de dix cycles boursiers, chaque cycle allant d'un plus bas de marché à un autre plus bas. Six de ces cycles ont eu une durée inférieure à quatre ans, quatre entre six et sept ans et un seul, le fameux cycle de la *Nouvelle Ère*[9] dura onze ans, de 1921 à 1932. Les hausses entre le plus bas et le plus haut d'un cycle ont été de 44 à 500%, la plupart étant comprise entre 50% et 100%. Les baisses, qui ont suivi, ont été comprises entre 24% et 89%, la plupart étant comprise entre 40% et 50%. (Gardons en mémoire qu'en arithmétique, une baisse de 50% reprend tous les profits d'une hausse de 100%.)

Tous les marchés haussiers partagent les mêmes caractéristiques à leur apogée : (1) un plus haut historique, (2) des PER très élevés, (3) des rendements (dividendes) faibles par rapport aux rendements obligataires, (4) beaucoup de spéculation à crédit, et (5) de nombreuses introductions en bourse de mauvaise qualité.

En toute logique, l'*investisseur intelligent,* qui suit l'évolution des indices, peut identifier les tendances de marché pour acheter dans les marchés baissiers et vendre dans les marchés haussiers. Plusieurs méthodes ont été mises au point pour déterminer les niveaux d'achat et de vente en fonction de critères de valeur, de critères de volatilité des cours (en pourcentage) ou des deux.

Mais il nous faut rappeler que, même avant le très long marché haussier qui débuta en 1949, la volatilité des cours était si forte à l'intérieur même d'un cycle qu'identifier la tendance de long terme était compliqué, voire frustrant. Le cycle haussier des années 1920 est une exception, qui a bouleversé toutes les prévisions.[10] Et

---

[9] NDT : L'auteur fait allusion aux *années folles* de forte croissance économique avec l'arrivée de l'électricité et de l'automobile. De la même façon, la fin des années 1990 sera marquée par la frénésie de la *Nouvelle Économie* avec les mêmes conséquences. La *Nouvelle Ère* se termina par le krach de 1929, la *Nouvelle Économie* par l'explosion de la bulle Internet.

[10] NDE : En l'absence d'un investisseur baissier pour faire plonger les cours, celui qui attend l'opportunité pour *acheter bas* va être dépassé par les autres investisseurs, pour trop souvent se résoudre à prendre des risques et entrer dans le marché. C'est pourquoi le message de Graham sur l'importance de la maîtrise de ses émotions est si important. D'octobre 1990 à janvier 2000, le *Dow Jones Industrial Average* est monté sans interruption, ne perdant pas plus de 20% et ne subissant un repli de 10% qu'à trois reprises. La hausse (hors dividendes) a été de 395,7%. D'après *Crandall, Pierce & Co*, ce fut le deuxième marché haussier ininterrompu le plus long du siècle passé. Plus un marché haussier dure longtemps et plus les investisseurs perdent la mémoire et après 5 ans de hausse les opérateurs ne croient plus à l'existence d'un marché baissier. Tous ceux qui oublient sont condamnés à un rappel douloureux, car retrouver la mémoire est, en bourse, toujours déplaisant.

même en 1949, il n'était donc pas du tout évident de fonder sa stratégie d'investissement sur l'analyse des cycles boursiers.

Après 1949, cette stratégie d'anticipation des cycles boursiers n'aurait rien donné. Au cours des 20 dernières années[11], l'évolution du marché n'a ni suivi les schémas antérieurs, ni répondu aux signaux de danger, ni permis d'exploiter ces signaux pour acheter bas et vendre haut. Il est impossible de savoir si les cycles boursiers vont se reproduire à fréquence régulière. En revanche, il nous apparaît irréaliste de bâtir aujourd'hui (1972) notre stratégie d'investissement en fonction du passé, à savoir attendre un marché baissier avant de passer à l'achat. Nos conseils permettent, cependant, de modifier la *répartition* entre actions et obligations dans notre portefeuille en fonction du cours des actions par rapport à leur valeur intrinsèque.[12]

Les plans programmés d'épargne

En 1949-50, au démarrage du marché haussier actuel, les méthodes tentant de profiter des mouvements de la bourse suscitaient un grand intérêt à *Wall Street*. Elles étaient connues sous le terme générique de *plans programmés d'épargne*. L'essence de tels plans (à l'exception du plan à mensualités programmées[13]) était d'engager l'investisseur à vendre automatiquement certains titres, après une forte hausse. Une avancée substantielle du marché pouvait donc commander la vente de la totalité des titres en portefeuille. Certains suggéraient, néanmoins, de garder un minimum d'actions en portefeuille quelles que soient les conditions de marché.

Ces stratégies avaient l'avantage d'être rationnelles (et prudentes) et d'offrir (*a posteriori*) des performances édifiantes. Malheureusement, elles sont devenues populaires au plus mauvais moment, car beaucoup d'investisseurs se sont retrouvés hors du marché au milieu des années 1950. Naturellement, ils sont sortis avec de beaux gains, mais le marché en a profité pour monter encore, malheureusement, cette stratégie les empêchait de racheter des actions.[14]

Il y a des points communs entre ces plans programmés d'épargne et la *théorie de Dow*. Dans les deux cas, ces méthodes se sont développées quand elles n'ont plus fonctionné. Cela a aussi été le cas pour notre *méthode de la valeur pivot* permettant de déterminer les points d'entrée et de sortie du *Dow Jones Industrial Average*. La morale à tirer de ces expériences est que toute méthode, facilement applicable par de nombreux investisseurs, sera par définition condamnée à mourir.[15] Pour conclure,

---

[11] NDT : En référence à la période allant de 1950 à 1970.

[12] NDE : Graham évoque cette stratégie au Chapitre 4. Elle est, aujourd'hui dénommée *allocation tactique d'actifs*. Elle est largement suivie par les investisseurs institutionnels, tels les fonds de pension et les fonds de dotation universitaires.

[13] NDT : À savoir la technique consistant à moyenner (*dollar-cost averaging*).

[14] NDG : Beaucoup d'investisseurs ont liquidé leurs positions à la fin de l'année 1954, après une hausse annuelle de 52,6%, la deuxième plus forte depuis l'origine de la bourse. Au cours des cinq années suivantes, les cours de bourse ont encore doublé. Or, ces mêmes investisseurs sont restés sur la touche pendant toute la hausse.

[15] NDE : Toutes ces méthodes simples pour gagner de l'argent en bourse meurent pour deux raisons : le comportement naturel des tendances qui se retournent avec le temps ou qui *régressent vers la moyenne* et l'adoption rapide des méthodes boursières par un grand nombre d'investisseurs, qui en arrivant viennent

nous emprunterons la formule de Spinoza, qui se vérifie aussi bien à *Wall Street* qu'en philosophie « *tout ce qui est excellent est aussi difficile que rare* ».

L'évolution du portefeuille de marché

L'investisseur qui détient des actions doit s'attendre à voir leurs cours fluctuer. Le comportement du *DJIA,* depuis notre précédente édition de 1964, reflète l'évolution du portefeuille en actions de l'investisseur prudent, qui sélectionne uniquement les grandes entreprises, réputées et financées prudemment. L'indice *DJIA* est passé d'un niveau moyen de 890 points à un plus haut de 995 points en 1966 (puis à 985 de nouveau en 1968) pour tomber à 631 en 1970 et revenir à 940 en début 1971. Les variations du *DJIA* sont moins sévères que celles de ces membres, car les titres pris individuellement enregistrent leurs plus hauts et plus bas à des moments différents. L'évolution des cours d'un portefeuille composé d'actions diversifiées de grosses capitalisations est semblable à celle du *Dow Jones*. En général, les valeurs secondaires[16] sont sujettes à une volatilité plus forte que les grandes capitalisations. Ce qui ne signifie pas pour autant que leur performance sera plus mauvaise à long terme. Quoi qu'il advienne, l'investisseur doit savoir que sur cinq ans, ses titres vont probablement s'apprécier de 50% par rapport à un plus bas et baisser d'un tiers ou plus par rapport à un plus haut.[17]

Aucun investisseur sérieux ne peut croire que les variations quotidiennes ou mensuelles des cours font de lui un homme plus riche ou plus pauvre. Mais qu'en est-il sur la durée des mouvements de forte amplitude ? C'est ici que se posent des questions d'ordre pratique et psychologique. Une hausse substantielle des cours est à la fois une cause de satisfaction légitime et une raison de s'inquiéter. C'est aussi une invitation à prendre des risques. Vos actions ont gagné, parfait ! Vous êtes aujourd'hui plus riche, parfait ! Mais les cours n'ont-ils pas trop augmenté et n'est-il pas temps de vendre ? Peut-être auriez-vous dû acheter plus de titres quand les cours étaient plus bas ? Ou pire peut-être, ne devriez-vous pas vous laisser porter par l'euphorie ambiante, la confiance aveugle et la cupidité des investisseurs (dont vous faites partie) et continuer à acheter ? Présentée comme cela, la réponse à cette dernière question est évidemment *non*. Pourtant, même l'*investisseur intelligent* a beaucoup de mal à ne pas succomber à son instinct grégaire de suivre la foule.

---

gâcher le plaisir des premiers. Vous remarquerez que Graham est, à son habitude, honnête pour reconnaître ses propres échecs. Cf. Zweig J. *Murphy Was an Investor,* Money, juillet 2002, pp. 61-62, et Zweig J., *New Year's Play,* Money, décembre 2000, pp. 89-90.

[16] NDE : Les *valeurs secondaires* de Graham sont aujourd'hui les milliers d'actions qui ne font pas partie du *S&P 500*. La liste des membres du *S&P 500* est disponible sur www.standardandpoors.com.

[17] NDE : Lisez avec attention ce qu'écrit Graham. Il n'est pas simplement possible mais *probable* que les valeurs que vous détenez gagnent au moins 50% par rapport à leur cours plancher et perdent au moins 33% depuis leur sommet, indépendamment du type d'actions détenues et de ce que fait le marché. Si vous ne pouvez pas vous résoudre à supporter ces variations – ou si vous pensez que votre portefeuille est immunisé – il ne faut pas investir en bourse. Graham évoque une *baisse d'un tiers*, car une hausse de 50% porte une action de 10$ à 15$. Et une baisse de 33%, ramène un cours de 15$ à 10$, son cours d'origine.

C'est pour ces raisons, tenant à la nature humaine, plus qu'au simple calcul, que nous encourageons l'investisseur à adopter une technique pour modifier la composition de son portefeuille. L'avantage de suivre une méthode est d'avoir l'impression *de gérer son portefeuille.* C'est ainsi que dans un marché haussier, il s'allégera en actions (en se renforçant en obligations) et fera l'inverse dans un marché baissier. Ces ajustements serviront d'exutoire à son trop plein d'énergie. S'il développe les bons réflexes, il sera réconforté de constater qu'il va à contre-courant de la foule.

La valeur intrinsèque et le cours de bourse

Les conséquences de l'évolution des cours d'une action peuvent aussi être appréhendées du point de vue de l'actionnaire majoritaire. En effet, l'actionnaire a un double statut et le privilège de profiter des deux. D'un côté, il est dans la situation d'un actionnaire ou d'un associé minoritaire. Dans ce cas, la performance de son investissement dépend des résultats de l'entreprise et de la revalorisation de ses actifs. En général, il valorisera ses titres en prenant la situation nette comptable de l'entreprise au *prorata* de sa participation. D'un autre côté, l'actionnaire est le détenteur d'un titre négociable, qui peut être vendu rapidement, à un cours qui change de minute en minute (pendant la séance de bourse) et qui est souvent très différent de la valeur comptable.

Ces vingt dernières années, le développement des marchés financiers a rendu l'investisseur plus dépendant de la fluctuation des cours que par le passé et, de ce fait, il a perdu le sens de la propriété de l'entreprise.[18] La raison de cette évolution tient à ce que les entreprises de qualité, qui attirent ses placements, se vendent quasiment toujours à un cours largement supérieur à la valeur de leur situation nette (la valeur des capitaux propres)[19]. En payant une prime sur la valeur comptable de l'entreprise, l'investisseur devient otage des aléas de la bourse, dans l'attente que le marché valide ses engagements.[20]

Aujourd'hui, c'est une observation qui ne reçoit pas toute l'attention qu'elle mérite. Le processus de formation des cours est le fruit d'une contradiction interne. Meilleures sont les performances et les perspectives d'une entreprise et moins le cours de l'action est corrélé à sa valeur comptable. Plus la prime sur la valeur comptable est élevée, plus difficile est le calcul de sa valeur intrinsèque,[21] autrement dit, plus cette

---

[18] NDT : C'est ce que l'on appelle l'*affectio societatis*, c'est-à-dire « *l'élément intentionnel indispensable à la formation du lien qui unit les personnes qui ont décidé de participer au capital d'une société civile ou commerciale* » Corrieras, M., 1995, *L'Affectio societatis dans le traité des lois et des lois civiles dans leur ordre naturel de Domat*, Serge Braudo, Paris.

[19] NDE : Valeur des actifs nets des amortissements (en coûts historiques) moins dettes d'exploitation et dettes financières.

[20] NDE : *Valeur nette des actifs* ou *valeur comptable des capitaux propres* sont synonymes de patrimoine net de l'entreprise (sa situation nette), à savoir la valeur totale des actifs de l'entreprise moins tous ses passifs (dettes d'exploitation et dettes financières). Ce montant peut être calculé à partir du bilan comptable de l'entreprise, divisé par le nombre d'actions ordinaires entièrement diluées pour arriver à la valeur comptable par action.

[21] NDE : Valeur déterminée en appliquant une théorie ou un modèle d'estimation. La valeur ainsi calculée est ensuite comparée au cours de bourse.

valeur est tributaire des changements d'humeur du marché et des critères de valeur qu'il retiendra. Nous en arrivons à un paradoxe : *meilleures sont les performances de l'entreprise et plus les variations du cours sont grandes.* Dans la pratique, cela revient à dire que moins l'action est risquée et plus elle a un caractère spéculatif par rapport à des entreprises du même type ayant des performances moyennes.[22] (Ces commentaires s'appliquent notamment aux principales *valeurs de croissance.* Nous excluons de ce survol les valeurs spéculatives du fait du caractère spéculatif de leur secteur d'activité.)

L'argument, que nous venons de développer, expliquerait le comportement erratique des cours de nos plus belles entreprises. Le meilleur exemple est *IBM.* Entre 1962 et 1963, le cours de l'action est passé de 607$ à 300$ en sept mois et après deux divisions du titre. Le cours a encore chuté de 387$ à 219$ en 1970. De même, *Xerox* – un titre encore plus performant en termes de bénéfices – a vu son cours plonger de 171$ à 87$ en 1962-63 et de 116$ à 65$ en 1970. Ces fortes baisses ne sont pas nées d'un doute sur les perspectives de croissance à long terme, mais d'un manque de confiance dans la valeur de la prime sur la valeur comptable.

Ceci nous amène à une conclusion fondamentale pour l'investisseur passif. Il doit sélectionner des actions dont le cours ne dépasse pas d'environ un tiers la valeur nette des actifs tangibles.[23] Acheter à ce cours ou moins garantit la relation entre valeur de marché et valeur comptable de l'entreprise. Cette prime de marché sur la valeur comptable peut être assimilée à un droit rémunérant les avantages liés à la cotation et à la liquidité du titre.

Attention, un titre n'est pas nécessairement un bon investissement si son cours est proche de la valeur nette des actifs tangibles. Il faut aussi que le PER soit correct, que l'assise financière de l'entreprise soit bonne et que les perspectives bénéficiaires soient stables. Cela peut paraître beaucoup pour un titre qui n'est pas surévalué, mais ce n'est pas si difficile à trouver quand les marchés sont déprimés. Si l'investisseur est prêt à renoncer aux valeurs dont les perspectives de croissance dépassent la moyenne, il trouvera sans mal de nombreux titres remplissant ces conditions.

Dans les chapitres consacrés à la sélection d'actions ordinaires (Chapitres 14 et 15), nous montrerons que plus de la moitié des valeurs du *DJIA* sont dans ce cas fin 1970. *ATT*[24]– la plus grosse capitalisation – s'échange au-dessous de la valeur nette de ses actifs tangibles, au moment où nous écrivons ces lignes. Les sociétés de production et de distribution d'électricité et de gaz sont aujourd'hui (début 1972) à des cours proches de la valeur nette de leur actif, en plus de leurs autres avantages.

---

[22] NDE : L'usage par Graham du terme *paradoxe* est probablement une allusion à l'article de David Durand, *Growth Stocks and the Petersburg Paradox,* The Journal of Finance, vol. XII, n° 3, septembre 1957, pp. 348-363, qui compare l'investissement dans des valeurs de croissance à une succession de tirages à pile ou face où le gain s'accroît à chaque tirage réussi. Durand montre que si le cours d'une *valeur de croissance* peut croître indéfiniment à un taux élevé, l'investisseur devrait théoriquement payer un prix infini pour l'acheter. Pourquoi donc aucune action ne se vend à un prix infini ? Tout simplement parce que plus le taux de croissance est élevé et plus la durée est longue, plus la marge d'erreur augmente et plus le coût de la moindre erreur de calcul est élevé. Graham discute de cette question en Annexe (p. 440).

[23] NDE : Les actifs tangibles font référence à l'actif total diminué des actifs incorporels. La valeur nette est obtenue par différence entre les actifs tangibles et les passifs tangibles.

[24] NDT : *American Telephone & Telegraph.*

L'investisseur dont le portefeuille est investi dans ces valeurs sera plus serein face aux aléas de la bourse, que celui qui a dû payer de gros multiples sur les bénéfices et les actifs tangibles. Il n'a pas à s'inquiéter des caprices du marché tant que les perspectives de bénéfice des sociétés qu'il a en portefeuille sont satisfaisantes. Mieux encore, il peut profiter des fluctuations de cours pour acheter et vendre à bon compte.

L'exemple du titre *A&P*

Nous vous proposons un exemple qui, bien qu'ancien, présente à notre avis un intérêt, car il illustre plusieurs facettes de l'investissement. Il s'agit de *Great Atlantic & Pacific Tea Co* ou *A&P.* Voilà son histoire :

L'action *A&P,* qui fut introduite sur le *Curb,* aujourd'hui l'*American Stock Exchange,* atteignait un plus haut de 494$ en 1929. En 1932, le cours est tombé à 104$ alors que les bénéfices étaient restés les mêmes, malgré la récession économique. En 1936, le titre s'échangeait entre 111$ et 131$, avant de tomber à un nouveau plus bas de 36$, pendant la récession suivante[25].

Ce cours paraissait très faible, car il valorisait les actions ordinaires et de préférence à 126 millions de dollars, alors que l'entreprise disposait de 85 millions de dollars de liquidité et d'un fonds de roulement de 134 millions de dollars. *A&P* était, à l'époque, la plus importante chaîne de distribution alimentaire américaine, voire mondiale, avec un long historique continu de jolis bénéfices. Et pourtant, en 1938, cette entreprise florissante valait aux yeux de *Wall Street* moins cher que son fonds de roulement. Autrement dit, la capitalisation boursière de l'entreprise était inférieure à sa valeur liquidative. Pourquoi ? D'abord, parce que les chaînes de distribution alimentaire étaient menacées d'être plus lourdement imposées, ensuite parce que leur résultat net s'était effondré l'année précédente et enfin parce que les bourses étaient en pleine déconfiture. La première raison était exagérée et finalement sans fondement, les deux autres n'étaient que temporaires.

Imaginons que l'investisseur ait acheté l'action ordinaire *A&P* en 1937 à 80$, soit 12 fois son bénéfice moyen sur cinq ans. La forte baisse à 36$, l'année suivante, n'était pas négligeable, mais elle permettait de réexaminer la situation pour s'assurer qu'aucune erreur ne s'était glissée dans les évaluations faites. Il suffisait de mettre cette correction sur le compte d'un affolement des marchés et d'en tirer profit pour renforcer la position à des cours sacrifiés.

La suite et les conclusions

L'année suivante (1939), le cours du titre *A&P* bondit à 117,5$; trois fois son plus bas de 1938 et bien au-dessus du prix moyen de 1937. Ce retournement est loin d'être exceptionnel, mais il est très marqué dans le cas de *A&P.* Après 1949, le titre s'apprécia au même rythme que le marché pour atteindre 70,5$ en 1961 (ou 705$, compte tenu d'une division de l'action par dix).

À ce cours, *A&P* était évalué en 1961 à un PER de 30, ce qui laissait espérer une forte croissance des bénéfices compte tenu d'un PER de 23 pour le *DJIA.* Un tel

[25] NDT : En 1938.

optimisme n'était pourtant pas corroboré par les derniers résultats de l'entreprise et donc, au lieu de croître à un rythme élevé, les bénéfices se sont effondrés. Un an après avoir atteint 70,5$, le cours était tombé à 34$. En revanche, cette fois-ci, l'action n'était plus une bonne affaire comme à ses plus bas de 1938. Après d'autres fluctuations erratiques, le titre toucha un plancher à 21,5$ en 1970, puis à 18$ en 1972 – cette année-là *A&P* enregistra une perte trimestrielle pour la première fois de son histoire.

Cette histoire illustre non seulement les mouvements de cours d'un titre en l'espace d'une génération, mais aussi les erreurs et les excès d'optimisme et de pessimisme des investisseurs. En 1938, personne ne voulait du titre alors qu'en 1961, tout le monde se l'arrachait à un cours excessif. Le titre perdit la moitié de sa valeur, puis déclina encore quelques années plus tard. Dans le même temps, les très bonnes performances de l'entreprise se dégradèrent. Les bénéfices de l'exercice 1968 – une année de dynamisme économique – étaient inférieurs à ceux de 1958, elle distribuait la totalité de ses bénéfices et pourtant un maigre dividende. *A&P* était une société bien plus grosse en 1961 et 1972 qu'en 1938, mais elle était moins bien gérée, moins profitable et donc moins intéressante.[26]

Il y a deux morales à cette histoire. La première est que le marché peut se tromper et dans ce cas l'investisseur vigilant et courageux peut en tirer profit. La seconde est que les caractéristiques et la qualité des entreprises changent au fil des années, parfois pour le meilleur et plus souvent pour le pire. Si l'investisseur n'a pas à scruter les cours, comme un rapace sa proie, il doit quand même s'y intéresser de temps en temps.

Revenons à notre comparaison entre l'actionnaire d'une société cotée et l'associé d'une société non cotée. Nous avons déjà dit que le premier peut se considérer, soit comme un associé détenteur de parts de propriété, soit comme un détenteur de titres négociables qu'il peut vendre, à sa guise, au cours du marché.

Mais notez ceci : le véritable investisseur n'est que *très rarement poussé à vendre* ses actions et il peut donc rester indifférent à l'évolution du cours. Il n'a à tenir compte du cours que s'il est élevé, justifiant de vendre, un point c'est tout ! Par conséquent, l'investisseur, qui panique ou qui est angoissé à chaque baisse injustifiée du marché, transforme un avantage, en un véritable handicap. Cet individu se porterait bien mieux si ses titres n'étaient pas côtés, car il ne serait plus stressé par les erreurs de *jugement des autres.*[27]

De telles situations étaient courantes durant les années noires de récession, entre 1931 et 1933. Il y avait là un avantage psychologique à être actionnaire d'une société non cotée. En effet, par exemple, les détenteurs d'obligations hypothécaires de premier rang sur des biens immobiliers pouvaient se convaincre qu'ils n'avaient rien perdu, tant que leurs annuités leur étaient payées, car rien ne prétendait le contraire. À

---

[26] NDE : L'histoire récente de *A&P* n'est pas très différente. Fin 1999, le cours de l'action s'élevait à 27,875$, fin 2000 à 7$, fin 2001 à 23,78$ et fin 2002 à 8,06$. Même si quelques irrégularités comptables ont été découvertes, aucune raison ne peut expliquer que le cours d'une entreprise dans un secteur d'activité relativement stable, baisse des trois-quarts une année, puis triple l'année suivante, avant de chuter à nouveau des deux-tiers.

[27] NDG : Ceci est peut-être le paragraphe le plus important de tout le livre. En une centaine de mots, Graham résume l'expérience d'une vie. Vous ne lirez jamais trop souvent ces mots. Ils sont comme la *Kryptonite* d'un marché baissier. Si vous les gardez à portée de main, si vous les laissez guider vos décisions tout au long de votre vie d'investisseur, vous survivrez aux affres des marchés.

l'inverse, beaucoup d'obligations industrielles cotées, peu risquées, ont vu leurs cours encaisser de lourdes pertes, laissant croire aux investisseurs qu'ils s'étaient appauvris. Pourtant, la situation des détenteurs de titres cotés est bien meilleure, malgré les cours, car ils peuvent les vendre au profit de titres encore moins chers. Sinon, ils peuvent aussi ignorer les mouvements du marché. Mais, c'est se voiler la face que croire que, la valeur des titres ne baisse pas, car ils ne sont pas cotés.

Revenons à notre actionnaire de *A&P* en 1938. Nous affirmons que tant qu'il conserve ses titres, il ne perd pas tant que la valeur intrinsèque ne baisse pas, car il est en droit de croire que le cours s'appréciera pour revenir au niveau de 1937 ou plus haut. C'est ce qui arriva en 1939. Sous cet angle, la situation de l'actionnaire d'un titre coté est au moins aussi favorable que celle de l'actionnaire d'une société non cotée. D'ailleurs ce dernier devrait implicitement dévaluer son portefeuille pour prendre en compte la récession économique de 1938.

Les critiques de cette méthode d'évaluation affirment que les titres cotés sur un marché ne peuvent pas être considérés et estimés de la même façon que des titres non cotés, car être coté sur un marché « *ajoute une caractéristique importante au titre : la liquidité* ». La notion de liquidité signifie d'abord que le titre est coté chaque jour – *quelle que soit la valeur de cette estimation* – et ensuite que l'investisseur peut acheter ou vendre au cours de marché – *s'il le souhaite*. Par conséquent, la cotation sur un marché organisé offre *plusieurs options* que n'ont pas les titres non cotés. Cependant, le marché n'impose pas une méthode d'évaluation à l'investisseur, qui est libre d'évaluer ses titres par d'autres approches.

Clôturons ce sujet avec une histoire qui tient de la parabole. Imaginons que vous soyez associé dans une entreprise non cotée à hauteur de 1.000$. L'un de vos associés, qu'on appellera M. le Marché, est une personne assurément très obligeante. Chaque jour, elle vous donne la valeur de votre participation et vous propose d'acheter vos titres ou de vous vendre les siens sur cette base. Parfois, son avis vous paraît justifié par les perspectives de l'entreprise. Parfois M. le Marché se laisse influencer par ses émotions et le prix qu'il vous propose est soit trop bas, soit ridiculement élevé.

Si vous êtes un investisseur prudent ou un homme d'affaires raisonnable, allez-vous vous laisser influencer par l'opinion de M. le Marché ? Évidemment non, sauf si vous êtes d'accord ou si vous voulez faire affaire avec lui. Sinon, vous serez ravi de lui vendre votre participation à un prix très élevé ou d'acheter la sienne à vil prix. Vous passerez le reste de votre temps à estimer la valeur de votre participation à partir des états financiers de l'entreprise et à partir de sa situation commerciale et financière.

Le véritable actionnaire est exactement dans ce cas. Il peut profiter des variations du cours du titre ou ne pas s'en préoccuper du tout en fonction de son évaluation et de son tempérament. Il doit suivre les fortes fluctuations des cours, car il a ici matière à exercer son jugement. Ces variations seront parfois des mises en garde pour fuir. En d'autres termes, il lui faudra vendre ses actions, *car* les cours ont baissé et le pire est à venir. Cependant, ces signaux sont, à notre avis, aussi nuisibles qu'utiles. Le véritable investisseur ne peut interpréter les mouvements du marché que d'une seule façon : acheter en restant prudent après une forte chute et vendre avec discernement après une forte hausse. Le reste du temps, il vaut mieux qu'il ne se préoccupe pas des cours, pour s'intéresser uniquement au rendement du dividende et aux performances opérationnelles de l'entreprise.

En résumé

La principale différence entre l'investisseur et le spéculateur réside dans leur comportement face aux mouvements de marché. Si l'objectif du spéculateur est d'anticiper et de profiter des fluctuations du marché, celui de l'investisseur sera d'acheter à un prix raisonnable et de détenir de bonnes valeurs. Dans la pratique, les mouvements de marché n'intéressent l'investisseur que dans la mesure où ils offrent des niveaux de cours très bas où il est sage d'acheter et des niveaux élevés où il faut se garder d'acheter et où il est préférable de vendre.

Cependant, l'investisseur n'a pas nécessairement intérêt à différer ses achats jusqu'à ce que les cours atteignent des niveaux planchers, car cette attente peut être longue, faire perdre des dividendes et laisser passer des opportunités d'investissement. De manière générale, il est préférable que l'investisseur passe ses achats chaque fois qu'il a les capitaux pour placer en bourse, sauf quand le marché est à des niveaux de prix décorrélés des critères de valeur. S'il veut rester actif, il peut toujours être à la recherche de bonnes affaires, toujours présentes sur le marché.

En dehors des prévisions de tendance, *Wall Street* déploie beaucoup d'efforts à sélectionner des valeurs ou des secteurs qui feront, à court terme, mieux que le marché. Si cela paraît astucieux, nous estimons que ce n'est pas adapté aux besoins et au tempérament de l'investisseur individuel qui va se trouver en concurrence avec des traders professionnels et des analystes financiers de premier ordre. D'ailleurs, comme dans toutes les activités financières qui s'intéressent plus à la valeur de marché qu'à la valeur intrinsèque, les efforts déployés finissent toujours par se neutraliser à long terme.

L'investisseur, détenant un portefeuille de titres de qualité, doit s'attendre à voir leurs prix fluctuer et il ne devrait ni s'inquiéter de baisses importantes, ni s'enflammer avec de fortes hausses. Il doit toujours se rappeler que les cours sont là pour qu'il en profite ou qu'il les ignore. Il ne doit jamais acheter un titre *seulement parce que* le cours a flambé ou le vendre *seulement parce que* le cours a baissé. Il faut retenir que : « *Il ne faut ni acheter un titre après une forte hausse, ni le vendre après une forte baisse.* »

Une autre question

Quelle relation existe-t-il entre le cours d'une action et la qualité des dirigeants de l'entreprise ? L'actionnaire mesure la performance d'un investissement en fonction des dividendes et de l'évolution des cours. Les mêmes critères devraient logiquement être utilisés pour juger de la performance des dirigeants de l'entreprise et de leur comportement à l'égard des actionnaires.

Cette affirmation semble être une évidence, il est néanmoins utile de le rappeler. En effet, il n'existe à ce jour aucun moyen, aucune méthode fiable pour juger de la valeur des dirigeants, qui ne cessent d'affirmer qu'ils n'ont *aucune* responsabilité sur les cours de bourse. Il est vrai qu'ils ne sont pas véritablement responsables des *mouvements* de cours lorsqu'ils ne reflètent pas la valeur intrinsèque. Cela étant, le manque de vigilance et d'intelligence des actionnaires est à l'origine d'un sentiment d'immunité des dirigeants et de cours durablement sous-évalués. Un cours de bourse élevé est à mettre au crédit de bons dirigeants ; un cours médiocre est imputable à de mauvais dirigeants.[28]

L'évolution du cours des obligations

L'investisseur doit savoir que le cours d'une obligation de longue maturité peut fortement varier en fonction de l'évolution des taux d'intérêt, même si le remboursement du principal et le paiement des intérêts sont garantis.[29] Le Tableau 14 illustre l'évolution des rendements d'obligations industrielles peu risquées (indice *S&P AAA*) et des titres en franchise d'impôt (indice *S&P Municipals*) sur soixante-dix ans (de 1902 à 1971). À titre de comparaison, nous avons ajouté à ce tableau l'évolution du cours de deux obligations représentatives émises par deux compagnies de chemin de fer. Il s'agit des obligations de *Atchison, Topeka & Santa Fe* (*AT & S*) à 4% dues en 1995 et de *Northern Pacific Railway* (*Nor. Pac.*) à 3%, échéance 2047 (soit une maturité de 150 ans à l'émission !). Ce sont deux titres notés Baa, sans clause optionnelle de remboursement anticipé.

TABLEAU 14 : VARIATIONS DES RENDEMENTS ET DES COURS DE DEUX OBLIGATIONS (1902-1970)

	Rendements obligataires			Cours	
	Indice *S&P AAA*	Indice *S&P Municipals*		*AT & SF* 4% 1995	*Nor. Pac.* 3% 2047
1902 (B)	4,31%	3,11%	1905 (H)	105,5	79
1920 (H)	6,40%	5,28%	1920 (B)	69	49,5
1928 (B)	4,53%	3,90%	1930 (H)	105	73
1932 (H)	5,52%	5,27%	1932 (B)	75	46,25
1946 (B)	2,44%	1,45%	1936 (H)	117,25	85,25
1970 (H)	8,44%	7,06%	1939-40 (B)	99,5	31,5
1971 (C)	7,14%	5,35%	1946 (H)	141	94,75
			1970 (B)	51	32,25
			1971 (C)	64	37,25

(H) : plus haut – (B) : plus bas

En raison de la relation inverse entre les cours et les taux, nous observons que les cours élevés correspondent à des périodes de taux bas et vice-versa. La chute du cours de *Northern Pacific* 3% en 1940 est à mettre sur le compte de doutes apparus sur la qualité du titre. Il est peu ordinaire de voir une valeur reprendre toutes ses pertes les années suivantes, puis reperdre les deux-tiers de sa valeur à cause de la hausse des taux d'intérêt. D'autres obligations de bien meilleure qualité ont connu des parcours tout aussi surprenants au cours de ces quarante dernières années.

---

[28] NDE : Graham développe la notion de Gouvernance d'entreprise plus loin. Cf. *Commentaires sur le Chapitre 19* (p. 390).

[29] NDT : Cela paraît aujourd'hui une évidence, c'était encore intuitif dans les années 1960, même si la notion de valeur et le principe d'actualisation ont été définis dans les années 1930, dans un article de recherche dont le rapporteur n'était autre que Graham lui-même (Williams J. B., *The Theory of Investment Value*, Harvard University Press, Cambridge, Mass., 1938).

Vous remarquerez que les prix ne varient pas dans la même proportion (inverse) que les rendements, car le remboursement au pair à maturité modère les variations.[30] Cependant, pour les maturités très longues, comme dans le cas de l'obligation *Northern Pacific*, les taux de variation des cours[31] sont proches de ceux des rendements.

Depuis 1964, de fortes variations *dans les deux sens* ont été enregistrées sur des titres de première catégorie. Si nous prenons les obligations municipales de première qualité (défiscalisées) pour exemple, leur rendement actuariel a plus que doublé, passant de 3,2% en janvier 1965 à 7% en juin 1970. Dans le même temps l'indice *S&P Municipals* est passé de 110,8 à 67,5. À la mi-1970, les rendements des obligations industrielles de première catégorie étaient à *un plus haut historique sur plus de deux siècles*.[32] Vingt-cinq ans plus tôt, juste avant le démarrage de notre long marché haussier, les rendements obligataires étaient à leurs plus bas niveaux historiques. À cette époque, les obligations de collectivités territoriales (*municipals*) à long terme ne rapportaient que 1% et les obligations industrielles 2,40%, chiffres à comparer aux 4,5% - 5% considérés comme étant la norme. Ceux d'entre nous, qui ont plus d'expérience, ont vu se répéter en bourse la loi d'action-réaction de Newton ;[33] le plus bel exemple étant l'avancée du *DJIA* d'un plus bas de 64 en 1921 à un plus haut de 381 en 1929, suivi d'un effondrement à 41 en 1932. Cette fois, c'est dans l'univers obligataire, habituellement moins volatil, que le pendule a fortement oscillé. La morale est qu'à *Wall Street*, l'histoire ne se répète pas exactement de la même façon. C'est la première partie de notre dicton favori : « *Plus ça change, plus c'est la même chose.* »

S'il est difficile de prévoir l'évolution du cours des actions, il est totalement impossible de le faire pour les obligations.[34] Par le passé, il était possible de trouver des indices de la fin d'un marché boursier haussier ou baissier, en étudiant l'évolution des cours obligataires. En revanche, aucun indice ne peut augurer de l'évolution des cours et des taux obligataires. Par conséquent, l'investisseur n'a d'autre choix que celui d'investir en obligations sur de courtes ou sur de longues maturités en fonction de ses préférences personnelles. S'il veut s'assurer que les cours ne vont pas baisser, il aura intérêt à se positionner sur des obligations de série E ou H (cf. p. 92). Ces titres offrent un rendement de 5% (après la première année) ; la série E est à échéance de 5 ans et 10 mois, la série H a une maturité de 10 ans et une valeur de revente garantie au moins au prix d'émission.

---

[30] NDT : Les maturités entre les deux obligations sont différentes (l'échéance est en 1995 pour l'une et en 2047 pour l'autre). Or, plus les maturités sont longues, plus le cours des obligations est sensible à une variation de taux.

[31] NDE : C'est ce que l'on appelle aussi la sensibilité ou la duration.

[32] NDE : En 2002, les rendements des obligations du Trésor à long terme touchaient leur plus faible niveau depuis 1963. Étant donné que les rendements obligataires évoluent en sens inverse des cours, ces faibles rendements signifient que les cours ont augmenté. Autrement dit, les investisseurs ont acheté au moment où les obligations étaient les plus chères et où leurs rendements étaient les plus faibles. Voilà une autre preuve de la leçon de Graham affirmant que l'*investisseur intelligent* ne doit pas se laisser guider par les fluctuations du marché.

[33] NDT : Cette loi est définie ainsi : « *L'action est toujours égale à la réaction ; c'est-à-dire que les actions de deux corps l'un sur l'autre sont toujours égales et de sens contraires.* »

[34] NDE : Le lecteur pourra trouver une mise à jour des rendements des obligations et des fonds obligataires dans les *Commentaires sur le Chapitre 4* (p. 99).

Cependant, si l'investisseur recherche un rendement de 7,5% servi par les obligations industrielles de première catégorie ou de 5,3% pour les obligations défiscalisées des collectivités (*municipals*), il devra accepter de voir leurs cours fluctuer. Les banques et les compagnies d'assurance ont le privilège de pouvoir évaluer leurs portefeuilles obligataires en coût historique net, indépendamment du cours de marché. Ce qui serait une mauvaise idée si l'investisseur individuel faisait de même.

L'évolution du cours des obligations convertibles et des actions de préférence est fonction de trois facteurs : (1) la variation du cours des actions sous-jacentes, (2) le changement de notation de l'émetteur et (3) le mouvement des taux d'intérêt. De nombreuses obligations convertibles ont été émises par des entreprises pas très bien notées.[35] Ces valeurs ont été très touchées par le resserrement monétaire de 1970[36]. Les titres convertibles ont été soumis aux trois facteurs et l'amplitude des variations de leurs cours a été particulièrement forte. Autrement dit, le seul à se tromper est l'investisseur qui croit qu'une obligation convertible lui offre à la fois la garantie d'une obligation de première catégorie et le potentiel de gain d'une action ordinaire.

Il est temps de faire quelques suggestions sur le choix de l'obligation de longue maturité « *idéale* ». Pourquoi les conséquences d'une variation des taux ne seraient-elles pas partagées équitablement entre emprunteurs et prêteurs ? Ce serait possible avec une obligation à long terme, dont les coupons évolueraient en fonction d'un indice calculé à partir du taux d'intérêt courant. Cela permettrait d'avoir un cours stable, proche de 100 (dans l'hypothèse où la note de crédit ne change pas) et un rendement qui évoluerait en fonction du taux coupon des nouvelles émissions par exemple. Cela permettrait à l'émetteur de s'endetter à long terme – et éviterait les coûts et les problèmes liés aux refinancements trop fréquents. En revanche, les charges financières (coupons) de l'émetteur changeraient d'année en année.[37]

Dans la décennie passée, le détenteur d'obligations a été confronté à un dilemme de plus en plus sérieux : doit-il opter pour la stabilité du cours, avec un rendement variable (en général plutôt bas et proche des taux à court terme du marché) ? Ou doit-il opter pour un coupon stable en prenant le risque de voir le cours du titre fluctuer ? L'idéal serait d'opter pour un compromis entre les deux solutions pour être assuré que ni le principal, ni le coupon ne tomberont sous un rendement minimum sur une durée d'environ vingt ans. Ces résultats seraient obtenus sans peine dans le cadre d'un nouveau type de produit obligataire. En réalité, le gouvernement américain a fait pareille chose en combinant ces bons d'épargne avec des clauses spécifiques en cas de

---

[35] NDG : Les trois premiers paliers de notation pour les obligations classiques et convertibles sont Aaa, Aa et A sur les classements de *Moody's* et AAA, AA et A chez *Standard & Poor's*. Ces notes peuvent descendre jusqu'à D pour les titres en liquidation.

[36] NDT : Un resserrement monétaire signifie une hausse générale des taux d'intérêt entraînant donc une baisse du cours des obligations.

[37] NDG : Cette idée a déjà été adoptée en Europe par l'entreprise publique d'électricité italienne sur ses obligations à taux variables à échéance 1980. En juin 1971, le taux servi pour les six mois suivants a été fixé à 8,1%. Cette caractéristique a été reprise par la *Toronto Dominion Bank* sur l'émission en juin 1971 d'obligations à 7-8% à échéance 1991. Ces titres offrent un rendement de 7% jusqu'en juillet 1976 et 8% ensuite et le détenteur a la possibilité d'opter pour un remboursement anticipé en juillet 1976. NDE : le nombre d'émissions à taux révisable ou variable a explosé à la fin des années soixante-dix. Elles représentent aujourd'hui une part substantielle des nouvelles émissions.

taux élevés. Le produit que nous suggérons devrait couvrir une période de détention plus longue qu'aujourd'hui et aurait des clauses contractuelles plus souples pour offrir un rendement plus stable.[38]

Il n'est pas vraiment utile d'évoquer les actions de préférence non convertibles de première catégorie, puisqu'elles sont seulement intéressantes pour les sociétés et notamment les compagnies d'assurances, en raison de leur statut fiscal. Quant à celles qui sont risquées, elles sont soumises à de telles fluctuations (en pourcentage) que nous les assimilons plutôt à des actions. Le Tableau 42 (cf. p. 323) illustre l'évolution du cours de ces obligations convertibles risquées entre décembre 1968 et décembre 1970. La baisse moyenne a été de 17%, à comparer à celle du *S&P 500* de 11,3%.

[38] NDE : Comme nous l'avons mentionné dans nos *Commentaires sur les Chapitres 2 et 4*, les *TIPS* ou *Treasury Inflation-Protected Securities* sont une version nouvelle et améliorée de ce que Graham est en train de suggérer ici. Ces obligations servent un rendement réel constant, car elles sont protégées contre l'évolution du taux d'inflation.

COMMENTAIRES SUR LE CHAPITRE 8

Le vaniteux fait dépendre son propre bonheur de l'activité d'autrui ; le voluptueux, de ses propres sensations et l'homme intelligent, de ses propres actions.

Marc Aurèle

Dr Jekyll & M. le Marché

La bourse est souvent efficiente, autrement dit le cours traduit assez fidèlement la valeur des actions. En effet, les millions d'acheteurs et de vendeurs qui négocient les cours font un travail remarquable pour valoriser les entreprises – en règle générale. Mais parfois les cours ne sont pas justes, parfois même ils sont très éloignés de la valeur. C'est à ce jeu que se prête le personnage de Graham dénommé M. le Marché. C'est sans aucun doute la meilleure métaphore pour expliquer pourquoi les actions peuvent être mal évaluées par les marchés. Cet individu maniaco-dépressif ne détermine pas un cours de bourse comme le ferait un analyste financier ou un industriel dans le cadre d'une opération de fusion-acquisition. Au contraire, quand le cours des actions monte, M. le Marché est souvent heureux de payer plus que la valeur objective du titre. Quand ils baissent, il cherche désespérément à s'en débarrasser à un prix inférieur à cette valeur.

M. le Marché existe-t-il toujours ? Est-il toujours bipolaire ? Oui, bien sûr. Le 17 mars 2000, l'action *Inktomi Corp.* avait marqué un nouveau record à 231.625$. Depuis son introduction sur le marché en juin 1998, les actions de cet éditeur d'outils de recherche et de navigation sur Internet avait gagné environ 1.900%. En décembre 1999 et en quelques semaines, le cours de l'action avait pratiquement triplé.

Que se cachait-il derrière cette société pour expliquer pourquoi l'action avait pris autant de valeur ? La réponse est évidente : une croissance phénoménale. Sur le trimestre, arrêté en décembre 1999, *Inktomi* avait vendu pour 36 millions de dollars de produits et de services, plus que son chiffre d'affaires de l'année précédente. Si *Inktomi* pouvait maintenir son taux de croissance des 12 derniers mois, ne serait-ce que pendant cinq ans, son chiffre d'affaires passerait de 36 millions par trimestre à 5 milliards de dollars par mois. Avec de telles perspectives de croissance, plus le cours montait, plus il semblait pouvoir aller encore plus haut.

Mais dans cette folle idylle avec l'action *Inktomi*, M. le Marché a négligé un point essentiel. La société perdait de l'argent, beaucoup d'argent. Elle avait perdu 6 millions de dollars au dernier trimestre, 24 millions sur les 12 derniers mois et également 24 millions l'année précédente. Depuis sa création, *Inktomi* n'avait jamais enregistré le moindre profit. Et pourtant, au 17 mars 2000, M. le Marché valorisait cette minuscule société à 25 milliards de dollars. Oui, 25 milliards !

C'est à cette date, que M. le Marché sombra brutalement dans une terrible dépression. Le 30 septembre 2002, deux ans et demi seulement après avoir atteint 231.625$ par action, le cours *Inktomi* clôturait à 0,25$ – à savoir une capitalisation passant de 25 milliards à moins de 40 millions de dollars. Était-ce en raison d'un chiffre d'affaires en dégringolade ? Pas du tout : le chiffre d'affaires des 12 derniers mois s'élevait à 113 millions de dollars. Qu'est-ce qui avait bien pu changer ? Tout simplement l'humeur de M. le Marché. Début 2000, les investisseurs débordaient d'enthousiasme sur tout ce qui tournait autour des valeurs Internet au point qu'ils valorisaient l'action *Inktomi* à 250 fois son chiffre d'affaires. Le 30 septembre 2002, ils ne voulaient plus payer que 0,35 fois ce chiffre d'affaires. M. le Marché était passé d'un Dr Jekyll à un Mr Hyde et il a massacré toutes les valeurs qui s'étaient moquées de lui.

Pour autant, rien ne justifiait la rage de M. le Marché, ni son euphorie. Le 23 décembre 2002, *Yahoo ! Inc.* annonça le rachat de la société *Inktomi* sur la base de 1,65$ par action, ce qui représentait près de sept fois la capitalisation boursière de *Inktomi* au 30 septembre. L'histoire nous dira si *Yahoo !* a fait une bonne affaire ou pas.[39] Quand M. le Marché force une telle décote, inutile de s'interroger pour comprendre les raisons du rachat de l'entreprise.[40]

Pensez par vous-même

Accepteriez-vous qu'un déséquilibré passe vous voir au moins cinq fois par semaine pour vous dire que vous devriez être exactement dans le même état que lui ? Seriez-vous d'accord pour être euphorique quand il l'est ? Déprimé quand il l'est aussi ? Évidemment non. Vous feriez en sorte de maîtriser vos émotions en fonction de vos expériences et de votre tempérament. Pourtant dès qu'il s'agit de leur propre situation financière, des millions de gens laissent à M. le Marché le soin de leur dicter leurs émotions et leurs actions, même s'il perd la tête.

En 1999, quand M. le Marché trépignait avec délectation, le salarié américain moyen réinvestissait 8,6% du montant de son salaire sur son plan d'épargne retraite 401(k). Puis pendant trois ans, M. le Marché a balancé toutes les actions par la fenêtre et en 2002, le taux de contribution moyen était retombé à 7%.[41] Plus les actions étaient bon marché et moins les épargnants souhaitaient en acheter, parce qu'ils ajustaient leur comportement à celui de M. le Marché au lieu de penser par eux-mêmes.

L'*investisseur intelligent* ne doit pas complétement ignorer M. le Marché. Au contraire, vous devez faire affaire avec lui – mais seulement dans la mesure où cela sert vos intérêts. Le rôle de M. le Marché est de vous donner des cours, le vôtre est de savoir si c'est dans votre intérêt ou non de traiter avec lui. *Rien ne vous y oblige, même s'il vous supplie constamment de le faire.*

En vous refusant de considérer M. le Marché comme votre maître, vous en faites votre serviteur. Après tout, même s'il détruit de la richesse, il en crée ailleurs. En 1999, l'indice *Wilshire 5000* – l'indice le plus large des valeurs américaines – a gagné 23,8%, tiré par les valeurs technologiques et les télécoms. Mais 3.743 titres, sur les 7.234 qui

---

[39] NDT : *Inktomi*, avec son outil de recherche, est venu supplanter le moteur de recherche *AltaVista* avant de se faire écraser par *Google*. Après son rachat par *Yahoo !* la technologie *Inktomi* a été cédée à diverses sociétés. Aujourd'hui, il ne reste rien de l'entreprise d'origine.

[40] NDE : Comme l'a noté Graham, en 1932, dans une série d'articles, la Grande Dépression a causé l'effondrement du cours d'actions de nombreuses entreprises, estimées à moins de la valeur de leurs actifs liquides, ce qui les rendaient « *plus précieuses mortes que vivantes* ».

[41] NDE : Communiqué de presse, The Spectrem Group, *Plan Sponsors Are Losing the Battle to Prevent Declining Participation and Deferrals into Defined Contribution Plans*, 25 octobre 2002.

composent le *Wilshire 5000,* étaient en baisse alors même que l'indice montait. Alors que les valeurs technologiques étaient en ébullition, des milliers d'actions de la « *vieille économie* » étaient massacrées, enchaînant des plus bas.

L'action *CMGI*, un incubateur – une holding détenant des parts de start-ups – avait enregistré un gain vertigineux de 939,9%. Pendant ce temps, *Berkshire Hathaway* – la société holding de Warren Buffett, le plus grand disciple de Benjamin Graham, détenant des piliers de la « *vieille économie* » comme *Coca-Cola*, *Gillette* ou le *Washington Post Co.* – avait chuté de 24,9%.[42]

C'est alors, comme il le fait souvent, que le marché a connu une saute d'humeur soudaine. Le Tableau 15 offre un échantillon de ces entreprises, qui, délaissées en 1999, sont passés au rang de stars entre 2000 et 2002. Quant à *CMGI* et *Berkshire Hathaway*, le cours de *CMGI* a perdu 96% en 2000, puis à nouveau 70,9% en 2001 et encore 39,8% de plus en 2002, pour une baisse cumulée de 99,3%. Le cours de *Berkshire Hathaway* s'est apprécié de 26,6% en 2000, de 6,5% en 2001 avant de marquer une petite baisse de 3,8% en 2002, pour un gain cumulé de 30%.

TABLEAU 15 : DES PIRES AUX MEILLEURES

Société	**Secteur**	**Performance (%)**				**Valeur finale pour 1.000$ investis au 01/01/1999**
		1999	**2000**	**2001**	**2002**	
Angelica	Habillement	-43,7	1,8	19,3	94,1	1.328
Ball Corp.	Emballage	-12,7	19,2	55,3	46,0	2.359
Checkers Restaurants	Fast food	-45,5	63,9	66,2	2,1	1.517
Family Dollar Stores	Distribution	-25,1	33,0	41,1	5,0	1.476
Int'l Game Technology	Jeux	-16,3	136,1	42,3	11,2	3.127
JB Hunt Transport.	Transport	-39,1	21,9	38,0	26,3	1.294
Jos A. Bank Clothiers	Équipement	-62,5	50,0	57,1	201,6	2.665
Lockheed Martin	Défense et aéro.	-46,9	58,0	39,0	24,7	1.453
Pier 1 Imports	Mobilier	-33,2	63,9	70,5	10,3	2.059
UST, Inc.	Tabac	-23,5	21,6	32,2	1,0	1.241
Wilshire Internet Index		139,1	-55,5	-46,2	-45,0	315
Wilshire 5000		23,8	-10,9	-11,0	-20,8	778

Source : Aronson + Johnson + Ortiz ; www.wilshire.com

[42] NDE : Quelques mois plus tard, le 10 mars 2000 – le jour même où le *NASDAQ* toucha ses plus hauts historiques – le célèbre journaliste financier, James J. Cramer écrivait qu'il avait été tenté « *à plusieurs reprises* » au cours des jours précédents de vendre à découvert l'action *Berkshire Hathaway*, pariant que l'action de Buffett allait tomber encore plus bas. En alliant à ses paroles un déhanchement un peu vulgaire, il rajouta que les actions *Berkshire Hathaway* « *étaient promises à se faire démonter* ». Ce même jour, le stratège de marché, Ralph Acampora de chez *Prudential Securities*, demanda : « *Entre Norfolk Southern et Cisco Systems : où se trouve votre avenir ?* » *Cisco*, un acteur clef pour construire l'autoroute Internet du futur, semblait avoir un avantage évident sur *Norfolk Southern*, une compagnie ferroviaire symbolisant le monde d'hier. Or, sur les douze derniers mois, *Norfolk Southern* a gagné 35%, tandis que *Cisco* a perdu 70% de sa valeur.

Pouvez-vous battre les pros à leur propre jeu ?

L'un des enseignements les plus intéressants de Graham est celui-ci : « *L'investisseur, qui panique ou qui est angoissé à chaque baisse injustifiée du marché, transforme un avantage, en un véritable handicap.* »

Que veut dire le terme « *avantage* » pour Graham ? Il signifie que l'*investisseur intelligent* a la liberté de choisir s'il suit ou non M. le Marché. En effet, vous avez le luxe de pouvoir décider par vous-même.[43]

Le gérant de fonds n'a pas d'autres choix que de suivre ce que fait M. le Marché – d'acheter cher, de vendre bas et de marcher, tel un robot, dans les pas d'un marché, aussi fantasque soit-il. Voici les handicaps des gérants et des investisseurs institutionnels :

- Avec des milliards de dollars en gestion, ils ne peuvent faire autrement que d'acheter de grosses capitalisations – les seules qu'ils puissent acheter en nombre suffisant pour remplir leurs portefeuilles. Par conséquent, tous les fonds détiennent les mêmes valeurs, des mastodontes surévalués.
- Les investisseurs individuels ont tendance à plus investir quand le marché monte. Les gérants doivent donc utiliser les fonds collectés pour acheter encore plus de valeurs qu'ils ont déjà en portefeuille, poussant les cours à des niveaux dangereusement élevés.
- Les gérants sont condamnés à vendre, car les investisseurs veulent récupérer leurs capitaux quand les marchés baissent. Ils sont donc contraints de vendre quand les cours redeviennent bon marché et d'acheter quand ils sont chers.
- Les gérants sont rémunérés en fonction de leur performance par rapport à celle du marché. Ils sont donc obsédés par les indices comme le *S&P 500*. Si une nouvelle société est admise dans un indice, ils sont obligés d'acheter le titre sans se poser de question. (En effet, on leur reprochera de ne pas l'avoir acheté si le titre surperforme l'indice. En revanche, personne ne leur reprochera d'avoir acheté si la performance du titre est médiocre.[44])
- De plus en plus, les gérants doivent se spécialiser. C'est un peu comme dans le milieu médical où le médecin généraliste est peu à peu remplacé par le pédiatre allergologue ou le gériatre oto-rhino-laryngologiste. Pour les gérants, il y a ceux qui ne s'intéressent qu'aux « *petites capitalisations de croissance* » ou aux « *grosses capitalisations* »[45]. Si une entreprise devient trop grosse, trop petite ou peut-être un peu trop chère, le gérant se verra contraint de vendre – même s'il aime le titre.

---

[43] NDE : Quand on demande à Graham ce qui empêche les investisseurs de réussir, il répond : « *La principale cause d'échec, c'est que les investisseurs accordent une trop grande d'importance à ce que fait la bourse.* » Cf. Graham B., *Thoughts on Security Analysis* (retranscription d'un cours à la *Northeast Missouri State University Business School*, mars 1972), Financial History Magazine, n° 42, mars 1991, p. 8.

[44] NDT : Implicitement les gérants adoptent l'attitude de celui qui est convaincu qu'il vaut mieux avoir tort avec les autres, que raison tout seul. Leurs recommandations tendent donc à être « *dans le consensus* ».

[45] NDE : Peu importe de savoir ce que ces termes peuvent bien vouloir dire. Alors qu'en public toutes ces classifications sont traitées avec le plus grand des respects, en privé, la plupart des gens qui sont dans le

Il n'y a donc aucune raison pour que vous ne fassiez pas aussi bien que les gérants professionnels. En revanche, ce que vous ne pouvez pas faire (en dépit des experts qui prétendent le contraire), c'est de « *battre les professionnels à leur propre jeu* ». Même les pros ne peuvent pas gagner à leur propre jeu ! Qu'est-ce qui peut vous pousser à y jouer ? Si vous suivez leurs règles, vous allez perdre, car vous serez esclave de M. le Marché, comme le sont les professionnels.

Reconnaissez plutôt qu'investir *intelligemment*, c'est maîtriser ce qui peut l'être. Vous ne pouvez pas savoir si la valeur ou le fonds que vous achetez battra le marché aujourd'hui, demain, dans un mois ou dans un an. À court terme, votre performance est otage de M. le Marché et de ses caprices. Néanmoins, vous pouvez maîtriser :

- Vos frais de courtage, en effectuant peu d'opérations, en étant patient et en achetant ou en vendant au meilleur prix ;
- Vos frais de garde, en refusant d'acheter des fonds plombés par des charges excessives ;
- Vos espoirs de performances[46] s'ils sont réalistes ;
- Votre risque, en décidant de votre exposition, en diversifiant et en rééquilibrant votre portefeuille ;
- Votre fiscalité, en conservant vos titres pendant au moins un an et, chaque fois que possible, pendant au moins cinq ans pour limiter l'incidence fiscale des plus-values ;
- Et surtout, en maîtrisant votre propre comportement.

Si vous écoutez les chaînes d'information financière, si vous lisez les quotidiens économiques, vous allez croire qu'investir est un sport ou une lutte perpétuelle pour survivre dans un environnement hostile. *Investir, ce n'est pas battre les autres à leur propre jeu. Investir, c'est se contrôler pour développer sa propre stratégie.* Pour l'*investisseur intelligent,* le jeu n'est pas de dénicher les valeurs qui vont le plus monter et le moins baisser, c'est plutôt éviter d'être rattrapé par son pire ennemi – M. le Marché – qui vous dicte d'acheter quand c'est cher et de vendre dans le cas contraire.

Si vous avez un horizon d'investissement à long terme – à 25 ou 30 ans – il n'y a qu'une seule méthode valable : c'est de programmer d'acheter tous les mois si vous pouvez épargner. Le meilleur placement sera dans un fonds indiciel large. Ne vendez qu'en cas de besoin de liquidités (pour rester fidèle à votre plan, vous pourrez toujours découper et signer le modèle de contrat, que vous trouverez à la p. 190).

Pour être un *investisseur intelligent*, vous devez également refuser de comparer vos performances à celle des autres. Vous ne serez pas plus pauvre si quelqu'un à Dubuque, Dallas ou Denver fait mieux que le *S&P 500* et pas vous. Vous ne verrez jamais écrit sur une pierre tombale, en guise d'épitaphe : IL A BATTU LE MARCHÉ.

---

business de l'investissement les considèrent avec le mépris que l'on réserve normalement aux blagues qui ne sont pas marrantes.

[46] NDT : Voir l'excellent article de Walter Updegrave, *Keep It Real,* Money, février 2002, pp. 53-56.

J'ai un jour interviewé un groupe de retraités à Boca Raton – l'une des communautés de retraités les plus riches de Floride – et j'ai demandé à ces gens – âgés de plus de soixante-dix ans – s'ils avaient un jour dans leur vie battu le marché. Certains répondirent oui, d'autres non, d'autres encore ne savaient pas trop. Et puis un homme a lancé : « *Je m'en fiche ! Tout ce que je sais, c'est que mes placements m'ont permis de finir ma vie ici à Boca Raton.* »

Il n'y a pas meilleure réponse. Après tout, investir, ce n'est pas gagner plus que la moyenne, c'est gagner suffisamment pour subvenir à ses propres besoins. La meilleure façon de mesurer votre succès financier, ce n'est pas de savoir si vous avez battu le marché, mais de savoir si vous avez suivi une stratégie et une discipline pour vous amener là où vous vouliez aller. Finalement, ce qui compte ce n'est pas de franchir la ligne d'arrivée avant tout le monde, mais de s'assurer que vous allez la franchir.[47]

Votre patrimoine et votre cerveau

Pourquoi tant d'investisseurs trouvent M. le Marché aussi séduisant ? Il semble que nos cerveaux soient mal programmés, de sorte que nous commettons des erreurs financières. Par exemple, nous sommes à la recherche de schémas reproductibles. Les psychologues ont prouvé que si vous présentez à des gens une séquence de nombres aléatoires et qu'ils le savent, ils essaieront quand même de deviner le prochain tirage. C'est ainsi que nous croyons *savoir* que le prochain tirage sera un sept, *connaître* quelle équipe va gagner, *imaginer* la prochaine combinaison du loto et *deviner* qui sera le prochain *Microsoft*.

Des recherches de pointe dans le domaine des neurosciences tendent à démontrer que nos cerveaux sont organisés pour percevoir des tendances, même là où elles n'existent pas. Lorsqu'un événement se produit deux ou trois fois de suite, les régions du cerveau humain, dénommées cortex cingulaire antérieur et noyau accumbens, sont suffisamment entraînées pour laisser croire que le phénomène va se reproduire. Si c'est le cas, une substance chimique naturelle – la dopamine – se diffuse dans le cerveau provoquant une sensation d'euphorie. Par conséquent, si le cours d'une action entame un mouvement de hausse, vous allez penser qu'il va se poursuivre et la chimie de votre cerveau va se modifier, vous amenant dans un tel état de bien-être, que vous allez être accro à vos propres prédictions.

Quand les cours chutent, les pertes financières que vous subissez excitent vos amygdales cérébrales – la partie du cerveau qui crée le sentiment de peur et d'anxiété et génère la même réaction épidermique que celle de l'animal acculé, à savoir fuir ou combattre. De la même façon que vous êtes incapables de maîtriser votre rythme cardiaque en cas d'alerte incendie ou à la vue d'un serpent sur votre chemin, vous ne pouvez pas retenir votre peur quand les cours plongent.[48]

---

[47] NDT : Cf. Zweig J., *Did You Beat the Market ?* Money, janvier 2000, pp. 55-58.

[48] NDE : La neuroscience appliquée à l'investissement est explorée dans l'article de Jason Zweig, *Are You Wired for Wealth?* Money, octobre 2002, pp. 74-83, également disponible sur http://money.cnn.com/2002/09/25/pf/investing/agenda_brain_short/index.htm. Voir Zweig J., *The Trouble with Humans*, Money, novembre 2000, pp. 67-70.

En fait, deux brillants psychologues – Daniel Kahneman et Amos Tversky[49] – ont mesuré que la peine ressentie par une perte financière est plus de deux fois plus intense que le plaisir tiré d'un gain équivalent. Autrement dit, faire une plus-value de 1.000$ c'est bien, mais perdre 1.000$ est deux fois plus fort. C'est tellement douloureux de perdre de l'argent, que les gens, terrifiés à l'idée d'en perdre encore plus, finissent par vendre, souvent au plus bas, ou refusent d'investir encore plus.

C'est pour cela que nous nous focalisons sur l'ampleur d'une baisse, exprimée en points ou en dollars, plutôt qu'en pourcentage.[50] Voilà pourquoi les journalistes s'exclament : « *La bourse plonge, le Dow baisse de 100 points !* [51] » ce qui fait instantanément frissonner l'auditoire. Et pourtant, avec un *Dow Jones* qui cote actuellement[52] 8.000 points, une telle chute ne représente que 1,2% de baisse. Imaginez l'absurdité de la situation si M. Météo, par une belle journée à 28° se mettait à crier à la TV : « *La température plonge, elle est passée de de 28° à 27,7° !* » Cela représente aussi une baisse de 1,2%. Quand vous analysez les variations en termes absolus et non en termes relatifs, on peut facilement paniquer au moindre frisson de marché. (Si vous avez beaucoup d'expérience, il y a une meilleure façon de se tenir informé ; voir l'encadré page 188.)

À la fin des années 1990, beaucoup d'investisseurs se croyaient handicapés s'ils ne pouvaient pas suivre les cours de leurs titres en portefeuille plusieurs fois par jour. Mais, pour reprendre les termes de Graham, l'investisseur « *se porterait bien mieux si ses titres n'étaient pas côtés, car il ne serait plus stressé par les erreurs de jugement des autres* ». Si, après avoir vérifié la valeur de votre portefeuille à 13h24, vous vous sentez obligé de la revérifier à 13h37, je crois que vous devriez vous poser les questions suivantes :

- Est-ce que je me suis inquiété du prix de ma maison à 13h24 ? Puis à 13h37 ?
- Si c'était le cas, est-ce que le prix aurait changé ? Si oui, est-ce que je me serais empressé de vendre ma maison ?
- Est-ce qu'ignorer le prix de ma maison m'empêche d'en connaître la valeur ?[53]

---

[49] NDT : Ces deux psychologues sont à l'origine de la finance comportementale : une branche de la finance qui prend en compte les facteurs sociaux, cognitifs et émotionnels dans la compréhension des processus de décision. La finance comportementale a trouvé ses lettres de noblesse avec les travaux de ces deux universitaires démarrés à la fin des années 1970. Daniel Kahneman a été récompensé par le Prix Nobel d'Économie en 2002.

[50] NDT : Aux États-Unis, les hausses ou les baisses sont données en points (pour un indice) ou en dollars (pour une action). En Europe, la variation des cours est donnée en pourcentage, ce qui permet d'avoir une appréciation en valeur relative.

[51] NDT : Aujourd'hui une forte baisse est plutôt une baisse de l'ordre de 500 points.

[52] NDT : En 2003.

[53] NDE : Interrogez-vous pour savoir si vous seriez heureux d'habiter dans votre maison, si son prix était donné chaque jour, par la presse ou la TV, au centime près.

De bonnes nouvelles

La bourse s'effondre et vous allumez votre télévision pour suivre les derniers développements. Mais plutôt que choisir entre *CNBC* ou *CNN*[54], imaginez que vous puissiez vous brancher sur la chaîne *Benjamin Graham Financial Network*. Sur *BGFN*, vous n'entendrez pas le son lugubre de la cloche de clôture du *NYSE, vous ne verrez pas* de brokers paniqués, arpentant le parquet de la bourse comme des lapins en cage. Vous n'aurez pas droit à des interviews d'investisseurs courant sur les trottoirs glacés de *Wall Street*, alors que clignotent des lumières rouges sur les panneaux de cotation électroniques accrochés aux façades, comme si des éclairs illuminaient le ciel.

En lieu et place de ce brouhaha, une image fixe remplirait l'écran. Elle représenterait la façade du *New York Stock Exchange* recouverte d'une immense banderole où l'on pourrait lire : *SOLDES, MOINS 50%* ! En musique de fond, le groupe Bachman-Turner Overdrive susurrerait quelques rimes de leur musique électronique *You Ain't Seen Nothing Yet*[55]. C'est là que le présentateur annoncerait d'un ton enjoué : « *Les actions sont encore plus intéressantes aujourd'hui avec un Dow Jones qui a encore perdu 2,5% sur de forts volumes – c'est la quatrième séance consécutive de baisse. Les investisseurs dans les valeurs technologiques ont encore plus de chance, puisque les leaders du secteur comme Microsoft ont perdu 5%. À cela s'ajoute les bonnes nouvelles de l'an passé, où nous avions déjà vu les actions décrocher de 50%, ce qui ramène les titres à des niveaux extrêmement intéressants, que nous n'avions pas connu depuis des années. Quelques analystes respectés espèrent voir les cours tomber encore plus dans les semaines et les mois à venir.* »

Le bulletin reprendrait ensuite un extrait d'interview du stratégiste de marché Ignatz Anderson de la firme de *Wall Street, Ketchum & Skinner*, qui déclarerait : « *J'anticipe encore une baisse des actions d'environ 15% d'ici à juin. En cela, je suis modérément optimiste et pense que si tout va bien, la bourse a encore un potentiel de baisse de 25%, voire plus.* »

« *Espérons qu'Ignatz Anderson voit juste* », répondrait le présentateur. « *Une baisse des cours serait une très bonne nouvelle pour tous les investisseurs qui ont un horizon d'investissement à long terme. Et maintenant, nous passons le micro à Wally Wood pour nos prévisions météo.* »

La seule réponse à ces questions est évidemment non ! Vous devriez réexaminer votre portefeuille avec ces mêmes questions. Sur un horizon de 10, 20 ou 30 ans, les extravagances de M. le Marché n'ont vraiment aucune importance. Pour ceux qui seront amenés à investir dans les années à venir, la baisse des cours sera une bonne nouvelle, pas une mauvaise, car elle permet de renforcer sa position. Plus cette baisse

[54] NDT : Deux chaînes d'information continue.

[55] NDT : Traduire par « *Vous n'avez encore rien vu.* »

est longue et prononcée, plus vous pouvez acheter en quantité et finalement, plus vous gagnez. Au lieu de craindre un marché baissier, accueillez-le à bras ouverts. L'*investisseur intelligent* doit vraiment être à l'aise avec ses titres, même s'ils ne sont pas cotés pendant 10 ans.[56]

Paradoxalement, « *vous maîtrisez mieux une situation* », explique le neuroscientifique Antonio Damasio, « *si vous êtes conscient de ne pas en avoir le contrôle* ». Si vous comprenez que le comportement humain pousse à acheter haut et à vendre bas, vous mesurerez l'intérêt de moyenner, de rééquilibrer régulièrement votre portefeuille et de signer un mandat de gestion. Finalement en effectuant des versements programmés, vous allez soigner votre addiction à vouloir tout prévoir, vous allez vous concentrer sur vos objectifs à long terme et faire la sourde oreille aux sautes d'humeur du marché.

Un mal pour un bien

Si Graham nous dit qu'il faut acheter quand M. le Marché crie de vendre, il y a une exception que l'*investisseur intelligent* doit connaître. Vendre dans un marché baissier a tout son sens s'il y a un intérêt fiscal à le faire. Le code des impôts permet d'utiliser les moins-values pour effacer jusqu'à 3.000$ de gains.[57] Imaginons que vous avez acheté 200 actions *Coca-Cola* en janvier 2000 à 60$ l'action, soit au total 12.000$. À la fin de l'année 2002, l'action cote 44$, valorisant votre ligne à 8.800$, soit une moins-value de 3.200$.

À ce stade, vous pouvez vous lamenter, comme la plupart des gens, ou ignorer le problème en prétendant que cela n'est jamais arrivé. Sinon, vous pouvez reprendre le contrôle de la situation en vendant vos titres, avant la fin de l'année 2002, vous réalisez une moins-value de 3.200$. Puis, après avoir attendu 31 jours pour être conforme à la réglementation fiscale, vous achetez à nouveau 200 actions *Coca-Cola*. Conclusion : vous pouvez déduire 3.000$ de votre revenu fiscal de 2002 et déduire les 200$ de pertes restantes de votre revenu imposable de 2003. Vous détiendrez alors les titres d'une entreprise dont vous croyez à l'avenir – mais à un tiers de moins que son cours d'achat initial.[58]

Comme l'oncle Sam subventionne vos pertes, il peut être judicieux de vendre et de réaliser ses pertes. Si l'Oncle Sam veut bien aider M. le Marché à devenir raisonnable, à quoi bon s'en plaindre.

---

[56] NDE : À la fin des années 1980, Paul Andreassen, un psychologue de Columbia et Harvard, a montré de façon empirique que les investisseurs qui recevaient les cours en temps réel gagnaient deux fois moins que ceux qui ne suivaient pas les cours de leurs titres. Voir Jason Zweig, *Here's How to Use the News and Tune Out the Noise*, Money, juillet 1998, pp. 63-64.

[57] NDE : La fiscalité ne cesse d'évoluer. La comparaison sur le titre *Coca-Cola* n'est valable qu'en vertu des dispositions fiscales américaines début 2003.

[58] NDE : Cet exemple suppose que l'investisseur n'a fait aucune plus-value en 2002 et n'a réinvesti aucun dividende de ses actions *Coca-Cola*. Les swaps fiscaux ne doivent pas être pris à la légère, car ils peuvent être mal gérés. Avant de vous lancer dans un tel swap, lisez avec soin la publication n° 550 de l'IRS (www.irs.gov/pub/irspdf/p550.pdf). Un bon guide sur la façon de gérer vos investissements est le livre de Jan M. Rosen, *Wall Street Secrets for Tax-Efficient Investing*, Bloomberg Press, Princeton, New Jersey, 2001. Le mieux est de consulter un expert fiscal.

Le contrat de l'*investisseur intelligent*

Je soussigné ______________________________, établit par la présente que je suis un investisseur souhaitant s'enrichir à long terme.

Je sais que je serai souvent tenté d'acheter des valeurs, car leur cours a (ou va) monter et incité à vendre, car leur cours a (ou va) baisser.

Par la présente, je déclare refuser de voir quiconque prendre des décisions financières à ma place. De plus, je prends l'engagement solennel de ne jamais investir, parce que le marché monte et de ne jamais vendre parce qu'il baisse. Je préfère moyenner en plaçant __________$ chaque mois, dans le cadre d'un plan de versements programmés sur le(s) fonds communs de placement ou le(s) portefeuille(s) diversifié(s) suivant(s) :

____,

____,

____,

Chaque fois que je pourrai épargner plus (et que je peux me permettre de perdre cette épargne de court terme), je la placerai sur les mêmes supports.

Je déclare, par la présente, vouloir conserver ces titres au moins jusqu'à __________, (la date doit être éloignée de plus de dix ans de la date de signature de ce contrat). La seule exception à cette clause est guidée par la nécessité de disposer en urgence de liquidités, pour par exemple des raisons médicales, la perte d'emploi ou une dépense planifiée (remboursement de prêt ou frais scolaires).

Je m'engage, en signant ci-dessous, non seulement à respecter les termes de ce contrat, mais aussi à relire ce document à chaque fois que je serais tenté de vendre une de mes titres.

Ce contrat n'est valide que s'il est signé par au moins un témoin et s'il est conservé dans un endroit sûr et facilement accessible.

Signé par : Date :

______________________________ _____ ____________, 20__

Témoins :

______________________________ ______________________

______________________________ ______________________

CHAPITRE 9. INVESTIR DANS UN FONDS COMMUN DE PLACEMENT

Une des possibilités offertes à l'investisseur passif consiste à placer dans des parts de fonds communs de placement. Les fonds, dont les parts peuvent être rachetées à leur valeur liquidative, sont connus sous la dénomination de *fonds communs* ou fonds ouverts[1]. Ces fonds créent de nouvelles parts ou de nouvelles actions lorsque des commerciaux collectent de nouveaux capitaux. Les fonds dont les parts sont bloquées sont qualifiés de fonds fermés,[2] le nombre de parts reste fixe. Tous les fonds sont enregistrés auprès de la *Securities & Exchange Commission* (*SEC*) et ils sont soumis à ses règlements et à son contrôle.[3]

C'est un secteur financier très important. Fin 1970, il existait 383 fonds enregistrés auprès de la *SEC*, pour un total de 54,6 milliards de dollars d'actifs en gestion.[4] Au total, il y a 356 fonds communs avec 50,6 milliards de dollars d'actifs en gestion et 27 fonds fermés avec 4 milliards de dollars d'actifs.[5]

Il y a plusieurs façons de classer ces fonds. D'abord, en fonction de la composition des portefeuilles. Il y a des *fonds équilibrés* avec une part obligataire importante (en général un tiers) ou des *fonds actions,* qui ne détiennent que des actions ordinaires. (Il existe aussi d'autres types de fonds obligataires, de fonds de couverture, etc.)[6] Ensuite, il est possible de classer les fonds en fonction des objectifs de gestion, comme le risque, la recherche de revenus réguliers ou de plus-values (*fonds de croissance*). Une autre distinction peut être faite en fonction de leurs méthodes de commercialisation. Les *fonds à droits d'entrée* imputent des frais de commercialisation (en général 9% de la valeur d'actif sur un montant minimum

---

[1] NDT : Équivalent à des FCP (fonds communs de placement) ou à des SICAV (Société d'investissement à Capital Variable).

[2] NDT : Équivalent à des SICAF (Société d'Investissement à Capital Fermé).

[3] NDE : Ne pas enregistrer un fonds commun de placement ouvert, fermé ou un ETF (*Exchange-Traded Fund* ou *tracker*) auprès de la *SEC* viole la loi fédérale.

[4] NDE : Fin 1990, *Arthur Lipper Analytical Service* recensait près de 2.000 fonds communs de placement aux États-Unis. Le secteur des fonds de placement américains pèse en 1998 près de mille milliards de dollars.

[5] NDE : Ce secteur financier a connu une très forte croissance. Fin 2002, nous décomptions 8.279 fonds communs de placement détenant 6.560 milliards d'actifs ; 514 fonds fermés avec 149,6 milliards d'actifs et 116 ETF avec 109,7 milliards d'actifs. Ces statistiques excluent les véhicules d'investissement similaires à des fonds communs de placement comme les contrats d'assurance à annuités variables.

[6] NDE : La liste des principaux fonds communs de placement peut être téléchargée sur le site www.ici.org/pdf/g2understanding.pdf et le site de *Monrningstar* à l'adresse suivante http://news.morningstar.com/fundReturns/CategoryReturns.htlm. Les *hedge funds* ont l'interdiction, d'après la réglementation de la *SEC,* de vendre des parts à tout investisseur qui aurait un revenu annuel inférieur à 200.000$ ou dont le patrimoine serait inférieur à 1 million de dollars.

d'achat).[7] D'autres, les *fonds sans droit d'entrée* ne prélèvent aucun frais. La société de gestion se contente d'imputer les frais de gestion habituels. Ces fonds sont plus petits, car ils ne rémunèrent pas les courtiers chargés de leur commercialisation.[8] Les prix d'achat et de vente des parts des fonds fermés ne sont pas calculés par les sociétés de gestion, mais fluctuent au gré des marchés où ils sont cotés.

Les sociétés de gestion de fonds sont soumises à un traitement fiscal particulier, destiné à éviter la double taxation des revenus des détenteurs de parts. En fait, ces fonds doivent distribuer tous leurs revenus, à savoir les dividendes et intérêts perçus diminués des frais de gestion. Par ailleurs, ils peuvent servir les plus-values réalisées ; plus-values qui sont traitées fiscalement comme des plus-values ordinaires (Il existe une autre option, que nous allons laisser de côté, pour ne pas surcharger le texte)[9]. Tous ces fonds n'ont qu'une seule catégorie de parts. Seule exception, les fonds à double objectif, créés en 1967, qui commercialisent deux classes de parts : les parts de préférence, qui reçoivent les revenus (dividendes et intérêts) et la part ordinaire qui reçoit les produits de la vente (plus-values).[10]

Les fonds, dont l'objectif affiché est de réaliser des plus-values, s'intéressent essentiellement aux *valeurs de croissance*. Ils portent d'ailleurs le terme de *croissance* dans leur dénomination. D'autres se spécialisent dans certains secteurs comme l'industrie chimique, l'aéronautique ou les valeurs étrangères, ce qui est alors précisé dans leur nom.

L'investisseur, qui souhaite sélectionner un fonds, n'a que l'embarras du choix. Dans ce chapitre, nous tenterons de répondre à un certain nombre de questions, telles que :

1. L'investisseur peut-il battre le marché en sélectionnant un fonds ? (Sous-question : qu'en est-il des *fonds à performance* ?)[11]

---

[7] NDG : Les frais de commercialisation sont calculés en pourcentage du prix de vente total (frais inclus) donnant l'impression d'être moins lourds que s'ils étaient donnés en pourcentage de la valeur nette des actifs. Nous considérons ce tour de passe-passe comme indigne de cette respectable industrie.

[8] NDE : Aujourd'hui la commission de souscription maximale sur les fonds actions tourne autour de 5,75%. Si vous investissez 10.000$ dans un fonds avec une commission de souscription fixe de 5,75%, 575$ iront directement dans les poches de la personne (la société de courtage) qui vous l'aura vendu, ce qui vous laisse avec un investissement initial de 9.425$. Ce prélèvement de 575$ représente en fait 6,1% du montant investi, c'est pourquoi Graham dénonce cette méthode de calcul des frais de souscription comme étant un *tour de passe-passe*. Depuis les années 1980, les fonds sans droits de souscription sont devenus populaires et ils ne sont plus les parents pauvres de ce marché.

[9] NDE : Tous les fonds de placements, ou presque, sont aujourd'hui taxés en tant que *regulated investment companies*, ce qui les exempte de l'impôt sur les bénéfices des sociétés, tant qu'ils redistribuent tous leurs revenus aux acquéreurs de parts. Ajoutons, ce que Graham a omis « *pour ne pas surcharger le texte*, » il y a la possibilité pour un fonds de demander à la *SEC* de distribuer l'un de ses investissements directement aux détenteurs de parts du fonds – c'est ce qu'a fait la *Graham-Newman Corp* en 1948, en redistribuant toute la ligne d'actions *GEICO* aux détenteurs de parts. Ce genre de distribution est très rare.

[10] NDE : Les fonds à double objectif, très populaires à la fin des années 1980, ont disparu, ce qui est bien dommage puisqu'ils offraient à l'investisseur, un moyen plus flexible pour tirer parti des compétences des meilleurs gérants de l'époque, comme John Neff. Le récent marché baissier va peut-être faire renaître ce véhicule d'investissement particulièrement intéressant.

[11] NDE : Les *fonds à performance* ont connu un énorme engouement à la fin des années 1960. Ces fonds étaient les équivalents des fonds de croissance dynamiques de la fin des années 1990. Ils n'ont d'ailleurs pas mieux servi leurs investisseurs que ces derniers.

2. Sinon, comment rester à l'écart des fonds, dont la performance est inférieure à la moyenne ?
3. Comment choisir intelligemment une catégorie de fonds plutôt qu'une autre ? Par exemple : un fonds équilibré ou un fonds action, un fonds ouvert ou fermé, un fonds à droits d'entrée ou sans droit ?

Les performances de la gestion collective[12]

Avant d'essayer de répondre à ces questions, nous ferons quelques observations sur les performances générales de la gestion collective. Sont-elles satisfaisantes, notamment par rapport à l'investissement en direct ? Nous sommes convaincus qu'en règle générale, les fonds communs de placement sont utiles. Ils ont contribué au développement de l'épargne et de l'investissement ; ils ont évité aux épargnants de faire des erreurs coûteuses ; ils leurs ont offert une source de revenus et de gains comparable aux rendements boursiers. Nous estimons même que les épargnants, qui ont choisi la gestion collective, s'en sont globalement mieux sortis, que ceux qui ont investi en direct.

Cette comparaison tient toujours, même si nous considérons que la performance des fonds n'a pas été meilleure que celle du marché et que cette performance est obérée par des frais de gestion. L'alternative offerte à l'investisseur de base n'est pas de gérer lui-même un portefeuille diversifié ou d'acheter un peu plus cher, les parts d'un fonds. D'un côté, il peut succomber aux ruses d'un démarcheur ou aux manigances, encore plus vicieuses, d'un vendeur de second rang. De l'autre, l'investisseur de base, qui gère prudemment son patrimoine, court le risque d'être tenté par la spéculation, alors que cette tentation sera moins forte en gestion collective.

Quelles sont les performances de la gestion collective par rapport à celle du marché ? Ce sujet prête à controverse, nous tâcherons de le traiter de façon claire et complète. Le Tableau 16 (cf. p. 194) nous donne les performances sur dix ans (1961-1970) des dix fonds les plus importants, en sélectionnant le plus gros de chaque catégorie. Il synthétise les rendements de chacun de ces fonds pour les périodes 1961-1965, 1966-1970 et pour les années 1969 et 1970. Nous donnons ainsi les performances sur toute la période. La valeur nette des actifs gérés par ces dix fonds s'élevait à 15 milliards de dollars à la fin 1969, soit environ un tiers de tous les actifs en gestion. Cet échantillon est donc parfaitement représentatif. (En théorie, un biais positif est introduit, car les meilleurs fonds devraient être ceux qui ont connu la plus forte croissance et qui sont donc les plus gros. Ce qui, en réalité, n'est pas le cas.)

Nous pouvons faire quelques observations intéressantes à partir de ce tableau. D'abord, nous pouvons remarquer que la performance de ces fonds sur dix ans (1961-1970) n'a pas été très différente de celle du *S&P 500.* En revanche, elle est meilleure que celle du *DJIA.* (Ce qui soulève la question de savoir pourquoi les 30 grosses

[12] NDT : La gestion collective est une gestion unifiée de capitaux, collectés par des commerciaux, sous la responsabilité des gérants de SICAV et de FCP.

capitalisations du *Dow Jones* ont fait moins bien que celles du *S&P 500.*)[13] Ensuite, nous pouvons noter que la performance des fonds, comparée à celle du *S&P 500,* s'est améliorée ces cinq dernières années, par rapport aux cinq années précédentes. Elle est légèrement inférieure entre 1961 et 1965 et, légèrement supérieure entre 1966 et 1970. Enfin, nous pouvons noter d'énormes écarts entre les performances individuelles de chacun de ces dix fonds.

TABLEAU 16 : PERFORMANCE DES 10 PLUS GRANDS FONDS COMMUNS DE PLACEMENT

	Performance (%)					Actif net Décembre 1970 (millions)
	1961-65	1966-70	1961-70	1969	1970	
Affiliated Fund	+71%	+19,7%	105,3%	-14,3%	+2,2%	1.600$
Dreyfus	+97%	+18,7%	135,4%	-11,9%	-6,4%	2.232$
Fidelity Fund	+79%	+31,8%	137,1%	-7,4%	+2,2%	819$
Fundamental Inv.	+79%	+1,0%	81,3%	-12,7%	-5,8%	1.054$
Invest. Co. Of Am.	+82%	+37,9%	152,2%	-10,6%	+2,3%	1.168$
Investors Stock Fund	+54%	+5,6%	63,5%	-80,0%	-7,2%	2.227$
Mass. Inv. Trust	+18%	+16,2%	44,2%	-4,0%	+0,6%	1.956$
National Investors	+61%	+31,7%	112,2%	+4,0%	-9,1%	747$
Putnam Growth	+62%	+22,3%	104,0%	-13,3%	-3,8%	684$
United Accum.	+74%	-2,0%	72,7%	-10,3%	-2,9%	1.141$
Moyenne	+72%	18,3%	105,8%	-8,9%	-2,2%	13.628$ (total)
S&P 500	+77%	+16,1%	104,7%	-8,3%	+3,5%	
DJIA	+78%	+2,9%	83,0%	-11,6%	+8,7%	

Nous estimons qu'il ne faut pas critiquer la gestion collective pour ses performances comparées à celles du marché. Les capitaux en gestion des fonds communs sont si importants, que leur performance ne peut être que semblable à celle du marché. (Notons qu'à la fin 1969, les 181 milliards de dollars d'investissements en fonds propres des banques commerciales, ajoutés aux comptes titres gérés par des conseillers financiers et aux 56 milliards de dollars en gestion collective, font que les décisions conjointes de ces professionnels décident de l'évolution des indices de marché. Par conséquent, la performance des indices fait celle des fonds.)

Existe-t-il des fonds qui battent le marché ? Est-il possible *a priori* de bien les sélectionner pour obtenir de meilleures performances ? Évidemment, c'est impossible, sinon nous reviendrions à la situation de départ et tout le monde serait à armes égales. Simplifions d'abord la question avant d'y répondre. Pourquoi l'investisseur ne s'intéresserait-il pas d'abord aux fonds ayant enregistré les meilleures performances et, en supposant que le gérant est le meilleur de tous et le restera, pourquoi ne sélectionnerait-il pas ce fonds ? Cette idée paraît d'autant plus séduisante que l'investisseur disposerait du meilleur gérant, sans pour autant payer une prime par rapport aux autres fonds. (À l'inverse des actions des entreprises les mieux gérées, qui sont plus chères que les autres.)

---

[13] NDE : Sur des périodes pouvant aller jusqu'à 10 ans, les rendements du *DJIA* et du *S&P 500* peuvent diverger dans d'assez grandes proportions. Sur très long terme – 25 à 50 ans – les rendements ont tendance à converger.

Malheureusement, rien ne peut l'affirmer. Cependant, dans le Tableau 16, les 10 fonds les plus importants semblent suggérer que les performances, enregistrées entre 1961 et 1965 par les cinq meilleurs, se sont poursuivies entre 1966 et 1970. Nos analyses semblent donc montrer que ces tableaux comparatifs sont intéressants (sur au moins 5 ans) pour sélectionner un fonds, *à condition* que le marché n'ait pas enregistré une forte hausse dans le même temps. En effet, dans ce cas, il est possible d'obtenir des résultats spectaculaires, mais de façon peu orthodoxe, comme nous le verrons dans le paragraphe suivant, consacré aux fonds de croissance. De si belles performances peuvent montrer que le gérant prend d'énormes risques spéculatifs et s'en tire... pour l'instant.

Les fonds de *croissance*

Récemment, un nouveau phénomène est apparu en gestion collective avec le culte de la « *croissance* », mais aussi dans les investissements en fonds propres des banques. D'abord, nous devons souligner que ce qui suit ne concerne pas la plupart des fonds réputés, mais seulement quelques exceptions, qui ont malheureusement fait les gros titres des media. L'histoire est d'une simplicité déconcertante. Certains gérants n'ont eu de cesse de vouloir battre le *DJIA*. Ils y sont parvenus pendant un temps, s'attirant publicité et capitaux. Leur objectif est bien légitime, mais malheureusement, ils ont réussi en prenant des risques démesurés. Or, un jour ou l'autre, les risques se transforment en réalité.

Cette mode a de quoi inquiéter les vieux briscards – même ceux qui ont connu 1929 – dont l'opinion est qualifiée de ringarde, alors que nous traversons une seconde *Nouvelle Ère*.[14] D'abord, nous pouvons observer que la plupart de ces gérants à succès sont de jeunes hommes, brillants – dans leur trentaine ou quarantaine – dont l'expérience boursière se limite à la formidable hausse des marchés entre 1948 et 1968. Ensuite, ces gérants se comportent comme si un bon investissement est une action dont le cours est sûr de grimper à court terme. Tout ceci a entraîné ces gérants à miser gros sur de jeunes entreprises à des prix disproportionnés par rapport à leurs actifs ou à leurs résultats passés. Seul l'espoir de beaux jours et l'enthousiasme spéculatif d'un public naïf et cupide justifient ces cours.

Nous ne donnerons aucun nom, mais vous saurez trouver des exemples concrets. Le fonds le plus célèbre est certainement *Manhattan Fund, Inc.*, créé fin 1965. Le fonds a émis pour 27 millions de parts à 9,25$ pour un nominal de 10$. Il démarra avec 247 millions de dollars en gestion, avec un unique objectif de plus-values. Les capitaux collectés étaient tous investis dans des valeurs au PER élevé, ne servant pas de dividende (ou très peu) et dont les cours étaient très volatils. Le fonds enregistra une hausse de 38,6% en 1967, contre 11% pour le *S&P 500*. Malheureusement, par la suite, ses performances se gâtèrent comme le montre le Tableau 17.

---

[14] NDT : La *Nouvelle Ère* qualifie les *Années Folles* qui ont précédé la crise de 1929. Graham utilise souvent ce vocable pour qualifier les bulles spéculatives. Cette notion de *Nouvelle Ère* a été reprise à la fin des années 1990, quand on a évoqué l'avènement de la *Nouvelle Économie*, avec le développement des applications de l'Internet.

TABLEAU 17 : PERFORMANCE DU *MANHATTAN FUND* AU 31/12/1969

Nombre de titres (milliers)	Valeurs	Cours	Bénéfice (1969)	Dividende (1969)	Capitalisation (millions $)
60	*Teleprompter*	99,00$	0,90$	Aucun	6,0$
190	*Deltona*	60,50$	2,32$	Aucun	11,5$
280	*Fedders*	34,00$	1,28$	0,35$	9,5$
105	*Horizon Corp.*	53,50$	2,68$	Aucun	5,6$
150	*Rouse Co.*	34,00$	0,07$	Aucun	5,1$
130	*Mattel, Inc.*	64,25$	1,11$	0,20$	8,4$
120	*Polaroid*	125,00$	1,90$	0,32$	15,0$
244	*Nat'l Students Mktg*	28,50$	0,32$	Aucun	6,1$
56	*Telex Corp.*	90,50$	0,68$	Aucun	5,0$
100	*Bausch & Lomb*	77,25$	1,92$	0,80$	7,8$
190	*Four Seasons Nursing*	66,00$	0,80$	Aucun	12,3$
20	*IBM*	365,00$	8,21$	3,60$	7,3$
41.5	*NCR*	160,00$	1,95$	1,20$	6,7$
100	*Saxon Ind.*	109,00$	3,81$	Aucun	10,9$
105	*Career Academy*	50,00$	0,43$	Aucun	5,3$
285	*King Resources*	28,00$	0,69$	Aucun	8,1$
Principales lignes du *Manhattan Fund*					130,6$
		Autres actions ordinaires			93,8$
		Autres titres			19,6$
		Total			244,0$

Performance annuelle comparée à celle du *S&P 500*

	1966	1967	1968	1969	1970	1971
Manhattan Fund	-6,0%	+38,6%	-7,3%	-13,3%	-36,9%	9,6%
S&P 500	-10,1%	+23,0%	+10,4%	-8,3%	+3,5%	13,5%

Le portefeuille du *Manhattan Fund*, fin 1969, n'est pas cohérent, c'est le moins que l'on puisse dire. Il est pour le moins inhabituel de retrouver deux sociétés en règlement judiciaire à peine six mois après avoir été mises en portefeuille et une troisième en cessation de paiement. Le plus extraordinaire est de savoir que les titres de ces sociétés, vouées à l'échec, ont été achetés par ce fonds, mais aussi par les fonds de dotation universitaires et certaines grandes banques.[15] Ajoutons que le gérant-fondateur du *Manhattan Fund* a cédé ses parts à une autre société de gestion pour 20 millions de dollars, alors que la société acquéreuse n'avait qu'un million de dollars d'actifs en gestion ! Voilà l'une des plus belles arnaques financières.

Un livre publié fin 1969[16] faisait le portrait de dix-neuf gérants « *qui étaient les meilleurs dans la gestion des capitaux des autres* ». L'introduction disait « *qu'ils étaient jeunes... Que certains gagnaient plus d'un million de dollars par an... Qu'ils faisaient partie d'une nouvelle race de financiers... Qu'ils étaient complétement fascinés par les marchés... Et qu'ils avaient ce talent particulier, celui de dénicher les valeurs*

---

[15] NDE : L'une des « *sociétés vouées à l'échec* » à laquelle fait référence Graham est la *National Student Marketing Corp.*, cette société fantôme déguisée en société par actions, dont la saga a été brillamment contée par Andrew Tobias dans *The Funny Money Game,* Playboy Press, New York, 1971. Parmi les supposés investisseurs avisés, floués par le fondateur charismatique de *SMC*, Cort Randell, il y avait les fonds de dotation de *Cornell* et de *Harvard* ainsi que les départements d'investissement de grandes banques comme *Morgan Guaranty* et *Bankers Trust*.

[16] NDG : Kaplan G.E., Welles C., *The Money Managers*, Random House, 1969.

gagnantes. » Nous pouvons nous faire une idée précise des performances de ce groupe de champions en examinant leurs performances. Nous avons connaissance des résultats de 12 de ces 19 génies de la finance décrits dans le livre. Comme nous pouvions nous y attendre, leur performance fut bonne en 1966, excellente en 1967, globalement bonne en 1968, mais disparate suivant les fonds. En 1969, ils ont tous enregistré des pertes, un seul parvint à s'en tirer mieux que le *S&P 500.* En 1970, leur performance relative aux autres fonds fut pire qu'en 1969.

Nous vous avons dressé ce panorama pour en tirer une morale, qui ne saurait être mieux exprimée que dans ce vieux proverbe français[17] : « *Plus ça change, plus c'est la même chose.* » Depuis toujours, des gens brillants, souvent jeunes et débordant d'énergie, promettent de réaliser des miracles *avec l'argent des autres.* Ils savent tenir leurs promesses pendant un temps – sinon ils en donnent l'apparence – et finalement ils ruinent ceux qui les suivent.[18] Il y a un demi-siècle, les *miracles* s'accompagnaient de manipulations comptables, de rapports annuels frauduleux, de structures financières totalement déséquilibrées et d'autres pratiques frauduleuses. Tous ces excès ont amené la *SEC* à élaborer un système compliqué de contrôles financiers et encouragé le grand public à rester prudent face à la bourse. Les élucubrations de cette *nouvelle race* de gérants, entre 1965 et 1969, se sont produites à peine plus d'une génération après les excès de 1926-1929.[19] Les fraudes punies après la crise de 1929 ne sont pas réapparues, car leurs auteurs encouraient la prison. Mais dans les cercles de *Wall Street,* elles ont été remplacées par de nouveaux gadgets et de nouveaux tours de passe-passe, qui ont abouti aux mêmes résultats. Les manipulations de cours ont disparu au profit d'autres méthodes pour attirer un public toujours naïf vers les valeurs à la mode. Par exemple, des blocs d'actions privées (*letter stocks*[20]) peuvent être vendues bien au-dessous de leurs cours officiels, il suffit de les assortir de clauses restrictives secrètes. Naturellement, ces actions sont portées dans la comptabilité des fonds d'investissement aux cours officiels, permettant ainsi de doper artificiellement leur performance. Bien d'autres techniques existent. Finalement, même avec un cadre légal plus strict, il n'y a rien de surprenant à ce que *Wall Street* répète les abus et les erreurs des années 1920.

Aucun doute, les excès conduiront à encore plus de régulation et plus d'interdits. Les abus des années 1960 ne sont plus tolérés à *Wall Street.* Mais ne croyez pas que le

---

[17] NDT : Graham est francophone et francophile.

[18] NDE : Pour preuve de la véracité du dicton « *Plus ça change, plus c'est la même chose* », prenons le cas de Ryan Jacob, un jeune loup de 29 ans, qui a lancé le *Jacob Internet Fund* à la fin 1999, après avoir dégagé un résultat de 216% sur son précédent fonds *dot-com.* Il a collecté auprès des investisseurs près de 300 millions de dollars durant les cinq premières semaines de 2000. Malheureusement, le fonds a réussi à perdre 79,1% en 2000 ; 56,4% en 2001 et 13% en 2002, soit au total 92%. Cette perte a sans doute rendu les investisseurs du fonds plus sages et plus réfléchis...

[19] NDE : Curieusement, l'explosion de la bulle Internet de 1999-2002 s'est également produite 35 ans après le précédent cycle de folie spéculative. Il faut peut-être 35 ans pour que les vieux baroudeurs des marchés perdent toute influence. Si c'est exact, l'*investisseur intelligent* devra redoubler de vigilance autour de 2030.

[20] NDE : Une « *letter stock* » est une part d'associée non enregistrée auprès de la *SEC* (*Security & Exchange Commission*), qui ne peut donc pas être vendue au grand public.

désir de spéculer ou que l'exploitation de cette faiblesse disparaîtront. L'*investisseur intelligent* doit connaître ces *Grandes Désillusions*[21] et rester à l'écart du marché.

La performance de ces fonds de *croissance* est particulièrement médiocre *après* 1967. Si nous réintégrons celle de 1967, la performance globale est moins désastreuse. Un des dix gérants à même nettement battu le *S&P 500*, trois ont fait beaucoup moins bien et six ont eu des résultats proches de ceux du marché. Prenons maintenant un deuxième groupe de fonds de *croissance* : les dix ayant eu les meilleures performances en 1967 (avec des gains de 84% à 301% sur l'année). Dans ce groupe, quatre fonds ont eu des performances globales sur quatre ans (excepté 1967) supérieures au *S&P 500*, parmi lesquels deux ont fait mieux ces trois dernières années (1968-1970). Aucun de ces fonds n'était très gros, avec en moyenne 60 millions de dollars en gestion. Voilà un indice laissant penser que la taille d'un fonds est une condition nécessaire à une performance durable.

Ces observations montrent que pour battre le marché, les gérants doivent prendre des risques. L'expérience laisse penser que les fonds de grande taille, gérés prudemment, dégagent une performance à long terme au mieux légèrement supérieure à celle du marché. Les gérants, qui prennent des risques, peuvent afficher pendant un temps une performance spectaculaire, mais illusoire, avant d'engranger des pertes. Nous pouvons citer des fonds, qui ont eu de très beaux résultats sur 10 ans ou plus. Mais ils sont rares, spécialisés, petits et ils ne sont pas commercialisés auprès du grand public.[22]

Les fonds fermés et les fonds ouverts

La plupart des fonds communs de placement ou des fonds ouverts sont liquides, car les détenteurs peuvent tous les jours acheter et vendre leurs parts à la valeur liquidative. Ces fonds peuvent aussi émettre de nouvelles parts en fonction des besoins, ce qui leur permet de se développer. Les fonds fermés, anciens pour la plupart, sont à capital fixe, c'est pour cette raison que leur importance relative diminue. Les fonds ouverts sont vendus par une armée de commerciaux compétents et persuasifs. À l'inverse, personne ne fait la promotion des fonds fermés. C'est ainsi que la prime sur la valeur des actifs d'un fonds commun de placement s'élève à 9% (pour couvrir les frais de commercialisation, etc.) alors que les parts de fonds fermés sont vendues à un cours inférieur à la valeur des actifs en gestion. Ce rabais varie en fonction du temps et des fonds. Le Tableau 18, page suivante, illustre ce rabais sur la période 1961-1970.

---

[21] NDT : Graham fait sans doute référence au titre du livre de Charles MacKay (*Extraordinary Popular Delusions and the Madness of Crowds*) publié en 1852. Le volume évoque *la bulle des mers du sud*, la *tulipomanie* et d'autres bulles spéculatives. Il fut réédité par Bernard Baruch, un ami de Graham, peut-être le seul spéculateur qui a réussi. C'est peut-être aussi ce qui a donné le titre à l'ouvrage de Joseph E. Stiglitz, Prix Nobel d'économie.

[22] NDE : L'équivalent contemporain de ces « *rares fonds* » évoqués par Graham, sont les fonds ouverts, mais qui n'accueillent pas de nouveaux investisseurs, autrement dit, les gérants ne collectent plus de nouveaux capitaux. Cela réduit les commissions de gestion des gérants, mais les pousse à se dépasser. Fermer l'accès à de nouveaux capitaux est rare et courageux.

TABLEAU 18 : PERFORMANCE COMPARÉE DES FONDS FERMÉS

Années	Rabais moyens des fonds fermés	Performance moyenne des fonds fermés	Performance moyenne des fonds communs	Performance du *S&P 500*
1970	-6%		-5,3%	+3,5%
1969		-7,9%	-12,5%	-8,3%
1968	+7%	+13,3%	+15,4%	+10,4%
1967	-5%	+28,2%	+37,2%	+23,0%
1966	-12%	-5,9%	-4,1%	-10,1%
1965	-14%	+14,0%	+24,8%	+12,2%
1964	-10%	+16,9%	+13,6%	+14,8%
1963	-8%	+20,8%	+19,3%	+24,0%
1962	-4%	-11,6%	-14,6%	-8,7%
1961	-3%	+23,6%	+25,7%	+27,0%
Moyenne		+9,14%	+9,95%	+9,79%

Inutile d'être perspicace pour comprendre que la performance des fonds fermés n'a rien à voir avec leur rabais. C'est ce que nous observons en comparant la performance des fonds fermés à celle des fonds ouverts, entre 1961 et 1970.

Nous pouvons donc conclure que si vous devez placer vos capitaux dans un fonds, achetez les parts d'un fonds fermés, à un rabais de 10% à 15%, plutôt que celles d'un fonds ouvert à un surcoût de 9% par rapport à la valeur des actifs en gestion. En supposant que dividendes et plus-values soient les mêmes pour les deux types de fonds, vous gagnerez 20% de plus sur le capital placé en sélectionnant un fonds fermé.

Le commercial ne manquera pas d'argumenter en disant : « *Si vous achetez des parts de fonds fermés, vous ne pouvez pas être sûrs du prix de vente. Le rabais pourra être plus élevé qu'aujourd'hui et vous risquez d'y perdre. Alors qu'avec un fonds ouvert, vous êtes sûrs de les vendre à 100% de leur valeur, pas moins.* » Examinons cet argument, ce qui n'est qu'un exercice de réflexion et de bon sens. Question : « *En supposant que le rabais sur la valeur des actifs du fonds fermé augmente, le fonds fermé est-il moins intéressant que le fonds ouvert ?* »

Faisons un peu d'arithmétique. Admettons que l'investisseur A achète les parts d'un fonds ouvert à 109% de leur valeur des actifs et que l'investisseur B achète des parts d'un fonds fermé à 85% de la valeur des actifs, plus une commission de 1,5%. Supposons aussi que les actifs des deux fonds s'apprécient de 30% en quatre ans, les parts auront donc la même valeur en fin de période.

L'investisseur A vendra ses parts à 100% de leur valeur, perdant donc la prime de de 9%. Sa performance sur la période sera donc de 21% (30%-9%) sur la valeur des actifs. Ce qui représente une rentabilité de 19% (91% de 21%) sur les sommes investies. À combien doit vendre l'investisseur B pour obtenir la même rentabilité sur son investissement ? La réponse est à 73%, autrement dit il doit céder ses parts avec un rabais de 27% sur la valeur des actifs. En d'autres termes, l'investisseur B peut se permettre d'absorber une hausse du rabais de 12 points (27-15) et s'en tirer tout de même aussi bien que l'investisseur A. Cette situation n'arrive presque jamais. Par conséquent, il est peu probable que la performance d'un fonds fermé soit inférieure à celle d'un fonds ouvert détenant les mêmes valeurs. Cet avantage se réduit si la prime sur le fonds ouverts se réduit, mais l'avantage des fonds fermés demeure.

TABLEAU 19 : PERFORMANCE MOYENNE DES FONDS FERMÉS ET DIVERSIFIÉS (1961-1970)

	1970	1966-1970	1961-1970	Prime ou rabais
3 fonds vendus avec prime	-5,2%	+25,4%	+115,0%	11,4% (prime)
10 fonds vendus avec rabais	+1,3%	+22,6%	+102,9%	9,2% (rabais)

Source : *Weissenberger Financial Services*

Une autre question naît du fait que quelques fonds fermés se vendent avec une prime supérieure aux 9% des fonds ouverts. Les sociétés de gestion commercialisant ces fonds offrent-elles de meilleures performances justifiant cette prime ? La réponse est négative. Trois des six fonds fermés vendus avec une prime investissent sur des marchés étrangers. Ils partagent une caractéristique commune : la volatilité de leur valeur liquidative. À la fin de 1970, l'un d'eux ne se vendait plus qu'à un quart de son plus haut, un autre à un tiers, un troisième à moitié prix.[23] Si nous retenons uniquement les fonds investis en valeurs américaines, nous observons que leur performance moyenne sur dix ans est légèrement supérieure à celle de dix autres fonds fermés qui, eux, s'échangeaient avec un rabais. Cela étant, ces résultats seraient inversés en ne prenant que les cinq dernières années. Une étude comparative sur la période 1961-1970 entre *Lehman Corp.* et *General American Investors*, deux des plus grands et plus anciens fonds fermés (Tableau 20) montre que le premier se vendait avec une prime de 14% et l'autre avec un rabais de 7,6% fin 1970. La différence entre le cours et la valeur des actifs ne paraît pas justifiée au vu de ces chiffres.

TABLEAU 20 : COMPARAISON DE DEUX FONDS FERMÉS

	1970	1966-1970	1961-1970	Prime ou rabais
General American Investors Co.	-0,3%	+34,0%	+165,6%	7,6% (rabais)
Lehman Corp.	-7,2%	+20,6%	+108,0%	13,9% (prime)

Source : *Weissenberger Financial Services*

Investir dans un fonds équilibré

Les 23 fonds équilibrés évoqués dans le *Weissenberger Report* détenaient entre 25% et 59% de leurs actifs en actions de préférence et en obligations, la moyenne étant à 40%, le solde étant placé en actions. Il est plus logique qu'un investisseur achète directement des obligations, plutôt que passer par un fonds commun de placement. En effet, en 1970, le rendement moyen offert par ces fonds équilibrés ne s'élevait qu'à 3,9% de la valeur des actifs, soit 3,6% en net. Pour la composante obligataire de son portefeuille, l'investisseur devrait plutôt placer directement en bons du Trésor, en obligations industrielles de qualité ou alors en obligations défiscalisées.

[23] NDE : Les fonds « *pays* » qui sont des fonds d'investissement fermés cotés sur l'*American Stock Exchange*, ont été parmi les meilleurs investissements en termes de performance au premier trimestre 1990 grâce notamment à la forte hausse de leur prime. Ces mêmes fonds se sont effondrés au cours des mois suivants quand cette prime a disparu.

COMMENTAIRES SUR LE CHAPITRE 9

Le maître d'école demanda à Billy Bob : « Si tu as douze moutons et que l'un d'eux saute au-dessus de la clôture, combien t'en reste-t-il ? » Billy Bob répondit : « Zéro. » « Ah bon ! » lui dit le maître, « Tu es sûr de ton résultat ? » « Non », répondit Billy Bob, « Mais je suis sûr de bien connaître mes moutons. »

Blague texane

Presque parfaits

Les fonds communs de placement ont été créés aux États-Unis en 1924 par un ancien commercial, qui vendait des casseroles en aluminium et s'appelait Edward G. Leffler. Les fonds communs de placement sont plutôt bon marché, très pratiques, diversifiés en règle générale, gérés professionnellement et très réglementés. En rendant l'investissement facile et accessible au plus grand nombre, ces fonds ont permis à 54 millions de familles américaines (et des millions d'autres dans le reste du monde) d'investir – voilà sans doute la plus belle démocratisation d'un produit financier.

Mais les fonds communs de placement ne sont pas des produits parfaits. Ils sont *presque* parfaits, un qualificatif qui fait toute la différence. En raison de leurs imperfections, les fonds sous-performent le marché, génèrent des coûts, sont un casse-tête fiscal et ont des performances erratiques. L'*investisseur intelligent* devra donc soigneusement les sélectionner pour éviter ces tracas.

Le hit-parade

La plupart des investisseurs sélectionnent les fonds qui enregistrent les meilleures performances, en imaginant que ça va durer. Pourquoi ? Les psychologues ont découvert que nous formons nos prévisions seulement sur la base de quelques événements passés. D'expérience, nous savons que certains plombiers sont meilleurs que d'autres, que certains joueurs marquent plus souvent, que notre restaurant préféré est meilleur que les autres, que les bons élèves ont de bonnes notes, que le talent et le travail sont toujours récompensés. Par conséquent, si un fonds bat le marché, il n'y a aucune raison que ça cesse.

Malheureusement, sur les marchés financiers, la chance est plus forte que le talent. Le gérant, qui a la chance de se trouver au bon endroit, au bon moment, sera qualifié de brillant, mais la chance peut tourner et il peut perdre tout son lustre. Le Tableau 21 (cf. p. 202) illustre ce que sont devenus les fonds les plus performants de 1999.

C'est une autre façon de se souvenir que le secteur à la mode en 1999 était celui des valeurs Internet et qu'il est devenu en une fraction de seconde aussi froid que l'azote liquide.[24] Ceci vient nous rappeler, que sélectionner un fonds en fonction de ses performances passées est l'une des plus grosses erreurs. Les universitaires, qui ont étudié depuis 50 ans les performances des fonds communs de placement, sont unanimes sur les conclusions à tirer :

- La performance des gérants ne permet pas de compenser les frais de gestion et les coûts de transaction ;
- Plus les frais de gestion d'un fonds sont élevés, plus faible est sa performance ;
- Plus le taux de rotation des titres en portefeuille est élevé, plus faible est la performance ;
- Les fonds très volatils, en termes de performance, ont toutes les chances de le rester ;
- Les fonds, qui ont surperformé, ont peu de chances de continuer.[25]

TABLEAU 21 : LE CLUB DES ÉTOILES FILANTES

Fonds	Rendement annuel				Valeur au 31/12/02 pour 10.000$ investis au 01/01/99
	1999	2000	2001	2002	
Van Wagoner Emerging Growth	291,2%	-20,9%	-59,7%	-64,6%	4.419$
Monument Internet	273,1%	-56,9%	-52,2%	-51,2%	3.756$
Amerindo Technology	248,9%	-64,8%	-50,8%	-31,0%	4.175$
PBHG Technology & Commun.	243,9%	-43,7%	-52,4%	-54,5%	4.198$
Van Wagoner Post-Venture	237,2%	-30,3%	-62,1%	-67,3%	2.907$
ProFunds Ultra OTC	233,2%	-73,7%	-69,1%	-69,4%	829$
Van Wagoner Technology	223,8%	-28,1%	-61,9%	-65,8%	3.029$
Thurlow Growth	213,2%	-56,0%	-26,1%	-31,0%	7.015$
Firsthand Technology Innovators	212,3%	-37,9%	-29,1%	-54,8%	6.217$
Janus Global Technology	211,6%	-33,7%	-40,0%	-40,9%	7.327$
Wilshire 5000 (indice de marché)	23,8%	-10,9%	-11,0%	-20,8%	7.780$

Source : Lipper
Note : *Monument Internet* a été renommé *Orbitex Emerging Technology*
Ces 10 fonds ont été les meilleurs de l'année 1999 et de tous les temps. Ils ont, en 3 ans, effacés tous les gains de toute l'année 1999.

Vos chances de sélectionner le fonds qui offrira la meilleure performance en se basant sur ses performances historiques sont proches de zéro. (Voir encadré à la fin des Commentaires du Chapitre 9, p. 211)

En revanche, il y a beaucoup à apprendre de ces études. D'abord, vous serez plus cultivé si vous savez pourquoi il est si difficile de trouver un fonds performant. Ensuite,

[24] NDE : Il existe aujourd'hui, et même depuis les années 1920, des fonds sectoriels spécialisés dans presque tous les secteurs économiques. L'analyse des statistiques est intéressante. Le secteur le plus performant et donc le plus populaire, pendant un certain temps est le plus mauvais l'année suivante. Tout comme l'oisiveté est la mère de tous les vices, les fonds sectoriels sont les ennemis de l'investisseur.

[25] NDE : Les recherches académiques sur la performance des fonds communs de placement sont trop nombreuses pour être toutes citées ici. Des résumés et des liens utiles peuvent être trouvés sur : www.investorhome.com/mutual.htm#do ; sur www.ssrn.com et sur www.stanford.edu/wfsharpe/art.htm.

si la performance passée ne prédit pas celle à venir, il y a des critères pour accroître ses chances de trouver un fonds intéressant. Enfin, investir dans un fonds est intéressant, même s'il ne bat pas le marché, car il permet de diversifier à moindre coût et de consacrer son temps à d'autres activités que la gestion du portefeuille.

Les premiers devraient être les derniers

Pourquoi la performance d'un fonds n'est-elle pas durable ? Tout simplement, car plus leurs performances sont bonnes, plus les obstacles s'accumulent :

Le turnover des gérants. Quand un gérant a la baraka, tout le monde se l'arrache, y compris les concurrents. Si vous avez investi dans le fonds *Transamerica Premier Equity Fund,* pour profiter du savoir-faire de Glen Bickerstaff, qui avait enregistré un résultat de 47,5% en 1997, pas de chance. *TCW* l'a débauché pour gérer le fonds *Galileo Select Equity Fund.* Le fonds *Transamerica* a alors sous-performé le marché trois années sur quatre. Si vous aviez acheté le *Fidelity Aggressive Growth Fund* début 2000, qui a presque triplé depuis 1997, pour profiter des conseils de Erin Sullivan, encore pas de chance. Erin est parti pour lancer son propre *hedge fund* en 2000 et son ancien fonds a perdu près des trois quarts de sa valeur dans les trois années suivantes.[26]

Les volumes d'actifs en gestion. Quand un fonds enregistre de belles performances, les investisseurs ne tardent pas à le savoir, injectant beaucoup de capitaux en quelques semaines. Le gérant du fonds a peu d'options, toutes plus mauvaises les unes que les autres. Il peut conserver les capitaux collectés sous forme de liquidités, en prévision des mauvais jours, mais ces liquidités vont obérer la performance du fonds si la bourse continue de grimper. Il peut aussi placer ces fonds sur des valeurs déjà en portefeuille, qui se sont probablement déjà beaucoup appréciées depuis qu'il les a achetées, au point qu'elles sont probablement surévaluées, notamment s'il continue à en acquérir. Il peut également choisir des titres qu'il n'appréciait pas jusqu'à présent, mais il faudra faire tout le travail de sélection et surveiller un nombre de lignes encore plus grand. Finalement quand le « *Fonds Agile* » doté de 100 millions de dollars, investit 2% de ses actifs (soit 2 millions de dollars) sur la société « *Menu Fretin* » dont la capitalisation boursière est de 500 millions de dollars, il n'achètera que 0,5% de « *Menu Fretin* ». En revanche, si les performances du « *Fonds Agile* » l'amène à atteindre 10 milliards de dollars d'actifs en gestion, un investissement de 2% de ses actifs représentera 200 millions de dollars, soit près de 50% de la capitalisation boursière de « *Menu Fretin* » ce que la loi interdit. Si le gérant du « *Fonds Agile* » veut absolument avoir de petites capitalisations en portefeuille, il lui faudra répartir ses capitaux sur un grand nombre d'entreprises, au risque d'être moins attentif.

---

[26] NDE : Cela ne veut pas pour autant dire que ces fonds auraient fait mieux si leur gérant était resté. Tout ce dont nous pouvons être sûrs, c'est que les deux fonds ont sombré dans la médiocrité dès que les gérants sont partis.

Les expériences réussies. Certaines sociétés de gestion de portefeuille ont pour habitude d'incuber leurs fonds communs de placement – c'est-à-dire de les tester en privé avant de les commercialiser au grand-public. (Généralement, les seuls détenteurs de ces fonds sont les partenaires et les salariés de la société de gestion.) En minimisant la taille de ces fonds, le gérant peut les utiliser comme des rats de laboratoire, qu'il soumettrait à toutes sortes de stratégies risquées donnant de bons résultats avec peu de capitaux, comme par exemple acheter des valeurs avec un faible flottant ou faire un aller-retour dans les introductions en bourse. Si les résultats sont au rendez-vous, le fonds pourra attirer les investisseurs en mettant en avant des performances intéressantes. Dans d'autres cas, les gérants ne collectent pas de frais de gestion pour doper le rendement net, avant d'imputer des frais de gestion après l'arrivée de nouveaux clients. Les performances des fonds incubés ou des fonds exempts de commissions sont presque toujours retombées dans la médiocrité, après l'injection de millions de dollars par des investisseurs externes.

La hausse des coûts. Il coûte souvent plus cher d'échanger des blocs d'actions, que de les acheter à l'unité, car le nombre d'acheteurs et de vendeurs potentiel est restreint et il est difficile de faire coïncider l'offre et la demande. Un fonds de 100 millions de dollars d'actifs en gestion peut payer 1% par an en frais de transaction. Mais si le fonds gonfle pour atteindre 10 milliards de dollars, les coûts de transaction peuvent monter jusqu'à 2% de la valeur des actifs. La durée de conservation moyenne des titres pour un fonds est de 11 mois, ce qui signifie que les coûts de transaction obèrent la performance. En revanche, les autres coûts supportés par la société de gestion de portefeuille baissent rarement (au contraire, parfois ils augmentent) avec la hausse du volume des actifs en gestion. Avec des frais de gestion de 1,5% et des coûts de transaction de 2%, le gérant doit battre le marché d'au moins 3,5% par an pour que le fonds fasse aussi bien que le marché !

Un comportement moutonnier. Enfin, quand un fonds obtient de belles performances, ses gestionnaires ont tendance à devenir timides et à se comporter en suiveurs. Avec la croissance du fonds, les commissions de gestion deviennent plus importantes, ce qui incite les gérants à ne pas faire de vagues. En effet, les risques, qu'avaient pris autrefois les gérants pour dégager une belle rentabilité, peuvent maintenant faire fuir les investisseurs et mettre en danger leurs juteuses commissions. C'est pourquoi les plus gros fonds ressemblent à un troupeau de moutons engraissés, avançant à la queue leu leu, en bêlant en cœur. Tous les fonds de croissance détiennent du *Cisco*, *General Electric*, *Microsoft*, *Pfizer* et *Wal-Mart,* dans des proportions sensiblement identiques. Ce comportement est si répandu que les chercheurs en finance le qualifient d'instinct grégaire.[27] Par conséquent, en faisant tout pour protéger leurs commissions, les gérants compromettent la performance de leurs fonds.

---

[27] NDE : Il y a ici une deuxième leçon à tirer : pour réussir, l'investisseur individuel ne doit pas piocher dans la même liste de titres que ceux détenus par les fonds ou alors il doit les conserver pendant plus longtemps. Voir Sirri E., Tufano P., *Costly Search and Mutual Fund Flows*, The Journal of Finance, vol. 53, n°8, octobre 1998, pp. 1589-1622 ; Brown K., Harlow W., Starks L., *Of Tournaments and Temptations*, The Journal of Finance, vol. 51, n°1, mars 1996, pp. 85-110 ; Lakonishok J., Shleifer A., Vishny R., *What Do Money*

FIGURE 8 : L'ENTONNOIR DES PERFORMANCES

Au 31 décembre 2002, combien de fonds en actions américaines ont dépassé les performances du fonds indiciel *Vanguard 500 Index Fund*[28] ?

Sur un an :
1.186 sur 2.423 fonds (ou 48,9%)

Sur trois ans :
1.157 sur 1.944 fonds (ou 59,5%)

Sur cinq ans :
768 sur 1.494 fonds (ou 51,4%)

Sur dix ans :
227 sur 728 fonds (ou 31,2%)

Sur quinze ans :
125 sur 445 fonds (ou 28,1%)

Sur vingt ans :
37 sur 248 fonds (ou 14,9%)

Source : *Lipper, Inc.*

En raison de leurs charges de structure élevées et de comportements déplorables, beaucoup de fonds ne parviennent pas à subvenir à leurs besoins. Les rendements élevés sont aussi périssables que du poisson à l'air libre. Compte tenu de leurs charges, les fonds finissent par être loin de leur indice de référence, comme le montre la Figure 8.[29]

Que doit donc faire l'*investisseur intelligent* ? Tout d'abord reconnaître qu'un fonds indiciel – qui détient indistinctement toutes les actions de l'indice – bat à long terme presque tous les fonds. (Si votre entreprise ne vous permet pas de sélectionner un fonds indiciel à faible coût pour votre plan d'épargne retraite 401(k), encouragez les autres salariés à signer une pétition pour demander d'avoir accès à un tel fonds.)

Managers Do ? document de recherche, University of Illinois, février 1997, Eakins S., Stansell S., Wertheim P., *Institutional Portfolio Composition*, Quarterly Review of Economics and Finance, vol. 38, n°1, printemps 1998, pp. 93-110 ; Gompers P., Metrick A., *Institutional Investors and Equity Prices*, The Quarterly Journal of Economics, vo. 116, n°1, février 2001, pp. 229-260.

[28] NDT : Ce fonds réplique les performances du *S&P 500*.

[29] NDE : Cette illustration sous-estime l'avantage des fonds indiciels, car la base de données utilisée n'intègre pas les performances de centaines de fonds, qui ont disparu au cours de ces périodes. Si nous l'avions mesuré de façon plus exacte, l'avantage de la gestion indicielle serait encore plus évident.

Les fonds indiciels offrent un avantage considérable avec de faibles coûts : des frais de tenue de compte de 0,2% et des coûts de transaction de 0,1%. En imaginant que les actions offrent un rendement de 7% par an sur 20 ans, un fonds indiciel à frais réduits comme le *Vanguard Total Stock Market* rapporte du 6,7% par an. (Un investissement de 10.000$ donne 30 ans plus tard plus de 36.000$.) Or, un fonds actions moyen, plombé par des frais de tenue de compte de 1,5% et des frais de transaction de 2%, vous rapportera au mieux 3,5% par an. (Ce qui portera un placement de 10.000$ à 20.000$ sur 30 ans – soit près de 50% de moins que ce que vous auriez gagné avec un fonds indiciel.)

Les fonds indiciels n'ont qu'un seul défaut : ils sont ennuyeux. Impossible de frimer auprès de vos amis et de vous vanter d'avoir investi dans le fonds commun de placement le plus glamour. Vous ne pourrez jamais prétendre avoir battu le marché, puisque le but d'un fonds indiciel est d'égaler la performance du marché, pas de la battre. D'ailleurs, le gérant de votre fonds indiciel n'est pas du genre à prendre des paris sur le fait que la prochaine lubie des marchés sera la téléportation ou les cliniques d'amaigrissement par télépathie. Non, le fonds sera composé de toutes les valeurs de l'indice, pas celles sélectionnées par le gérant pour surperformer. Cependant, au fil du temps, l'économie sur les frais de gestion va avoir un effet boule de neige. Investissez dans un fonds indiciel en effectuant des versements mensuels programmés et, au bout de 20 ans ou un peu plus, vous êtes sûrs de faire mieux que la plupart des gérants professionnels et des investisseurs individuels. À la fin de sa vie, Benjamin Graham, comme Warren Buffett, ont vanté les mérites de la gestion indicielle en tant que meilleure stratégie d'investissement pour les investisseurs individuels.[30]

Sélectionner un fonds

Quand vous additionnez tous ces handicaps, le plus surprenant, c'est constater que certains réussissent à battre le marché. Quelles sont les caractéristiques des fonds les plus performants ?

Les gérants détiennent des parts du fonds qu'ils gèrent. Les conflits d'intérêt entre gérant et souscripteurs sont minimes, car les gérants investissent leur propre argent dans le fonds. Certaines sociétés de gestion, comme *Longleaf Partners* par exemple, vont jusqu'à interdire à leurs salariés d'investir dans d'autres fonds que ceux de la société. Chez *Longleaf* ou d'autres comme *Davis* et *FPA*, les gérants détiennent tellement de parts, qu'ils gèrent votre capital comme si c'était le leur, ce qui limite le risque d'une hausse des frais de garde, le risque d'un développement phénoménal du fonds ou le risque d'un redressement fiscal. Les prospectus des fonds communs,

[30] NDT : Voir Graham B., *Benjamin Graham: Memoirs of the Dean of Wall Street*, Seymour Chatman, Mc Graw-Hill, New York, 1996, p. 273, et Lowe J., *The Rediscovered Benjamin Graham : Selected Writings of the Wall Street Legend*, John Wiley & Sons, New York, 1999, p. 273. Comme l'a écrit Warren Buffett dans son rapport annuel de 1996 : « *Les investisseurs institutionnels et individuels vont découvrir que la meilleure façon d'investir en actions est de le faire grâce à un fonds indiciel qui prélève des frais minimaux. Ceux qui suivent cette voie sont sûrs de battre la performance nette (après frais et charges) de la plupart des gérants professionnels.* » Voir www.berkshirehathaway.com/1996ar/1996.html.

disponibles auprès de la *SEC* en consultant la base de données *EDGAR* sur www.sec.gov, indiquent si le gérant détient au moins 1% des parts du fonds.

Ces fonds sont bon marché. L'un des mythes du marché est que « *vous n'en avez que pour votre argent* » – autrement dit, la performance justifie des frais élevés. Cet argument soulève deux problèmes. D'abord, c'est faux, car de nombreuses études ont montré que les fonds, qui prélèvent des frais élevés, sont ceux qui enregistrent à la longue les rendements les *plus faibles*. Ensuite, il s'avère que les belles performances ne sont que temporaires, tandis que les frais sont comme gravés dans du marbre. Si vous achetez un fonds en or, vous risquez de vous retrouver avec du plomb dans les mains, car la baisse des performances ne sera pas accompagnée d'une baisse des frais.

Ils osent être différents. Quand Peter Lynch était à la tête du fonds *Fidelity Magellan*, il achetait tout ce qui lui semblait bon marché, indépendamment de ce que faisaient les autres gérants. En 1982, sa ligne de portefeuille la plus importante était remplie de bons du Trésor, puis ce fut au tour du titre *Chrysler*, alors que les analystes pensaient que la société allait déposer son bilan, puis en 1986, Lynch plaça près de 20% des capitaux en gestion sur des valeurs étrangères, comme *Honda*, *Norsk Hydro* et *Volvo*. C'est ainsi qu'avant de placer dans un fonds commun de placement en actions américaines, comparez sa composition à celle du *S&P 500*, si les deux listes sont presque identiques, sélectionnez un autre fonds.[31]

Ils ferment la porte aux nouveaux souscripteurs. Les meilleurs fonds ne sont pas accessibles à de nouveaux souscripteurs. Seuls ceux détenant déjà des parts peuvent alimenter le fonds. Cela évite au gérant de se lancer, avec les fonds collectés, dans une frénésie d'achat et limite les inconvénients d'un fonds surdimensionné. Cela démontre aussi que le gérant ne place pas son intérêt au-dessus du vôtre. Cependant, la fermeture du fonds aux nouveaux souscripteurs doit se faire avant et non après la croissance. Parmi les sociétés de gestion de portefeuille ayant la réputation de fermer leur porte quand c'est nécessaire, citons : *Longleaf, Oakmark, T. Rowe Price, Vanguard* et *Wasatch*.

Ils ne font pas de publicité. Comme Platon l'écrit dans *La République*, le dirigeant idéal d'un pays est celui qui ne veut pas gouverner. De même, le gérant idéal est celui qui ne veut pas de votre argent. Il est discret sur les plateaux de télévision et ne fait pas la publicité de ses performances exceptionnelles. Le petit fonds commun de placement *Mairs & Power Growth Fund* n'avait même pas de site Web avant 2001 et il ne commercialise son fonds que dans 24 États seulement. Le *Torray Fund* n'a jamais fait de publicité depuis son lancement en 1990.

---

[31] NDT : La composition du *S&P 500* est disponible sur www.standardandpoors.com

Que faut-il savoir sur les fonds ? Les souscripteurs s'intéressent avant tout aux performances historiques, puis à la réputation du gérant, au profil de risque du fonds et enfin – quand c'est le cas – aux frais de gestion.[32]

Comme les frais de gestion sont connus alors que le risque et le rendement sont imprévisibles, les frais de gestion devraient être le premier filtre d'une sélection. Vous n'avez aucune raison de payer plus que ce qui est indiqué ci-dessous pour un fonds composé de[33] :

- Obligations et obligations municipales 0,75%
- Actions américaines (grosses et moyenne capi.) 1,00%
- Obligations à hauts rendements (*junk bonds*) 1,00%
- Actions américaines (petites capitalisations) 1,25%
- Actions étrangères 1,50%

Ensuite, évaluez le risque. Dans le prospectus de chaque fonds, il y a un graphique des pertes trimestrielles les plus lourdes. Si vous ne supportez pas de perdre autant en trois mois, allez voir ailleurs. Il est aussi utile de consulter la notation donnée au fonds par *Morningstar*, qui est un des principaux cabinets d'analyse financière, qui évalue le risque, rapporté au rendement offert par les fonds communs de placement, en délivrant des étoiles (d'une à cinq étoiles). Néanmoins, comme pour les performances historiques, ces notations sont établies en observant le passé. Elles indiquent quels sont les fonds qui ont été les meilleurs, pas ceux qui le seront. En effet, les fonds notés cinq étoiles se mettent souvent à sous-performer les fonds notés une étoile. Donc, cherchez d'abord un fonds dont le gérant détient beaucoup de parts, ne craint pas d'être différent, ne fait pas la promotion de ses performances et ne cherche pas à trop grossir. Puis à partir de là seulement, consultez les notations de *Morningstar*.[34]

Enfin, analysez les performances historiques en conservant à l'esprit qu'elles sont un mauvais indicateur des performances à venir. Comme nous l'avons dit, les gagnants d'hier font souvent les perdants de demain. Pour autant, les chercheurs ont montré que les perdants d'hier sont rarement les gagnants de demain. Évitez donc les fonds qui accumulent les mauvaises performances, notamment ceux qui ont des frais de gestion supérieurs à la moyenne.

---

[32] NDE : Voir Capon N., Fitzsimons G., Prince A., *An Individual Level Analysis of the Mutual Fund Investment Decision*, Journal of Financial Service Research, vol. 10, 1996, pp. 59-82 ; Investment Company Institute, *Understanding Shareholders' Use of Information and Advisers*, printemps 1997, sur www.ici.org/pdf/rpt_undstnd_share.pdf, p. 21; Alexander G., Jones J., Nigro P., *Mutual Fund Shareholders: Characteristics, Investor Knowledge et Sources of Information,* document de recherche OCC, décembre 1997, à www.occ.treas.gov/ftp/workpaper/wp97-13.pdf.

[33] NDE : Les souscripteurs peuvent facilement faire des recherches pour trouver les fonds dont les frais de gestion sont élevés en utilisant les filtres disponibles sur www.morningstar.com et http://money.cnn.com.

[34] NDE : Morey M., *Rating the Raters : An Investigation of Mutual Fund Rating Services*, Journal of Investment Consulting, vol. 5, n°2, novembre - décembre 2002. Si le système de notation par étoiles ne peut pas prédire les performances, *Morningstar* reste la meilleure source d'information, à destination des investisseurs individuels, sur les fonds communs de placement.

Le petit monde des fonds fermés

Les fonds fermés investis en actions, populaires dans les années 1980, ont progressivement disparus. Aujourd'hui il n'en reste plus qu'une trentaine, beaucoup sont minuscules, peu liquides, avec un volume d'échange quotidien limités à quelques centaines de parts, des frais de gestion élevés et des stratégies curieuses (comme le fonds *Morgan Fundshares,* spécialisé dans les valeurs des secteurs produisant des produits addictifs, comme l'alcool, les casinos et les cigarettes). Les travaux de recherche de Donald Cassidy de chez *Lipper, Inc.* confirment les observations de Graham : les fonds fermés diversifiés, qui s'échangent avec un rabais sur la valeur des actifs, ont toutes les chances d'être plus performants que les fonds ouverts. Malheureusement, tous les fonds fermés n'offrent pas un rabais, dans un marché vieillissant et sur le déclin.[35]

En revanche, il y a des centaines de fonds obligataires fermés, notamment dans le compartiment des obligations municipales. Quand ces fonds s'échangent au rabais, le rendement offert est gonflé et ils restent intéressants tant que leurs frais de gestion restent inférieurs à ceux mentionnés ci-dessus.[36]

Il existe de nouveaux types de fonds indiciels – les *ETF*[37] – qui méritent d'être connus. Ces fonds *low cost* sont parfois le seul moyen pour l'investisseur d'accéder à un secteur particulier comme, par exemple, les entreprises situées en Belgique ou les valeurs du secteur des semi-conducteurs. D'autres *ETF* indiciels sont plus larges. Cependant, ils ne sont pas adaptés à un plan d'épargne programmé, car la plupart des courtiers prélèvent une commission à chaque transaction, indépendamment du montant engagé.[38]

Quand vendre ?

Une fois que vous avez investi, quand faut-il vendre ? En général, le conseil donné est de se débarrasser d'un fonds quand sa performance est inférieure à celle du marché (ou d'un fonds similaire) pendant une, deux ou trois années de suite. Cette recommandation est dépourvue de sens. De sa création, en 1970, jusqu'en 1999, le *Sequoia Fund* a sous-performé le *S&P 500* à 12 reprises en 29 ans, soit durant 41% du

---

[35] NDE : Contrairement à un fonds commun de placement ouvert, un fonds fermé n'émet pas de nouvelles parts pour les vendre à ceux qui désirent en acheter. Dans ce cas, le souscripteur doit acheter ses parts à un détenteur qui souhaite s'en séparer. Par conséquent, le cours de la part fluctue autour de la valeur d'actif net, en fonction de l'offre et de la demande.

[36] NDE : Pour plus d'information, voir www.morningstar.com et www.etfconnect.com.

[37] NDT : Acronyme de *Exchanged-Traded-Funds* pour signifier qu'il s'agit de fonds communs de placement qui s'échangent sur des marchés régulés.

[38] NDE : Contrairement aux fonds indiciels, les parts d'un ETF indiciel sont soumises aux mêmes commissions que pour l'achat ou la vente d'une action et ces commissions sont souvent prélevées forfaitairement sur chaque transaction. Les détails sont disponibles sur www.ishares.com, www.streettracks.com, www.amex.com et www.indexfunds.com.

temps. Ce qui ne l'a pas empêché de croître sur la période de 12.500%, contre 4.900% pour l'indice de référence.[39]

La performance d'un fonds peut décliner, car les valeurs, qui le composent, deviennent impopulaires pendant un temps. Or, si vous recrutez un gérant avec un style de gestion particulier, pourquoi le licencier au motif qu'il a réalisé ce qu'il avait promis ? En vendant quand certaines valeurs ne sont plus à la mode, non seulement vous réalisez votre perte, mais vous ne pourrez pas participer à l'inévitable retour en grâce. Une étude a montré que les souscripteurs ont eu des performances inférieures de 4,7% par an, entre 1998 et 2001, à celles du fonds sélectionné, en raison d'un mauvais timing, en achetant haut et en vendant bas.[40] Alors, quand vendre ? Voici quelques signaux d'alertes :

- **Un revirement brutal et inattendu dans le style de gestion,** comme par exemple un fonds *valeur,* qui achète des valeurs technologiques en 1999 ou un fonds *croissance,* qui investit dans le secteur de l'assurance en 2002 ;
- **Une hausse des frais de gestion**, suggérant que les gérants se remplissent les poches ;
- **Une fiscalité coûteuse** en raison d'un volume de transaction excessif ;
- **Des performances erratiques**, comme quand un fonds, investit prudemment, commence à engranger de lourdes pertes (ou à générer des gains colossaux).

Comme le dit Charles Ellis, expert financier : « *Si vous ne pouvez pas être fidèle, inutile de vous marier.* »[41] Investir dans un fonds n'est pas si différent. Si vous ne pouvez pas conserver vos titres pendant au moins trois années difficiles, ne songez pas à y placer vos capitaux. La patience est l'allié de celui qui investit dans un fonds.

---

[39] NDE : Voir la lettre aux actionnaires du *Sequoia Fund* en date du 30 juin 1999 sur www.sequoiafund.com/Reports/Quaterly/SemiAnn99.htm. Le fonds *Sequoia* est fermé aux nouveaux investisseurs depuis 1982, ce qui a contribué à gonfler sa belle performance.

[40] NDE : Zweig J., *What Fund Investor Really Need to Know,* Money, juin 2002, pp. 110-115.

[41] NDE : Zweig J., *Wall Street Wisest Man,* Money, juin 2001, pp. 49-52.

Nous aimons les planches de *Ouija*[42]

Croire – ou seulement espérer – sélectionner les fonds qui seront les plus performants, nous rassure. Cela nous laisse penser que nous pouvons décider de notre destinée financière. Croire pouvoir maîtriser notre devenir est humain. C'est ce que les psychologues appellent l'*excès de confiance*. Voici quelques exemples concrets :

- En 1999, *Money Magazine* a interrogé 500 personnes pour savoir s'ils avaient battu le marché. Un sur quatre a répondu *oui*. Quand nous leur avons demandé quelle était précisément leur performance, 80% ont donné une performance inférieure à celle du marché. (4% n'en avaient aucune idée, mais ils étaient pourtant sûrs d'avoir battu le marché !)

- Une étude suédoise a demandé à des conducteurs impliqués dans de graves accidents de voiture de noter leurs qualités de conducteur. Tous – y compris les responsables et certains si gravement blessés qu'ils ont été interviewés dans leur lit d'hôpital – ont affirmé être de meilleurs conducteurs que la moyenne.

- Dans un sondage réalisé à la fin 2000, *Time* et *CNN* ont demandé à plus de 1.000 électeurs s'ils pensaient faire partie des 1% les plus riches en termes de revenus, 19% d'entre eux se sont placés dans la catégorie des 1% les plus riches du pays.

- Fin 1997, une étude portant sur 750 épargnants a montré que 74% d'entre eux croyaient que leurs placements battraient *systématiquement le S&P 500 chaque année* alors que les études montrent que la performance d'un fonds n'est pas pérenne.[43]

Cet optimisme, pourtant sain, n'est pas adapté à la poursuite d'une bonne stratégie d'investissement. Dès lors que l'on estime qu'un événement est prévisible, il est naturel de croire en ses talents de prévisionniste. Si vous n'avez pas les pieds sur terre, votre quête d'amour-propre risque d'être un échec.

---

[42] NDT : Les planches de Ouija sont utilisées par les mediums pour entrer en contact avec les esprits. Il s'agit d'un support sur lequel sont dessinés les lettres de l'alphabet, les chiffres et certains termes (oui, non, …) pour communiquer avec les esprits par le déplacement d'un objet (verre, …).

[43] NDE : Zweig J., *Did You Beat the Market?* Money, janvier 2000, pp. 55-58 ; sondage Time/CNN, 25-26 octobre 2000, question 29.

CHAPITRE 10. LES INVESTISSEURS ET LEURS CONSEILLERS FINANCIERS

Investir en valeurs mobilières est une décision financière en partie influencée par les conseils prodigués par d'autres. Les investisseurs sont, pour la plupart, des amateurs. Ils estiment pouvoir profiter des recommandations formulées par des professionnels. Cela étant, le conseil financier a des singularités à connaître.

Si le but recherché par les investisseurs est de gagner de l'argent, rechercher des conseils, c'est demander aux autres d'expliquer comment devenir riche. Cette idée est empreinte de naïveté. Les dirigeants d'entreprise sont à l'écoute de conseils pour la bonne gestion de leur entreprise, mais il ne leur viendra pas à l'esprit de demander comment faire du profit. C'est leur boulot. Compter sur les autres pour *rentabiliser un investissement*, c'est demander un service qui n'existe pas.

Le rôle d'un conseiller ne peut être défini clairement, que si son client accepte un rendement normal, cohérent avec le placement réalisé. Le conseiller utilisera ses connaissances et son expérience pour éviter à ses clients de faire des erreurs financières et pour s'assurer d'une rémunération correcte de leurs placements. Ce n'est que lorsque l'investisseur exige un rendement supérieur à la moyenne ou que le conseiller s'engage à battre le marché, que la question se pose de savoir si l'exigence du client ou la promesse du conseiller ne sont pas trop ambitieuses.

Les sources de conseils financiers sont nombreuses. Citons par exemple (1) les parents ou amis, supposés s'y connaître ; (2) le conseiller financier de sa banque ; (3) le courtier ou la banque d'affaires ; (4) un service ou un journal financier et enfin (5) un conseiller en gestion de patrimoine.[1] La diversité de cette liste montre qu'il n'existe pas, à ce jour, une approche partagée par tous les investisseurs.

Nous devons expliquer ce que nous qualifions de *rendement normal*. Notre thèse est la suivante : l'investisseur, qui se laisse conseiller, doit soit se limiter à sélectionner des supports d'investissement traditionnels et sans risques, soit avoir une connaissance intime de son conseiller à qui il accordera sa confiance pour placer hors des sentiers battus. Si les relations entre l'investisseur et ses conseillers sont d'ordre professionnel, l'investisseur acceptera des propositions *moins conventionnelles* que s'il a la connaissance et l'expérience pour porter un jugement indépendant sur ces

---

[1] NDE : Aujourd'hui la liste des sources de conseils financiers est tout aussi variée que lorsque Benjamin Graham a écrit ces lignes. Une étude auprès d'investisseurs conduite fin 2002 pour le compte de la *Securities Industry Association*, une association professionnelle de *Wall Street*, a découvert que 17% des investisseurs demandaient en premier lieu conseil à leur conjoint ou à un ami ; 2% à leur banquier ; 16% à leur courtier ; 10% aux journaux financiers et 24% à un conseiller financier. La seule différence avec l'époque de Graham, c'est que 8% des investisseurs utilisent les conseils d'Internet et 3% ceux des chaînes de télévision financières. (Voir www.sia.com.)

recommandations. Ce faisant, il passera de la catégorie des investisseurs passifs à celle des investisseurs actifs.

Les conseillers et les services de conseil des banques

Les véritables conseillers financiers, c'est-à-dire ceux qui travaillent pour des sociétés réputées et qui prélèvent des honoraires importants, sont modestes dans leurs promesses et leurs prétentions. Ils orientent les placements de leurs clients vers des valeurs classiques et sont prudents. En général, ils n'investissent pas plus de 10% en dehors des titres de sociétés importantes, des obligations du Trésor ou des collectivités. En outre, ils ne cherchent pas à profiter des mouvements de marché.

Les cabinets de conseil financier n'ont pas la prétention de battre le marché. Ils se flattent d'être prudents, conservateurs et compétents. Leur but est de sécuriser le capital investi et de dégager un rendement acceptable (pour un investissement peu risqué). Au-delà, la performance sera du bonus, comme s'ils offraient un service supplémentaire à leurs clients. Le principal intérêt pour les clients est d'éviter des erreurs coûteuses. Ils offrent ce que l'investisseur passif est en droit d'espérer d'un conseiller.

Ces remarques, au sujet des cabinets de conseil financier, s'appliquent aussi aux services de conseil et de gestion de fortune des grandes banques.[2]

Les services d'information financière

Ce terme générique recouvre tous les services ou entités qui publient des lettres d'information financière (parfois sous forme de télégramme) à destination de leurs abonnés. Les sujets couverts peuvent concerner la situation économique, les prévisions boursières et donner des informations et des conseils sur des valeurs spécifiques. Ils disposent souvent d'un service pour répondre aux questions personnelles des lecteurs. Les coûts de ces services sont bien inférieurs aux honoraires des conseillers financiers. Certaines sociétés, comme *Babson's* et *Standard & Poor's* proposent un service d'information financière, mais aussi un service de conseil financier. (D'autres organismes tels que *Scudder, Stevens & Clark*, font du conseil financier et de la gestion de portefeuille.)

Les services d'information financière s'adressent généralement à un public différent de celui des cabinets de conseil financier. Si les clients de ces derniers veulent être dégagés de tous problèmes liés aux décisions d'investissement, les services d'information financière ne font, au contraire, qu'offrir une information et une aide à

---

[2] NDE : La nature des cabinets de conseils financiers et des services de conseil et de gestion de fortune des banques n'a pas changé, mais aujourd'hui leurs experts offrent généralement leurs services aux investisseurs qui disposent d'au moins un million de dollars d'actifs financiers. Dans certains cas, ce minimum est même fixé à 5 millions de dollars. Il existe actuellement des milliers de cabinets de conseil en gestion de patrimoine avec les mêmes fonctions. Cependant, comme le note l'analyste Robert Veres, les fonds communs de placement actions se sont substitués aux actions de première catégorie et la diversification a remplacé le critère de « *qualité* » en tant que critère de sécurité reconnu.

ceux qui s'occupent personnellement de leurs investissements. La plupart de ces services d'information financière se limitent à fournir des prévisions boursières à l'aide de l'analyse technique. Nous ne discuterons pas des méthodes d'analyse technique, car elles ne s'adressent pas à l'investisseur, tel que nous le définissons dans ce livre.

D'autres, comme *Moody's Investment Service* et *Standard & Poor's*, compilent et fournissent des statistiques utilisées dans toute analyse financière sérieuse. Leur clientèle est hétérogène, allant de l'investisseur prudent au parfait spéculateur. Par conséquent, il leur est difficile d'adhérer à une méthode d'analyse spécifique[3] pour formuler leurs opinions ou leurs recommandations.

Les sociétés d'information financière réputées, comme *Moody's*, ont l'obligation d'offrir une information intéressante à une large audience. Qu'en est-il ? En fait, elles abordent des sujets pour contenter à la fois l'investisseur et le spéculateur de base. Leurs points de vue et leurs conseils font, dans une certaine mesure, autorité ou semblent plus fiables.

Pendant des années, les services d'information financière ont fait des prévisions de marché sans que quiconque ne prenne cette activité au sérieux. Comme tout le monde, ils ont parfois raison et parfois tort. Pour éviter de se tromper, ils nuancent leurs opinions. Ils sont passés maîtres dans l'art de la rhétorique prophétique pour avoir toujours raison, quel que soit le scénario. À notre avis – c'est peut-être un préjugé – ces prédictions n'ont pas grand intérêt, sinon mettre en évidence la véritable nature humaine. En effet, tout le monde veut savoir quelles sont les prévisions boursières des autres. Et il faut bien répondre à la demande !

En revanche, leurs prévisions économiques sont bien plus convaincantes et utiles. L'intelligence économique est répartie entre tous les acteurs financiers d'un marché financier, ce qui pousse les cours des valeurs à être assez rationnels, en toutes circonstances. L'information financière publiée par ces services ne fait que renforcer l'information publique et le jugement des lecteurs.[4]

Il est difficile d'évaluer la qualité de leurs recommandations sur des valeurs spécifiques. Chaque service mériterait d'être évalué séparément à partir d'une analyse historique détaillée. Nous avons observé que leur attitude nuit à la qualité de leur travail. En effet, ils considèrent généralement qu'une valeur doit être acquise dès que ses perspectives économiques à court terme sont favorables et vendue si elles sont défavorables, *indépendamment du niveau des cours*. Ces principes les empêchent de réaliser une véritable analyse – qu'ils savent pourtant faire – à savoir, vérifier qu'un titre est sur- ou sous-évalué en fonction de ses perspectives bénéficiaires à long terme. L'*investisseur intelligent* ne prendra pas de décision d'investissement sur les seules recommandations d'un service d'information financière. Son utilité se limite à donner de l'information et à offrir des suggestions d'investissement.

---

[3] NDT : Graham oppose souvent *l'analyse fondamentale* (analyse financière) et *l'analyse technique*.

[4] NDT : Graham admet que les marchés sont assez efficients, à d'autres reprises, il exprime quelques doutes.

Les conseils des courtiers

Le plus gros volume d'informations et de conseils aux investisseurs provient des courtiers. Ils sont membres du *New York Stock Exchange* ou d'une autre bourse de valeurs. Leur rôle est d'exécuter les ordres d'achat et de vente moyennant le prélèvement de commissions. Toutes, ou presque, ont un service d'analyse financière pour répondre aux questions des clients et pour formuler des recommandations. Elles distribuent gracieusement une volumineuse documentation, onéreuse à produire, aux investisseurs ou plutôt à leurs clients pour reprendre le terme utilisé par *Wall Street.*

Le choix des termes n'est pas qu'une simple question de sémantique. Pour les courtiers, leurs clients ne sont pas de simples consommateurs de services financiers. En effet, les courtiers de *Wall Street* ont probablement une éthique professionnelle plus stricte qu'une entreprise commerciale.[5]

Par le passé, la spéculation a fait vivre *Wall Street* aux dépens des spéculateurs, sûrs de perdre. C'est pour cette raison que les courtiers ne pouvaient pas respecter un code d'éthique. Pour y parvenir, il aurait fallu qu'ils réduisent leur volume d'activité et non l'inverse.

Au mieux, les courtiers auraient dû – certains l'ont fait – dissuader leurs clients de spéculer. Or, ils se sont limités à passer et exécuter les ordres, fournir des informations et des analyses et offrir des recommandations. Ils ne pouvaient donc pas – du moins en théorie – être tenus pour responsable des plus ou moins-values de leurs clients spéculateurs.[6]

Pourtant, toutes les maisons de courtage adhèrent toujours au vieux slogan disant qu'elles sont là pour faire des commissions et que pour réussir, elles doivent donner aux investisseurs ce qu'ils attendent. Comme leurs « *clients* » les plus intéressants veulent des conseils pour spéculer, l'activité des courtiers est cantonnée à générer du volume à court terme. Autrement dit, ils contribuent à orienter leurs clients dans une voie, où ils sont mathématiquement condamnés à perdre. Malheureusement, une activité spéculative ne peut jamais être profitable à long terme. En revanche, si une partie de leurs activités est faite d'opérations d'investissement, les gains peuvent plus que compenser les pertes spéculatives.[7]

---

[5] NDE : Graham est un observateur critique et réaliste des us et coutumes de *Wall Street.* Ici, fait rare, il ne semble pas être suffisamment cynique. Si *Wall Street* a effectivement une éthique professionnelle plus forte que nombre d'organisations commerciales, comme la contrebande, la prostitution, le lobbying politique ou encore le journalisme, l'univers financier est malheureusement bien doté en menteurs, tricheurs et voleurs en tout genre.

[6] NDE : Les milliers de gens, qui ont acheté des actions à la fin des années 1990, croyant que les analystes de *Wall Street* leurs offraient des conseils non biaisés et utiles ont dû déchanter et comprendre que Graham avait raison.

[7] NDE : Notons que la critique de Graham, qu'il destinait à l'époque aux maisons de courtage offrant une gamme complète de services, peut s'appliquer aux courtiers en ligne des années 1990. Ces sociétés ont dépensé des millions de dollars en publicités tapageuses, pour inciter leurs clients à trader toujours plus. Leurs clients se sont ruinés par leur propre faute. Payer des commissions toujours plus faibles n'est qu'une piètre consolation. Certaines maisons de courtage ont quand même arrêté de mettre en avant leurs services de conseil en gestion de portefeuille et ont cessé de rémunérer leurs courtiers en fonction des commissions perçues.

L'investisseur a deux sources principales d'informations et de conseil : les courtiers en titres et les analystes financiers.

Le courtier en titres, également dénommé « *mandataire* », était autrefois affublé du sobriquet de « *petite main* ». C'est aujourd'hui un homme affable et sympathique, avec une très bonne connaissance de la bourse, qui prodigue ses conseils en respectant un code déontologique strict. Comme son activité consiste à engranger des commissions, il raisonne malgré lui comme un spéculateur. Par conséquent, l'investisseur, qui ne veut pas être contaminé par des considérations spéculatives, devra le dire clairement à son courtier. Il devra montrer, en paroles et en actions, qu'il n'est pas intéressé par les tuyaux de bourse. Quand le courtier aura compris qu'il traite avec un investisseur dans l'âme, il respectera sa position et sera coopératif.

L'analyste financier, autrefois connu sous la dénomination d'analyste de valeurs, intéresse tout particulièrement l'auteur de ce livre, qui exerça la profession d'analyste financier pendant cinquante ans et contribua à en former beaucoup. Nous n'évoquerons que les analystes financiers, employés par les maisons de courtage. La fonction de l'analyste financier est exprimée dans son titre. L'analyste financier est donc celui qui élabore des études détaillées sur des valeurs individuelles, qui établit des comparaisons entre les valeurs d'un même secteur et qui se forge une opinion claire sur l'attrait, le risque, le potentiel ou la valeur intrinsèque de tout type d'actions et d'obligations.

Aussi surprenant que cela puisse paraître, il n'y a aucune exigence en termes de formation pour exercer le métier d'analyste financier, alors que les courtiers doivent réussir un examen professionnel et être acceptés et enregistrés par le *New York Stock Exchange.* En réalité, tous les jeunes analystes ont un diplôme universitaire et les plus anciens ont gagné leurs galons à l'école de la vie. Les maisons de courtage s'assurent aussi des qualifications et compétences de leurs analystes.[8]

Le client de la maison de courtage peut être en contact direct avec l'analyste financier ou par l'intermédiaire de son courtier en valeurs. Dans tous les cas de figure, l'analyste financier est à la disposition du client pour lui prodiguer quantité d'informations et de conseils. La valeur d'un analyste financier dépend avant tout de son attitude à l'égard de l'investisseur. Si l'investisseur pose de bonnes questions à l'analyste, il aura des chances d'obtenir de bonnes réponses, sinon des réponses utiles. Les analystes des maisons de courtage sont handicapés par le fait que les clients croient qu'ils sont aussi analystes de marché ou stratégistes. Quand on leur demande si telle

---

[8] NDE : Tout ceci reste vrai, même si les meilleurs analystes de *Wall Street* détiennent aujourd'hui le titre de *Chartered Financial Analyst* (CFA). La certification CFA est décernée par le *CFA Institute* (auparavant *Association of Investment Management & Research* et encore avant la *Financial Analyst Association*) après plusieurs années d'études et la réussite à une série d'examens difficiles. Plus de 50.000 analystes sont, dans le monde, certifiés en tant que CFA. Malheureusement, une récente étude du professeur Stanley Block a permis de constater que la majorité de ces analystes ignorent les enseignements de Graham. Ils classent en premier les perspectives de croissance plutôt que la qualité des bénéfices ou que le risque et la politique de distribution des dividendes pour déterminer le multiple de capitalisation des résultats (PER). De plus, beaucoup d'analystes formulent leurs recommandations en fonction des cours récents plutôt qu'en fonction des perspectives de l'entreprise à long terme. Voir Stanley Block, *A Study of Financial Analysts: Practice and Theory*, Financial Analysts Journal, juillet-août 1999, sur www.aimrpubs.org. Comme Graham aimait à répéter, ses livres ont été lus – mais ignorés – par plus de gens que n'importe quel autre livre de finance.

valeur est un « *bon* » investissement, la question sous-entend : « *Le cours va-t-il monter dans les prochains mois ?* » C'est ainsi que beaucoup se sentent obligés de faire de l'analyse financière en gardant un œil rivé sur la tendance du cours, ce qui n'est pas la meilleure façon d'arriver à de bonnes conclusions.[9]

Dans la prochaine section de ce livre, nous évoqueront certains concepts et nous décriront ce que peut exprimer une analyse financière. Beaucoup d'analystes, travaillant dans des sociétés de bourse, peuvent être très utiles à l'investisseur, qui veut en avoir pour son argent et même un peu plus. Comme dans toutes relations commerciales, il est indispensable que l'analyste perçoive clairement les objectifs et le comportement de l'investisseur. Une fois convaincu que son client investit dans la valeur, au lieu d'acheter un cours, il y a de bonnes chances que ses recommandations soient précieuses.

La certification CFA d'analyste financier[10]

En 1963, une étape importante a été franchie pour asseoir la compétence et la responsabilité des analystes financiers. Désormais, le titre officiel de *Chartered Financial Analyst* (*CFA*) est décerné aux professionnels qui réussissent aux examens et répondent aussi à d'autres critères[11]. L'examen couvre l'évaluation financière et la gestion de portefeuille. La certification *CFA* est volontairement comparable à celle de l'expertise comptable *CPA* (*Certified Public Accountant*) en comptabilité. Ces nouvelles dispositions de contrôle des connaissances et de reconnaissance des compétences sont destinées à améliorer le niveau des analystes financiers et professionnaliser encore plus leurs travaux[12].

Traiter avec des courtiers

Les difficultés financières (faillite ou dépôt de bilan) rencontrées par quelques maisons de courtage du *New York Stock Exchange*, dont deux très importantes, sont l'un des événements les plus dramatiques de ces dernières années.[13] C'est la première fois en

---

[9] NDE : Il n'est pas courant aujourd'hui de voir un client appeler son analyste financier. Seuls l'aristocratie du métier – les investisseurs institutionnels – ont le droit d'approcher le trône du tout puissant analyste de *Wall Street*. Parfois, certains investisseurs individuels peuvent avoir la chance de contacter par téléphone les analystes qui travaillent pour des maisons de courtage régionales basées ailleurs qu'à New York. La section « *Relations avec l'investisseur* » sur les sites Web des sociétés cotées communique la liste des analystes qui suivent la valeur. Des sites Web tels que www.zacks.com et www.multex.com offrent l'accès aux rapports de recherche des analystes – mais l'*investisseur intelligent* devra se rappeler que la plupart des analystes n'étudient pas vraiment les entreprises. Ils préfèrent jouer aux devinettes sur l'évolution à venir des cours des titres.

[10] NDT : La *Société Française des Analystes Financiers* (SFAF) propose également un examen similaire.

[11] NDT : Notamment des critères d'expérience professionnelle et d'éthique. Les examens sont assurés par *The Institute of Chartered Financial Analysts*.

[12] NDE : Benjamin Graham a été un pionnier dans la construction du programme du *CFA*, dont il se fit l'avocat pendant près de deux décennies avant que celui-ci ne devienne réalité.

[13] NDE : Les deux maisons de courtage, auxquelles Graham fait allusion, sont probablement *Du Pont, Glore, Forgan & Co* et *Goodbody & Co. Du Pont* (fondée par les héritiers de la société chimique éponyme) a été

un demi-siècle que cela arrive et c'est inquiétant à plus d'un titre. En effet, depuis des décennies, le *New York Stock Exchange* tente d'améliorer le contrôle des opérations et de la situation financière de ses membres, avec la mise en place de ratios prudentiels, d'audits surprises, etc. La *Security Exchange Commission* exerce un contrôle sur les transactions et sur ses membres depuis plus de 37 ans. Ajoutons enfin que les maisons de courtage ont bénéficié d'un contexte favorable avec une forte croissance des volumes, des taux de courtage minimum garantis (éliminant toute concurrence) et un nombre limité de sociétés membres.

Or, en 1969, leurs premiers problèmes financiers ont justement été mis sur le compte de l'accroissement du volume de transaction en raison d'une forte hausse des impôts et des charges fixes et, de la désorganisation des opérations de règlement-livraison. C'est sans doute la première fois dans toute l'histoire économique, que des entreprises importantes ont fait faillite parce qu'elles avaient trop de travail ! En 1970, une nouvelle vague de faillites a, cette fois, été mise sur le compte d'une chute du volume de transaction ! Drôle d'excuse, quand on sait que le volume total traité sur le *NYSE* en 1970 a atteint un niveau record de 2.937 millions d'actions échangées, soit plus du double du volume moyen avant 1965. Le volume moyen de transaction, durant les 15 années du marché haussier qui s'est terminé en 1964, s'est élevé à 712 millions d'actions échangées, soit un quart du volume de 1970. Pourtant, ce fut l'époque la plus prospère de toute l'histoire de ce secteur. Si, comme les chiffres semblent l'indiquer, les maisons de courtage n'arrivent plus à maîtriser leurs charges fixes et autres dépenses dans un contexte de baisse des volumes, cela en dit long sur leurs compétences en gestion et leur prudence légendaires !

La troisième explication à leurs difficultés financières vient d'un manque de transparence, voire d'une tentative de dissimulation. À notre avis, c'est la principale raison à leurs déboires. En effet, il semble que les associés détenaient une partie des capitaux propres sous forme d'actions ordinaires surévaluées et donc spéculatives. Quand la bulle a explosé, en 1969, leurs cours se sont effondrés et une partie des capitaux propres a disparu en fumée.[14] En fait, les associés spéculaient avec les capitaux propres des sociétés de gestion de portefeuille, pour doubler la mise, alors que ces capitaux propres auraient dû servir à protéger les avoirs des clients contre un retournement conjoncturel. C'est inexcusable, pour ne pas dire plus !

L'investisseur devrait réfléchir, non seulement pour décider de sa stratégie d'investissement, mais aussi pour tout le reste et notamment pour choisir un courtier dont la réputation est irréprochable. Jusqu'à ce jour, nous recommandions aux lecteurs de s'adresser à un courtier membre du *NYSE*, s'il n'avait pas de très bonnes raisons de travailler avec un courtier non-membre du *NYSE*. C'est à contrecœur, que

---

sauvé de la faillite en 1970 grâce à un prêt de plus de 50 millions de dollars, de l'entrepreneur texan T. Ross Perot. *Goodbody*, la cinquième société de courtage américaine aurait dû faire faillite en 1970 si *Merrill Lynch* ne l'avait pas acquise. *Hayden, Stone & Co* aurait aussi coulé si elle n'avait pas été rachetée. En 1970, pas moins de sept maisons de courtage se sont effondrées. L'histoire de la formidable croissance de *Wall Street* de la fin des années 1960 est très bien contée dans le livre de John Brooks, *The Go-Go Years*, John Wiley & Sons, New York, 1999.

[14]NDE : Le *NYSE* a imposé des règles restrictives d'évaluation financière des titres, afin de minimiser ce danger. Apparemment, cela n'a pas suffi.

nous devons ajouter d'autres conseils. Pour ceux qui n'utilisent pas les comptes sur marges, ce qui, à notre avis, devrait être le cas de tous les investisseurs non-professionnels, nous leur conseillons d'utiliser leur propre banque pour la garde de leurs titres. C'est ainsi qu'en passant un ordre d'achat à votre courtier, vous pouvez lui demander de livrer les titres à votre banque, contre paiement. Pour la vente, vous pouvez ordonner à votre banque de livrer les titres au courtier contre encaissement du montant de la vente. Cela aura un surcoût, largement compensé par une tranquillité d'esprit. Ce conseil ne vaut que tant que les maisons de courtage n'ont pas réglé tous leurs problèmes.[15]

Les banques d'investissement

Une banque d'investissement est une société financière dont l'activité principale est d'émettre, souscrire et placer des actions et des obligations sur le marché primaire. (Souscrire consiste à garantir à la société émettrice, ou à toute autre organisation, que les titres seront placés, autrement dit, seront vendus.) Certains courtiers participent également à la souscription dans le cadre d'un pool ou d'un syndicat de banques dont le chef de file est une banque d'investissement. Nous observons que les maisons de courtage sont très actives pour émettre et placer de nouveaux titres, lorsque les volumes à placer sont faibles et le marché est haussier.

Les activités de banque d'investissement sont peut-être les métiers les plus nobles à *Wall Street*, car c'est là que la finance joue un rôle constructif dans la levée de fonds pour financer la croissance économique. En dehors de l'intérêt spéculatif, la justification théorique de l'existence des marchés financiers repose sur le fait qu'ils permettent de lever des capitaux. En effet, si les investisseurs et les spéculateurs n'avaient pas un marché organisé pour échanger de nouveaux titres, ils refuseraient probablement de les acheter.

Les relations entre une banque d'investissement et des investisseurs sont globalement les mêmes que celles entre un commerçant et des clients. Par le passé, les obligations acquises par des investisseurs institutionnels (banques et compagnies d'assurance) représentait le gros des nouvelles émissions (en valeur). Dans ce domaine, les vendeurs de titres traitaient avec des acheteurs professionnels compétents et expérimentés. Les recommandations, que ne manquaient pas de prodiguer les banques d'investissement à leurs clients, étaient analysées à la loupe. Ces transactions se faisaient à armes égales entre professionnels compétents.

La situation est différente lorsque l'investisseur individuel est en relation avec une banque d'investissement ou un courtier agissant en tant que souscripteur. Ici, l'acquéreur est souvent inexpérimenté et manque donc de discernement. Il est

---

[15] NDE : Toutes les transactions sont aujourd'hui électroniques et il n'y a plus de livraison physique des titres à leurs acquéreurs. Grâce à la création de la *Securities Investor Protection Corporation* (*SIPC*), en 1970, les investisseurs sont en règle générale assurés de recouvrer la valeur totale de leur compte-titres dans le cas où leur société de courtage devient insolvable. La *SIPC* est un regroupement de courtiers régulé par les autorités. Ses membres sont solidaires et acceptent de couvrir les pertes de leurs clients en cas de faillite d'une maison de courtage membre de la *SIPC*. Grâce à la *SIPC*, il n'est plus nécessaire d'utiliser une banque pour les opérations de règlement-livraison, comme le suggérait Graham.

facilement influencé par le vendeur, notamment lorsqu'il investit en actions, car son désir caché est souvent de faire une rapide plus-value. Par conséquent, protéger l'investisseur individuel tient plus aux scrupules et à l'éthique de l'intermédiaire financier, qu'à l'esprit critique de l'investisseur individuel.[16]

Rendons hommage à l'honnêteté et à la compétence des banques d'investissement, qui sont capables de répondre aux intérêts divergents du conseiller et du vendeur. Pour autant, l'acheteur est imprudent s'il place une confiance aveugle dans l'avis du vendeur. Voilà ce que nous écrivions à ce sujet en 1959 : « *Ces comportements sont récurrents lors des introductions en bourse, notamment dans le placement des actions en période d'intense spéculation.* » Cette mise en garde s'est révélée être d'actualité. Comme nous l'avons déjà souligné, au cours des périodes 1960-61 et 1968-69, nous avons connu des introductions de mauvaise qualité, vendues au grand public à des prix dépassant l'entendement, prix dopés par une spéculation débridée et quelques manipulations. Nombre d'institutions de *Wall Street*, dont certaines réputées, se sont rendues complices de ces abus, démontrant que le cocktail de cupidité, de folie et d'irresponsabilité pouvait faire, une nouvelle fois, bien des ravages sur la scène financière.

L'*investisseur intelligent* prêtera attention aux conseils et aux recommandations qu'il recevra des banques d'investissement et en particulier, de celles qui sont connues pour avoir bonne réputation, mais il corroborera ces avis par des opinions indépendantes : la sienne s'il est compétent ou celle d'autres conseillers.[17]

Les autres conseillers

Il est d'usage, notamment dans les petites villes, de prendre conseil auprès de son banquier. L'attaché de clientèle d'une banque de détail n'est pas forcément un expert des marchés financiers, mais il est expérimenté et prudent. Il est d'autant plus utile à l'investisseur désarmé, que ce dernier est facilement tenté de s'éloigner des chemins simples et monotones de l'investissement passif et qu'il a besoin d'être influencé par quelqu'un de prudent. En général, l'investisseur actif ne trouvera pas, chez son banquier, le conseil adapté à son objectif.[18]

Nous sommes très critiques sur l'attitude qui consiste à demander conseil à des parents ou amis. Le demandeur a toujours de bonnes raisons de croire que la personne consultée a plus d'expérience et de compétences que lui. Nos observations nous

---

[16] NDE : Les introductions en bourse sont faites après publication d'un prospectus préparé suivant des règles édictées par la *Security & Exchange Commission*. Ce document doit décrire tous les faits pertinents liés à l'émission et à son émetteur. Il doit suffire à informer l'investisseur prudent sur la nature exacte du titre qui lui est proposé. Mais le volume et la complexité des données rendent ce prospectus souvent difficile à déchiffrer. Seuls quelques investisseurs individuels lisent ce document avec assez d'attention. Les autres décident non pas en fonction de leurs opinions, mais en fonction de celles de la banque souscriptrice ou des recommandations de leur chargé de clientèle, responsable de leur compte.

[17] NDE : Ceux qui ont tenu compte du conseil de Graham n'ont pas été (malhonnêtement) incités à participer aux introductions en bourse des valeurs Internet en 1999 et 2000.

[18] NDE : Ce rôle traditionnel du banquier est depuis dévolu aux comptables, avocats et conseillers en gestion de patrimoine.

laissent penser qu'il est aussi difficile de sélectionner un prétendu conseiller que des titres financiers. Les mauvais conseils sont souvent prodigués gratuitement !

En résumé

Les investisseurs, qui sont prêts à payer des honoraires pour la gestion de leurs avoirs, peuvent, prudemment, sélectionner des sociétés de gestion de portefeuille à la réputation bien établie. Sinon, ils peuvent solliciter le département gestion de patrimoine d'une grande banque ou celui d'une maison de courtage inscrite au *New York Stock Exchange*. Les performances à attendre ne seront pas exceptionnelles, mais elles seront comparables à celles de l'investisseur prudent et bien informé.

La plupart des investisseurs obtiennent des conseils à titre gratuit. Ils doivent donc s'attendre à ne pas avoir des résultats supérieurs à la moyenne. Par ailleurs, ils doivent se méfier de ceux – courtiers ou vendeurs – qui leurs promettent des résultats exceptionnels. C'est valable aussi bien dans le choix de valeurs, que dans l'art illusoire de l'investissement.

Les investisseurs passifs ne sauront pas juger de la qualité des recommandations de leurs conseillers. En revanche, ils peuvent clairement préciser, quitte à se répéter, quels sont les titres qu'ils veulent acheter. S'ils suivent nos conseils, ils se limiteront à investir dans des obligations de première catégorie ou des actions de sociétés réputées, notamment celles qui peuvent être acquises à des cours pas trop élevés à la lumière de l'analyse et de l'expérience. L'analyste financier de toute bonne institution de courtage saura établir la liste adéquate de telles valeurs. Il pourra aussi dire à l'investisseur si les cours sont raisonnables ou non.

L'investisseur actif travaillera en étroite collaboration avec ses conseillers. Il exigera des recommandations justifiées et détaillées et se forgera sa propre opinion. Ce qui signifie qu'il pilotera ses objectifs et la gestion de son portefeuille pour accumuler des connaissances et de l'expérience. Ce n'est qu'à titre exceptionnel et quand l'intégrité et la compétence de ses conseillers seront démontrées qu'il pourra se fier à leurs conseils sans en connaître les tenants et aboutissants.

Il y a toujours eu des vendeurs ou des courtiers sans scrupules. Voilà pourquoi nous avons conseillé à nos lecteurs de se limiter, si possible, aux membres du *New York Stock Exchange*. Et c'est à regret que nous sommes obligés d'ajouter un autre conseil de prudence : la livraison de titres et leur paiement devront être effectués par l'intermédiaire d'une banque. L'état financier désastreux de certaines maisons de *Wall Street* s'améliorera peut-être dans quelque temps, mais pour l'heure (fin 1971) « *mieux vaut la sécurité aux regrets* ».

COMMENTAIRES SUR LE CHAPITRE 10

Je sais bon gré à la garce milésienne qui, voyant le philosophe Thalès s'amuser continuellement à la contemplation de la voûte céleste et tenir toujours les yeux élevés, lui mit en son passage quelque chose pour le faire broncher et pour l'avertir qu'il serait temps d'amuser ses pensées aux choses qui étaient dans les nues, quand il aurait pourvu à celles qui étaient à ses pieds. Elle lui conseillait, certes judicieusement, de regarder plutôt à soi qu'au ciel.

Michel de Montaigne

Avez-vous besoin de conseils ?

Dans les jours d'euphorie de la fin des années 1990, beaucoup d'investisseurs décidèrent d'aller seul en bourse. En conduisant leurs propres recherches, en sélectionnant eux-mêmes les actions et en plaçant leurs ordres directement sur un site Internet, ils ont évité de passer par la coûteuse infrastructure d'analyse, de conseil et de trading de *Wall Street*. Malheureusement, la plupart de ces investisseurs ont pris leur indépendance juste avant le début du plus grand marché baissier depuis la Grande Dépression[19] – ce qui leur a laissé croire qu'ils ont été stupides de ne pas avoir été entourés de conseils. Ce qui n'est pas tout à fait juste, car ceux qui ont délégué la gestion de leurs placements ont également perdu beaucoup d'argent.

Or, beaucoup d'investisseurs sont réconfortés par l'expérience, la capacité de jugement et l'avis offerts par un bon conseiller financier. Certains ont besoin d'un spécialiste pour connaître le rendement ou le montant à placer pour atteindre leurs objectifs financiers. D'autres doivent avoir un bouc-émissaire quand leurs affaires tournent mal. C'est ainsi que pour éviter d'être déchiré par des regrets, ils préfèrent critiquer celui ou celle qui peut aussi bien se défendre, que vous encourager. Ces encouragements permettent à l'investisseur de tenir bon quand d'autres flanchent. Autrement dit, rien ne vous empêche de gérer vous-même votre portefeuille, ni d'avoir honte de confier la gestion à un professionnel.[20]

Comment savoir si vous avez besoin d'aide ou non ? Voici quelques indices :

De grosses pertes. Si votre portefeuille a perdu plus de 40% de sa valeur entre le début de l'année 2000 et la fin 2002, cela signifie que vous avez fait encore pire que la triste performance boursière. Peu importe que les raisons soient à mettre sur le compte de la paresse, de l'inconscience ou de la malchance. Après de telles pertes, votre portefeuille crie à l'aide.

---

[19] NDT : Allusion à l'explosion de la bulle Internet.

[20] NDE : Pour plus de détails sur ce sujet, reportez-vous à Updegrave W., *Advice on Advice*, Money, janvier 2003, pp. 53-55.

Un budget familial en déroute. Si vous êtes constamment en train de batailler pour joindre les deux bouts, si vous ne savez pas où va votre argent, si vous pensez qu'il est impossible de mettre régulièrement de l'argent de côté et si vous ne payez pas vos dettes à temps, c'est que vous ne maîtrisez pas votre budget. Un conseiller financier saura mettre en place un plan pour vous permettre de savoir comment et combien vous pouvez dépenser, emprunter, épargner et investir.

Un portefeuille non diversifié. Trop d'investisseurs ont cru diversifier lorsqu'à la fin des années 90, ils ont investi dans 39 valeurs Internet « *différentes* » ou dans sept à huit fonds investis en *valeurs de croissance*. C'est comme croire qu'un chœur composé uniquement de sopranos peut chanter « *Old man River* » mieux qu'un soprano soliste. Peu importe le nombre de voix de sopranos dans le chœur, il n'y aura pas de basses, tant qu'il y aura des barytons. De la même façon, si toutes vos positions montent ou baissent à l'unisson, c'est qu'il vous manque une harmonie financière tirée de la diversification. Un plan d'allocation d'actifs réalisé de façon professionnelle pourrait aider.

Des changements majeurs. Si vous êtes auto-entrepreneur et si vous envisagez de mettre en place un plan d'épargne retraite, s'il faut mettre de l'ordre dans les affaires de vos parents âgés ou si vous ne voyez pas comment financer les études supérieures de vos enfants, un conseiller sera alors utile pour vous offrir non seulement une tranquillité d'esprit, mais aussi pour vous aider à prendre les bonnes décisions pour améliorer votre qualité de vie. Par ailleurs, un bon professionnel veillera à ce que vous puissiez bénéficier de tous les avantages fiscaux, tout en restant en conformité avec la terrible complexité du code des impôts et des lois régissant le financement des retraites.

Faites confiance, mais contrôlez tout !

Souvenez-vous que les escrocs en cols blanc prospèrent en vous convaincant de ne pas enquêter sur leurs compétences et leur honnêteté. Avant de confier votre avenir financier à un conseiller, il faut naturellement trouver quelqu'un avec qui le courant passe, mais aussi quelqu'un dont l'honnêteté est au-dessus de tout soupçon. Comme Ronald Reagan avait l'habitude de le dire : « *Faites confiance, mais contrôlez tout !* » Commencez par faire la liste des quelques personnes que vous connaissez le mieux et en qui vous avez une totale confiance. Puis, demandez-leur s'ils peuvent vous orienter vers un conseiller de confiance et avec qui vous en aurez pour votre argent. Une référence de la part de quelqu'un que vous respectez est déjà un bon début.[21]

Une fois que vous détenez le nom du conseiller financier, de la société qui l'emploie et sa spécialité – courtier en titres, conseiller en gestion de patrimoine, expert-comptable, agent d'assurance – vous pouvez commencer votre enquête.

[21] NDE : Si vous ne trouvez pas quelqu'un de confiance, vous pourrez toujours découvrir un gestionnaire de patrimoine, payé uniquement sur honoraires, grâce au site www.napfa.org (ou www.feeonly.org) dont les membres sont tenus de respecter des normes en termes de qualité de service et d'éthique.

Saisissez le nom de ce conseiller et de sa société dans un moteur de recherche, comme Google, pour savoir ce qu'il en sort (intéressez-vous aux termes comme *amende*, *plainte*, *sanction disciplinaire*, *interdiction d'exercer*).[22] Si ce conseiller financier est un courtier ou un agent d'assurance, appelez l'autorité de régulation qui le concerne pour vérifier qu'aucune action disciplinaire n'est engagée contre lui et qu'aucune plainte de consommateurs ne le concerne. Si vous envisagez de vous adresser à un expert-comptable, qui a aussi un rôle de gestionnaire de patrimoine, vérifiez que son casier judiciaire est vierge.

Les gestionnaires de patrimoine doivent être enregistrés aux États-Unis auprès de la *Security and Exchange Commission* ou auprès du régulateur au niveau de l'État où il exerce. Lors de cet enregistrement, le conseiller doit remplir un document de deux pages appelé formulaire ADV. Vous pourrez consulter ce document sur les sites www.advisoinfo.sec.gov, www.iard.com ou sur le site Web du régulateur de votre État de résidence. Apportez une attention particulière aux renseignements obligatoires et notamment aux actions disciplinaires entreprises par les régulateurs à son égard. (Comme certains conseillers sans scrupules sont allés jusqu'à supprimer ces pages, avant de donner leur ADV[23] à leurs prospects, nous vous suggérons vivement de télécharger vous-mêmes ces documents.) Il n'est pas inintéressant de recouper vos informations avec les informations données par le site www.cfp-board.org, pour les conseillers à l'encontre desquels des mesures disciplinaires ont été prises à l'extérieur de leur État de résidence, car ils peuvent passer entre les mailles du filet. Pour d'autres conseils pour votre enquête, voir l'encadré ci-après (p. 226).

Apprendre à connaître son conseiller

Une lettre, qui fait référence en gestion de patrimoine, a récemment sondé plusieurs dizaines de gestionnaires pour connaître ce que doivent savoir leurs clients à leur sujet.[24] Pour sélectionner un conseiller, votre but est de :

- Déterminer s'il cherche vraiment à conseiller ses clients ou juste à faire semblant,
- S'assurer qu'il connaît les principes fondamentaux de l'investissement, tels qu'ils sont exposés dans ce livre,
- Évaluer s'il est suffisamment bien formé, entraîné et expérimenté pour vous aider.

[22] NDE : Une plainte déposée par un consommateur n'est pas en soi suffisante pour écarter un conseiller financier. En revanche, si les plaintes sont nombreuses, c'est à considérer comme un avertissement et une action disciplinaire engagée par les autorités fédérales ou locales signifie clairement d'aller voir ailleurs. Le site http://pdpi.nasdr.com/PDPI est intéressant pour avoir des informations sur un courtier.

[23] NDT : Dénomination du formulaire.

[24] NDE : Robert Veres, éditeur et rédacteur de la lettre *Inside Information*, a partagé les réponses obtenues. D'autres questions à poser aux conseillers financiers peuvent être retrouvées sur www.cfp-board.org et www.napfa.org.

Quelques mots de mise en garde

Enquêter ne se limite pas à sélectionner votre conseiller financier. Melanie Senter Lubin, à la tête de la commission chargée des courtiers de l'État du Maryland, suggère d'être à l'affût dans le discours de votre conseiller de tous les mots et phrases, qui laissent présager des problèmes à venir. Si votre conseiller ne cesse d'utiliser de telles expressions – ou d'essayer de vous « *tordre le bras* » pour que vous fassiez quelque chose que vous ne sentez pas, « *alors parlez-en aux autorités au plus vite* », conseille Lubin. Voilà les expressions qui devraient vous alerter :

- *Off-shore*
- *Une opportunité qui ne se représentera pas*
- *Une banque de premier plan*
- *Cette valeur va décoller*
- *C'est garanti*
- *Ne perdez pas de temps*
- *C'est couru d'avance*
- *Notre modèle mathématique nous dit*
- *Les gens dans le secret achètent ceci*
- *Cette stratégie d'options*
- *Ce n'est pas la peine de réfléchir*
- *Vous ne pouvez pas vous permettre de passer à côté de cela*
- *Vous devriez vous intéresser à la performance, pas aux honoraires*
- *Vous voulez vous enrichir ?*
- *On peut battre le marché*
- *Vous vous en voudrez toute votre vie si vous ne faites pas...*
- *Exclusif*
- *Impossible de perdre*
- *Les opportunités de gains sont énormes*
- *Il n'y a pas de risque de pertes*
- *Je l'ai acheté pour ma mère*
- *Faites-moi confiance*
- *Trading sur matières premières*
- *Rendement mensuel*
- *Stratégie dynamique d'allocation d'actifs*
- *On peut limiter votre risque de perte*
- *On est les seuls à savoir le faire*

Des gestionnaires de patrimoine de premier plan recommandent à leurs futurs clients de les interroger en leur posant les questions suivantes :

- Pourquoi avez-vous choisi ce métier ?
- Quel est la mission que se donne votre société ?
- Quelle est votre principale motivation dans la vie quotidienne ?
- Quelle est votre philosophie d'investissement ?
- Sélectionnez-vous des actions individuelles ou des fonds communs de placement actions ?
- Utilisez-vous l'analyse technique ?
- Achetez-vous en fonction du timing ? (Une réponse affirmative à l'une des deux dernières questions doit conduire à écarter le conseiller.)
- Limitez-vous vos conseils à la gestion d'actifs ou prodiguez-vous des conseils en fiscalité, retraite, bilan patrimonial, assurance et prévoyance, budget et endettement ?

- En quoi votre formation, votre expérience et vos références professionnelles vous qualifient-elles pour donner des conseils financiers ?[25]
- Quels sont les exigences de votre clientèle ?
- Comment pouvez-vous m'aider à atteindre mes objectifs ?
- Comment allez-vous suivre et me rendre compte des performances ?
- Est-ce que vous mettrez à ma disposition un tableau de bord qui me permettra de suivre la stratégie d'investissement ?
- Comment sélectionnez-vous les supports ?
- Quelle politique d'investissement vous paraît la plus pertinente et quelles sont vos références en termes de performances ?
- Que faites-vous dans le cas où une ligne du portefeuille a de mauvais résultats sur un an ? (Restez à l'écart de ceux qui répondent « *je vends* ».)
- Est-ce que vous percevez une commission lorsque vous recommandez une valeur ?
- Pourquoi ne le faites-vous pas ? En quelles circonstances ?
- Quel sera approximativement le coût de vos services sur un an ?
- Comment est calculé le coût de votre prestation ? (Si les honoraires dépassent plus de 1% des capitaux placés, cherchez un autre conseiller.)[26]
- Combien de clients avez-vous et à quelle fréquence communiquez-vous avec eux ?
- Quels sont les résultats de vos clients dont vous êtes le plus fier ?
- Quelles sont les caractéristiques communes à vos clients préférés ?
- Quelle est votre pire expérience avec un client et comment l'avez-vous résolue ?
- En quelles circonstances déléguez-vous la gestion à vos collaborateurs ?
- Pendant combien de temps vos clients sont-ils fidèles ?
- Est-ce que je peux consulter un relevé de compte type ? (Si vous ne le comprenez pas, demandez à votre conseiller de l'expliquer et si ses explications sont incompréhensibles, ce conseiller financier n'est pas pour vous.)
- Pensez-vous avoir financièrement réussi ? Pourquoi ? Comment définissez-vous la réussite financière ?
- Quelle rentabilité est-il possible d'atteindre ? (Une performance supérieure à 8 ou 10% n'est pas réaliste.)

---

[25] NDE : Des certifications professionnelles, comme celles du *CFA*, *CFP* ou *CPA* vous indiquent que le conseiller a bien suivi et réussi un cycle d'étude rigoureux. (La plupart des autres diplômes dont s'affublent les gestionnaires de patrimoine, y inclus le titre de *CFM* ou celui de *CFMC*, n'ajoutent pas grand-chose.) Mieux, en contactant les organismes qui délivrent ces diplômes, vous pouvez vérifier que le conseiller a bien reçu ces diplômes et vérifier qu'il n'a pas été sanctionné pour violations de règles ou de principes d'éthique.

[26] NDE : Si vous avez moins de 100.000$ à investir, il est possible que vous ne puissiez pas trouver de conseiller financier. Dans ce cas, placez votre capital dans un support diversifié peu coûteux, comme un ETF portant sur un indice de marché et suivez les conseils comportementaux que nous donnons tout au long de ce livre. Votre portefeuille s'appréciera et vous permettra sans doute un jour de vous payer un conseiller financier.

- Pouvez-vous m'adresser votre CV, votre imprimé ADV et me donner au moins trois références ? (Votre conseiller ou la société qui l'emploie doit déposer un ADV, s'il ne vous en donne pas copie, mieux vaut s'enfuir.)
- Y a-t-il eu des plaintes déposées contre vous ? Pour quelles raisons avez-vous perdu votre dernier client ?

Gagner contre son pire ennemi

Finalement, gardez à l'esprit que les bons conseillers financiers ne sont pas légion. Les meilleurs d'entre eux ont déjà de nombreux clients et peu de temps à consacrer à leurs nouveaux clients. C'est eux qui vous sélectionneront en fonction de leurs critères. Attendez-vous donc à ce qu'ils vous posent aussi quelques questions telles que :

- Pourquoi avez-vous besoin d'un conseiller financier ?
- Quels sont vos objectifs à long terme ?
- Quelles sont vos pires regrets dans vos relations avec d'autres conseillers en investissement ?
- Budgétez-vous vos dépenses ? Est-ce que vous ne vivez pas au-dessus de vos moyens ? Combien dépensez-vous chaque année ?
- Qu'aurai-je dû faire, il y a un an, pour que vous soyez aujourd'hui satisfait de la performance de vos placements ?
- Comment réagissez-vous aux conflits et aux désaccords ?
- Qu'avez-vous ressenti lors de l'explosion de la bulle Internet au début des années 2000 ?
- Quelles sont vos pires craintes en termes financiers ?
- Quels sont vos plus grands espoirs ?
- Quel rendement souhaitez-vous raisonnablement obtenir ? (cf. Chapitre 3 pour les réponses.)

Un conseiller financier, qui ne pose pas ce type de questions – et qui ne démontre pas un véritable intérêt – n'est pas fait pour vous.

Par-dessus tout, vous devez lui faire suffisamment confiance pour qu'il vous protège de votre pire ennemi : VOUS. « *Prenez un conseiller* » explique le journaliste Nick Murray, « *pas pour gérer votre argent, mais pour gérer l'investisseur qui est en vous* ».

« *Si votre conseiller est un rempart entre votre raison et votre impulsivité* », nous dit Robert Veres, « *des outils doivent être mis en place pour contrôler aussi bien le client que son conseiller* ». Parmi ces moyens, nous pouvons citer :

- Le bilan patrimonial qui décrit les recettes, les dépenses, l'épargne, les emprunts et les investissements ;
- La stratégie d'investissement qui définit la philosophie et l'approche choisie pour investir ;
- Le plan d'allocation d'actifs qui répartit les placements sur les différents supports financiers.

Voilà les piliers, définis en concertation avec le conseiller, sur lesquels reposent les bonnes décisions financières. Jamais vous ne devriez investir ou prendre une décision financière sans vous assurer que les fondations sont solides et en accord avec vos objectifs.

CHAPITRE 11. L'ANALYSE FINANCIÈRE POUR NÉOPHYTES

L'analyse financière est aujourd'hui une profession bien établie et en plein essor. Les différentes associations d'analystes, regroupées au sein de la *National Association of Financial Analysts*, comptent environ 13.000 membres, dont la plupart sont en exercice. Les analystes financiers ont leurs livres de référence, leur code déontologique et leur journal trimestriel.[1] Ils ont aussi des problèmes insolubles à résoudre. Ces dernières années, la tendance a été de substituer le terme « *analyse financière* » à « *évaluation financière* ». Le champ de *l'analyse financière* est plus étendu et il est donc plus approprié pour décrire le rôle des analystes de *Wall Street*. Pour simplifier, *l'évaluation financière* se limite à l'analyse et l'évaluation des actions et des obligations, alors que *l'analyse financière* couvre en plus la définition d'une stratégie d'investissement avec la création d'un portefeuille et le travail d'analyse économique.[2] Nous utiliserons dans ce chapitre la terminologie la plus proche de la réalité, en insistant sur le rôle de l'analyste qui fait de l'évaluation financière et que nous dénommerons tout simplement *analyste*[3].

L'analyste s'intéresse au passé, au présent et à l'avenir d'une valeur mobilière. Il décrit l'activité de l'entreprise, synthétise ses résultats opérationnels et sa situation financière, souligne ses atouts et ses faiblesses, ses opportunités et ses menaces[4]. Il évalue ses résultats prévisionnels en fonction de plusieurs scénarios, ou du plus probable. Il compare les performances de l'entreprise avec celles d'autres sociétés et il analyse l'évolution historique des performances de l'entreprise. Il conclut en évaluant la qualité du titre, s'il s'agit d'une obligation ou d'une action de préférence et, l'opportunité d'acheter, s'il s'agit d'une action.

Pour atteindre ce but, l'analyste utilise un certain nombre de méthodes, qui vont des plus simples aux plus complexes. Il est amené à modifier, parfois de façon substantielle, les données comptables de l'entreprise, même si elles sont marquées par *l'imprimatur* d'un expert-comptable certifié. Il examine avec attention certains éléments du rapport annuel, qui en disent bien plus qu'il n'y paraît.

---

[1] NDE : Il s'agit de la *National Federation of Financial Analysts*, rebaptisée *Association for Investment Management and Research* et aujourd'hui *CFA Institute*. Sa publication de recherche – *Financial Analyst Journal* – est éditée chaque mois.

[2] NDE : Le livre *Security Analysis* de Graham B., Dodd D., Cottle S., Tatham C. (McGraw-Hill, 4ème éd. 1962) a gardé le titre original de l'édition de 1934, mais couvre au sens large tout ce qui traite d'analyse financière. NDT : Le titre en anglais est conservé dans la version française de l'ouvrage, mais le sous-titre – *Analyse et évaluation financières des valeurs mobilières* – tient compte de cette double perspective.

[3] NDT : Par opposition à *l'analyste financier* qui pratique *l'analyse financière*.

[4] NDT : L'analyse *SWOT* (Acronyme de *Strenghts, Weaknesses, Opportunities, Threats* pour analyse des forces, faiblesses, opportunités et menaces) date de la fin des années 1960. Graham est sans doute un précurseur dans son utilisation.

L'analyste utilise des critères de risque, lui permettant de savoir si une obligation (ou une action de préférence) est assez sûre pour être qualifiée d'investissement de qualité. Ces critères sont fonction des résultats historiques, mais aussi de la structure des capitaux propres, du fonds de roulement, de la valeur des actifs et d'autres fondamentaux.

Jusqu'à très récemment, aucun critère d'évaluation aussi précis, que ceux utilisés pour les obligations, n'a servi l'estimation de la valeur des actions ordinaires. Dans la plupart des cas, l'analyste se contentait d'une synthèse des performances passées, d'une prévision plus ou moins précise des perspectives à venir – en s'intéressant notamment à celle des douze prochains mois – pour formuler une recommandation plus ou moins arbitraire. Cette conclusion était souvent tirée, et c'est encore le cas aujourd'hui, en gardant un œil rivé sur la cotation du titre et sur la tendance du marché. Ces dernières années, les analystes se sont intéressés au problème de l'évaluation des titres de croissance. En effet, ces titres s'échangeaient à des cours si élevés par rapport à leurs bénéfices, tant passés que courants, que ceux qui les recommandaient se sentaient dans l'obligation de justifier leurs recommandations d'achat avec des résultats prévisionnels sur un horizon assez lointain. Certaines méthodes mathématiques sophistiquées[5] ont été remises au goût du jour pour justifier les niveaux d'évaluation de ces titres.

Nous traiterons des grandes lignes de ces techniques un peu plus loin. Il nous faut pourtant soulever un paradoxe gênant : ces techniques d'évaluation mathématiques priment sur les autres méthodes dans un domaine où nous devrions les prendre avec la plus grande circonspection. En effet, plus l'évaluation d'une action dépend de prévisions, moins elle est fonction de performances historiques avérées et donc, plus cette évaluation est vulnérable aux erreurs de calcul et aux hypothèses fallacieuses. Le cours des valeurs à multiples élevés[6] est en grande partie fonction de perspectives très différentes des performances passées – à l'exception peut-être du taux de croissance utilisé. C'est pour cela que les analystes se trouvent aujourd'hui contraints de suivre une approche mathématique, prétendument « *scientifique* », alors que l'évaluation des actions ordinaires ne se prête pas à ce type de méthode.[7]

---

[5] NDT : En référence aux modèles d'évaluation par actualisation des flux de trésorerie ou des dividendes.

[6] NDT : Sous-entendu avec un PER ou un PBR élevé.

[7] NDE : Plus la croissance de l'entreprise est forte, plus l'horizon prévisionnel est grand et plus la prévision est sensible à la moindre erreur. Si, par exemple, une entreprise dont le bénéfice par action s'élève à 1$, voit son bénéfice croître à un taux de 15% par an, les bénéfices atteindront 8,14$ au bout de 15 ans. Si le marché valorise l'entreprise à 35 fois son résultat, l'action passera de 35$ à environ 285$. Mais, si les bénéfices augmentent au rythme de 14% au lieu de 15%, ils atteindront 7,14$ au bout de 15 ans. Déçu par cette contre-performance, les investisseurs ne seront plus prêts à payer la valeur à 35 fois ses bénéfices. S'ils ne l'achètent qu'à 20 fois ses bénéfices, l'action ne vaudra qu'environ 140$ (7,14$ x 20), soit 50% de moins que prévu. Comme l'outillage mathématique donne l'illusion d'un résultat robuste, alors que l'avenir est fondamentalement incertain, l'investisseur doit rester sceptique face à celui qui prétend détenir la solution grâce à une arithmétique complexe pour résoudre un problème financier de base. Comme l'explique Graham en Annexe 4 : *« En 44 années d'observation et d'expérience à Wall Street, je n'ai jamais vu d'estimations financières sérieuses sur la valeur d'une action ou sur l'intérêt d'une stratégie d'investissement, qui n'utilise autre chose que de l'arithmétique ou de l'algèbre élémentaires. Chaque fois que l'on fait appel à des calculs ou à de l'algèbre complexes, il s'agit d'une alerte indiquant que son auteur tente de substituer une théorie à l'expérience et de donner à une spéculation l'apparence trompeuse d'un investissement. »*

Poursuivons quand même notre évocation des principales méthodes d'évaluation des titres. Ce sujet sera traité de façon synthétique à l'usage de l'investisseur non-professionnel pour lui permettre de comprendre les objectifs de l'analyste et ses recommandations. Il en saura assez pour distinguer une analyse succincte, d'une analyse sérieuse.

Pour le néophyte, l'analyse d'un titre commence par l'étude des états financiers de l'entreprise. C'est un sujet que nous avons traité dans un autre ouvrage, destiné aux débutants, qui s'intitule *The Interprétation of Financial Statements.*[8] Nous ne jugeons ni nécessaire, ni approprié de reprendre ce sujet dans ce chapitre[9], d'autant que l'accent est volontairement mis dans ce livre sur les principes d'investissement et le comportement de l'investisseur, plus que sur les données financières et leur analyse. Venons-en aux deux principales questions en rapport à la sélection d'un support d'investissement. Quels sont les principaux critères de risque d'une obligation et d'une action de préférence ? Et quels sont les principaux facteurs à prendre en compte dans l'évaluation d'une action ordinaire ?

L'analyse d'une valeur obligataire

Le compartiment des obligations et des actions de préférence de première qualité est celui où l'usage des techniques d'analyse financière est le plus fiable et le plus crédible pour évaluer leur niveau de risque et donc leur qualité. Le principal critère utilisé pour les obligations est le ratio de couverture des intérêts (coupons) par le résultat net moyen, calculé sur les dernières années. Dans le cas des actions de préférence, c'est le ratio de couverture des intérêts (coupons) et des dividendes préférentiels par le résultat net moyen.

Les méthodes de calcul sont différentes d'un établissement financier à l'autre. Comme ces calculs sont, d'une certaine façon arbitraire, il n'est pas possible de savoir lequel est le plus adapté. Dans l'édition de *Security Analysis* de 1961, nous proposions différents ratios de couverture, que nous avons repris dans le Tableau 22 (cf. p. 234).[10]

Notre calcul est fait à partir du résultat net moyen sur plusieurs années. D'autres analystes considèrent qu'il faut que le ratio de couverture minimal soit dépassé chaque année sur la période considérée. Nous considérons que le test fondé sur la « *plus mauvaise année* » est une *alternative* à celui que nous utilisons en prenant le résultat

---

[8] NDT : Graham B., Meredith S., Coutton D. (traduction), *L'interprétation des états financiers*, Valor Éditions, 2003.

[9] NDT : Le lecteur trouvera, néanmoins, en Annexe 10 (cf. p. 463) une définition des termes utilisés en analyse financière, extraite du livre *The Interpretation of Financial Statements*.

[10] NDE : En 1972, un investisseur en obligations d'entreprises n'avait pas d'autre choix que de bâtir lui-même son portefeuille. Aujourd'hui, environ 500 fonds communs de placement investissent sur ce compartiment, offrant ainsi un portefeuille diversifié. Entendu qu'il n'est pas possible de créer, soi-même, un portefeuille correctement diversifié, sauf à disposer de plus de 100.000$, l'investisseur individuel pourra tout simplement placer dans un fonds obligataire à faible coût et laisser le lourd travail de sélection à des gérants obligataires. Pour en savoir plus sur les fonds obligataires, reportez-vous aux *Commentaires sur le Chapitre 4* (cf. p. 99).

moyen sur sept ans. Passer ce test, sur l'un ou l'autre des critères, est suffisant pour connaître le risque de l'obligation ou de l'action de préférence.

TABLEAU 22 : SEUIL MINIMAL DE COUVERTURE DES OBLIGATIONS ET DES ACTIONS DE PRÉFÉRENCE

A. **Obligations de première catégorie**
Ratio minimal conseillé (Ratio Résultat / Charges fixes)

	Avant impôts		Après impôts	
Type d'entreprise	**Calculé sur la moyenne des 7 dernières années**	**Calculé sur *l'année la plus mauvaise***	**Calculé sur la moyenne des 7 dernières années**	**Calculé sur l'année la plus mauvaise**
Service public	4 fois	3 fois	2,65 fois	2,10 fois
Chemins de fer	5 fois	4 fois	3,20 fois	2,65 fois
Industrie	7 fois	5 fois	4,30 fois	3,20 fois
Distribution	5 fois	4 fois	3,20 fois	2,65 fois

B. **Actions de préférence de première catégorie [(Ratio Résultat net / Charges fixes) + (2 x Dividende préférentiel)]**
Les seuils conseillés sont les mêmes que ceux indiqués ci-dessus, en rapportant les Bénéfices avant impôts à la somme des charges fixes et deux fois les dividendes préférentiels.
Note : La raison justifiant de prendre en compte deux fois les dividendes préférentiels dans le calcul du ratio est que les dividendes préférentiels, à la différence des intérêts, ne sont pas déductibles de l'assiette fiscale pour le calcul de l'impôt sur les sociétés.

C. **Autre catégorie d'obligations et d'actions de préférence**
Les ratios donnés ci-dessus ne sont pas applicables (1) aux holdings des sociétés de service public, (2) aux établissements financiers et (3) aux foncières et sociétés de placement immobilier. Les ratios pour ces groupes ne sont pas ici mentionnés.

Nous pouvons objecter que l'importante hausse des taux d'intérêt, depuis 1961, devrait être compensée par une réduction du ratio minimal de couverture requis, car il est, évidemment, plus difficile pour une entreprise industrielle d'obtenir un ratio de couverture de 7, quand les taux d'intérêt sont à 8% que lorsqu'ils sont à 4,5%. Pour répondre à cette situation, nous suggérons aujourd'hui de rajouter une autre condition en fonction du résultat net exprimé en pourcentage du montant de la dette. Le résultat net avant impôt devrait dépasser 33% de la dette d'une entreprise industrielle, 20% de celle d'une compagnie de service public et 25% de la dette d'une compagnie de chemin de fer. Il faut garder en mémoire que le taux coupon effectivement payé par la plupart des entreprises est nettement inférieur aux 8% du taux de marché, car les sociétés portent des dettes anciennes à des taux moins élevés. Le ratio de couverture minimal pour « *la plus mauvaise année* » peut être fixé à environ deux tiers du seuil utilisé en calculant le ratio avec la moyenne du résultat net sur 7 ans.

Il existe aussi trois autres critères :

1. *La taille de l'entreprise.* Il y a une taille minimale exprimée en termes de chiffre d'affaires – différente suivant qu'il s'agit d'entreprises industrielles, de compagnies de service public ou de chemin de fer – ou en termes de population pour une collectivité territoriale.
2. *Le ratio de solvabilité.* Ce ratio est mesuré par la capitalisation boursière (actions ordinaires uniquement) rapportée aux dettes financières (ou aux dettes financières plus les actions de préférence). C'est une mesure grossière du risque obligataire et du « *coussin* » offert par les actionnaires, les premiers touchés en cas

de faillite. Ce ratio prend en compte l'évaluation par le marché des perspectives de l'entreprise.

3. *La valeur des immobilisations corporelles.* La valeur des actifs corporels, en coûts historiques ou réévalués, était autrefois considérée comme la principale garantie aux dettes obligataires émises. Or, l'expérience montre que dans la plupart des cas, le risque dépend des perspectives bénéficiaires de l'entreprise, qui si insuffisantes, font perdre de la valeur aux actifs corporels. Cependant, la valeur des immobilisations corporelles garde tout son sens en termes de garantie de la dette pour trois types d'entreprises : les compagnies de service public (car leur valeur est étroitement lié à la valeur de leurs immobilisations corporelles), les sociétés foncières et immobilières et les sociétés de gestion de portefeuille.

À ce stade, l'investisseur avisé doit se poser la question suivante : peut-on compter sur ces indicateurs, calculés à partir de données historiques, pour évaluer la probabilité de cessation de paiement des futurs coupons et du remboursement du principal ? Notre expérience apporte une réponse. En effet, l'histoire financière montre que les obligations (et les actions de préférence), qui passent avec succès les tests (fondés sur des données historiques) pour estimer leur risque, sont capables de traverser sans encombre les tourments économiques. Cela a été plus particulièrement le cas pour les obligations des compagnies de chemin de fer ; un secteur connu pour ses nombreuses faillites et ses pertes abyssales. Les situations, qui ont conduit au défaut, sont la plupart du temps celles où les sociétés étaient soit surendettées depuis longtemps, soit au-dessous – même en période de prospérité – des ratios de couverture minimaux préconisés. Les investisseurs auraient donc dû se tenir à l'écart en respectant les ratios proposés. À l'inverse, toutes celles, dont les ratios de couverture étaient suffisants, n'ont pas connu pareilles difficultés financières. Nos indicateurs ont montré leur robustesse dans le cas des nombreuses compagnies de chemin de fer, qui ont été réorganisées dans les années 1940 et 1950. Elles avaient toutes, à l'exception d'une seule, des charges fixes si faibles, qu'elles n'ont eu aucun mal à dépasser les ratios de couverture. La compagnie *New Haven Railroad* est la seule exception avec un ratio de couverture des charges financières égale à 1,1 lors de sa recapitalisation en 1947. C'est ainsi qu'en 1961, au moment où toutes les autres compagnies traversaient des temps difficiles, sans que leur solvabilité soit affectée, la *New Haven* était mise en redressement judiciaire pour la troisième fois !

Au Chapitre 17 (p. 335), nous reviendrons sur la faillite de la compagnie de chemin de fer *Penn Central Railroad*, qui secoua la communauté financière en 1970. Dans ce cas précis, le ratio de couverture était inférieur au seuil proposé, dès 1965. L'investisseur prudent serait donc resté à l'écart ou se serait débarrassé des titres bien avant la faillite.

Nos observations sur l'intérêt des données historiques, pour juger du risque obligataire, sont encore plus pertinentes pour les compagnies de service public, qui représentent une large proportion du marché obligataire. La faillite d'une compagnie de service public (du secteur de l'énergie), bien capitalisée, est quasiment impossible.

Depuis qu'elles sont supervisées par la *Security & Exchange Commission*,[11] elles sont moins endettées et elles n'ont pas connu la faillite. Leurs ennuis financiers des années 1930 étaient uniquement imputables à leur surendettement et à leur mauvaise gestion, ce qui explique aujourd'hui leur structure financière. S'ils avaient été utilisés, nos ratios de couverture, simples et robustes auraient invité les investisseurs à rester à l'écart avant même que ces obligations ne fassent défaut.

En revanche, les performances des obligations industrielles sont bien différentes. En effet, les entreprises industrielles ont dans l'ensemble connu une plus forte croissance de leurs bénéfices que les compagnies de chemin de fer ou de service public, mais leur bénéfice a fortement fluctué dans le temps et d'une entreprise ou d'une activité à l'autre. C'étaient donc de bonnes raisons pour sélectionner des obligations et des actions de préférence de grandes sociétés, ayant démontré leur solidité en période de grave récession.

Depuis 1950, les bonnes conditions économiques ont contribué au faible taux de défaut des obligations industrielles. En revanche, l'endettement des entreprises s'est aggravé après 1966. Leur développement mal maîtrisé a eu des conséquences financières, avec un accroissement de l'endettement à court et long terme d'une part et avec une accumulation des pertes financières d'autre part. En sept ans, les charges financières (intérêts payés) des entreprises sont passés de 9,8 milliards de dollars en 1963 à 26,1 milliards en 1970 ; leur part du bénéfice est passée de 16% en 1963 à 29% en 1971.[12] Pour beaucoup, cette proportion a été encore plus élevée. Les sociétés surendettées sont légion, ce qui nous invite à reproduire l'avertissement lancé dans notre édition de 1965 :

Nous ne croyons pas que la situation favorable, que nous connaissons, se poursuive éternellement. Par conséquent, l'investisseur ne doit pas relâcher ses critères de sélection de titres obligataires, quel que soit l'émetteur.

L'analyse financière des actions ordinaires

Idéalement, l'analyse devrait donner une estimation de la valeur qui serait ensuite comparée au cours de l'action pour en conclure sur l'opportunité d'achat. Cette évaluation sera faite à partir des bénéfices *prévisionnels* moyens, calculés sur plusieurs années, multiplié par un PER approprié.

La méthode classique consiste à estimer la capacité bénéficiaire prévisionnelle à partir de moyennes *historiques* de chiffre d'affaires (en volume et en valeur) et de marge nette. Le chiffre d'affaires prévisionnel en valeur est calculé en fonction des hypothèses de croissance des volumes et des prix. Ces hypothèses sont à leur tour fonction du taux de croissance du PIB et des spécificités du secteur d'activité et de l'entreprise.

---

[11] NDG : Après les milliards de dollars perdus par les investisseurs dans la réorganisation imprudente des compagnies de service public dans les années 1929-32, le Congrès autorisa la *SEC* à réguler l'émission des actions des compagnies de services publics, sous le parapluie de la loi *Public Holding Company Act* de 1935.

[12] NDG : Ces chiffres sont tirés d'une étude de *Salomon Bros.*

Cette méthode sera illustrée par un exemple tiré de notre édition de 1965 et mis à jour. *Value Line*, un des grands services d'information financière du pays, fait des prévisions de bénéfices et de dividendes en suivant cette méthode pour aboutir à un « *cours prévisionnel* » (à savoir une valeur de marché prévisionnelle) en utilisant une formule fondée sur une projection de tendance. Le Tableau 23, ci-dessous, reproduit les prévisions faites en juin 1964, pour la période 1967-1969 et, les compare avec les bénéfices et les cours moyens effectivement enregistrés en 1968 (comme approximation de la période 1967-69).

TABLEAU 23 : *DOW JONES INDUSTRIAL AVERAGE*

	Bénéfices		Cours au 30/06/1964	Cours prévisionnel 1967-1969	Cours moyen 1968
	Prévisions 1967-69	Réalisé 1968 (*)			
Allied Chemical	3,70$	1,46$	54,25$	67,00$	36,50$
Aluminum Corp. of Am.	3,85$	4,75$	71,50$	85,00$	79,00$
American Can	3,50$	4,25$	47,00$	57,00$	48,00$
American Tel. & Tel.	4,00$	3,75$	73,25$	68,00$	53,00$
American Tobacco	3,00$	4,38$	51,50$	33,00$	37,00$
Anaconda	6,00$	8,12$	44,50$	70,00$	106,00$
Bethlehem Steel	3,25$	3,55$	36,50$	45,00$	31,00$
Chrysler	4,75$	6,23$	48,50$	45,00$	60,00$
Du Pont	8,50$	7,82$	253,00$	240,00$	163,00$
Eastman Kodak	5,00$	9,32$	133,00$	100,00$	320,00$
General Electric	4,50$	3,95$	80,00$	90,00$	90,50$
General Foods	4,70$	4,16$	88,00$	71,00$	84,50$
General Motors	6,25$	6,02$	88,00$	78,00$	81,50$
Goodyear Tire	3,25$	4,12$	43,00$	43,00$	54,00$
Internat. Harvester	5,75$	5,38$	82,00$	63,00$	69,00$
Internat. Nickel	5,20$	3,86$	79,00$	83,00$	76,00$
Internat. Paper	2,25$	2,04$	32,00$	36,00$	33,00$
Johns Manville	4,00$	4,78$	57,50$	54,00$	71,50$
Owens-Ill. Glass	5,25$	6,20$	99,00$	100,00$	125,50$
Procter & Gamble	4,20$	4,30$	83,00$	70,00$	91,00$
Sears Roebuck	4,70$	5,46$	118,00$	78,00$	122,50$
Standard Oil of Cal.	5,25$	5,59$	64,50$	60,00$	67,00$
Standard Oil of N.J.	6,00$	5,94$	87,00$	73,00$	76,00$
Swift & Co.	3,85$	(**)3,41$	54,00$	50,00$	57,00$
Texaco	5,50$	6,04$	79,50$	70,00$	81,00$
Union Carbide	7,35$	5,20$	126,50$	165,00$	90,00$
United Aircraft	4,00$	7,65$	49,50$	50,00$	106,00$
U.S. Steel	4,50$	4,69$	57,50$	60,00$	42,00$
Westinghouse Elec.	3,25$	3,49$	30,50$	50,00$	69,00$
Woolworth	2,25$	2,29$	29,50$	32,00$	29,50$
TOTAL	**138,25$**	**149,20$**	**2222$**	**2186$**	**2450$**
DJIA (Total)	52,00	56,00	832	820	(***)918
DJIA (1968)	57,89				(***)906
DJIA (1967-1969)	56,26				

(*) Bénéfice ajusté (des divisions de cours) par action
(**) Moyenne 1967-1969
(***) Différence due au changement de diviseur dans le calcul de l'indice

Les prévisions sont légèrement sous-estimées. En réalité, les prévisions de bénéfices et de dividendes sont surévaluées, mais l'erreur est effacée par l'usage d'un multiple sous-évalué, avec pour résultat un « *cours prévisionnel* » pas très éloigné du cours de 1964.

Le lecteur remarquera que nombre de prévisions sont loin de la réalité. Ceci confirme que les prévisions faites sur un indice de marché sont plus fiables que celles portant sur un seul titre. Idéalement, l'analyste ne devrait faire de prévisions que sur les trois ou quatre entreprises qu'il connaît le mieux et investir sur ces titres. Malheureusement, nous nous sommes rendus compte qu'il est impossible de savoir laquelle de nos prévisions sera la bonne. C'est la raison pour laquelle les gérants privilégient la diversification. Pour autant, il vaut mieux investir sur une seule valeur, en laquelle nous croyons, que se disperser sur plusieurs valeurs médiocres au motif de la diversification. Pourtant, ce n'est pas ce qui se fait, car on ne peut pas dépendre d'une seule valeur.[13] Le principe de diversification porte en lui la négation de l'idée fétiche de *sélectivité* qui fait les beaux jours de *Wall Street*.[14]

Les facteurs influençant le multiple de capitalisation des bénéfices

Même si les bénéfices prévisionnels moyens sont supposés être le principal déterminant de la valeur intrinsèque, l'analyste financier prend en compte d'autres facteurs plus ou moins subjectifs. Tous ces facteurs sont intégrés au multiple de capitalisation,[15] qui peut varier dans de larges proportions suivant la *qualité* du titre étudié. C'est ainsi que deux entreprises, offrant les mêmes bénéfices prévisionnels par action pour la période 1973-1975 (par exemple 4$) peuvent être évaluées par l'analyste à 40$ pour l'une et 100$ pour l'autre. Quels sont les éléments à entrant en ligne de compte dans le calcul de multiples aussi différents ?

---

[13] NDE : C'est le cas de la plupart des analystes et des investisseurs. Cependant, certains font exception, car ils sont capables de savoir à l'avance quelles sont les entreprises qui méritent une attention particulière. Pour en savoir plus sur ces approches, reportez-vous au livre de Philip Fisher *Common Stocks and Uncommon Profits*, Harper & Row, 1960 traduit en français sous le titre *Actions Ordinaires et Profits Extraordinaires*, Valor Éditions, 2021.

[14] NDE : Ces dernières années, la plupart des fonds communs de placement ont reproduit à l'identique l'indice *S&P 500*, de telle sorte que le support financier offre la même performance que celle de l'indice. Dans un effet de retour de balancier, certaines sociétés ont créé des portefeuilles *ciblés*, formés de 25 à 50 titres considérés par leurs gérants comme *leurs meilleures idées d'investissement*. Cela peut inviter les investisseurs à s'interroger pour savoir si les autres fonds gérés par les mêmes gestionnaires ne regroupent pas *leurs plus mauvaises idées*. Étant donné que les fonds composés des *meilleures idées* ne surperforment pas globalement les indices boursiers, les investisseurs peuvent aussi se demander si les *meilleures idées* des gérants valent finalement le coup. Pour des investisseurs incontestablement supérieurs, comme Warren Buffett, il est stupide d'envisager de diversifier, car cela n'a pour effet que de diluer la performance de quelques bonnes idées. En revanche, pour le gérant de fonds lambda, comme pour l'investisseur individuel, le fait de ne pas diversifier nous paraît insensé étant donné combien il est difficile de constituer un portefeuille avec plus de gagnants que de perdants. Plus vous diversifiez, moins l'impact d'une valeur perdante se fait sentir et plus la probabilité d'avoir des gagnants augmente. Le choix idéal pour la majorité des investisseurs individuels est celui d'un fonds indiciel large représentatif du marché. C'est la façon la plus économique de détenir toutes les actions qui méritent d'être en portefeuille.

[15] NDT : Rappelons que ce multiple est assimilable à un PER calculé par l'analyste.

1. **Les perspectives à long terme.** Personne ne sait vraiment ce qui se passera dans un futur lointain. Pourtant les analystes et les investisseurs ont des certitudes à défendre. Leurs convictions se reflètent dans la différence entre le PER de l'entreprise et celui du secteur d'activité de l'entreprise. En 1965, nous ajoutions :

   Par exemple, fin 1963, les sociétés du secteur de la chimie présentes dans le DJIA se vendaient à des multiples bien plus élevés que celles du secteur du pétrole, montrant la plus grande confiance donnée par le marché aux premières. Le sentiment de marché est souvent fondé. Cependant, lorsqu'il est dicté par les performances passées, il a autant de chances d'être juste, que d'être faux.

   Nous vous donnons ci-après (Tableau 24), les données des valeurs chimiques et pétrolières du *DJIA* à la fin 1963 et pour 1970. Nous observons que les valeurs chimiques, malgré des PER élevés, n'ont pratiquement pas vu croître leurs résultats entre 1963 et 1970. Les pétrolières ont fait bien mieux que les chimiques, car leur performance avait été correctement anticipée par leur PER de 1963. En revanche, le cas des valeurs chimiques montre que le PER du marché en 1963 était trop généreux.[16]

TABLEAU 24 : PERFORMANCE DE VALEURS DU SECTEUR DE LA CHIMIE ET DU PÉTROLE (1964 ET 1970)

	Cours au 31/12/1963	Bénéfice net par action (1963)	PER	Cours au 31/12/1970	Bénéfice net par action (1970)	PER
Chimie						
Allied Chemical	55,00$	2,77$	19,8x	24,25$	1,56$	15,5x
Du Pont	77,00$	6,55$	23,5x	133,50$	6,76$	19,8x
Union Carbide	60,50$	2,66$	22,7x	40,00$	2,60$	15,4x
			25,3x (moy.)			
Pétrole						
Standard Oil of Cal.	59,50$	4,50$	13,2x	54,50$	5,36$	10,2x
Standard Oil of N.J.	76,00$	4,74$	16,0x	73,50$	5,90$	12,4x
Texaco	35,00$	2,15$	16,3x	35,00$	3,02$	11,6x
			15,3x (moy.)			

[16] NDE : L'argument, que développe Graham au sujet des valeurs du secteur du pétrole et de celui de la chimie dans les années 1960 s'applique à presque tous les secteurs industriels et à toutes les époques. Les perspectives consensuelles de *Wall Street* sont en règle générale, soit trop optimistes, soit trop pessimistes. Pire, le marché est encore plus enthousiaste au moment où les actions sont généralement le plus surévaluées – et plus pessimiste quand elles sont le plus sous-évaluées. L'exemple le plus récent concerne bien sûr les secteurs des technologies et des télécommunications, qui ont touché des plafonds historiques au moment où leur avenir paraissait le plus radieux en 1999 et début 2000, avant de s'effondrer ensuite jusqu'en 2002. L'histoire nous montre que les stratégistes de *Wall Street* sont tout aussi incapables de prédire la performance globale du marché, d'un secteur spécifique ou d'une valeur. Comme l'indique Graham, les chances de voir les investisseurs individuels s'en tirer mieux que *Wall Street* sont minces. L'*investisseur intelligent* est à son meilleur quand ses décisions sont indépendantes de l'exactitude des prévisions des uns ou des autres, y compris de ses propres prévisions (cf. Chapitre 8 p. 165).

2. **La qualité des dirigeants.** Beaucoup d'encre coule à *Wall Street* sur l'influence des dirigeants sur les cours, mais cela n'a pas d'intérêt. En effet, tant que l'on ne sait pas évaluer la compétence des dirigeants avec des critères objectifs, quantifiables et fiables, nous considérerons ce facteur avec la plus grande circonspection. Nous pouvons légitimement penser qu'une entreprise performante est bien dirigée. Or, cet élément est déjà dans les cours et les résultats passés, il sera également présent dans l'estimation des résultats prévisionnels des cinq prochaines années, mais aussi dans les perspectives à long terme, que nous venons d'évoquer. En tenir compte conduit à surévaluer le titre. Le prendre en compte n'a d'intérêt que lorsque les dirigeants viennent de changer et que ce changement n'a pas encore eu d'incidence sur les performances de l'entreprise.

   C'est ce qui s'est produit à deux occasions chez *Chrysler*. D'abord en 1921, lorsque Walter Chrysler a pris les rênes de la quasi-moribonde *Maxwell Motors* pour la transformer en quelques années en une entreprise de tout premier plan renouant avec les profits. Il est parvenu à cette prouesse alors que beaucoup d'autres constructeurs automobiles ont été contraints de cesser leurs activités. La deuxième occasion s'est produite en 1962, à une époque où *Chrysler*, tombé de son piédestal, voyait son titre s'échanger à des plus bas historiques, quand de nouveaux dirigeants, associés à *Consolidated Coal*, ont repris la direction de l'entreprise. Les bénéfices n'ont pas tardé à passer d'un plus bas de 1,24$ par action en 1961, à 17$ en 1963. Dans le même temps, les cours sont passés de 38,5$ en 1962 à 200$ l'année suivante[17].

3. **La situation et la structure financière.** L'action ordinaire de l'entreprise, qui dispose d'une trésorerie importante et qui n'a pas émis d'actions de préférence, est à l'évidence un meilleur achat que celle d'une entreprise qui, à résultats identiques, est lourdement endettée. Ces facteurs sont pris en compte par l'analyste financier. Cela étant, un faible endettement sous forme d'obligations et d'actions de préférence n'est pas nécessairement un handicap. Cela vaut aussi pour un usage modéré des facilités bancaires. À ce propos, une entreprise très endettée et avec peu d'actions ordinaires par rapport aux volumes d'obligations et d'actions de préférence, peut dans des conditions favorables offrir un énorme profit spéculatif aux actionnaires. C'est ce que l'on appelle l'effet de levier.

4. **L'historique de versement du dividende.** Un des critères de risque les plus convaincants est un historique ininterrompu de versement du dividende. Nous estimons qu'un versement continu du dividende depuis vingt ans ou plus est un facteur positif pour juger de la qualité d'un titre. L'investisseur passif peut d'ailleurs limiter ses achats aux seules actions qui satisfont à ce critère.

---

[17] NDG : Le feu d'artifice *Chrysler* a été en partie alimenté par une double division du titre en 1963. Ce cas est sans précédent pour une entreprise de cette importance. NDE : Le retournement de destinée de *Chrysler* au début des années 1980 peut, lui aussi, être mis au crédit d'un changement de dirigeant avec l'arrivée de Lee Iacocca.

5. **Le taux de distribution des bénéfices (*pay-out ratio*).** Ce dernier critère est le plus délicat à utiliser dans une évaluation. Fort heureusement, la plupart des entreprises se conforment à ce que nous pourrions qualifier de politique de dividende standard. Ce qui, autrefois, signifiait distribuer deux tiers des bénéfices sous forme de dividendes. Or, ces dernières années, ce taux de distribution a chuté en raison d'une hausse des bénéfices et des besoins en autofinancement des entreprises. (En 1969, le taux de distribution moyen n'était plus que de 59,5% pour les valeurs du *Dow Jones* et de 55% pour l'ensemble des entreprises américaines.)[18] Tant que l'évolution des bénéfices et des dividendes ne change pas, la valeur de l'action peut être estimée aussi bien à partir du bénéfice que du dividende, sans que le résultat ne soit affecté. Par exemple, une valeur secondaire typique, dont les bénéfices prévisionnels moyens sont de 3$ et les dividendes de 2$, peut être estimée à 12 fois ses bénéfices ou à 18 fois ses dividendes et valoir 36$ dans les deux cas.

   Cependant, un nombre de plus en plus important de *valeurs de croissance* s'éloignent du ratio standard de 60% des bénéfices distribués au motif que les intérêts des actionnaires seront mieux servis si les profits sont réinvestis dans l'entreprise pour financer son développement. Cette idée est à prendre avec précautions. Nous aborderons ce débat sur la politique de dividende au Chapitre 19 (p. 383).

Le multiple de capitalisation (PER) pour les *valeurs de croissance*

De nombreux écrits d'analystes financiers traitent des méthodes d'évaluation des *valeurs de croissance*. Notre analyse des différentes méthodes existantes nous conduit à suggérer une formule simple d'évaluation de ces titres. Cette dernière nous donne des valeurs proches de celles issues de calculs mathématiques plus complexes. Notre formule est la suivante :

VALEUR ESTIMÉE = BÉNÉFICES COURANTS (NORMALISÉS) X (8,5 + DEUX FOIS LE TAUX DE CROISSANCE ANNUEL ESTIMÉ)

Ce taux de croissance est le taux moyen pour les 7 à 10 prochaines années.[19]

---

[18] NDE : Ce chiffre, connu aujourd'hui sous le nom *taux de distribution des bénéfices (pay-out ratio)* a beaucoup diminué depuis l'époque de Graham, car la loi fiscale américaine a découragé les investisseurs de rechercher les entreprises servant des dividendes. En effet, fin 2002, le taux de distribution s'affichait à 34,1% pour l'indice *S&P 500* et en avril 2000, il a touché son plus bas à 25,3%. (Voir www.barra.com/research/fundamentals.asp.) Nous parlerons plus en détail de la politique de dividende dans les *Commentaires sur le Chapitre 19* (p. 390).

[19] NDG : Vous remarquerez que nous ne prétendons pas que ce chiffre donne une estimation objective de la *valeur de croissance*. Le but est d'obtenir une bonne approximation des résultats que nous aurions eus avec des formules de calcul plus sophistiquées en vogue aujourd'hui. NDE : D'autres analystes prennent pour règle de ne jamais payer un multiple supérieur à deux fois le taux de croissance anticipé.

Sur le Tableau 25, nous donnons les résultats de la formule pour différents taux de croissance prévisionnels. Si notre formule est valable, il n'est pas difficile de faire le calcul inverse et de déterminer quel est le taux de croissance induit par le cours des titres (taux implicite). Nous avons fait ce calcul pour le *Dow Jones* dans notre édition précédente ainsi que pour six titres leaders.

TABLEAU 25 : MULTIPLE DES BÉNÉFICES CALCULÉS EN FONCTION DU TAUX DE CROISSANCE PRÉVISIONNEL (AVEC LA FORMULE SIMPLIFIÉE)

Taux de croissance prévi.	0,0%	2,5%	5,0%	7,2%	10,0%	14,3%	20,0%
Croissance sur 10 ans	0,0%	28,0%	63,0%	100,0%	159,0%	280,0%	319,0%
Multiples des bénéfices	8,5x	13,5x	18,5x	22,9x	28,5x	37,1x	48,5x

Ces chiffres sont repris dans le Tableau 26. Voici nos commentaires de l'époque :

La différence entre le taux de croissance prévisionnel de Xerox (32,4%) et celui, très modeste, de General Motors (2,8%) est tout à fait étonnante. Elle est en partie expliquée par le fait que les bénéfices de GM en 1969 étaient considérés comme exceptionnels (les plus élevés jamais enregistrés par l'entreprise) et qu'il sera difficile de les retrouver à l'avenir (et donc difficile de les voir croître au même rythme) ! Le PER de Xerox est, néanmoins, tout à fait représentatif de l'enthousiasme spéculatif qui entourait ce titre à l'époque. Un optimisme qui couronnait une grande réussite industrielle et des espoirs plus grands encore.

Le taux de croissance prévisionnel implicite (ou attendu par le marché) du Dow Jones était alors de 5,1%. Il est intéressant de rapprocher ce chiffre des taux annuels moyens composés réalisés par l'indice entre les deux périodes 1951-53 et 1961-63, soit 3,4%.

TABLEAU 26 : MULTIPLE DES BÉNÉFICES CALCULÉS EN FONCTION DU TAUX DE CROISSANCE PRÉVISIONNEL (AVEC LA FORMULE SIMPLIFIÉE)

	PER (1963)	Taux de croissance prévisionnel (1963)	Bénéfice Net par Action 1963	Bénéfice Net par Action 1969	Taux de croissance réel (1963-69)	PER (1969)	Taux de croissance prévisionnel (1969)
AT&T	23,0x	7,3%	3,03$	4,00$	4,75%	12,2x	1,8%
GE	29,0x	10,3%	3,00$	3,79$	4,00%	20,4x	6,0%
GM	14,1x	2,8%	5,55$	5,95$	1,17%	11,6x	1,6%
IBM	38,5x	15,0%	3,48$	8,21$	16,00%	44,4x	17,9%
Int. Harv.	13,2x	2,4%	2,29$	2,30$	0,10%	10,8x	1,1%
Xerox	25,0x	32,4%	0,38$	2,08$	29,20%	50,8x	21,2%
DJIA	18,6x	5,1%	41,11$	57,02$	5,50%	14,0x	2,8%

À ces remarques, nous aimerions ajouter l'avertissement suivant : les estimations portant sur des titres supposés être à très forte croissance sont nécessairement sous-évaluées en supposant que les taux de croissance prévisionnels sont effectivement tenus. En effet, d'un point de vue strictement arithmétique, si une entreprise peut croître, à *perpétuité*, à un taux annuel de 8%, sa valeur sera infinie et il n'y aura aucun cours suffisamment élevé pour justifier cette valeur. Ce que fait le prévisionniste dans ces cas, c'est introduire une *marge de sécurité* dans ses calculs, un peu comme le fait un ingénieur qui conçoit une infrastructure. Sur ces bases, l'investisseur tiendra son objectif de rentabilité (soit pour 1963 un rendement global de 7,5% par an) même si le taux de croissance réel s'avère être bien inférieur à l'hypothèse prise pour le calcul. À l'évidence, si le taux prévisionnel se concrétise, l'investisseur est assuré d'enregistrer une rentabilité encore plus élevée. En réalité, il n'y a aucun moyen fiable d'évaluer une *valeur de croissance* (avec une croissance prévisionnelle de 8% par an par exemple), même en prenant des hypothèses réalistes *à la fois* sur le multiple des bénéfices courants et sur le multiple des bénéfices futurs.

Il s'avère que les taux de croissance réels de *Xerox* et de la compagnie *IBM* ont été proches des hypothèses utilisées dans notre formule. Comme nous venons de l'expliquer, cette excellente performance est à l'origine de la belle envolée des deux titres. La hausse du *DJIA* a également été identique à celle prévue à la fin 1963. Cependant, le taux raisonnable retenu (5%) n'a pas causé de dilemmes, comme dans le cas de *Xerox* et *IBM.* Il se trouve que la hausse des cours de 23%, à laquelle il faut ajouter les 28% de dividendes versés, donne une rentabilité annuelle moyenne proche des 7,5% de l'hypothèse de départ. En ce qui concerne les quatre autres entreprises, elles n'ont tout simplement pas atteint les objectifs de croissance prévus en 1963 et donc leur cours n'a pas pu s'apprécier aussi fortement que le *DJIA.*

Avertissement: Ces données sont fournies dans le seul but d'illustrer nos propos et de montrer que l'analyste financier est obligé de prévoir la croissance de l'entreprise étudiée. Le lecteur ne doit pas conclure que ces prévisions sont fiables, ni inversement, que les cours évoluent en fonction de l'atteinte ou non des objectifs prévisionnels.

Soulignons que toute évaluation « *scientifique* » du cours d'une action ordinaire, à partir des résultats prévisionnels, doit prendre en compte dans son calcul les taux d'intérêt futurs. En effet, une séquence de résultats ou de dividendes prévisionnels aura une valeur actuelle[20] d'autant plus faible, que le taux d'intérêt est élevé.[21] Il est difficile de faire des hypothèses fiables et les fortes variations des taux observées ces dernières années rendent de telles projections d'autant plus délicates à réaliser. La raison, pour laquelle nous conservons notre vieille formule, est qu'il n'y en a pas d'autres meilleures.

L'analyse du secteur d'activité

Il est normal que l'analyste financier s'intéresse à la situation économique du secteur d'activité de l'entreprise ainsi qu'à sa position concurrentielle, car les perspectives économiques de l'entreprise ont une influence sur le cours de bourse. De telles analyses peuvent être très poussées et parfois donner lieu à des prévisions

---

[20] NDE : La Valeur Actuelle est la valeur en date d'aujourd'hui, d'une séquence de flux de trésorerie (bénéfices à venir) escomptés, qui sont actualisés à un taux approprié représentant la valeur temporelle de l'argent et le risque. Cette méthode d'actualisation est utilisée en finance d'entreprise pour mesurer la rentabilité de projets d'investissement.

[21] NDE : Pourquoi en est-il ainsi ? D'après « *la règle des 72* », avec un taux d'intérêt de 10%, un capital double en un peu plus de sept ans, tandis qu'à un taux de 7%, il double en un peu plus de dix ans. Quand les taux sont élevés, le capital à placer aujourd'hui pour obtenir cette somme est inférieur à ce qu'il serait quand les taux sont faibles, car des taux d'intérêt élevés vont lui permettre d'augmenter à un rythme plus rapide. Donc une hausse des taux d'intérêt aujourd'hui donne moins de valeur à un flux de bénéfices futurs.

intéressantes, qui auront un impact sur le futur de l'entreprise, mais qui ne sont pas toujours appréciées à leur juste valeur par le marché. Aboutir à une conclusion solide est une bonne base pour prendre des décisions d'investissement.

Pour autant, notre expérience nous invite à minimiser l'intérêt pratique des études sectorielles à disposition des investisseurs. Leur contenu est en règle générale déjà connu du public et intégré au cours de bourse. Il est rare de voir une étude d'analyste *sell-side*[22] conclure qu'un secteur, en plein essor, va péricliter ou vice-versa. Les prévisions à long terme de *Wall Street* manquent notoirement de fiabilité et c'est notamment le cas des études sur les perspectives bénéficiaires de différents secteurs.

Il nous faut reconnaître que l'innovation dans les entreprises a eu une forte incidence sur les méthodes de travail des analystes. Plus que par le passé, la croissance d'une entreprise va dépendre de ses nouveaux produits ou de ses nouveaux processus de production, que l'analyste devra connaître. Nous voyons là un champ d'investigation très prometteur, réclamant enquêtes de terrain, interviews de chercheurs et recherches techniques poussées. Il y aura, bien sûr, de nombreuses erreurs dans les conclusions indémontrables obtenues en se projetant à très long terme. Pour autant, les écueils sont les mêmes avec des méthodes d'évaluation financière simples et fondées sur des données historiques. L'investisseur ne peut pas faire les deux. Soit il est imaginatif et opte pour le jackpot, qui récompensera sa perspicacité, au risque de se tromper. Soit il opte pour la prudence et refuse de payer une prime sur le cours pour des espoirs non prouvés, mais il doit accepter de passer à côté de très belles opportunités.

Un processus d'évaluation en deux phases

Revenons un instant à la notion d'évaluation ou d'estimation de la valeur d'une action ordinaire, ce que nous avons évoqué à la page 236. Après réflexions, nous sommes arrivés à la conclusion que la pratique de l'évaluation financière devrait être améliorée. Nous suggérons que les analystes travaillent d'abord sur ce que nous appelons *la valeur de la performance passée* qui est exclusivement calculée à partir de données historiques. Cela revient à estimer ce que vaut un titre (en valeur absolue ou relative par rapport au *DJIA* ou au *S&P 500*) en considérant que sa performance passée va se poursuivre. (Cela sous-entend que le taux de croissance des sept années à venir sera identique à celui des sept années passées.) Ce calcul pourrait être fait à l'aide d'une formule pondérant les données historiques de rentabilité, de stabilité des résultats, de taux de croissance, ainsi que la situation financière courante de l'entreprise. La deuxième partie de l'analyse consisterait à évaluer dans quelle mesure cette valeur découlant de données historiques peut être corrigée pour prendre en compte les perspectives à venir.

Ce processus d'analyse permettrait de séparer ainsi les tâches entre l'analyste senior et l'analyste junior : (1) l'analyste senior donnerait la formule de calcul, applicable à toutes les entreprises, pour estimer la valeur de la performance passée. (2)

[22] NDT : Analyste d'une société de courtage.

L'analyste junior se chargerait des calculs pour chaque valeur, de façon très mécanique. (3) L'analyste senior déterminerait ensuite dans quelle mesure la performance future (absolue et relative) du titre pourrait différer du passé et quelle correction appliquer pour refléter ces changements prévus.[23] Ajoutons qu'il serait intéressant que le rapport d'analyse mentionne à la fois la valeur initiale et la valeur finale avec la justification des corrections.

Faut-il faire systématiquement tout ce travail ? Notre réponse est affirmative, mais les raisons peuvent paraître cyniques au lecteur. En effet, nous doutons que cette seconde estimation soit suffisamment fiable. Nous illustrerons cet avis avec l'étude de cas de la société *Aluminium Company of America* (*ALCOA*) au chapitre suivant. Pourtant il faut mener ce travail à bien. Pourquoi ? Premièrement, parce que de nombreux analystes, dans leur quotidien, font déjà ce travail d'estimation et de prévision. La méthode, que nous proposons, doit améliorer ce qu'ils font déjà. Deuxièmement, parce que cette méthode doit permettre à l'analyste de développer son expérience et son intuition. Troisièmement, parce qu'un travail de ce type doit lui permettre d'accumuler de l'expérience – un peu comme en médecine – pour améliorer ses méthodes d'évaluation et leurs limites. Cette approche est particulièrement appropriée à l'évaluation des actions de compagnies de service public. En fin de compte, l'analyste intelligent s'intéressera avant tout aux secteurs d'activité dont l'avenir est raisonnablement prévisible[24] ou à ceux pour lesquels la *marge de sécurité* entre la valeur des performances passées et les cours de bourse est si grande qu'il pourra prendre le risque d'une dégradation des perspectives. Ce risque est de même nature que celui que prend l'investisseur en titres obligataires quand il choisit des valeurs peu risquées.

Dans les chapitres suivants, nous vous donnerons des exemples réels de ces techniques d'analyse. Ce ne seront que des illustrations et, si le lecteur s'intéresse à ce sujet, nous lui suggérons de s'exercer longuement avant de prétendre avoir acquis assez de savoir-faire pour émettre ses propres recommandations.

---

[23] NDT : Graham résume ici le travail de l'analyste qui, aujourd'hui, à l'aide de sa feuille de calcul, commence par modéliser la valeur de l'action, puis la calcule et enfin corrige son évaluation.

[24] NDE : Ces secteurs d'activité, dans l'idéal, ne doivent pas être trop dépendants de facteurs aussi imprévisibles que peuvent l'être les taux d'intérêt ou le prix de matières premières comme le pétrole ou les métaux. Parmi les secteurs, qui paraissent intéressants, nous pouvons citer le secteur du jeu, des cosmétiques, des boissons alcoolisées, des maisons de retraite ou de la gestion des déchets.

COMMENTAIRES SUR LE CHAPITRE 11

« Voudriez-vous m'indiquer, s'il vous plaît, quel chemin prendre à partir d'ici ? »
« Cela dépend beaucoup de l'endroit où vous voulez aller », dit le chat.

Lewis Carroll, *Alice au pays des merveilles.*

Mettre un prix sur le futur

Quels sont les facteurs qui déterminent combien vous seriez prêts à payer pour une action ? Qu'est-ce qui fait qu'une entreprise vaut 10 fois ses bénéfices et qu'une autre les vaut 20 fois ? Comment pouvez-vous être sûr de ne pas surpayer un futur idyllique qui peut se transformer en terrible cauchemar ?

Graham pense que cinq éléments sont décisifs.[25] Il les résume ainsi :

1. Les perspectives à long terme de l'entreprise.
2. La qualité des dirigeants.
3. La structure et la situation financière de l'entreprise.
4. L'historique de versement du dividende.
5. Et le taux de distribution des bénéfices.

Passons en revue chacun de ces cinq facteurs à la lumière des marchés d'aujourd'hui.

Les perspectives à long terme. Aujourd'hui, l'*investisseur intelligent* devrait commencer par télécharger au moins cinq années de rapports annuels (formulaire 10K) à partir du site Web de l'entreprise étudiée ou de la base de données *EDGAR* disponible sur www.sec.gov.[26] Puis passer au peigne fin les états financiers afin de réunir des preuves pour répondre à deux questions essentielles. Quels sont les leviers de croissance de l'entreprise ? Quels sont (ou seront) les gisements de profits ? Parmi les points à examiner, citons ceux qui méritent une attention particulière :

- **L'entreprise est un « *raider en série* ».** Plus de deux ou trois acquisitions par an est un signe de problèmes potentiels. Après tout, si l'entreprise préfère acheter les actions d'une autre, plutôt qu'investir dans ses activités, vous devez vous

---

[25] NDE : Comme très peu d'investisseurs achètent des obligations, nous cantonnerons notre discussion aux seules actions. Pour en savoir plus sur les fonds obligataires, voir nos *Commentaires sur le Chapitre 4* (cf. p. 99).

[26] NDE : Vous devriez également faire en sorte d'avoir une année de rapports trimestriels (ou de formulaire 10-Q). Nous faisons l'hypothèse que vous êtes un investisseur actif (dans la définition de Graham), prêt à consacrer beaucoup de temps à la gestion de votre portefeuille. Si les étapes décrites dans ce chapitre vous paraissent représenter trop d'efforts, c'est sans doute que vous n'êtes pas faits pour gérer vous-même votre portefeuille de titres. Vous ne pouvez pas sérieusement obtenir les résultats attendus sans être prêt à prendre le temps et faire les efforts que nous décrivons ici.

interroger, allez voir ailleurs et intéressez-vous aux résultats des précédentes acquisitions de l'entreprise. Méfiez-vous des sociétés boulimiques – ces entreprises qui engloutissent de grosses proies, avant de les vomir. *Lucent*, *Mattel*, *Quaker Oats* et *Tyco International* font partie de ces entreprises qui ont dû régurgiter leurs acquisitions au prix de terribles pertes. D'autres sociétés sont les spécialistes de pertes exceptionnelles, mais chroniques, ou de dépréciations comptables prouvant qu'elles avaient surpayées leurs acquisitions passées : de bien mauvais présages pour de futures opérations de fusion-acquisition.[27]

- **L'entreprise est accroc à « *l'argent des autres* »**, n'hésitant pas à s'endetter ou à recourir à une augmentation de capital pour lever des sommes énormes. Ces généreuses infusions de capitaux externes sont indiquées dans les tableaux de trésorerie annexés aux rapports annuels sous la terminologie « *flux de trésorerie provenant des activités de financement* » dans le tableau des flux de trésorerie. Ces capitaux peuvent laisser croire qu'une entreprise malade est en pleine croissance, alors que ses activités ne permettent pas de générer suffisamment de liquidités, comme ce fut le cas pour *Global Crossing* et *WorldCom*.[28]
- **L'entreprise est tributaire d'un seul client** (ou d'une poignée de clients). En octobre 1999, le fabricant de fibre optique *Sycamore Networks, Inc.* est introduit en bourse. Son prospectus mentionnait que son seul client, *Williams Communication*, représentait un chiffre d'affaires de 11 millions de dollars. Ce qui n'a pas empêché les analystes de valoriser allègrement les actions *Sycamore* à plus de 15 milliards de dollars. Malheureusement, son client a déposé son bilan deux ans plus tard et, même si *Sycamore* a développé sa clientèle, l'action a finalement perdu 97% de sa valeur entre 2000 et 2002.

Quand vous étudiez les gisements de croissance et de profits, restez à l'affût des forces, mais aussi des faiblesses. Parmi les forces, notons :

- **L'entreprise dispose de « *remparts* » ou d'avantages concurrentiels.** Tout comme les châteaux forts, certaines entreprises peuvent être prises d'assaut par des concurrents, qui n'hésiteront pas à les piller, alors que d'autres sont presque imprenables. Un certain nombre d'éléments peuvent renforcer les fortifications de l'entreprise : une forte identité de marque (pensez par exemple à *Harley Davidson*, dont les clients vont jusqu'à tatouer son logo sur leur corps), une

---

[27] NDE : En règle générale, la description des principales acquisitions est détaillée dans la section dénommée « *Management's Discussion and Analysis* » du formulaire 10-K. Il faut alors recouper ces données avec les notes annexes des états financiers. Pour en savoir plus sur les « *raiders en série*, » voir les *Commentaires sur le Chapitre 12* (p. 261).

[28] NDE : Pour savoir si une entreprise est « *accroc à l'argent des autres*, » étudiez les tableaux de flux de trésorerie (*Statement of Cash Flows*) du rapport financier. C'est dans cette page que vous trouverez les encaissements et les décaissements des « *activités opérationnelles* » et des « *activités de financement* ». Si les flux de trésorerie des activités opérationnelles sont régulièrement négatifs, alors que ceux des activités de financement sont régulièrement positifs, c'est que l'entreprise a structurellement besoin de liquidités que ne peut générer son exploitation. Vous devriez rester à l'écart d'une entreprise si mal gérée. Pour en savoir plus sur le cas de *Global Crossing*, voir les *Commentaires sur le Chapitre 12* (p. 261). Pour en savoir plus sur *WorldCom*, voir l'encadré dans les *Commentaires sur le Chapitre 6* (p. 133).

situation de *monopole* ou de quasi-monopole sur un marché ; des *économies d'échelle*, c'est-à-dire la capacité à produire de gros volumes de biens ou de services à bon marché (pensez à *Gillette*, qui produit des milliards de lames de rasoir) ; un actif *intangible* unique (pensez *à Coca-Cola* dont la formule secrète de son sirop aromatisé n'a pas vraiment de valeur, mais permet à la marque de garder son emprise sur les consommateurs) ; pas de *produits de substitution* (les entreprises n'ont pas d'autre alternative qu'utiliser de l'électricité comme énergie, par conséquent les producteurs d'électricité ont peu de chances d'être court-circuités par les consommateurs du jour au lendemain).[29]

- **L'entreprise est une marathonienne, pas une sprinteuse.** En observant les comptes de résultat passés, vous pourrez savoir si le chiffre d'affaires et le résultat net a augmenté de concert dans les dix dernières années. Un article récent du *Financial Analysts Journal* a confirmé ce que d'autres études (et la triste expérience de nombreux investisseurs) ont montré : les entreprises qui ont la plus forte croissance ont tendance à surchauffer et à exploser en vol.[30] Si les bénéfices augmentent à un taux de 10% avant impôts (soit 6% à 7% après impôts), ce rythme est soutenable sur la durée. Mais un objectif de croissance minimum de 15%, que se fixent bon nombre de dirigeants, est impossible à tenir à long terme. Et un taux encore plus élevé – ou une croissance exceptionnelle sur un ou deux ans – ne peuvent pas tenir, à l'image du marathonien, courant au rythme d'un 100 mètres, qui s'épuisera bien vite.
- **L'entreprise sème et moissonne.** Quelle que soit la qualité de ses produits, quelle que soit la force de ses marques, il faut nécessairement que l'entreprise investisse pour développer de nouveaux produits et services. Si les investissements en recherche et développement ne sont pas une source de croissance immédiate, ils le seront demain. C'est particulièrement vrai pour celles qui ont l'habitude de se renouveler grâce à de nouvelles idées et de nouveaux outils de production. Le budget moyen de recherche et développement varie suivant les secteurs et les sociétés. En 2002, *Procter & Gamble* dépensait 4% de son chiffre d'affaires net en R&D[31], tandis que *3M* y consacrait 6,5% et *Johnson & Johnson* 10,9%. Sur le long terme, l'entreprise qui ne dépense rien, comme celle qui dépense trop en R&D, ont toutes les chances d'être plus vulnérables.

La qualité des dirigeants. Les dirigeants devraient dire ce qu'ils vont faire et faire ce qu'ils ont dit. Relisez les rapports annuels passés pour connaître leurs objectifs et savoir s'ils les ont atteints ou non. Les dirigeants devraient reconnaître leurs échecs et en assumer la responsabilité au lieu de blâmer des boucs émissaires tels que « *l'économie* », le « *manque de visibilité* » ou une « *faiblesse de la demande* ». Observez

---

[29] NDE : Pour en savoir plus sur la notion de « *rempart* » ou de « *barrières* », voir le grand classique *Competitive Strategy* du professeur Michael E. Porter de la *Harvard Business School*, Free Press, New York, 1998.

[30] NDE : Voir Ramezani C., Soenen L., Jung A., *Growth, Corporate Profitability et Value Creation*, Financial Analysts Journal, novembre-décembre 2002, pp. 56-67 ; disponible également sur http://cyrus.cob.calpoly.edu/.

[31] NDT : Recherche et Développement.

la tonalité et la substance de la lettre du président aux actionnaires pour savoir s'ils restent les mêmes ou s'ils changent en fonction des dernières modes de *Wall Street.* Prêtez plus particulièrement attention à ceci dans les époques les plus prospères, comme en 1999 où les dirigeants d'un cimentier ou d'une firme de sous-vêtements déclaraient « *qu'ils étaient à l'avant-garde de la révolution numérique* ».

Les questions suivantes peuvent aussi vous aider à savoir si les dirigeants agissent dans l'intérêt de l'actionnaire :

- **Prend-on soin du patron ?**

Une société qui rémunère son directeur général à hauteur de 100 millions de dollars par an doit avoir une très bonne raison de le faire. (Peut-être a-t-il découvert et breveté la fontaine de jouvence ou acheté l'Eldorado pour 1 dollar l'hectare ? Peut-être est-il entré en contact avec des extra-terrestres et négocié un contrat exclusif avec eux.) Pour toutes les autres raisons, l'obscénité de cette rémunération est la preuve que l'entreprise est entre les mains de dirigeants qui travaillent pour leurs propres intérêts.

Si l'entreprise réajuste opportunément le prix de stock-options déjà émises, dans l'intérêt des dirigeants, restez à l'écart d'une telle société. Dans ce petit jeu, l'entreprise annule les stock-options distribuées aux dirigeants et aux employés (car elles ont perdu toute valeur) et les remplace par de nouvelles dont les prix d'exercice est plus faible dans l'intérêt de ceux qui les reçoivent. Si la valeur des stock-options ne tombe jamais à zéro, alors que le potentiel de hausse est infini, comment l'attribution de stock-options peut-elle encourager les bénéficiaires à bien gérer les actifs de l'entreprise ? Les sociétés, qui s'amusent à ajuster le prix des stock-options, doivent être mises en disgrâce. L'investisseur qui investit dans de telles sociétés n'est qu'un mouton qui veut se faire tondre.

En cherchant dans les notes annexes du rapport annuel le paragraphe concernant les stock-options attribuées, vous découvrirez leur volume. *AOL Time Warner*, par exemple, indique au début du rapport annuel que 4,5 milliards d'actions ordinaires sont en circulation au 31 décembre 2002 – mais une note, cachée dans les entrailles du rapport, révèle que l'entreprise a émis des stock-options à hauteur de 657 millions d'actions nouvelles. Cela signifie que les bénéfices futurs de la société *AOL* devront être partagés, pour rémunérer 15% d'actions de plus. Dans le calcul de la valeur de l'entreprise, il faut prendre en compte l'hypothèse d'une émission de nouvelles actions à la suite de l'exercice des stock-options.[32]

La déclaration (*form 4*) disponible sur la base de données *EDGAR*, en ligne sur www.sec.gov, indique si les principaux dirigeants de l'entreprise ont acheté ou vendu leurs actions. Ils ont parfois de bonnes raisons de céder leurs actions – diversifier, répondre à un besoin de liquidités pour acheter une maison ou régler un divorce – mais constater de gros volumes de vente doit être un avertissement. Un dirigeant ne peut pas être considéré comme un associé s'il vend ses titres quand vous les achetez.

---

[32] NDT : Pour information, Jason Zweig est un ex-salarié de *AOL Time Warner* et détient des stock-options de la société. Pour en savoir plus sur le fonctionnement des stock-options, voir les *Commentaires sur le Chapitre 19* (cf. p. 390).

- **Les dirigeants passent-ils leur temps à gérer l'entreprise ou à communiquer ?**

Les dirigeants devraient passer le plus clair de leur temps à gérer l'entreprise, plutôt qu'à la promouvoir auprès des investisseurs. Trop souvent, les dirigeants se plaignent d'une action sous-évaluée – quel que soit son cours d'ailleurs. Ils en oublient le conseil de Graham, qui voudrait que les dirigeants s'assurent que le cours n'est ni trop haut, ni trop bas. De même, trop de directeurs financiers donnent des objectifs ou des estimations de résultats trimestriels. Certaines sociétés sont de véritables hypocondriaques de la communication, publiant sans arrêt des communiqués de presse vantant des « *opportunités* » le plus souvent sans intérêt, fugaces ou hypothétiques.

Une poignée d'entreprises – dont *Coca-Cola*, *Gillette* et *USA Interactive* – ont récemment osé dire non à cette vision court-termiste prônée par *Wall Street*. Ces quelques sociétés téméraires préfèrent détailler leurs budgets et leurs objectifs à long terme, plutôt que discourir de la performance du prochain trimestre. (Pour savoir comment une entreprise devrait idéalement communiquer avec ses actionnaires, consultez la base de données EDGAR sur www.sec.gov et lisez le formulaire 8-K déposé par la société *Expeditors International of Washington, Inc.* qui donne périodiquement la liste des questions de ses actionnaires et des réponses faites.)

Enfin, interrogez-vous pour savoir si les pratiques comptables de l'entreprise permettent de présenter des résultats financiers de façon claire ou non. Si les charges exceptionnelles ne le sont pas vraiment ou si ce sont des charges opérationnelles,[33] alors le résultat donné par l'EBITDA[34] prend tout son sens par rapport au résultat net ou *pro forma,* utilisés pour dissimuler des pertes. Si c'est le cas, c'est que l'entreprise n'a pas encore appris à mettre l'intérêt à long terme de ses actionnaires avant tout le reste.[35]

La structure et la situation financière de l'entreprise. La meilleure et la plus simple des définitions, qui puisse être donnée à une entreprise bien gérée, est la suivante : elle crée plus de liquidités qu'elle n'en consomme. Les bons dirigeants sont ceux qui savent faire fructifier les capitaux mis à leur disposition. À long terme, les entreprises, qui répondent à cette définition, sont sûres de créer de la richesse et de valoir plus cher, quelle que soit l'orientation de la bourse.

Commencez par lire le tableau des flux de trésorerie du rapport annuel de l'entreprise. Regardez si le flux des activités opérationnelles a connu une croissance régulière au cours des dix dernières années. Vous pouvez ensuite approfondir l'analyse. Warren Buffett a popularisé le concept de *résultat de l'actionnaire*, qui correspond au résultat net plus amortissements moins les dépenses d'investissement normales. Comme le dit Christopher Davis, gérant de portefeuille chez *Davis Selected Advisors* : « *Si vous étiez seul propriétaire de l'entreprise, c'est ce que vous auriez en*

---

[33] NDT : En normes comptables européennes (IFRS), les charges (ou produits) exceptionnels n'existent pas. Ils sont reventilés dans le résultat opérationnel ou financier.

[34] NDT : Résultat avant charges financières, impôts et amortissement.

[35] NDE : Pour plus de détails sur ces questions, voir les *Commentaires sur le Chapitre 12* (p. 261) et le superbe essai de Fuller J., Jensen M., *Just Say No to Wall Street*, à http://papers.ssrn.com.

poches en fin d'année. » Comme ce calcul ajoute au résultat net des charges non décaissées, comme les dotations aux amortissements et les provisions pour dépréciations, qui n'ont pas d'effet sur les soldes de trésorerie, le concept de résultat de l'actionnaire est une meilleure modélisation de la richesse créée que le résultat net comptable *publié*. Pour peaufiner notre définition du résultat de l'actionnaire, vous devriez également soustraire au résultat net :

- Tous les coûts résultant de l'attribution de stock-options, qui ont pour conséquence de transférer une partie du résultat des mains de l'actionnaire vers celles des bénéficiaires de stock-options.
- Toutes les charges considérées comme « *exceptionnelles* ».
- Tous les « *résultats financiers* » issus des placements du fonds de retraite de l'entreprise.

Si le *résultat de l'actionnaire* (par action) s'est apprécié à un rythme annuel régulier, entre 6% à 7%, au cours des 10 dernières années, c'est que l'entreprise génère une trésorerie stable et que ses perspectives de croissance sont bonnes.

Passez ensuite à l'analyse de la structure financière de l'entreprise. Prenez le bilan comptable pour savoir quel est le montant de l'endettement financier total (actions de préférence incluses) de l'entreprise. En règle générale, la dette financière à long terme ne devrait pas dépasser la moitié des capitaux propres. Dans les notes annexes, relevez si la dette à long terme est à taux fixe (avec des charges financières fixes) ou variable (les charges financières seront plus lourdes si les taux d'intérêt montent).

Cherchez dans le rapport annuel le ratio de couverture des charges financières. Pour *Amazon*, ce ratio montrait en 2002, que ses résultats étaient insuffisants pour payer les charges financières, puisqu'il manquait 145 millions de dollars. Par conséquent, il fallait qu'*Amazon* augmente son flux des activités opérationnelles ou trouve les moyens d'emprunter à un taux moindre. Sinon le risque était grand de voir la société passer des mains de ses actionnaires à celles de ses créanciers, lesquels auraient pu prétendre à saisir les actifs de la société, s'ils n'avaient pas d'autres moyens d'être remboursés. (Pour être juste, précisions que le ratio de couverture était bien meilleur en 2002 qu'en 2000, puisqu'à l'époque il manquait 1,1 milliards de dollars pour payer les charges financières.)

Quelques mots sur la politique de dividende (pour en savoir plus, reportez-vous au Chapitre 19, p. 383) :

- C'est aux dirigeants de prouver que c'est dans l'intérêt de l'actionnaire que la société ne distribue pas de dividende. Si les performances de la société sont meilleures que celles de ses concurrents, aussi bien sur des marchés porteurs, que sur des marchés difficiles, c'est que les dirigeants utilisent au mieux les capitaux de l'entreprise. À l'inverse, si les dirigeants refusent de verser un dividende lorsque les affaires se portent mal et que le cours est à la traîne des sociétés concurrentes, c'est qu'ils jouent contre les intérêts des actionnaires.
- Les entreprises, qui ne cessent de diviser le cours du titre (*splits*) à grand battage médiatique, prennent leurs actionnaires pour des idiots. À l'image de Yogi Berra

qui voulait que sa pizza soit coupée en quatre parts, « *car je suis incapable d'en manger huit parts* », l'actionnaire qui aime les « *splits* » n'a rien compris. Détenir deux actions à 50$ ne vaut pas plus qu'en posséder une seule de la même société à 100$. Les dirigeants, qui utilisent de tels méthodes pour gonfler artificiellement le cours de leurs actions, tentent de manipuler la cupidité des investisseurs. L'*investisseur intelligent* réfléchira à deux fois avant de mettre son capital dans les mains de tels manipulateurs sans scrupules.[36]

- Les entreprises devraient racheter leurs actions, non pas quand leur cours atteint des sommets, mais quand elles sont bon marché. Malheureusement, trop souvent, les sociétés cotées rachètent leurs actions *quand leur cours est surévalué*. Il n'y a pas d'usage plus cynique des capitaux de l'entreprise, car le but réel de ce genre de manœuvre est de permettre aux dirigeants de détourner des millions de dollars en exerçant leurs stock-options à des cours dopés par ces manipulations, alors qu'ils prétendent « *créer de la valeur pour l'actionnaire* ».

Nombre d'observations montrent que les dirigeants qui se targuent de « *créer de la valeur pour l'actionnaire* » ne le font pas. En finance, comme dans la vie, c'est ceux qui agissent qui gagnent, pas les beaux parleurs.

---

[36] NDE : La division d'un titre (*split*) est détaillée dans les *Commentaires sur le Chapitre 13* (p. 274).

CHAPITRE 12. QUELQUES CONSIDÉRATIONS SUR LE BÉNÉFICE PAR ACTION

Nous ouvrons ce chapitre par deux conseils destinés à l'investisseur qui, comme vous le découvrirez, sont contradictoires. Le premier est le suivant : *n'attachez pas trop d'importance aux résultats d'une seule année.* Le second : *si vous attachez de l'importance aux résultats à court terme, méfiez-vous alors des pièges qui peuvent se cacher dans le calcul du bénéfice par action.* Si vous suivez notre première mise en garde, la deuxième sera inutile. Est-ce trop demander aux actionnaires que de prendre leurs décisions d'achat ou de vente en fonction des performances passées et des perspectives à long terme ? Les résultats trimestriels et surtout annuels retiennent toute l'attention des acteurs financiers et cet intérêt a nécessairement une incidence sur le raisonnement de l'investisseur. L'actionnaire mérite d'être éduqué sur ce point, tant il peut être induit en erreur.

Au moment où nous écrivions ces lignes, le *Wall Street Journal* publiait les résultats de la société *Aluminium Company of America* (*ALCOA*) pour 1970, partiellement reproduits ci-dessous.

	1970	*1969*
Bénéfice par action (*)	5,20$	5,58$

L'astérisque (*), comme il est expliqué en annexe, est le résultat avant provisions pour charges et charges exceptionnelles. Dans le rapport, les annexes prennent deux fois plus de place que les seules données comptables.

En réalité, pour le seul trimestre clos en décembre, le bénéfice par action s'élève à 1,58$ pour 1970, à comparer aux 1,56$ de 1969.

En lisant le tableau de chiffres, l'investisseur ou le spéculateur, intéressé par le titre *ALCOA*, peut se dire : « *Pas si mal. Après tout, 1970 a été une mauvaise année pour les producteurs d'aluminium et pourtant, au quatrième trimestre, le résultat s'améliore par rapport à celui de 1969, avec un bénéfice de 6,32$ sur l'année. Voyons, le titre n'est qu'à 62$. Avec un PER inférieur à 10, il n'est vraiment pas cher par rapport à International Nickel avec un PER de 16, etc.* »

En réalité, si notre investisseur prend le temps de lire toutes les notes annexes, il remarquera qu'il n'y a pas qu'un seul chiffre pour le bénéfice par action de 1970 mais quatre :

	1970	*1969*
Bénéfice par action (brut)	5,20$	5,58$
Bénéfice net (après provisions pour charges)	4,32$	5,58$
Complètement dilués (avant provisions pour charges)	5,01$	5,35$
Complètement dilués (après provisions pour charges)	4,19$	5,35$
Pour le quatrième trimestre, seuls deux chiffres sont donnés :		
Bénéfice par action (brut)	1,58$	1,56$
Bénéfice net (après provisions pour charges)	0,70$	1,56$

Que signifient tous ces chiffres ? Quels sont ceux qui traduisent le mieux le résultat annuel et trimestriel ? En prenant le bénéfice net trimestriel (après provisions pour charges), le résultat annualisé s'élèverait à 2,80$ au lieu de 6,32$ et à un cours de 62$, le PER serait de 22 au lieu de 10, comme calculé précédemment !

La réponse à une partie de cette question – quel est le véritable bénéfice de la société *ALCOA* – est simple. L'ajustement de 5,20$ à 5,01$, pour prendre en compte l'effet dilutif, est normal. En effet, *ALCOA* a émis des obligations convertibles en actions. Pour calculer la capacité bénéficiaire prévisionnelle de l'entreprise à partir du résultat de l'exercice 1970, il faut supposer que le droit de conversion sera exercé par les détenteurs des titres, si naturellement c'est leur intérêt. Le volume de convertibles est ici suffisamment faible pour ne pas être commenté. Dans d'autres cas, la prise en compte des droits de conversion – ou des stock-options – aura pour effet de diviser par deux, voire plus, le bénéfice par action. Nous vous donnerons au Chapitre 16 (p. 326) des exemples de fortes dilutions. Notons que les agences de notation financière ne traitent malheureusement pas toujours de façon homogène l'effet dilutif dans leurs rapports et leurs analyses.[1]

Venons-en maintenant aux provisions pour charges. Les 18.800.000$, à savoir les 0,88$ par action, qui viennent en déduction des résultats du quatrième trimestre ne sont pas négligeables. Faut-il les ignorer, les déduire ou ne les retenir que partiellement ? L'investisseur avisé cherchera à savoir d'où viennent ces provisions, qui apparaissent, telle une épidémie contagieuse, à la clôture de l'exercice de 1970, alors qu'elles n'existaient pas dans les exercices précédents. Devrions-nous y voir la créativité de quelques comptables, manipulant les chiffres, tout en prenant

[1] NDE : La notion de dilution est un concept de la dynamique des fluides appliqué aux actions. Une action négociée dans de forts volumes de trading est dite liquide. Le flottant est la part du capital qui est négociable en bourse. Autrefois, une entreprise qui diluait fortement son capital (par émissions de dettes convertibles ou par augmentation de capital) était réputée avoir allongé ses actions. Ce terme, dit-on, tire son origine du légendaire manipulateur de marché, Daniel Drew (1797-1879), qui débuta comme marchand de bestiaux. Il avait pour habitude quand il déplaçait son troupeau en direction du sud vers Manhattan, de forcer ses bêtes à se nourrir de sel sur le trajet. Une fois arrivées sur les berges de la *Harlem River*, elles engloutissaient des dizaines de litres d'eau pour épancher leur soif. Drew s'empressait de les amener vers le marché tandis que l'eau qu'elles avaient bue augmentait leur poids. Cela lui permettait d'en tirer un bien meilleur prix, car le bétail sur pieds était vendu au poids. Plus tard, Drew « *allongera* » l'action de la compagnie de chemin de fer *Erie Railroad* en opérant par surprise une grosse augmentation de capital.

naturellement soin de toujours rester dans les limites du raisonnable ? À y regarder de plus près, nous pourrions découvrir que ces provisions pour charges, comptabilisées avant qu'elles ne se réalisent, comme ici, peuvent se volatiliser comme par magie et n'avoir aucune incidence sur les résultats bruts d'hier et de demain. Dans des cas extrêmes, certains comptables réussiront même à doubler le résultat par rapport à la réalité par le truchement des crédits d'impôts.

Pour en revenir au traitement des provisions pour charges de la compagnie *ALCOA*, leur origine est la première chose à connaître. Les notes annexes sont assez explicites. Ces provisions proviennent de trois sources :

1. L'estimation des charges de réorganisation, liées à la fermeture de la division « *produits manufacturés* » de l'entreprise.
2. Idem pour la fermeture de la société *ALCOA Casting Co.*
3. Idem pour *ALCOA Crédit Co.*

Ces engagements sont relatifs à des décaissements futurs. Par conséquent, ils n'ont rien à voir avec les « *résultats opérationnels normaux* » de l'année 1970. Mais dans ce cas, à quel exercice les rattacher ? Sont-ils si « *exceptionnels* » pour ne pas être pris en compte ? Une entreprise de la taille d'*ALCOA*, dont le chiffre d'affaires s'élève à 1,5 milliards de dollars, a de nombreuses divisions, départements ou filiales. Dès lors, n'est-il pas normal, plutôt qu'exceptionnel, de voir l'une ou l'autre des divisions passer dans le rouge et être fermée ? Peut-on imaginer, qu'une entreprise, quand elle est en perte sur un segment, considère cette perte comme une charge exceptionnelle ou inscrive une provision pour charges, pour n'inclure dans le « *résultat brut* » que les activités profitables ? Cela ressemble au cadran solaire du roi Edouard VII, qui ne marquait que les heures ensoleillées.[2]

Le lecteur notera deux conséquences géniales dans la présentation des résultats de la société *ALCOA*. Le premier est qu'en *anticipant des pertes futures*, la compagnie échappe à la nécessité d'allouer ces pertes à un exercice précis. Elles ne sont pas relatives à l'exercice 1970, puisqu'elles ne sont pas décaissées cette année-là. Elles n'apparaîtront pas non plus sur l'année où elles seront effectivement décaissées puisqu'on les aura déjà provisionnées. Beau travail, mais n'est-ce pas essayer de nous induire en erreur ?

La note annexe fournie par *ALCOA* ne nous dit rien sur les futures économies d'impôts engendrées par ces charges. (En général, les notes précisent que seul l'effet net après impôts est comptabilisé.) Si le résultat d'*ALCOA* traduit des pertes à venir avant imputation des crédits d'impôts associés, alors non seulement les bénéfices

---

[2] NDE : Le roi tira probablement son inspiration d'un essai autrefois fameux de l'écrivain anglais William Hazlitt, qui avait évoqué la possibilité de construire un cadran solaire près de Venise qui aurait porté les mots « *Horas non numero nisi serenas* », c'est-à-dire « *Je ne compte que les heures sans nuages* ». Les sociétés, qui régulièrement jettent un voile sur les point noirs de leurs résultats financiers au prétexte que les événements à portée négative sont « *exceptionnels* » s'inspirent de Hazlitt, lequel avait invité ses lecteurs « *à ne pas tenir compte du temps, mais de ses avantages, à ne prêter attention qu'aux sourires du destin, à construire nos vies de moments de lumière et de douceur, en ne considérant que le côté ensoleillé des choses, en laissant le reste sortir de notre imagination et tomber dans l'oubli !* » (William Hazlitt, *D'un cadran solaire*, 1827). Malheureusement, les investisseurs doivent aussi bien compter les heures ensoleillées, que les plus sombres.

futurs ne seront pas affectés par ces charges (car elles ont déjà été comptabilisées), mais ils augmenteront d'environ 50% en raison du crédit d'impôt. Il est difficile de croire qu'une comptabilité sérieuse puisse être traitée ainsi. Mais il est de notoriété publique que certaines entreprises, ayant subi de lourdes pertes, ne se sont pas privées de publier leurs résultats sans imputer le réel montant de l'impôt, réalisant ainsi un bénéfice provenant paradoxalement des provisions pour charges passées. Notons que les crédits d'impôts résultant de pertes passées doivent désormais être publiés en tant qu'*éléments exceptionnels* dans une rubrique séparée, mais ils seront considérés comme entrant dans le résultat net. Notons qu'une provision pour charges, si elle est nette de crédit d'impôts, n'aura pas d'incidence sur le résultat net des années à venir.

L'autre idée géniale, c'est que la société *ALCOA*, comme beaucoup d'autres, a comptabilisé ces provisions à la fin de l'année 1970. Or, cette année-là, le premier semestre boursier a été sanglant. Tous les acteurs s'attendaient à ce que la plupart des entreprises publient de mauvais résultats. À présent, *Wall Street* prévoyait une nette amélioration pour 1971,1972, etc. Dès lors, quelle bonne idée de charger, autant que faire se peut, l'exercice 1970, une année terrible déjà oubliée et dégager l'horizon pour les années suivantes. Peut-être est-ce une bonne idée en termes de pratiques comptables, de gestion et de communication avec les actionnaires. Nous en doutons !

En 1970, le cocktail alliant opérations de croissance externe et habillage de bilan a fait apparaître, dans les états financiers, des notes annexes assez étranges. Le lecteur sera amusé par l'explication donnée par une société inscrite au *New York Stock Exchange* (que nous garderons anonyme) au sujet des provisions comptabilisées à hauteur de 2.357.000$, soit le tiers de ses bénéfices. Il s'agit « *d'une provision pour l'arrêt des activités de Spalding United Kingdom, pour la restructuration d'une division, pour la vente d'une unité de fabrication de pantalons de bébés et de bavettes, pour céder la participation dans une chaîne espagnole de location de véhicules et la liquidation d'une société de fabrication de fixations de ski* ».[3]

Autrefois, les entreprises en bonne santé avaient pour habitude de passer des provisions pour risques et charges sur les profits des bonnes années pour absorber une baisse du bénéfice les mauvaises années. L'idée sous-jacente était de lisser, plus ou moins, le résultat net publié et d'éviter les fluctuations des performances de l'entreprise. Une bonne raison, semble-t-il, mais critiquée par les experts comptables justement au motif que cette pratique ne donne pas une image juste du résultat. Ils tenaient à ce que soit publié la représentation la plus fidèle du résultat annuel, bon ou mauvais, pour que les analystes et les actionnaires puissent eux-mêmes lisser ou ajuster les chiffres. Nous semblons aujourd'hui observer le contraire. Tout le monde provisionne autant que possible pour peser sur les résultats d'une année 1970 oubliée, de sorte à démarrer 1971 avec une situation financière idéale, à défaut d'être propre, afin d'afficher à l'avenir de magnifiques bénéfices par action.

Il est temps de retourner à notre première question. Quel est le véritable bénéfice de la société *ALCOA* en 1970 ? La réponse exacte est la suivante : il faut prendre les 5,01$ de bénéfice par action après dilution, auxquels il faut retrancher une partie des

[3] NDE : La société, à laquelle Graham fait mention, pourrait être *American Machine & Foundry* (*AMF Corp.*), l'un des conglomérats les plus hétéroclite des années 1960.

0,82$ de provisions, qui ne peuvent pas être attribuées à des événements survenus en 1970. Ne connaissant pas exactement ce chiffre, *nous ne pouvons pas donner le véritable résultat de l'année*. Les dirigeants et les auditeurs auraient dû fournir des informations complémentaires, mais ils ne l'ont pas fait. De plus, ils auraient dû expliquer comment imputer ces provisions sur le résultat opérationnel des exercices suivants – disons pas plus de cinq exercices. Évidemment, ils ne le font pas dans la mesure où ils se sont allègrement débarrassés du montant de la provision déjà passée en 1970.

Plus les investisseurs accordent de l'importance au bénéfice par action publié et plus ils doivent se méfier des manipulations comptables, qui pourraient entacher la comparabilité des chiffres. Nous avons évoqué trois méthodes : *l'enregistrement de provisions*, qui peuvent ne jamais apparaître dans le bénéfice par action, *l'économie d'impôt* en raison des provisions passées et *l'effet dilutif* pour prendre en compte l'existence d'obligations convertibles ou d'options d'achat d'actions (stock-options). Le quatrième facteur, qui a eu par le passé un effet significatif sur les résultats, est le choix de la méthode d'amortissement comptable. Il s'agit de choisir entre l'amortissement linéaire et l'amortissement dégressif. Sans entrer dans le détail, prenons un exemple tiré du compte de résultat de *Trane Co* en 1970. L'entreprise a enregistré une croissance de 20% de son bénéfice par action par rapport à 1969 (3,29$ au lieu de 2,76$) dont la moitié est imputable au retour à la méthode d'amortissement linéaire, qui pèse moins sur le résultat que l'amortissement dégressif. L'utilisation de la méthode d'amortissement linéaire à la place de l'amortissement dégressif a donc entraîné une augmentation mécanique du résultat comptable. (L'entreprise continuera néanmoins à calculer son résultat fiscal en utilisant l'amortissement dégressif, ce qui générera un impôt différé par différence entre les deux méthodes.) Un autre facteur, parfois significatif, concerne l'option choisie pour le traitement des coûts de recherche et développement, qui peuvent soit être enregistrés en charges et être imputés sur l'exercice, soit être capitalisés en immobilisations et amortis sur plusieurs exercices. Enfin, notons que les options entre la comptabilisation des stocks en FIFO (premier entré, premier sorti) ou en LIFO (dernier entré, premier sorti) aura également une incidence sur le résultat par action.[4]

Naturellement, les investisseurs ne doivent pas tenir compte de ces options comptables si les sommes impliquées sont relativement faibles. En revanche pour *Wall Street*, mieux vaut les prendre au sérieux même si leur montant n'est pas significatif.

---

[4] NDE : Aujourd'hui, les investisseurs doivent aussi connaître les autres techniques de « *manipulation comptable* » qui peuvent altérer le résultat net publié. L'une concerne les états financiers *pro forma*, qui donnent un résultat sans prendre en compte toutes les normes comptables. L'autre est l'effet dilutif dû à l'émission de millions de stock-options pour rémunérer les dirigeants et le rachat simultané de millions d'actions par l'entreprise, afin d'éviter que les options d'achat ne viennent réduire la valeur unitaire des actions ordinaires. La troisième est liée aux hypothèses de rendement du fonds de retraite de l'entreprise, qui peut artificiellement gonfler le résultat dans les bonnes années et le réduire dans les mauvaises. Une autre concerne les sociétés *ad hoc* – *Special Purpose Entities* ou *SPV* – représentant des sociétés affiliées ou associées, qui rachètent à l'entreprise des actifs ou des passifs risqués, externalisant ainsi les risques du bilan de l'entreprise. Enfin la dernière technique touche au traitement comptable réservé à certaines charges qui sont capitalisées en immobilisations au lieu d'être imputées en charges d'exploitation. Nous aborderons ce sujet dans le commentaire qui accompagne ce chapitre.

Deux jours avant la publication des résultats d'*ALCOA* dans le *Wall Street Journal*, le quotidien commentait le rapport annuel de *Dow Chemical*. L'article concluait en observant que de nombreux analystes ont été surpris de constater que *Dow Chemical* a inclus 0,21$ dans son résultat opérationnel, plutôt que traiter cette somme en résultat exceptionnel. Pourquoi tant d'histoires pour si peu ? Tout simplement parce que le cours du titre *Dow Chemical* dépendait de l'évolution du résultat net entre 1968 et 1969, dans un cas 9% et dans l'autre 4,5%. Tout cela paraît absurde, car une si petite différence sur le résultat annuel n'a aucun effet sur les résultats prévisionnels et sur la croissance à venir ou sur la valeur de l'entreprise.

Un autre rapport annuel, également publié en janvier 1971, montre l'inverse. Il s'agit du rapport 1970 de *Northwest Industries, Inc.*[5] La société prévoyait d'imputer en charges exceptionnelles quelques 264 millions de dollars. Là-dessus, 200 millions provenaient d'une moins-value de cession sur la vente d'une filiale aux salariés et le reste d'une dépréciation des immobilisations financières. Ces pertes s'élevaient à 35$ par action, avant effet dilutif, autrement dit deux fois le cours ! Voilà ici quelque chose de significatif ! Si la vente se fait et si la loi fiscale ne change pas, cette charge exceptionnelle sur l'exercice 1970 va permettre de réaliser 400 millions de dollars de résultat sur 5 ans, nets d'impôt.[6] Quel sera alors le véritable résultat de l'entreprise ? Devra-t-il être calculé avec ou sans l'économie de 50% d'impôt ? À notre avis, l'estimation doit se faire à partir de la capacité bénéficiaire de l'entreprise, diminuée de l'impôt calculé sur la totalité du résultat courant, avant d'évaluer le titre sur cette base. À cette valeur, il est possible d'ajouter une prime pour prendre en compte l'économie d'impôt temporaire. (Dans ce cas, nous devrions aussi tenir compte de l'importante dilution du titre, car la conversion des actions préférentielles convertibles et l'exercice des stock-options doubleraient le nombre des actions ordinaires !)

Tout ceci peut paraître confus et complexe au lecteur, mais cela fait partie de l'analyse financière. La comptabilité d'entreprise est souvent délicate, l'analyse financière souvent complexe et la valorisation d'une action rarement fiable.[7] Le mieux, pour la plupart des investisseurs, est de s'assurer qu'ils en ont pour leur argent et de s'en tenir là.

---

[5] NDE : *Northwest Industries* était la holding détenant, entre autres, des sociétés comme la *Chicago & Nothwestern Railway Co.* et *Union Underwear* (fabricant des sous-vêtements *BVD* et *Fruit of the Loom*). Elle a été rachetée en 1985 par le financier surendetté William Farley, qui a conduit l'entreprise à la faillite. La marque *Fruit of the Loom* a été rachetée à la suite d'une procédure de faillite par *Berkshire Hathaway, Inc.*, la société de Warren Buffett, début 2002.

[6] NDE : Graham fait référence à la loi fiscale fédérale qui permet aux entreprises de reporter leurs pertes d'exploitation nettes. Dans la version actuelle du code fiscal, ces pertes peuvent être reportées sur 20 ans, réduisant les obligations fiscales de l'entreprise sur toute la période (et augmentant ainsi les bénéfices après impôts). Par conséquent les investisseurs doivent s'intéresser aux pertes, si elles permettent d'améliorer le résultat net à venir.

[7] NDE : Les investisseurs devraient conserver ce texte à portée de main et se le remémorer souvent : « *La valorisation d'une action [est] rarement fiable.* » Si les marchés sont assez efficients, le cours du titre et la valeur de l'entreprise sont rarement les mêmes. L'avis du marché sur les cours est souvent peu fiable. Pour autant, les erreurs d'évaluation du marché ne sont pas suffisamment grandes pour en profiter. L'*investisseur intelligent* doit d'abord évaluer les coûts de transaction et les impôts avant de profiter d'un éventuel écart entre cours et valeur. De plus, il doit savoir qu'il ne vendra pas exactement au cours du marché.

L'utilisation de la moyenne des résultats

Autrefois, analystes et investisseurs attachaient énormément d'attention au résultat net moyen, calculé sur longues périodes (en général 7 à 10 ans). Cette moyenne[8] était utile pour lisser les hauts et les bas de l'activité économique. Elle était supposée mieux appréhender la capacité bénéficiaire réelle de l'entreprise, que ne le faisaient le résultat net courant. Un des avantages de cette méthode était de s'affranchir des problèmes de traitement du résultat exceptionnel. En effet, ce dernier était nécessairement pris en compte dans le résultat net moyen, puisque l'essentiel de ces charges et de ces produits exceptionnels faisait partie de l'histoire de l'entreprise. Si nous procédons de la sorte pour *ALCOA*, le résultat net moyen pour la période 1961-1970 (10 ans) s'élève à 3,62$ et sur sept ans (1964-1970) à 4,62$ par action. Ajouté à l'évaluation du taux de croissance et l'analyse des fluctuations du résultats, le résultat net moyen illustre très bien la performance historique de l'entreprise.

Le calcul du taux de croissance historique

Décider d'un taux de croissance est fondamental dans l'évaluation financière d'une entreprise. Si le taux de croissance est élevé, le résultat net courant sera très supérieur à la moyenne calculée sur 7 ou 10 ans et les analystes considéreront que les perspectives à long terme ne sont pas cohérentes. Il ne faut pas raisonner ainsi. Les résultats peuvent être donnés soit sous forme de résultat moyen, soit de résultat courant. Nous suggérons de calculer le taux de croissance en comparant la *moyenne* des trois dernières années à la moyenne des dix années précédentes. (S'il y a un problème de résultat exceptionnel, nous ajusterons les chiffres.) Notez (Tableau 27) le calcul du taux de croissance du résultat de la société *ALCOA*, comparé à celui de *Sears Roebuck* et celui des trente titres du *Dow Jones*.

TABLEAU 27 : RÉSULTAT PAR ACTION ET TAUX DE CROISSANCE

Résultat par action et taux de croissance	*ALCOA*	*Sears Roebuck*	*DJIA*
Résultat net moyen 1968-1970	(*)4,95$	2,87$	55,40$
Résultat net moyen 1958-1960	2,08$	1,23$	31,49$
Taux de croissance sur la période	141,0%	134,0%	75,0%
Taux de croissance annuel	9,0%	8,7%	5,7%

(*) 60% des charges exceptionnelles de 0,82$ en 1970 sont déduites.

Commentaire : Ces quelques chiffres peuvent donner lieu à débat. Ils montrent, comme bien d'autres résultats obtenus à partir de formules mathématiques sophistiquées, le taux de croissance du résultat net sur une longue période (1958-1970). Dans quelle mesure ces chiffres, considérés comme pierre angulaire de l'évaluation d'une action, sont-ils cohérents dans le cas de la société *ALCOA* ? Le taux de croissance historique est excellent, meilleur encore que celui de *Sears,* tant loué par

[8] NDE : Cette « *moyenne* » fait référence à la moyenne simple (moyenne arithmétique), que Graham décrit dans la phrase précédente.

les investisseurs et beaucoup plus élevé que celui du *Dow Jones*. Pourtant, début 1971, le marché n'est pas impressionné par cette belle performance. *ALCOA* se vend seulement à 11,5 fois le résultat net moyen des trois derniers exercices, tandis que *Sears* a un PER de 27 et le *DJIA* de 15. Comment expliquer cette incohérence ? À l'évidence, *Wall Street* est pessimiste quant à l'avenir d*'ALCOA*, du moins par rapport à ses performances historiques. Curieusement, *ALCOA* a enregistré ses plus hauts sur le marché en 1959 ; à 116$ le titre se vendait à un PER de 45. (À comparer au cours ajusté de *Sears* de 25,5$, soit un PER de 20.) Si le résultat net d*'ALCOA* a continué sa forte croissance, les perspectives étaient, à l'époque complétement surestimées. *ALCOA* termina 1970 exactement à la moitié de sa valeur de 1959, alors que *Sears* tripla et le *DJIA* progressa de près de 30% dans le même temps.

Il faut préciser que les résultats d*'ALCOA,* rapportés à la rentabilité de ses actifs[9], démontraient une rentabilité médiocre, ce qui peut expliquer ce pessimisme. En effet, un PER ne reste élevé que si la rentabilité des actifs dépasse la moyenne du marché.

Appliquons maintenant à *ALCOA*, comme nous l'avions suggéré au chapitre précédent, une estimation en deux phases.[10] Une approche de la sorte donnerait une valeur de la performance passée d'*ALCOA* représentant 10% du *DJIA*, soit 84$ par action (pour un niveau de 840 du *DJIA* en 1970). Sur ces bases, l'action à son cours actuel (57,25$) paraissait intéressante.

Comment l'analyste senior aurait-il ajusté la *valeur sur performance passée* pour intégrer des perspectives plus moroses ? Franchement, nous n'en avons pas la moindre idée. Supposons qu'il estime que les résultats 1971 ne seront pas supérieurs à 2,50$ par action – soit une forte baisse par rapport au résultat 1970. Avec un *Dow Jones* à la hausse, il est probable que le marché prenne très au sérieux cette contre-performance, mais cela suffirait-il à considérer la puissante *Aluminium Company of America* comme une société si peu rentable que sa valeur serait inférieure à la valeur de ses actifs tangibles ?[11] (En 1971, son cours a chuté d'un plus haut de 70$ en mai, à un plus bas de 36$ en décembre, pour une valeur comptable des capitaux propres de 55$.)

ALCOA est bien sûr une grande entreprise industrielle, mais nous estimons que ses performances ne sont pas représentatives de sociétés de même calibre. Cet exemple confirme les doutes que nous avions exprimés au chapitre précédent sur la fiabilité des méthodes d'évaluation appliquées à une entreprise industrielle.

---

[9] NDE : Graham fait référence au rendement calculé en divisant le résultat net par l'actif corporel net.

[10] NDT : Voir p. 244.

[11] NDE : L'histoire récente et de nombreuses études ont montré que le marché réserve son pire traitement aux entreprises en forte croissance, qui publient soudainement des résultats en baisse. Des entreprises à la croissance plus modérée et plus stable, comme *ALCOA* à l'époque de Graham ou *Anheuser-Busch* et *Colgate-Palmolive* aujourd'hui, ont tendance à souffrir de baisses plus légères de leur cours si elles déclarent des résultats décevants. Ce sont les grandes ambitions qui font les grandes déceptions. L'échec d'un objectif raisonnable donne lieu à une réaction beaucoup moins sévère. Donc, le risque de détenir des valeurs de croissance n'est pas de voir leur croissance s'arrêter, mais seulement ralentir. Or, à long terme, ce n'est pas simplement un risque, mais une certitude.

COMMENTAIRES SUR LE CHAPITRE 12

Vous pouvez plus facilement vous faire arnaquer par un gars armé d'un stylo que par celui qui a une arme.

Bo Diddley

Le jeu des chiffres

Même Graham aurait été étonné de constater à quel point les entreprises et leurs comptables ont repoussé les limites de la véracité des comptes ces dernières années. Les dirigeants, généreusement rémunérés par l'attribution de stock-options, se sont aperçus qu'ils pouvaient s'enrichir au-delà de leurs espérances, simplement en gonflant artificiellement le résultat net pendant quelques années.[12] Des centaines de sociétés ont ainsi violé l'esprit, sinon la lettre, des règles comptables, transformant leurs états financiers en un charabia incompréhensible, maquillant des résultats exécrables par des traitements cosmétiques, masquant des dépenses ou créant des bénéfices d'un tour de magie. Examinons quelques-unes de ces pratiques peu reluisantes.

Faites comme si !

Le tour de passe-passe comptable le plus courant a probablement été les comptes « *pro forma* ». Un vieux dicton de *Wall Street* souligne qu'une mauvaise idée commence toujours par être bonne. La présentation des comptes « *pro forma* » n'échappe pas à la règle. L'objectif de départ est d'offrir une image plus proche des perspectives bénéficiaires à long terme en ajustant les données réelles des fluctuations erratiques et des éléments « *exceptionnels* ». Un communiqué de presse « *pro forma* » pourrait, par exemple, montrer ce qu'une entreprise aurait pu gagner au cours des douze mois écoulés, si l'entreprise qu'elle venait de racheter avait fait partie de son périmètre pendant tout l'année.

Or, durant les années 1990, les entreprises n'ont fait qu'abuser du système. Voici quelques exemples illustrant leurs tours de magie :

- Pour le trimestre clos au 30 septembre 1999, *InfoSpace, Inc.* présenta des résultats pro forma, en ne mentionnant pas le versement de 159,9 millions de dollars de dividendes sur ses actions de préférence.
- Pour le trimestre clos au 31 octobre 2001, *BEA Systems, Inc.* présenta des résultats pro forma, en ne mentionnant pas le versement de 193 millions de dollars de charges salariales induites par l'exercice des stock-options des employés.

[12] NDE : Pour en savoir plus sur les méthodes utilisées par les dirigeants pour s'enrichir, aux dépens des actionnaires, reportez-vous aux *Commentaires sur le Chapitre 19* (cf. p. 390).

- Pour le trimestre clos au 31 mars 2001, *JDS Uniphase Corp.* présenta des résultats pro forma, en ne mentionnant pas le versement de 4 millions de dollars de charges salariales en taxes sur les salaires, en ignorant les 7 millions de dollars de moins-value de cession de titres de participation et en omettant une charge de 2,5 milliards de dollars dans le cadre de ses opérations de fusion-acquisition et de réévaluation du goodwill.

En deux mots, les comptes pro forma permettent de montrer la bonne performance de l'entreprise quand elle ne fait pas de bêtises.[13] En tant qu'*investisseur intelligent*, la seule chose à faire avec les résultats pro forma, c'est tout simplement les ignorer.

En quête de chiffre d'affaires

En 2000, *Qwest Communications International, Inc.*, un géant des télécoms, semblait en grande forme. Le cours de l'action n'avait baissé que de 5%, alors que le marché avait perdu plus de 9% cette année-là.

Pourtant, le rapport financier de *Qwest* cachait une information quelque peu étrange. Fin 1999, *Qwest* avait décidé de comptabiliser le chiffre d'affaires de son activité d'éditeur d'annuaires téléphoniques dès leur sortie de presse, alors que tout le monde savait que les revenus publicitaires seraient encaissés par mensualités après parution.

Abracadabra ! Ce « *changements de méthodes comptables* », qui sonne si bien aux oreilles, a permis de gonfler le résultat net de près de 240 millions de dollars en 1999 – ce qui représente tout de même 20% du résultat net annuel de *Qwest*.

Comme la partie immergée d'un iceberg, une telle manipulation comptable est souvent le signe de dangers bien cachés, comme dans le cas de *Qwest*. Début 2003, après avoir réexaminé ses états financiers, la société reconnut qu'elle avait anticipé les produits de la vente de matériel et de services, qu'elle avait capitalisé des charges en actifs immobilisés au lieu de les imputer en charges opérationnelles sur l'exercice courant et qu'elle avait traité des échanges d'actifs comme s'il s'agissait de cessions d'actifs. Le chiffre d'affaires de *Qwest* pour 2000 et 2001 avait ainsi été surévalué de 2,2 milliards de dollars, y compris 80 millions de dollars issus d'autres « *changements des méthodes comptables* ».[14]

---

[13] NDE : Tous les exemples cités sont extraits de communiqués de presse publiés par les sociétés. Pour découvrir une brillante satire de ce que seraient nos vies si nous avions à justifier de nos comportements de la même manière que les entreprises « *ajustent* » leurs résultats, lisez *My Pro Forma Life* de Rob Walker, téléchargeable à http://slate.msn.com/?id=2063953.

[14] NDE : En 2002, *Qwest* fut l'une des 330 entreprises cotées, qui ont eu à retraiter leurs états financiers, un record toutes catégories d'après *Huron Consulting Group*. Toute l'information sur *Qwest* est issue des états financiers déposés auprès de la *Securities and Exchange Commission* (rapport annuel, imprimé 8-K et imprimé 10-K), téléchargés à partir de la base de données *EDGAR* sur www.sec.gov. Inutile d'être perspicace pour découvrir les « *changements de méthodes comptables* », divulgués par *Qwest*. Comment a réagi le cours de l'action *Qwest* ? À la fin de l'an 2000, l'action valait 41$, pour une valeur de marché totale de 67,9 milliards de dollars. Début 2003, *Qwest* ne valait plus que 4$, ce qui valorisait l'entreprise à moins de 7

La capitalisation des charges

À la fin des années 1990, *Global Crossing Ltd.* avait des ambitions sans limites. L'entreprise basée aux Bermudes construisait ce qu'elle appelait « *le premier réseau intégré de fibre optique* » avec plus de 150.000 km de câbles, en grande partie tapis au fond des océans. Après avoir câblé le monde, *Global Crossing* allait vendre aux autres sociétés de télécommunication, les droits d'acheminement de leur trafic sur son réseau de fibres optiques. Pour la seule année 1998, *Global Crossing* avait investi plus de 600 millions de dollars dans son réseau de fibre optique. Cette année-là, près du tiers des investissements de construction du réseau ont été imputés en charges opérationnelles sous l'intitulé « *coût des capacités vendues* ». Sans cette charge de 178 millions de dollars, *Global Crossing* aurait dégagé un bénéfice net de 82 millions de dollars, au lieu d'une perte de 96 millions.

L'année suivante, une note annexe anodine, tirée du rapport annuel 1999, indiquait que *Global Crossing* « *mettait en place une comptabilité des contrats de service* ». Autrement dit, l'entreprise cessait d'imputer ces coûts en charges d'exploitation, pour les capitaliser en actifs immobilisés, augmentant les immobilisations corporelles au lieu de diminuer le résultat opérationnel.[15]

Et pouf ! D'un coup de baguette magique, les immobilisations corporelles ont augmenté de 575 millions de dollars, alors qu'au compte de résultat, le poste « *coût des marchandises vendues* » n'avait augmenté que de 350 millions de dollars.

Les dépenses d'investissement sont destinées à financer la croissance. Cependant, les règles comptables permettent aux dirigeants de gonfler artificiellement le résultat en transformant des charges d'exploitation en actifs immobilisés amortissables. Comme le montre le cas de *Global Crossing*, l'*investisseur intelligent* doit s'assurer de comprendre ce que la société capitalise en immobilisations et pourquoi.

---

milliards de dollars, soit en baisse de 90%. L'effondrement du cours boursier n'est pas le seul coût associé à la manipulation des comptes. Une étude récente sur un échantillon de 27 firmes, accusées de fraude comptable par le régulateur, a permis de constater qu'elles avaient versé 320 millions de dollars de trop au fisc sous la forme d'impôts sur les sociétés. Si ces sommes sont remboursées par les services fiscaux, la plupart des actionnaires ne conserveront probablement pas leurs actions suffisamment longtemps pour en bénéficier. Voir Erickson M., Hanlon M. et Maydew E., *How Much Will Firms Pay for Earnings that Do Not Exist?* sur http://papers.ssrn.com.

[15] NDE : *Global Crossing* avait précédemment traité la majorité de ses coûts de construction, comme des charges opérationnelles venant en déduction des produits de la vente ou des loyers d'utilisation de son réseau. Les clients, en règle générale, payaient d'avance ces loyers. Certains payaient par versements échelonnés sur une période pouvant aller jusqu'à quatre ans. *Global Crossing* ne comptabilisait pas la plupart de ses revenus à l'avance, préférant les reporter sur toute la durée du contrat de location. Or, comme la durée de vie du réseau était estimée à 25 ans, *Global Crossing* commença par traiter ces charges comme des actifs immobilisés amortissables. Si ce traitement comptable est conforme aux règles comptables en usage, les raisons pour lesquelles *Global Crossing* n'a pas utilisé cette méthode comptable avant le 1er octobre 1999, ne sont pas claires. Pourquoi ont-ils changé de méthodes ? En mars 2001, *Global Crossing* avait une capitalisation boursière de 12,6 milliards de dollars. Le 28 janvier 2002, la société déposait son bilan. Les actions perdirent toute leur valeur.

Une histoire de stocks

Comme de nombreux fabricants de puces électroniques, *Micron Technology, Inc.* a souffert d'une baisse de ses ventes après l'an 2000. En fait, *Micron* a tellement été touché par la chute brutale de la demande, que la société a dû déprécier la valeur de ses stocks, car les consommateurs n'en voulaient pas. C'est ainsi que sur le trimestre clos en mai 2001, *Micron* a dû déprécier la valeur de ses stocks de 261 millions de dollars. La plupart des investisseurs ont interprété cette dépréciation comme une charge exceptionnelle, pas comme une charge opérationnelle récurrente.

Or que s'est-il passé ? *Micron* a continué à enregistrer de nouvelles dépréciations de ses stocks sur chacun des six trimestres suivants. Ces dépréciations étaient-elles chroniques ou exceptionnelles ? Si le jugement de deux esprits rationnels peut différer en pareil cas, une chose est claire ; l'*investisseur intelligent* doit rester sur ses gardes en examinant les charges exceptionnelles, qui, un peu comme les piles du lapin *Duracell*, ne peuvent pas durer.[16]

FIGURE 9 : DES STOCKS DE VIEILLES PUCES (DÉPRÉCIATION DES STOCKS EN MILLIONS DOLLARS)

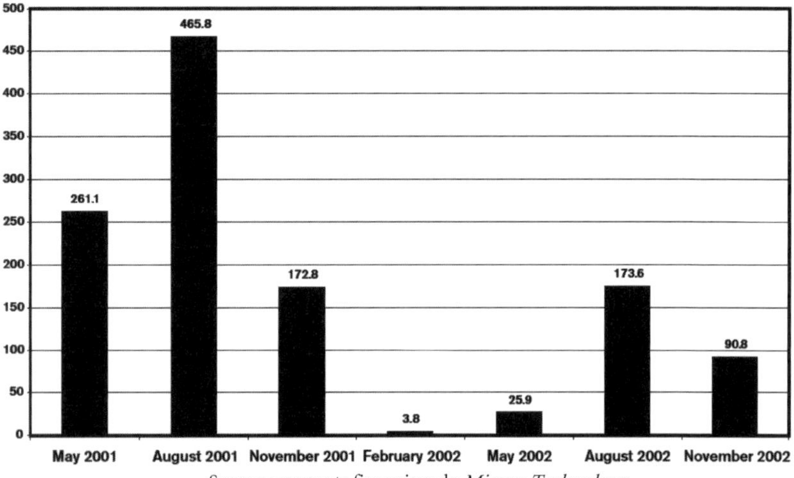

Source : rapports financiers de *Micron Technology*.

La caisse de retraite (fonds de pension) de l'entreprise

En 2001, *SBC Communication, Inc.*, qui détient des participations dans *Cingular Wireless*, *PacTel* et *Southern New England Telephone*, a publié un résultat net de 7,2 milliards de dollars – une performance exceptionnelle dans une mauvaise année pour le secteur des télécommunications. Pour autant, ce bénéfice n'est pas

[16] NDE : Je remercie Howard Schilit et Mark Hamel du *Center for Financial Research and Analysis* de m'avoir fourni cet exemple.

uniquement à mettre sur le compte de l'activité normale de *SBC*. En l'occurrence 1,4 milliards de dollars, soit 13% du résultat net du groupe, sont à porter au compte du fonds de pension de l'entreprise.

En effet, la société *SBC* a décidé que le fonds de pension était suffisamment doté pour payer les futures retraites des salariés, l'entreprise décida donc de comptabiliser ce surplus dans les résultats courants de l'exercice. Ce surplus provient du fait qu'en 2001, *SBC* releva le taux de rendement espéré sur les investissements du fonds de pension de 8,5% à 9,5%, ce qui permit de réduire les capitaux à placer pour satisfaire aux engagements.

SBC expliqua son optimisme en indiquant que *le rendement du fonds, calculé sur 10 ans, avait dépassé 10% lors des trois derniers exercices (1999 à 2001).* Autrement dit, *SBC* faisait l'hypothèse que si les performances passées étaient élevées, les performances futures le seraient aussi. Or, un tel raisonnement, non content de défier la logique la plus élémentaire, allait à contre-courant de l'histoire, car les taux d'intérêt chutaient à des niveaux planchers, entraînant mécaniquement une baisse des rendements espérés sur le compartiment obligataire du fonds de retraite.

Cette année-là *Berkshire Hathaway*, la société de Warren Buffett, réduisit le taux de rentabilité espéré sur son fonds retraite de 8,3% à 6,5%. Quel crédit accorder aux prévisions de *SBC*, qui estimait que les gérants de leur fonds de retraite feraient mieux que le plus grand investisseur du monde ? Aucun. En 2001, le fonds de pension de *Berkshire Hathaway* rapporta 9,8% alors que celui de *SBC* perdit 6,9%.[17]

Voici d'autres considérations à destination de l'*investisseur intelligent* : les revenus du fonds de pension représentent-ils plus de 5% du résultat net de l'entreprise ? (Si c'est le cas, que se passera-t-il si ces revenus disparaissent ?) Le rendement long terme des actifs du fonds de pension est-il raisonnable ? (Pour 2003, un taux supérieur à 6,5% est peu plausible et faire l'hypothèse d'un taux qui montera n'est pas réaliste.)

Quelques conseils de prudence

Quelques conseils pour éviter d'investir dans l'action d'une entreprise, qui est une « *bombe comptable* » à retardement :

Lisez le rapport annuel à l'envers, de la dernière à la première page. Quand vous faites une analyse à partir des rapports financiers, commencez votre lecture par la dernière page et remontez progressivement jusqu'à la première page. Tout ce qu'une entreprise essaie de cacher est enterré à la fin. Voilà pourquoi il faut commencer par là.

Lisez les notes annexes. N'achetez *jamais* une action sans avoir lu les notes annexes des états financiers du rapport annuel. Généralement intitulé « *résumé des*

[17] NDE : Le rendement est calculé en divisant la valeur liquidative des actifs du fonds de pension en début de l'année par les revenus perçus sur ces actifs.

principales pratiques comptables », cette note décrit comment l'entreprise comptabilise son chiffre d'affaires, enregistre ses stocks, traite les contrats sur plusieurs exercices, impute ses dépenses de marketing et comptabilise les autres principaux postes.[18] Intéressez-vous aux notes annexes portant sur les dettes financières, les stock-options, ainsi que des autres « *facteurs de risque* » qui peuvent faire fondre les profits. Parmi les signaux qui devraient dilater vos pupilles, il y a des termes comme charges capitalisées, charges différées et charges de restructuration – ainsi que tous les mots, qui signalent que l'entreprise a modifié ses méthodes comptables, avec des termes comme « *commencé* », comme « *changé* » et « *néanmoins* ». En soit, aucun de ces mots ne signifie qu'il faut rester à l'écart de la valeur, mais tous invitent à approfondir votre recherche. Comparez ces notes à celles d'une société concurrente, pour juger de la créativité des comptables.

Lisez plus. Si vous êtes un investisseur actif, prêt à consacrer du temps et de l'énergie à la gestion de votre portefeuille, vous devez absolument en savoir plus sur les techniques d'analyse financière. C'est le seul moyen pour ne pas être induit en erreur par des états financiers un peu louches. Voici trois livres remplis d'exemples adaptés à l'analyse des états financiers, que nous ne saurions trop vous recommander : *Financial Statement Analysis* de Martin Fridson et Fernando Alvarez, *The Financial Numbers Game* de Charles Mulford et Eugene Comiskey, et *Financial Shenanigans* de Howard Schilit.

---

[18] NDE : Ne soyez pas rebutés par le verbiage extrêmement ennuyeux des notes annexes contenues dans les rapports annuels. Elles sont faites pour dissuader les gens normaux de lire ces rapports. C'est la raison pour laquelle il faut être persévérant. Par exemple, une note annexe au rapport annuel 1996 de la société *Informix Corp.* indiquait que « *en règle générale, la Compagnie comptabilise le chiffre d'affaires issu de la vente de licences de logiciels au moment de la livraison du produit au consommateur. Cependant, pour certains fabricants d'ordinateurs et certains clients, dont les licences sont payées sous un an, la Compagnie comptabilise le chiffre d'affaires au moment où le client s'engage à payer un montant minimum, à condition que le fabricant ou le client final satisfont certains critères définis par la Compagnie* ». En clair, *Informix* indique qu'elle comptabilise le chiffre d'affaires de la vente de ses licences de logiciel, avant même qu'elles ne soient revendues aux « *utilisateurs finaux* » (les véritables clients des logiciels *Informix*). Après les allégations soulevées par la *Securities and Exchange Commission* soulignant la fraude comptable commise par *Informix*, la société retraita ses revenus, en effaçant d'un coup d'éponge 244 millions de dollars de chiffre d'affaires. Ce cas illustre l'importance de lire tous les détails des rapports d'un œil sceptique. Je remercie Martin Fridson pour m'avoir suggéré cet exemple.

CHAPITRE 13. L'ÉTUDE COMPARÉE DE QUATRE SOCIÉTÉS COTÉES

Nous allons concrètement examiner dans ce chapitre, comment procéder à l'évaluation financière de titres. Pour cela, nous avons choisi, plus ou moins au hasard, un échantillon de quatre entreprises cotées au *New York Stock Exchange*. Il s'agit des société *Eltra Corp.* (issue de la fusion entre *Electric Autolite* et *Mergenthaler Linotype Enterprises*), *Emerson Electric Co.* (un fabricant de produits électriques et électroniques), *Emery Air Freight* (un transitaire domestique de fret aérien) et *Emhart Corp.* (à l'origine fabricant de machines d'embouteillage, mais aujourd'hui aussi d'équipements pour la construction).[1] Les différences entre les activités des trois fabricants industriels sont plus importantes que leurs points communs. Nous devrions donc avoir des données financières et opérationnelles suffisamment disparates pour que l'analyse soit intéressante.

Le Tableau 28 (p. 268) est une synthèse de la valorisation de ces quatre entreprises fin 1970 et de leurs états financiers. Nous examinerons les principaux ratios relatifs à la *performance* des entreprises et à sa *valeur*. Puis, nous analyserons et commenterons les relations entre performance et valeur. Enfin, nous étudierons une à une les quatre entreprises, pour les comparer et les évaluer avec l'œil d'un investisseur prudent.

La plus grosse surprise est de constater que leur PER varie beaucoup plus fortement que leurs performances opérationnelles et leur situation financière.

Deux d'entre elles, *Eltra* et *Emhart*, avec des PER respectifs de 9,7 et 12, sont moins chères que le marché avec un PER de 15,5 pour le *DJIA*. Les deux autres, *Emerson* et *Emery*, ont des PER très élevés, respectivement 33 et 45. Plusieurs raisons expliquent de telles différences et notamment la croissance du bénéfice, plus élevée pour les deux entreprises préférées par le marché et notamment pour *Emery*. Cela étant, la croissance des résultats des deux autres entreprises est tout à fait honorable.

---

[1] NDE : Parmi les quatre exemples choisis par Graham, seule la société *Emerson Electric* existe toujours sous sa forme originale. *Eltra Corp.* n'est plus indépendante puisqu'elle a fusionné avec *Bunker Ramo Corp.* en 1970, en se repositionnant dans la diffusion de cotations boursières aux maisons de courtage grâce à son réseau de télécommunication. Les dernières activités de la société *Eltra* ont été reprises par *Honeywell Corp.* La société connue sous la marque de *Emery Air Freight* est aujourd'hui une division du groupe *CNF, Inc.* Enfin, *Emhart Corp.* a été acquise par *Black & Decker Corp.* en 1989.

TABLEAU 28 : COMPARAISON DE QUATRE SOCIÉTÉS COTÉES

	Eltra	*Emerson Electric*	*Emery Air Freight*	*Emhart Corp.*
A. Capitaux propres (CP)				
Cours au 31/12/1970	27$	66$	57,25$	37,25$
Nombre d'actions ordinaires	7.714.000	24.884.000	3.807.000	4.932.000
Capitalisation boursière	208.300.000$	1.640.000.000	220.000.000$	160.000.000$
Obligations et actions de préf.	8.000.000$	42.000.000$		9.200.000$
Total capitaux permanents	216.300.000$	1.682.000.000	220.000.000$	169.200.000$
B. Compte de résultat				
Chiffre d'affaires (1970)	454.000.000$	657.000.000$	108.000.000$	227.000.000$
Résultat net (1970)	20.773.000$	54.600.000$	5.679.000$	13.551.000$
Bénéfice net par action (1970)	2,70$	2,30$	1,49$	2,75$
Bénéfice / action (1968-70)	2,78$	2,10$	1,28$	2,81$
Bénéfice / action (1963-65)	1,54$	1,06$	0,54$	2,46$
Bénéfice / action (1958-60)	0,54$	0,57$	0,17$	1,21$
Dividende (1970)	1,20$	1,16$	1,00$	1,20$
C. Bilan (1970)				
Actif circulant	205.000.000$	307.000.000$	20.400.000$	121.000.000$
Passif circulant	71.000.000$	72.000.000$	11.800.000$	34.800.000$
Actif net	207.000.000$	257.000.000$	15.200.000$	133.000.000$
Valeur comptable CP / action	27,05$	10,34$	3,96$	27,02$
D. Ratios				
PER (1970)	10,0x	30,0x	38,5x	11,9x
PER moyen (1968-1970)	9,7x	33,0x	45,0x	11,7x
PBR	1,00x	6,37x	14,3x	1,22x
Marge nette	4,6%	8,5%	5,4%	5,7%
ROE (Résultat net / CP)	10,0%	22,2%	34,5%	10,2%
Rendement (Div. / Cours)	4,45%	1,78%	1,76%	3,65%
Ratio de liquidité générale	2,9x	4,3x	1,7x	3,4x
Fonds de roulement / Dette	Très grand	5,6x	Pas de dette	3,4x
Croissance du bénéfice/action :				
- Entre 1963-65 et 1968-70	+81%	+87%	+135%	+14%
- Entre 1958-70 et 1968-70	+400%	+250%	Très forte	+132%
E. Cours				
- 1936-68 : Plus bas	0,75$	1,00$	0,75$	3,25$
- 1936-68 : Plus haut	50,25$	61,50$	66,00$	58,25$
- 1970 : Plus bas	18,25$	42,50$	41,00$	23,50$
- 1971 : Plus haut	29,25$	78,25$	72,00$	44,50$

Pour une étude plus complète, revenons brièvement sur les principaux critères de performance du Tableau 28.

La rentabilité.

(a) Toutes les sociétés offrent une bonne rentabilité financière (ROE), mais celle de *Emerson* et *Emery* est nettement supérieure à celle des deux autres. Une rentabilité des capitaux investis élevée va souvent de pair avec une forte croissance du bénéfice net par action.[2] Toutes ces entreprises, à l'exception de *Emery*, ont vu leur ROE augmenter entre 1961 et 1969, mais le ROE de *Emery* paraît très élevé sur les deux

[2] NDT : Ce rendement n'est pas calculé dans le Tableau 28.

années observées.[3] (b) Pour les entreprises industrielles, la marge nette est un bon indicateur de la solidité relative de l'entreprise. Nous utilisons ici la marge donnée par le *Standard & Poor's Listed Stock Reports.* La profitabilité des quatre sociétés est bonne, avec une mention particulière pour *Emerson.* Cependant, son évolution entre 1961 et 1969 est très différente d'une entreprise à l'autre[4].

La stabilité.

Cet indicateur mesure la baisse relative (en pourcentage) du bénéfice net par action en divisant la plus forte baisse du bénéfice net par action, relevée sur 10 ans, par le bénéfice net moyen des 3 dernières années (1968-1970). S'il n'y a pas de baisse, c'est que le bénéfice est stable ou en croissance, c'est ce que nous avons constaté pour *Emerson* et *Emery.* La plus forte baisse pour *Emhart* et *Eltra* – la plus mauvaise année (1970) – est modeste puisqu'elle s'élève à 8% pour les deux titres contre 7% sur le *DJIA.*

La croissance.

Les deux entreprises aux plus faibles PER ont une croissance du bénéfice satisfaisante. Elles font mieux que le *Dow Jones.* Comparée au PER, la croissance du bénéfice de *Eltra* est impressionnante. Cette croissance est encore plus forte pour les deux valeurs préférées par le marché.

La situation financière.

Les trois entreprises industrielles sont en bonne santé financière avec un ratio de liquidité générale (Actif circulant / Passif circulant) supérieur à la norme de 2. *Emery Air Freight* a un ratio plus faible, mais la société est dans un secteur différent. De plus, en raison de ses bonnes performances, elle n'aura aucun mal à lever des fonds si nécessaire. Toutes les quatre ont un endettement à long terme relativement faible. En ce qui concerne l'effet dilutif, à la fin 1970, *Emerson Electric* a pour 163 millions de dollars d'actions de préférence convertibles servant un faible taux. Dans notre analyse, nous avons pris en compte la dilution en traitant les actions de préférence comme si elles étaient converties en actions ordinaires. Cela a eu pour effet de réduire le résultat courant de 0,10$ par action, soit 4%.

Le dividende.

Ce qui compte vraiment, c'est de constater un versement ininterrompu du dividende. La palme revient à *Emhart,* qui a toujours versé un dividende depuis 1902. La performance de la société *Eltra* est aussi très bonne, celle de *Emerson* assez satisfaisante et *Emery Freight* est un nouveau venu. L'évolution du taux de distribution du bénéfice (*pay-out*) n'est pas vraiment significative. Le rendement est deux fois plus élevé pour les valeurs bon marché, à faible PER, que pour les autres, plus chères en termes de PER.

---

[3] NDT : Ces données ne sont pas mentionnées dans le Tableau 28.
[4] NDT : Ces statistiques ne sont pas données dans le Tableau 28.

Les cours de bourse.

Le lecteur sera impressionné par la hausse spectaculaire (en pourcentage) des cours des quatre titres, hausse mesurée par la différence entre le plus bas et le plus haut historique sur ces 34 dernières années. (Le cours le plus bas a été ajusté pour tenir compte des divisions de titres.) Le cours de l'indice *DJIA* a été multiplié par 11 alors que le facteur multiplicateur a varié de 17 (*Emhart*) à 528 (*Emery Air Freight*).[5] Cette forte appréciation des cours est le point commun de la plupart des titres les plus anciens, qui témoignent des opportunités de plus-values boursières. (Elles peuvent aussi traduire les excès des marchés baissiers avant 1950.) *Eltra* et *Emhart* ont enregistré des baisses de plus de 50% lors du plongeon du marché en 1969-70. *Emerson* et *Emery* ont aussi connu des baisses sévères, mais moins dramatiques. Le premier a retrouvé son plus haut historique avant la fin 1970 et le second début 1971.

Les quelques remarques générales sur les quatre entreprises

Emerson Electric a une capitalisation boursière énorme comparée aux trois autres sociétés.[6] C'est l'une de nos « *reines du goodwill* » dont nous reparlerons plus loin. L'analyste financier connu (ou handicapé) par une bonne mémoire verra de nombreuses analogies entre *Emerson Electric* et *Zenith Radio ;* ce qui n'est pas rassurant. En effet, *Zenith* a connu, pendant des années, une croissance record pour atteindre une capitalisation boursière de 1,7 milliards de dollars en 1966. Cela ne l'a pas empêché de voir ses profits divisés par deux entre 1968 (43 millions de dollars) et 1970. Cette année-là, emporté par la chute du marché, le cours plongea de 89$ à 22,5$. Ce qui montre qu'à cours élevé, risque élevé.

Emery Air Freight est, semble-t-il, la plus prometteuse des quatre sociétés en termes de croissance, si son PER, qui culmine à 40, est justifié. Sa croissance historique est impressionnante. Pour autant, ce taux de croissance n'est pas extrapolable, car il est calculé depuis sa création, en 1958, quand son résultat net n'était que de 570.000$. En effet, il lui sera difficile de conserver un tel taux de croissance au fur et à mesure de la hausse de son chiffre d'affaires et de son résultat net. Ce qui est le plus surprenant, c'est que les résultats et le cours du titre *Emery* ont continué à progresser au même rythme durant l'année 1979 ; une année noire pour le transport aérien. Voilà une bien belle performance, qui soulève la question de savoir si les profits futurs sont suffisamment robustes pour résister à une concurrence plus vive ou à une détérioration des relations avec les compagnies aériennes par exemple. Une analyse plus précise se justifierait pour conclure. L'investisseur prudent ne peut pas laisser ces points dans l'ombre.

---

[5] NDT : Graham se réfère à la section E du Tableau 28 et il divise le plus haut sur la période 1936-1968 par le plus bas enregistré. Par exemple le plus haut de *Emery* (66) est divisé par son plus bas à (0,20) et il en ressort un facteur multiplicatif de 528.

[6] NDE : Fin 1970, la capitalisation boursière de la société *Emerson* s'élève à 1,6 milliards de dollars, ce qui est effectivement « *énorme* » pour l'époque. Fin 2002, sa capitalisation boursière était d'environ 21 milliards de dollars.

Emhart et *Eltra*. *Emhart* a connu, en 14 ans, une performance opérationnelle meilleure que ses résultats boursiers. En 1958, le titre s'échangeait à un PER de 22, soit à peu près le même que le *DJIA*. Depuis, son résultat net a été multiplié par trois, alors que le *Dow Jones* a doublé. Cependant au cours de clôture du 31 décembre 1970, le titre n'était qu'à un tiers au-dessus de ses plus hauts de 1958, contre une hausse de 43% pour le *Dow Jones*. Les performances de la société *Eltra* sont assez similaires. Pour la bourse, il semble que les deux entreprises manquent de charme ou de « *sex appeal* » alors qu'elles s'en tirent plutôt bien si l'on s'en tient aux données financières. Que nous réserve l'avenir ? N'ayant aucune recommandation pertinente à offrir, voyons ce que *Standard & Poor's* en disait fin 1971 :

- *Eltra* : Perspectives à long terme - certaines activités sont cycliques, mais une position concurrentielle solide et une bonne diversification efface ces facteurs négatifs.
- *Emerson Electric* : Le titre est correctement évalué par le marché à 71$, mais il reste intéressant à long terme... La poursuite de la croissance externe, une position solide dans l'industrie et le développement des exportations laissent espérer une progression des ventes et une amélioration du résultat.
- *Emery Air Freight* : Compte tenu des perspectives, le cours des titres est surévalué (à 57$), mais la valeur mérite d'être conservée dans une optique de long terme.
- *Emhart* : Les mauvais résultats annuels, qui s'expliquent par la baisse des investissements dans le secteur de l'embouteillage, devraient s'améliorer grâce à une embellie économique dès 1972. À 34$, le titre mérite d'être conservé.

Conclusions : Beaucoup d'analystes préféreront les titres *Emerson* et *Emery* aux deux autres, en raison de son momentum sur le marché et de la croissance des derniers résultats. D'après nos principes de prudence, la première raison n'est pas valable, c'est le spéculateur qui joue avec le marché. La seconde est dans une certaine mesure pertinente. En effet, la croissance passée et prospective de *Emery Air Freight*, justifient-elles un PER de plus de 60 ?[7] Notre réponse est la suivante : peut-être pour celui qui a fait une analyse sérieuse des perspectives de l'entreprise pour en tirer des conclusions résolument optimistes. En revanche, c'est non pour l'investisseur prudent, qui veut être sûr de ne pas tomber dans le piège de l'excès de confiance, courant à *Wall Street*.[8] Cette prudence vaut aussi pour le titre *Emerson Electric*, avec en plus une autre raison d'être vigilant : le marché évalue les immobilisations incorporelles à plus d'un milliard

---

[7] NDE : En mars 1971, *Emery* s'échangeait à 64 fois son résultat net de l'année !

[8] NDT : Graham avait raison. À l'époque, sur les 50 valeurs à la mode affichant des prix exorbitants – les fameuses *Nifty Fifty*, *Emery* a eu l'un des parcours boursiers les plus déplorables. Le numéro de *Forbes*, du 1er mars 1982, indiquait que depuis 1972, *Emery* avait perdu 72,8% de sa valeur (hors inflation). Fin 1974, d'après les chercheurs du groupe *Leuthold* de Minneapolis, l'action *Emery* avait déjà perdu 58% et son PER s'est effondré, passant de 64 à tout juste 15. Cet *excès de confiance*, qu'évoque Graham, a été mis à mal en peu de temps. Est-ce que le temps peut effacer ces excès ? Pas toujours : *Leuthold* a calculé que 1.000$ investis sur le titre *Emery* en 1972 ne vaudraient que 839$ en 1999. Il est probable que les gens qui ont acheté des valeurs Internet à des prix fous, à la fin des années 1990, devront encore patienter longtemps avant de recouvrer les sommes perdues… (voir les *Commentaires sur le Chapitre 20*, p. 410).

de dollars. Ajoutons que le secteur de l'électronique, autrefois l'enfant gâté de la bourse, est tombé de son piédestal ces derniers temps. *Emerson* fait, à ce jour, figure d'exception, mais devra longtemps le demeurer pour justifier son cours fin 1970.

À l'inverse, *Eltra* (à 27$) et *Emhart* (à 33$) portent les traces des entreprises, dont la valeur intrinsèque est suffisamment élevée pour en faire des placements de bon père de famille. En pareille situation, l'investisseur peut se considérer comme un associé dans l'entreprise à un prix qui se reflète dans le bilan.[9] Ajoutons que la rentabilité financière (ROE), la stabilité du résultat net et le taux de croissance sont satisfaisants. Les deux valeurs répondent à nos sept critères quantitatifs pour être inclus dans le portefeuille de l'investisseur passif. Ces critères seront précisés dans le prochain chapitre, ils se résument ainsi :

1. Une taille adéquate.
2. Une situation financière suffisamment solide.
3. Un versement ininterrompu du dividende au cours des 20 dernières années.
4. Aucune perte depuis 10 ans.
5. Un taux de croissance du bénéfice net par action sur dix ans d'au moins 33%.
6. Un PBR[10] inférieur ou égal à 1,5 fois la valeur de l'actif net.[11]
7. Un PER, calculé sur le résultat net moyen des 3 dernières années, inférieur à 15.

Vous remarquerez que nous ne nous intéressons pas aux résultats prévisionnels de *Eltra* et *Emhart.* Nous savons que dans un portefeuille diversifié, certains titres décevront et ce sera peut-être le cas de nos deux valeurs. Nous savons aussi que notre portefeuille, dont les titres sont choisis en fonction des règles ci-dessus, auxquelles pourront s'ajouter des critères pertinents pour l'investisseur, devraient offrir une performance correcte à long terme. C'est en tout cas ce que notre longue expérience des marchés nous laisse penser.

Une dernière observation : Un analyste expérimenté, même s'il est d'accord avec ce qui est écrit, hésitera avant de recommander aux détenteurs des titres *Emerson* ou *Emery* de les échanger contre ceux de *Eltra* ou *Emhart,* sauf si les investisseurs concernés comprennent le raisonnement qui se cache derrière la recommandation. Il n'y a aucune raison d'espérer qu'à court terme, les deux titres bon marché fassent mieux que les deux titres au PER élevé. Ces derniers, favoris du marché, bénéficient d'un fort mouvement de fond qui peut soutenir leurs cours très longtemps. La raison pouvant justifier le choix de *Emhart* et *Eltra,* c'est la volonté de l'investisseur de préférer les titres « *value* », peu chers, aux actions des entreprises à la mode. C'est

---

[9] NDT : L'argument de Graham c'est qu'il est possible d'acheter les deux titres à leur valeur comptable. C'est ce qu'indique le PBR (*Price-to-Book Ratio*), à savoir le cours du marché rapporté à la valeur comptable du titre, proche de 1 dans le Tableau 28 (cf. p. 268).

[10] NDT : Notons que dans la définition de Graham, le PBR (*Price-to-Book ratio*) est le rapport entre la capitalisation boursière et la valeur nette comptable des capitaux propres (déduction faite des immobilisations incorporelles) alors que la définition communément utilisée est le rapport entre capitalisation boursière et valeur nette comptable (y compris les immobilisations incorporelles).

[11] NDT : Autrement dit un PBR inférieur à 1,5.

pourquoi, la stratégie d'investissement dépend en partie du comportement de l'investisseur. C'est l'objet du prochain chapitre.

COMMENTAIRES SUR LE CHAPITRE 13

Dans l'U.S. Air Force, nous avons une règle : ne jamais oublier de regarder à 6 heures. En vol, le gars qui regarde dans toutes les directions se sent complétement en sécurité. Mais l'autre gars juste derrière lui (donc positionné à 6 heures) peut lui tirer dessus. C'est ainsi que sont abattus la plupart des avions de chasse. Vous croire en sécurité est très dangereux ! Il y a toujours une faille. Vous devez toujours regarder à vos 6 heures.

U.S. Air force General Donald Kutyna

Le E-Business

Comme l'a fait Graham, comparons quatre valeurs à partir de leurs performances financières au 31 décembre 1999, date à laquelle nous avons observé que les valorisations ont atteint des sommets jamais enregistrés en bourse. Il s'agit des sociétés :

- *Emerson Electric Co.* (code EMR), qui a été fondé en 1890, est le seul membre survivant des quatre valeurs choisies par Graham. L'entreprise fabrique une vaste gamme de produits, dont des outils électriques, des équipements de climatisation et des moteurs électriques.
- *EMC Corp.* (code EMC), qui a été créée en 1979, permet aux entreprises d'automatiser le stockage de leur données numériques.
- *Expeditors International of Washington, Inc.* (code EXPD), qui a été fondée à Seattle en 1979, aide les transporteurs à organiser et à suivre les mouvements de marchandises dans le monde entier.
- *Exodus Communication, Inc.* (code EXDS), qui héberge et gère des sites Web et qui offre aussi d'autres services Internet, a été introduite en bourse en mars 1998.

Le Tableau 29 (p. 275) est une synthèse de cours, des performances opérationnelles et financières et de la valorisation de ces entreprises à la fin 1999.

TABLEAU 29 : ÉVALUATION DE SOCIÉTÉS DU SECTEUR INTERNET

	Emerson Electric	*EMC Corp.*	*Exodus Com. Inc.*	*Expeditors Int. Of Washington*
A. Capitaux propres (CP)				
Cours au 31/12/1999	57,37$	54,62$	44,81$	21,68$
Performance (1999)	-3,1%	157,1%	1.005,8%	109,1%
Capitalisation boursière	24.845,9 M$	111.054 M$	14.358,4 M$	2.218,8 M$
Dettes et actions de préférence	4.600,1 M$	27,1 M$	2.555,7 M$	0 M$
B. Compte de résultat				
Chiffre d'affaires (1999)	14.385,8 M$	6.715,6 M$	242,1 M$	1.444,6 M$
Résultat net (1999)	1.313,6 M$	1.010,6 M$	-130,3 M$	59,2 M$
Croissance annuelle (1995-99)	7,7%	28,8%	--	19,8%
Bénéfice net par action (1999)	3,00$	0,53$	-0,38$	0,55$
Croissance annuelle (1995-99)	8,3%	28,8%	--	25,8%
Dividende (1999)	1,30$	0$	0$	0,08$
C. Bilan (1970)				
Actif circulant	5.124.4 M$	4.320,4 M$	1.093,2 M$	402,7 M$
Passif circulant	4.990,4 M$	1.397,9 M$	150,6 M$	253,1 M$
Valeur comptable CP / action	14,27$	2,38$	0,05$	2,79$
D. Ratios				
PER (1999)	17,7x	103,1x	--	39,4x
PBR (1999)	3,7x	22,9x	888,1x	7,8x
Marge nette	9,2%	17,4%	--	4,1%
ROE (Résultat net / CP)	21,0%	22,2%	--	19,7%
Fonds de roulement / Dette	0,1x	107,8x	0,4x	Pas de dette
Capitalisation / CA	1,7x	16,5x	59,3x	1,5x

Source : *Value Line, Thomson Baseline, Bloomberg, finance.yahoo.com*, documents de référence des sociétés.

Remarque : tous les chiffres sont ajustés des divisions de titres ; les dettes, le chiffre d'affaires et le résultat net sont donnés par années fiscales.

Le titre *Emerson Electric*, pas terrible ?

Emerson Electric, la plus chère des quatre valeurs à l'époque de Graham, était en 1999 la moins chère de notre échantillon. Avec ses activités issues de la « *vieille économie* », *Emerson* était une valeur ringarde à la fin des années 1990. (À l'ère de l'Internet, qui peut encore s'intéresser aux aspirateurs fabriqués par la société ?) Ses actions étaient en état de mort clinique. D'ailleurs, en 1998 et 1999, le cours du titre *Emerson Electric* avait accumulé un retard de 49,7% sur l'indice *S&P 500*, une performance minable.

Voilà pour le titre. Qu'en était-il de la performance de l'entreprise ? En 1999, le chiffre d'affaires d'*Emerson* s'est élevé à 14,4 milliards de dollars, en augmentation d'un milliard sur un an et le résultat net publié a été de 1,3 milliards de dollars, une hausse de 6,9% en un an. Le taux de croissance annuel du bénéfice net par action a été de 8,3% sur cinq ans. Le dividende a plus que doublé pour atteindre 1,30$ par action. La valeur comptable des capitaux propres est passée de 6,69$ à 14,27$ par action. D'après *Value Line*, au cours des années 1990, la marge nette et la rentabilité financière – des chiffres clefs pour mesurer la performance opérationnelle – sont restées élevées, respectivement à 9% et 18%. Ajoutons que le résultat net de la société *Emerson* a connu une croissance continue pendant 42 ans – une des plus longues périodes de croissance pour une entreprise américaine. Fin 1999, le PER du titre était à 17,7. À l'image de l'outillage qu'elle vend, la société *Emerson* n'était pas étincelante en bourse, mais restait fiable – pas de surchauffe sur le titre.

La croissance de la société *EMC* est-elle durable ?

EMC Corp. a été l'une des valeurs les plus performantes en bourse au cours des années 1990, augmentant (ou plutôt lévitant) de plus de 81.000%. Avec 10.000$ début 1990 placé sur le titre, vous auriez empoché un peu plus de 8,1 millions de dollars en 1999. Pour 1999, la hausse a été de 157,1%, soit plus que la hausse du cours de la société *Emerson* en huit ans (entre 1992 et 1999). *EMC* n'a jamais versé le moindre dividende et tous les résultats ont été mis en réserves pour « *financer la croissance ininterrompue de la compagnie.*[12] » Au 31 décembre 1999, à un cours de 54,625$, les actions *EMC* s'échangeaient à un PER de 103, soit près de six fois la valorisation du titre *Emerson.*

Qu'en est-il de sa performance opérationnelle ? La hausse de son chiffre d'affaires a été de 24% en 1999, pour atteindre 6,7 milliards de dollars. Le bénéfice net par action est monté en flèche, passant de 0,61$ à 0,92$ en un an, soit une croissance de 51%. Sur les cinq années allant de 1995 à 1999, le résultat net a augmenté au rythme annuel de 28,8% : impressionnant. Au moment où tout le monde envisageait un développement phénoménal du commerce en ligne, l'avenir promis à *EMC* était encore plus radieux. Durant l'année 1999, le directeur général d'*EMC* prédisait que le chiffre d'affaires atteindrait les 10 milliards de dollars avant la fin 2001, alors qu'il n'était que de 5,4 milliards de dollars en 1998.[13] Pour réussir, la société devait croître à un taux 23% par an, une croissance inimaginable pour une entreprise de cette taille. Cela n'empêchait pas les analystes de *Wall Street,* mais aussi la plupart des investisseurs, d'être persuadés de la réussite d'*EMC.* Effectivement, au cours des cinq dernières années, la compagnie *EMC* était parvenue à multiplier par deux son chiffre d'affaires et par trois son résultat net.

Mais entre 1995 et 1999, d'après *Value Line*, la marge nette d'*EMC* s'est réduite, passant de 19% à 17,4% et, dans le même temps, sa rentabilité financière a chuté de 26,8% à 21%. Même si elle était encore très profitable, nous pouvions observer qu'*EMC* perdait du terrain. En octobre 1999, *EMC* fit l'acquisition de *Data General Corp.*, une opération qui ajouta 1,1 milliards de dollars au chiffre d'affaires de l'entreprise. Mais, en enlevant ce chiffre d'affaires, nous pouvions constater que le

---

[12] NDE : Comme nous le découvrirons au Chapitre 19 (cf. p. 383), ce raisonnement signifie en réalité que les résultats mis en réserve sont destinés à « *financer l'accroissement de la richesse des principaux dirigeants* ».

[13] NDE : À l'occasion d'une interview sur la chaîne *CNBC*, le 30 décembre 1999, le présentateur de l'émission, Ron Insana, demanda au directeur général d'*EMC*, Michael Ruttgers, si « *l'année 2000 et les suivantes seraient aussi bonnes que les années 1990* ». Il répondit « *qu'il semble en fait que la tendance s'accélère* ». Quand Insana lui demanda si l'action *EMC* était surévaluée, Ruttgers affirma : « *Je pense qu'avec les opportunités que nous avons, les perspectives sont presque illimitées... Donc, il est difficile de savoir si c'est surévalué, les changements qui se produisent sont tellement profonds, que si vous vous interrogez pour savoir quels seront les grands gagnants de demain, je crois profondément qu'EMC en fera partie, à l'avenir vous serez donc largement récompensés.* »

chiffre d'affaires à périmètre constant était passé de 5,4 milliards de dollars en 1998 à 5,6 milliards de dollars en 1999, soit une hausse d'à peine 3,6%. Autrement dit, la croissance d'*EMC* était quasiment nulle en 1999, alors que la peur du bug de l'an 2000 avait poussé de très nombreuses entreprises à dépenser des sommes considérables en informatique.[14]

Un simple transitaire

Contrairement à *EMC*, *Expeditors International* n'a pas vu son cours flamber. L'action s'était appréciée de près de 3% en une décennie, surtout en 1999, quand le cours a connu une croissance de 109,1%, alors qu'en 1998, elle ne s'était appréciée que de 9,5%, en retard sur le *S&P 500* de plus de 19 points.

Qu'en est-il de ses activités ? Elles se sont développées à un rythme de 19,8% par an depuis 1995. Son chiffre d'affaires a donc quasiment triplé pour atteindre 1,4 milliards de dollars en 1999. Dans le même temps, son bénéfice net par action a augmenté de 25,8% par an et ses dividendes de 27%. La société *Expeditors* n'était pas endettée et son fonds de roulement avait presque doublé depuis 1995. D'après *Value Line*, la valeur comptable des capitaux propres s'était appréciée de 129% et la rentabilité financière de plus du tiers pour atteindre 21%.

Tous les indicateurs démontraient que la compagnie *Expeditors* était une très belle entreprise. Or, cette petite société, basée à Seattle et dont l'activité était majoritairement en Asie, était inconnue à *Wall Street*. Seulement un tiers de son capital était détenu par des investisseurs institutionnels. À vrai dire, *Expeditors* n'avait que 8.500 actionnaires. Après avoir doublé de valeur en 1999, l'action était valorisée à 39 fois son résultat prévisionnel de l'année 2000, ce qui n'en faisait pas une valeur bon marché, mais un titre à cours bien inférieur à la valorisation vertigineuse d'*EMC*.

La terre promise ?

Fin 1999, *Exodus Communication* semblait avoir amené ses actionnaires sur la terre promise. Le cours de l'action avait pris 1.005% en 1999, de quoi transformer un investissement de 10.000$ au 1er janvier en 110.000$ au 31 décembre. Les principaux analystes des valeurs Internet de *Wall Street*, dont le très influent Henry Blodget de *Merrill Lynch*, prévoyait encore une hausse de 25% à 125% pour les 12 mois à venir.

Pour couronner le tout, les investisseurs, embrumés par les plus-values potentielles, ne s'intéressaient qu'aux trois divisions successives du titre d'un facteur deux dans la seule année 1999. Dans une telle opération, le nombre d'actions double et leur valeur est divisée par deux. Autrement dit, les actionnaires ont deux fois plus

[14] NDE : Le « *bug de l'an 2000* » reposait sur la crainte que des millions d'ordinateurs, sur la terre entière, cesseraient de fonctionner au douzième coup de minuit, au matin du premier janvier 2000, tout simplement parce que les programmeurs des années 1960 et 1970 n'avaient pas imaginé que ces ordinateurs auraient à gérer des dates au-delà du 31/12/99 dans leurs codes systèmes. Les sociétés américaines ont donc dépensé des milliards de dollars en 1999 pour s'assurer que leurs ordinateurs seraient bien « *compatibles* ». Finalement, tout a fonctionné comme sur des roulettes.

d'actions à moitié prix. Qu'y a-t-il de génial ? Imaginons que vous me donniez une pièce de dix cents, que je vous rende deux pièces de cinq cents en échange et que je vous demande : « *Êtes-vous plus riche ?* » Vous conclurez que je vous prends pour un idiot ou que j'en suis un. Et pourtant, pris dans la fièvre spéculative des valeurs Internet, les investisseurs croyaient en 1999 que deux pièces de 5 cents valaient plus qu'une seule pièce de 10 cents. En réalité, à la seule annonce de la division du nominal, le cours pouvait instantanément bondir de 20% ou plus.

Pour quelle raison ? Simplement parce détenir plus de titres donne aux gens l'impression de se *sentir* plus riches. C'est ainsi que ceux qui avaient acheté 100 actions *Exodus* en janvier, en avaient 200 lors de la première division en avril, 400 à celle d'août et 800 en décembre. C'est très alléchant d'avoir 700 actions de plus qu'au départ. Ces investisseurs avaient l'impression d'avoir ramassé de l'argent par terre, peu importe que le cours ait été divisé par deux à chaque fois.[15] En décembre 1999, un actionnaire d'*Exodus* ravi, jubilait sur un forum Internet : « *Je vais garder ces actions jusqu'à mes 80 ans, car grâce aux centaines de division du titre, je pense avoir assez d'actions pour finir par être patron de la boîte.* »[16]

Que s'est-il passé cette année-là dans l'entreprise ? Il est clair que Graham n'aurait pas touché au titre, même avec des pincettes. Le chiffre d'affaires a littéralement explosé, passant de 52,7 millions en 1998 à 242,1 millions de dollars en 1999. Pourtant l'entreprise a subi une perte de 130,3 millions de dollars en 1999, soit près de deux fois plus que l'année précédente. Son endettement s'élevait à 2,6 milliards de dollars et ses besoins financiers étaient si élevés qu'elle a dû emprunter 971 millions de dollars pour le seul mois de décembre 1999. D'après son rapport annuel, cet emprunt allait augmenter ses charges financières de 50 millions de dollars l'année suivante. L'entreprise démarra l'année avec 156 millions de dollars de trésorerie et, même après avoir levé 1,3 milliards de capitaux, elle la termina avec une trésorerie d'un milliard de dollars, ce qui signifie que l'activité opérationnelle avait englouti 400 millions de dollars au cours de l'année 1999. Comment une telle entreprise peut-elle un jour rembourser ses dettes ?

Les investisseurs n'étaient obsédés que par la rapidité et l'amplitude de la hausse des cours, pas par la santé de l'entreprise. Un investisseur a laissé le message suivant sous le pseudonyme de Launch_Pad1999 : « *Ce titre va monter à l'infini et au-delà.*[17] »

L'absurdité de cette remarque nous rappelle l'un des avertissements de Graham : « *C'est parce que l'investisseur actuel est si concerné par les perspectives à venir, qu'il les paye trop cher. Pour autant, ce qu'il a anticipé peut très bien se produire sans qu'il en tire les profits attendus. S'il échoue, il peut faire, temporairement ou durablement, face à de lourdes pertes.* »[18]

---

[15] NDE : Pour en savoir plus sur la folie des divisions (*splits*), voir Jason Zweig, *Splitsville*, Money, mars 2001, pp. 55-56.

[16] NDE : Message posté sur le forum de *Raging Bull* le 7 décembre 1999, voir http://ragingbull.lycos.com/mboard/boards.cgi?board=EXDS&read=3622

[17] NDE : Message posté sur le forum de *Raging Bull* le 15 décembre 1999, voir http://ragingbull.lycos.com/mboard/boards.cgi?board=EXDS&read=3610

[18] NDE : Voir le discours de Graham en Annexe 4 (p. 442).

Que s'est-il passé pour les quatre sociétés ?

Quel a été le parcours boursier de ces quatre valeurs après 1999 ?

Emerson Electric a pris 40,7% en 2000 et même si le titre a connu quelques baisses en 2001 et 2002, il termina 2002 à seulement 4% au-dessous du cours de fin 1999.

EMC s'est également bien comportée en 2000, gagnant 21,7%, mais ensuite le cours a dévissé de 79,4% en 2001 et de 54,3% en 2002, pour revenir à 88% au-dessous du niveau atteint fin 1999. L'objectif de 10 milliards de dollars de chiffre d'affaires n'a pas été atteint puisque la société termina l'année 2001 avec un chiffre d'affaire de 7,1 milliards de dollars seulement (et une perte de 508 millions de dollars).

En dépit du marché baissier, les actions *Expeditors International* ont gagné 22,9% en 2000 ; 6,5% en 2001 et 15,1% en 2002 – le titre finissant cette année-là à 51% au-dessus du cours de clôture de l'année 1999.

Le titre *Exodus* perdit 55% en 2000 et 99,8% en 2001. Le 26 septembre 2001, *Exodus* a été mis en règlement judiciaire. La plus grande part des actifs de l'entreprise a été rachetée par *Cable & Wireless*, le géant des télécoms britanniques. Et au lieu d'accompagner ses actionnaires vers la terre promise, *Exodus* les laissa, désabusés, au milieu de nulle part ; le dernier cours coté de l'action était de 1 cent début 2003.

CHAPITRE 14. LA SÉLECTION DE TITRES PAR L'INVESTISSEUR PASSIF

Il est temps de passer à la pratique de l'analyse et de l'évaluation financières. Comme nous avons déjà décrit les stratégies d'investissement pour investisseurs actifs et passifs,[1] il est naturel de décrire maintenant comment les mettre en œuvre concrètement. L'investisseur passif, qui suit nos conseils, achètera exclusivement des titres obligataires de première catégorie, peu risqués, ainsi que des actions de sociétés de premier plan en s'assurant qu'elles sont acquises à un cours pas trop élevé par rapports à nos standards.

Pour sélectionner ces valeurs, il pourra piocher dans les valeurs du *DJIA* ou choisir les titres sur la base de critères quantitatifs. Dans le premier cas, il investira dans un échantillon de grandes capitalisations boursières, incluant aussi bien des *valeurs de croissance* à la mode, avec des PER élevés, que des titres d'entreprises moins populaires, mais moins chers. L'option, probablement la plus simple, consistera à acheter la même quantité de titres pour chacune des valeurs composant l'indice *Dow Jones Industrial Average*.[2] Avec un *Dow Jones* à 900 points, pour acheter 10 actions des 30 valeurs du *Dow*, il en coûte 16.000$.[3] [4] Si nous nous en tenons aux performances historiques, l'investisseur pourra obtenir la même rentabilité en investissant dans plusieurs fonds communs de placement de taille importante.

Les sept critères de choix d'une action

Dans le deuxième cas, il sélectionnera des titres en fonction de critères permettant de mesurer (1) d'un point de vue *qualitatif*, les performances historiques et la situation financière courante de l'entreprise et (2) d'un point de vue *quantitatif*, le résultat net et les actifs nets comparés au cours du titre. Nous avons conclu le chapitre précédent en proposant sept critères, tant qualitatifs que quantitatifs, pour choisir une action ordinaire. Commentons-les dans l'ordre.

1. Une taille de l'entreprise adéquate

Les seuils minimaux proposés sont arbitraires, notamment ici. L'objectif est de rester à l'écart des sociétés trop petites, risquant plus que d'autres d'être confrontées à

---

[1] NDE : Graham les décrit aux Chapitres 4 à 7.

[2] NDT : Graham propose ainsi pour la première fois de répliquer un indice. Ce qui a été fait avec les ETF à partir de la fin des années 1990.

[3] NDG : À la suite de multiples divisions de titres, effectuées dans le passé, le cours moyen des titres composant le *DJIA* s'élevait à environ 53$ par action en 1972.

[4] NDE : Comme nous l'avons évoqué dans les *Commentaires sur le Chapitre 5 et le Chapitre 9*, l'investisseur passif peut aujourd'hui atteindre cet objectif en achetant un fond indiciel.

des difficultés. C'est notamment le cas pour celles du secteur industriel et manufacturier. (S'il existe des opportunités dans ces industries, nous estimons qu'elles ne sont pas faites pour répondre aux objectifs de l'investisseur passif.) Pour prendre des chiffres ronds, il faut un chiffre d'affaires supérieur à 100 millions de dollars pour une entreprise industrielle et à au moins 50 millions de dollars d'actifs pour une compagnie de service public.

2. Une situation financière suffisamment solide

Pour une entreprise industrielle, l'actif circulant[5] devrait représenter au moins deux fois le passif circulant[6] et les dettes financières à long terme ne devraient pas être supérieures au fonds de roulement net[7]. Dans le cas de sociétés de service public, l'endettement ne devrait pas être supérieur à deux fois la valeur comptable des capitaux propres.

3. Un résultat net positif

Le résultat net doit être positif sur les dix dernières années.

4. Un versement ininterrompu du dividende

Le dividende doit avoir été versé sans interruption dans les vingt dernières années.

5. Une croissance du bénéfice net par action

Le bénéfice net par action doit avoir progressé d'un tiers sur 10 ans, entre la moyenne des trois premières et la moyenne des trois dernières années.

6. Un PER moyen

Le cours doit être valorisé à un PER inférieur à 15, en calculant le multiple à partir du bénéfice net moyen des trois dernières années.

7. Un PBR[8] modéré

La capitalisation boursière doit être inférieure à 1,5 fois la valeur comptable des capitaux propres. Cependant, un PER inférieur à 15 peut justifier un ratio plus élevé et inversement. Comme règle approximative, nous suggérons que le produit du PER par le PBR ne dépasse pas 22,5. (Ce qui correspond à un PER de 15 et à un PBR de 1,5. Cela correspond aussi à un PER de 9 et un PBR de 2,5.)

Commentaires

Ces sept règles répondent plus particulièrement aux objectifs des investisseurs prudents, car elles conduisent à écarter la plupart des valeurs pour deux raisons

---

[5] NDT : À savoir, liquidités, créances client, stocks et actifs entrant dans le cycle d'exploitation.
[6] NDT : Dettes financières à court terme (moins d'un an), contractées pour financer le cycle d'exploitation et dettes d'exploitation.
[7] NDT : Actif circulant moins passif circulant.
[8] NDT : Pour rappel, dans la définition de Graham, le PBR (*Price-to-Book ratio*) est le rapport entre la capitalisation boursière et la valeur nette comptable des capitaux propres (déduction faite des immobilisations incorporelles).

opposées. La première raison est que cela va exclure les sociétés (1) trop petites, (2) avec une situation financière assez précaire, (3) ayant connu des pertes dans les 10 dernières années et (4) avec un historique de dividende ininterrompu trop court. Actuellement, le critère le plus sévère est celui de la situation financière de l'entreprise. En effet, même les grandes capitalisations ont vu leurs ratios de liquidité générale[9] et de solvabilité[10] se dégrader ces dernières années.

La deuxième raison – opposée – est que les deux derniers critères réclament des bénéfices nets et des actifs nets par action, supérieurs à ceux des valeurs à la mode. Or, les analystes financiers, qui utilisent ces mêmes critères, insistent pour que les investisseurs passifs placent dans la valeur de leur choix, quitte à surpayer la valeur intrinsèque. Nous avons déjà expliqué notre position, où en l'absence de *facteur de sécurité*, le cours intègre des perspectives de forte croissance des résultats. Le lecteur fera son choix entre les deux écoles, en connaissance de cause.

Dans nos critères, nous prenons tout de même en compte la croissance des résultats sur la décennie passée. Sans cela, l'entreprise concernée régresserait, au moins en termes de rentabilité économique[11]. Rien n'oblige l'investisseur passif à sélectionner ce type de valeurs, sauf si le cours est suffisamment faible pour en faire une bonne affaire.

Avec un PER maximal de 15, le PER moyen du portefeuille s'élèvera à environ 12 ou 13. Notons qu'en février 1972, le PER, calculé sur le bénéfice net moyen sur 3 ans d'*AT&T* s'élève à 11 et celui de *Standard Oil of California* est inférieur à 10. Nous recommandons que le taux de capitalisation du résultat[12] – à savoir l'inverse du PER – soit supérieur au rendement offert par des obligations de première qualité, peu risquées. Aujourd'hui avec un rendement obligataire de 7,5% pour des obligations notées AA, ceci se traduit par un PER inférieur à 13,3.[13]

Une application de nos critères au *DJIA* à la fin de l'année 1970

À fin 1970, toutes les valeurs du *DJIA* satisfont aux sept critères, sauf deux qui passent juste les tests. Voici l'analyse, faite à partir des cours au 31 décembre 1970, et les

---

[9] NDT : Actif circulant divisé par passif circulant.

[10] NDT : Capitaux propres divisé par dettes financières.

[11] NDT : Rapport entre résultat d'exploitation et capitaux investis (à savoir, les capitaux propres et l'endettement net).

[12] NDT : Ce taux calculé en divisant le Bénéfice net par action par le Cours, traduit le taux de croissance attendu des résultats. Autrement dit, plus le PER d'un titre est élevé, plus le taux de croissance attendu est faible.

[13] NDE : Début 2003, le rendement des obligations d'entreprises à 10 ans, notées AA, s'élève à 4,6%, ce qui laisse entendre, si on s'en tient à la recommandation de Graham, que le taux de capitalisation du bénéfice doit être supérieur à ce taux. En prenant l'inverse de ce chiffre (en divisant 100 par 4,6%), nous obtenons un PER maximal suggéré de 21,7. Graham recommandant que l'action *moyenne* soit évaluée à 20% au-dessous de ce seuil, cela laisse entendre que les actions devraient s'échanger à un PER maximal de 17, pour être attractives compte tenu des niveaux de taux d'intérêt. Au 31 décembre 2002, plus de 200 actions – soit plus de 40% – des valeurs composant l'indice *S&P 500* avaient des PER moyens (calculés sur trois ans) inférieurs à 17. Les rendements obligataires sont consultables sur le site www.bondtalk.com.

principales données financières (cf. Tableau 30 p. 285). La santé financière est *globalement* bonne, mais pas pour toutes les valeurs.[14]

1. Les dividendes sont versés sans interruption pour toutes les valeurs du *DJIA* depuis 1940 et pour cinq titres, depuis la fin du siècle dernier.
2. Les bénéfices ont globalement été stables sur les dix dernières années. Aucune entreprise n'a publié de pertes durant la décennie 1961-1969 très prospère. À noter que *Chrysler* enregistra un petit déficit en 1970.
3. La croissance moyenne du bénéfice net, calculée entre la moyenne des 3 premières années et la moyenne des 3 dernières de la décennie, a atteint 77%, soit environ 6% par an. Cependant, cinq valeurs n'ont pas dépassé le taux de croissance minimum de 33%.
4. Le PER calculé à partir du cours de clôture (fin d'année) divisé par la moyenne du bénéfice net sur trois ans est de 839$[15] rapporté à 55,5$ soit un multiple de 15, légèrement au-dessus du plafond.
5. Le PBR est de 839 divisé par 562, soit un ratio de 1,5, légèrement inférieur à notre plafond.

Cependant, si nous appliquons ces sept critères de sélection à chacune des valeurs du *DJIA*, nous n'en trouverons que cinq qui passent tous les tests. Il s'agit des sociétés suivantes : *American Can*, *AT & T*, *Anaconda*, *Swift* et *Woolworth* (cf. Tableau 32, p. 287). Leurs performances sont nettement meilleures que celles des autres membres du *DJIA*, à l'exception du taux de croissance du bénéfice.[16]

---

[14] NDG : En 1960, seulement 2 des 29 entreprises avaient un actif circulant supérieur à leur passif circulant. À noter qu'en décembre 1970, le nombre des titres ne répondant plus aux critères est passé à 12.

[15] NDT : Niveau du *DJIA* au 31/12/1970.

[16] NDG : Remarquez tout de même que leur comportement boursier de décembre 1970 à début 1972 est moins bons que celui du *Dow Jones*. Ceci démontre une fois de plus qu'il n'existe aucun système ou aucune formule garantissant des résultats supérieurs à celui du marché. Nos conditions garantissent seulement que l'acquéreur en a pour son argent.

TABLEAU 30 : *DOW JONES INDUSTRIAL AVERAGE* AU 30/09/1971

	Cours au 30/09/71	Bénéfice net par action (*)			Divid. depuis	Actif net	Divid. courant
		30/09/71	68-70	58-60			
Allied Chemical	32,50$	1,40$	1,82$	2,14$	1887	26,02$	1,20$
ALCOA	45,50$	4,25$	5,18$	2,08$	1939	55,01$	1,80$
American Brands	43,50$	4,32$	3,69$	2,24$	1905	13,46$	2,10$
American Can	33,25$	2,68$	3,76$	2,42$	1923	40,01$	2,20$
American Tel. & Tel.	43,00$	4,03$	3,91$	2,52$	1881	45,57$	2,60$
Anaconda	15,00$	2,06$	3,90$	2,17$	1936	54,28$	0,00$
Bethlehem Steel	25,50$	2,64$	3,05$	2,62$	1939	44,62$	1,20$
Chrysler	28,50$	1,05$	2,72$	(0,13$)	1926	42,40$	0,60$
Du Pont	154,00$	6,31$	7,32$	8,09$	1904	55,22$	5,00$
Eastman Kodak	87,00$	2,45$	2,44$	0,72$	1902	13,70$	1,32$
General Electric	61,25$	2,63$	1,78$	1,37$	1899	14,92$	1,40$
General Foods	34,00$	2,34$	2,23$	1,13$	1922	14,13$	1,40$
General Motors	83,00$	3,33$	4,69$	2,94$	1915	33,39$	3,40$
Goodyear	33,50$	2,11$	2,01$	1,04$	1937	18,49$	0,85$
Internat. Harvester	28,50$	1,16$	2,30$	1,87$	1910	42,06$	1,40$
Internat. Nickel	31,00$	2,27$	2,10$	0,94$	1934	14,53$	1,00$
Internat. Paper	33,00$	1,46$	2,22$	1,76$	1946	23,68$	1,50$
Johns Manville	39,00$	2,02$	2,33$	1,62$	1935	24,51$	1,20$
Owens-Illinois	52,00$	3,89$	3,69$	2,24$	1907	43,75$	1,35$
Procter & Gamble	71,00$	2,91$	2,33$	1,02$	1891	15,41$	1,50$
Sears Roebuck	68,50$	3,19$	2,87$	1,17$	1935	23,97$	1,55$
Standard Oil of Cal.	56,00$	5,78$	5,35$	3,17$	1912	54,79$	2,80$
Standard Oil of N.J.	72,00$	6,51$	5,88$	2,90$	1882	48,95$	3,90$
Swift & Co.	42,00$	2,56$	1,66$	1,33$	1934	26,74$	0,70$
Texaco	32,00$	3,24$	2,96$	1,34$	1903	23,06$	1,60$
Union Carbide	43,50$	2,59$	2,76$	2,52$	1918	29,64$	2,00$
United Aircraft	30,50$	3,13$	4,35$	2,79$	1936	47,00$	1,80$
U.S. Steel	29,50$	3,53$	3,81$	4,85$	1940	65,54$	1,60$
Westinghouse Elec.	96,50$	3,26$	3,44$	2,26$	1935	33,67$	1,80$
Woolworth	49,00$	2,47$	2,38$	1,35$	1912	25,47$	1,20$

(*) Ajusté des dividendes servis et des divisions du titre

TABLEAU 31 : PRINCIPAUX RATIOS POUR LES VALEURS DU *DJIA* AU 30/09/1971

	PER		Rendement	Croissance bénéfice (*)	Ratio de liquidité générale	Fonds roulement / Dette	Cours/ Valeur actif net
	09/71	1968-1970					
Allied Chemical	18,3x	18,0x	3,7%	-15,0%	2,1x	74%	125%
ALCOA	10,7x	8,8x	4,0%	149,0%	2,7x	51%	84%
American Brands	10,1x	11,8x	5,1%	64,7%	2,1x	138%	282%
American Can	12,4x	8,9x	6,6%	52,5%	2,1x	91%	83%
American Tel. & Tel.	10,8x	11,0x	6,0%	55,2%	1,1x	---	94%
Anaconda	5,7x	3,9x	---	80,0%	2,9x	80%	28%
Bethlehem Steel	12,4x	8,1x	4,7%	16,4%	1,7x	68%	58%
Chrysler	27,0x	10,5x	2,1%	---	1,4x	78%	67%
Du Pont	24,5x	21,0x	3,2%	-9,0%	3,6x	609%	280%
Eastman Kodak	35,5x	35,6x	1,5%	238,9%	2,4x	1.764%	635%
General Electric	23,4x	34,4x	2,3%	29,9%	1,3x	89%	410%
General Foods	14,5x	15,2x	4,1%	97,3%	1,6x	254%	240%
General Motors	24,4x	17,6x	4,1%	59,5%	1,9x	1.071%	247%
Goodyear	15,8x	16,7x	2,5%	93,3%	2,1x	129%	80%
Internat. Harvester	24,5x	12,4x	4,9%	23,0%	2,2x	191%	66%
Internat. Nickel	13,6x	16,2x	3,2%	123,4%	2,5x	131%	213%
Internat. Paper	22,5x	14,0x	4,6%	26,1%	2,2x	62%	139%
Johns Manville	19,3x	16,8x	3,0%	43,8%	2,6x	---	158%
Owens-Illinois	13,2x	14,0x	2,6%	64,7%	1,6x	51%	118%
Procter & Gamble	24,2x	31,6x	2,1%	128,4%	2,4x	400%	460%
Sears Roebuck	21,4x	23,8x	1,7%	145,3%	1,6x	322%	285%
Standard Oil of Cal.	9,7x	10,5x	5,0%	68,8%	1,5x	79%	102%
Standard Oil of N.J.	11,0x	12,2x	5,4%	102,8%	1,5x	94%	115%
Swift & Co.	16,4x	25,5x	1,7%	24,8%	2,4x	138%	158%
Texaco	9,9x	10,8x	5,0%	120,9%	1,7x	128%	138%
Union Carbide	16,6x	15,8x	4,6%	9,5%	2,2x	86%	146%
United Aircraft	9,7x	7,0x	5,9%	55,9%	1,5x	155%	65%
U.S. Steel	8,3x	6,7x	5,4%	-21,5%	1,7x	51%	63%
Westinghouse Elec.	29,5x	28,0x	1,9%	52,2%	1,8x	145%	2,86%
Woolworth	19,7x	20,5x	2,4%	76,3%	1,8x	185%	1,90%

(*) Croissance du résultat net entre les périodes 1958-60 et 1968-70.

TABLEAU 32 : VALEURS DU *DJIA* REMPLISSANT CERTAINS CRITÈRES À LA FIN 1970

	American Can	*AT&T*	*Anaconda*	*Swift*	*Woolworth*	Moyenne
Cours au 31/12/1970	39$	48,9$	21$	30,25$	36,5$	
PER (1970)	11,0x	12,3x	6,7x	13,5x	14,4x	11,6x
PER (moyenne sur 3 ans)	10,5x	12,5x	5,4x	18,1x	15,1x	12,3x
PBR	99%	108%	38%	113%	148%	112%
Ratio liquidité générale	2,2x	(**)	2,9x	2,3x	1,8x	2,3x
Fonds Roulement / Dettes	110%	(**)	120%	141%	190%	140%
Indice de stabilité (*)	85	100	72	77	99	86
Taux de croissance	55%	53%	78%	25%	73%	57%

(*) Voir définition de l'indice de stabilité p. 269.

(**) La dette de la compagnie *AT&T* était inférieure à ses capitaux propres.

Notre sélection multicritère sur les membres du *DJIA* montre que la proportion de sociétés industrielles, remplissant tous les critères, est faible. Fin 1970, nous estimons que pas plus de 100 valeurs, listées dans le *Standard & Poor's Stock Guide,* les remplissent. Ce qui est amplement suffisant pour en choisir quelques-unes.

Le cas des sociétés de service public

Si nous passons maintenant au crible les sociétés de service public, la situation est plus intéressante du point de vue de l'investisseur.[17] La plupart de ces valeurs semblent taillées sur mesure pour répondre aux objectifs des investisseurs passifs, en raison de leurs performances et de leur prix. Nous excluons de nos observations le critère de liquidité générale. Le critère du fonds de roulement net se suffit à lui-même dans ce secteur, car il permet de financer la croissance, par augmentation de capital et émission obligataire. Enfin, nous exigeons une bonne solvabilité, avec un bon ratio Capitaux propres / Dettes.[18]

Le Tableau 33 (cf. p. 288) est une synthèse des données financières des 15 valeurs de l'indice *Dow Jones Public Utility Average.* Pour permettre la comparaison, le Tableau 34 (cf. p. 288) reprend les mêmes données pour 15 sociétés de service public, prises au hasard dans la liste des cotations du *New York Stock Exchange.*

[17] NDE : Au moment où Graham écrit ces lignes, il n'existe qu'un seul fonds commun de placement significatif spécialisé dans le secteur des services publics (*utilities*) – *Franklin Utilities.* Aujourd'hui, il y en a plus de 30. Graham ne pouvait pas prévoir l'impact négatif sur les marchés financiers de la déconstruction et du démantèlement des centrales nucléaires. Pas plus qu'il ne pouvait prévoir les conséquences négatives des réglementations californiennes en matière d'énergie. Les valeurs du secteur des services publics sont aujourd'hui bien plus volatiles que du temps de Graham et, nous ne saurions en conseiller l'exposition que par l'intermédiaire d'un fonds commun bien diversifié et à faible coût d'entrée, comme le *Dow Jones U.S. Utilities Sector Index Fund* ou le *Utilities Select Sector SPDR.* Pour en savoir plus, voir les sites www.ishare.com et www.spdrindex.com/spdr/. (Veillez à vous assurer que votre courtier ne vous prélèvera pas de commissions pour le réinvestissement de vos dividendes.)

[18] NDG : Il faut exclure les exploitants d'oléoducs et de gazoducs, des valeurs de service public analysées, en raison de leurs spécificités.

TABLEAU 33 : DONNÉES SUR 15 VALEURS DE L'INDICE *DOW JONES UTILITY* AU 30/09/1971

	Cours (*)	Bénéfice net par action	Divid.	Valeur comptable	PER	PBR	Rende-ment	Croissance (**)
Am. Elec. Power	26,00$	2,40$$	1,70$	18,86$	11x	138%	6,5%	87%
Cleveland El. Ill.	34,25$	3,10$	2,24$	22,94$	11x	150%	6,4%	86%
Columbia Gas Syst.	33,00$	2,95$	1,76$	25,58$	11x	129%	5,3%	85%
Commonwealth Edi.	35,50$	3,05$	2,20$	27,28$	12x	130%	6,2%	56%
Consolidated Edison	24,50$	2,40$	1,80$	30,63$	10x	80%	7,4%	19%%
Conso. Nat. Gas	27,75$	3,00$	1,88$	32,11$	9x	86%	6,8%	53%
Detroit Edison	19,25$	1,80$	1,40$	22,66$	11x	84%	7,3%	40%
Houston Ltg & Pow.	42,25$	2,88$	1,32$	19,02$	15x	222%	3,1%	135%
Niagara-Mohawk P.	15,50$	1,45$	1,10$	16,46$	11x	93%	7,2%	32%
Pacific Gas & Elec.	29,00$	2,65$	1,64$	25,45$	11x	114%	5,6%	79%
Panhandle E. Pipe L.	32,50$	2,90$	1,80$	19,95$	11x	166%	5,5%	79%
Peoples Gas Co.	31,50$	2,70$	2,08$	30,28$	8x	104%	6,6%	23%
Philadephia El.	20,50$	2,00$	1,64$	19,74$	10x	103%	8,0%	29%
Public Svs. El. & Gas	25,50$	2,80$	1,64$	21,81$	9x	116%	6,4%	80%
Sou. Calif. Edison	29,25$	2,80$	1,50$	27,28$	10x	107%	5,1%	85%
Moyenne	28,50$	2,66$	1,71$	23,83$	10,7x	121%	6,2%	65%

(*) Cours au 30/09/1971.
(**) Croissance du bénéfice net par action entre 1960 et 1970.

TABLEAU 34 : DONNÉES SUR DES VALEURS SECONDAIRES DES SERVICES PUBLICS AU 30/09/1971

	Cours (*)	Bénéfice net par action	Divid.	Valeur comptable	PER	PBR	Rende-ment	Croissance (**)
Alabama Gas	15,50$	1,50$	1,10$	17,80$	10x	87%	7,1%	34%
Allegheny Power	22,50$	2,15$	1,32$	16,88$	10x	134%	6,0%	71%
Am. Tel & Tel.	43,00$	4,05$	2,60$	45,47$	11x	95%	6,0%	47%
Am. Water Works	14,00$	1,46$	0,60$	16,80$	10x	84%	4,3%	187%
Atlantic City Elec.	20,50$	1,85$	1,36$	14,81$	11x	138%	6,6%	74%
Baltimore Gas&Elec.	30,25$	2,85$	1,82$	23,03$	11x	132%	6,0%	86%
Brooklyn Union Gas	23,50$	2,00$	1,12$	20,91$	12x	112%	7,3%	29%
Carolina Pwr. & Lt.	22,50$	1,65$	1,46$	20,49$	14x	110%	6,5%	39%
Cen. Hudson G.&E.	22,25$	2,00$	1,48$	20,29$	11x	110%	6,5%	13%
Cen. Ill. Lt.	25,25$	2,50$	1,56$	22,16$	10x	114%	6,5%	55%
Cen. Maine Pwr.	17,75$	1,48$	1,20$	16,35$	12x	113%	6,8%	62%
Cincinnati Gas&Elec	23,25$	2,20$	1,56$	16,13$	11x	145%	6,7%	102%
Consumers Power	29,25$	2,80$	2,00$	32,59$	11x	90%	6,8%	89%
Dayton Pwr. & Lt.	23,00$	2,25$	1,66$	16,79$	10x	137%	7,2%	94%
Delmarva Pwr. & Lt.	16,50$	1,55$	1,12$	14,04$	11x	117%	6,7%	78%
Moyenne	23,50$	2,15$	1,50$	21,00$	11x	112%	6,5%	71%

(*) Cours au 30/09/1971.
(**) Croissance du bénéfice net par action entre 1960 et 1970.

Début 1972, un large choix de valeurs de service public, remplissant tous les critères de performance et de prix, s'offrait à l'investisseur prudent. Tous ces titres lui donnaient ce qu'il était en droit d'attendre d'un placement en actions. Comparées aux valeurs du *DJIA*, ces titres offraient une croissance passée aussi bonne, une plus forte stabilité des résultats financiers, mais aussi des cours, rapportés au bénéfice et aux actifs nets, plus intéressants. En outre, le rendement du dividende était notoirement plus élevé. Ajoutons, que la position monopolistique de ces sociétés était plus un avantage qu'un inconvénient pour l'investisseur prudent. En effet, ces sociétés ont pu ajuster leurs tarifs afin de rémunérer leurs capitaux investis, pour pouvoir aisément en lever de nouveaux afin de financer leur développement, ce qui signifie que les tarifs progressent au moins au même rythme que l'inflation. Si la réglementation peut être pesante, voire dilatoire, elle n'a pas eu d'effet sur la rentabilité financière des sociétés de service public, qui est restée correcte depuis des décennies.

Le principal intérêt de ces titres pour l'investisseur passif est qu'il peut les obtenir à bon prix, en raison de leur faible PBR[19]. Ce qui signifie, que l'investisseur peut ignorer les vicissitudes du marché et se considérer comme le co-propriétaire d'une entreprise bien établie et rentable. Les mouvements du marché lui permettront de profiter des opportunités pour acheter à bon compte, quand les cours seront bas et vendre à prix élevés quand ils paraîtront surévalués.

La performance boursière des indices *S&P*, représentatifs des différents secteurs (cf. Tableau 35), montre qu'il y a eu de nombreuses opportunités de gains par le passé. Si la hausse de l'indice représentatif des valeurs de service public n'a pas été aussi forte que celle de l'indice des valeurs industrielles, les valeurs de service public ont démontré une moindre volatilité des cours, quelle que soit la période retenue.[20] Nous pouvons observer que, sur les vingt dernières années, les PER des valeurs industrielles et des sociétés de service public se sont presque inversés. Cette inversion a de plus fortes conséquences pour l'investisseur actif que pour l'investisseur passif. Cela laisse entendre que les portefeuilles passifs méritent, eux aussi, d'évoluer de temps à autre, notamment quand les titres en portefeuille ont connu une belle hausse et qu'ils valent la peine d'être remplacés par d'autres à des prix plus raisonnables. Hélas, il y aura des impôts sur les plus-values de cession à régler, ce qui, pour beaucoup d'investisseurs, revient à payer le diable. L'expérience – notre vieille alliée – nous dit qu'il vaut mieux vendre et payer des impôts, que s'abstenir et se repentir.

TABLEAU 35 : ÉVOLUTION DU COURS ET DU PER DES DIFFÉRENTS INDICES *S&P*

Années	Valeurs industrielles		Compagnies de chemin de fer		Services publics	
	Cours (*)	PER	Cours (*)	PER	Cours (*)	PER
1948	15,34$	6,56x	15,27$	4,55x	16,77$	10,03x
1953	24,84$	9,56x	22,60$	5,42x	24,03$	14,00x
1958	58,65$	19,88x	34,23$	12,45x	43,13$	18,59x
1963	79,25$	18,18x	40,65$	12,78x	66,42$	20,44x
1968	113,02$	17,80x	54,15$	14,21x	69,69$	15,87x
1970	100,00$	17,84x	34,40$	12,83x	61,75$	13,16x

(*) Cours à la fin de l'année.

Investir dans les titres de sociétés financières

Beaucoup d'organisations peuvent être rangées sous le terme générique de sociétés financières. Nous incluons dans ce groupe les banques, les compagnies d'assurance, les caisses d'épargne, les sociétés de crédit à la consommation et celles de crédit immobilier ainsi que les sociétés de gestion d'actifs comme les fonds communs de

[19] NDT : C'est le rapport entre le cours et la valeur comptable des capitaux propres.

[20] NDE : Pour abonder dans le sens de Graham, le soporifique indice *Standard & Poor's Utility* a pourtant surperformé le tant vanté *NASDAQ Composite* entre 1972 et 2002.

placement.[21] Leur point commun est d'avoir peu d'actifs immobilisés – équipements, stocks, … – mais des engagements financiers à court terme, bien supérieurs à leurs capitaux propres. La question de la solidité financière est donc plus importante pour elles, que pour une entreprise industrielle ou commerciale. Ce problème est à l'origine des diverses réglementations et de la supervision du secteur pour garantir de bonnes pratiques financières et protéger l'épargnant.

Les valeurs financières ont globalement eu des performances semblables aux autres secteurs d'activité. Le Tableau 36 montre l'évolution des cours de 1948 à 1970 de six types d'établissements financiers, représentés dans les différents indices de *Standard & Poor's.* Les cours sont ajustés en base 10 pour représenter le cours moyen des années 1941-43. Fin 1970, les cours ajustés vont de 44,3 pour les 9 banques new-yorkaises à 218 pour les valeurs des 11 compagnies d'assurance-vie. Sur la période, l'évolution relative de chaque catégorie est très contrastée. Les banques new-yorkaises ont eu une performance relative tout à fait honorable de 1958 à 1968, alors que les compagnies d'assurance-vie ont perdu des points. Ces évolutions inverses se rencontrent fréquemment dans tous les secteurs des indices *Standard & Poor's.*

TABLEAU 36 : ÉVOLUTION DU COURS DE DIFFÉRENTES VALEURS FINANCIÈRES ENTRE 1948 ET 1970

	1948	1953	1958	1963	1968	1970
Assurance-vie	17,1	59,5	156,6	318,1	282,2	218,0
Assurance IARD	13,7	23,9	41,0	64,7	99,2	84,3
Banques new-yorkaises	11,2	15,0	24,3	36,8	49,6	44,3
Banques (hors New York)	16,9	33,3	48,7	75,9	96,9	83,3
Banques de détail	15,6	27,1	55,4	64,3	92,8	78,3
Crédit à la consommation	18,4	36,4	68,5	118,2	142,8	126,8
Indice *S&P 500*	13,2	24,8	55,2	75,0	103,9	92,2

Nota : les données sont exprimées en valeur relative (base 10 en 1943).

Nous avons peu de remarques à formuler sur les diverses entreprises du secteur financier, sinon que nous conseillons d'appliquer les mêmes multiples rapportés au résultat net ou aux actifs nets, que ceux que nous avons appliqués aux valeurs industrielles et aux services publics.

Les compagnies de chemin de fer

L'histoire des compagnies de chemin de fer est bien différente de celle des valeurs du service public, car elles ont dû à la fois subir une réglementation stricte et une concurrence sévère. (Le coût de la main d'œuvre ne les a pas aidés, mais il était aussi partagé par les autres secteurs industriels.) L'automobile, les compagnies de bus et les compagnies aériennes ont récupéré une bonne partie du trafic passagers, ne laissant

[21] NDT : Aujourd'hui l'industrie des services financiers est encore plus vaste, avec les banques commerciales, les caisses d'épargne et les sociétés de crédit immobilier, les sociétés de crédit à la consommation comme les émetteurs de cartes de crédit, les sociétés de gestion de portefeuille et de gestion d'actifs, les banques d'affaires et les sociétés de courtage, les compagnies d'assurance et les sociétés de promotion et de gestion foncière. Si le secteur est bien plus diversifié aujourd'hui, les avertissements de Graham sur leur solidité financière s'appliquent plus que jamais.

au rail que les niches les moins rentables. Il en a été de même pour le trafic de marchandises, en grande partie récupéré par les transporteurs routiers. C'est ainsi qu'au cours des cinquante dernières années, plus de la moitié des lignes ferroviaires du pays ont connu la faillite, à un moment ou à un autre.

Ces années n'ont pas été toutes noires pour les compagnies de chemin de fer. Certaines périodes ont été particulièrement prospères pour ce secteur, en particulier pendant les années de guerre, époques où certaines compagnies ont réussi à préserver leurs marges et leurs dividendes en dépit des difficultés économiques.

L'indice *Standard & Poor's* représentatif des valeurs du secteur a été multiplié par sept entre son niveau le plus bas de 1942 et son plus haut de 1968, soit un peu moins que l'évolution de l'indice du secteur des services publics. La faillite retentissante de la *Penn Central Transportation Co*, numéro un du secteur en 1970, a secoué *Wall Street*. Seulement un an avant la faillite, le titre était à ses plus hauts historiques et il avait servi un dividende, sans interruption, depuis 120 ans ! (Nous présenterons au début du Chapitre 17 (cf. p. 335) une analyse succincte de cette valeur, pour montrer comment l'investisseur attentif aurait pu voir venir l'accident et rester à l'écart.) Toutes les valeurs du secteur furent sérieusement affectées par ce désastre financier.

En général, il est déconseillé de formuler une recommandation globale pour tout un groupe de valeurs. L'évolution des cours des compagnies de chemin de fer, illustrées dans le Tableau 35 (cf. p. 289), montre que le secteur a offert des opportunités de gains importants, même si, à notre avis, les hausses ne nous paraissent pas justifiées. Limitons donc nos recommandations à la suivante. Il n'y a aucune raison de détenir de tels titres. Avant d'acheter, l'investisseur doit s'interroger pour savoir si le prix est en deçà de la valeur intrinsèque, pour ne pas avoir à investir ailleurs.[22]

La sélectivité du point de vue de l'investisseur passif

Tout investisseur souhaiterait que son portefeuille de titres batte le marché. Le lecteur peut donc se demander, dans le cas où il fait appel à un conseiller ou à un analyste compétent, s'il aura un portefeuille constitué de valeurs ayant un potentiel de gain plus élevé. « *Après tout* » peut-il se dire, « *les conseils donnés sont relativement simples à mettre en œuvre. Un analyste affûté doit pouvoir mettre à profit ses connaissances et ses compétences pour sélectionner des valeurs qui feront mieux que les trente valeurs du Dow Jones. Sinon, à quoi servent toutes ces données financières, tous ces calculs, toutes ces recommandations d'achat ?* »

Pour vérifier l'hypothèse, supposons que nous demandions à des centaines d'analystes financiers de nous donner leurs cinq valeurs favorites du *DJIA*. Leurs listes ont toutes les chances d'être très différentes.

Rien de surprenant. En effet, le cours de chaque valeur reflète l'opinion du marché à la fois sur la performance historique et sur les perspectives à venir. Par conséquent,

---

[22] NDE : Aujourd'hui, il ne reste que quelques valeurs, parmi lesquelles *Burlington Northern*, *CSX*, *Norfolk Southern* et *Union Pacific*. Le conseil formulé pour les compagnies de chemin de fer peut également s'appliquer aujourd'hui aux compagnies aériennes, confrontées à des pertes colossales et des performances décevantes depuis un demi-siècle.

l'opinion de l'analyste sur l'intérêt d'un titre reflète en grande partie sa subjectivité et ses attentes ou l'importance qu'il accorde à l'un ou l'autre des critères d'évaluation. Si tous les analystes étaient d'accord sur l'intérêt d'un titre, le cours de cette valeur s'apprécierait d'un coup, effaçant son avantage comparatif.[23]

Le fait que le cours d'une action reflète à la fois les performances historiques et prévisionnelles montre que le marché évalue un titre suivant deux perspectives, ce qui signifie qu'il y a deux approches dans l'évaluation. À l'évidence, tout bon analyste se projette dans le futur, plus qu'il ne s'intéresse au passé. Il sait qu'il sera jugé sur ce qui se *passera*, plutôt que sur ce qui s'est *passé*. Pour autant, le futur peut être appréhendé de deux façons différentes : en termes de *prévisions* ou en termes de *protection*.[24]

Ceux, qui fondent leur réflexion sur des *prédictions*, tenteront de prévoir les performances de l'entreprise, pour savoir quel sera le rythme et la durée de la croissance des résultats. Leurs conclusions seront tirées de l'analyse poussée de facteurs tels que l'évolution de l'offre et de la demande dans le secteur d'activité, l'évolution des volumes, des prix et des coûts, ou encore tirées de la projection simpliste de tendances passées. Si les analystes estiment que les perspectives à long terme sont favorables, ils conseilleront systématiquement le titre à l'achat, sans trop tenir compte du cours de bourse. Ce fut, par exemple, le cas pour le secteur du transport aérien, où le sentiment favorable du marché persista pendant des années, malgré les résultats décevants enregistrés après 1946. Nous avons déjà évoqué, dans l'introduction de l'ouvrage, la disparité entre les piètres performances opérationnelles du secteur et le bon comportement boursier des titres.

À l'inverse, ceux qui privilégient la *protection* – à la prévision – attacheront, dans leurs analyses, une attention toute particulière aux cours des titres. L'essentiel de leur travail sera de vérifier que la valeur intrinsèque de l'entreprise laisse apparaître une *marge de sécurité suffisante* par rapport au cours de bourse. C'est cette *marge de sécurité*, qui protégera l'investisseur des évolutions défavorables. Par conséquent, il suffit que l'investisseur ait une confiance suffisante – sans nécessairement être enthousiaste – dans les perspectives à long terme pour investir.

---

[23] NDE : Graham résume ici « *l'hypothèse d'efficience des marchés* », une théorie financière prétendant que le cours d'une action intègre toutes l'information publique disponible. En effet, comme des millions d'investisseurs scrutent les marchés tous les jours, il est peu probable de trouver un cours qui s'écarte durablement de sa valeur. D'où la blague bien connue de deux professeurs de finance qui marchent côte à côte, quand l'un d'eux aperçoit un billet de 20$, qui traîne au sol. Il se penche pour le ramasser et son collègue le retient par le bras en lui disant : « *Ne perds pas ton temps. Si c'était vraiment un billet de 20$, quelqu'un l'aurait déjà ramassé depuis longtemps.* » Si les marchés financiers ne sont pas parfaitement efficients, ils s'en rapprochent la plupart du temps. Par conséquent, l'*investisseur intelligent* prendra soin de faire une analyse sérieuse et de minimiser ses coûts de transaction et sa fiscalité avant de ramasser les billets de 20$ laissés par le marché.

[24] NDE : C'est le cœur du livre de Graham. Tous les investisseurs sont obligés de faire face à la cruelle ironie du sort : nous investissons *dans* le présent, mais *pour* le futur et, malheureusement, le futur est incertain. L'inflation et les taux d'intérêt sont imprévisibles, les récessions économiques vont et viennent sans prévenir, les turbulences géopolitiques comme les guerres, les pénuries de matières premières et le terrorisme se produisent sans avertir et le sort des sociétés et de pans entiers de l'économie est souvent contraire aux prévisions des investisseurs. Par conséquent, investir sur la base de prévisions, c'est s'en remettre à la chance. Les prévisions des soi-disant experts ne valent pas mieux qu'un tirage à pile ou face. Pour la plupart des gens, investir pour se *protéger*, c'est éviter de surpayer un titre et sombrer dans l'excès de confiance. Graham aborde cette notion au Chapitre 20 (cf. p. 401).

La première de ces deux approches, que nous avons pouvons qualifier de *prospective*, pourrait tout aussi bien être qualifiée de *qualitative*. En effet, elle met l'accent sur l'évaluation des perspectives économiques, la qualité du management et d'autres paramètres non quantifiables, mais néanmoins essentiels, qui traduisent la notion de qualité. La deuxième approche, dite *protectrice*, pourra aussi être appelée *approche quantitative*, car elle met l'accent sur les relations quantitatives entre cours du titre et résultats, cours et actif net, cours et dividendes etc. En fait, cette approche quantitative n'est que l'application aux actions ordinaires, de l'évaluation financière des valeurs obligataires et des actions de préférence.

Nous sommes attachés à suivre l'approche quantitative dans nos comportements et nos travaux d'analyse. En effet, depuis toujours nous voulons être certains d'en avoir[25] pour notre argent. Nous ne saurons accepter les perspectives et les promesses d'un futur radieux en payant trop cher pour la valeur acquise. Ce n'est pas l'avis général de la communauté financière, qui souscrit plutôt à l'idée que les perspectives, la qualité des dirigeants, les immobilisations incorporelles et le « *facteur humain* » ont bien plus d'importance que les performances passées, froidement tirées des états financiers.

C'est ainsi que la question de sélectionner la « *meilleure* » valeur est sujet à controverses. Notre conseil, à destination de l'investisseur passif, est de s'en désintéresser. Plutôt diversifier que tenter de sélectionner individuellement chaque valeur. D'ailleurs, l'idée – universellement acceptée – de diversifier va à l'encontre de l'objectif de sélectivité. Le gain obtenu en choisissant les meilleurs titres, sans se tromper, sera neutralisé par la diversification. L'investisseur a suffisamment de liberté pour exercer ses préférences, tout en restant dans les limites des quatre règles générales pour choisir des actions ordinaires (cf. p. 108). Au pire, se laisser guider par ses préférences n'aura pas un impact négatif sur la performance obtenue par l'investisseur, au mieux, cela contribuera à sa performance. Cependant, l'investisseur ne pourra pas ignorer les innovations technologiques en raison de leurs conséquences, sans cesse croissantes, sur les résultats à long terme des entreprises. Ici, comme ailleurs, il devra trouver un juste milieu entre les négliger et les surestimer.

---

[25] NDT : En référence à la valeur intrinsèque.

COMMENTAIRES SUR LE CHAPITRE 14

On risque beaucoup plus à ne rien tenter qu'à ne pas réussir.

Sir Francis Bacon

Pour commencer

Comment concrètement sélectionner les valeurs à ranger en portefeuille ? Graham conseille à l'investisseur passif d'acheter tous les titres membres du *Dow Jones Industrial Average*. Aujourd'hui, c'est encore plus simple en plaçant dans un fonds indiciel composé des valeurs qui méritent d'être détenues. Les fonds indiciels à coût réduit (ETF) sont certainement le meilleur véhicule financier pour placer en bourse sans effort. Rechercher une meilleure performance demandera beaucoup de travail, réclamera de prendre plus de risques et engendrera des coûts de transaction plus élevés.

Chercher et sélectionner ses propres valeurs n'est donc pas nécessaire, voire pas conseillé. Cependant, certains trouvent un intérêt intellectuel dans la sélection des titres. Si vous avez déjà survécu à un krach boursier et que vous prenez toujours plaisir à le faire, personne ne pourra vous en dissuader, pas même Graham. Dans ce cas, au lieu d'investir tous vos capitaux dans un fonds indiciel, faites-en le cœur de votre portefeuille.[26] Une fois que cette base – le noyau – est en place, vous pouvez tester vos idées à la marge – c'est le satellite. Autrement dit, conservez 90% de vos fonds dans le fonds indiciel et mettez 10% dans la sélection de titres de votre choix. Ce n'est qu'une fois que vous aurez bâti un noyau solide, que vous pourrez partir à l'exploration. (Pour comprendre l'intérêt de diversifier aussi largement, reportez-vous à l'encadré page 295.)

[26] NDT : C'est ce que l'on appelle une stratégie « *core-satellite* ».

Pourquoi diversifier ?

Durant le marché haussier des années 1990, la principale critique, formulée à l'égard de la diversification, était ses limites en termes de rentabilité. À quoi bon diversifier si vous pouvez dénicher le prochain *Microsoft* ?

Facile ? Pour citer l'humoriste Will Rogers : « *Ne jouez pas au casino. Placez toute votre épargne sur de belles actions et conserverez-les tant qu'elles montent. Puis vendez. Et si elles ne montent pas, ne les achetez-pas.* »

Or, comme Rogers le sait, gagner à tous les coups n'est pas donné à tout le monde. Peu importe votre perspicacité, ce n'est qu'*a posteriori* que vous saurez si vous avez eu raison. Le titre que vous pensiez être le « *prochain Microsoft* » sera peut-être le « *prochain MicroStrategy*[27] » pour votre plus grand malheur.[28] Diversifier est la seule façon d'éviter de se tromper.

La diversification ne fait pas que limiter la casse en cas d'erreur. Elle permet aussi d'améliorer les chances de succès. Seuls quelques titres deviennent des « *super-valeurs* » gagnant 10.000% ou plus. Le magazine *Money* a identifié les 30 actions qui ont eu la meilleure performance entre 1972 et 2002. Rétrospectivement, cette liste est surprenante. Au lieu d'y trouver des valeurs technologiques ou le secteur de la santé, cette liste comprend des valeurs sans éclat comme *Southwest Airlines*, *Worthington Steel*, *Dollar General* – une chaîne de superettes discount – et le fabricant de tabac à chiquer *UST, Inc.* Auriez-vous parié sur ces valeurs en 1972 ? Vous plaisantez !

Pour illustrer mon propos, imaginez une grosse meule de foin symbolisant le marché. Cachées se trouvent quelques rares pépites pouvant offrir des gains faramineux. Plus votre part de la meule de foin est grande, plus grandes sont vos chances de détenir quelques-unes de ces pépites. En détenant la totalité de la meule (avec un fonds indiciel qui réplique le marché actions américain), vous serez assuré d'avoir une fraction de toutes ces pépites et donc de bénéficier du rendement de ces « *super-valeurs* ». Et c'est encore plus vrai si vous êtes un investisseur passif, pourquoi donc chercher ces pépites si vous pouvez détenir toute la meule ?

[27] NDT : La société est un éditeur de logiciel, introduite en bourse à la fin des années 1990. Son cours a été aspiré par la bulle Internet pour atteindre plus de 3.000$, avant de retomber à 100$ après l'explosion de cette bulle. En 2018, le cours plafonne à 130$ environ.

[28] NDE : Pour beaucoup d'épargnants, *MicroStrategy* était en 2000, promise à devenir le prochain *Microsoft*. Le cours de l'action s'était apprécié de 566,7% en 1999 et son président, Michael Saylor, avait déclaré : « *Notre futur est aujourd'hui meilleur qu'il ne l'était il y a 18 mois.* » La *Securities and Exchange Commission* a plus tard accusé *MicroStrategy* de fraude comptable. Saylor a dû s'acquitter d'une amende de 8,3 millions de dollars pour régler ce différend.

Tester et tester encore

Essayons d'appliquer les critères de sélection proposés par Graham.

1. Une taille de l'entreprise adéquate

De nos jours, pour « *rester à l'écart de sociétés trop petites* », les investisseurs passifs doivent éviter les actions de sociétés dont la capitalisation boursière est inférieure à 2 milliards de dollars. Début 2003, parmi les 500 valeurs du *S&P 500*, il en reste 437, qui remplissent ce critère.

Cependant, les investisseurs passifs d'aujourd'hui, contrairement à ceux de l'époque de Graham, peuvent détenir plus facilement de petites valeurs en achetant des fonds communs de placement actions spécialisés. Par exemple, le fonds indiciel *Vanguard Small-Cap Index* est un bon choix pour l'investisseur, même si d'autres fonds gérés activement, sont également accessibles à des coûts raisonnables dans des sociétés de gestion de portefeuille comme *Ariel*, *T. Rowe Price*, *Royce* ou *Third Avenue*.

2. Une situation financière suffisamment solide

D'après Steve Galbraith et Jay Lasus, stratégistes de *Morgan Stanley*, début 2003 environ 120 sociétés, membres du *S&P 500*, passent le test de liquidité générale avec un ratio supérieur à 2. Avec un actif circulant au moins supérieur à deux fois leur passif circulant, ces sociétés ont un amortisseur suffisant – le fonds de roulement net – pour encaisser les aléas économiques.

Wall Street ne manque pas d'exemples de soubresauts du marché et l'éclatement de la bulle Internet en est la parfaite illustration. En 1999 et 2000, les valeurs high-tech, bio-tech et télécoms, supposées avoir une belle dynamique de croissance, ont finalement offert à ceux qui détenaient ces titres, une belle dynamique de repli. Début 2003, la boucle était bouclée et nombre de *valeurs de croissance* étaient en déclin à des cours raisonnables, dotées d'un joli fonds de roulement net, d'une trésorerie généreuse et peu endettées. Le Tableau 37 (cf. p. 297) en est l'illustration.

TABLEAU 37 : TOUT CE QUI EST NOUVEAU EST DU DÉJÀ VU !

	Actif circulant	Passif circulant	Ratio de liquidité	Dette à long terme	Ratio (*)
Applied Micro Circuits	1.091,2	61,9	17,6	0	-
Linear Technology	1.736,4	148,1	11,7	0	-
QLogic Corp.	713,1	69,6	10,2	0	-
Analog Devices	3.711,1	467,3	7,9	1.274,5	0,39
Qualcomm, Inc.	4.368,5	654,9	6,7	156,9	0,04
Maxim Integrated Products	1.390,5	212,3	6,5	0	-
Applied Materials	7.878,7	1.298,4	6,1	573,9	0,09
Tellabs, Inc.	1.533,6	257,3	6,0	0,5	0,0004
Scientific Atlanta	1.259,8	252,4	5,0	8,8	0,01
Altera Corp.	1.176,2	240,5	4,9	0	-
Xilinx, Inc.	1.108,8	228,1	4,9	0	-
American Power Conversion	1.276,3	277,4	4,6	0	-
Chiron Corp.	1.393,8	306,7	4,5	414,9	0,38
Biogen, Inc.	1.194,7	265,4	4,5	39	0,04
Novellus Systems	1.633,9	381,6	4,3	0	-
Amgen, Inc.	6.403,5	1.529,2	4,2	3.039,7	0,62
LSI Logic Corp.	1.626,1	397,8	4,1	1.287,1	1,05
Rowan Cos.	469,9	116,0	4,1	494,8	1,40
Biomet, Inc.	1.000,0	248,6	4,0	0	-
Siebel Systems	2.588,4	646,5	4,0	315,6	0,16

Nota : Toutes les données sont en millions de dollars au 31/12/2002. Le ratio de liquidité est le rapport entre l'actif circulant et le passif circulant. Les dettes financières à long terme incluent les actions de préférence.

(*) Dettes financières à long terme rapportées au fonds de roulement.

Sources : *Morgan Stanley*; *Baseline*; base de données *EDGAR*, voir www.sec.gov.

En 1999, ces valeurs étaient les plus dynamiques du marché, offrant des perspectives de hausse quasiment infinies. En 2003, elles étaient cotées à la valeur de leur actif.

La conclusion à tirer n'est ni de croire que ces valeurs sont de « *bonnes affaires* », ni de penser qu'il faut toutes les acheter. Au contraire, vous devriez en conclure qu'un investisseur passif saura toujours tirer parti des conséquences d'un krach boursier, s'il sait patiemment et calmement analyser chaque valeur. La vérification de la situation financière des entreprises est autant pertinente aujourd'hui qu'hier. Si vous construisez un portefeuille diversifié d'entreprises dont l'actif circulant est le double du passif circulant et dont l'endettement à long terme est inférieur au fonds de roulement net, vous devriez vous retrouver avec un groupe d'entreprises ayant une structure financière suffisamment solide pour résister aux aléas. Actuellement (en 2003), les valeurs les plus intéressantes sont celles qui hier étaient les plus recherchées et qui aujourd'hui sont délaissées. L'histoire boursière montre que ces valeurs sont celles qui offrent la *marge de sécurité* attendue par l'investisseur passif.

3. Une stabilité du résultat

D'après *Morgan Stanley*, 86% des valeurs composant le *S&P 500* ont chaque année dégagé des bénéfices entre 1993 et 2002. La recommandation de Graham de sélectionner les valeurs ayant « *des résultats positifs sur les dix dernières années* » reste un critère de sélection suffisamment sévère pour éliminer les entreprises en pertes chroniques, mais pas pour réduire la sélection à un nombre raisonnable de titres.

4. Un versement ininterrompu du dividende

En 2003, d'après *Standard & Poor's*, 354 sociétés du *S&P 500* (soit 71% du total) versaient un dividende et 255 l'ont distribué chaque année pendant 20 ans. Toujours d'après *S&P*, 57 sociétés de l'indice ont vu leur dividende croître chaque année pendant 25 ans. Même si cet historique ne permet pas de garantir la poursuite de cette politique de dividende, cet indice est néanmoins réconfortant.

5. Une croissance du bénéfice net par action

Combien de sociétés du *S&P 500* ont vu leur bénéfice net par action augmenter « *d'au moins un tiers dans les dix dernières années*, » comme l'exige Graham ? (Nous avons calculé la croissance entre le bénéfice moyen de 1991, 1992 et 1993 et, le bénéfice moyen de 2000, 2001 et 2002 et vérifié que la hausse dépasse 33%.) D'après *Morgan Stanley*, 264 compagnies du *S&P 500* satisfont à ce critère. Sur ce critère, l'exigence de Graham n'est pas très élevée, car un taux de croissance de 33% sur 10 ans représente une hausse annuelle moyenne inférieure à 3%. Un taux de croissance du bénéfice net par action de 50% sur 10 ans, soit environ 4% par an, semble être un objectif plus approprié. Pas moins de 245 sociétés du *S&P 500* satisfont à ce critère (début 2003). L'investisseur passif a donc le choix. (198 sociétés ont vu leur bénéfice par action doubler en 10 ans, ce qui représente une croissance annuelle moyenne de 7%.)

TABLEAU 38 : DES VALEURS SÛRES

Sociétés	Secteurs	Dividende versé chaque année depuis	Nombre de hausse du dividende dans les dernières 40 années
3M Co.	Industries	1916	40
Abbott Laboratories	Santé	1926	35
ALLTEL Corp.	Télécommunications	1961	37
Altria Group (ancien. Philip Morris)	Biens de consommation	1928	36
AmSouth Bancorp	Services financiers	1943	34
Anheuser-Bush Cos.	Biens de consommation	1932	39
Archer-Daniels-Midland	Biens de consommation	1927	32
Automatic Data Proc.	Industries	1974	29
Avery Dennison Corp.	Industries	1964	36
Bank of America	Services financiers	1903	36
Bard (C.R.)	Santé	1960	36
Becton Dickinson	Santé	1926	38
Century Tel, Inc.	Télécommunications	1974	29
Chubb Corp.	Services financiers	1902	28
Clorox Co.	Biens de consommation	1968	30
Coca-Cola Co.	Biens de consommation	1893	40
Comerica, Inc.	Services financiers	1936	39
ConAgra Foods	Biens de consommation	1976	32
Consolidated Edison	Service public	1885	31
Donnelly (R.R.) & Sons	Industries	1911	36
Dover Corp.	Industries	1947	37
Emerson Electric	Industries	1947	40
Family Dollar Stores	Services aux consommateurs	1976	27
First Tenn Natl.	Services financiers	1895	31
Gannett Co.	Services aux consommateurs	1929	35
General Electric	Industries	1899	35
Grainger (W.W.)	Industries	1965	33
Heinz (H.J.)	Biens de consommation	1911	38
Household Intl.	Services financiers	1926	40
Jefferson-Pilot	Services financiers	1913	36

Johnson & Johnson	Santé	1944	40
Johnson Controls	Produits ménagers et de soins perso.	1887	29
KeyCorp	Services financiers	1963	36
Kimberly-Clark	Biens de consommation	1935	34
Leggett & Plat	Produits ménagers et de soins perso.	1939	33
Lilly (Eli)	Santé	1885	38
Lowe's Cos.	Produits ménagers et de soins perso.	1961	40
May Dept Stores	Produits ménagers et de soins perso.	1911	31
McDonald's Corp.	Produits ménagers et de soins perso.	1976	27
McGraw-Hill Cos.	Produits ménagers et de soins perso.	1937	35
Merck & Co.	Santé	1935	38
Nucor Corp.	Matériaux de base	1973	30
PepsiCo, Inc.	Biens de consommation	1952	35
Pfizer, Inc.	Santé	1901	39
PPG Indus.	Matériaux de base	1899	37
Procter & Gamble	Biens de consommation	1891	40
Regions Financial	Services financiers	1968	32
Rohm & Haas	Matériaux de base	1927	38
Sigma-Aldrich	Matériaux de base	1970	28
Stanley Works	Produits ménagers et de soins perso.	1877	37
Supervalue, Inc.	Biens de consommation	1936	36
Target Corp.	Produits ménagers et de soins perso.	1965	34
TECO Energy	Service public	1900	40
U.S. Bancorp	Services financiers	1999	35
VF Corp.	Produits ménagers et de soins perso.	1941	35
Wal-Mart Stores	Produits ménagers et de soins perso.	1973	29
Walgreen Co.	Biens de consommation	1933	31

Nota : Toutes ces sociétés ont vu leur dividende augmenter sans discontinuer chaque année.
Source : *Standard & Poor's Corp.* Données en date du 31/12/2002.

6. Un PER modéré

Graham recommande de limiter son choix aux actions dont le PER est inférieur à 15 fois le bénéfice moyen des trois dernières années. Chose surprenante, l'usage est aujourd'hui à *Wall Street*, de calculer le PER en divisant le cours de bourse par le « *Bénéfice par action prévisionnel* ». C'est ce qui donne un « *PER prospectif* ». Ce ratio n'a pas de sens, car il consiste à diviser une valeur certaine – le cours de bourse – par une valeur incertaine – le bénéfice net prévisionnel.[29] En effet, le gérant David Dreman a montré que 59% des résultats prévisionnels, exprimés par le consensus des analystes, ratent le résultat publié à plus ou moins 15% près.[30] Investir son capital sur les dires de devins aveugles, c'est comme tenir à bout de bras une cible dans un concours de tir à l'arc les yeux fermés. Nous ne saurions trop vous conseiller de calculer le PER, en utilisant la formule donnée par Graham, c'est-à-dire en divisant le cours par les bénéfices moyens des trois dernières années.[31]

Début 2003, combien y avait-t-il de valeurs avec un PER inférieur à 15[32] parmi les membres de l'indice *S&P 500* ? D'après *Morgan Stanley*, 185 sociétés passaient ce test.

[29] NDT : Le ratio n'est pas plus cohérent en termes temporel, car il consiste à diviser une valeur courante par une valeur future.

[30] NDE : Dreman D., *Bubbles and the Role of Analysts' Forecasts*, The Journal of Psychology and Financial Markets, vol. 3, n°1 (2002), pp. 4-14.

[31] NDE : Vous pouvez calculer ce ratio à partir des données financières du rapport annuel ou à partir des informations données par les sites comme www.morningstar.com ou http://finance.yahoo.com.

[32] NDT : Calculé avec le bénéfice net moyen des années 2000, 2001 et 2002.

7. Un PBR modéré

Graham recommande un PBR (capitalisation boursière divisée par valeur comptable des capitaux propres hors immobilisations incorporelles) inférieur à 1,5. Ces dernières années, une part de plus en plus conséquente de la valeur des entreprises est tirée de leurs actifs incorporels comme leurs marques commerciales, leurs brevets et leurs marques déposées. Comme Graham exclu les immobilisations corporelles dans le calcul plus restrictif de l'actif net, toutes les entreprises sont aujourd'hui valorisées à des niveaux plus élevés en termes de ratio qu'à l'époque de Graham. D'après *Morgan Stanley*, seulement 123 des entreprises composant le *S&P 500* (soit une sur quatre) sont valorisées à un cours inférieur à 1,5 fois l'actif net et 273 (55% des membres de l'indice) ont des PBR inférieurs à 2,5.

Qu'en est-il de la suggestion de Graham de multiplier le PER par le PBR pour vérifier si le résultat est inférieur à 22,5 ? D'après *Morgan Stanley*, 142 valeurs sur les 500 du *S&P 500* remplissaient cette condition début 2003, dont *Dana Corp.*, *Electronic Data Systems, Sun Microsystems* et *Washington Mutual*. Le multiplicateur proposé par Graham semble toujours bien fonctionner pour identifier grossièrement les valeurs qui sont à des cours raisonnables.

Faire l'audit du titre

Peu importe votre degré d'aversion au risque, pour rester dans l'idée de Graham de minimiser le travail d'analyse et de sélection d'un titre, il y a néanmoins deux tâches qui demeurent indispensables :

Faites votre boulot d'analyse. Grâce aux sites Web et aux bases de données, vous aurez un accès instantané aux rapports annuels et trimestriels des entreprises, ainsi qu'aux documents d'information financière enregistrés auprès de l'autorité de régulation, dans lesquels vous découvrirez la rémunération des principaux dirigeants, les noms des principaux actionnaires et les éventuels conflits d'intérêt potentiels. Lisez au moins ces déclarations sur les 5 années passées.[33]

Surveillez les investisseurs institutionnels. Les sites Web financiers peuvent vous indiquer quel est le pourcentage du capital de l'entreprise détenu par les institutionnels. Si cette part est supérieure à 60%, cela laisse clairement entendre que le cours du titre sera très sensible aux mouvements de va-et-vient de ces investisseurs. Ces sites Web indiquent également quels sont les plus gros détenteurs des titres. Si ce sont des sociétés de gestion de portefeuille, qui empruntent un style d'investissement semblable au votre, c'est bon signe.

---

[33] NDE : Pour en savoir plus sur ce qu'il faut lire, voir nos *Commentaires sur les Chapitres 11, 12 et 19*. Si vous n'êtes pas prêts à fournir l'effort minimal qui consiste à lire les documents d'information financière et à analyser la santé financière des sociétés sur les cinq dernières années, c'est que vous êtes trop prudents pour pouvoir investir sur le marché actions. Mieux vaut ne pas tenter de faire une sélection de valeurs, pour vous orienter vers les fonds indiciels, qui vous correspondent mieux.

CHAPITRE 15. LA SÉLECTION DE TITRES PAR L'INVESTISSEUR ACTIF

Dans le chapitre précédent, nous avons traité le sujet de la sélection d'actions ordinaires par l'investisseur passif ou par son conseiller, qui va sélectionner par exclusion parmi les grosses capitalisations pour former un portefeuille diversifié. L''investisseur passif doit rester à l'écart des titres de mauvaise qualité, mais aussi de très bonne qualité, s'ils sont trop chers et donc spéculatifs. Dans ce chapitre, destiné à l'investisseur actif, nous aborderons les outils et méthodes pour choisir *une à une* les actions pouvant avoir une performance supérieure à celle du marché.

Quelles sont mes chances de réussite ? Nous ne serions pas honnêtes – et c'est un euphémisme – si nous n'émettions pas de doutes sur nos chances de réussite. *A priori*, l'idée de battre le marché, en ne sélectionnant que les meilleures valeurs, semble couler de source. En effet, obtenir des performances dans la moyenne – autrement dit semblables à celles du *DJIA* par exemple – ne réclame aucune compétence particulière. Il suffit de constituer un portefeuille identique ou semblable à celui des trente valeurs du *Dow Jones*. Ajouter un peu de talent, venant de la formation, de l'expérience et des acquis, fait sens pour battre le marché.

Pourtant de nombreux indices montrent que c'est difficile, même pour les plus compétents. La preuve se trouve dans la performance historique des sociétés de gestion de portefeuille. Elles sont suffisamment importantes pour avoir les moyens de se payer les services des meilleurs analystes financiers, sans compter tous les autres services auxquels elles peuvent avoir accès. Leurs coûts de fonctionnement sont absorbés par le volume des actifs en gestion et s'élèvent à environ 0,5% des capitaux gérés par an. Si ces coûts sont loin d'être négligeables, ils sont globalement faibles par rapport à la performance du marché actions qui a été de 15% par an sur la période 1951-1960 et de 6% par an sur la période 1961-1970. Tout laisse croire qu'un peu de savoir-faire peut compenser ce coût et offrir de bien meilleurs résultats, nets des frais de gestion.

Pour autant, les fonds n'ont globalement pas réussi à offrir une performance supérieure à celle du *S&P 500* ou au marché dans son ensemble. Cette conclusion a été confirmée par de nombreuses études. Pour citer l'une des plus récentes s'intéressant à la période 1960-1968[1].

---

[1] NDE : L'étude Friend-Blume-Crockett porte sur la période allant de janvier 1960 à juin 1968 et compare la performance de plus de cent fonds communs de placement, aux rendements de portefeuilles construits de façon aléatoire à partir des 500 plus grosses valeurs du *NYSE*. Les fonds communs de placement ont fait mieux entre 1965 et 1968, que dans la première partie de la période de l'étude, confirmant ce que Graham avait trouvé dans le cadre de ses propres recherches. Mais cette performance n'a pas duré. Les principales conclusions de ces deux études – que les fonds de placement, en moyenne, sous-performent le marché du montant des frais de garde et des coûts transaction – ont depuis été souvent reconfirmées. Quiconque émettrait le moindre doute nie l'évidence.

> *Les résultats de cette étude montrent que les portefeuilles, constitués par une sélection aléatoire de titres, ont une performance supérieure à celle des fonds communs de placement de même classe de risque. Les différences sont statistiquement significatives sur les portefeuilles de risque faible et moyen (respectivement de 3,7% et 2,5% par an) et très petite pour les portefeuilles plus risqués (0,2% par an).*[2]

Comme nous l'avons précisé au Chapitre 9, la moindre performance des fonds communs de placement n'enlève rien à leur utilité. En effet, ils offrent à un large public la possibilité d'être exposé à la performance du marché action. Rappelons que pour toutes sortes de raisons, l'investisseur, qui sélectionne lui-même ses titres, fera moins bien qu'un fonds. L'échec des fonds à battre le marché démontre que surperformer n'est pas simple, c'est même très difficile.

Pourquoi ? Il y a deux raisons, chacune a sa part de vérité. La première est l'hypothèse que les cours traduisent non seulement les performances passées de l'entreprise, mais aussi ses perspectives.[3] Par conséquent, les mouvements de marché, parfois extrêmes, sont la conséquence d'un nouvel événement dont la probabilité d'occurrence n'est pas connue[4]. Par conséquent, l'évolution des cours est aléatoire et imprévisible.[5] En conclusion, si cette hypothèse est vérifiée, le travail de l'analyste, aussi intelligent soit-il, sera inutile, car par essence il tente de prévoir l'imprévisible.[6]

---

[2] NDE : Voir Friend I., Blume M., Crockelt J., *Mutal Funds : Perspectives*, McGraw-Hill, 1970. Nous devrions ajouter, que les performances de la période 1965-70 sont, pour beaucoup de fonds étudiés, légèrement meilleures que celles du *S&P 500* et substantiellement supérieures à celles du *DJIA*.

[3] NDT : Graham définit ici, ce que les universitaires ont plus tard dénommé « *hypothèse d'efficience des marchés* ».

[4] NDT : Les universitaires se sont penchés sur la question de savoir si la survenance d'un nouvel événement (distribution de dividende, division du titre, *profit warning*, ...) était correctement interprétée par le marché. La réponse est assez concluante. En effet, les événements sont assez bien pris en compte dans le cours du titre, parfois avec un décalage dans le temps. Cependant, il existe aussi des écarts par rapport à ce qui est attendu. Ces écarts (sur- ou sous-valorisation) sont liés aux comportements individuels et collectifs des acteurs financiers. Leur observation a donné lieu au développement de la finance comportementale, dont le but est de décrire les comportements non rationnels des investisseurs.

[5] NDT : Ces mouvements sont qualifiés de « *marche aléatoire* » ou de mouvement brownien, ce qui signifie que le cours d'un titre est indépendant du cours de la veille ou que le cours du lendemain est totalement imprévisible.

[6] NDT : La conclusion de Graham ne se justifie que si les marchés sont parfaitement efficients. La réalité est plus nuancée. Les théories financières modernes ne s'appliquent que si les marchés sont parfaitement efficients, ce qui arrange bien le monde académique. La pratique des marchés montre que les marchés sont probablement assez efficients dans le court terme, car les nouvelles informations sont rapidement intégrées dans le cours d'une valeur. Par conséquent, nous pouvons douter de l'intérêt de l'analyse technique. En revanche, à long terme, les cours peuvent s'éloigner de la valeur intrinsèque dans des proportions telles, qu'il y a formation d'une bulle. Autrement dit, il est légitime de s'interroger sur l'efficience réelle des marchés financiers. Ce qui laisse entendre que l'analyste financier, qui s'intéresse aux perspectives à long terme, ne travaille pas inutilement, comme le laisse entendre Graham. Répondre à la question de l'efficience des marchés, c'est comme répondre à la question de la rectitude de la ligne d'horizon. Nous observons que la ligne d'horizon est droite sur une courte distance, tout comme nous constatons que les marchés sont efficients à court terme. En réalité, la ligne d'horizon n'est pas une droite et les marchés financiers ne sont pas efficients sur une longue période.

La multiplication du nombre d'analystes financiers a probablement joué un rôle dans la bonne traduction de la valeur intrinsèque dans le cours du titre. Avec des centaines, voire des milliers d'experts, qui étudient tous les gisements de valeur, cachés derrière un titre, il est normal que les cours reflètent le consensus, formé par la convergence des opinions sur la valeur du titre. Autrement dit, celui qui marque une préférence pour le titre, est soit partial, soit optimiste ; il peut donc avoir raison ou se tromper.[7]

Il est souvent fait référence à l'analogie entre le travail de l'analyste actions et la performance d'un joueur professionnel de bridge. Le premier tente de sélectionner des valeurs, qui auront le plus de chances de progresser, le deuxième tente de marquer le plus de points possibles sur chaque main jouée. Peu réussissent. Si tous les joueurs d'un tournoi de bridge ont pratiquement les mêmes talents, les gagnants seront ceux que le sort a désigné, plutôt que les plus aguerris. À *Wall Street*, l'alignement des cours sur le consensus se fait dans un esprit de franc-maçonnerie partagé par toute la communauté financière. Les nouvelles idées sont librement échangées entre professionnels. Pour reprendre l'analogie avec le bridge, c'est un peu comme si les joueurs regardaient le jeu du voisin et justifiaient leur tactique.

La deuxième raison, pour expliquer la difficulté de battre le marché en sélectionnant individuellement chaque titre, est très différente de la première. Les analystes font souvent une erreur de raisonnement. En effet, dans un premier temps, ils sélectionnent les secteurs économiques les plus prometteurs, puis les sociétés dotées des meilleurs dirigeants ou disposant d'un avantage concurrentiel. La conséquence est qu'ils vont investir dans les secteurs et les entreprises en oubliant leur prix. Ils n'auront raison que si les résultats des entreprises prometteuses continuent éternellement de progresser au moins au même rythme. Pour les entreprises moins prometteuses, ils n'auront raison que si elles sont destinées à disparaître, avec une valeur liquidative nulle.

La vérité est bien différente. Très peu d'entreprises ont su conserver un taux de croissance élevé sur la durée. De plus, très peu de grosses entreprises ont disparues. Leur histoire est faite de hauts et de bas, qui se répètent soit de façon cyclique, comme dans l'industrie de l'acier, soit à la faveur d'un changement de dirigeants.[8]

Dans quelle mesure les questions que nous soulevons intéressent-elles l'investisseur actif qui souhaite battre le marché ? Avant tout, ces points soulignent la difficulté de la tâche. Les lecteurs de ce livre, aussi intelligents et avisés soient-ils, peuvent difficilement escompter faire mieux que des analystes chevronnés. Cependant, des pans entiers du marché sont ignorés ou négligés par les analystes, de

---

[7] NDT : Ce passage est important et explique l'humilité de Graham.

[8] NDE : Comme évoqué dans les *Commentaires sur le Chapitre 9* (cf. p. 201), il existe de nombreuses autres raisons, qui expliquent pourquoi les fonds communs de placement ne sont pas parvenus à faire mieux que les indices moyens de marché, parmi lesquels nous pouvons citer les rendements faibles dégagés par les liquidités détenus par ces fonds, mais non investies, et les coûts d'analyse et de transaction élevés. De plus, un fonds qui détiendrait 120 entreprises (un chiffre assez classique) pourra être en retard sur l'indice *S&P 500* si l'une ou l'autre des 380 autres membres de l'indice a un parcours exceptionnel. Moins le fonds a de lignes de titres différentes et plus il y risque de passer à côté du « *prochain Microsoft* ».

telle sorte que l'*investisseur intelligent* peut quand même tirer profit d'un titre sous-évalué.

Pour réussir, il lui faut adopter des méthodes ou des outils, qui ne sont pas utilisés par *Wall Street*, car ceux qui sont employés ne donnent pas les résultats escomptés. Or, compte tenu du nombre d'analystes, il paraît difficile de trouver des méthodes qui soient à la fois robustes et peu utilisées. Pourtant, nous avons bâti toute notre carrière et notre réputation dessus.

Un résumé des méthodes *Graham-Newman*

Pour décrire notre approche, il est nécessaire d'expliquer brièvement quelles furent les activités de *Graham-Newman Corporation* entre 1926 et 1956.[9] Nous pouvons les classer en plusieurs groupes :

- Les opérations d'arbitrage : il s'agit d'opérations simultanées d'achat et de vente d'un ou plusieurs titres qui peuvent être échangés contre des actions dans le cadre d'une opération de restructuration du capital ou de la dette, ou alors d'une opération de fusion-acquisition.
- Les opérations de liquidation : il s'agit de l'achat de titres d'une société en cours de liquidation judiciaire, titres qui donnent droit à une part du produit de la liquidation des actifs.

Les opérations entrant dans ces deux catégories devaient répondre aux deux critères suivants : (1) offrir une rentabilité prévisionnelle d'au moins 20% et (2) avoir une probabilité de réussite d'au moins 80%.

- **Les opérations croisées de couverture :** Il s'agit de l'achat d'obligations ou d'actions de préférence convertibles en actions ordinaires et la vente simultanée de ces mêmes actions ordinaires. La position est nouée sur une base proche de la parité, à savoir que la perte est minime si l'option de conversion venait à être exercée et si la position était simultanément dénouée aujourd'hui. La plus-value serait obtenue par une baisse du cours de l'action ordinaire supérieure au cours du titre convertible, une fois l'opération dénouée.
- **Les opérations d'achat de titres bon marché :** Il s'agit d'acquérir des actions dont le cours est inférieur à la valeur de l'actif net[10]. En général, nous achetions lorsque le cours était inférieur aux deux tiers de cette valeur. Au fil des ans, nous avons ainsi pu acquérir une centaine de ces titres.

Ajoutons que nous prenions parfois des positions importantes pour contrôler le capital, mais ce n'est pas le sujet de ce chapitre.

---

[9] NDE : Graham a lancé la société de gestion de portefeuille, *Graham-Newman Corporation*, en janvier 1936 pour la dissoudre en 1956, quand il a pris sa retraite. Cette structure avait succédé à un groupement d'associés, le *Benjamin Graham Joint Account*, qu'il a géré entre janvier 1926 et décembre 1935.

[10] NDT : Rappelons que l'actif net, dans la définition de Graham, est égal à l'actif total (hors amortissements et hors immobilisations incorporelles) diminué des dettes financières et des dettes d'exploitation.

Nous avons suivi de près les performances de chaque type d'opération. Deux catégories n'ont pas donné les résultats escomptés. La première concerne l'achat de titres, que l'on croyait bon marché, à l'exception de ceux acquis à une valeur inférieure à leur fonds de roulement. La deuxième concernait certaines opérations de couverture, où le titre acquis n'était pas directement convertible ou échangeable contre le titre vendu. (C'est l'une des stratégies des *hedge funds*.)[11] Pour ces deux types d'opérations, la conclusion, que nous avons tirée, est que les résultats, obtenus sur une dizaine d'années, ne sont pas obtenus avec assez de certitude pour nous permettre de « *dormir tranquille* » et de continuer.

C'est pour cette raison qu'à partir de 1939, nos transactions se sont limitées aux opérations de liquidation, aux opérations croisées de couverture et aux bonnes affaires dans le cas où la capitalisation boursière était inférieure au fonds de roulement net. Toutes ces transactions ont offert de belles performances. Précisons que les couvertures croisées ont aussi donné de bons résultats dans les marchés baissiers, alors que les valeurs « *sous-évaluées* » étaient à la peine.

Nous ne recommandons pas à l'*investisseur intelligent* d'adopter notre démarche. En effet, les méthodes professionnelles, que nous utilisons, ne conviennent pas à l'investisseur passif, qui, par définition, est un amateur. Quant aux investisseurs actifs, seuls quelques-uns pourront aller sur certaines opérations. Les investisseurs les plus actifs voudront peut-être s'aventurer plus loin. Leur terrain de chasse ira des titres paraissant (a) être au bon prix, tout en restant prudent et (b) être plus intéressants en termes de performances historiques et de perspectives à venir qu'une quelconque action ordinaire. En pareil cas, nous ne saurions trop leur conseiller d'utiliser les mêmes critères de risque et de valorisation que ceux proposés aux investisseurs passifs. Pour autant, ils peuvent être moins stricts en considérant qu'un point positif peut effacer un point négatif. Par exemple, ils peuvent très bien ne pas écarter une société qui a connu des pertes pendant une année catastrophique, comme ce fut le cas en 1970, dès lors que les résultats passés sont bons et que le titre paraît bon marché. L'investisseur actif peut limiter sa sélection aux secteurs et aux sociétés pour lesquels il est optimiste. En revanche, nous le mettons en garde contre le fait de surpayer une action (par rapport à son résultat ou à son actif net) parce qu'il est enthousiaste. S'il suit nos conseils, il s'intéressera aux valeurs cycliques – comme celles de l'acier par exemple – quand elles sont dans un contexte économique difficile, quand leurs perspectives à court terme sont ternes ou quand leur cours reflète le pessimisme ambiant.[12]

---

[11] NDE : Les opérations de couverture, citées par Graham, concerne l'acquisition d'une action ou d'une obligation et la vente à découvert d'un titre émis par une société différente, contrairement à une couverture croisée, qui nécessite d'acheter et de vendre des actions ou des obligations différentes, mais qui sont émises par une même société. Les *hedge funds* décrits par Graham étaient accessibles à tous les investisseurs jusqu'en 1968. Plus tard, la *Securities & Exchange Commission* en limitera l'accès aux seuls investisseurs institutionnels.

[12] NDE : En 2003, l'*investisseur intelligent,* qui suit à la lettre les conseils de Graham s'intéressera aux opportunités des valeurs technologiques ou des secteurs des télécommunications et des services publics. L'histoire a montré que les perdants d'hier sont souvent les gagnants de demain.

Les valeurs dites secondaires[13]

Viennent ensuite dans l'analyse et les opportunités d'investissement, les valeurs secondaires qui publient de bons résultats, qui ont eu de belles performances, mais qui sont apparemment délaissées par la communauté financière. Il s'agit d'entreprises qui partagent les mêmes caractéristiques que celles des sociétés *Eltra* et *Emhart* à la fin 1970 (cf. Chapitre 13 p. 267). Il y a plusieurs façons de s'y prendre pour dénicher ces valeurs. Nous allons essayer de suivre une nouvelle approche en l'illustrant par un exercice de sélection d'un titre. Cet exemple a un double objectif : d'abord permettre à nos lecteurs de trouver un intérêt pratique dans l'usage de cette méthode et ensuite les inviter à tester d'autres méthodes équivalentes. Au-delà de ces objectifs, cet exercice les aidera à mieux comprendre la réalité boursière avec l'usage d'un ouvrage très utile. Il s'agit du *Stock Guide*[14] publié par *Standard & Poor's*, un mensuel disponible par abonnement. De nombreux courtiers distribuent ce guide à leurs clients.

Le *Stock Guide* regroupe quelque 230 pages d'informations statistiques synthétiques sur les titres de plus de 4.500 sociétés. Il y a environ 3.000 titres cotés sur des marchés réglementés et 1.500 valeurs non cotées. Tout ce qui est nécessaire à une première analyse et même à une analyse plus fouillée se trouve dans ce vade-mecum. (La seule information qui manque est, à notre avis, la valeur comptable des capitaux propres par action, que vous trouverez dans d'autres publications de *Standard & Poor's* ou chez d'autres éditeurs.)

L'investisseur friand de données financières et comptables sera gâté par ce guide. Il peut l'ouvrir à n'importe quelle page et découvrir un panorama complet des splendeurs et misères du marché, avec les plus hauts et les plus bas historiques depuis 1936. Il trouvera les sociétés dont le cours de l'action a été multiplié par 2.000 entre leur plus bas et leur plus haut. (Pour la très prestigieuse compagnie *IBM*, le cours n'a été multiplié que par 333 depuis 1936.) Il y trouvera aussi et, ce n'est pas si exceptionnel, une société dont le titre et passé de 0,5$ à 68$, pour retomber ensuite à 3$[15]. Dans la colonne *Dividendes*, il en trouvera une qui le verse depuis 1791 – il s'agit de la banque *Industrial National Bank of Rhode Island* (qui a récemment cru bon de changer de dénomination sociale).[16] S'il plonge dans le *Stock Guide* de fin 1969, il y constatera que la compagnie de chemin de fer *Penn Central Co.* (qui succéda à la *Pennsylvania Railroad*) a versé, sans interruption, un dividende depuis 1848. Ce qui ne l'a pas empêché d'être déclarée en faillite en 1970 ! Il trouvera également un titre

[13] NDT : Rappelons que les valeurs secondaires sont celles moins connues du public, autrement dit les valeurs à faible capitalisation, peu suivies par les analystes et souvent cotées sur des marchés de second ordre ou des marchés non régulés.

[14] NDT : Guide des actions.

[15] NDG : De nombreuses années avant le feu d'artifice boursier et la fulgurante montée du cours, l'auteur (NDT : Benjamin Graham) a été vice-président et directeur financier de l'entreprise pour un salaire princier de 3.000$. La société était à l'époque, au sens propre du terme, dans la pyrotechnie.

[16] NDE : La société nouvelle émanant de *Industrial National Bank of Rhode Island* est *la FleetBoston Financial Corp.*

s'échangeant à un PER de 2 fois son résultat courant et une autre avec un PER de 99.[17] Il lui sera difficile de connaître le secteur et l'activité de l'entreprise à partir de sa dénomination sociale, car si c'est simple pour *U.S Steel,*[18] ce n'est pas le cas pour *ITI Corp* (produits boulangers) ou *Santa Fe Industries* (une compagnie de chemin de fer). Il se délectera des statistiques de cours, de dividendes, de résultats, de structures financières, ... Ratios de prudence, coûts, lignes d'activité, bref, tous les gadgets de *Wall Street* vous attendent pour être exploités en toute objectivité. Le *Stock Guide* indique aussi le rendement (dividendes) et le PER calculé à partir du résultat des douze derniers mois. C'est cette dernière information que nous allons utiliser dans l'exercice suivant.

La sélection multicritère à partir du *Stock Guide*

Supposons que nous recherchions un indice montrant qu'un titre est bon marché. La première idée, qui vient à l'esprit, est de rechercher une valeur à faible PER. Faisons donc la liste des valeurs ayant un PER inférieur à neuf (à la fin 1970). Pour l'exemple, nous ne retiendrons que les vingt premiers titres qui remplissent cette condition. Il y a par exemple *Aberdeen Mfg. Co*, sixième titre sur la liste alphabétique. Avec un cours de 10,25$, l'action se négocie à un PER de neuf, car son bénéfice net par action s'élève à 1,25$ pour l'exercice comptable clos à fin septembre 1970. Le vingtième et dernier titre de la liste est *American Maize Products,* qui, à un cours de 9,50$, est également à un PER de neuf.

Cette première sélection de valeurs fait toutefois pâle figure, car 10 des 20 actions ont un cours inférieur à 10$. (Ceci n'a en réalité pas d'importance. Si un cours faible peut semer le doute dans l'esprit de l'investisseur passif sur la qualité du titre, ce n'est pas le cas pour l'investisseur actif qui peut même y trouver un intérêt.[19])[20] Quelques calculs, avant de nous lancer dans une recherche plus approfondie. Notre échantillon comprend environ un dixième des 200 valeurs analysées. Il y a 4.500 titres recensés dans le *Stock Guide*, ce qui laisse penser qu'il y en a environ 450 qui se traitent à un multiple inférieur à 10 ; un nombre largement suffisant pour être encore plus sélectif.

Prenons donc d'autres critères de sélection, assez proches de ceux suggérés à l'investisseur passif, mais moins sévères.

---

[17] NDG : Le *Stock Guide* ne mentionne pas les multiples supérieurs à 99, car il s'agit le plus souvent d'anomalies. En effet, un PER élevé est aussi le résultat d'un bénéfice par action très faible.

[18] NDT : À traduire par *Acier américain.*

[19] NDT : En effet, les valeurs dont le cours est inférieur à 10$, ont eu cours plus volatil, qui réagit plus vivement aux bonnes, comme aux mauvaises nouvelles.

[20] NDE : Aujourd'hui l'investisseur mettrait la limite à 1$ par action, soit le niveau au-dessous duquel de nombreuses valeurs sont radiées de la cote et donc déclarées inéligibles pour être échangées sur les principales bourses. Le simple fait de suivre de près l'évolution du cours de ce type de société demande déjà beaucoup d'efforts, ce qui n'est pas réaliste pour des investisseurs passifs. Ajoutons que les coûts de transaction sur des valeurs à petits prix peuvent être très élevés. Pour terminer, les sociétés caractérisées par des cours très faibles ont la fâcheuse tendance à faire faillite. Un portefeuille diversifié et composé de dizaines d'entreprises en difficulté peut néanmoins intéresser l'investisseur actif.

Nous proposons les suivants :

1. *La situation financière* : (a) un ratio de liquidité générale[21] supérieur à 1,5 et (b) une dette financière ne dépassant pas l'actif circulant net[22] (pour les sociétés du secteur industriel).
2. *La stabilité des résultats* : aucune perte au cours des 5 dernières années couvertes par le *Stock Guide*.
3. *Les dividendes* : le versement du dernier dividende pour l'année en cours ou passée.
4. *La croissance du bénéfice net* : un bénéfice net par action supérieur à celui de 1966.
5. *Le cours* : un cours inférieur à 120% des actifs nets.

Les données disponibles dans le *Stock Guide* sont celles au 30 septembre 1970 et ne couvrent pas le quatrième trimestre 1970. L'*investisseur intelligent* ne peut pas être trop exigeant, au moins au début du processus de sélection. Vous remarquerez que nous n'avons pas fixé de seuil minimal à la taille des entreprises. Les petites capitalisations ne sont pas vraiment risquées, si elles sont soigneusement choisies et diversifiées.

Si nous appliquons ces cinq autres critères de sélection, la liste passe de 20 à 5 candidats. En poursuivant notre analyse des 450 premières sociétés citées dans le *Stock Guide*, nous avons 15 valeurs, qui remplissent les six critères. (Ces valeurs sont présentées dans le Tableau 39, p. 309.) Cette liste n'est donnée que pour illustrer notre propos, un investisseur plus curieux n'aurait pas forcément choisi les mêmes valeurs.

Il aurait fait une sélection beaucoup plus large. D'ailleurs, si notre sélection multicritère avait été appliquée aux 4.500 sociétés cotées du *Stock Guide*, nous aurions obtenu environ 150 titres respectant nos six critères, si les proportions restent les mêmes. L'investisseur actif pourrait alors s'en remettre à son libre arbitre pour ne conserver, par exemple, qu'un titre sur cinq, dans cette longue liste.

Le *Stock Guide* propose également un classement des titres en fonction de la stabilité et de la croissance de leurs résultats, mais aussi de leurs dividendes historiques au cours des huit dernières années. (La cherté du cours n'est pas prise en compte dans le classement.) Nous avons reproduit le classement de *Standard & Poor's* dans le tableau page suivante. Dix titres sur quinze sont classés B+ (note moyenne) et un seul (*American Maize*) obtient la meilleure note, qui est un A. Si notre investisseur actif désirait ajouter un septième critère de sélection, il pourrait par exemple ne conserver que les titres obtenant une note supérieure à la note moyenne et encore avoir près d'une centaine de valeurs répondant aux sept critères. Nous sommes en droit de croire que les titres de notre sélection offrent de belles perspectives d'investissement si leur note est supérieure à la moyenne, s'ils satisfont à nos six critères et s'ils peuvent être acquis à un PER faible et à un cours inférieur à la valeur de leur actif net.

---

[21] NDT : C'est le rapport entre l'actif circulant et le passif circulant.
[22] NDT : C'est la différence entre l'actif circulant et le passif circulant.

TABLEAU 39 : UN EXEMPLE DE PORTEFEUILLE COMPOSÉ DE VALEURS INDUSTRIELLES À FAIBLE PER

	Cours (*)	Bénéfice par action	Valeur comptable	Notation S&P	Cours (**)
Aberdeen Mfg.	10,25$	1,25$	9,33$	B	13,25$
Alba-Waldensian	6,50$	0,68$	9,06$	B+	6,25$
Albert's, Inc.	8,50$	1,00$	8,48$	nd	14,00$
Allied Mills	24,50$	2,68$	24,38$	B+	18,25$
Am. Maize Prod.	9,25$	1,03$	10,68$	A	16,50$
Am. Rubber & Plastics	13,25$	1,58$	15,06$	B	15,00$
Am. Smelt. & Ref.	27,50$	3,69$	25,30$	B+	23,25$
Anaconda	21,00$	4,19$	54,28$	B+	19,00$
Anderson Clayton	37,75$	4,52$	65,74$	B+	52,25$
Archer-Daniel-Mid.	32,50$	3,51$	31,35$	B+	32,50$
Bagdad Copper	22,00$	2,69$	18,54$	nd	32,00$
D.H. Baldwin	28,00$	3,21$	28,60$	B+	50,00$
Big Bear Stores	18,50$	2,71$	20,57$	B+	39,50$
Binks Mfg.	15,25$	1,83$	14,41$	B+	21,50$
Bluefield Supply	22,25$	2,59$	28,66$	nd	39,50$

Nota : Cette liste regroupe les 15 premières valeurs du *Stock Guide* publié le 31/12/1971 qui remplissent les six critères (nd : aucune note n'est attribuée).
(*) Cours au 31/12/1970.
(**) Cours au 28/02/1972.

La sélection mono critère

Le lecteur peut s'interroger pour savoir s'il n'est pas possible de simplifier le processus de sélection avec un seul critère. Est-ce qu'un seul critère, tels qu'un faible PER, un rendement ou un PBR élevé, ne ferait-il pas l'affaire ? Les deux seuls facteurs, qui ont donné de bons résultats par le passé, sont (a) la taille, avec l'achat d'une grosse capitalisation (membre du *DJIA* par exemple) à un faible PER et (b) la valeur, avec des titres diversifiés dont le cours est inférieur à leur fonds de roulement net par action. Nous avons déjà évoqué la mauvaise performance des valeurs à faible PER du *DJIA* entre fin 1968 et mi-1971. Heureusement, la performance du critère de fonds de roulement net est meilleure. En revanche, les titres répondant à ce facteur se font de plus en plus rares depuis dix ans.

Qu'en est-il d'autres critères de sélection ? Pour écrire ce livre, nous avons fait un certain nombre de tests, chacun reposant sur un seul critère de sélection. Les données retenues sont celles du *Stock Guide* de *Standard & Poor's*. Dans chaque simulation, nous avons fait l'hypothèse d'acheter un portefeuille de 30 titres au 31 décembre 1968 et de le réévaluer au 30 juin 1971. Les critères testés sont les suivants : (1) un faible PER, calculé sur le dernier bénéfice, (2) un rendement élevé du dividende, (3) un très long historique de versement ininterrompu du dividende, (4) une grosse capitalisation (mesurée par le nombre d'actions en circulation), (5) une situation financière robuste, (6) un cours (en valeur) peu élevé, (7) un cours faible par rapport au dernier plus haut, (8) une bonne notation donnée par *Standard & Poor's*.

Notons que le *Stock Guide* contient au moins une colonne dédiée à chacun de ces critères. Cela montre qu'ils ont de l'importance aux yeux de l'éditeur de l'ouvrage. (Comme nous l'avons déjà indiqué, nous aimerions avoir accès à une autre statistique : celle de la valeur comptable des capitaux propres.)

L'enseignement le plus utile, tiré de ces simulations, vient des portefeuilles construits de façon aléatoire. En effet, nous avons constitué trois portefeuilles en sélectionnant au hasard trente valeurs, apparaissant en haut de page du *Stock Guide* au 31 décembre 1968 (et existant toujours au 31 août 1971). Entre ces deux dates, l'indice *S&P 500* est resté pratiquement inchangé et le *DJIA* a perdu près de 5%. Or, nos 90 titres choisis au hasard ont perdu en moyenne 22% et cela, après avoir exclu 19 titres, qui n'étaient plus présents dans le *Stock Guide* de 1970 et qui ont sans doute dû enregistrer des pertes encore plus élevées. Ces mauvaises performances peuvent probablement s'expliquer par une relative surévaluation des petites valeurs dans un marché haussier, comme celui de 1968, par une plus forte baisse dans les marchés baissiers (1970) et par une plus forte inertie pour remonter par la suite. La leçon que peut retenir l'*investisseur intelligent*, c'est évidemment de rester à l'écart de ces valeurs secondaires, à moins, bien sûr, qu'elles soient exagérément sous-évaluées par le marché.

Les autres résultats des simulations sont les suivants. Seuls trois portefeuilles ont fait mieux que le *S&P 500* (et mieux que le *DJIA*). (1) Il s'agit de celui des valeurs industrielles ayant la meilleure note *S&P* (A+), avec une hausse de 9,5%, quand l'indice *S&P* des valeurs industrielles baissait de 2,4% et de 5,6% pour le *DJIA*. (Notons que les dix compagnies de service public, notées A+, ont perdu 18% contre une chute de 14% pour les 55 valeurs membres de l'indice *S&P public-utility*.) Nous pouvons donc constater que le classement *Standard & Poor's* donne de bons résultats sur la période testée. Tous les portefeuilles composés des titres les mieux notés ont fait mieux que les portefeuilles composés de titres moins bien notés. (2) Le deuxième portefeuille, ayant surperformé, est celui des plus grosses capitalisations (avec plus de 50 millions de titres en circulation) dont le cours est resté inchangé, alors que les indices ont légèrement flanché. (3) Le dernier est, de façon surprenante, celui dont les titres ont un cours élevé (supérieur à 100$ par action), qui a enregistré une légère hausse (1%).

Parmi les simulations réalisées, l'une a été faite sur la valeur comptable des capitaux propres, une information qui n'est pas fournie par le *Stock Guide*. Contrairement à ce que l'on préconise, nous avons observé que les grosses capitalisations, avec un goodwill élevé, s'en sont très bien tirées sur la période étudiée. (Par *goodwill*, nous faisons référence à la différence entre la valeur de marché et la valeur comptable.)[23] Notre échantillon des « *géants du goodwill* » était composé de 30 valeurs, chacune d'elles ayant un *goodwill* supérieur au milliard de dollars, soit plus de la moitié de leur capitalisation boursière. La valeur totale du *goodwill* de ce groupe s'élevait, fin 1968, à plus de 120 milliards ! Malgré ces évaluations optimistes, ce portefeuille de titres a réussi à gagner 15% sur la période, ce qui est la meilleure performance des vingt portefeuilles testés.

Cette dernière observation ne peut pas être passée sous silence. En effet, ces valeurs bénéficient d'un fort momentum[24] lié à leur taille, aux très bons résultats

---

[23] NDE : Dans l'esprit de Graham, un *goodwill* élevé peut avoir deux origines : une société qui fait l'acquisition d'autres entreprises à un prix largement supérieur à la valeur comptable des actifs acquis, ou alors une société dont la capitalisation boursière est nettement plus élevée que sa valeur comptable.

[24] NDT : Le *momentum* est un effet d'inertie, qui pousse le cours d'un titre à suivre durablement une tendance.

passés, à la conviction partagée par les investisseurs de bonnes perspectives de croissance et à la tendance haussière du marché. Par conséquent, même si leur cours paraît excessif, en fonction de nos critères, leur simple momentum peut les porter encore plus haut pour une durée plus ou moins longue. (Naturellement, ceci ne s'applique pas à tous les titres. C'est ainsi que la compagnie *IBM* – reine du goodwill – a vu son cours passer de 315$ à 304$ en trente mois.) Il est bien difficile de faire la part des choses entre la qualité objective de ces valeurs et leur popularité. Aucun doute, les deux sont importants. À l'évidence, ces « *géants du goodwill* » doivent faire partie d'un portefeuille diversifié, compte tenu de leurs performances passées et de la tendance du marché. Pour autant, nous leur préférons les titres dont la valeur des capitaux propres est inférieure à deux tiers du cours.

Les simulations sur d'autres critères montrent qu'en général l'échantillon, constitué aléatoirement, sur la base d'un seul critère, a une meilleure performance que celui composé aléatoirement sur la base du critère opposé. Par exemple, les valeurs à faibles PER baissent moins sur la période, que celles à PER élevés. De même, les valeurs, qui ont versé un dividende sur une très longue période s'en sortent mieux, que celles qui n'ont versé aucun dividende en 1968. Par conséquent, les résultats obtenus confortent notre recommandation : il faut sélectionner les titres en fonction d'un certain nombre de critères quantitatifs.

Les piètres performances de nos portefeuilles par rapport à l'indice *S&P 500* appellent un dernier commentaire. L'indice *S&P 500* est pondéré par la taille – la capitalisation boursière – de chacun de ses membres, alors que nos portefeuilles ne sont pas pondérés par la taille des titres sélectionnés. À l'évidence, la surpondération des grosses capitalisations dans l'indice *S&P 500* a un impact significatif sur les résultats. Ces performances confirment que les grosses capitalisations ont une performance boursière plus stable que les petites entreprises.

Les « *bonnes affaires* »

Dans les simulations précédentes, nous n'avons pas évoqué les performances d'un portefeuille constitué de titres valant moins que leur fonds de roulement net. La raison est tout simplement qu'il est impossible de trouver 30 valeurs – tout au plus une poignée – dans le *Stock Guide* à la fin 1968. Cette situation a changé après la baisse de 1970, bon nombre de titres peuvent désormais être acquis à un cours inférieur à leur fonds de roulement net (par action). Nous pouvons affirmer que l'on ne peut pas se tromper en achetant un portefeuille diversifié d'actions dont le cours est inférieur à l'actif circulant net – après avoir déduit tous les engagements et ignorer les actifs immobilisés. C'est ce que nous avons globalement fait entre 1923 et 1957, si on fait l'impasse sur les terribles années 1930-32.

Cette méthode reste-t-elle valable début 1971 ? Notre réponse est un oui conditionnel. Un rapide survol du *Stock Guide,* nous permet de découvrir une cinquantaine de titres passant ce test. Comme on pouvait s'y attendre, la plupart ont eu un comportement boursier déplorable en 1970. En éliminant ceux qui ont enregistré des pertes en 1970, il nous reste suffisamment de valeurs pour composer un portefeuille diversifié.

Nous avons repris dans le Tableau 40 les informations financières et comptables de cinq titres, qui s'échangent à un cours (à leur plus bas de 1970) bien inférieur à leur fonds de roulement net[25]. Cela donne matière à réfléchir sur les mouvements de la bourse. En effet, comment pouvons-nous expliquer que des entreprises réputées, dont la notoriété est forte, puissent être valorisées par le marché à des cours si dérisoires, alors que d'autres sociétés (aux résultats plus attractifs bien sûr) s'échangent à des cours de plusieurs milliards de dollars au-dessus de leur valeur comptable ? Au bon vieux temps, le goodwill était considéré comme un actif incorporel le plus souvent associé à la marque commerciale. Des marques telles que Lady Pepperell pour le linge de maison, Jantzen pour les maillots de bain et Parker pour les stylos à encre sont en soi des actifs de valeur, c'est une évidence. Aujourd'hui, si le marché « n'aime » pas une société, ce n'est plus seulement sa marque qui ne vaut rien, ce sont aussi ses terrains, ses immeubles, ses équipements et tout le reste. Pascal disait : « *Le cœur a ses raisons que la raison ne connaît pas.* »[26] Ici, ce n'est pas le cœur, mais *Wall Street* qui a ses raisons.

TABLEAU 40 : ACTIONS DE SOCIÉTÉS IMPORTANTES SE NÉGOCIANT À UN COURS INFÉRIEUR À LA VALEUR DE LEUR ACTIF CIRCULANT NET EN 1970

Sociétés	Cours (1970)	Valeur de l'actif circulant net (*)	Valeur comptable (*)	Bénéfice net (*)	Dividende courant	Cours le plus élevé avant 1970
Cone Mills	13,00$	18,00$	39,30$	1,51$	1,00$	41,50$
Jantzen, Inc.	11,25$	12,00$	16,30$	1,27$	0,60$	37,00$
National Presto	21,50$	27,00$	31,70$	6,15$	1,00$	45,00$
Parker Pen	9,25$	9,50$	16,60$	1,62$	0,60$	31,25$
West Point Pepperell	16,25$	20,50$	39,40$	1,82$	1,50$	64,00$

(*) par action

Une autre contradiction me vient à l'esprit. Quand le marché est haussier, n'importe quelle nouvelle émission d'actions trouve preneur. C'est à ce moment-là que sont introduits en bourse de nouveaux titres, sans réelle valeur. D'ailleurs, des titres qui trouvent preneurs et qui, portés par l'enthousiasme voient leur cours flamber, au point de faire honte à *Xerox*, *IBM* et autres *Polaroid*. *Wall Street* a tôt fait de récupérer cette folie à son profit, sans que personne ne s'inquiète de savoir comment arrêter ce mouvement avant qu'il ne s'effondre inexorablement. (La *SEC* ne fait guère plus qu'exiger une information financière de qualité, ce dont les spéculateurs n'ont rien à faire. La *SEC* peut enquêter et punir si la loi est violée.) Et quand ces toutes petites entreprises, très chères, partent en fumée, on entend que cela « *fait partie du jeu* ». Et à chacun de jurer qu'on ne l'y reprendrait plus... Jusqu'à la prochaine fois.

---

[25] NDE : Graham entend par « *fonds de roulement net* », le montant (par action) de l'actif circulant moins des dettes financières (long terme et court terme) et des dettes d'exploitation.

[26] NDE : « *Le cœur a ses raisons que la raison ne connaît point.* » Ce passage est l'une des conclusions de Blaise Pascal, dans la discussion d'un texte, connu sous le nom de « *Pari de Pascal* » (voir les *Commentaires sur le Chapitre 20*, p. 410). Rappelons que Graham est francophile et qu'il a une bonne connaissance de la littérature française.

Merci pour la leçon nous dira notre ami lecteur. Mais qu'en est-il des « *bonnes affaires* » ? Peuvent-elles nous faire gagner de l'argent sans prendre de grands risques ? Assurément oui. *Si* vous pouvez en trouver suffisamment pour bâtir un portefeuille diversifié et *si* vous ne perdez pas patience au motif que leur cours ne monte pas tout de suite. Il faut parfois être très patient ! Dans la précédente édition du livre, nous avons donné un seul exemple. Il s'agissait de *Burton-Dixie Corp*, qui s'échangeait à l'époque à 20$, pour un fonds de roulement net de 30$ et une valeur comptable des capitaux propres de 50$. La plus-value n'aurait pas été immédiate. Pour autant, une offre publique d'achat proposa en août 1967 d'échanger le titre à 53,75$ par action, soit sa valeur comptable. L'investisseur patient, qui aurait acquis ce titre en mars 1964 pour 20 dollars, aurait enregistré un profit de 165% en trois ans et demi. Soit un rendement annuel moyen (non composé) de 47%. D'autres *bonnes affaires* ont pris moins de temps pour s'apprécier, même si cela n'a pas été dans les mêmes proportions. Pour retrouver une situation similaire, vous pourrez revenir sur l'exemple de *National Presto* que nous avons traité en page 147.

Les opérations « *spéciales* » de fusion-acquisition et de liquidation

Passons brièvement en revue ce domaine, car, en théorie, il intéresse l'investisseur actif. Nous allons l'illustrer par quelques exemples et formuler quelques observations sur leur intérêt. Trois cas, que nous allons résumer, s'offrent à nous début 1971.

CAS 1 : Acquisition de ***Kayser-Roth*** par ***Borden.***

En janvier 1971, *Borden, Inc.* lance une offre d'achat pour la prise de contrôle de *Kayser-Roth,* spécialisée dans le secteur textile et l'habillement, par échange de 1,33 actions *Borden* pour une action *Kaiser-Roth.* Le lendemain, dans de forts volumes d'échanges, *Borden* clôture la séance à 26$ et *Kaiser-Roth* à 28$. L'investisseur, qui aurait acheté 300 actions *Kaiser-Roth* et vendu simultanément 400 actions *Borden* aurait fait une plus-value de 24% (hors frais de courtage), si l'offre avait été acceptée. En imaginant que l'opération soit dénouée en six mois, la rentabilité annuelle aurait été d'environ 40%.

CAS 2 : Offre d'achat de ***National Biscuit Co.*** sur ***Aurora Plastic Co.***

En novembre 1970, *National Biscuit Co.* fait une offre d'achat en liquide sur la société *Aurora Plastic Co.* à 11$ par action, alors que le titre cote 8,50$. Fin novembre, le cours s'élève à 9$, pour se stabiliser à ce niveau en fin d'année. La plus-value potentielle est de 25%, mais avec le risque que la transaction n'aboutisse pas ou qu'elle soit différée dans le temps.

CAS 3 : Liquidation de la société *Universal-Marion Co.*

L'entreprise *Universal-Marion Co.*, en cours de cessation d'activité, demande à ses actionnaires de ratifier la dissolution de la société. Or, le directeur financier indique que la valeur comptable des capitaux propres s'élève à 28,50$ par action, majoritairement sous forme de liquidités. Le titre clôture l'année 1970 à un cours de 21,50$, permettant d'anticiper une plus-value de 30%, si la liquidation se fait à la valeur nette comptable.

Évidemment, ces situations sont intéressantes, si elles sont réalisées avec un objectif de diversification pour lisser les risques et si elles offrent un rendement annuel de 20%. Cependant, l'objet du livre n'est pas de les décrire dans le détail, même s'il s'agit d'une catégorie d'investissement à part entière. Nous observons ces dernières années deux évolutions contradictoires. Nous constatons, d'une part, une nette augmentation du nombre d'opérations de ce type depuis une dizaine d'année. C'est d'ailleurs la conséquence d'un effet de mode, qui consiste pour les entreprises à diversifier leurs activités à tout prix par des acquisitions les plus diverses. En 1970, il y a eu environ 5.000 opérations de fusion-acquisition, un nombre en baisse par rapport aux 6.000 opérations enregistrées en 1969. Le montant total de ces transactions se compte en milliards. Or, sur les 5.000 opérations, seules quelques-unes ont offert des opportunités de plus-value. Un chiffre bien suffisant pour occuper un spécialiste de ce type de transactions pour analyser, sélectionner et décider des valeurs à mettre en portefeuille.

Nous observons, d'autre part, un nombre sans cesse croissant d'opérations de fusion-acquisition qui n'aboutissent pas et où, non seulement les plus-values anticipées s'envolent, mais où il est possible d'enregistrer de grosses pertes. Les raisons de ces échecs sont nombreuses, citons les lois anti-concurrentielles, le veto des actionnaires, la détérioration des conditions économiques, des conclusions d'audit défavorables, l'incapacité à se mettre d'accord sur les détails du projet, etc. Il faut ici avoir une bonne capacité de jugement et une longue expérience pour ne garder que les opérations ayant les plus grandes chances de réussir, ou celles n'occasionnant pas de grosses pertes en cas d'échec.[27]

Autres commentaires sur les exemples précédents

Kayser-Roth. Les administrateurs de la société ont finalement rejeté la proposition de *Borden,* en janvier 1971, au moment où ce chapitre est rédigé. La perte totale (commissions incluses) se serait élevée à 12% de la valeur des actions *Kayser-Roth* pour les investisseurs dénouant l'opération au jour de l'annonce.

Aurora Plastics. En raison des mauvaises performances de l'entreprise en 1970, les termes de l'acquisition ont été renégociés et le prix proposé a baissé de 10%. L'opération a été dénouée fin mai, offrant une rentabilité annuelle de 25%.

---

[27] NDE : Comme indiqué dans les *Commentaires sur le Chapitre 7* (cf. p. 157), investir dans une opération de fusion-acquisition n'est pas fait pour l'investisseur individuel.

Universal Marion. Cette entreprise s'est empressée de réaliser une distribution exceptionnelle de dividendes en numéraire et en actions pour un montant d'environ 7$ par action, ayant pour effet de faire baisser le cours à 14,50$. Puis, le cours est tombé à 13$, jetant le doute sur la valeur liquidative qui sera offerte.

En supposant que les trois exemples cités sont représentatifs des opérations de fusion-acquisition et de liquidation de l'année 1971, il apparaît clairement qu'elles ne sont pas intéressantes. Plus que jamais, rappelons que ce type de placement est réservé aux professionnels ayant une bonne capacité de jugement et une longue expérience.

Ajoutons qu'en ce qui concerne l'action *Kayser-Roth,* fin 1971, le cours de l'action est tombé au-dessous de 20$, alors que celui de *Borden* était à 25$, (ce qui portait la valeur de *Kayser-Roth* à 33$ dans les termes de l'échange d'actions). Autrement dit, soit les administrateurs de *Borden* ont commis une erreur monumentale en rejetant l'offre de *Kayser-Roth,* soit le titre *Kayser-Roth* était, à 20$, manifestement sous-évalué par le marché. Dans tous les cas, cela ne pouvait que susciter la curiosité d'un analyste.

COMMENTAIRES SUR LE CHAPITRE 15

Être vous-même dans un monde qui vous modèle sans cesse est le plus grand accomplissement.

Ralph Waldo Emerson

S'entraîner, s'entraîner, s'entraîner

Max Heine, le fondateur de la société de gestion de portefeuille *Mutual Series Funds*, aimait à dire qu'il y a « *de nombreux chemins qui mènent à Jérusalem* ». Ce que ce maître du *stock-picking* voulait dire, c'est que sa méthode de sélection d'un titre ne reposait pas uniquement sur l'estimation de la valeur intrinsèque de l'action. Dans ces Commentaires, nous allons découvrir quelles sont les techniques des gérants de portefeuille, parmi les plus chevronnés de notre époque, pour sélectionner leurs actions.

D'abord, il n'est pas inutile de répéter que la plupart des investisseurs n'ont pas besoin de sélectionner eux-mêmes leurs actions, c'est même déconseillé. Si les professionnels ne battent pas le marché, cela ne veut pas pour autant dire que les amateurs n'en sont pas capables. Ceux qui s'essaient au stock-picking l'apprennent souvent à leurs dépens, les plus chanceux le découvrent rapidement, les autres peuvent mettre des années. Seuls quelques-uns réussissent. Les autres s'en tireront beaucoup mieux en plaçant dans un fonds indiciel.

Graham conseille aux investisseurs de s'entraîner avant de débuter, à l'image des plus grands athlètes ou des plus grands musiciens qui répètent sans relâche avant l'épreuve ou le concert. Il suggère de passer une année à suivre et à sélectionner des valeurs (sans placer un centime). [28] À l'époque de Graham, vous auriez enregistré vos transactions virtuelles sur un bloc-note. Aujourd'hui, vous pouvez utiliser des outils de gestion de portefeuille disponibles sur des sites Web.

En testant vos techniques avant de vous lancer, vous pouvez vous permettre de vous tromper, sans conséquence pécuniaire, vous pouvez vous astreindre à une discipline pour éviter de tomber dans le piège de multiplier vos transactions, vous pouvez comparer votre approche à celle des meilleurs gérants et découvrir ce qui marche pour vous. Mieux encore, le fait de suivre la performance de vos décisions, vous permettra de constater que vos intuitions sont souvent mauvaises. Cela vous obligera à tirer les conséquences de vos bons coups *et* de vos erreurs. Après un an d'exercice, évaluez votre performance en la comparant à celle d'un fonds indiciel investi dans un indice large comme le *S&P 500.* Si vous n'appréciez pas cette expérience ou si vos choix sont malheureux, vous aurez appris, sans avoir perdu un sou, que le *stock picking* n'est pas fait pour vous. Choisissez alors un fonds indiciel et arrêtez de perdre votre temps à tenter de sélectionner des actions.

---

[28] NDE : Dreyfus P., *Investment Analysis in Two Easy Lessons* (interview avec Graham), Money, juillet 1976, p. 36.

En revanche, si vous avez apprécié l'expérience et obtenu de belles performances, construisez petit à petit un portefeuille de valeurs en limitant votre sélection à 10% du total et en plaçant le reste sur un fonds indiciel. Rappelez-vous que vous pouvez toujours tout arrêter si vous vous lassez ou si vos performances se dégradent.

Regarder sous le capot

Comment dénicher une action à fort potentiel ? Vous pouvez utiliser des sites Web tels que http://finance.yahoo.com et www.morningstar.com pour sélectionner les valeurs répondant aux critères proposés au Chapitre 14. Vous pouvez aussi avoir une approche plus artisanale, nécessitant plus de patience. À la différence de beaucoup de gens, les investisseurs professionnels chevronnés commencent à s'intéresser à une action quand son cours baisse, pas quand il monte. Christopher Browne, gérant du fonds *Tweedy, Browne Global Value Fund*, William Nygren, gérant de *Oakmark*, Robert Rodriguez, gérant du fonds *FPA Capital* et Robert Torray, gérant du *Torray Fund* suggèrent tous d'examiner la liste des valeurs, qui cotent à leur plus bas sur les 52 dernières semaines, liste que l'on trouve dans le *Wall Street Journal* ou dans le magazine *Barron's*. Cet examen vous orientera vers les valeurs et les secteurs délaissés ou malmenés par le marché et qui offrent donc un potentiel de rendement quand ils seront à nouveau aimés par le marché.

Christopher Davis, du fonds commun *Davis*, et William Miller, gérant du fonds *Legg Mason Value Trust*, recherchent les entreprises dont la rentabilité des capitaux investis (ROIC) est en hausse, car c'est, pour eux, un moyen de juger de l'efficacité des dirigeants à dégager ce que Warren Buffett appelle le *résultat de l'actionnaire*.[29] (Voir l'encadré p. 318).

Les gérants, comme Nygren, du fonds *Oakmark*, et O. Mason Hawkins, de *Longleaf Partners*, valorisent les différentes activités de l'entreprises en utilisant des multiples de résultat opérationnel de sociétés similaires. Ce travail est long et difficile pour l'investisseur individuel. En effet, il faut commencer par regarder les notes annexes à la rubrique *Information sectorielle* et *Information géographique*, pour analyser le chiffre d'affaires et le résultat opérationnel des différentes activités et zones géographiques. (La lettre du dirigeant exécutif peut également être utile.) Des recherches dans des bases de données comme *Factiva*, *ProQuest* ou *LexisNexis* permettent de savoir à quel prix ont été récemment acquises des sociétés du même secteur d'activité. Avec la base de données EDGAR, qui est accessible sur www.sec.gov et qui permet d'obtenir les rapports annuels, vous pourrez savoir à quel PER ont été acquises ces sociétés. Vous pourrez alors utiliser ce multiple pour estimer à quel prix un industriel serait prêt à acquérir la division ou la filiale du groupe auquel vous vous intéressez.

En analysant séparément chacune des divisions de l'entreprise, vous pourrez savoir si la valeur totale des divisions vaut plus que le cours de toute l'entreprise. Hawkins de chez *Longleaf* aime dénicher ce qu'il appelle des « *60%* » c'est-à-dire des

[29] NDE : Voir les *Commentaires sur le Chapitre 11* (p. 246).

sociétés dont le cours de l'action cote à moins de 60% de la valeur estimée. C'est un moyen d'avoir la *marge de sécurité*, tant vantée par Graham.

Du Bénéfice par action à la Rentabilité du capital investi

Ces dernières années, les notions de résultat net et de Bénéfice par action (BPA) ont été faussées par les nombreuses émissions de stock-options et les modifications de règles comptables. Pour connaître ce que l'entreprise rapporte en fonction des capitaux utilisés, il faut non seulement s'intéresser au BPA, mais calculer la Rentabilité des capitaux investis (ROCI). Christopher Davis du fonds *Davis* est un fervent partisan de cet indicateur qu'il mesure avec la formule suivante :

ROCI = Résultat de l'actionnaire[30] / Capitaux investis

Où le *Résultat de l'actionnaire* est égal :

- Au résultat d'exploitation,
- Plus les dotations aux amortissements,
- Plus l'amortissement du goodwill (ou des survaleurs),
- Moins l'impôt sur les sociétés,
- Moins le montant des investissements nécessaires à maintenir la capacité de production de l'entreprise,
- Moins tous les résultats générés par un taux de rendement insoutenable sur les actifs en garantie des avantages du personnel et des retraites (soit pour 2003, un taux supérieur à 6,5%).

Et où les *Capitaux investis* sont égaux :

- À l'actif total au bilan,
- Moins les disponibilités,
- Plus les charges comptables passées, venant en déduction des Capitaux investis.

Le ROCI présente l'intérêt de montrer, après déduction de toutes les charges d'exploitation, ce que l'entreprise génère de son exploitation normale et avec quelle efficacité elle utilise les capitaux à sa disposition. Il faut rechercher un ROCI supérieur à 10% ; 6% ou 7% de rentabilité sont tentants si l'entreprise a des marques fortes, des dirigeants compétents ou si elle est temporairement en difficulté.

---

[30] NDT : Notons que le résultat de l'actionnaire (dans la définition de Warren Buffett) correspond tout simplement au flux de trésorerie disponible dégagé par l'entreprise.

Qui est le patron ?

Les professionnels de la finance apprécient les entreprises pilotées par des dirigeants, qui, pour emprunter les mots de William Nygren, de chez *Oakmark*, « *ont la mentalité d'un actionnaire, pas celle d'un manager* ». Pour cela, il y a deux critères simples à vérifier : les états financiers de l'entreprise sont-ils faciles à comprendre ou sont-ils délibérément obscurs ? Les charges exceptionnelles le sont-elles vraiment ou sont-elles récurrentes ?

Mason Hawkins de *Longleaf* recherche des entreprises dans lesquelles les dirigeants se conduisent comme de « *bons associés* », ce qui veut dire que ce sont des personnes qui ne masquent pas les problèmes, qui ont une vision claire sur la façon d'allouer les flux de trésorerie dégagés et qui détiennent une part non négligeable de leur patrimoine en actions de l'entreprise (de préférence grâce à l'achat direct d'actions plutôt que grâce à l'attribution gratuite d'actions ou de stock-options). Robert Torray du *Torray Fund* se désintéresse du titre « *si les dirigeants parlent plus du cours de l'action que de l'activité de l'entreprise* ». Christopher Davis privilégie les entreprises qui limitent l'attribution de stock-options à 3% des actions en circulation.

Howard Schow du *Vanguard Primecap Fund* suit : « *Ce que les dirigeants de l'entreprise disent par rapport à ce qui se passe vraiment l'année suivante. Nous voulons savoir non seulement si les dirigeants sont honnêtes à l'égard des actionnaires, mais aussi s'ils sont honnêtes vis-à-vis d'eux-mêmes* ». (Si le patron dit que « *tout baigne* » alors que l'environnement économique est difficile, méfiez-vous !) Aujourd'hui, vous pouvez participer aux conférences téléphoniques réservées aux analystes, même si vous ne possédez que quelques actions. Pour savoir quand elles sont programmées, il vous suffit d'appeler le service des relations aux actionnaires ou de visiter le site Web de l'entreprise.

Robert Rodriguez de chez *FPA Capital* regarde la dernière page du rapport annuel de l'entreprise où sont indiqués les noms des dirigeants des différentes divisions opérationnelles. S'il y a un fort turn-over lors des deux premières années après l'arrivée d'un nouveau dirigeant, c'est probablement un bon signe, car il fait le ménage. En revanche, si ce turn-over continue, c'est mauvais signe.

Gardez vos yeux fixés sur la route

Toutes les routes mènent à Rome. Certains gérants connus, comme David Dreman de *Dreman Value Management* et Martin Whitman de *Third Avenue*, s'intéressent aux valeurs qui s'échangent à des multiples très faibles en termes d'actif, de résultat ou de cash-flow. D'autres, comme Charles Royce de *Royce Funds* et Joel Tillinghast, gérant du *Fidelity Low-Priced Stock Fund*, recherchent des petites capitalisations sous-évaluées. Pour savoir comment Warren Buffett, l'investisseur le plus célèbre, s'y prend pour sélectionner ses actions, il vous suffit de vous reporter à l'encadré suivant (cf. p. 320).

Une méthode, qui peut être utile, consiste à rechercher les gérants qui détiennent les mêmes valeurs que vous. Si vous retrouvez sans cesse les deux ou trois mêmes noms, allez voir sur les sites Web de leurs sociétés de gestion de portefeuille pour télécharger leurs rapports les plus récents. Avec leurs listes de valeurs, vous découvrirez les points forts partagés par ces valeurs et en lisant les commentaires des gérants, vous pourrez améliorer votre propre stratégie d'investissement.[31]

Quelles que soient leurs méthodes de sélection, tous les gérants professionnels partagent deux points communs. D'abord, ils font preuve de discipline et de constance, refusant de suivre les modes. Ensuite, ils réfléchissent à ce qu'ils font et comment ils le font, sans prêter trop d'attention à ce que fait le marché.

À la mode Warren Buffett

Warren Buffett, le plus grand disciple de Graham, est devenu le meilleur investisseur du monde en faisant évoluer les idées de Graham. Buffett et son associé, Charles Munger, utilisent la notion de *marge de sécurité* de Graham et se désintéressent des perspectives de croissance des entreprises. Voici un bref résumé de l'approche de Buffett.

Ce dernier recherche ce qu'il appelle des entreprises dotées de « *franchises* », autrement dit d'avantages concurrentiels, avec une marque forte, des activités simples à comprendre, une bonne santé financière et un quasi-monopole sur ses marchés, comme les sociétés *H&R Block*, *Gillette* et le *Washington Post.* Buffett aime investir dans un titre quand un scandale, une lourde perte ou une autre mauvaise nouvelle lui tombe dessus comme la foudre. C'est ce qui s'est passé, par exemple, lorsqu'il a acheté *Coca-Cola* juste après le lancement catastrophique du *New Coke* et ensuite après le krach de 1987. Il veut s'entourer de dirigeants, qui savent se donner des objectifs réalistes et les atteindre, qui privilégient la croissance interne à la croissance externe, qui allouent intelligemment les capitaux disponibles et qui ne s'octroient pas des centaines de millions de dollars de stock-options. Buffett recherche une croissance régulière et durable du résultat net, de sorte que la valeur de l'entreprise ne cesse de croître. Dans son rapport annuel, archivé sur le site www.berkshirehathaway.com, Buffett développe les méandres de sa pensée comme dans un livre ouvert.

Il est probable qu'aucun autre investisseur, y compris Graham lui-même, n'a livré autant d'informations sur sa façon d'investir que ne l'a fait Buffett. (Une citation connue de Buffett : « *Quand un manager brillant prend en main une entreprise ayant mauvaise réputation pour ses performances économiques, c'est sa réputation qui prend le dessus.* ») L'*investisseur intelligent* peut et doit apprendre en savourant les propos de ce maître.

---

[31] NDE : Il y existe aussi une myriade de lettres d'information dont le rôle est d'analyser les portefeuilles des gérants professionnels, mais la plupart d'entre elles ne sont qu'une perte de temps et d'argent, même pour les investisseurs actifs. Une seule exception, pour ceux qui peuvent se le permettre, c'est de s'abonner à *Outstanding Investor Digest* (www.oid.com).

CHAPITRE 16. LES OBLIGATIONS CONVERTIBLES ET LES WARRANTS

Les obligations convertibles et les actions de préférence ont pris, ces dernières années, une importance prépondérante dans le financement à long terme des entreprises. En parallèle, le volume des *stock-option warrants* – le droit d'acheter une action ordinaire à un prix défini – s'est énormément développé. Plus de la moitié des actions de préférence listées dans le *Standard & Poor's Stock Guide* ont une option de conversion et cela concerne la plupart des obligations d'entreprises émises entre 1968 et 1970. Sur l'*American Stock Exchange*, il y a au moins 60 warrants (options d'achat d'actions), qui sont cotés. En 1970, pour la première fois de son histoire, le *New York Stock Exchange* a admis à la cote un warrant donnant le droit d'acheter 31.400.000 actions *American Tel. & Tel.* à 52$ par action. Avec *AT&T* en tête du cortège, le marché des warrants est prêt à exploser pour le plus grand bonheur de leurs fabricants. (Nous verrons plus loin qu'il s'agit d'une fabrication dans tous les sens du terme.)[1]

Globalement, les obligations convertibles sont plus importantes en volume que les warrants (options d'achat d'actions), voilà pourquoi nous les aborderons d'abord. L'investisseur peut légitimement se poser deux questions. Quelles sont les opportunités offertes ? Et en quoi les obligations convertibles affectent-elles la valeur des actions ordinaires ?

Les obligations convertibles sont supposées être intéressantes aussi bien pour l'investisseur, que pour l'entreprise émettrice. Pour l'investisseur, l'obligation convertible ou l'action de préférence sont moins risquées que l'action ordinaire, tout en offrant l'opportunité de profiter de la hausse du cours de l'action ordinaire. L'émetteur peut lever des capitaux à moindre coût et si tout se passe bien, il pourra transformer cette dette senior[2], faite d'obligations convertibles ou d'actions de préférence, en actions ordinaires par l'exercice de l'option de conversion par l'investisseur. Par conséquent, les deux parties sont gagnantes.

À l'évidence, cela paraît trop beau pour être vrai. En effet, qui peut croire qu'un véhicule financier, aussi ingénieux soit-il, soit une bonne affaire pour les deux parties d'une même transaction ? En contrepartie de l'option de conversion, l'investisseur sacrifie soit à la qualité (le risque), soit au rendement ou alors aux deux.[3] De même, si

---

[1] NDT : Notons que Graham, comme Buffett, détestaient les options sous toutes leurs formes.

[2] NDE : Les titres seniors (obligations, emprunts bancaires, ...) sont mieux classés – ils ont un meilleur rang d'exigibilité que les titres juniors (actions ordinaires) – en cas de faillite. Ils ont donc une priorité de remboursement en cas de liquidation des actifs de l'entreprise, autrement dit, ils jouissent d'une meilleure protection et sont donc moins risqués que les titres juniors. Rappelons que tout titre ayant préséance sur un autre titre est dit senior. Par extension, une action de préférence est la senior d'une action ordinaire, autant en termes de boni de liquidation, que de versement du dividende.

[3] NDG : Ce cas peut être illustré par l'exemple de deux émissions obligataires réalisées par *Ford Finance Co.* en novembre 1971. La première est une obligation non convertible à 20 ans, servant du 7,5%, la seconde,

ce financement est moins coûteux pour l'entreprise en raison de l'option de conversion, en contrepartie elle abandonne une partie de la richesse future des actionnaires. À ce sujet, il y a nombre d'arguments, souvent complexes, en faveur ou non des actionnaires. La seule conclusion, que nous puissions tirer, est que c'est le contexte qui rend intéressant ou non les titres convertibles, en fonction de leurs caractéristiques.[4]

Pour autant, nous savons que les titres convertibles, émis en fin de phase haussière, servent généralement de mauvais rendements. (C'est pourtant pendant ces périodes d'optimisme exacerbée, que les émissions de titres convertibles sont placées sur le marché.) Immanquablement, l'option de conversion perd son intérêt dès que la bourse baisse, avec pour autre conséquence, une hausse du risque de défaut.[5] Pour illustrer cela, nous pouvons emprunter l'exemple choisi dans notre première édition se rapportant aux performances comparées des actions de préférence avec et sans option de conversion, qui furent placées sur le marché en 1946, dernière année de phase haussière, avant celle mémorable qui a débuté en 1949.

TABLEAU 41 : ÉVOLUTION DES COURS DES ACTIONS DE PRÉFÉRENCE ÉMISES EN 1946

Évolution des cours entre le cours d'introduction et le plus bas de 1947	**Actions de préférence sans option de conversion (*)**	**Actions de préférences convertibles et titres de participation (*)**
Pas de baisse	7	0
Baisse de 0 à 10%	16	2
Baisse de 10 à 20%	11	6
Baisse de 20 à 40%	3	22
Baisse supérieure à 40%	0	12
Total	37	42
Baisse moyenne	Environ 9%	Environ 30%

(*) Nombre de valeurs concernées.

La même comparaison est délicate à mener pour la période 1967-1970 en raison du faible nombre d'émissions d'actions de préférence sans option de conversion. En revanche, rien n'est plus simple que de démontrer que la baisse moyenne des actions

une obligation subordonnée (donc junior à la première) à 25 ans, servant un coupon de 4,5% et convertible en actions *Ford* au prix (identique au cours de l'époque) de 68,5$. Le coût de l'option de conversion est (1) d'abandonner 40% des profits et (2) d'accepter un risque plus élevé en raison de la subordination (obligation junior).

[4] NDE : Graham nous montre, en dépit de la rhétorique promotionnelle à destination des investisseurs, que les obligations convertibles n'offrent pas automatiquement « *le meilleur des deux mondes* ». Plus de rendement et moins de risque vont rarement de pair. Ce que *Wall Street* donne d'une main, c'est en général pour le reprendre de l'autre. Un placement peut offrir le meilleur d'un monde ou le pire d'un autre, mais pas les deux.

[5] NDE : D'après *Goldman Sachs* et *Ibbotson Associates*, entre 1998 et 2002, les obligations convertibles ont offert un rendement moyen de 4,8%. Ce qui est bien mieux que les 0,6% de pertes enregistrées par les actions américaines, mais nettement moins bien que les rendements obligataires à moyen terme (7,5%) et à long terme (8,3%). D'après *Merrill Lynch*, au milieu des années 1990, 15 milliards de dollars de titres convertibles ont été émis chaque année. En 1999, ce montant a plus que doublé pour atteindre 39 milliards de dollars. En 2000, c'est 58 milliards de dollars qui ont été émis et en 2001, 105 milliards de plus. Graham nous met en garde contre la hausse du volume d'émission en fin de marché haussier, car les entreprises risquées ont alors des performances et un cours suffisamment élevé pour que l'option de conversion soit intéressante.

de préférence convertibles, entre décembre 1967 et décembre 1970, a été plus prononcée que celle des actions ordinaires (qui ont perdu seulement 5%). En outre, les actions de préférence convertibles ont fait moins bien que les actions de préférence émises plus tôt, comme le montre le Tableau 42 où sont comparées 20 émissions dans chaque catégorie. Ces comparaisons démontrent, sans équivoque, que les titres convertibles sont globalement plus risqués que les titres seniors et qu'ils ont aussi l'inconvénient d'être attachés à des actions ordinaires qui, en règle générale, font moins bien que le marché, sauf en périodes d'euphorie spéculative. Naturellement, ces remarques ne s'appliquent pas à toutes les émissions d'obligations convertibles. En effet, en 1968 et en 1969, nombre d'entreprises financièrement saines ont émis des obligations convertibles pour réduire le coût de leur financement à cause des taux élevés des émissions obligataires classiques. Cela étant, notons que dans notre échantillon de 20 actions de préférence convertibles, une seule a enregistré une hausse et 14 autres ont connu de fortes baisses.[6]

TABLEAU 42 : ÉVOLUTION DU COURS DES ACTIONS DE PRÉFÉRENCE, DES ACTIONS ORDINAIRES ET DES OPTIONS DE CONVERSION COTÉES ENTRE DÉCEMBRE 1968 ET DÉCEMBRE 1970

	Actions de préférence (sans option)		Actions de preference convertibles	Actions ordinaires	Options de conversion cotées
	Notées A ou mieux	Notées moins de A			
Hausse	2	0	1	2	1
Baisse de 0 à 10%	3	3	3	4	0
Baisse de 10 à 20%	14	10	2	1	0
Baisse de 20 à 40%	1	5	5	6	1
Baisse supérieure à 40%	0	0	9	7	18
Baisse moyenne	10%	17%	29%	33%	65%

Il ne faut pas pour autant en conclure que les titres avec option de conversion sont moins intéressants que ceux sans option de conversion. Toutes choses égales par ailleurs, c'est même l'inverse qui est vrai. Cependant, nous constatons qu'en réalité, *tout ne peut pas être égal par ailleurs*, l'ajout d'une option de conversion trahit souvent, pour ne pas dire toujours, un risque de défaut plus élevé pour l'émission obligataire concernée.

Naturellement, il est vrai que l'action de préférence convertible est moins risquée que l'action ordinaire de la même société, car le risque de défaut sur le principal est plus faible. Autrement dit, ceux qui investissent dans une nouvelle émission

[6] NDE : Des changements structurels récents sur le marché des obligations convertibles ont réduit ces inconvénients. Les actions de préférence convertibles, qui représentaient environ la moitié du marché total des valeurs convertibles, à l'époque de Graham, ne comptent aujourd'hui que pour un huitième du marché. Les maturités sont plus courtes, ce qui rend le cours des obligations convertibles moins volatile et beaucoup offrent aujourd'hui une garantie contre le remboursement anticipé. Plus de la moitié de toutes les valeurs convertibles sont des obligations de bonne qualité (*investment grade*) ce qui marque une diminution du risque de défaut par rapport à l'époque de Graham. Ainsi, en 2002, le *Merrill Lynch All U.S. Convertible Index* a perdu 8,6% – contre une baisse de 22,1% pour l'indice *S&P 500* et de 31,3% pour l'indice *NASDAQ Composite*.

obligataire ont raison, car acheter l'action ordinaire au cours de marché est souvent une mauvaise affaire, que la présence d'un titre convertible ne change pas. Ajoutons que les investisseurs, qui se portent sur un titre convertible, le font, car ils ne trouvent pas d'intérêt ou ne font pas confiance à l'action ordinaire sous-jacente. Autrement dit, ils n'auraient jamais songé acquérir l'action ordinaire, mais ils sont séduits par une combinaison apparemment idéale entre le moindre risque des obligations et le potentiel d'appréciation des actions. Dans certains cas, cette combinaison est intéressante, mais l'expérience montre que c'est souvent un piège.

La détention de titres convertibles soulève un autre problème, que les investisseurs n'imaginent même pas. Que faire si le cours du titre convertible monte ? Faut-il réaliser immédiatement la plus-value ou attendre dans l'espoir de gagner encore plus ? Et si le titre est remboursé par anticipation – une situation courante quand le cours de l'action a fortement monté – faut-il liquider sa position ou bien exercer l'option de conversion et conserver les actions ordinaires ?[7]

Prenons un exemple concret. Vous achetez une obligation à 6% au pair (à 100), convertible en actions avec une parité d'une obligation pour quatre actions ordinaires, autrement dit chaque obligation de 1.000$ de valeur faciale offre un droit de conversion en 40 actions. Supposons que le cours de l'action passe à 30$, la valeur de l'obligation sera donc supérieure à 120. Imaginons que le cours soit égal à 125$. Vous êtes confronté à la question de savoir si vous la vendez à 125 ou si vous la conservez. Si vous la conservez, dans l'espoir de voir son cours augmenter, vous vous retrouvez dans la peau d'un actionnaire, car la baisse du cours de l'action va mécaniquement se répercuter dans le cours de l'obligation. L'investisseur prudent peut aussi se dire qu'à 125$, il se trouve dans une situation trop spéculative et il préférera vendre, enregistrant au passage un joli profit de 25%.

Poursuivons le raisonnement. Il se peut qu'après avoir vendu l'obligation convertible à 125, le cours de l'action continue de grimper, entraînant avec lui le cours de l'obligation convertible. L'investisseur connaîtra alors le regret d'avoir vendu trop tôt. Il se promettra la fois suivante de garder le titre jusqu'à 150, voir même 200. Si le titre atteint 140 et qu'il ne se vend pas, puis que le marché passe à la baisse et que le cours de l'obligation convertible revienne à 80, il aura, une fois de plus pris une mauvaise décision.

Mis à part les tourments, qui accompagnent ces anticipations malheureuses, presque inévitables, se pose une question d'arithmétique. Nous pouvons penser que la politique consistant à vendre dès que la hausse du cours atteint 25 ou 30% résoudrait le dilemme. Cela limiterait la plus-value maximale, si tout se passe bien. Or, si ces titres sont risqués, comme c'est souvent le cas à la fin d'un marché haussier, la plupart n'atteindront jamais le seuil de vente de 125. En revanche, cela n'empêchera pas le cours de s'effondrer si le marché se retourne. C'est ainsi que les prétendus avantages des titres convertibles sont illusoires et l'expérience montre que l'on enregistre autant de lourdes pertes, que de belles plus-values.

---

[7] NDE : Une obligation est remboursée par anticipation par l'émetteur, avant la date de maturité, quand les rendements demandés par les investisseurs baissent (et les cours montent). L'exercice de l'option de remboursement anticipé permet à l'émetteur de se refinancer à moindre en coût en remboursant les obligations à taux élevés, par l'émission de nouvelles obligations à un taux inférieur.

Grâce au marché haussier, d'une durée sans précédent entre 1950 et 1968, les titres convertibles ont montré de belles performances en 18 ans. Cela ne s'explique qu'en raison de la belle hausse du cours des actions ordinaires qui a profité aux titres convertibles. C'est seulement dans un marché baissier qu'il est possible d'apprécier la qualité des titres convertibles et en pareil cas la performance des convertibles a toujours été décevante.[8]

Dans notre première édition (1949), nous illustrions la décision de vendre ou non des titres convertibles dans un marché haussier de la façon suivante. Cet exemple mérite d'être évoqué ici, car, comme la plupart des autres, il est tiré de notre propre expérience. Nous faisions à l'époque partie d'un groupe d'investisseurs, formés essentiellement par des fonds communs de placement, sélectionnés pour participer au placement privé d'une obligation de la société *Eversharp Co. ;* obligation convertible et junior, servant un coupon de 4,5%, émise au pair et convertible en action ordinaire à 40$ l'action. Le cours de l'action grimpa rapidement pour atteindre 65,50$ et même un cours ajusté de 88$ (après division du titre). Ce cours valorisait l'obligation convertible à 220. Durant cette période, l'émetteur offrit la possibilité de rembourser l'obligation avec une petite prime sur le pair, ce qui permit aux détenteurs de l'obligation d'exercer l'option de conversion. C'est ce que firent la plupart des investisseurs. Peu après, le cours de l'action ordinaire chuta et en mars 1948, l'action ne valait plus que 7,50$, valorisant l'obligation convertible à 27$, soit une perte de près de 75% par rapport à l'émission originale, contre une plus-value potentielle de 100%.

Or, parmi les premiers investisseurs, certains ont convertis leurs obligations en actions et conservé l'action pendant toute la durée de sa longue baisse. Ce faisant, ils sont allés à l'encontre d'une vielle maxime de *Wall Street* : « *Ne jamais convertir une obligation convertible.* » Pourquoi ce conseil ? Tout simplement, car une fois que vous exercez l'option de conversion, vous perdez le double avantage d'être un créancier prioritaire et de faire une plus-value appréciable. Vous passez ainsi du statut d'investisseur à celui de spéculateur, souvent au plus mauvais moment puisque l'action a déjà enregistré une forte hausse. Si cette maxime est une bonne règle, pourquoi tant de gérants expérimentés ont-ils échangé leurs obligations pour des actions, pour ensuite enregistrer des pertes très ennuyeuses pour leurs clients ? À n'en pas douter, la raison est qu'ils se sont laissés entraîner par les perspectives enthousiasmantes de l'entreprise et par la hausse du cours en bourse. *Wall Street* donne quelques bons conseils de prudence. Le problème est qu'ils sont systématiquement ignorés au moment où ils sont les plus utiles.[9] D'où le fameux dicton des baroudeurs du marché : « *Faites ce que je dis, mais ne faites pas ce que je fais.* »

Notre attitude à l'égard des obligations convertibles est la méfiance. Nous voulons recommander à l'investisseur d'y regarder à deux fois avant de passer à l'achat, comme

---

[8] NDE : Ces dernières années (fin des années 1990), les titres convertibles ont eu tendance à surperformer l'indice *S&P 500* dans des marchés baissiers, mais ils ont généralement sous-performé les valeurs obligataires – ce qui réduit, sans complétement l'éliminer, la critique de Graham.

[9] NDE : Cette citation pourrait servir d'épitaphe au marché haussier des années 1990. Parmi les *quelques conseils de prudence* oubliés, nous avons aussi « *Les arbres ne montent pas jusqu'au ciel* » ou « *Les taureaux gagnent de l'argent, les ours gagnent de l'argent, mais les porcs finissent toujours à l'abattoir* ».

pour toutes les autres valeurs. Après une analyse sans concession, l'investisseur pourra toujours trouver des titres convertibles si exceptionnels qu'il ne faut pas les laisser passer. L'objectif idéal est de dénicher une obligation convertible peu risquée, échangeable contre une action intéressante à un cours guère plus élevé que le cours de l'action. De temps à autre, vous trouverez ces perles rares. Compte tenu de la nature du marché, vous avez plus de chance de les trouver sur le marché secondaire que sur le marché primaire, car les opportunités se trouvent plus du côté des vieux titres, qui ont les caractéristiques recherchées, que du côté des nouvelles émissions. En effet, si une nouvelle émission remplit les critères de risque, l'option de conversion ne sera pas très intéressante.

L'équilibre, entre ce qui est offert par une obligation convertible classique et ce qui ne l'est pas, est bien illustré par les émissions obligataires placées par *American Telephone & Telegraph*. De 1913 à 1957, *AT&T* a émis pas moins de neuf titres convertibles distincts, généralement au moyen de droits de souscriptions donnés aux actionnaires. Ces obligations convertibles avaient l'avantage pour l'entreprise de développer son actionnariat, ce qui aurait été impossible par augmentation de capital, car les obligations étaient à l'époque très populaires et beaucoup d'institutions financières, aux ressources phénoménales, ne pouvaient pas investir en actions pour des raisons statutaires. Pourtant le rendement du dividende des actions ordinaires était le double du taux coupon offert par les obligations convertibles. Cet écart venait compenser le risque supérieur des actionnaires. Comme le dividende servi par *AT&T* est resté le même à 9$ pendant 40 ans (de 1919 à la division du titre en 1959), toutes les obligations convertibles ont été progressivement échangées pour des actions ordinaires. Les détenteurs d'obligations s'en sont bien tirés au fil des ans, mais pas aussi bien que s'ils avaient acheté des actions ordinaires dès le départ. Cet exemple confirme les qualités de l'entreprise *American Telephone & Telegraph* plus que celles de l'obligation convertible. Pour démontrer la qualité de ces obligations convertibles, il faudrait avoir des exemples où elles ont eu de bonnes performances quand les actions ordinaires sous-performaient. De tels cas sont rares et difficiles à trouver.[10]

L'impact des titres convertibles sur les actions ordinaires

Les émissions de titres convertibles – obligations ou actions de préférence – se sont souvent faites dans le cadre d'opérations de fusion-acquisition. L'exemple le plus emblématique est peut-être l'émission de 100 millions de dollars d'obligations convertibles à 5% (option de conversion incluse) par *NVF Corp.*, échangeables contre des actions de *Sharon Steel Co.* Cette opération exceptionnelle est évoquée en p. 340. En règle générale, une telle transaction conduit mécaniquement à un accroissement du bénéfice net par action dans les comptes pro forma. Ceci entraîne de concert une hausse du cours au motif de la hausse du bénéfice par action, mais aussi parce que les dirigeants démontrent ainsi leur dynamisme, la performance de l'entreprise et leur

[10] NDE : *AT&T* n'est plus un gros émetteur d'obligations convertibles. Parmi les plus importants, citons *General Motors*, *Merrill Lynch*, *Tyco International* et *Roche*.

capacité à générer plus de profit.[11] C'est sans compter sur deux facteurs négatifs, l'un partiellement ignoré, l'autre complétement occulté par des marchés euphoriques. Le premier de ces facteurs est l'effet dilutif de l'exercice de l'option de conversion sur le résultat net. Nous pouvons quantifier cet effet dilutif en partant du résultat net courant divisé par le nombre d'actions en supposant que toutes les options de conversion sont exercées. Souvent, la baisse du bénéfice net par action dilué n'est pas significative. Pour étant, les exceptions sont nombreuses et risquent de l'être encore plus à l'avenir. En effet, les conglomérats, en pleine expansion, sont les principaux utilisateurs de ce tour de passe-passe comptable. Le Tableau 43 (p. 327) donne une liste de sept sociétés où la proportion de titres convertibles est élevée.[12]

TABLEAU 43 : SOCIÉTÉS AVEC UNE FORTE PROPORTION DE TITRES CONVERTIBLES ET D'OPTIONS DE CONVERSION À LA FIN 1969

Sociétés	Actions ordinaires en circulation	Autres actions ordinaires pouvant être émises par conversion ou exercice de...			Total
		Obligations	Actions de préférence	Warrants	
Avco Corp.	11.470	1.750	10.436	3.085	15.271
Gulf & Western, Inc.	14.964	9.671	5.632	6.951	22.260
International Tel. & Tel.	67.393	190	48.115		48.305
Ling-Temco-Vought	4.410	1.180	685	7.564	9.429
National General	4.910	4.530		12.170	16.700
Northwest Industries	7.433		11.467	1.513	12.980
Rapid American	3.591	426	1.503	8.000	9.929

Nota : les chiffres sont exprimés en milliers de titres.

L'intérêt porté aux actions de préférence

Avant 1956, les actions ordinaires ont plus rapporté pendant des décennies que les actions de préférence des mêmes sociétés. C'était encore plus vrai pour les actions de préférence assorties d'une option de conversion à un cours proche de celui du marché. Aujourd'hui, c'est le plus souvent l'inverse. Autrement dit, les actions de préférence convertibles sont plus intéressantes que les actions ordinaires du même émetteur. Par conséquent, les détenteurs d'actions ordinaires ont tout à gagner en passant des actions ordinaires à celles de préférence.

Exemple : Fin 1970, le cas le plus illustratif est celui de *Studebaker-Worthington Corp.* L'action ordinaire s'échangeait à 57$, alors que l'action de préférence convertible (servant un dividende préférentiel de 5$) valait 87,50$. Chaque action de préférence pouvait être échangée contre 1,5 actions ordinaires à un cours de 85,50$. L'écart en faveur de l'action ordinaire était minime,[13] alors que le dividende ordinaire s'élevait à 1,20$ (soit 1,80$ pour 1,5 actions) et le dividende préférentiel se montait à

[11] NDE : Pour plus de détails sur les résultats financiers *pro-forma*, voir les *Commentaires sur le Chapitre 12* (cf. p. 261).
[12] NDE : À la fin des années 1990, les obligations convertibles ont été émises en quantité par des sociétés dans les secteurs de la finance, de la santé et des technologies.
[13] NDT : Cet écart est de 1,50$ [87,50$ - (57$ x 1,5)].

5$. Autrement dit, la perte dans les termes de l'échange était amortie en moins d'un an, au-delà duquel l'action de préférence aurait sans doute offert un rendement plus élevé. Mieux, l'action de préférence offre un privilège d'exigibilité sur l'action ordinaire. Au plus bas du marché de 1968 et de 1970, le cours de l'action de préférence était même 15% supérieur à celui de 1,5 actions ordinaires et l'option de conversion garantissait que le cours de l'action de préférence ne pouvait pas être inférieur à celui de l'action ordinaire.[14]

Les warrants (Bons de Souscription d'Actions)

Ne mâchons pas nos mots. Nous estimons que l'essor actuel des warrants[15] est presque du vol, une menace et un désastre potentiel pour les marchés. Ils ont permis de créer une richesse virtuelle, qui ne repose sur rien et rien ne justifie leur existence, si ce n'est qu'ils induisent en erreur les spéculateurs et les investisseurs. Ils devraient être légalement interdit ou contrôlé pour limiter leur volume à une faible part de la capitalisation boursière des entreprises.[16]

Ceux qui cherchent une analogie littéraire pourront se référer au Faust de Goethe (deuxième partie), dans lequel l'auteur décrit la création de l'argent papier. Nous pouvons citer l'histoire catastrophique des warrants de la société *American & Foreign Power Co*, dont la valeur boursière totale a dépassé le milliard de dollars en 1929 et qui n'existaient que dans une note annexe au bilan de l'entreprise. En 1932, ce milliard ne représentait plus que 8 millions de dollars et en 1952, ils ont été complètement effacés après la recapitalisation de l'entreprise, qui est pourtant restée solvable.

Au départ, les warrants sur actions étaient attachés à une émission obligataire et ils étaient utilisés comme une option de conversion. Leurs montants étaient négligeables et ils n'auraient pas pu mettre en péril le marché. Ils se sont multipliés à la fin des années 1920, en parallèle à d'autres abus financiers, pour disparaître avec l'arrivée de la récession. Il était écrit que, comme le mauvais argent, ils réapparaîtraient un jour. Effectivement, depuis 1967, ils ont pris le statut « *d'instruments financiers* ». C'est aujourd'hui un procédé classique utilisé pour lever des fonds destinés à financer des sociétés immobilières et foncières, affiliées à des banques, en plaçant des actions ordinaires auxquelles sont attachés un warrant (bon de souscription) permettant d'acquérir d'autres actions au même prix. *Exemple* : en 1971, *CleveTrust Realty Investors* a placé 2.500.000 actions ordinaires et warrants à 20$ l'unité.

---

[14] NDG : Fin 1971, le cours de l'action *Studbacker-Worthington* est tombé à 38$ alors que celui de l'action de préférence convertible se tenait à 77$. L'écart est donc passé de 2 à 20 en douze mois, illustrant bien l'intérêt de l'échange ainsi que le peu d'importance qu'accordent les marchés à la simple arithmétique. (Rappelons que l'écart défavorable dans l'échange aurait été récupéré en décembre 1970 grâce au différentiel sur les dividendes.)

[15] NDT : Les warrants sont l'équivalent des Bons de Souscription d'Actions, qui ont fait un retour en force sur la scène financière française après 1987.

[16] NDE : Les warrants étaient une technique financière très utilisée en finance d'entreprise au XIXème siècle et largement pratiquée à l'époque de Graham. Depuis, ils ont vu leur popularité et leur importance diminuer, ce qui aurait donné à Graham l'occasion de se réjouir. Aux États-Unis, fin 2002, il ne restait plus que sept émissions de warrants sur le *New York Stock Exchange* – un vestige de l'ancien temps. Ils sont aujourd'hui rarement utilisés, le lecteur lira cette section pour comprendre le raisonnement de Graham.

Voyons maintenant ce que cache cette mise en scène financière. En règle générale, les actionnaires ont un droit préférentiel de souscription d'action lors d'une augmentation de capital. Ce droit de préemption est une des caractéristiques entrant dans la valeur du droit de propriété de l'action, tout comme le droit de percevoir des dividendes, de participer à la croissance de l'entreprise ou d'élire les administrateurs. Quand un instrument financier, comme les warrants, est créé pour offrir le droit de souscrire à une augmentation de capital, cela signifie que la valeur de ce droit est ôtée à la valeur de l'action ordinaire, pour ensuite être transférée au warrant. Autrement dit, c'est comme si l'on émettait des certificats, distincts de l'action ordinaire, dotés du droit de percevoir un dividende (pour une période limitée ou illimitée) ou du droit de partager le bonus de liquidation de l'entreprise ou bien encore du droit de voter en assemblée générale. Pourquoi donc faut-il identifier les droits de souscription d'actions (warrants) dans les capitaux propres ? Peut-être tout simplement parce que les gens ne connaissent pas grand-chose à la finance. Ils ne comprennent pas que l'action ordinaire perd une partie de sa valeur avec la création de warrants. Voilà pourquoi la combinaison action plus warrant a, à tort, plus de valeur que la seule action ordinaire. Notons qu'en règle générale les rapports annuels des entreprises se gardent bien de calculer les bénéfices par action en prenant en compte l'effet dilutif des droits de souscription des warrants en circulation.[17] La conséquence est de surestimer la relation réelle[18] entre le résultat net et la capitalisation boursière de l'entreprise.[19]

La méthode, la plus simple et probablement la meilleure, pour tenir compte des warrants est d'ajouter leur valeur de marché à celle des actions ordinaires, ce qui a pour effet d'accroître d'autant la juste valeur de l'action cotée. Lorsqu'une émission de warrants, importante en volume, est faite en parallèle à une émission de titres seniors (obligations ou actions de préférence), il faut faire les ajustements en considérant que les droits de souscription d'actions serviront à rembourser les obligations ou les actions de préférence grâce à l'augmentation de capital. Cette méthode ne prend pas en compte la valeur du warrant au-dessus du prix d'exercice.[20] Dans le Tableau 44, nous comparons les effets de chacune de ces deux méthodes avec les données financières de *National General Corp.* pour l'année 1970.

---

[17] NDT : Ce n'est plus le cas aujourd'hui.

[18] NDT : Comprendre le PER réel.

[19] NDE : Aujourd'hui, le dernier vestige de cette activité sur les warrants est le *bulletin board* du *NASDAQ* qui est le marché de gré à gré (marché OTC) destiné aux sociétés minuscules dont l'action est attachée à un warrant pour former une *unité*. Si un courtier vous propose de vous vendre des *unités* d'une entreprise, vous pouvez être sûr à 95% qu'il y a des warrants impliqués dans ces *unités* et, au moins certains à 90%, d'avoir affaire à un idiot ou à un filou. Les courtiers sérieux ne s'aventurent pas sur ce marché.

[20] NDT : Autrement dit, la méthode ne prend pas en compte la valeur intrinsèque du warrant.

TABLEAU 44 : CALCUL DE LA *JUSTE VALEUR* DE MARCHÉ ET DU PER EN PRÉSENCE DE WARRANTS

Exemple : *National General Corp.* en juin 1971

1. Calcul de la « *juste valeur de marché* »

Valeur de marché des 3 émissions de warrants au 30 juin 1971	94.000.000$
Valeur d'un warrant pour chaque action ordinaire	18,80$
Cours de l'action ordinaire	24,50$
Cours corrigé de l'action ordinaire après ajustement des warrants	43,3$

2. Calcul du PER ajusté de la dilution des warrants exercés

	Avant dilution	Après dilution des warrants	
A. Avant éléments exceptionnels		Calcul de l'entreprise	Notre calcul
Bénéfice par action	2,33$	1,60$	2,33$
Cours de l'action ordinaire	24,50$	24,50$	43,30$
PER	10,5x	15,3x	18,5x
B. Après éléments exceptionnels			
Bénéfice par action	0,90$	1,33$	0,90$
Cours de l'action ordinaire	24,50$	24,50$	43,30$
PER	27,2x	18,4x	48,1x

Notons qu'après éléments exceptionnels, le calcul de l'entreprise a pour effet de faire augmenter le bénéfice par action et de réduire le PER. Ce qui est totalement absurde. Avec notre méthode de calcul, l'effet de la dilution est de faire augmenter le PER de façon substantielle.

En créant des warrants, l'entreprise pourra-t-elle se financer plus facilement le jour où elle en aura besoin ? Non, pas du tout. En effet, l'entreprise n'a aucun moyen d'obliger les souscripteurs à exercer leurs options d'achat d'actions pour financer l'entreprise, avant leur date d'expiration. Si, entre temps, l'entreprise désire procéder à une augmentation de capital, elle devra émettre de nouvelles actions à un cours inférieur à celui du marché. Les warrants ne lui seront alors d'aucune aide. Ils ne font que compliquer la situation en exigeant que leur prix de souscription soit révisé à la baisse pour tenir compte de l'effet dilutif de l'augmentation de capital. Une fois de plus, nous réaffirmons que les warrants n'ont aucun intérêt, si ce n'est de fabriquer une valeur virtuelle.

L'argent-papier, évoqué par Goethe dans son Faust, n'est rien d'autre que les fameux assignats français qui, en leur temps, furent considérés comme de merveilleuses inventions et qui finirent par perdre toute valeur, comme dans le cas du milliard de dollars de warrants de la compagnie *American & Foreign Power.*[21] Certaines remarques du poète s'appliquent également aussi à ces inventions financières :

Faust : *L'imagination qui, déployant la hardiesse de son vol, a voulu, pleine d'espérance, s'étendre dans l'éternité, se contente alors d'un petit espace, dès qu'elle voit tout ce qu'elle rêvait de bonheur s'évanouir dans l'abîme du temps.*

---

[21] NDT : Les fameux assignats français ont été émis durant la révolution de 1789. À l'origine, ils représentaient les dettes de l'État Révolutionnaire, dettes garanties par la valeur des biens immobiliers saisis à l'église catholique et à la noblesse par les Révolutionnaires. Or, ces derniers n'étaient pas de très bons gestionnaires. En 1790, les intérêts versés aux détenteurs d'assignats ont baissé avant d'avoir été réduits, pour finir par ne plus être versés. Les assignats devenant alors du papier monnaie, que les autorités refusèrent de rembourser, tout en continuant à en émettre de nouveaux. Ils furent officiellement déclarés sans valeur en 1797.

Méphistophélès (l'inventeur) : *Si quelqu'un veut des pièces d'argent, le courtier est là pour ça.*

Le Fou (enfin) : *Le papier magique... !*

Un post-scriptum utile

Le crime des warrants c'est « *d'être né* ».[22] Une fois créés, les warrants connaissent la même vie que les autres formes de titres financiers et offrent des opportunités de profit, mais aussi des menaces de pertes. Tous les nouveaux warrants émis ont une durée de vie limitée, en général entre cinq et dix ans. Cependant, les plus anciens courent à perpétuité, ce qui rend l'évolution de leur cours fascinante.

Exemple : Le livre des records pourrait citer les warrants de la *Tri-Continental Corp.*, émis en 1929, au prix de 3 cents au plus bas de la dépression, pour atteindre 75,75$ en 1969, soit une hausse de 242.000%. Les warrants s'échangeaient alors à des cours très largement supérieurs aux cours des actions associées, résultat des nombreuses divisions du titre au fil des années. Le warrant émis par *Ling-Temco-Vought* (LTV) est un exemple intéressant et plus récent. Son cours est passé au premier semestre 1971 de 2,5$ à 12,5$ pour ensuite retomber à 4$.

Il n'y a aucun doute sur le fait que l'investisseur peut, avec les warrants, se lancer dans des opérations lucratives, mais le sujet est trop technique pour être abordé dans cet ouvrage. Nous pouvons seulement dire que les warrants ont tendance à s'échanger à un cours relativement plus élevé que les options de conversion attachées aux obligations et actions de préférence convertibles. De ce point de vue, il vaut mieux émettre une obligation avec un warrant attaché à l'obligation, qu'un titre convertible (avec le même facteur dilutif). Si le volume de warrants est faible en valeur par rapport à la capitalisation boursière, il est inutile de s'en inquiéter. En revanche, si le volume de warrants est élevé par rapport au nombre d'actions en circulation, cela peut laisser entendre que l'entreprise est lourdement endettée et qu'elle ferait mieux de procéder à une augmentation de capital. Par conséquent, l'objet de notre critique des warrants, en tant qu'instrument financier, n'est pas de les condamner dans le cadre d'une émission obligataire limitée, mais de dénoncer la légèreté qui conduit à créer des monstruosités financières.

---

[22] NDT : Comprendre « *Le seul crime des warrants, c'est d'exister.* » Graham, lecteur avide de littérature espagnole, paraphrase ici une ligne empruntée à la pièce *La vie est un songe* de Pedro Calderon de la Barca (1600-1681) : « *Le plus grand crime de l'homme, c'est d'être né.* »

COMMENTAIRES SUR LE CHAPITRE 16

Insensé ! Toi ce que tu sèmes ne prend vie qu'à condition de mourir.

Première lettre aux Corinthiens, chapitre 15, verset 36

Le zèle du converti

Même si les obligations convertibles sont dénommées « *obligations* », leur cours suit l'évolution du cours de l'action de l'émetteur, elles fonctionnent comme des options et restent obscures.

Si vous possédez un titre convertible, vous détenez aussi une option, à savoir que vous pouvez soit conserver l'obligation et continuer à toucher un intérêt dessus, soit l'échanger contre une action ordinaire de la société émettrice à un cours de conversion prédéterminé. (Notez qu'une option donne le droit à son détenteur d'acheter ou de vendre un autre titre à un prix donné, pendant une période donnée.) C'est parce qu'elles offrent un droit de conversion en action, que les obligations convertibles offrent un rendement inférieur à celui d'obligations comparables. Cependant, si le cours de l'action de l'émetteur grimpe, le cours de l'obligation convertible montera encore plus que celui d'une obligation conventionnelle. (À l'inverse, l'obligation convertible – avec un rendement plus faible – fera moins bien dans un marché obligataire orienté à la baisse.)[23]

D'après *Ibbotson Associates*, entre 1957 et 2002, les obligations convertibles ont affiché un rendement annuel moyen de 8,3% – soit à peine 2% de moins que la rentabilité offerte par les actions (dividendes inclus), mais avec des cours moins volatils et des pertes plus faibles.[24] Avec des revenus (coupons) supérieurs et moins de risques que pour les actions, il n'est pas étonnant que les commerciaux de *Wall Street* vantent les obligations convertibles comme étant le seul produit réussissant à réunir

---

[23] NDE : Pour illustrer par l'exemple l'investissement dans une obligation convertible, prenons le cas de l'obligation convertible servant un taux coupon de 4,75%, émise par *DoubleClick, Inc.* en 1999. C'est une obligation de 1.000$, qui sert un coupon annuel de 47,50$ et qui peut être convertie en 24,24 actions ordinaires *DoubleClick*. Le ratio de conversion est donc de 24,24. Fin 2002, l'action *DoubleClick* cote 5,66$, ce qui donne à chaque obligation convertible une valeur de 137,20$ (5,66$ x 24,24). L'obligation s'échangeait alors à environ six fois cette valeur, soit 881,30$. Ce qui faisait un surcoût de 542%. Si vous achetiez l'obligation à ce prix, le temps nécessaire pour récupérer la différence de cours aurait été très long. (Vous payez environ 750$ de plus que la valeur de l'obligation et il faut donc environ 16 années d'intérêts à 47,50$ pour récupérer la prime de conversion.) Étant donné que chaque obligation *DoubleClick* n'est convertible qu'en un peu plus de 24 actions ordinaires, il faudrait que l'action passe de 5,66$ à plus de 36$ pour que la conversion soit une option intéressante avant que l'obligation n'arrive à échéance en 2006. Si une telle performance du cours de l'action n'est pas irréaliste, elle reste proche du miracle. Par conséquent, le taux coupon offert sur cette obligation est loin d'être intéressant, compte tenu de la faible probabilité d'exercer l'option de conversion.

[24] NDE : Comme souvent, les performances données par *Wall Street*, restent virtuelles, car elles sont calculées sur la base d'un portefeuille regroupant tous les titres convertibles, sans prendre en compte les frais de gestion et les coûts de transactions (qui sont élevés pour les convertibles). Dans le monde réel, votre performance aurait été inférieure de 2% à celle indiquée ici.

« *le meilleur des deux mondes* ». En réalité, l'*investisseur intelligent* aura tôt fait de se rendre compte que les convertibles offrent moins de revenus et plus de risques que la plupart des autres obligations. C'est pour cette raison que cet instrument financier devrait plutôt être qualifié de « *pire des deux mondes* ». Le monde dans lequel vous tomberez dépendra de la façon dont vous utilisez les titres convertibles.

À vrai dire, les obligations convertibles se comportent plus comme des actions que comme des obligations. Le rendement total des convertibles est très corrélé – à 83% – à l'indice *S&P 500* et seulement à hauteur de 30% à la performance des obligations du Trésor. Donc l'évolution du cours des convertibles et des obligations sont rarement en phase. Pour les investisseurs prudents, qui détiennent le plus gros de leurs actifs sous la forme d'obligations, ajouter des obligations convertibles est une façon de rechercher le rendement du marché action, sans avoir à prendre le risque d'investir en actions. Certains comparent d'ailleurs les titres convertibles à des « *actions pour frileux* ».

Un expert dans les titres convertibles de chez *Advent Capital Management*, F. Barry Nelson, souligne que ce marché, qui représente près de 200 milliards de dollars aujourd'hui, est mûr, par rapport l'époque de Graham. La plupart des convertibles ont aujourd'hui une maturité moyenne entre 7 et 10 ans. La moitié des obligations convertibles sont classées dans la catégorie « *investissements* » qui regroupe les meilleures notations et la plupart des émissions obligataires n'ont pas de clause de remboursement anticipé. Ces facteurs font que ces titres financiers sont aujourd'hui moins risqués que par le passé.[25]

Les frais de transaction par petites quotité sont élevés et il est donc difficile de construire un portefeuille diversifié avec moins de 100.000$. L'investisseur peut néanmoins placer dans un fonds commun de placement tels que ceux de *Fidelity* et *Vanguard*, qui prélèvent des frais de garde largement inférieurs à 1%. Certains fonds fermés sont accessibles à des coûts raisonnables et parfois avec une décote sur leur valeur liquidative réelle.[26]

À *Wall Street*, les instruments financiers complexes – les convertibles n'échappent pas à la règle – sont affublés de noms charmants. Parmi les différents acronymes, nous retrouvons LYONS, ELKS, EYES, PERCS, MIPS, CHIPS ou YEELDS. Ces instruments sophistiqués permettent de limiter les pertes en capital tout en partageant et en plafonnant les gains et ils obligent parfois à convertir l'instrument en actions à une date convenue d'avance. Comme la plupart des produits financiers, qui se vantent de limiter les pertes, ces véhicules financiers soulèvent plus de questions, qu'ils

---

[25] NDE : Notons que la plupart des obligations convertibles sont subordonnées et dites junior par rapport à d'autres engagements financiers (obligations classiques, emprunts bancaires). Autrement dit, les obligations convertibles ont un degré d'exigibilité moindre. C'est-à-dire qu'elles sont moins prioritaires, dans le cas d'une liquidation de la société. Si ces titres sont loin d'être aussi risqués que les obligations à haut rendement (*junk-bonds*), c'est parce que de nombreuses convertibles sont émises par des entreprises bien notées. Ajoutons enfin, que beaucoup d'obligations convertibles sont détenues par des *hedge funds*, dont l'hyperactivité peut accroître la volatilité des cours.

[26] NDE : Pour plus de détails, reportez-vous aux sites Internet suivants : www.fidelity.com, www.vanguard.com, et www.morningstar.com. L'investisseur intelligent restera à l'écart des fonds communs de placement dont les charges annuelles sont supérieures à 1%.

n'apportent de réponses. Ce n'est pas en plaçant dans ce type d'instruments financiers que vous réduirez le risque de perte, mais en diversifiant intelligemment votre portefeuille dans différentes classes d'actifs : liquidités, obligations, actions américaines et actions étrangères.

Se couvrir contre une baisse des cours

Le marché baissier, qui ne s'est achevé qu'en 2003, a remis au goût du jour une vielle trouvaille : la vente d'options d'achat couvertes (*covered calls*). (Une recherche sur *Google* portant sur « *la vente d'options d'achat couvertes* » fait apparaître plus de 2.600 réponses.) De quoi s'agit-il et comme cela fonctionne-t-il ? Imaginez que vous achetez 100 actions *Ixnay Corp.* à 95$ l'action et que vous vendez simultanément une option d'achat sur ces actions. En échange, vous êtes rémunéré en liquidité par la prime de l'option d'achat (qui rapportera, environ 10$, par action). L'acheteur de l'option d'achat aura en échange le droit contractuel d'acheter l'action *Ixnay* au prix (convenu à l'avance) de 100$ par exemple. Vous – vendeur de cette option – conserverez l'action tant qu'elle restera au-dessous de 100$ et vous gagnerez une prime généreuse de 1.000$ qui vous protégera contre une baisse si le cours de l'action chute.

Moins de risque et plus de revenus. Que demander de mieux ?

Eh bien, imaginons que le cours de l'action *Ixnay* passe du jour au lendemain à 110$. À partir de ce cours, l'acquéreur de l'option aura intérêt à exercer son option d'achat de l'action en vous arrachant des mains vos titres pour 100$ par action. Vous garderez toujours les 1.000$ de revenus encaissés, mais vous céderez vos actions *Ixnay* et, plus celles-ci monteront, plus vous vous en voudrez de les avoir cédées.[27]

Étant donné que les gains potentiels sur les actions sont illimités, alors que les pertes ne peuvent pas dépasser 100%, la seule personne qui trouvera à gagner avec une telle stratégie sera l'intermédiaire financier. Vous plafonnerez vos pertes, mais vous plafonnerez aussi vos gains. Pour les investisseurs individuels, cela ne vaut pas la peine de limiter le risque de perte en se laissant déposséder de son potentiel de gains.

---

[27] NDE : Alternativement, vous pourriez racheter votre option d'achat, mais il faudrait que vous acceptiez de réaliser votre perte, en sachant que les coûts de transaction sur les options sont souvent supérieurs aux coûts de transaction sur les actions.

CHAPITRE 17. QUATRE ÉTUDES DE CAS EXTRÊMEMENT INSTRUCTIVES

Nous utilisons l'adverbe *extrêmement* à dessein. En effet, ces quatre études de cas sont, dans l'histoire récente de *Wall Street,* extrêmes à plus d'un titre. Elles donnent lieu à des remarques ou des mises en garde aussi bien à l'investisseur individuel ou le spéculateur, qu'aux professionnels de la finance, qu'il s'agisse d'analystes financiers, de gérants de fonds, de gestionnaires de fortunes ou des spécialistes du crédit aux entreprises des grandes banques commerciales. Les quatre sociétés, que nous passerons en revue sont les suivantes :

Penn Central Co. (chemin de fer). C'est un exemple extrême de la négligence des signaux de détresse financière, par tous ceux détenant des valeurs obligataires ou des actions de cette compagnie. C'est aussi l'illustration de la folie spéculative des marchés sur les titres d'un géant aux pieds d'argile.

Ling-Temco-Vought, Inc. C'est un cas emblématique de l'émergence spontanée d'un empire financier, bâtis sur du sable, avec le soutien des banques. Son effondrement était inévitable.

NVF Corp. C'est un exemple typique d'une petite entreprise, qui entend en absorber une autre, sept fois plus grosse, en ayant recours à un endettement et à des artifices comptables hallucinants.

AAA Enterprise : C'est un exemple édifiant de l'introduction en bourse d'une petite société, avec le concours de courtiers réputés. Sa valorisation ne tenait qu'à l'effet de mode. Deux ans plus tard, elle faisait faillite, après avoir vu le cours de son titre doubler, par rapport à un cours d'introduction, déjà exagéré, dans un marché en pleine folie.

Penn Central Co.

C'est la plus grande compagnie de chemin de fer du pays en termes d'actifs et de chiffre d'affaires. Sa faillite, en 1970, a surpris toute la communauté financière. La plupart de ses émissions obligataires ont été en cessation de paiement et elle a frôlé la liquidation. Le cours de ses obligations s'est effondré et celui de ses actions a chuté d'un plus haut de 86,60$ en 1968 à 5,50$ en 1970. (Il ne fait aucun doute que ces actions seront annulées dans le prochain plan de recapitalisation.)[1]

---

[1] NDE : Pour comprendre la « *surprise* » de la communauté financière lors du déclenchement de la procédure de faillite de *Penn Central,* qui a démarré durant le week-end des 20 et 21 juin 1970, il faut savoir que le cours de clôture du vendredi 19 juin s'élevait à 11,25$ – ce qui n'est pas un cours laissant présager une faillite le lendemain. À une époque plus récente, des actions comme celle des sociétés *Enron* et *WorldCom* se sont également échangées à des cours relativement élevés très peu de temps avant que les sociétés soient mises sous la protection de la justice.

Notre propos est de montrer que l'usage des règles les plus simples d'analyse et de prudence aurait fait apparaître les impressionnantes faiblesses de *Penn Central* bien avant sa mise en faillite, probablement dès 1968, à une époque où son action s'échangeait encore à ses plus hauts historiques depuis 1929 et où ses obligations auraient pu être échangées sans problème contre des obligations de sociétés de service public, servant le même coupon. Voilà quelques commentaires par ordre chronologique :

1. Le *S&P Bond Guide* indiquait que le ratio de couverture des charges financières par le résultat net s'élevait à 1,91 en 1967 et à 1,98 en 1968. Or, rappelons que le taux de couverture minimum exigé, que nous avons recommandé dans notre ouvrage *Security Analysis* est, pour le secteur des chemins de fer, de 5 fois le résultat avant impôts et de 2,9 fois après impôts (calculés au taux normal d'imposition). À notre connaissance, ces critères de prudence n'ont jamais été remis en cause par une quelconque autorité financière. Donc, en prenant notre critère sur le résultat net (après impôts), la *Penn Central* ne satisfait pas au ratio minimal. Notre critère, calculé après impôts, est obtenu à partir du ratio de couverture de 5 calculé sans impôts. Or, la compagnie *Penn Central* n'avait pas payé d'impôt dans les 11 années précédentes ! Autrement dit, avec un ratio de couverture des charges financières par le résultat inférieur à 2, nous étions loin du ratio minimal de couverture requis qui s'élève à 5.
2. D'ailleurs, le seul fait d'avoir une société, qui n'a pas payé d'impôt sur les bénéfices depuis si longtemps, aurait légitimement dû susciter des questions sur la véracité des résultats comptables publiés.
3. Les titres obligataires de la *Penn Central* auraient pu être échangés en 1968 et 1969, par des valeurs servant le même rendement, mais nettement moins risquées. Par exemple, l'obligation *Pennsylvania Railroad* 4,50%, à échéance 1994 (filiale de *Penn Central*) cotait entre 61$ et 74,50$ et l'obligation de la *Pennsylvania Electric Co* à 4,40%, à échéance 1994, cotait entre 64,25$ et 72,25$. Pour cette dernière, le ratio de couverture de ses charges financières par le résultat (avant impôt) de 1968 s'élevait à 4,20 (contre 1,98 pour la *Penn Central*). En 1969, ces ratios n'ont fait que se détériorer. Il fallait donc se séparer des titres de la *Penn Central*, ce qui aurait sauvé la vie des investisseurs concernés. (Fin 1970, l'obligation *Penn Central* à 4,25%, en défaut de paiement, ne valait plus que 18,50$, alors que celle de la *Pennsylvania Electric Co* à 4,40%, cotait encore 66,50$.)
4. La *Penn Central* enregistra un bénéfice net par action de 3,80$ en 1968, soit un PER de 24, calculé au cours le plus élevé (86,60$). N'importe quel analyste de ce nom se serait interrogé sur la qualité d'un résultat net, obtenu sans payer d'impôt sur les bénéfices.
5. Dès 1966, la compagnie, qui sortait d'une opération de fusion, a publié un bénéfice par action de 6,80$, ce qui a poussé le cours du titre jusqu'à un plus haut

de 86,50$.[2] Ce qui en faisait une capitalisation boursière de 2 milliards de dollars. Combien d'investisseurs savaient que ce magnifique résultat était calculé avant déduction d'une charge exceptionnelle de 275 millions, soit 12$ par titre, à comptabiliser sur l'exercice de 1971 ? Il est à se demander si parfois *Wall Street* ne vit pas dans un conte de fées quand une entreprise publie un bénéfice de 6,80$ d'un côté et des pertes exceptionnelles de 12$ de l'autre, avec pour seule réaction des investisseurs et des spéculateurs que de se frotter les mains de satisfaction ![3]

6. Un analyste, spécialiste des chemins de fer, savait depuis longtemps que les résultats opérationnels de la *Penn Central* étaient catastrophiques par rapport à ceux de compagnies comparables. Par exemple, le ratio d'exploitation s'élevait à 47,5% contre 35,2% pour la compagnie voisine, la *Norfolk & Western*.[4]
7. Et pendant ce temps, d'autres manipulations comptables étaient commises, avec de bien curieuses conséquences. Nous les tairons en raison de leur complexité.[5]

Conclusion : On peut s'interroger pour savoir si la situation aurait été différente avec une autre équipe dirigeante. En revanche, il n'y a aucun doute sur le fait qu'un analyste financier, un gérant de fonds, un gestionnaire de fortune ou un conseiller en gestion de patrimoine compétents devaient rester à l'écart des titres *Penn Central* après 1968. *Morale* : Les analystes financiers feraient mieux de faire leur travail d'analyse, plutôt qu'étudier les mouvements du marché, que faire des prévisions, que se lancer dans des calculs sophistiqués ou que participer à des visites d'entreprises tous frais payés ![6]

Ling-Temco-Vought, Inc.

C'est l'histoire d'un développement incontrôlé, à cause d'un endettement excessif, qui s'acheva par d'énormes pertes et de nombreux autres problèmes financiers. C'est aussi l'histoire, tristement banale, d'un petit génie, qui est à la fois à l'origine de la création d'un empire et de son effondrement. Beaucoup d'autres sont aussi à condamner.[7]

---

[2] NDE : *Penn Central* était le fruit de la fusion, annoncée en 1966, entre *Pennsylvania Railroad* et *New York Central Railroad*.

[3] NDE : Ces manipulations comptables, où des résultats sont publiés sans prendre en compte les charges exceptionnelles ou non récurrentes, n'avaient pas d'importance à l'époque et anticipent le recours aux états financiers *pro forma*, si populaires à la fin des années 1990 (voir les *Commentaires sur le Chapitre 12* p. 261).

[4] NDE : Le ratio d'exploitation d'une compagnie de chemin de fer mesure les charges fixes d'exploitation rapporté à son chiffre d'affaires. Plus ce ratio est élevé, plus faible est la profitabilité. Aujourd'hui, même un ratio de 70% serait considéré comme excellent.

[5] NDE : Voir l'article *Six Flags Half a Mast*, de Dr A. J. Briloff dans *Barron's*, du 11 janvier 1971.

[6] NDE : Aujourd'hui la *Penn Central* n'est plus qu'un lointain souvenir. En 1976, la compagnie a été absorbée dans *Consolidated Rail Corp.* (*Conrail*), une société holding financée par l'État Fédéral qui était chargée du sauvetage public de plusieurs compagnies ferroviaires dans le rouge. *Conrail* a été privatisée en 1987 et en 1997, la société a été rachetée conjointement par *CSX Corp.* et *Norfolk Southern Corp.*

[7] NDE : *Ling-Temco-Vought, Inc.* (*LTV*) a été créé en 1955 par James Joseph Ling, artisan électricien, qui leva son premier million de dollars de capital en faisant lui-même la promotion et le placement des actions de sa société, en distribuant notamment ses prospectus sur son stand d'exposition dans une foire texane. Son succès commercial lui permit d'acquérir des dizaines d'autres sociétés, le plus souvent par échange d'actions. Plus la croissance externe de *LTV* était forte, plus le cours de l'action grimpait. Plus le cours

La croissance et la chute de *Ling-Temco-Vought* peuvent facilement être observées dans le Tableau 45, avec le compte de résultat et le bilan consolidé de la société pour la période 1958-1970. La première colonne souligne les débuts modestes de la société en 1958, car elle réalisait, à l'époque, seulement 7 millions de dollars de chiffre d'affaires. En 1960 (colonne suivante), elle avait multiplié son chiffre d'affaires par 20, mais restait microscopique aux yeux de *Wall Street*. Puis, ce furent les années dorées, 1967 et 1968, où le chiffre d'affaires explosa et fut à nouveau multiplié par 20. Dans le même temps, l'endettement explosa littéralement, passant de 44 à 1.653 millions de dollars. L'année 1969 fut celle des nouvelles acquisitions, d'une nouvelle hausse de la dette (atteignant 1.865 millions), mais aussi le début du déclin.

TABLEAU 45 : *LING-TEMCO-VOUGHT, INC.* (1958-1970)

A. Résultats opérationnels	**1958**	**1960**	**1967**	**1969**	**1970**
Chiffre d'affaires	6,9$	143,0$	1.883,0$	3.750,0$	374,0$
Résultat d'exploitation	0,552$	7.287$	95,6$	124,4$	88,0$
Charges financières	0,1$	1,5$	17,7$	122,6$	128,3$
Couverture des charges financières	5,5x	4,8x	54x	1,02x	0,68x
Impôts sur les sociétés	0,225$	2.686$	35,6$	15,2$	4,9$
Résultat exceptionnel				-40,6$	-18,8$
Résultat net dilué	0,227$	3.051$	34,0$	-38,3$	-69,6$
Résultat net non dilué	0,202$	3.051$	30,7$	-40,8$	-71,3$
Bénéfice net par action	0,17$	0,83$	5,56$	-10,59$	-17,18$
B. Structure financière					
Actif total	6,4$	94,5$	845,0$	2.944,0$	2.582,0$
Dette à court terme	1,5$	29,3$	165,0$	389,3$	301,3$
Dette à moyen et long terme	0,5$	14,6$	202,6$	1.500,8$	1.394,6$
Capitaux propres (CP)	2,7$	28,5$	245,0$	-12,0$	-69,0$
C. Ratios					
Ratio de liquidité générale	1,27x	1,45x	1,80x	1,52x	1,45x
Ratio de solvabilité (CP / Dettes)	5,4x	2,0x	1,2x	0,17x	0,13x
Fourchette de cours		28-20$	169-109$	97-24$	29-7$

Nota : les chiffres sont donnés en millions de dollars sauf ceux par action.

En 1969, l'entreprise enregistra une perte énorme, après charges exceptionnelles, et le cours du titre s'effondra d'un plus haut de 169,50$, en 1967, à un plus bas de 24$. Le petit génie des affaires fut démis de ses fonctions ! Le résultat de l'exercice 1970 fut encore plus catastrophique. La société publia une perte de 70 millions de dollars. Le cours de l'action plongea pour atteindre 7,20$ et celui de l'obligation chuta à 15% du pair. Les plans d'expansion furent rangés au placard et beaucoup d'actifs furent cédés pour désendetter l'entreprise.

---

grimpait, plus *LTV* pouvait continuer sa croissance externe. Fin 1999, *LTV* était en 14ème position dans le classement *Forbes* des 500 plus grosses sociétés américaines. C'est à ce moment-là, que le château de cartes s'est effondré, comme l'aurait dit Graham. *LTV Corp.* a été mis en règlement judiciaire en 2000. Les entreprises, qui se développent essentiellement par croissance externe sont dénommées les « *acquéreurs en série* ». L'analogie avec les « *tueurs en série* » n'est pas accidentelle. Comme le cas de *LTV* le démontre, les *acquéreurs en série* laissent toujours derrière eux un paysage de désolation financière. Les investisseurs, qui ont compris l'avertissement de Graham sont restés à l'écart des « *enfants chéris* » des médias dans les années 1990, avec des valeurs comme *Conseco*, *Tyco* et *WorldCom*.

Les chiffres du tableau parlent d'eux-mêmes, mais appellent quelques commentaires :

1. La période d'expansion n'a pas été sans accrocs. En 1961, l'entreprise a connu une petite perte, en adoptant une pratique qui se généralisera dans les années 1970 et qui consiste à imputer des charges exceptionnelles sur une mauvaise année.[8] Ces charges exceptionnelles s'élevaient, en 1961, à 13 millions de dollars, soit plus que tous les bénéfices dégagés lors des trois derniers exercices. Après une année calamiteuse, la société *LTV* était désormais prête à annoncer des performances historiques à partir de 1962 !
2. Fin 1966, la valeur nette comptable des actifs immobilisés s'élevait à 7,66$ par action (après ajustement pour division du titre dans un ratio de 3 pour 2). Ainsi, le cours du titre en 1967 représentait 22 fois cette valeur comptable. Fin 1968, l'ensemble des actifs valait 286 millions de dollars, ce qui représentait 77$ par action ordinaire de classe AA (pour un flottant de 3,8 millions de titres). Mais après déduction des actions de préférence à leurs cours courants, des actifs incorporels (goodwill) et de la prime sur les émissions obligataires (elle apparaît dans un poste d'actif séparé),[9] il ne restait plus que 13 millions de dollars pour les actions ordinaires, soit à peine 3$ par action. Les actifs corporels allaient très vite être effacé par les pertes des exercices suivants.
3. Fin 1967, deux grandes banques plaçaient 600.000 actions *LTV* à 111$. L'action a ensuite atteint un plus haut à 169,50$ avant de sombrer en moins de trois ans à 7,1$.[10]
4. Fin 1967, l'endettement financier s'élevait à 161 millions de dollars, mais un an plus tard, il atteignait 414 millions de dollars, ce qui n'était pas très rassurant. Ajoutons que la dette à long terme valait 1.237 millions de dollars, ce qui donnait, en 1969, un endettement total de 1.869 millions de dollars. Ce chiffre représentait certainement l'endettement le plus élevé de toute l'histoire, pour une entreprise industrielle, à l'exception notoire de la *Standard Oil of New Jersey*.
5. Les pertes enregistrées en 1969 et 1970 représentaient plus que l'ensemble des profits cumulés de l'entreprise depuis sa création !

---

[8] NDE : La tradition consistant à déformer l'image fidèle des résultats par des charges exceptionnelles de restructuration est encore à la mode aujourd'hui. Le fait de « *charger la barque* » en imputant toutes les charges possibles et imaginables sur une même année est une manipulation comptable permettent aux sociétés de faire apparaître de beaux chiffres de croissance en trompe l'œil l'année suivante. Les investisseurs auraient tort d'assimiler cette croissance à une preuve de la bonne santé de l'entreprise.

[9] NDE : Cette notion de « *prime sur les émissions obligataires* » laisse entendre que *LTV* aurait acheté des obligations au-dessous de leur pair et aurait traité cette décote comme un actif, au motif que ces obligations pourraient finalement être revendues au pair. Graham s'en moque, car il est impossible de savoir quel sera le cours d'une obligation à une date donnée, sauf à sa date de remboursement. Si ces obligations ne pouvaient être vendues qu'au-dessous du pair, ce soi-disant « *actif* » serait devenu un « *passif* ».

[10] NDE : On peut imaginer ce que Graham aurait pensé d'un investissement comme *InfoSpace*, par exemple, lors de son introduction en bourse en décembre 1998. Le titre (ajusté pour refléter la division du cours) avait été introduit à 31,25$, pour atteindre un plus haut de 1.305$ en mars 2000, puis terminer l'année 2002 au cours de 8,45$ par action.

Morale : La première question soulevée par la saga *LTV* est de savoir pourquoi les banques commerciales ont-elles pendant si longtemps continué à prêter à l'entreprise pour financer sa croissance ? Même avant 1966, les ratios de couverture des charges financières, les ratios de liquidité générale et de solvabilité ne respectaient pas les règles prudentielles. Pourtant, les banques ont quand même continué à financer sa croissance externe à concurrence de 400 millions de dollars pendant encore 2 ans. Ce n'était pourtant ni dans leur intérêt, ni dans celui des actionnaires. Si cette histoire peut servir de leçon aux banquiers, complices d'une croissance débridée, la raconter n'aura pas été inutile.[11]

L'acquisition de *Sharon Steel* par *NVF* (un cas d'anthologie)

Fin 1968, la société *NVF* était une entreprise dégageant un chiffre d'affaires de 31 millions de dollars et un résultat net (avant un produit exceptionnel) de 374.000$, pour 4,6 millions de dollars de dettes à long terme et 17,4 millions de capitaux propres. Elle opérait dans le secteur des « *plastiques et des fibres vulcanisées* ». Les dirigeants de *NVF* décidèrent d'acquérir *Sharon Steel Corp*, entreprise qui à l'époque avait un chiffre d'affaires de 219 millions de dollars, un résultat net de 2,93 millions pour 43 millions de dollars de dettes à long terme et 101 millions de capitaux propres. La cible pesait donc sept fois plus lourd que *NVF*. Début 1969, *NVF* fit une offre d'achat en actions sur la totalité du capital de *Sharon*. Les termes de l'échange étaient les suivants : une obligation junior *NVF* à 5% (échéance 1994) de 70$ de valeur faciale, plus un warrant (bon de souscription) donnant le droit d'acheter 1,5 actions *NVF* à un prix de 22$ par action. Le management de *Sharon* résista vigoureusement à l'attaque, mais en vain. Finalement, *NVF* acquit 88% du flottant de *Sharon* suivant les termes de l'offre, en émettant donc pour 102 millions de dollars d'obligations à 5% et des warrants pour 2.197.000 de ses actions. En supposant que l'opération se soit aussitôt dénouée, le nouveau groupe consolidé aurait eu en 1968 un chiffre d'affaires de 250 millions de dollars, pour une dette à long terme de 163 millions et seulement 2,2 millions de dollars de capitaux propres. Le calcul du résultat net consolidé aurait été compliqué à calculer pour l'analyste, mais l'entreprise indiqua que ce serait une perte de 50 cents par action *NVF* avant prise en compte des produits exceptionnels et un bénéfice de 3 cents après incorporation de ces produits exceptionnels.[12]

---

[11] NDE : Graham aurait été un peu déçu, mais certainement pas surpris, de voir que les banques commerciales ont de façon chronique continué à soutenir une telle « *croissance débridée* ». *Enron* et *WorldCom*, deux des plus grands fiascos de l'histoire économique, ont été aidés et encouragés par des milliards de dollars de financement bancaire.

[12] NDE : En juin 1972 (juste après la rédaction de ce chapitre), un juge fédéral a découvert que le président de *NVF*, Victor Posner, avait indûment détourné les actifs du fonds de pension de *Sharon Steel* « *pour aider les sociétés affiliées à financer le rachat d'autres entreprises* ». En 1977, la *SEC* a condamné Posner, *NVF* et *Sharon Steel*, pour prévenir toute violation future des lois fédérales de protection en matière de fraudes sur valeurs mobilières. La *SEC* alléguait que Posner et sa famille s'étaient appropriés irrégulièrement, aux dépens de *NVF*, pour 1,7 millions de dollars d'avantages personnels. *Sharon* avait surestimé ses résultats avant impôts de 13,9 millions de dollars, falsifié la valeur des stocks et déplacé des charges et des produits d'une année sur l'autre. Le sulfureux Posner devint plus tard une figure importante dans la vague de LBO et de

Commentaire n°1. De toutes les OPA lancées en 1969, celle-ci est, sans aucun doute, la plus excessive en termes de disproportion financière. *NVF* devait désormais assumer un endettement colossal et voir ses prévisions de bénéfices se transformer en une perte pour l'exercice 1968. La détérioration de la situation financière de *NVF* s'est traduite dans le cours de la dernière émission obligataire à 5%, qui cotait seulement 42% du pair. La faiblesse du cours traduisait donc le risque financier et les doutes sur les perspectives de l'entreprise. Les dirigeants ont profité d'un cours aussi faible pour obtenir un crédit d'impôt de 1 million de dollars, avec l'artifice suivant.

Le rapport annuel de 1968, publié après le rachat de *Sharon*, donnait une synthèse du calcul du résultat net, où deux éléments inhabituels attiraient l'attention :

1. Un poste d'actif de 58.600.000$, libellé en « *charges différées* ».[13] Notons que ce montant était supérieur à l'ensemble des capitaux propres, qui s'élevaient à 40.200.000$.
2. Un poste, habituellement non présent dans les capitaux propres, d'un montant de 20.700.000$, libellé « *capitaux propres excédentaires par rapport au prix d'acquisition de Sharon* ».

Commentaire n°2. Si nous excluons les charges différées de l'actif, qui ne peuvent pas être un actif et, si nous prenons en compte l'autre poste dans les capitaux propres (ce qui devrait être le cas), nous avons une image plus réaliste de la valeur des capitaux propres de *NVF* qui s'élève à 2.200.000$.

Donc, le premier effet de l'opération de fusion-acquisition est de ramener les capitaux propres « *réels* » de *NVF* de 17.400.000$ à 2.200.000$, c'est-à-dire, de 23,71$ à 3$ par action pour 731.000 actions. Ajoutons à cela le fait que les actionnaires de *NVF* ont cédé un bon de souscription avec le droit d'acquérir 3,5 actions nouvelles par action ancienne avec une décote de 6$ sur le prix de clôture de l'action fin 1968. La valeur de marché de ces warrants a été fixée à l'origine à environ 12$ l'unité, soit un total de 30 millions de dollars. Autrement dit, la valeur des warrants dépassait largement la capitalisation boursière des actions *NVF* en circulation – un autre signe du renversement des rôles au détriment de l'actionnaire historique.

Les manipulations comptables

En passant d'une présentation des comptes pro-forma aux comptes financiers de l'année suivante, plusieurs postes comptables étranges ont fait leur apparition. En plus des charges financières normales (se chiffrant à la somme rondelette de 7.500.000$), apparaissait, sous l'intitulé « *amortissement des charges financières différées* » un montant de 1.795.000$. Or, ce montant était pratiquement compensé à hauteur de 1.650.000$, par la ligne suivante curieusement dénommée « *amortissement des*

---

raids hostiles, qui ont secoué les États-Unis dans les années 1980. Il devint un des plus gros émetteurs de *junk bonds* placés par la fameuse banque *Drexel Burnham Lambert*.

[13] NDT : Une charge différée (charge à répartir) est une charge engagée sur plusieurs exercices, qui est considérée comme un actif tant que l'engagement n'est pas éteint (exemple : un loyer à cheval sur deux exercices).

capitaux propres excédentaires par rapport au prix d'acquisition des filiales ». Dans l'une des notes annexes apparaît un poste, totalement inconnu, où une ligne des capitaux propres est baptisée « *juste valeur des warrants émis lors d'un rachat, ...* » pour un montant de 22.129.000$.

Que signifient ces postes comptables ? Ils ne sont même pas mentionnés dans le rapport annuel 1969. L'analyste financier devra lui-même résoudre ces mystères, à l'image d'un détective. Il découvrira que l'objectif était de réaliser une économie d'impôt en raison de la faiblesse du cours de l'obligation. Les lecteurs intéressés par ces manipulations comptables se reporteront aux Annexes (page 453).

Autres curiosités

1. Juste après la clôture des comptes de l'exercice 1969, la société a acquis pour pas moins de 650.000 warrants à un prix unitaire de 9,38$. Ce qui paraît pour le moins peu ordinaire, quand on sait que (a) *NVF* n'avait que 700.000$ de liquidités en fin d'année et 4.400.000$ de dettes arrivant à échéance en 1970 (les 6 millions de dollars pour financer les warrants ont naturellement été empruntés) et (b) que *NVF* a acheté avec ce papier[14] une obligation qui cotait 40% de sa valeur faciale, ce qui, habituellement, est un signe de difficultés à venir.

2. Pour compenser en partie cette opération, la société a racheté pour 5.100.000$ d'obligations et 253.000 warrants par conversion en actions ordinaires. Cette manœuvre n'a été possible que grâce aux caprices des marchés, où il lui a été possible de racheter les obligations à 5%, qui cotaient 40, en les échangeant contre des actions qui cotaient 13,50$ et qui ne servaient pas de dividende.

3. La société avait l'intention, non seulement de vendre des actions à ses salariés, mais aussi de leur proposer des warrants, en grand nombre, pour souscrire au capital. Comme pour les actions, les warrants pouvaient être achetés avec un acompte initial de 5%, le solde étant échelonné sur plusieurs exercices. C'est le seul plan d'achat de warrants de ce type que nous connaissons. Qui un jour aura le culot d'inventer et de vendre le droit d'acheter le droit d'acheter une action ?[15]

4. Au cours de l'année 1969, la société *Sharon Steel Co.,* qui venait de passer sous le contrôle de *NVF,* changea sa méthode de calcul d'évaluation de ses engagements financiers pour couvrir les pensions de ses salariés et elle décida également de réduire le taux d'amortissement de ses immobilisations. Ces changements comptables lui permirent d'ajouter environ 1$ par action sur le bénéfice publié avant effet dilutif.

5. Fin 1970, le *S&P Stock Guide* indiquait que le PER de l'action *NVF* était inférieur à 2, soit le multiple le plus faible des 4.500 titres du guide ! Pour résumer avec un vieux proverbe de *Wall Street* : « *C'est important, si c'est vrai.* » Le ratio était

---

[14] NDT : En référence aux warrants.
[15] NDT : La formulation est voulue, il n'y a pas redondance.

calculé à partir du cours de clôture de l'année (8,75$) et du résultat publié par *Sharon* (5,38$) sur l'exercice clos au 30 septembre 1970. En prenant ces données, le multiple n'est en réalité que de 1,6 et il ne prend en compte, ni l'effet dilutif élevé, ni les mauvais résultats enregistrés au dernier trimestre 1970. Avec ce résultat trimestriel, le bénéfice net par action est de 2,03$ (non dilué) et de 1,80$ après effet dilutif.[16] Notons que la valeur de marché des actions ordinaires et des warrants s'élevait à 14 millions de dollars seulement pour une dette obligataire de 135 millions. Une structure financière pour le moins déséquilibrée.

AAA Entreprise

Historique

Il y a une quinzaine d'années, un jeune étudiant, du nom de Williams, lança une entreprise spécialisée dans la vente de mobil homes.[17] En 1965, il transforma son affaire en société anonyme, vendit pour 5.800.000$ de mobil homes et dégagea un profit de 61.000$ avant impôts. Dès 1968, il développa à tout va son réseau de franchise en vendant à des tiers le droit de vendre des mobil homes sous son enseigne. En parallèle, il lança une nouvelle entreprise de service pour aider les contribuables à rédiger leur déclaration fiscale, les mobil homes de son autre entreprise faisant office de bureaux. Il créa, pour l'occasion, une filiale baptisée *M. Tax of America*, dont l'objet était de vendre la franchise à d'autres pour utiliser l'idée et l'enseigne. Le nombre d'actions qu'il possédait fut multiplié pour atteindre 2.710.000 parts sociales. Tout était prêt pour une introduction en bourse. L'une des plus grosses banques d'affaires, accompagnée par un confrère, accepta de placer les titres. C'est ainsi qu'en mars 1969, 500.000 actions de la société *AAA Enterprise* furent placées au cours d'introduction de 13$ par action, avec 300.000 titres provenant du compte personnel de Williams et les 200.000 autres du compte de l'entreprise. L'opération permit de renforcer les capitaux propres de 2.400.000$. Le cours du titre doubla très vite pour atteindre 28$, valorisant la société à 84 millions de dollars, pour une valeur comptable des capitaux propres de 4,2 millions de dollars et un résultat net de 690.000$ seulement. À n'en pas douter, M. Williams avait baptisé sa firme *AAA Enterprise* pour qu'elle apparaisse dans les premières lignes des annuaires téléphoniques et des pages jaunes. Ce faisant,

---

[16] NDE : L'effet dilutif important est lié à l'exercice par les salariés *NVF* de leurs warrants. L'entreprise aurait alors dû émettre de nouvelles actions et le résultat net aurait été divisé par un plus grand nombre d'actions en circulation.

[17] NDE : Jackie G. Williams a créé *AAA Enterprises* en 1958. Lors de sa première journée de cotation, le cours du titre a bondi de 56%, pour clôturer à 20,25$. Williams annonça plus tard que *AAA* allait développer un nouveau concept de franchise (en effet, en imaginant que tous les gens sont prêts à vivre dans un mobil home pour défiscaliser, imaginez combien je peux en vendre !). Mais *AAA* a fini à court de temps et d'argent et Williams à court d'idées. L'histoire de *AAA Enterprises,* nous rappelle la saga d'une société plus contemporaine, avec des dirigeants charismatiques et peu d'actifs. Il s'agit de la société *ZZZZ Best* qui est parvenue à atteindre une capitalisation boursière de 200 millions de dollars à la fin des années 1980, alors que son activité de nettoyage de moquettes ne nécessitait qu'un téléphone et un bureau loué, où officiait un adolescent du nom de Barry Minkow. *ZZZZ Best* a vite fait faillite et Minkow s'est retrouvé en prison. Au moment où vous vous lisez ces lignes, il y a nécessairement une société, en cours de création, pour plumer une « *nouvelle génération d'investisseurs* ». Ceux qui ont lu Graham resteront à l'écart.

c'était aussi la première société listée dans le *Standard & Poor's Stock Guide.* Avec Abu-Beb-Adhem, elle était en tête du peloton ![18] C'était une autre raison, pour l'analyser afin d'illustrer les déboires des introductions en bourse et des valeurs à la mode en 1969.

Commentaire : M. Williams n'a pas fait une mauvaise affaire. En effet, les 180.000$ de valeur comptable des 300.000 titres vendus ont été multiplié par vingt pour atteindre, en décembre 1968, la coquette somme de 3.600.000$. Quant à ceux qui se sont chargés de la souscription et de la commercialisation des titres, ils se sont partagés 500.000$ nets dans l'opération !

1. Cette opération ne fut pourtant pas aussi lucrative pour les investisseurs, car ils ont dû payer dix fois la valeur comptable des titres, portant les capitaux propres par action de 59 cents à 1,35 dollars.[19] Avant 1968 – la meilleure année – le bénéfice net par action n'a jamais dépassé les 7 cents par titre. Les investisseurs ont donc payé très cher des perspectives ambitieuses et incertaines.

2. Malgré cela, le prix du titre doubla très vite par rapport au cours d'introduction, permettant aux investisseurs de faire une plus-value. Cela exonère-t-il la responsabilité des intermédiaires de marché dans le placement des titres et dans de futures augmentations de capital ? La réponse est loin d'être simple, mais elle mérite réflexion, aussi bien à *Wall Street,* que dans les autorités de régulation des marchés.[20]

La suite de l'histoire

Avec cette augmentation de capital, *AAA Enterprise* se lança dans deux autres activités. La société ouvrit en 1969 une chaîne de distribution de magasins spécialisés dans la vente de moquettes et elle acquit une usine de fabrication de mobil homes. Les résultats publiés neuf mois après l'introduction en bourse n'étaient pas vraiment brillants, mais légèrement meilleurs que ceux de l'année précédente (22 cents par action au lieu de 14 cents). La suite de l'histoire défie l'imagination. L'entreprise fit une perte de 4.365.000$, soit 1,49$ par action. Cette perte consuma tous les capitaux

---

[18] NDE : Dans le poème « *Abou Ben Adhem,* » du poète romantique anglais Leigh Hunt (1784-1859), un musulman vertueux voit un ange écrire dans un livre d'or « *les noms de ceux qui aiment le Seigneur ».* Quand l'ange dit à Abou que son nom n'était pas dans le livre, Abou lui répondit : « *Je t'en prie, écrit mon nom comme celui de quelqu'un qui aime ses semblables.* » L'ange revint la nuit suivante pour montrer le livre à Abou : « *Le nom de Ben Adhem était devant tous les autres.* »

[19] NDG : En acceptant de payer une prime sur la valeur comptable des actions ordinaires, les investisseurs ont fait monter la valeur des capitaux propres par action. Donc, la hausse des capitaux propres n'est *de facto* que le résultat de l'action d'investisseurs prêts et conscients de surpayer leurs actions.

[20] NDE : Le point, que soulève Graham, est que les banques d'investissement ne devraient pas s'attribuer le mérite d'une hausse consécutive à une introduction en bourse, qui est recherchée par les investisseurs, à moins que ces mêmes intermédiaires financiers soient également prêts à endosser la responsabilité d'une chute du cours. Les nombreuses introductions en bourse des valeurs Internet ont eu une performance supérieure à 1.000% en 1999 et au début 2000, mais la plupart des valeurs nouvellement introduites sur le marché ont ensuite perdu plus de 95% dans les trois années qui ont suivi. Comment peut-on justifier que la hausse des cours soit partagée par si peu de gens, alors que tant d'autres subissent des pertes massives ?

propres existant avant l'introduction, ainsi que les 2.400.000$ du produit de l'augmentation de capital et les deux tiers des bénéfices enregistrés sur l'exercice 1969. La valeur des capitaux propres restant n'était que de 242.000$, soit 8 cents par action, pour des actionnaires, qui avaient déboursé 13$ lors de l'introduction, 7 mois plus tôt seulement. Pourtant, l'action clôtura quand même l'année à un cours de 8,1$, valorisant l'entreprise à 25 millions de dollars !

Commentaire additionnel :

1. Il est difficile de croire que la société a engrangé un bénéfice de 686.000$ entre janvier et septembre 1969, puis perdu 4.365.000$ le trimestre suivant. Les comptes publiés au 30 septembre 1969 étaient complétement faux et entachés de malhonnêteté.

2. Le cours de clôture annuel à 8,1$ dénote d'un marché encore plus inconscient que lors de l'introduction à 13$ et du plus haut à 28$, car ces deux cours pouvaient encore être justifiés par les espoirs, même disproportionnés, placés sur le titre. La société, avec des capitaux propres insignifiants, au bord de l'insolvabilité et sans perspectives était quand même valorisée à 25 millions de dollars en fin d'année. (Les résultats au 31 décembre ont été publiés quelques mois plus tard, mais les intermédiaires financiers de *Wall Street* ayant participé à l'introduction pouvaient avoir accès aux comptes mensuels et se faire bien plus tôt une idée précise de l'état des affaires.)

Suite et fin

Au premier semestre 1970, l'entreprise enregistra encore une perte de 1 million de dollars. Elle échappa à la faillite grâce aux concours financiers de M. Williams, qui se sont montés à 2.500.000$. Aucun autre rapport d'activité n'a, semble-t-il, été publié jusqu'en janvier 1971, c'est-à-dire au moment où *AAA Enterprise* a été mise en faillite. L'action est tombée en fin de mois à 50 cents (soit 1.500.000$ au total). Les titres ne valaient plus alors que le prix du papier. Fin de l'histoire.

Morale et interrogations

Les spéculateurs sont incorrigibles. Ils ne savent pas compter. Ils sont prêts à acheter n'importe quoi, à n'importe quel prix, dès lors que le cours bouge. Ils s'enticheront pour n'importe quelle entreprise, dès lors qu'elle évolue dans le secteur des réseaux en franchise, de l'électronique, des sciences et technologies ou autre chose, tant que c'est un secteur à la mode. Nos lecteurs, qui sont tous des investisseurs sensés, ne sombreront pas dans cette folie. Pourtant une question demeure : les banques d'affaires, dignes de ce nom, ne devraient-elles pas mettre un point d'honneur à éviter d'accoler leur nom à celui de telles entreprises, qui, dans 9 cas sur 10 sont condamnées à la faillite ? Telle était la situation en 1914, lorsque l'auteur découvrit *Wall Street*. Or depuis, les règles d'éthique se sont dégradées, malgré la multiplication des règles et des contrôles. La *SEC* ne devrait-elle pas avoir plus de pouvoirs pour mieux protéger le public, au-delà d'exiger la complétude des informations dans la publication du prospectus d'émission ? Faudrait-il publier des avertissements lors des appels publics à l'épargne ? Le prospectus et, peut-être, l'avis d'opéré ne devraient-ils pas être accompagnés d'une sorte de garantie contre le risque de surévaluation du titre par rapport à ceux comparables ? Au moment où nous écrivons ces lignes, une réforme pour lutter contre les abus de *Wall Street* est en réflexion. Il sera bien difficile d'imposer des changements, autres que cosmétiques, pour mieux réglementer les introductions en bourse, car ces abus sont en grande partie le résultat de l'insouciance et de l'avidité du grand public. Le sujet mérite tout de même d'être étudié avec soin.[21]

[21] NDE : Les cinq dernières phrases de Graham pourraient se lire comme l'épitaphe officielle de la bulle Internet qui a éclaté début 2000. À l'image des avertissements qui figurent sur tous les paquets de cigarettes et qui n'empêchent pas les gens de fumer, les réformes réglementaires n'empêcheront pas les gens de succomber à une overdose de cupidité. (Le communisme n'a même pas pu empêcher les bulles financières, la bourse chinoise a grimpé de 101,7%, pendant la première moitié de l'année 1999, avant de s'écraser ensuite.) De même, les banques d'affaires ne pourront pas retrouver leur virginité et ne plus vendre n'importe quoi, à n'importe quel prix, si le marché en réclame. Adopter les principes de Graham (lire notamment les Chapitres 1, 8 et 20) est probablement le meilleur point de départ pour ne pas faire de bêtises.

COMMENTAIRES SUR LE CHAPITRE 17

Woden, le dieu de la sagesse s'est attaqué au roi des trolls et le paralysa par une clé de bras. Il lui demanda comment triompher du chaos. « Donne-moi ton œil gauche », dit le troll « et je te le dirai ». Sans hésiter, Woden lui donna son œil gauche. « Maintenant, dis-moi ». Et le troll répondit : « Le secret c'est de regarder avec les deux yeux ! »

John Gardner

Plus ça change et...

Graham met en évidence quatre situations extrêmes :

- Un géant aux pieds d'argile,
- Un conglomérat en forte croissance,
- Une fusion-acquisition, où le petit engloutit le plus gros,
- Une introduction en bourse d'une société, qui ne vaut pratiquement rien.

Les dernières années nous ont offert de nombreux autres exemples, aussi extrêmes, que ceux de Graham pour compléter notre encyclopédie. En voici quelques-uns :

Lucent, tout sauf transparent

En 2000, *Lucent Technologies* était la coqueluche des investisseurs. C'était la douzième entreprise américaine en termes de capitalisation boursière, avec 192,9 milliards de dollars.

Cette valorisation colossale était-elle justifiée ? Plongeons dans ses états financiers au premier trimestre fiscal, clos au 30 juin 2000[22] :

La lecture attentive du rapport trimestriel va immanquablement déclencher des signaux d'alerte comme autant de voyants clignotant sur un standard téléphonique bloqué :

- *Lucent* venait tout juste de faire l'acquisition de *Chromatis Networks*, un fournisseur d'équipement optique, pour 4,8 milliards – dont quelque 4,2 milliards de *goodwill* (soit la différence entre le prix d'achat et la valeur comptable de l'entreprise). *Chromatis* employait 150 personnes, n'avait pas de clients et n'avait pas enregistré un seul dollar de chiffre d'affaires. Autrement dit, il aurait mieux valu traduire *goodwill* par *espoir*. Si les produits, encore en phase de

[22] NDE : Ce document, comme tous les rapports financiers cités dans ce chapitre, est accessible au grand public dans la base de données EDGAR accessible sur www.sec.gov.

développement chez *Chromatis*, ne donnaient pas les résultats espérés, *Lucent* devrait passer le goodwill en charges sur les exercices à venir.

- Une note annexe soulignait que *Lucent* avait prêté 1,5 milliards de dollars à ses clients, pour qu'ils achètent ses produits et se portait garant sur 350 millions de dollars également empruntés par ses clients. Le montant total de ces financements avait doublé en un an, laissant entendre que les clients de *Lucent* étaient au bord de la cessation de paiement. Que se passerait-il si c'était vraiment le cas ?
- Ajoutons enfin que *Lucent* avait enregistré en immobilisations incorporelles, les coûts de développement de nouveaux logiciels. Habituellement, n'est-ce pas plutôt en charges d'exploitation ?

TABLEAU 46 : *LUCENT TECHNOLOGIES, INC.*

	Pour les trimestres se terminant...	
	Au 30 juin 2000	Au 30 juin 1999
Compte de résultat		
Chiffre d'affaires	8.713	7.403
Bénéfice (perte) d'exploitation sur les activités conservées	(14)	622
Bénéfice (perte) d'exploitation sur les activités abandonnées	(287)	141
Résultat net	(301)	763
Bilan		
Disponibilités	710	1.495
Créances clients	10.101	9.486
Goodwill	8.736	3.340
Charges (capitalisées) de développement de logiciel	576	412
Total des actifs	46.340	37.156

Nota : les chiffres sont exprimés en millions de dollars.
Source : document de référence (10-Q) *Lucent Technologies*.

Conclusion : En août 2001, *Lucent* décida de fermer sa division *Chromatis,* qui n'avait que deux clients.[23] Sur l'année fiscale 2001, *Lucent* a perdu 16,2 milliards de dollars et 11,9 milliards de plus en 2002. Dans ces pertes figuraient 3,5 milliards de provisions « *pour créances irrécouvrables et financement clients* » ; 4,1 milliards « *dépréciation du goodwill* » et 362 millions de charges « *sur les coûts capitalisés de développement de logiciels* ».

L'action *Lucent*, qui valait 51,06$ au 30 juin 2000, termina l'année 2002 à 1,26$, soit environ 190 milliards de dollars de capitalisation boursière partis en fumée.

Le magicien des acquisitions

Pour décrire *Tyco International Ltd.*, il suffit de paraphraser Winston Churchill et de dire que jamais, autant de gens n'ont autant vendu à si peu d'autres. De 1997 à 2001, ce conglomérat, basé aux Bermudes, a dépensé plus de 37 milliards de dollars –

[23] NDE : L'effondrement de *Chromatis* est expliqué dans le *Financial Times* du 29 août 2001, p. 1 et celui du 1er et 2 septembre 2001, p. 23.

essentiellement par échange d'actions *Tyco* – pour acheter des entreprises, de la même façon qu'Imelda Marcos[24] achète des chaussures. Pour le seul exercice fiscal 2000, d'après son rapport annuel, *Tyco* a acquis « *environ 200 sociétés* » – soit en moyenne une par jour ouvré.

Le résultat ? *Tyco* a connu une croissance phénoménale. En cinq ans, son chiffre d'affaires est passé de 7,6 milliards à 34 milliards de dollars et son résultat opérationnel a bondi d'une perte de 476 millions de dollars à un bénéfice de 6,2 milliards. Ce qui justifiait les 114 milliards de dollars de capitalisation boursière à la fin 2001.

En revanche, les états financiers de *Tyco* étaient aussi incroyables que sa croissance. Chaque année, la société enregistrait des centaines de millions de dollars de charges liées à ses acquisitions. Ces charges pouvaient être réparties en trois catégories :

1. Des coûts liés à des opérations de « *fusion* » ou de « *restructuration* » et « *d'autres charges exceptionnelles* »,
2. Des charges pour la « *dépréciation d'actifs immobilisés* » et
3. Des dotations pour « *l'amortissement de projets de R&D en cours de développement* ».

Pour faire simple, nous nous référerons au premier type de charge avec le symbole (1), au second par (2) et au troisième par (3). Comment ces charges sont-elles apparues ?

TABLEAU 47 : *TYCO INTERNATIONAL LTD.*

Exercice fiscal	Charges (1)	Charges (2)	Charges (3)
1997	918	148	361
1998	0	0	0
1999	1.183	335	0
2000	4.175	99	0
2001	234	120	184
Total	2.510	702	545

Nota : les chiffres sont exprimés en centaines de millions de dollars.
Source : document de référence (10-K) *Tyco International.*

Comme nous pouvons le constater, les charges (1) – supposées être exceptionnelles – apparaissent quatre années sur cinq, pour un montant incroyable de 2,5 milliards de dollars. Les charges (2) sont chroniques et s'élèvent à plus de 700 millions de dollars et les charges de type (3) se sont élevées à un demi-milliard de dollars.[25]

---

[24] NDT : Mannequin, chanteuse, puis épouse du président philippin Ferdinand Marcos, elle était connue pour être dispendieuse et aimer les chaussures. Après la chute du régime, elle fut accusée avec son mari d'avoir détourné plusieurs milliards de dollars. Elle est revenue en politique et, est actuellement députée.

[25] NDE : En comptabilisant les charges (3) lors de l'acquisition d'une société, cela permettait à *Tyco* de minorer le goodwill. Comme les charges (3) pouvaient être constatées immédiatement, alors que le goodwill devait être déprécié ou amorti sur plusieurs années, cela permettait à Tyco de minimiser la dépréciation du goodwill sur ses résultats futurs.

L'*investisseur intelligent* se poserait les questions suivantes :

- Si la stratégie de croissance externe était une aussi bonne idée, pourquoi *Tyco* prendrait-il la peine de dépenser en moyenne 750 millions de dollars par an pour nettoyer son bilan ?
- Si *Tyco* n'est pas considéré comme un fabricant de produits, mais plutôt comme un spécialiste des acquisitions, comme le laisse entendre les comptes financiers, pourquoi les charges (1) sont-elles qualifiées de charges exceptionnelles ? Ne devaient-elles pas être des charges d'exploitation ?
- S'agissant des charges comptables liées aux acquisitions et imputées sur plusieurs exercices, comment pouvons-nous prévoir quel sera chaque année leur impact ?

En réalité, l'investisseur est incapable de savoir quels sont les véritables résultats *passés* de l'entreprise. En 1999, à la suite d'un audit comptable de la *SEC*, *Tyco* a dû rétroactivement imputer 257 millions de dollars de charges de type (1) sur son résultat de 1998 – ce qui signifie que ces charges « *non récurrentes* » ont été engagées sur l'exercice 1998. Au même moment, la compagnie a dû revoir son résultat 1999, par rapport à celui publié. En effet, le poste (1) a baissé de 929 millions de dollars, tandis que le poste (2) a augmenté de 507 millions de dollars. *Tyco* grossissait en taille, mais la croissance du résultat suivait-elle le même rythme ? Personne n'était capable de le dire.

Conclusion : Sur l'année fiscale 2002, *Tyco* a perdu 9,4 milliards de dollars. L'action, qui a clôturé l'année 2001 à 58,90$, a terminé l'année 2002 à 17,08$, marquant une perte de 71% en douze mois.[26]

Le petit poisson avale une baleine

Le 10 janvier 2000, *American Online* et *Time Warner* ont annoncé leur fusion dans le cadre d'une opération valorisée à l'origine à 156 milliards de dollars.

Au 31 décembre 1999, le bilan de la société *AOL* s'élevait à 10,3 milliards de dollars pour un chiffre d'affaires sur les douze derniers mois de 5,7 milliards de dollars. Celui de *Time Warner* se montait à 51,2 milliards de dollars, pour 27,3 milliards de dollars de chiffre d'affaires. *Time Warner* était, sur tous les plans, une entreprise beaucoup plus grosse que la société *AOL*, sauf en termes de capitalisation boursière. *America Online* était le titre préféré des investisseurs, car c'était tout simplement la première grande société de l'Internet. Le titre s'échangeait à un PER de 164. L'action *Time Warner*, un fourre-tout regroupant des chaînes de télévision par câble, des films, de la musique et des magazines, s'échangeait à un PER de 50.

Les deux entreprises qualifièrent l'opération de « *fusion stratégique entre égaux* ». Le président de *Time Warner*, Gerald M. Levin, déclara : « *Les perspectives sont*

[26] NDE : En 2002, l'ex-patron de *Tyco*, L. Dennis Kozlowski, a été accusé par les autorités fédérales de fraude fiscale et d'abus de bien social. Parmi les motifs, citons 15.000$ pour l'achat d'un porte-parapluies et 6.000$ pour des rideaux de douche, Kozlowski réfuta ces accusations.

illimitées pour tous ceux qui sont impliqués d'une façon ou d'une autre dans AOL Time Warner, au premier rang desquels les actionnaires. »

Ravis de constater que l'action *Time Warner* intéressait la valeur vedette de l'Internet, les actionnaires de *Time Warner* approuvèrent l'opération à une écrasante majorité. Mais, ils avaient négligé deux ou trois petites choses :

- Cette « *fusion entre égaux »* donnait 55% du capital du nouveau groupe aux actionnaires de *AOL* alors que *Time Warner* était cinq fois plus gros.
- Pour la deuxième fois en trois ans, la *SEC* audita *AOL* pour vérifier la bonne comptabilisation des coûts marketing.[27]
- Près de la moitié des actifs de la société *AOL* – qui se montaient à 4,9 milliards de dollars – étaient composés de « *titres de participation destinés à être cédés* ». Cela voulait dire que si le cours des valeurs technologiques cotées en bourse baissait, la valeur des actifs *AOL* diminuait dans les mêmes proportions.

Conclusion : Le 11 janvier 2001, les deux firmes finalisaient leur fusion. *AOL Time Warner, Inc.* a enregistré une perte de 4,9 milliards de dollars en 2001 et une deuxième de 98,7 milliards en 2002, qui sera la perte la plus importante jamais enregistrée par une entreprise. Le gros de cette perte provenait de la dépréciation de la valeur de *American Online*. Fin 2002, les actionnaires, qui devaient avoir des opportunités « *illimitées* » d'après Levin, constataient pour seul résultat, une baisse de 80% de la valeur de leurs actions depuis l'annonce de l'opération.[28]

Pouvez-vous rater un placement à la portée d'un enfant ?

Le 20 mai 1999, *eToys, Inc.* plaçait 8% de ses actions en bourse. Quatre des banques d'affaires les plus prestigieuses de *Wall Street* – *Goldman Sachs & Co.* ; *BancBoston Robertson Stephens* ; *Donaldson, Lufkin & Jenrette* et *Merrill Lynch & Co.* – prenaient en charge la vente 8.320.000 actions *eToys* à 20$ pièce pour lever 166,4 millions de dollars de capitaux. Le cours de l'action explosa, clôturant la première séance de cotation à 76,56$, soit une hausse de 282,8%. À ce prix, *eToys* (avec ses 102 millions d'actions) était valorisé à 7,8 milliards de dollars.[29]

---

[27] NDT : Les sociétés Internet tiraient à l'époque tout leur chiffre d'affaires des revenus publicitaires. Or, pour augmenter leurs revenus, elles troquaient de l'espace publicitaire avec d'autres sites Internet, gonflant leur chiffre d'affaires, sans que les charges marketing n'augmentent, car le coût des espaces achetés était nul. Voilà pourquoi la SEC auditait la comptabilisation des coûts marketing.

[28] NDE : Par souci de transparence, précisons que Jason Zweig est salarié chez *Time, Inc.*, une ancienne division de *Time Warner*, faisant aujourd'hui partie de *AOL Time Warner, Inc.*

[29] NDE : Le prospectus de *eToys* avait été glissé dans une pochette, qui reprenait un dessin humoristique original du personnage d'un dessin animé pour enfants, *Arthur*, et qui montrait de façon comique combien il allait devenir tellement plus simple d'acheter toutes sortes de babioles sur *eToys*. Comme l'analyste Gail Bronson de *IPO Monitor* l'a déclaré à *Associated Press* le jour même de l'introduction en bourse de *eToys* : « *Les dirigeants eToys ont très bien géré la croissance de la société l'an passé et ils se sont positionnés pour être le centre d'intérêt des enfants sur Internet* ». Et Bronson ajouta : « *La clé pour réussir son introduction en bourse, notamment dans le e-commerce, c'est un bon marketing* ». Bronson avait en partie raison : c'est

À ce cours, les investisseurs en avaient-ils suffisamment pour leur argent ? La croissance du chiffre d'affaires n'avait été que de 4,26% l'année précédente, mais *eToys* avait gagné 75.000 nouveaux clients au dernier trimestre de l'année. Toutefois, en 20 mois d'exploitation, le chiffre d''affaires cumulé n'avait été que de 30,6 millions de dollars pour une perte de 30,8 millions, ce qui voulait dire que pour chaque dollar de chiffre d'affaires, la société dépensait 2$.

TABLEAU 48 : LA *TOY STORY*

	eToys, Inc.	***Toys « R » Us, Inc.***
	Année fiscale se terminant au 31/03/1999	Trimestre fiscal se terminant au 01/05/1999
Chiffre d'affaires	30	2.166
Résultat net	(29)	27
Disponibilités	20	289
Total des actifs	31	8.067
Capitalisation boursière au 20/05/1999	7.780	5.650

Nota : les chiffres sont exprimés en millions de dollars.
Source : document de référence des sociétés.

Le prospectus, publié lors de l'introduction en bourse, indiquait que *eToys* utiliserait une partie du produit de l'augmentation de capital pour acquérir une autre entreprise de e-commerce, *Baby-Center, Inc.* Cette société avait enregistré une perte de 4,5 millions, pour un chiffre d'affaires de 4,8 millions de dollars sur l'année écoulée. (Pour gagner le gros lot, *eToys* était donc prêt à débourser 205 millions de dollars.) Par ailleurs, *eToys* gelait 40,6 millions d'actions à distribuer aux dirigeants dans le cadre d'un plan de stock-options. Donc, si d'aventure *eToys* parvenait à être bénéficiaire, le résultat net n'aurait pas été partagé par les 102 millions d'actions, mais par les 143 millions. Autrement dit, la dilution des futurs bénéfices aurait été d'environ 33%.

La comparaison des performances de *eToys* et *Toys "R" Us* – son principal concurrent – est édifiante. Au cours des trois derniers mois, *Toys "R" Us* a enregistré un résultat net de 27 millions de dollars, pour un chiffre d'affaires 40 fois supérieur à celui de *eToys,* mais sur toute une année. Et pourtant, comme nous le montre le Tableau 48 (p. 352), le marché valorisait *eToys* à 2 milliards de dollars de plus que *Toys "R" Us.*

Conclusion : Le 7 mars 2001, *eToys* déposait le bilan après avoir accumulé pour plus de 398 millions de dollars de dettes durant sa brève épopée boursière. Le cours de l'action, qui marqua un plus haut à 86$ en octobre 1999, s'échangeait ce jour-là pour quelques cents.

bien là que repose probablement la clé d'une introduction réussie du point de vue de l'émetteur et des banquiers, mais pour les investisseurs, la clé de la réussite, ce sont les bénéfices. C'est ce qui manqua à *eToys.*

CHAPITRE 18. HUIT ANALYSES COMPARATIVES

Nous allons procéder dans ce chapitre à l'analyse comparative de huit couples de sociétés, qui se suivent par ordre alphabétique sur la cote boursière. Nous espérons ainsi illustrer, de façon vivante et concrète, leurs différentes caractéristiques en termes de structure et de politique financières, de performances et d'aléas économiques, mais aussi en termes de parcours boursier ces dernières années. Nos commentaires ne porteront que sur les aspects qui présentent un intérêt général ou valeur d'exemple.

Cas n°1 : *Real Estate Investment Trust REIT* (immobilier commercial et industriel) et *Realty Equities Corp of New York REC* (investissement immobilier et construction).

Dans la première comparaison, nous faisons une entorse au classement alphabétique utilisé dans les autres exemples, pour mettre côte à côte une entreprise, qui gère à l'ancienne, de façon prudente, mesurée et raisonnable les capitaux qui lui sont confiés et une autre société, comme il existe beaucoup aujourd'hui, qui a une croissance incontrôlée, manipule ses comptes et connaît une forte évolution de son périmètre. Les deux sociétés ont des noms similaires et elles ont longtemps étaient voisines sur la cote de l'*American Stock Exchange*. Leurs codes mnémoniques (REI et REC) pouvaient d'ailleurs facilement être confondus. Pourtant l'une d'elle est un trust très sérieux de Nouvelle Angleterre, administré par trois partenaires, qui existe depuis pratiquement un siècle et qui a toujours versé des dividendes depuis 1889. Cette institution s'est cantonnée depuis sa création à des placements prudents, limitant sa croissance et son endettement, pour qu'ils restent gérables.[1]

L'autre est une de ces entreprises à forte croissance, comme il en existe à New York, qui a vu ses actifs passer de 6,2 millions à 154 millions de dollars en huit ans et son endettement suivre la même trajectoire. Ses activités dans l'immobilier se sont diversifiées pour former un groupe hétérogène avec l'exploitation de deux champs de courses hippiques, de 74 cinémas, de trois agences littéraires, d'une société de relations publiques, d'hôtels, de supermarchés et encore avec une participation de 26% dans un fabricant de cosmétiques (qui fit faillite en 1970).[2]

---

[1] NDE : Graham décrit ici le *Real Estate Investment Trust*, qui fût acquis par *San Francisco Real Estate Investors* en 1983 à 50$ par action. Le paragraphe suivant évoque *Real Equities Corp. of New York*.

[2] NDE : L'acteur Paul Newman a été, pendant quelques temps, un des principaux actionnaires de *Reality Equities Corp. of New York*, quand la société lui a racheté sa société de production de films, *Kayos, Inc.*, en 1969.

Ce conglomérat hétéroclite était à l'image de la structure financière de la société, où l'on pouvait retrouver :

1. Des actions de préférence, servant un dividende de 7$, mais avec une valeur nominale au bilan de 1$ seulement.
2. Des actions ordinaires, avec une valeur comptable de 2.500.000$ (1$ par action), mais insuffisante pour compenser le coût de rachat de 209.000 actions pour 5.500.000$.
3. Trois émissions de warrants (bons de souscription), donnant le droit d'acquérir un total de 1.578.000 actions.
4. Et au moins six formes différentes de dettes à court et à long terme, avec des crédits hypothécaires, des dettes non cautionnées, des billets de trésorerie placés auprès du grand public et des banques, des prêts bancaires à court terme et des prêts consentis par l'État, pour un total de 100 millions de dollars, auquel venait s'ajouter les dettes fiscales et les dettes d'exploitation.

Prenons d'abord les principaux éléments financiers des deux entreprises, tels qu'ils apparaissent dans leurs états financiers pour l'exercice 1960 (cf. Tableau 49). Nous observons que la capitalisation boursière de *REIT* est neuf fois plus importante que celle de *REC*. Par ailleurs, *REIT* a un endettement relatif moins lourd et une meilleure marge nette que *REC*, mais le PER de *REIT* est supérieur à celui de *REC*.

TABLEAU 49 : CAS N°1 (1960)

	Real Estate Investment Trust (REIT)	***Realty Equities Corp.of New York (REC)***
Chiffre d'affaires	3.585.000$	1.484.000$
Résultat net	485.000$	150.000$
Bénéfice net par action	0,66$	0,47$
Dividende par action	0,00$	0,10$
Valeur comptable par action	20,00$	4,00$
Fourchette de cours	20-12$	5,25-4,50$
Total des actifs	22.700.000$	6.200.000$
Total des passifs (hors capitaux propres)	7.400.000$	5.000.000$
Valeur comptable des actions ordinaires	15.300.000$	1.200.000$
Capitalisation boursière moyenne	12.200.000$	1.360.000$

Le Tableau 50 (p. 355) présente la situation des deux sociétés, mais huit ans plus tard. Nous observons que *REIT* est resté sur sa trajectoire, avec une croissance de 75% de son chiffre d'affaires et de son bénéfice par action et que *REC* s'est métamorphosée en une entreprise monstrueuse et fragile.

Quelle fut la réaction de *Wall Street* à cette évolution ? Les marchés n'ont pas marqué grand intérêt pour *REIT*, à l'inverse de *REC*. En effet, en 1968, le cours de *REC* a bondi de 10$ à 37,75$ et ses warrants de 6$ à 36,50$, dans un volume total d'échange de 2.420.000 titres. Dans le même temps, le cours de l'action *REIT* est passé de 20$ à 30,25$ dans des volumes plus modestes. La valeur comptable des capitaux propres de *REC* s'élevait à 3,41$ par action, soit environ un dixième de sa valeur de marché alors que la valeur des capitaux propres de *REIT* se montait à 20,85$.

L'année suivante, la situation de *REC* n'était pas bonne et le cours de l'action chuta à 9,50$. À la publication du rapport annuel (mars 1970), les actionnaires furent probablement surpris de constater que l'entreprise avait enregistré une perte de 13.200.000$ soit 5,17$ par action, réduisant à néant la valeur des capitaux propres, déjà faibles. (Ces chiffres catastrophiques prenaient en compte une provision pour risques de 8.800.000$.) Cela n'empêcha pas les dirigeants d'avoir le culot d'annoncer le versement d'un dividende de 5 cents à la clôture de l'exercice fiscal. Pourtant, les vrais problèmes étaient à venir. En effet, les commissaires aux comptes ont refusé de certifier les comptes pour l'exercice 1969-70. La cotation du titre fut suspendue sur le marché réglementé (*American Stock Exchange*) et sur le marché de gré à gré (OTC). Le cours chuta à moins de 2$.[3]

TABLEAU 50 : CAS N°1 (1968)

	Real Estate Investment Trust (REIT)	*Realty Equities Corp.of New York (REC)*
Cours au 31 décembre 1968	26,50$	32,50$
Nombre d'actions ordinaires	1.423.000$	2.311.000$
Cours des actions ordinaires	37.800.000$	75.000.000$
Valeur estimée des warrants	-	30.000.000$
Valeur estimée des warrants et actions ordinaires	-	105.000.000$
Dettes	9.600.000$	100.800.000$
Actions de préférence	0$	2.900.000$
Total (capitaux permanents)	47.400.000$	208.700.000$
Cours des actions ordinaires ajustées des warrants	-	45$
Valeur comptable par action	20,85$	3,41$
	Novembre 1968	**Mars 1969**
Chiffre d'affaires	6.281.000$	39.706.000$
Résultat d'exploitation	2.696.000$	11.182.000$
Charges financières	590.000$	6.684.000$
Impôt sur les sociétés	58.000$	2.401.000$
Dividende préférentiel		174.000$
Résultat net (disponible pour actions ordinaires)	2.048.000$	1.943.000$
Résultat exceptionnel	245.000$	(1.896.000$)
Résultat net (disponible pour actions ordinaires)	2.293.000$	47.000$
Bénéfice par action (avant exceptionnels)	1,28$	1,00$
Bénéfice par action (après exceptionnels)	1,45$	0,20$
Dividende ordinaire	1,20$	0,30$
Couverture des charges financières	4,6x	1,8x

Les mouvements sur le cours des actions de *Real Estate Investment Trust* a été normal en 1969. À son plus bas de 1970, le cours a touché les 16,50$ avant une reprise qui a porté le titre à 26,90$ début 1971. Le bénéfice net par action se montait à 1,50$ pour un cours de 21,60$, légèrement au-dessus de la valeur comptable des capitaux propres. Si le titre pouvait paraître un peu surévalué, les intérêts des actionnaires ont au moins été préservés par les dirigeants de l'entreprise.

[3] NDE : *REC* a été radiée de la cote de l'*American Stock Exchange* en septembre 1973. En 1974, la *SEC* a poursuivi les comptables de la société pour fraude. Son fondateur, Morris Karp, a plaidé coupable. En 1974 et 1975, le surendettement, que Graham avait observé, a conduit à une crise financière dans le secteur bancaire, impliquant notamment la *Chase Manhattan*, qui avait largement contribué à financer le secteur immobilier.

Cas n°2 : *Air Products and Chemicals* (gaz industriel et médical) et *Air Réduction Co.* (gaz industriel, produits chimiques)

À la différence du premier cas traité, les deux entreprises ont exactement la même activité et partagent presque le même nom. La comparaison des deux est donc plus naturelle dans une analyse financière. Dans les autres exemples, les entreprises n'ont pas nécessairement la même activité. *Air Products* est une société plus jeune que *Air Reduction*, dont le chiffre d'affaires était, en 1969, le double de la première. Pour autant, la capitalisation boursière de *Air Product* était 25% supérieure à celle de *Air Reduction*. Comme nous pouvons le constater dans le Tableau 51, la raison est à chercher dans une meilleure rentabilité et une plus forte croissance de la société *Air Product*. Ici, nous pouvons clairement observer l'incidence de meilleures performances opérationnelles sur la valeur de l'entreprise. En effet, l'action *Air Products* s'échangeait à un PER de 16,5, contre un PER de 9,1 pour les titres de *Air Reduction*. Ajoutons que le PBR de *Air Products* était largement supérieur à un, alors que celui de *Air Reduction* n'était que de 0,75. *Air Reduction* versait un dividende plus élevé pour répondre à l'intérêt porté par le marché aux actions *Air Product* qui ne servaient pas un gros dividende. Cependant, *Air Reduction* avait un fonds de roulement plus confortable. Ce qui n'est pas grave, car nous considérons qu'une entreprise profitable peut toujours trouver à financer son fonds de roulement. Enfin, notons que de notre point de vue, *Air Product* était trop surendettée.

Si l'on avait demandé aux analystes de faire un choix entre les deux sociétés, tous auraient conclu que les perspectives de *Air Product* semblaient plus prometteuses que celles de *Air Reduction*. Pour autant, est-ce que cela permet de dire que le titre *Air Product* est plus intéressant alors qu'il est plus cher ? Nous ne pouvons pas répondre à cette question de façon catégorique. En général, *Wall Street* préfère la « *qualité* » à la « *quantité* ».[4] La majorité des analystes préféreront *Air Product*, le « *meilleur titre, même s'il est plus cher* ». Quant à savoir s'ils ont raison, l'avenir le dira. Dans cette hypothèse, *Air Reduction* fait partie des sociétés à faible PER. Comme les études, que nous avons évoquées,[5] semblent confirmer que ce type d'entreprise a toutes les chances de donner de meilleurs résultats par rapport à celles à PER élevé, *Air Réduction* est donc le meilleur choix, mais seulement si la valeur fait partie d'un portefeuille diversifié.

---

[4] NDT : Autrement dit, les professionnels décident sur des critères de croissance et de risque, plus que sur des critères de cherté.

[5] NDE : Graham cite ici ses recherches sur les actions dans la valeur, dont il parle au Chapitre 15 (cf. p. 301). Depuis la rédaction de cet ouvrage, de nombreuses études scientifiques ont confirmé que les actions dans la valeur surperforment les actions de croissance sur de longues périodes. (Les recherches conduites dans le secteur de la finance de marché moderne a simplement fourni des confirmations indépendantes de ce que Graham avait montré plusieurs décennies plus tôt.) Reportez-vous, par exemple, aux travaux de James L. Davis, Eugene Fama et Kenneth R. French, *Characteristics, Covariance, and Average returns: 1929-1997*, disponible à l'adresse http://papers.ssrn.com.

TABLEAU 51 : CAS N°2 (1969)

	Air Products & Chemicals	***Air Reduction***
Cours au 31 décembre 1969	39,50$	16,50$
Nombre d'actions ordinaires	5.832.000	11.279.000
Capitalisation boursière	231.000.000$	185.000.000$
Dettes	113.000.000$	173.000.000$
Valeur de marché des capitaux permanents	344.000.000$	364.000.000$
Valeur comptable par action	22,89$	21,91$
Chiffre d'affaires	221.500.000$	487.600.000$
Résultat net	13.639.000$	20.326.000
Bénéfice par action (1969)	2,40$	1,80$
Bénéfice par action (1964)	1,51$	1,51$
Bénéfice par action (1959)	0,52	1,95$
Taux de distribution (dividende)	20%	80%
Dividende versé depuis	1954	1917
Ratio		
- PER	16,5x	9,1x
- PBR	0,65x	0,75x
- Rendement (dividende)	0,5%	4,9%
- Marge nette	6,2%	4,2%
- ROE	11,0%	8,2%
- Liquidité générale	1,53x	3,77x
- Fonds de roulement / Dettes	0,32x	0,85x
Taux de croissance des bénéfices		
- Entre 1964 et 1969	+59%	+19%
- Entre 1959 et 1969	+362%	Baisse

Néanmoins, il n'est pas impossible qu'une analyse plus poussée des deux sociétés conduise l'analyste à une conclusion diamétralement opposée, mais pour des raisons très différentes de celles qui sont tirées de l'étude des performances historiques de ces deux titres.

Suite et fin

Air Product a mieux résisté au retournement de marché de 1970, puisque le cours de l'action n'a perdu que 16% contre 24% pour celui de la société *Air Réduction*. Cependant, le cours de *Air Reduction* a mieux rebondi début 1971, gagnant 50% sur le cours de clôture 1969, contre seulement 30% pour *Air Product*. Ici, le titre au multiple le plus faible a pris le dessus.[6]

[6] NDE : La société *Air Products and Chemicals, Inc.* existe toujours en tant que société cotée et elle fait partie de l'indice *Standard & Poor's*. *Air Reduction Co.* est devenue la filiale du groupe *BOC* (alors connu sous le nom de *British Oxygen*) en 1978.

Cas n°3 : *American Home Products Co.* (médicaments, produits cosmétiques, produits ménagers, confiserie) et *American Hospital Supply Co.* (fabricant et distributeur de fournitures et d'équipements d'hôpitaux)

Les deux sociétés, connues pour un goodwill dépassant le milliard de dollars, fin 1969, opéraient dans le secteur de la santé ; un secteur très lucratif et en pleine croissance. Pour simplifier, nous les appellerons respectivement *Home* et *Hospital*. Les principales données financières sont répertoriées dans le Tableau 52.

TABLEAU 52 : CAS N°3 (1969)

	American Home Products	*American Hospital Supply*
Cours au 31 décembre 1969	72,00$	45,25$
Nombre d'actions ordinaires	52.300.000	33.600.000
Capitalisation boursière	3.800.000.000$	1.516.000.000$
Dettes	11.00.000$	18.000.000$
Valeur de marché des capit. permanents	3.811.000.000$	1.534.000.000$
Valeur comptable par action	5,73$	7,84$
Chiffre d'affaires	1.193.000.000$	446.000.000$
Résultat net	123.300.000$	25.000.000$
Bénéfice par action (1969)	2,32$	0,77$
Bénéfice par action (1964)	1,37$	0,31$
Bénéfice par action (1959)	0,92$	0,15$
Taux de distribution (dividende)	140%	24%
Dividende versé depuis	1919	1947
Ratio		
- PER	31,0x	58,5x
- PBR	12,50x	5,75x
- Rendement (dividende)	1,9%	0,55%
- Marge nette	10,7%	5,6%
- ROE	41,0%	9,5%
- Liquidité générale	2,6x	4,5x
Taux de croissance des bénéfices		
- Entre 1964 et 1969	75%	142%
- Entre 1959 et 1969	161%	405%

Ces deux sociétés partagent les points forts suivants : une belle croissance, un résultat en hausse (aucune baisse depuis 1958) et une bonne santé financière. La croissance de *Hospital*, jusqu'à la fin 1969, était bien supérieur à celle de *Home*. À l'inverse, *Home* offrait une meilleure profitabilité (marge nette) et une meilleure rentabilité financière (ROE). (En fait, avec seulement 9,5%, la faible rentabilité financière de *Hospital* en 1969 soulève la question de savoir si sa profitabilité est bonne en dépit de la croissance du chiffre d'affaires et du résultat net.)

Rapporté à leur cours respectif, *Home* offre un meilleur rapport en termes de résultats (passés et courants) et de dividendes. La très faible valeur comptable des capitaux propres de *Home* illustre une ambiguïté ou une contradiction dans l'évaluation d'une action. D'un côté cela traduit le fait que l'entreprise offre une belle rentabilité financière – ce qui est en général un signe de solidité et de prospérité. De l'autre, cela signifie également qu'au cours actuel, l'investisseur est particulièrement vulnérable à une baisse du résultat. Étant donné que *Hospital* s'échangeait en 1969 à plus de quatre fois sa valeur comptable, cette remarque en forme de mise en garde s'adresse aux deux titres.

Conclusion

Notre opinion est, sans ambiguïté, que les deux entreprises sont trop chères pour être sélectionnées par l'investisseur qui suit nos conseils de prudence. Pour autant, cela ne veut pas dire que ces deux titres ne sont pas prometteurs. Le problème est que le cours intègre « *trop d'espoirs* ». En 1969, les immobilisations incorporelles des deux entreprises s'élevaient à près de cinq milliards. Combien de belles années de profits faut-il faire pour payer le goodwill avec les dividendes ou les actifs corporels ?

Suite et fin

Fin 1969, le marché semblait donner plus de valeur aux bénéfices de *Hospital* qu'à ceux de *Home,* en accordant au premier un PER deux fois supérieur au second. Sans surprise, la valeur préférée (*Hospital*) enregistra une légère baisse de ses résultats pour l'exercice 1970, alors que *Home* vit les siens gagner 8%. Le cours de *Hospital* réagit violemment à cette mauvaise surprise en baissant à 32$ en février 1971, soit une chute de 30% par rapport à sa clôture de 1969, alors que celui de *Home* resta nettement au-dessus de ses niveaux de fin 1969.[7]

Cas n°4 : *H&R Block, Inc.* (préparation des déclarations fiscales) et *Blue Bell, Inc.*, (vêtements de travail et uniformes)

Ces deux entreprises partagent le fait d'avoir récemment été admises à la cote du *New York Stock Exchange*, tout en étant très différentes. *Blue Bell* a réussi à prendre une position de leader dans un secteur très concurrentiel. Son résultat net a fluctué en fonction de la conjoncture économique, mais depuis 1965, la hausse est impressionnante. La société a été créée en 1916 et elle distribue un dividende depuis 1923. Fin 1969, la bourse ne manifestait pourtant aucun intérêt, puisque son PER était de 11 alors que celui du *S&P 500* s'élevait à 17.

À l'inverse, la société *H&R Block* fait figure de météorite par la vitesse de sa croissance. Elle publia ses premiers états financiers en 1961, année au cours de laquelle elle enregistra 83.000$ de résultat net, pour un chiffre d'affaires de 610.000$. Huit ans plus tard, son chiffre d'affaires avait grimpé pour atteindre 53,6 millions de dollars et son résultat net se montait à 6,3 millions. La bourse était fascinée par les performances de ce champion. À un cours de 55$, fin 1969, le PER calculé sur le résultat des 12 derniers mois, dépassait 100 – le plus élevé à ce jour. La capitalisation totale du titre se montait à 300 millions de dollars, soit près de 30 fois la valeur comptable des capitaux propres.[8] C'était une première dans le livre des records boursiers. (À l'époque

---

[7] NDE : *American Home Products Co.* est aujourd'hui connu sous le nom de *Wyeth.* L'action fait partie du *S&P 500. American Hospital Supply Co.* a été acquis par *Baxter Healthcare Corp.* en 1985.

[8] NDE : L'estimation de Graham (« *près de 30 fois* ») est reflétée par un PBR (*Price-to-Book Ratio*) de 29,20 dans le Tableau 53. Graham serait probablement resté perplexe en constatant, fin 1999 et début 2000, que

le PBR de la compagnie *IBM* était de 9 fois la valeur de ses capitaux propres et celui de *Xerox* de 11.)

TABLEAU 53 : CAS N°4 (1969)

	H&R Block	*Blue Bell*
Cours au 31 décembre 1969	55,00$	49,75$
Nombre d'actions ordinaires	5.426.000	1.802.000
Capitalisation boursière	298.000.000$	89.500.000$
Dettes	-	17.500.000$
Valeur de marché des capitaux permanents	298.000.000$	107.000.000$
Valeur comptable par action	1,89$	34,54$
Chiffre d'affaires	53.600.000$	202.700.000$
Résultat net	6.380.000$	7.920.000$
Bénéfice par action (1969)	51,00$	4,47$
Bénéfice par action (1964)	0,07$	2,64$
Bénéfice par action (1959)	-	1,80$
Taux de distribution (dividende)	24%	180%
Dividende versé depuis	1962	1923
Ratio		
- PER	108,0x	11,2x
- PBR	29,2x	1,42x
- Rendement (dividende)	0,4%	3,6%
- Marge nette	11,9%	3,9%
- ROE	27,0%	12,8%
- Liquidité générale	3,2x	2,4x
- Fonds de roulement / Dettes	Pas de dettes	3,75x
Taux de croissance des bénéfices		
- Entre 1964 et 1969	630%	68%
- Entre 1959 et 1969	-	148%

Les données et ratios du Tableau 53 montrent clairement les écarts d'évaluation entre *Block* et *Blue Bell*. Il est vrai que la profitabilité de *Block* est le double de celle de *Bell* et que le taux de croissance de ses résultats sur les cinq dernières années est bien plus élevé (ils étaient faibles au début). Pourtant, en termes de capitalisation boursière, *Blue Bell* valait moins d'un tiers de la valeur de *Block*, alors que son chiffre d'affaires était quatre fois plus important que celui de *Block*, que son résultat net était 2,5 fois plus élevé, que ses immobilisations corporelles étaient 5,5 fois plus importantes et que son rendement était 9 fois plus élevé.

Conclusions

Un analyste expérimenté aurait mis au crédit de *Block*, le fort momentum du cours, ce qui impliquait de très belles perspectives de croissance. Il aurait pu ajouter, pour faire bonne mesure, qu'il y avait des risques de voir se renforcer l'intensité concurrentielle dans le secteur des services de préparation des déclarations fiscales, où la belle rentabilité financière de *Block* faisait des envieux.[9] Cependant, les investisseurs

---

de nombreuses sociétés de haute technologie s'échangeaient à des PBR supérieurs à 100. (cf. *Commentaires sur ce chapitre* p. 371). *H&R Block* est toujours cotée en bourse, tandis que *Blue Bell* a été radiée de la cote en 1984 à 47,50$ par action.

[9] NDE : Le lecteur se souvient (cf. p. 343) que *AAA Enterprise* a essayé de se développer dans ce secteur, mais abandonna vite.

connaissant le succès de sociétés exemplaires, comme *Avon Products* dans un secteur hautement concurrentiel, n'auraient pas misé sur un tassement de la croissance de *Block*. Leur principale inquiétude était de savoir si le marché n'avait pas déjà intégré, voire surestimé, les perspectives de cette activité lucrative. À l'inverse, l'analyste n'aurait pas eu de mal à reconnaître que *Blue Bell* était une entreprise de qualité, correctement évaluée par le marché.

Suite et fin (mars 1971)

Dans la relative panique boursière de 1970, le cours de *Blue Bell* chuta de 25% et celui et *Block* d'environ 30%, mais les deux titres participèrent à la belle reprise du marché. Le cours de l'action *Block* atteignit 75$ en février 1971, celui de *Blue Bell* connu une hausse bien plus forte atteignant 109$ (après ajustement pour distribution d'une action gratuite pour deux actions détenues). Rétrospectivement, fin 1969, *Blue Bell* s'avérait être un bien meilleur achat que *Block*. Le fait que *Block* ait progressé de 35%, à partir d'un cours apparemment surévalué, démontre combien les analystes et les investisseurs doivent être prudents avant de se lancer dans une vente à découvert, même quand les cours paraissent exagérés.[10]

Cas n°5 : *International Flavors & Fragrances* (arômes et parfums) et *International Harvester Co.* (constructeur de camions, machines agricoles et appareils de travaux publics)

Cette comparaison va apporter son lot de surprises. Tout le monde connaît *International Harvester*, l'un des trente géants du *Dow Jones Industrial Average*.[11] Mais combien de lecteurs ont entendu parler de la société *International Flavors & Fragrances (IFF)*, voisin alphabétique de *International Harvester* sur la cote du *New York Stock Exchange* ? Et pourtant, quelle surprise de constater qu'à la fin 1969, la capitalisation boursière de *IFF* était supérieure à celle de *International Harvester* : 747 millions pour la première contre 710 millions de dollars pour la seconde !

C'est d'autant plus étonnant quand on sait que les capitaux propres de *Harvester* sont 17 fois plus importants que ceux de *Flavors* et le chiffre d'affaires 27 fois plus

[10] NDE : Graham met en garde les lecteurs contre un biais psychologique connu pour être « *l'illusion du joueur* », à savoir une conviction, qui pousse l'investisseur à croire que le cours d'une action surévaluée doit nécessairement baisser pour la simple raison qu'il est surévalué. Tout comme une pièce n'a pas plus de chance de tomber du côté face, car elle est tombée neuf fois de suite du côté pile, une action (ou un marché) surévalué peut le rester longtemps. C'est ce qui fait que la vente à découvert – un pari sur une chute du cours de l'action – est un jeu trop risqué pour de simples mortels.

[11] NDE : *International Harvester* est l'héritier de *McCormick Harvesting Machine Co.*, le fabricant des moissonneuses *McCormick*, qui a contribué à faire du Midwest le « *grenier du monde* ». Mais *International Harvester* a connu des temps difficiles dans les années 1970 et en 1985, l'entreprise a vendu sa ligne d'équipements agricoles à *Tenneco*. Après avoir changé son nom en *Navistar*, la compagnie est sortie du *Dow* en 1991 (bien qu'elle demeure membre du *S&P 500*). *International Flavor & Fragrances*, également membre du *S&P 500*, avait une capitalisation boursière de 3 milliards de dollars début 2003, contre 1,6 milliards pour *Navistar*.

élevé. En fait, trois ans plus tôt, le résultat net de *Harvester* était encore supérieur au chiffre d'affaires de *Flavors* en 1969 ! Comment un tel écart a-t-il pu se creuser ? La réponse est dans deux mots magiques : *profitabilité* et *croissance*. *Flavors* a eu un parcours remarquable sur ces deux points, ce qui n'est pas le cas de *Harvester*.

Toute l'histoire est à découvrir dans le Tableau 54. Nous pouvons constater que *Flavors* a enregistré une marge brute avant impôts de 23% (et une marge nette de 14,3% contre 2,6% pour *Harvester*). La rentabilité financière (ROE) de *Flavors* atteignait 19,7%, alors que celle de *Harvester* plafonnait à 5,5%. En 5 ans, le résultat net de *Flavors* a pratiquement doublé, alors que celui de *Harvester* n'a pas progressé. La comparaison donne les mêmes conclusions sur la période 1959-1969. L'évaluation contrastée des deux sociétés résulte de la divergence des performances, ce qui est normal en bourse. *Flavors* s'échangeait en 1969 à un PER de 55, alors que le PER de Harvester n'était que de 10,7. Ajoutons que *Flavors* était valorisée à un PBR de 10,5 alors que *Harvester* s'échangeait avec un rabais de 41% sur sa valeur comptable.

TABLEAU 54 : CAS N°5 (1969)

	Internat. Flavors & Fragance	*International Harvester*
Cours au 31 décembre 1969	65,50$	24,75$
Nombre d'actions ordinaires	11.400.000	27.329.000
Capitalisation boursière	747.000.000$	710.000.000$
Dettes	4.000.000$	313.000.000$
Valeur de marché des capitaux permanents	751.000.000$	1.023.000.000$
Valeur comptable par action	6,29$	41,70$
Chiffre d'affaires	94.200.000$	2.652.000.000$
Résultat net	13.540.000$	63.800.000$
Bénéfice par action (1969)	1,19$	2,30$
Bénéfice par action (1964)	0,62$	3,39$
Bénéfice par action (1959)	0,28$	2,83$
Taux de distribution (dividende)	50%	180%
Dividende versé depuis	1956	1910
Ratio		
- PER	55,0x	10,7x
- PBR	10,5x	0,59x
- Rendement (dividende)	0,9%	7,3%
- Marge nette	14,3%	2,6%
- ROE	19,7%	5,5%
- Liquidité générale	3,7x	2,0x
- Fonds de roulement / Dettes	Élevé	1,7x
- Couverture des charges fin.	-	3,9x
Taux de croissance des bénéfices		
- Entre 1964 et 1969	93%	9%
- Entre 1959 et 1969	326%	39%

Commentaires et conclusions

La première remarque est que la réussite boursière de *Flavors* tient à la croissance de son cœur de métier et n'a rien à voir avec de quelconques manipulations comptables, des acquisitions, un endettement ou d'autres pratiques en vogue à *Wall Street* à l'époque. L'entreprise a réussi à créer un outil industriel très performant qui explique tout. Les performances de *Harvester* soulèvent d'autres questions, qui n'ont rien à voir avec la haute finance. Pourquoi tant d'entreprises si importantes sont-elles devenues si peu rentables en pleine période de prospérité économique ? À quoi bon avoir un chiffre d'affaires de plus de 2,5 milliards de dollars, si l'entreprise ne crée pas suffisamment de richesses pour justifier l'investissement de l'actionnaire ? Ce n'est pas à nous d'apporter la réponse à cette question. En revanche, nous insistons pour dire que ce n'est pas seulement aux dirigeants, mais aussi aux actionnaires à prendre conscience du problème pour faire appel aux meilleures personnes pour le résoudre.[12] En termes de choix, aucune des deux valeurs ne remplit nos critères de qualité et de prix. *Flavors* est le cas typique d'une entreprise très performante, mais trop chère, tandis que les performances de *Harvester* sont trop médiocres pour en faire une action intéressante, même à un cours faible. À l'évidence, il y a de nombreuses actions, bien meilleures dans cette gamme de cours.

Suite et fin (1971)

La faiblesse du cours de *Harvester,* fin 1969, a protégé le titre d'une forte chute lors du marché baissier de 1970. Le cours *Harvester* a seulement perdu 10%, mais *Flavors,* plus vulnérable, s'est déprécié de 30% à 45$. Dans la phase de reprise du marché, les deux titres sont repassés au-dessus du cours de clôture de 1969, mais *Harvester* n'a pas tardé à retomber à 25$.

Cas n°6 : *McGraw-Edison* (service public, équipement et produits ménagers) et *McGraw-Hill, Inc.* (livres, films, systèmes éducatifs, éditeur de journaux et magazines, services d'information).

Les deux entreprises, aux noms si proches, que nous appellerons parfois *Edison* et *Hill,* sont deux grandes sociétés de qualité, opérant dans des secteurs très différents. Nous avons choisi de les comparer au 31 décembre 1968 dans le Tableau 55 (cf. p. 364). Les cours des deux titres étaient pratiquement identiques, mais avec un flottant plus important, la capitalisation boursière de *Hill* était le double de celle de la Compagnie *Edison.* Cette différence peut paraître surprenante, car le chiffre d'affaires de la société *Edison* était de 50% supérieur à celui de *Hill* et ses profits de 25%. Le PER de *Hill* était donc deux fois supérieur à celui de la société *Edison.* Ceci peut s'expliquer par l'engouement du marché et la préférence des investisseurs pour les actions des maisons d'édition, dont certaines ont été introduites en bourse à la fin des années soixante.[13]

Fin 1968, il était évident que cette euphorie avait été excessive. En effet, en 1967, l'action *Hill* s'échangeait à 56$, à un multiple de 40 fois les bénéfices records de 1966. Or, *Hill* avait enregistré une petite baisse de son résultat pour l'exercice 1967 et une baisse plus prononcée pour l'exercice 1968. Autrement dit, le PER de 35 était celui d'une société, qui avait enregistré deux années de baisse de son résultat. L'action

[12] NDE : Pour une réflexion plus approfondie sur les idées de Graham en matière d'activisme actionnarial, voir les *Commentaires sur le Chapitre 19* (cf. p. 390). Dans sa critique de la création de richesse par *International Harvester,* Graham a anticipé les décisions ultérieures des dirigeants. En 2001, l'assemblée générale des actionnaires décida de supprimer toutes les mesures anti-OPA, mais le conseil d'administration refusa tout simplement d'appliquer le résultat du vote. Il est surprenant de constater qu'une culture autocratique peut durer pendant des décennies.

[13] NDE : *McGraw-Hill* demeure une société cotée qui détient, entre autres filiales, la *Standard & Poor's Corp. McGraw-Edison* est aujourd'hui une division de *Cooper Industries.*

caracolait pourtant à plus de huit fois sa valeur comptable, ce qui signifiait que les actifs incorporels valaient presque un milliard de dollars ! Le cours du titre illustrait parfaitement la fameuse citation du Docteur Johnson : « *Le triomphe de l'espérance sur l'expérience* ».[14]

À l'inverse, *McGraw-Edison* semblait être correctement valorisé, par rapport au niveau (élevé) du marché (élevé à l'époque) et à ses résultats financiers.

TABLEAU 55 : CAS N°6 (1968)

	McGraw-Edison	*McGraw-Hill*
Cours au 31 décembre 1968	37,75$	39,75$
Nombre d'actions ordinaires	13.717.000	24.200.000
Capitalisation boursière	527.000.000$	962.000.000$
Dettes	6.000.000$	53.000.000$
Valeur de marché des capitaux permanents	533.000.000$	1.015.000.000$
Valeur comptable par action	20,53$	5,00$
Chiffre d'affaires	568.600.000$	398.300.000$
Résultat net	33.400.000$	26.200.000$
Bénéfice par action (1968)	2,44$	1,13$
Bénéfice par action (1963)	1,20$	0,66$
Bénéfice par action (1959)	1,02$	0,46$
Taux de distribution (dividende)	140%	70%
Dividende versé depuis	1934	1937
Ratio		
- PER	15,5x	35,0x
- PBR	1,83x	7,95x
- Rendement (dividende)	3,7%	1,8%
- Marge nette	5,8%	6,6%
- ROE	11,8%	22,6%
- Liquidité générale	3,95x	1,75x
- Fonds de roulement / Dettes	Élevé	1,75x
Taux de croissance des bénéfices		
- Entre 1964 et 1969	104%	71%
- Entre 1959 et 1969	139%	146%

Suite et fin (début 1971)

La détérioration des résultats de *McGraw-Hill* s'est poursuivie en 1969 et 1970. Son bénéfice par action est passé de 1,02$ à 0,82$. Lors de la débâcle de mai 1970, le titre a plongé de 10$, soit une baisse de 20% de son cours sur deux ans. Le titre profita ensuite d'une belle reprise, mais à son nouveau plus haut de mai 1971 à 24$, il n'était qu'à 60% du cours de clôture de 1968. *McGraw-Edison* enregistra une meilleure performance, d'abord avec une chute jusqu'à un plus bas de 22$ en 1970, avant une reprise pour atteindre 41,50$ en mai 1971.[15]

McGraw-Hill est toujours une entreprise solide et prospère. Mais l'évolution de son cours est un exemple – comme il en existe d'autres – des risques spéculatifs de

[14] NDT : La citation de Samuel Johnson est en fait : « *Le remariage est le triomphe de l'espérance sur l'expérience* ».

[15] NDE : Pendant « *la débâcle de mai 70* » à laquelle fait référence Graham, le marché action américain a perdu 5,5%. De fin mars à la fin juin 1970, le *S&P 500* a perdu 19%, l'une des pires performances trimestrielles de l'indice.

telles valeurs dont le cours fluctue en fonction de l'optimisme et du pessimisme des marchés financiers.

Cas n°7 : *National General Corp.* (conglomérat) et *National Presto Industries* (appareils électriques, pièces d'artillerie)

Les différences entre les deux entreprises sont si importantes, qu'il est difficile de les comparer. Pour simplifier, baptisons-les *General* et *Presto.* Nous avons choisi de les étudier à la fin de l'année 1968, car les charges exceptionnelles enregistrées par *General* en 1969 déformaient trop ses performances financières. Toute la palette des activités de *General* ne pouvait pas être totalement analysée en 1968, mais c'était déjà un conglomérat très hétéroclite. Sa description synthétique dans le *Standard & Poor's Stock Guide* était la suivante : « *Exploitant d'un réseau national de salles de cinéma, productions de programmes TV et films, société de crédit, édition de livres.* » À cela nous pourrions ajouter les activités suivantes : assurance, banque d'investissement, fabrication de disques, édition musicale, services informatiques, promotion immobilière et actionnaire de référence de *Performance System, Inc.* (nouveau nom pour *Minnie Pearl's Chicken System, Inc.*). *Presto* avait également diversifié ses activités, mais bien modestement par rapport à *General.* Principal fabricant de cocotte-minute au départ, *Presto* s'était diversifié dans la fabrication de petits appareils ménagers et électriques. *Presto* participa aussi à de nombreux marchés publics pour le compte du gouvernement américain.

Notre Tableau 56 (cf. p. 366) résume les performances de ces deux sociétés à la fin 1968. La structure capitalistique de *Presto* ne pouvait pas être plus simple, car il n'y avait que 1.478.000 actions ordinaires pour une capitalisation de 58 millions de dollars. À l'inverse, les capitaux propres de *General* étaient composés de deux fois plus d'actions ordinaires, auxquelles il fallait ajouter des actions de préférence convertibles, trois émissions de warrants (bons de souscription d'actions ordinaires), une grosse ligne d'obligations convertibles en actions et une émission obligataire (non convertible) de belle taille. Tout inclus, les capitaux permanents s'élevaient à 534 millions de dollars (hors obligations convertibles) et à 750 millions de dollars avec. Pourtant, malgré des capitaux plus importants, le chiffre d'affaires de *National General* était loin d'atteindre celui de *Presto* et son résultat net ne représentait que 75% de celui de *Presto.*

Estimer la *véritable capitalisation* des actions ordinaires de *General* est une question essentielle du point de vue de l'analyste. La réponse a des conséquences pour tous ceux qui s'intéressent à la valeur, autrement que pour spéculer. Nous devons prendre en compte l'obligation convertible à 4,5$ en supposant qu'elle sera convertie en actions ordinaires, quand ces dernières seront correctement évaluées par le marché. C'est cet ajustement que nous avons effectué dans le Tableau 56 (cf. p. 366). En revanche, les warrants réclament un traitement différent. Prendre en compte l'effet dilutif des warrants suppose qu'ils sont tous exercés, que le produit de l'achat des actions vient diminuer la dette et que le solde est utilisé pour le rachat d'actions ordinaires au prix du marché. Il semble que ce traitement n'a finalement pas beaucoup d'incidence sur le bénéfice par action de l'exercice 1968, car le bénéfice non dilué de

1,51$ est le même que le bénéfice dilué. Or, nous considérons que le calcul de *General* est non seulement faux, mais aussi irréaliste. En effet, les warrants sont adossés aux actions ordinaires et leur valeur est indissociable de la *véritable* valeur des actions ordinaires. Leur valeur boursière est à associer à la capitalisation boursière des actions ordinaires incluses dans les capitaux propres (voir notre calcul sur ce point p. 330). Dès lors, la prise en compte de l'effet dilutif des warrants a un impact significatif sur le bénéfice de *National General* fin 1968, que l'on peut observer dans le Tableau 56. En fait, la juste valeur des actions ordinaires est le double de celle publiée. Donc le PER double pour être égal à 69, ce qui est absurde. La capitalisation des actions ordinaires (ou équivalent) passe à 413 millions, soit 3 fois leur valeur comptable.

TABLEAU 56 : CAS N°7 (1969)

	National General	***National Presto Industries***
Cours au 31 décembre 1969	44,25$	38,75$
Nombre d'actions ordinaires	4.330.000	1.478.000
Capitalisation boursière	192.000.000$	58.000.000$
Valeur des warrants	221.000.000$	-
Valeur des actions ordinaires et warrants	413.000.000$	-
Dette obligataire de premier rang	121.000.000$	-
Valeur de marché des capitaux permanents	534.000.000$	58.000.000$
Valeur de marché des actions ordinaires ajustée des warrants	98$	-
Valeur comptable par action	31,50$	26,30$
Chiffre d'affaires	117.600.000$	152.200.000$
Résultat net	6.121.000$	8.206.000$
Bénéfice par action (1969)	1,42$	5,61$
Bénéfice par action (1964)	0,96$	1,03$
Bénéfice par action (1959)	0,48$	0,77$
Taux de distribution (dividende)	20%	80%
Dividende versé depuis	1964	1945
Ratio		
- PER	69,0x	6,9x
- PBR	3,10x	1,42x
- Rendement (dividende)	0,5%	2,4%
- Marge nette	5,5%	5,4%
- ROE	4,5%	21,4%
- Liquidité générale	1,63x	3,40
- Fonds de roulement / Dettes	0,21x	Pas de dettes
Taux de croissance des bénéfices		
- Entre 1964 et 1969	48%	450%
- Entre 1959 et 1969	195%	630%

La démesure de ces chiffres est encore plus évidente quand ils sont comparés à ceux de *Presto*. Il est légitime de se demander pourquoi *Presto* est évalué à seulement 6,9 fois son résultat courant, alors que le PER de *General* est lui de 69, soit dix fois plus. Tous les ratios de *Presto* semblent corrects, seul son taux de croissance peut susciter quelques interrogations. En fait, nous supposons que l'entreprise a profité de commandes du secteur de la défense et donc les actionnaires devraient s'attendre à une baisse du résultat en temps de paix. Mais, tout bien pesé, *Presto* satisfaisait à toutes nos exigences pour être qualifié d'investissement solide et raisonnablement évalué par le marché. En revanche, *General* a toutes les caractéristiques d'un conglomérat typique de la fin des années 1960 avec des plans stratégiques ambitieux et un usage immodéré de gadgets financiers, mais avec une valeur insuffisante en regard du cours.

Suite et fin

National General a poursuivi, en 1969, sa politique de diversification en s'endettant. L'entreprise enregistra une lourde charge exceptionnelle pour effacer la dépréciation des actifs de *Minnie Pearl Chicken*. Les chiffres définitifs laissent apparaître une perte de 72 millions de dollars avant crédit d'impôt et de 46,4 millions de dollars après le crédit d'impôt. Le cours de l'action est passé de 16,50$ en 1969, à 9$ en 1970 (soit seulement 15% de son plus haut de 1968 à 60$). Le bénéfice net par action (dilué) s'est élevé à 2,33$ pour l'exercice 1970, ce qui a permis au cours de repartir à la hausse à 28,50$ en 1971. *National Presto* a vu son bénéfice par action augmenter en 1969 et en 1970, enregistrant ainsi dix années de hausse ininterrompues. Néanmoins, le cours chuta à 21,50$ pendant la débâcle de 1970. Ce qui en fit une valeur intéressante avec un PER de 4 et une capitalisation boursière inférieure à son fonds de roulement net. Le cours de l'action *National Presto* s'est vigoureusement repris pour gagner 60% à 34$ à la fin 1971, avec des ratios encore attractifs. Le cours, à un PER de 5,5 est égal au fonds de roulement net par action. Si l'investisseur peut trouver dix autres titres partageant les mêmes caractéristiques pour former un portefeuille diversifié, il est certain d'enregistrer à termes des performances satisfaisantes.[16]

Cas n°8 : *Whiting Corp.* (équipement de manutention) et *Willcox & Gibbs* (petit conglomérat)

Les deux sociétés sont presque voisines sur la cote de l'*American Stock Exchange*. La comparaison faite dans le Tableau 57 (cf. p. 368) questionne sur la rationalité de *Wall Street*. En effet, la société, qui publie non seulement le chiffre d'affaires et les bénéfices les plus faibles, mais aussi deux fois moins d'actifs corporels, a une capitalisation boursière quatre fois supérieure à l'autre. Pourtant, la société la plus chère était sur le point de publier une perte record, après prise en compte de charges exceptionnelles et n'avait pas payé de dividendes depuis 13 ans. L'autre avait des performances historiques satisfaisantes, elle avait versé des dividendes sans interruption depuis 1936 et offrait aux investisseurs l'un des meilleurs rendements du marché. Pour mieux illustrer la disparité de leurs performances, nous avons ajouté dans le Tableau 57 l'évolution du cours et du bénéfice sur la période 1961-1970.

L'historique des deux sociétés met en lumière l'évolution des petites entreprises par rapport aux plus grosses, qui occupent l'essentiel de l'ouvrage. *Whiting*, créée en 1896, a donc 75 ans d'existence. L'entreprise a conservé la même activité de fabricant de matériel de manutention et a toujours eu de bonnes performances. *Willcox & Gibbs*

---

[16] NDE : *National Presto* demeure à ce jour une société cotée. *National General* a été acquise en 1974 par un autre conglomérat controversé, *American Financial Group (AFG)*, lequel a eu à diverses époques des participations dans la télévision par câble, la banque, l'immobilier, la gestion d'actifs, les assurances et les bananes. *AFG* a également hérité de certains actifs de la *Penn Central Corp.* (cf. Chapitre 17 p. 335).

est une entreprise, créée en 1866, dont l'activité traditionnelle consistait à fabriquer des machines à coudre industrielles. Elle s'est lancée depuis une dizaine d'années dans une stratégie de diversification tous azimuts. Aujourd'hui, elle dispose de nombreuses filiales (au moins 24) fabriquant toutes sortes de produits, qui aux yeux de *Wall Street* sont insignifiantes en termes de chiffre d'affaires.

TABLEAU 57 : CAS N°8 (1969)

	Whiting	*Willcox & Gibbs*
Cours au 31 décembre 1969	17,25$	15,50$
Nombre d'actions ordinaires	570.000	2.381.000
Capitalisation boursière	10.200.000$	36.900.000$
Dettes	1.000.000$	5.900.000$
Actions de préférence	-	1.800.000$
Valeur de marché des capitaux permanents	11.200.000$	44.600.000$
Valeur comptable par action	25,39$	3,29$
Chiffre d'affaires	42.200.000$	29.000.000$
Résultat net avant exceptionnels	1.091.000$	347.000$
Résultat net après exceptionnels	1.091.000$	(1.639.000$)
Bénéfice par action (1969)	1,91$	0,08$
Bénéfice par action (1964)	1,90$	0,13$
Bénéfice par action (1959)	0,42$	0,13$
Taux de distribution (dividende)	150%	-
Dividende versé depuis	1954	Aucun depuis 1957
Ratio		
- PER	9,3x	Très élevé
- PBR	70,0x	470,0x
- Rendement (dividende)	8,4%	-
- Marge nette	3,2%	0,1%
- ROE	7,5%	2,4%
- Liquidité générale	3,0x	1,55x
- Fonds de roulement / Dettes	9,0x	3,6x
Taux de croissance des bénéfices		
- Entre 1964 et 1969	Insignifiant	Baisse
- Entre 1959 et 1969	354%	Baisse

L'évolution des résultats de *Whiting* est le lot de beaucoup d'entreprises. Le bénéfice par action a connu une croissance régulière et forte en passant de 41 cents en 1960 à 3,63$ en 1968. Toutefois, rien ne permet d'être sûr que cette croissance se poursuivra longtemps. Même si la baisse marquée du bénéfice à 1,77$ par action peut être mise sur le compte d'un ralentissement général de l'économie, le cours du titre a violemment réagi en chutant de 60% entre son plus haut de 1968, à 43,50$ et son cours de clôture de 1969. Notre analyse conclue qu'il s'agit d'un investissement solide et attractif dans une valeur secondaire à mettre dans le portefeuille diversifié d'un investisseur actif.

Suite et fin

Willcox & Gibbs enregistra une légère perte d'exploitation en 1970. Le cours du titre chuta lourdement jusqu'à un plus bas de 4,50$, avant de se retourner pour atteindre 9,50$ en février 1971 ; un cours bien difficile à justifier par les données financières. Le titre *Whiting* enregistra une baisse raisonnable en 1970 le ramenant à 16,75$. À ce cours, le titre s'échangeait seulement à la valeur de son actif circulant (par action). Son bénéfice net par action a bien résisté à 1,85$ en juillet 1971. Début 1971, le cours se redressa à 24,50$, ce qui n'en fait pas une « *bonne affaire* », mais ce qui reste raisonnable.[17]

TABLEAU 58 : ÉVOLUTION DES COURS ET DES BÉNÉFICES

	Whiting Corp.		*Willcox & Gibbs*	
	Bénéfice par action (*)	Fourchette de cours	Bénéfice par action (*)	Fourchette de cours
1970	1,81$	22,50-16,25$	0,34$	18,50-4,50$
1969	2,63$	37,00-17,75$	0,05$	20,75-8,75$
1968	3,63$	43,25-28-25$	0,35$	20,25-8,33$
1967	3,01$	36,50-25,00$	0,47$	11,00-4,75$
1966	2,49$	30,25-19,25$	0,41$	8,00-3,75$
1965	1,90$	20,00-18,00$	0,32$	10,50-6,25$
1964	1,53$	14,00-8,00$	0,20$	9,50-4,50$
1963	0,88$	15,00-9,00$	0,13	14,00-4,75$
1962	0,46$	10,00-6,50$	0,04$	19,75-8,25$
1961	0,42$	12,50-7,75$	0,03$	19,50-10,50$

(*) Année se terminant au 30 avril.

Quelques observations d'ordre général

Les titres, que nous avons analysés dans ces comparaisons, ont été choisis avec quelques arrière-pensées. Il ne s'agit donc pas d'une sélection aléatoire. Cette sélection s'est limitée aux valeurs industrielles. Les valeurs du secteur des transports, des services publics ou du secteur financier ont été volontairement ignorées. Cependant, les entreprises de l'échantillon sont suffisamment différentes en termes de taille, de secteur d'activité et de caractéristiques pour avoir une bonne idée des choix rencontrés par l'investisseur.

La relation entre le cours et la valeur est également très différente d'un cas à l'autre. Le plus souvent, les entreprises, qui démontrent une meilleure croissance et une plus forte rentabilité, se vendent à des PER plus élevés, ce qui paraît en général assez logique. Il est bien difficile de savoir si la différence dans les PER est justifiée par les résultats courants et les perspectives. Cependant, nous avons bon nombre de cas où nous pouvons porter un jugement. C'est notamment le cas des sociétés montrant des signes de faiblesses dans un marché avec de gros volumes. Ces valeurs sont non seulement très spéculatives, autrement dit risquées, mais aussi le plus souvent largement surévaluées par le marché. D'autres titres semblent sous-évalués par rapport à leur cours et s'échangent dans de petits volumes – ce que l'on pourrait qualifier de sous-spéculation – ou par un pessimisme exagéré provoqué par une chute des résultats.

Dans le Tableau 59 (cf. p. 370), nous donnons la fourchette des fluctuations des cours pour les actions couvertes dans ce chapitre. La plupart ont vu leur cours fortement baisser entre 1961 et 1962 et entre 1969 et 1970. Les investisseurs doivent être prêt à surmonter ces soubresauts du marché. Dans le Tableau 60 (cf. p. 370), nous

[17] NDE : *Whiting Corp.* est devenue une filiale de *Wheelabtrator-Frye*, mais a été radié de la cote en 1983. *Willcox & Gibbs* est maintenant dans le giron du groupe *Rexel*, un fabricant d'équipement électrique.

analysons la variation annuelle des cours de l'action *McGraw-Hill* entre 1958 et 1970. Nous observerons que le cours du titre a fluctué, chaque année, à la hausse ou à la baisse, dans une fourchette de 30 à 50% du cours de l'année précédente. (Dans le cas de *National General*, cette amplitude pouvait s'observer en deux ans.)

TABLEAU 59 : ÉVOLUTION DES COURS AJUSTÉS DE 16 VALEURS

Sociétés	Fourchette 1936-1970	Baisse de 1961 à 1962	Baisse de 1968-69 à 1970
Air Products &Chemicals	1,50-49,00$	43,25-21,50$	49,00-31,50$
Air Reduction	9,50-45,75$	22,50-12,00$	37,00-16,00$
American Home Products	0,90-72,00$	44,75-22,00$	72,00-51,20$
American Hospital Supply	0,75-47,50$	11,50-5,75$	47,50-26,75$
H&R Block	0,25-68,50$	-	68,50-37,20$
Blue Bell	8,75-55,00$	25,00-16,00$	44,75-26,50$
International Flavors & Fragrances	4,75-67,50$	8,00-4,50$	66,50-44,90$
International Harvester	6,25-53,00$	28,75-19,25$	38,75-22,00$
Mc Graw-Edison	1,25-46,25$	24,50-14,00$	44,75-21,50$
McGraw-Hill	0,20-56,50$	21,50-9,20$	54,50-10,25$
National General	3,50-60,50$	14,90-4,75$	60,50-9,00$
National Presto Industries	0,5-45,00$	20,50-8,25$	45,00-21,50$
Real Estate Investment Trust	10,50-30,25$	25,20-15,25$	30,25-16,50$
Realty Equities of N.Y.	3,75-47,75$	6,90-4,50$	37,75-2,00$
Whiting	2,90-43,50$	12,50-6,50$	43,50-16,75$
Willcox & Gibbs	4,00-20,75$	19,50-8,25$	20,50-4,50$

TABLEAU 60 : FLUCTUATIONS ANNUELLES DES COURS

De	À	Hausses	Baisses
1958	1959	39.00-72.00$	
1959	1960	54.00-109.75$	
1960	1961	21.75-43.25$	
1961	1962	18.25-32.25$	43.20-18.25$
1963	1964	23.25-38.75$	
1964	1965	28.50-61.00$	
1965	1966	37.50-79.50$	
1966	1967	54.50-112.00$	
1967	1968		56.25-37.50$
1968	1969		54.50-24.00$
1969	1970		39.50-10.00$
1970	1971	10.00-24.20$	

En analysant les valeurs étudiées dans ce chapitre, nous avons été surpris, une fois de plus, par la différence entre les objectifs de l'analyste et ceux de l'investisseur, car ce dernier réclame des conclusions fiables et intéressantes. La majorité des analystes sélectionnent les valeurs qui devraient offrir les meilleures performances en termes de hausse du cours et de croissance du résultat. Or, nous sommes très sceptiques sur leur capacité à atteindre ces objectifs. Nous préférerions que les analystes recherchent les quelques titres pour lesquels ils sont suffisamment sûrs que le cours est largement inférieur à leur valeur. Grâce à leur expertise, ils doivent pouvoir atteindre ce but et obtenir des résultats satisfaisants à long terme.

COMMENTAIRES SUR LE CHAPITRE 18

Ce qui a été, c'est ce qui sera, et ce qui s'est fait, c'est ce qui se fera, il n'y a rien de nouveau sous le soleil. S'il est une chose dont on dit : vois ceci, c'est nouveau ! Cette chose existait déjà dans les siècles qui nous ont précédés.

Ecclésiaste chapitre 1 versets 9 et 10

Reprenons l'analyse comparative des huit sociétés, faite par Graham, en utilisant la même méthode qu'il employait dans ses cours dispensés à l'université de *Columbia* et au *New York Institute of Finance,* mais en l'appliquant à des entreprises réputées. Gardons à l'esprit que ces comparaisons sont faites à une date donnée. En effet, une valeur aujourd'hui bon marché peut devenir chère demain et réciproquement. N'oublions pas que s'il y a de bonnes et de mauvaises entreprises, il n'y a pas de bons titres ou de mauvais, il n'y a que de bons prix, qui ne cessent de fluctuer.

Cas 1 : *Cisco* et *Sysco*

Le 27 mars 2000, *Cisco Systems, Inc.* était la société la plus chère au monde, lorsque sa capitalisation boursière a atteint 548 milliards de dollars. La société *Cisco,* qui développe des systèmes de commutation de données sur Internet (routeurs), a été introduite en bourse le 16 février 1990. En investissant ce jour-là et en conservant les titres *Cisco,* vous auriez fait une plus-value, qui dépasse l'entendement avec 103.697%. Cette performance, qui semble être une erreur typographique, donne un rendement annuel moyen de 217%. Sur l'année 1999, *Cisco* a dégagé un chiffre d'affaires de 14,9 milliards et un résultat net de 2,5 milliards de dollars. Le titre s'échangeait fin 1999 à un PER de 219, l'un des plus élevés jamais enregistré par une grande entreprise.

Cisco avait une société homonyme – *Sysco Corp.* – qui fournit des plats préparés à des cuisines institutionnelles et des chaînes de restaurant et qui est cotée en bourse depuis 30 ans. En 1999, *Sysco* a servi pour 17,7 milliards de dollars de repas – soit un chiffre d'affaires 20% supérieur à celui de *Cisco,* pour « *seulement* » 457 millions de dollars de résultat net. La capitalisation de *Sysco* s'élevait à 11,7 milliards de dollars et le titre s'échangeait à un PER de 26, inférieur à celui du marché à 31.

En interrogeant les investisseurs pour savoir ce qu'évoque pour lui chaque société, nous pourrions avoir le dialogue suivant :

Question : *Quelles sont les idées qui vous viennent spontanément à l'esprit quand on parle de la société Cisco Systems ?*

Réponse : *Internet... l'industrie du futur... une superbe valeur... des actions recherchées... Mon Dieu, faites que je puisse acheter encore quelques titres avant que les cours ne montent encore plus haut !*

Question : *Et que vous inspire Sysco Corp ?*

Réponse : *Des camions de livraison... un burger... du pâté en croûte... des repas d'école... des plateaux repas d'hôpitaux... Arrêtez, ça m'a coupé l'appétit.*

Nous savons depuis longtemps que les gens mettent un prix sur une action en fonction de la représentation mentale qu'ils s'en font.[18] L'*investisseur intelligent* ne doit pas s'arrêter là. Voici ce qu'il aurait pu lire dans les comptes de *Cisco* et *Sysco* :

- L'essentiel de la croissance du chiffre d'affaires et du résultat de *Cisco* est apporté par ses acquisitions. En l'espace de 3 mois, *Cisco* a mis sur la table 10,2 milliards de dollars pour acheter 11 sociétés. Comment peut-on intégrer aussi vite autant d'entreprises ?[19] Ajoutons qu'un tiers du dernier résultat trimestriel ne provient pas des activités de *Cisco*, mais du crédit d'impôt obtenu grâce à l'exercice des stock-options attribuées aux dirigeants et aux employés de la société[20]. Ajoutons que *Cisco* a enregistré une plus-value de cession de 5,8 milliards de dollars et a décaissé 6 milliards de dollars en investissement. C'est à se demander si nous avons affaire à une société de haute-technologie ou à une société de gestion de portefeuille. Que se passerait-il si tous ces soi-disant « *investissements* » se dépréciaient ?
- *Sysco* a, dans le même temps, également acquis plusieurs entreprises, mais pour 130 millions de dollars seulement. Quant aux stock-options distribuées aux dirigeants, elles ne représentaient guère plus de 1,5% des actions en circulation contre 6,9% chez *Cisco*. Par conséquent, l'effet dilutif de l'exercice des stock-options par tous les bénéficiaires a été moins fort chez *Sysco* que chez *Cisco*. Enfin, *Sysco* a augmenté son dividende trimestriel de 9 à 10 cents, alors que *Cisco* n'en servait pas.

Comme le montre le professeur Jeremy Siegel de l'université de *Wharton,* aucune société de la taille de *Cisco* n'est capable d'avoir une croissance justifiant un PER supérieur à 60, donc *a fortiori*, incapable d'afficher un PER supérieur à 200.[21] Ajoutons que mécaniquement le taux de croissance d'une entreprise de grande taille ne peut que baisser. Le grand satiriste américain Ambrose Bierce a créé le terme « *incompossible* » pour décrire deux choses qui sont mutuellement indépendantes, autrement dit, qui peuvent exister séparément, mais pas ensemble. Une société peut devenir gigantesque en termes de taille ou bien mériter un PER élevé, mais les deux sont incompatibles et impossibles. Ils sont donc « *incompossibles* ».

---

[18] NDE : Interrogez-vous pour savoir laquelle des deux entreprises a le plus de chances de voir son action s'apprécier : celle qui a découvert une molécule contre une forme rare de cancer ou celle qui a découvert une nouvelle façon de recycler les ordures ménagères ? La plupart des investisseurs choisiront la molécule contre le cancer. Pourtant le recyclage des ordures a plus de potentiel en termes de création de richesse. Voir Slovic P., Finucane M., Peters E. et MacGregor D., *The Affect Heuristic*, dans le livre de Gilovich T., Griffin D., Kahneman D., *Heuristics and Biases: The Psychology of Intuitive Judgement,* Cambridge University Press, New York, 2002, pp. 397-420, et de MacGregor D., *Imagery and Financial Judgement*, The Journal of Psychology and Financial Markets, vol. 3, n°1, 2002, pp. 15-22.

[19] NDE : Les « *acquéreurs en série* », qui se développent *essentiellement par* croissance externe, finissent toujours mal en bourse. Reportez-vous aux *Commentaires sur le Chapitre 17* (cf. p. 347) pour élargir le débat.

[20] NDT : L'exercice des stock-options, distribuées aux salariés et dirigeants, donne lieu à la constatation d'une plus-value imposable pour les bénéficiaires et d'une moins-value équivalente pour l'entreprise.

[21] NDE : Siegel J., *Big-Cap Tech Stocks are a Sucker's Bet*, *Wall Street Journal*, 14 mars 2000 (disponible sur www.jeremysiegel.com).

TABLEAU 61 : *CISCO* CONTRE *SYSCO*

	2000	2001	2002
Cisco			
Performance (%)	-28,6	-52,7	-27,7
Résultat net (millions de dollars)	2.668	-1.014	1.893
Sysco			
Performance (%)	53,5	-11,7	15,5
Résultat net (millions de dollars)	446	597	680

Nota : Performances calculées sur l'année calendaire et résultats présentés pour l'année fiscale.
Source : www.morningstar.com

Dès 2001, le moteur de *Cisco* a perdu en puissance. D'abord, la société a dû enregistrer une charge exceptionnelle de restructuration pour un montant de 1,2 milliards de dollars et au cours des deux années suivantes, elle a passé pour 1,3 milliards de dollars de dépréciations d'actif sur ses « *investissements* ». Entre 2000 et 2002, les actions *Cisco* ont perdu les trois quarts de leur valeur. Quant à *Sysco*, l'entreprise n'a pas cessé de faire des profits et le cours de l'action est monté de 56% sur la même période (cf. Tableau 61).

Cas 2 : *Yahoo !* et *Yum !*

Le 30 novembre 1999, l'action *Yahoo !* clôturait la séance à 212,75$, en hausse de 79,6% depuis le début de l'année. Le 7 décembre, l'action valait même 348$, en hausse de 63,6% sur six séances de bourse. *Yahoo !* a poursuivi sur sa lancée jusqu'à la fin de l'année, clôturant à 432,68$, le 31 décembre. En l'espace d'un mois, l'action avait plus que doublé, gagnant 58 milliards de dollars pour atteindre une capitalisation boursière de 114 milliards.[22]

Le chiffre d'affaires et le résultat net des quatre derniers trimestres s'élevaient respectivement à 433 millions et 34,9 millions de dollars. L'entreprise était valorisée à 263 fois son chiffre d'affaires et 3.264 fois ses bénéfices. (Rappelez-vous que Graham faisait déjà la grimace quand le PER était supérieur à 25 !)[23]

Pourquoi une telle hausse du cours de *Yahoo !*? Le 30 novembre, après la clôture du marché, *Standard & Poor's* a annoncé que l'action *Yahoo !* allait rejoindre l'indice *S&P 500* dès le 7 décembre. Le titre devait donc être acquis par tous les fonds indiciels et tous les gros investisseurs. Cette hausse soudaine de la demande a nécessairement poussé le cours de l'action encore plus haut, du moins temporairement. Or, les épargnants n'avaient accès qu'à seulement 10% du capital. Les autres 90% étaient détenus par les salariés, les sociétés de capital-risque et quelques détenteurs privilégiés ne pouvant pas en disposer à leur gré. Dès lors tous les spéculateurs se sont rués sur le

[22] NDE : L'action *Yahoo !* a fait l'objet d'une division du titre par deux en février 2000. Les cours indiqués ici n'ont pas été ajustés pour montrer les cours auxquels l'action s'était effectivement échangée. En revanche, la performance de l'action et la capitalisation boursière reflètent l'impact de la division du cours.

[23] NDE : En prenant en compte les acquisitions, le chiffre d'affaires de *Yahoo !* s'élevait à 464 millions de dollars. Graham critique des PER élevés notamment dans les Chapitres 7 et 11.

titre, car ils savaient que les investisseurs seraient contraints de l'acheter à n'importe quel prix.

À l'inverse, le titre *Yum !* avait tout d'un perdant. Autrefois, connue pour être une division du groupe *PepsiCo*, *Yum !* exploitait des milliers de restaurants des chaînes de fast-food *Kentucky Fried Chicken*, *Pizza Hut* et *Taco Bell*. *Yum !* avait dégagé un chiffre d'affaires de 8 milliards de dollars sur les quatre derniers trimestres et un résultat net de 633 millions de dollars, soit 17 fois la taille de *Yahoo !* Pourtant la capitalisation boursière de *Yum !* (fin 1999) n'était que de 5,9 milliards de dollars, soit 5% de celle de *Yahoo !* À ce cours, le PER de *Yum !* n'était que de 9, valorisant l'entreprise à 0,73 fois son chiffre d'affaires.[24]

TABLEAU 62 : *YAHOO !* CONTRE *YUM !*

	2000	2001	2002
Yahoo !			
Performance (%)	-86,1	-41,0	-7,8
Résultat net (millions de dollars)	71	-93	43
Yum !			
Performance (%)	-14,6	49,1	-1,5
Résultat net (millions de dollars)	413	492	583

Nota : Performances calculées sur l'année calendaire et résultats présentés pour l'année fiscale. Le résultat 2002 de *Yahoo !* prend en compte le changement de normes comptables.
Source : www.morningstar.com

Comme Graham aimait à le dire : « [À court terme] *Le marché se comporte comme une machine à compter les suffrages exprimés, pas comme un outil de mesure.*[25] » Incontestablement, *Yahoo !* a gagné le vote du public. Mais, *in fine*, ce sont toujours les résultats qui comptent, or ceux de *Yahoo !* étaient quasi inexistants. Quand le marché a cessé de voter et s'est mis à mesurer, c'est *Yum !* qui a gagné. En effet, l'action *Yum !* a gagné 25,4% entre 2000 et 2002, tandis que celle de *Yahoo !* a perdu 92,4% sur la même période.

Cas 3 : *Commerce One* et *Capital One*

En mai 2000, l'action *Commerce One, Inc.* n'était cotée en bourse que depuis 10 mois. Dans son premier rapport annuel, l'entreprise (qui développait des « *places de marché* » destinées aux directions Achat des grandes entreprises) affichait un actif total de seulement 385 millions de dollars et publiait un résultat en perte de 63 millions, pour un chiffre d'affaires de 34 millions de dollars. Depuis le jour de son introduction en bourse, le cours de l'action de cette entreprise minuscule avait bondi de près de 900%, pour atteindre une capitalisation boursière de 15 milliards de dollars. La société

[24] NDE : La société *Yum !* s'appelait à l'époque *Tricon Global Restaurants, Inc.* Le mnémonique du titre était déjà YUM (autrement dit *miam-miam*), mais la dénomination de la société a été changé en *Yum ! Brands, Inc.* en mai 2002.
[25] NDT : Graham B., Dodd D., Coutton D. (traduction), *Security Analysis - Analyse et évaluation financières des valeurs mobilières*, Valor Éditions, 2015. p. 466.

était-elle surévaluée ? « *Oui, il est clair que notre capitalisation boursière est élevée* », reconnaissait le directeur général, Mark Hoffman, dans une interview, tout en ajoutant que : « *Nous avons un marché potentiel énorme. La demande est très forte... Les analystes estiment que notre chiffre d'affaires pourrait atteindre 140 millions de dollars cette année et, par le passé, nous avons toujours dépassé les attentes des analystes.* »

Deux choses sautent aux yeux dans les réponses de Mark Hoffman :

- *Commerce One* perd déjà 2$ pour 1$ de chiffre d'affaires, si l'entreprise quadruple son chiffre d'affaires (comme le prévoient les analystes), cela signifie-t-il qu'elle va perdre encore plus d'argent ?
- Comment *Commerce One* a-t-elle pu dépasser les attentes des analystes par le passé. De quel passé parle-t-on ?

Alors qu'on lui demandait s'il pensait faire un jour des bénéfices, Hoffmann répliqua avec confiance : « *Il est hors de question que nous ne puissions pas faire de bénéfice. Nous envisageons de commencer à dégager un bénéfice dès le 4ème trimestre 2001, une année où les analystes estiment que nous enregistrerons 250 millions de dollars de chiffre d'affaires.* »

Voilà, ce qu'en pensaient les analystes. « *J'aime Commerce One à ce cours, car ils grossissent plus vite qu'Ariba* (un proche concurrent dont l'action s'échangeait également à un multiple de 400 fois le chiffre d'affaires !) » disait Jeanette Sing, une analyste de la banque d'investissement *Wasserstein Perella*, « *Si sa croissance se poursuit, Commerce One s'échangera à 60 ou 70 fois son chiffre d'affaires en 2001.* » (Autrement dit, dès qu'une valeur est plus chère que *Commerce One*, c'est que *Commerce One* est bon marché...)[26]

À l'inverse, nous avions *Capital One Financial Corp.*, un émetteur de cartes *MasterCard* et *Visa*. Entre juillet 1999 et mai 2000, l'action *Capital One* a perdu 21,5% de sa valeur. Pourtant la société pouvait compter sur 12 milliards de dollars de capitaux propres et un résultat de 363 millions de dollars en 1999, soit 32% de plus que l'année précédente. Avec une capitalisation boursière de de 7,3 milliards de dollars, l'action s'échangeait à un PER de 20. Pourtant tout n'était pas rose chez *Capital One*, car la société avait augmenté ses provisions pour créances irrécouvrables. En effet, le taux de défaillance a tendance à augmenter en période de récession, mais son cours reflétait quand même le risque potentiel de défaut.

Que s'est-il ensuite passé ? En 2001, *Commerce One* a généré 409 millions de dollars de chiffre d'affaires, mais a aussi enregistré une perte de 2,6 milliards de dollars – soit 10,30$ par action. *Capital One*, à l'inverse, a publié un résultat net de près de 2 milliards de dollars entre 2000 et 2002. Pourtant, l'action a perdu 38% de sa valeur

---

[26] NDE : Voir *CEO Speaks* et *The Bottom Line*, Money, Mai 2000, pp. 42-44

en trois ans, soit moins que la baisse moyenne du marché. Quant à l'action *Commerce One,* elle a perdu 99,7%.[27]

Au lieu d'écouter Hoffman et les analystes, les investisseurs auraient plutôt dû s'intéresser à un avertissement publié dans le rapport annuel 1999 de *Commerce One :* « *Nous n'avons jamais été profitable. Nous estimons être encore en perte dans un avenir proche et il se peut que nous ne soyons jamais bénéficiaires.* »

Cas 4 : *Palm* et *3COM*

Le 2 mars 2000, la société de télécommunication *3COM Corp.* cède 5% de sa filiale *Palm, Inc.* au public. Les 95% restant seront distribués après une scission de la filiale aux actionnaires de *3COM* dans les mois suivants. Pour toute action *3COM* détenue, les actionnaires recevront donc 1,525 actions *Palm.*

Il y a deux façons d'obtenir 100 actions *Palm* : soit en essayant de jouer des coudes pour tenter d'obtenir quelques actions *Palm* lors de l'introduction en bourse, soit en achetant 66 actions *3COM* et en attendant la scission de la filiale. Donc en recevant 1,525 actions *Palm* pour une action *3COM,* vous obtenez 100 actions de la société *Palm* en plus de vos 66 actions *3COM.*

Or, personne n'avait envie d'attendre la scission pendant des mois. *3COM* luttait difficilement contre des concurrents de poids, tels que *Cisco* alors que *Palm* était la société leader d'un domaine à la mode, celui des agendas électroniques. C'est ainsi que le cours de l'action *Palm* grimpa de 150% le jour de son introduction en bourse, passant de 38$ à 95,06$. L'action *Palm* était valorisée à plus de 1.350 fois ses bénéfices des douze derniers mois.

Le même jour, le cours de l'action *3COM* chuta de 104,13$ à 81,81$. Quel aurait dû être son prix, compte tenu du cours de l'action *Palm* ? Le calcul est aisé : chaque action *3COM* permettait de recevoir 1,525 actions *Palm* et le cours de clôture de l'action *Palm* s'élevait à 95,06$. Par conséquent, le cours théorique de l'action *3COM* aurait dû s'élever à 1,525 x 95,06$ soit 144,97$.

Voilà donc la valeur théorique de l'action *3COM,* en fonction du cours de l'action *Palm* et du facteur de conversion. Donc à 81,81$, le marché estimait que toutes les autres activités de *3COM* avaient une valeur totale négative de 63,16$ par action, soit une capitalisation négative de 22 milliards de dollars ! Dans l'histoire financière, les aberrations d'une telle ampleur sont rares.[28]

---

[27] NDE : Début 2003, le directeur financier de *Capital One* a démissionné après l'annonce d'une enquête pour délit d'initié.

[28] NDE : Pour ceux qui voudraient aller plus loin, nous leur conseillons de lire l'article *Can the Market Add and Subtract* de Lamont O. et Thaler R., National Bureau of Economic Research, document 8302, disponible sur www.nber.org/papers/w8302.

FIGURE 10 : LA DESCENTE AUX ENFERS DE *PALM*

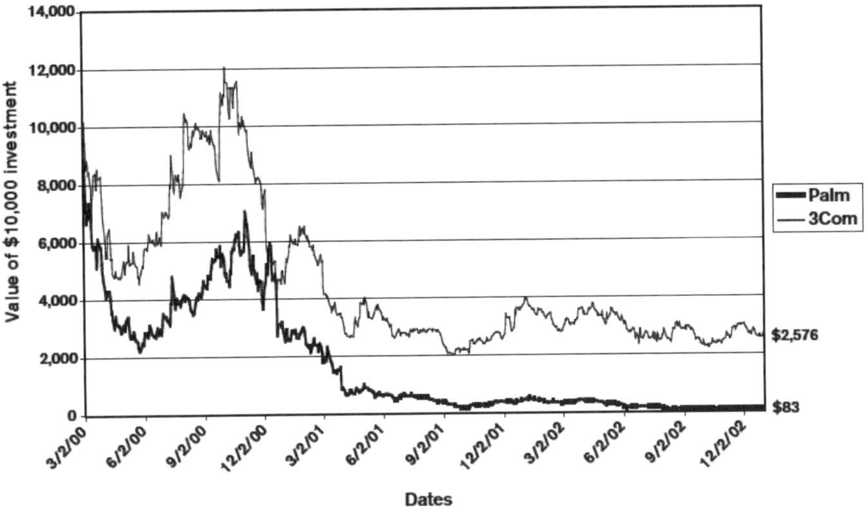

Source : www.morningstar.com

Évidemment, l'action *3COM* ne valait pas (moins) – 22 milliards de dollars, pas plus que *Palm* ne valait 1.350 fois ses bénéfices. Fin 2000, ces deux valeurs ont été massacrées dans la débandade générale sur les valeurs high-tech, mais ce furent les actionnaires de *Palm* qui subirent la correction la plus sévère, car ils avaient abandonné tout leur bon sens en achetant le titre.

Cas 5 : *CMGI* et *CGI*

L'année 2000 commença en fanfare pour *CMGI, Inc.* quand le titre toucha les 163,22$ le 3 janvier, avec un gain de 1.126% en à peine douze mois. L'entreprise, un « *incubateur Internet* », investissait dans des start-ups positionnées dans différents types d'activités sur Internet, parmi lesquelles les vedettes du début de l'Internet avec *theglobe.com* ou encore *Lycos*.[29]

Au cours de l'année fiscale 1998, alors que l'action était passée de 0,98 à 8,52$, *CMGI* avait investi pour 53,8 millions de dollars dans des prises de participation dans différentes valeurs Internet. Au cours de l'année fiscale 1999, alors que l'action était passée de 8,52$ à 46,09$, *CMGI* avait encore dépensé 104,7 millions de dollars. Sur les cinq derniers mois de 1999, alors que l'action était montée jusqu'à 138,44$, *CMGI* avait investi pour 4,1 milliards de dollars en acquisitions. Toutes ces acquisitions

[29] NDE : *CMGI* entama son existence en tant que *College Marketing Group*, une société qui vendait aux éditeurs universitaires, des informations relatives aux professeurs et aux cours dispensés dans les premiers cycles universitaires.

avaient été faites par échange d'actions *CMGI*, qui à ce stade étaient valorisées par le marché pour 40 milliards de dollars.

Le marché fonctionnait un peu comme une machine à sous distribuant de l'argent sans valeur. Plus le cours de l'action *CMGI* montait, plus *CMGI* avait les moyens d'investir. Et plus *CMGI* pouvait investir, plus les actions *CMGI* montaient. Dans un premier temps les actions des sociétés cibles s'appréciaient dès lors qu'il y avait une rumeur d'achat par *CMGI*. Une fois que *CMGI* les avait acquises, l'action *CMGI* s'appréciait à son tour grâce à l'opération d'achat. Mais, personne ne se préoccupait de savoir pourquoi *CMGI* avait publié une perte opérationnelle de 127 millions de dollars au cours de son dernier exercice fiscal.

À Webster, dans le Massachusetts, à moins de 120 kilomètres du siège social de *CMGI*, situé à Andover, il y avait les bureaux de *Commerce Group, Inc.* Or, *CGI* était tout ce que *CMGI* n'était pas. La compagnie, qui vendait des assurances automobiles, essentiellement à des automobilistes du Massachussetts, était positionnée dans un secteur délaissé de la « *vieille économie* ». Les actions *CGI* avaient chuté de 23% en 1999 – alors que son résultat net, à 89 millions de dollars, n'avait finalement baissé que de 7% par rapport à 1998. *CGI* se permettait même le luxe de payer un dividende de plus de 4% (alors que *CMGI* n'en versait pas). Avec une capitalisation boursière de 870 millions de dollars, l'action *CGI* s'échangeait à moins de 10 fois son résultat prévisionnel de 1999.

Et puis tout se renversa d'un coup. La machine à sous s'enraya : les valeurs Internet finirent par chuter brutalement. Incapable de revendre ses participations en faisant une plus-value, le résultat de *CMGI* subit de plein fouet l'impact des moins-values de cession. La société perdit ainsi 1,4 milliards de dollars en 2000 ; 5,5 milliards en 2001 et près de 500 millions de dollars de plus en 2002. L'action dégringola d'un plus haut à 163,22$, début 2000, à un plus bas de 0,98$, fin 2002, soit une perte de 99,4%. Pendant ce temps *CGI*, une société sans éclat, continua d'être bénéficiaire chaque année et vit son action gagner 8,5% en 2000 ; 43,6% en 2001 et 2,7% en 2002, soit une hausse totale de 60%.

Cas 6 : *Ball* et *Stryker*

Entre le 9 et le 23 juillet 2002, l'action *Ball Corp.* plongea de 43,69$ à 33,48$, soit une baisse de 24% ramenant la capitalisation boursière à 1,9 milliards de dollars. Sur la même période, le cours de l'action *Stryker Corp.* est passé de 49,55$ à 45,60$, soit une baisse de 8% seulement, ramenant la valorisation de l'entreprise à 9 milliards de dollars.

Pourquoi ces deux titres ont-ils perdu autant de valeur en si peu de temps ? *Stryker*, fabricant de prothèses orthopédiques et d'équipements chirurgicaux, a publié un seul communiqué de presse (le 16 juillet) annonçant pour le deuxième trimestre une hausse de son chiffre d'affaires de 15% à 734 millions de dollars et un bond de 31% de son résultat net à 86 millions de dollars. Le lendemain le cours grimpait de 7%, avant de repartir à la baisse.

Ball, le fabricant des fameux bocaux de verre *Ball*, utilisés pour mettre en conserve fruits et légumes, fabrique également des emballages en plastique et en métal pour ses clients industriels. *Ball* n'a publié aucun communiqué pendant ces deux semaines.

Pourtant, le 25 juillet, *Ball* annonça avoir enregistré au deuxième trimestre un résultat de 50 millions de dollars pour un chiffre d'affaires d'un milliard de dollars, soit une hausse de 61% de son bénéfice par rapport au même trimestre de l'année précédente. Ce qui faisait un résultat net cumulé de 152 millions de dollars sur les quatre derniers trimestres. Le titre s'échangeait donc à un PER de 12,5 seulement. Avec une valeur comptable des capitaux propres de 1,1 milliards de dollars, vous pouviez acheter l'action *Ball* pour 1,7 fois sa situation nette[30]. (L'endettement de *Ball* s'élevait pourtant à 900 millions de dollars.)

Stryker ne jouait pas dans la même division. Au cours des quatre derniers trimestres, la compagnie avait enregistré 301 millions de dollars de résultat net et la valeur comptable des capitaux propres s'élevait à 570 millions de dollars. Le titre s'échangeait à un PER de 30 et à un PBR de 16. De 1992 à la fin 2001, la croissance moyenne annuelle des bénéfices de *Stryker* a été de 18,6% et celle des dividendes de 21%. Ajoutons qu'en 2001, *Stryker* a dépensé 142 millions de dollars en recherche et développement pour jeter les bases de son futur développement.

Quel est donc la raison de la chute du cours des deux titres ? La réponse est qu'entre le 9 et le 23 juillet 2002, alors que *WorldCom* faisait faillite, le *Dow Jones Industrial Average* chutait de 15,3%, passant de 9.096 à 7.702. Autrement dit, les bonnes nouvelles annoncées par *Ball* et *Stryker* ont été totalement inaudibles dans le brouhaha médiatique et l'effondrement du marché, qui a emporté ces deux valeurs avec lui.

Si le titre *Ball* a fini par être évalué à un prix proportionnellement plus bas que celui de *Stryker*, la leçon à retenir n'est pas de croire que le titre *Ball* était plus intéressant que le titre *Stryker*. Non, l'*investisseur intelligent* doit comprendre que la panique des marchés peut créer des opportunités pour dénicher de bonnes entreprises (comme *Ball*) ou de superbes valeurs (comme *Stryker*). *Ball* termina l'année 2002 à un cours de 51,19$, en hausse de 53% depuis ses plus bas de juillet. *Stryker* finit l'année à 67,12$, en hausse de 47%. Il y a parfois des soldes aussi bien sur les titres « *value* » que « *croissance* ». Le choix d'un style d'investissement ne dépend que de votre personnalité. Vous trouverez de bonnes affaires dans les deux cas.

Cas 7 : ***Nortel*** et ***Nortek***

Le rapport annuel 1999 de *Nortel Networks*, l'équipementier télécom, se vantait d'un exercice qui avait été « *du pain béni* » en termes financiers. En février 2000, avec une capitalisation boursière supérieure à 150 milliards de dollars, l'action *Nortel* s'échangeait à 87 fois les bénéfices prévisionnels de 2000.

Cette estimation était-elle crédible ? Le montant du poste *Créances clients* du bilan, qui avait augmenté d'un milliard de dollars en un an, n'avait pas encore été encaissé. La société déclara que cette hausse était à mettre sur le compte « *de l'augmentation du chiffre d'affaires au quatrième trimestre 1999* ». Pourtant, la valeur

[30] NDT : Ce qui correspond à un PBR de 1,7.

des stocks avait également gonflé de 1,2 milliards de dollars, ce qui signifiait que la société *Nortel* produisait plus d'équipements qu'elle n'en vendait.

Dans le même temps, le montant des dettes d'exploitation, autrement dit les factures à régler, avait explosé, passant de 519 millions à 1,4 milliards de dollars. Ajoutons que *Nortel* avait du mal à contrôler ses coûts : le poids des charges commerciales et administratives était passé en 1999 de 17,6 % en 1997 à 18,7% du chiffre d'affaires. Au total, *Nortel* a perdu 351 millions de dollars en 1999.

Aux antipodes de *Nortel*, il y avait la société *Nortek, Inc.*, qui produit des revêtements en vinyle, des sonneries électriques, des ventilateurs, des hottes de cuisine et autres compacteurs de déchets. En 1999, *Nortek* a publié un résultat net de 49 millions de dollars pour un chiffre d'affaires de 2 milliards, à comparer aux 21 millions et 1,1 milliards de dollars deux ans plus tôt. La marge nette de *Nortek* s'était améliorée d'un tiers, passant de 1,9% à 2,5% du chiffre d'affaires et *Nortek* avait réduit ses frais généraux de 19,3% à 18,1% de son chiffre d'affaires.

Pour rester impartial, il faut préciser que la croissance de *Nortek* s'était faite par croissance externe et que son endettement s'élevait à 1 milliard de dollars, ce qui est lourd pour une entreprise de cette taille. En février 2000, le pessimisme des marchés valorisait le cours de l'action *Nortek* à un PER de 5 seulement.

À l'inverse, l'optimisme poussait le cours du titre *Nortel* à 87 fois le bénéfice prévisionnel de l'année. À l'issue de l'exercice, le résultat publié ne fut pas celui anticipé par les analystes (1,30$). Ce fut au contraire une perte de 1,17$. Fin 2002, *Nortel* avait enregistré une perte dépassant les 36 milliards de dollars.

De son côté, *Nortek* a publié un résultat de 41,6 millions en 2000, de 8 millions en 2001 et de 55 millions de dollars pour les neuf premiers mois de 2002. Dans le même temps, le cours de l'action était passé de 28$ à 45,75$ fin 2002, soit un gain de 63%. En janvier 2003, les dirigeants de *Nortek* ont racheté l'entreprise aux actionnaires et le titre a été radié de la cote à un cours de 46$ par action. Pendant cette période, l'action *Nortel* s'est littéralement écroulée, passant de 56,81$ en février 2000 à 1,61$ fin 2002, soit une baisse de 97%.

Cas 8 : *Red Hat* et *Brown Shoe*

Le 11 août 1999, *Red Hat, Inc.*, un éditeur de logiciels sous Linux, a fait son introduction en bourse. Offertes initialement à 7$, les actions ont ouvert à 23$ et clôturé la séance à 26,03$, soit une hausse de 272%.[31] En l'espace d'une journée, le cours de l'action *Red Hat* a connu une hausse supérieure à celui de *Brown Shoe* en 18 ans. Le 9 décembre, l'action *Red Hat* plafonnait à 143,13$ – en hausse de 1.944% sur quatre mois.

Pendant cette période, *Brown Shoe* se prenait les pieds dans le tapis. La compagnie, fondée en 1878, est le revendeur agréé de la marque de chaussures *Buster Brown* et gère un réseau de 1.300 magasins de chaussures aux États-Unis et au Canada.

[31] NDE : Tous les cours de *Red Hat* ont été ajustés pour la division du titre par 2 en janvier 2000.

L'action *Brown Shoe*, cotée à 17,50$ au 11 août, trébucha à 14,31$ le 9 décembre. Sur l'année 1999, le cours de l'action *Brown Shoe* perdit 17,6%.[32]

En plus d'une marque appréciée et d'une action aimée par le marché, quelles sont les performances achetées par les actionnaires de *Red Hat* ? Sur les neuf mois allant jusqu'au 30 novembre, l'entreprise a enregistré un chiffre d'affaires de 13 millions et une perte de 9 millions de dollars.[33] Le chiffre d'affaires de *Red Hat* était à peine supérieur à celui d'une boutique *Brown Shoe* bien située dans un grand centre commercial et l'entreprise était beaucoup moins profitable ! Mais les traders, subjugués par les termes de *logiciel* ou *Internet*, ont fait monter la mayonnaise jusqu'à ce que la capitalisation boursière de la société atteigne 21,3 milliards de dollars au 9 décembre 1999.

Et *Brown Shoe* dans tout ça ? Dans les neuf derniers mois, la société a enregistré un chiffre d'affaires de 1,2 milliards et un résultat net de 32 millions de dollars et *Brown Shoe* détenait déjà pour chaque action 5$ en liquidités et en immobilier ; sans compter que les enfants adoraient toujours autant les chaussures *Buster Brown*. Pourtant, au 9 décembre 1999, la capitalisation boursière de *Brown Shoe* atteignait péniblement les 261 millions de dollars, soit 80 fois moins que celle de *Red Hat* alors que le chiffre d'affaires de *Brown Shoe* était 100 fois supérieur à celui de *Red Hat*. À ce prix, *Brown Shoe* était valorisé à un PER de 7,6 et à 0,25 fois son chiffre d'affaires. À l'inverse, *Red Hat* ne dégageait aucun profit, ce qui n'empêchait pas le cours d'être valorisé à plus de mille fois son chiffre d'affaires.

TABLEAU 63 : *RED HAT* CONTRE *BROWN SHOE*

	2000	2001	2002
Red Hat			
Performance (%)	-94,1	13,6	-16,8
Résultat net (millions de dollars)	-43	-87	-140
Brown Shoe			
Performance (%)	-4,6	28,2	49,5
Résultat net (millions de dollars)	36	36	-4

Nota : Performances calculées sur l'année calendaire et résultats présentés pour l'année fiscale.
Source : www.morningstar.com

Red Hat a continué à voir rouge et ses actionnaires ont fini par manger leur chapeau. De son côté, *Brown Shoe* engrangeait des gains et ses actionnaires des plus-values.

Quels sont les enseignements à tirer ? À court terme, le marché se moque des principes de Graham, mais ces principes passent l'épreuve du temps et restent toujours valables à long terme. Si vous achetez une action au motif que son cours monte, au lieu de vous demander si la valeur de l'entreprise augmente, vous le regretterez tôt ou tard. C'est sûr.

---

[32] NDE : Curieusement, 65 ans plus tôt Graham a distingué *Brown Shoe* comme étant l'une des compagnies les plus stables de toute la cote du *New York Stock Exchange*. (cf. *Security Analysis*, 1934, p. 159).

[33] NDE : Nous avons pris une période de 9 mois, car les résultats de *Red Hat* sur 12 mois incluaient les bénéfices des acquisitions.

CHAPITRE 19. LA POLITIQUE DE DIVIDENDE

Depuis 1934, nous avons toujours soutenu l'idée que les actionnaires doivent être intelligents et actifs face aux dirigeants. Nous leur avons conseillé d'être indulgent face à ceux qui préservent leur intérêt. Nous leur avons aussi recommandé d'exiger des explications claires et satisfaisantes quand les résultats sont moins bons qu'attendus. Nous leur avons enfin suggéré d'approuver et de soutenir toutes les décisions visant à améliorer la performance de l'équipe dirigeante ou à se débarrasser d'un dirigeant incompétent. Les actionnaires doivent légitimement s'interroger sur la compétence des dirigeants lorsque les résultats (1) sont insuffisants, (2) sont inférieurs à ceux d'entreprises comparables et (3) pèsent sur le cours de bourse, structurellement déprimé.

Depuis 1934, les actionnaires n'ont mené aucune action d'envergure. Quiconque se sentant l'âme d'un activiste – s'il en existe – en conclurait qu'il perd son temps. Pourtant, la défense des actionnaires n'est pas une cause perdue, car elle revient en force avec la multiplication des opérations de fusion-acquisition.[1] Nous affirmions au Chapitre 8 qu'une mauvaise équipe dirigeante pèse sur les cours de l'action. Des cours faibles vont à leur tour susciter la convoitise de nombreuses entreprises cherchant à se diversifier. Si beaucoup d'acquisitions se font avec l'aval des dirigeants, beaucoup d'autres se font par ramassage d'actions en bourse avant le déclenchement d'une OPA hostile. Le cours d'achat offert est généralement compris dans une fourchette de prix, qui est estimée en faisant l'hypothèse d'une équipe dirigeante compétente. C'est ainsi que les actionnaires de l'entreprise achetée sont poussés vers la sortie par des actionnaires externes, qui sont soit des entrepreneurs individuels, soit des groupes industriels ou financiers agissant pour leur propre compte.

Il y a donc une règle, qui ne souffre que de quelques exceptions, qui est que des dirigeants incompétents ne sont pas écartés par les actionnaires, mais seulement par la prise de contrôle de l'entreprise par une autre. Cette situation est aujourd'hui suffisamment fréquente pour que les dirigeants et les administrateurs de toutes les

---

[1] NDE : Paradoxalement, les opérations de fusion-acquisition ont vu leur nombre considérablement baisser après la publication de l'ouvrage de Graham. Les années 1970 et le début des années 1980 ont marqué un plancher en termes de nombre de restructurations industrielles aux États-Unis. À l'époque, les voitures étaient de mauvaise qualité, les postes de radio et de télévision étaient toujours en panne et les dirigeants des grandes sociétés cotées ne se souciaient ni des intérêts de leurs actionnaires, ni des perspectives bénéficiaires de leur entreprise. Tout ceci commença à changer en 1984, quand le producteur de pétrole indépendant T. Boone Pickens lança une OPA hostile sur la *Gulf Oil*. Peu après, des « *prédateurs financiers* », financés par des *junk bonds* émis par la banque *Drexel Burnham Lambert*, se sont lancés à la traque des entreprises américaines sclérosées, les obligeant à améliorer leur profitabilité. Si beaucoup de sociétés concernées dans ces opérations ont été ruinées, les autres ont su améliorer leur efficacité opérationnelle.

sociétés cotées en bourse comprennent que si les résultats de l'entreprise et la performance boursière du titre ne sont pas bons, l'entreprise pourra devenir la cible d'une OPA réussie. Par conséquent, les administrateurs ont pris conscience que leur première tâche est de s'assurer qu'ils emploient des dirigeants à la hauteur de leur fonction. C'est ainsi que nous avons pu constater un taux de renouvellement des dirigeants plus élevé que par le passé.

Malheureusement, toutes les sociétés mal gérées n'ont pas connu pareille histoire. Parfois, ces changements de dirigeants ont lieu après de longues périodes de mauvais résultats, où un investisseur externe prend le contrôle du capital en rachetant les titres à bas prix à des actionnaires dépités. Croire que les actionnaires ont assez de pouvoir pour exercer une réelle influence sur la politique de l'entreprise ou sur la recomposition de l'équipe dirigeante est suffisamment irréaliste pour que nous n'abordions pas le sujet dans ce livre. Les actionnaires individuels, qui ont assez de courage pour se faire entendre lors des assemblées générales – souvent futiles – n'auront pas besoin de nos conseils pour savoir quelles sont les questions à poser aux dirigeants. Pour les autres, il est à parier que nos conseils ne serviront pas à grand-chose. Néanmoins, permettez-nous de clore cette section en recommandant à tous les actionnaires d'accorder la plus grande attention à toutes les propositions faites dans les questions posées par les actionnaires qui cherchent à remédier aux difficultés de l'entreprise, causées par la direction en place.[2]

Les actionnaires et la politique de dividende

Par le passé, la politique de dividende a souvent été l'objet de fréquents débats entre actionnaires individuels et dirigeants. En règle générale, les actionnaires militaient pour une politique de dividende plus généreuse, alors que les dirigeants préféraient conserver les résultats en réserves pour « *renforcer les fonds propres* ». Ils demandaient ainsi aux actionnaires de sacrifier leur intérêt immédiat, pour le bien de l'entreprise et pour leur propre intérêt à long terme. Ces dernières années, l'attitude des investisseurs à l'égard de la politique de dividende a évolué graduellement, mais de façon significative. La raison, aujourd'hui avancée, pour justifier le versement d'un maigre dividende n'est plus que l'entreprise a *besoin* de ces capitaux, mais que cette politique servira de façon directe et immédiate l'intérêt des actionnaires, qui participent ainsi à la croissance de l'entreprise. Autrefois, c'étaient souvent les entreprises en mauvaise posture, qui étaient contraintes de mettre en réserve tous leurs bénéfices, plutôt que d'en distribuer 60 à 75% sous forme de dividendes. La conséquence était souvent une baisse du cours du titre. Aujourd'hui, ce sont plutôt les entreprises solides et

[2] NDT : Graham fait référence à la procédure des « *proxy fight* » (bataille de procurations), qui est utilisée dans les entreprises américaines par un groupe d'actionnaires pour tenter de prendre le contrôle d'une entreprise mal gérée. Les actionnaires contestataires essaient par ce moyen de convaincre la majorité des actionnaires que les administrateurs sont incompétents et devraient être écartés et remplacés. Si les actionnaires sont d'accord, ils signent des procurations donnant aux contestataires leurs droits de vote. Cette procédure n'existe pas en France.

dynamiques qui distribuent de faibles dividendes, en total accord avec les investisseurs et les spéculateurs.[3]

Il y a toujours de bonnes raisons de justifier la mise en réserves du résultat, quand le réemploi des capitaux peut permettre une hausse des bénéfices. Mais il y a aussi de nombreux contre-arguments comme les suivants. Les profits « *appartiennent* » aux actionnaires et il est légitime de leur verser un dividende, dans les limites d'une gestion prudente. Beaucoup d'actionnaires vivent des revenus du dividende. Les dividendes servis sont des espèces sonnantes et trébuchantes, alors que les bénéfices mis en réserves peuvent ne pas créer de richesse pour l'actionnaire.

Ces contre-arguments sont si convaincants que les marchés portent leur préférence sur les entreprises qui sont généreuses en termes de dividende, par rapport à celles qui n'en servent pas ou très peu.[4]

Dans les vingt dernières années, la théorie vantant l'intérêt du réinvestissement des bénéfices a gagné du terrain. Plus la croissance historique de l'entreprise est élevée et plus les investisseurs et les spéculateurs acceptent de sacrifier le dividende. Cela est si vrai, que le faible dividende des *valeurs de croissance* à la mode n'a aucune incidence sur leur cours.[5]

Le parcours boursier du titre *Texas Instrument, Inc.* en est un exemple édifiant. Le cours de l'action ordinaire est passé de 5$ en 1953 à 256$ en 1960. Dans le même temps, le bénéfice net par action a grimpé de 0,43$ à 3,91$ et pourtant aucun dividende n'a été servi. (Le premier dividende en numéraire a été versé en 1962, l'année où le bénéfice est tombé à 2,14$ par action et où le cours a subi un sérieux revers à 49$.)

Un autre exemple intéressant est donné par *Superior Oil.* En 1948, la compagnie a publié un bénéfice net par action de 35,26$ et versé 3$ de dividendes, alors que l'action valait 235$. En 1953, le dividende a été réduit à 1$, alors que le cours flambait à 660$. En 1957, aucun dividende ne fut servi, ce qui n'empêcha pas le titre d'atteindre les 2.000$. Le cours du titre chuta ensuite à 795$ en 1962, alors que le bénéfice par action s'élevait à 49,50$ et le dividende à 7,50$.[6]

---

[3] NDE : Cette évolution, que décrit Graham avec ironie, prendra encore plus d'ampleur dans les années 1990, à une époque où plus l'entreprise était solide et moins elle servait de dividendes, moins ses actionnaires en réclamaient. Le taux de distribution (part du bénéfice distribuée sous la forme de dividende) était passé de 60% à 75% à l'époque de Graham, à 35% à 40% à la fin des années 1990.

[4] NDE : Des études très sérieuses ont montré qu'en général, un dollar versé en dividende a jusqu'à quatre fois l'effet positif d'un dollar de hausse du cours. Cet élément est fort bien illustré par le comportement des sociétés de service public avant les années cinquante. Celles qui avaient un faible taux de distribution s'échangeaient à des PER plus faibles. Pourtant, elles se sont avérées être des achats particulièrement intéressants, car elles ont ensuite pu augmenter leurs taux de distribution. Depuis 1950, l'impact de la politique de distribution est moins fort sur les cours.

[5] NDE : Dans les années 1990, les sociétés de technologie étaient les porte-voix de cette politique, prétendant que tous les bénéfices devaient être réinvestis, car ils offriraient une meilleure rentabilité que celle que pourraient obtenir les actionnaires en réinvestissant les dividendes dans d'autres actifs. Étonnement, les investisseurs n'ont jamais remis en question ce principe, fondé sur l'idée *de laisser faire ceux qui s'y connaissent.* Les actionnaires n'ont même pas réalisé que le résultat de l'entreprise appartient à ses actionnaires et pas aux dirigeants. Voir les *Commentaires sur ce Chapitre* (cf. p. 390).

[6] NDE : Le cours de l'action *Superior Oil* atteignit son apogée à 2.165$ en 1959, alors que le titre ne versait que 4$ de dividendes. Pendant plusieurs années, *Superior* a été le titre le plus cher de toutes les actions cotées

La politique de dividende des entreprises de croissance est loin de faire consensus. Les compagnies *American Telephone & Telegraph* et *International Business Machines* illustrent deux points de vue diamétralement opposés. *AT&T* a toujours été considérée comme un titre avec un fort potentiel de croissance avec un PER de 25 en 1961. Pour autant, sa politique de dividende a toujours eu beaucoup d'importance pour les investisseurs et les spéculateurs, car le cours du titre réagissait à la moindre *rumeur* d'une hausse du taux de distribution. À l'inverse, la politique de dividende de *IBM* n'avait aucune importance pour le marché, car le rendement du dividende ne s'élevait qu'à 0,5% en 1960 et à 1,5% à la fin de l'année 1970. (Dans les deux cas, la division du titre a sans doute pesé sur le cours.)

Il semble néanmoins que le marché tend à interpréter la politique de dividende de la façon suivante. Si le titre n'est pas considéré comme une « *valeur de croissance* » il est alors considéré comme une « *valeur de rendement* » et le rendement du dividende prend toute son importance dans la valorisation du cours. À l'inverse, les titres reconnus pour être des « *valeurs de croissance* » sont évalués en fonction de la croissance prévisionnelle du résultat sur les dix prochaines années environ et le rendement a peu d'importance.

Si cette situation décrit la tendance actuelle, il n'y a pas de frontière bien délimitée entre les deux catégories de titres. En effet, beaucoup d'actions sont à cheval entre la catégorie des « *valeurs de croissance* » et celle des « *valeurs de rendement* ». En pareil cas, il est difficile de connaître l'importance relative du facteur croissance. D'ailleurs, le point de vue du marché peut radicalement changer d'une année à l'autre. Ajoutons qu'il est paradoxal de demander aux entreprises à faible croissance d'avoir une politique de dividende généreuse, car ce sont les moins profitables, alors qu'autrefois, plus l'entreprise était profitable, plus les attentes en matière de dividende étaient fortes.

Nous pensons que les actionnaires sont en droit d'exiger des dirigeants, soit d'avoir une politique de dividende « *normale* » – en distribuant environ deux tiers des bénéfices – soit d'apporter la preuve que les bénéfices réinvestis permettront une hausse satisfaisante du bénéfice par action. Si cette démonstration est possible dans le cas d'une *valeur de croissance* réputée, dans les autres cas, un faible taux de distribution du dividende pourra expliquer la sous-évaluation du cours. Les actionnaires pourront donc légitimement s'interroger sur la faiblesse du cours et se plaindre.

Une politique de distribution mesurée est souvent imposée aux entreprises en situation financière précaire ou à celles qui doivent se désendetter et renforcer leur fonds de roulement. Quand il en est ainsi, l'actionnaire n'a pas grand-chose à dire, si ce n'est de critiquer les dirigeants d'avoir fait couler l'entreprise. Parfois, certaines entreprises peu prospères réduisent le dividende au motif de faire de la croissance. Nous pensons qu'une telle politique est *a priori* illogique et qu'elle doit être justifiée et défendue avec conviction devant les actionnaires pour qu'ils l'acceptent. Il n'y a aucune raison de croire que les actionnaires pourront profiter de la croissance d'une

---

au *New York Stock Exchange. Superior*, contrôlé par la famille Keck de Houston, fut acquis par *Mobil Corp.* en 1984.

entreprise dont les performances passées sont médiocres, qui affiche encore de mauvais résultats et qui ne renouvelle pas ses dirigeants.

Les dividendes en actions et la division du titre

Les investisseurs doivent comprendre la différence qui existe entre un dividende servi en actions et une division du titre. Cette dernière ne change pas la répartition du capital social puisqu'elle consiste à échanger une action ancienne contre deux ou trois nouvelles. En effet, ces actions nouvelles ne sont pas associées à des réserves provenant du cumul des bénéfices non distribués. L'objet d'une division du titre est de réduire la valeur unitaire de l'action, car un cours plus bas sera apprécié des anciens et des nouveaux actionnaires[7]. La division du titre peut être réalisée soit par versement d'un dividende en actions, qui consiste à transférer le montant du dividende, des réserves vers le capital social, soit par un changement de la valeur nominale des actions ordinaires, ce qui n'a aucune incidence sur les réserves.[8]

Ce que nous devrions appeler *dividende en actions* correspond à la distribution aux actionnaires de nouvelles actions émises. Ces actions représentent un montant proportionnel aux réserves réinvestis en leur nom dans l'entreprise dans les deux dernières années. Il est d'usage d'évaluer le dividende en action au cours du titre en vigueur au jour de l'opération. L'opération comptable équivaut à un transfert des réserves vers le capital social. C'est pour cette raison que le montant du dividende en action est généralement faible, guère plus de 5%.[9] Le versement d'un dividende en action a par nature le même effet que le versement d'un dividende en numéraire qui serait utilisé pour l'achat d'actions nouvellement émises. Cependant, le versement d'un dividende en actions offre un avantage fiscal sur le versement d'un dividende en numéraire assorti d'un droit de souscription, une pratique fréquente dans les compagnies de service public.

Le *New York Stock Exchange* a défini la règle des 25% pour faire la distinction entre une division du titre et un dividende en actions. Tout versement de plus de 25% du dividende en numéraire n'a pas à être accompagné d'un transfert des réserves vers le capital social.[10] La confusion est entretenue par certaines sociétés, les banques notamment, qui déclarent systématiquement tous les dividendes en actions, quelle que soit la proportion versée en action ou en numéraire.

Depuis longtemps, nous nous sommes fait les avocats de la transparence en matière de politique de dividende tant en numéraire qu'en titres. Dans une telle

---

[7] NDT : La liquidité d'un titre est en effet un facteur d'intérêt pour l'investisseur.

[8] NDE : Aujourd'hui les divisions de titre – *stock splits* – se font par modification de la valeur nominale. Lors du fractionnement des actions ordinaires à raison de deux actions nouvelles pour une ancienne, toute action ancienne donne naissance à deux actions nouvelles, chacune s'échangeant à la moitié du cours de l'ancienne action. Ce n'est qu'à de rares occasions qu'il y a transfert entre les réserves et le capital social, comme cela se faisait à l'époque de Graham.

[9] NDE : Dans ce cas, le détenteur de 100 actions reçoit 5 actions.

[10] NDE : La règle 703 du *New York Stock Exchange* régit les divisions de titres et les dividendes en actions. Le *NYSE* souligne que les dividendes en actions supérieurs à 25% et inférieurs à 100% sont des « *divisions partielles* ».

politique, des dividendes en actions sont servis régulièrement pour capitaliser une partie des réserves réinvesties dans l'entreprise. Cette politique de distribution de 100% des bénéfices réinvestis est celle qui est suivie par *Purex*, *Government Employees Insurance* et sans doute d'autres sociétés.[11]

Le dividende en actions, quelle que soit sa forme, est dénigré par la communauté universitaire, prétendant qu'il ne s'agit que de certificats sans valeur, qui n'apportent rien de nouveau aux actionnaires et qui entraînent des frais inutiles.[12] Cette opinion est, à notre avis, doctrinaire, car elle ignore totalement les réalités concrètes et psychologiques de l'investissement. Il est vrai qu'un dividende périodique en actions, disons de 5%, ne change que la « *nature* » de l'investissement. L'actionnaire se retrouve avec 105 actions au lieu de 100, alors que sans distribution de dividende en action, les 100 actions originales auraient représenté les mêmes droits de propriété que les 105 actions. Il n'empêche que ce seul changement est important et a une réelle valeur aux yeux de l'actionnaire. S'il désire encaisser sa part des bénéfices réinvestis, l'actionnaire peut simplement le faire en vendant les nouveaux certificats distribués, plutôt que devoir démembrer ses anciennes actions. Il peut escompter recevoir le même dividende en numéraire sur ses 105 actions, que sur les 100 précédentes, alors qu'il a peu de chance de voir le dividende en numéraire augmenter de 5% sans avoir perçu un dividende en action.[13]

Les avantages d'une politique de versements périodiques d'un dividende en actions sautent aux yeux quand on la compare à la politique des compagnies de service public qui consiste à payer de généreux dividendes en numéraire et à récupérer ce dividende en émettant de nouvelles actions destinées aux actionnaires (grâce aux droits de souscription).[14] Comme nous l'avons déjà expliqué, l'actionnaire est dans la même situation s'il reçoit un dividende en action à la place d'un dividende en numéraire associé à des droits de souscription d'actions ; à une différence près : ils

---

[11] NDE : Cette politique, déjà peu courante à l'époque de Graham, est extrêmement rare aujourd'hui. En 1936 et encore en 1950, près de la moitié des valeurs cotées au *NYSE* versait ce qui était appelé un « *dividende spécial* ». Au début des années 1970, ce pourcentage est tombé à moins de 10% et à moins de 5% dans les années 1990. Voir DeAngelo H., DeAngelo L., Skinner D., *Special Dividends and the Evolution of Dividend Signaling*, Journal of Financial Economics, vol. 57, n° 3 septembre 2000, pp. 309-354. L'explication la plus plausible à ce déclin est que les dirigeants de sociétés ne veulent pas que les investisseurs interprètent le « *dividende spécial* » comme un signal de perspectives bénéficiaires défavorables.

[12] NDE : La critique du milieu universitaire sur les dividendes est influencée par l'article de Merton Miller et Franco Modigliani *Dividend Policy, Growth and the Valuation of Shares* (1961) qui contribua à leur prix Nobel d'économie. Miller et Modigliani soutiennent que, par essence, les dividendes sont neutres, car un investisseur devrait être indifférent à percevoir un revenu soit sous la forme d'un dividende ou d'une hausse du cours, dès lors que le rendement est identique dans les deux cas.

[13] NDE : L'argument de Graham n'est aujourd'hui plus pertinent. Les investisseurs modernes peuvent sauter ce passage du livre sans hésiter. Les actionnaires n'ont plus à s'inquiéter de démembrer leurs anciennes actions, puisqu'aujourd'hui toutes les actions existent sous forme électronique et non sous forme physique. Il est difficile de suivre le raisonnement de Graham quand il souligne qu'une hausse de 5% du dividende versé pour 100 actions est plus improbable qu'obtenir le même dividende sur 105 actions.

[14] NDE : Les droits de souscription sont aujourd'hui utilisés moins fréquemment qu'à l'époque de Graham. Ils confèrent à l'actionnaire le droit d'acheter des actions nouvellement émises, souvent à un prix inférieur au cours. L'actionnaire, qui ne participe pas à cette opération, sera dilué et détiendra une proportion moindre du capital et de droits. Ces droits de souscription sont plus largement utilisés dans les fonds communs de placement fermés, les compagnies d'assurance et les holdings financières.

n'aura pas à s'acquitter de l'impôt qu'il aurait payé sur les dividendes reçus en numéraire. Ceux qui veulent ou désirent maximiser leur revenu annuel en liquide, sans percevoir de nouvelles actions, auront le même résultat en vendant les actions distribuées en guise de dividende ou en vendant leurs droits de souscription d'actions.

Le montant total des impôts économisés, en percevant un dividende en numéraire et un droit de souscription par rapport à un dividende en numéraire seul, est colossal. Nous demandons aux compagnies de service public de faire ainsi, en dépit des conséquences négatives pour le Trésor Public, car nous estimons qu'il est injuste d'appliquer une double taxation des bénéfices, qui ne sont en fait pas perçus par les actionnaires, car les entreprises récupèrent les dividendes versés par la vente des nouvelles actions émises.[15]

Les entreprises performantes ne cessent de moderniser leurs équipements, leurs produits, leurs systèmes d'information, leurs programmes de formation du personnel, et leurs relations avec les employés. Peut-être serait-il temps qu'elles songent à moderniser également leurs pratiques financières et notamment leur politique de dividende.

[15] NDE : Début 2003, l'administration du président George W. Bush s'est intéressé au problème de la double taxation des dividendes des sociétés, bien qu'il soit encore trop tôt pour connaître son impact. Une autre méthode consisterait à ce que les dividendes ne fassent pas partie de l'assiette du calcul de l'impôt sur les sociétés pour ne pas être doublement taxés.

COMMENTAIRES SUR LE CHAPITRE 19

Les contre-vérités les plus dangereuses sont les vérités légèrement déformées.

G. C. Lichtenberg

Pourquoi Graham a-t-il jeté l'éponge ?

Ce chapitre de *L'investisseur intelligent* est probablement celui qui a été le plus profondément remanié depuis la première édition, car il comptait, ainsi qu'un autre, plus de 34 pages. Ce chapitre, qui s'intitulait à l'origine « *L'investisseur entrepreneur* », traitait du droit de vote des actionnaires, des critères d'évaluation des dirigeants et de la détection des conflits d'intérêt entre dirigeants ou administrateurs et actionnaires. Dans cette dernière édition révisée, Graham a réduit tout ce débat à moins de huit pages concises portant sur la politique de dividende.

Pourquoi Graham a-t-il enlevé plus des trois quarts du texte original ? Peut-être a-t-il abandonné, après des décennies d'exhortations, tout espoir de voir un jour les investisseurs s'intéresser à la compétence des dirigeants.

La dernière vague de scandales que nous avons connue – allégations d'abus de bien social, manipulations comptables et autres manœuvres d'évasion fiscale dans des sociétés importantes comme *AOL*, *Enron*, *Global Crossing*, *Sprint*, *Tyco* et *WorldCom* – nous rappelle malheureusement combien les mises en garde de Graham sur la nécessité d'une vigilance permanente sont plus que jamais d'actualité. Revenons sur ces avertissements à la lumière des événements récents.

De la théorie à la réalité

Graham débute son argumentation dans la première édition de l'ouvrage (1949), au chapitre « *L'investisseur entrepreneur* » en soulignant qu'en *théorie* : « *Les actionnaires, en tant que partie prenante, sont tout-puissants. En effet, quand ils sont majoritaires, ils ont le pouvoir d'embaucher et de congédier les dirigeants et de les soumettre à leur volonté.* » Dans la *pratique*, nous dit Graham, les actionnaires ne contrôlent rien. En tant que collectivité, ils ne font preuve ni d'intelligence, ni de vigilance. Ils suivent, comme des moutons, les recommandations de vote des dirigeants, peu importe la performance de ces derniers... La seule façon de réveiller l'actionnaire américain de base, pour qu'il réagisse intelligemment, est sans doute de faire exploser des pétards à ses pieds... Nous ne pouvons pas manquer de souligner que Jésus est paradoxalement un homme d'affaires plus avisé que beaucoup d'actionnaires américains.[16]

---

[16] NDE : Graham B., *The Intelligent Investor,* Harper & Row, New York, 1949, pp. 217, 219, 240. Graham explique la référence qu'il fait à Jésus de la façon suivante : « *Dans au moins quatre paraboles des évangiles, il est fait référence à une relation entre un homme riche et un autre à qui il confie la gestion de ses biens.* » Les passages qui se rapportent le mieux à cette relation sont les suivants : un homme riche parle à son

Graham souhaiterait que les actionnaires prennent conscience d'une idée simple, mais fondamentale : en achetant une action, l'actionnaire devient le propriétaire d'une entreprise. Toute l'équipe dirigeante, jusqu'au directeur général, travaille donc pour l'actionnaire. Le conseil d'administration lui doit des réponses. La trésorerie de l'entreprise lui appartient. Les activités de l'entreprise sont les siennes. S'il n'est pas d'accord avec la gestion de sa société, il peut exiger que les dirigeants soient démis de leur fonction, que les administrateurs soient renvoyés ou que les actifs soient liquidés. Graham nous rappelle que « *les actionnaires doivent se réveiller* ».[17]

L'actionnaire intelligent

Aujourd'hui, l'investisseur a oublié les paroles de Graham. Il met beaucoup d'efforts pour sélectionner un titre, un peu d'énergie pour le vendre, mais aucune pour le gérer. Graham nous rappelle « *qu'il y a autant de raisons d'être prudent et rationnel en étant actionnaire qu'en le devenant* ».[18]

Comment l'*investisseur intelligent* peut-il devenir un *actionnaire intelligent* ? Graham apporte un début de réponse : « *L'actionnaire doit se poser deux questions : (1) les dirigeants sont-ils compétents et (2) les intérêts de l'actionnaire minoritaire sont-ils préservés ?* »[19]

Vous êtes capables de juger de la performance des dirigeants en comparant les perspectives bénéficiaires, la taille et la compétitivité de l'entreprise à celles de sociétés comparables. Que faire si vous estimez que les dirigeants ne sont pas à leur place ? Voici les recommandations de Graham :

« D'abord les actionnaires majoritaires doivent être tous convaincus que les dirigeants doivent être remplacés et ils doivent travailler à cette fin. Ensuite, les actionnaires minoritaires doivent prendre soin de lire les documents préparatoires à l'assemblée générale et se forger une opinion. Ils doivent au moins être en mesure de savoir pourquoi l'entreprise est en difficulté et exiger en réponse autre chose que de belles paroles. Enfin, quand les performances sont clairement au-dessous de la

---

régisseur ou son intendant, accusé d'avoir gaspillé ses biens en ces termes : « *Rends les comptes de ta gestion, car désormais tu ne pourras plus gérer mes affaires.* » (Luc chapitre 16 verset 2). Parmi les autres paraboles que Graham pouvait avoir à l'esprit, nous pouvons ajouter celle de Mathieu (chapitre 25 versets 15 à 28).

[17] NDE : Graham B., *A Questionnaire on Stockholder-Management Relationship*, The Analysts Journal, quatrième trimestre 1947, p. 62. Graham indique qu'il a conduit une enquête auprès d'environ 600 analystes financiers professionnels et qu'il a découvert que plus de 95% d'entre eux croyaient que les actionnaires pouvaient déclencher un audit s'ils estimaient que les dirigeants ne créaient pas assez de richesse. Graham ajoute sèchement que « *un tel audit est en réalité très rare* ». Ceci, dit-il, « *met en évidence le fossé qui sépare la théorie de la réalité en matière de relations dirigeants-actionnaires* ».

[18] NDE : Graham B., Dodd D., Coutton D. (traduction), *Security Analysis - Analyse et évaluation financières des valeurs mobilières*, Valor Éditions, 2015, p. 530.

[19] NDE : Graham B, *The Intelligent Investor,* Harper & Row, New York, 1949, p. 218.

moyenne et que cela dure, il est opportun de lancer un audit réalisé par des experts indépendants pour avoir un avis sur la politique et les compétences des dirigeants. »[20]

Qu'est-ce que nous entendons par « *documents préparatoires à l'assemblée générale (proxy statement)* » et pourquoi Graham insiste-t-il pour que vous lisiez ces documents, qui sont adressés aux actionnaires avant la tenue de l'assemblée générale annuelle ? La société y annonce l'ordre du jour, divulgue des informations sur la rémunération des dirigeants et des membres du conseil d'administration, sur le nombre d'actions détenues par les dirigeants et les membres du conseil, ainsi que sur les transactions d'achat et de vente qu'ils ont passées. Les actionnaires doivent également voter pour choisir les commissaires aux comptes chargés de l'audit comptable et les administrateurs du conseil d'administration. Si vous utilisez votre bon sens en parcourant le *proxy statement*, il fera office « *de canari dans une mine de charbon* » en vous signalant que quelque chose ne va pas. (Voir l'encadré sur *Enron* p. 393.)

Malheureusement, un tiers à la moitié des actionnaires individuels ne participent pas au vote en assemblée générale.[21] Prennent-ils au moins la peine de lire ces documents d'information déposés auprès de la *SEC*?

Il est tout aussi important de voter en tant qu'*investisseur intelligent,* que de le faire en tant que citoyen. Peu importe que vous déteniez 10% du capital ou un nombre insignifiant d'actions. Si, en qualité d'actionnaire, vous n'avez jamais pris la peine de lire les documents d'information financière et que l'entreprise coule, vous ne pourrez-vous en prendre qu'à vous-même. Si en les lisant, vous découvrez quelque chose qui vous chiffonne, vous devez alors :

- Voter pour démettre tous les administrateurs afin de leur montrer votre désaccord,
- Participer à l'assemblée générale annuelle et faire entendre vos droits,
- Trouver un forum de discussion dédié à l'action qui vous intéresse et rallier les investisseurs à votre cause.

---

[20] NDE : Graham B., *The Intelligent Investor,* Harper & Row, New York, 1949, p. 223. Graham ajoute qu'il doit y avoir vote pour autoriser un comité indépendant d'actionnaires à sélectionner une société de conseil qui soumettrait son rapport aux actionnaires et pas seulement au conseil d'administration. Ce serait à l'entreprise de couvrir les coûts de cet audit. Parmi les experts préconisés par Graham, citons les gérants de fonds, les agences de notation et les analystes financiers. De nos jours, les investisseurs pourraient choisir entre des dizaines et des dizaines de sociétés de conseil.

[21] NDE : Le comptage des votes des assemblées générales de l'année 2002, réalisé par *Georgeson Shareholder* et *ADP's Investor Communication Service*, deux sociétés de premier rang qui se chargent d'envoyer les documents d'information financière sur les sujets soumis aux votes des actionnaires, laissent entendre que les taux de réponse se montent en moyenne entre 80% et 88% (ces chiffres intégrant les procurations renvoyées par les courtiers au nom de leurs clients, qui sont votées automatiquement en faveur des résolutions proposées, sauf s'il est spécifié autrement). Donc, finalement entre 12% et 20% des actionnaires ne participent pas aux votes. Étant donné que les actionnaires individuels détiennent autour de 40% des actions américaines en termes de capitalisation boursière et que la plupart des investisseurs institutionnels sont tenus légalement d'aller voter sur tous les sujets soumis au vote, cela revient à dire qu'en gros un tiers des actionnaires individuels ne participent pas au vote.

La fin de *Enron*

En 1999, *Enron Corp.* était encore au septième rang de la liste du magazine *Fortune* des 500 plus grandes sociétés américaines. Le chiffre d'affaires, les actifs et le résultat net de ce géant de l'énergie volaient de record en record.

Que ce serait-il passé si les investisseurs avaient ignoré ces si belles performances, pour ne s'intéresser qu'au document préparatoire à l'assemblée générale (*proxy statement)* ? Dans la rubrique « *Autres transactions* » le document révélait que le directeur financier de la société, Andrew Fastow, était également le dirigeant de deux holdings (*LJM1* et *LJM2*), qui avaient « *investi dans l'énergie et la communication* ». Or, devinez quels étaient les investissements des holdings ? *Enron* ! Ce document indiquait que les holdings avaient déjà acquis pour 170 millions de dollars d'actifs auprès de *Enron*, financés par des prêts de *Enron*.

L'*investisseur intelligent* aurait aussitôt dû s'interroger :

- Le conseil d'administration de *Enron* a-t-il approuvé cette opération ? (Oui, répond le document.)
- Le directeur financier allait-il percevoir une partie des bénéfices de *LJM1* et *LJM2* ? (Oui, répond le document.)
- En qualité de directeur financier, Andrew Fastow était-il tenu à agir exclusivement dans l'intérêt des actionnaires ? (Bien sûr.)
- Par conséquent, Andrew Fastow, était-il tenu d'obtenir le meilleur prix d'achat des actifs cédés aux deux holdings ? (Absolument.)
- Si les holdings avaient payé un prix élevé sur les actifs acquis, cela n'allait-il pas réduire la plus-value potentielle et les revenus de Fastow ? (Bien entendu.)
- À l'inverse, si le prix était élevé, cela n'aurait-il pas augmenté d'autant les profits de Fastow et des holdings au détriment des intérêts de *Enron* ? (Bien sûr.)
- Les prêts de *Enron* aux holdings permettaient-ils à Fastow d'en tirer un bénéfice personnel ? (C'est évident.)
- N'y a-t-il pas là un conflit d'intérêt flagrant ? (La seule réponse est Oui.)
- Comment interpréter la décision du conseil d'administration qui a approuvé cette opération ? (Il vaut mieux investir dans une autre société.)

Deux leçons claires émergent de ce désastre : (1) vous devez refuser de prendre pour argent comptant des chiffres qui semblent aller contre le bon sens et (2) vous devez toujours lire les documents préparatoires à l'assemblée générale (*proxy statement*), avant d'avoir acheté le titre, mais aussi après.

Graham avait une autre idée intéressante, qui pourrait aujourd'hui profiter aux investisseurs :

« *[...] Il y a un intérêt à élire des administrateurs indépendants siégeant au sein du conseil d'administration. Ils doivent démontrer une longue expérience du monde des affaires et poser un regard neuf et rompu aux problèmes de l'entreprise [...] Ils devraient soumettre un rapport annuel indépendant, adressé directement aux actionnaires, en donnant leur avis sur la question qui intéresse le plus les actionnaires : « L'entreprise dégage-t-elle les résultats que l'actionnaire minoritaire est en droit d'attendre d'une saine gestion ? Si ce n'est pas le cas, quelles en sont les raisons et que faudrait-il faire pour améliorer les choses ?* »[22]

À cette proposition, nous pouvons aisément imaginer la consternation des petits copains et des partenaires de golf des administrateurs soi-disant « *indépendants* ». (Nous n'irons pas jusqu'à prétendre que l'idée même d'indépendance puisse les faire frissonner, car la plupart des administrateurs indépendants ne sont pas vertébrés !)

Après tout, à qui est l'argent ?

Maintenant penchons-nous sur le second critère de Graham, à savoir s'assurer que les dirigeants agissent dans l'intérêt des investisseurs minoritaires. Les dirigeants ont toujours prétendu qu'ils sont les mieux placés pour gérer les capitaux qui leurs sont confiés. Graham clarifie ce qui se cache derrière cette affirmation :

« *Les dirigeants peuvent très bien gérer l'entreprise sans pour autant créer de la richesse pour l'actionnaire, car leur efficacité peut uniquement se limiter à la gestion opérationnelle de l'entreprise, mais pas au bon usage des capitaux investis. En effet, l'objectif d'une bonne gestion opérationnelle est de fabriquer à faible coût et de vendre les produits les plus intéressants. L'objectif d'une bonne gestion financière est de s'assurer que les capitaux des actionnaires sont utilisés au mieux de leurs intérêts. Malheureusement, les dirigeants ne s'en soucient guère. En fait, les dirigeants souhaitent presque toujours avoir des capitaux propres en excès pour réduire leur risque financier. Par conséquent, sans l'intervention des actionnaires, ce qui est fréquent, les dirigeants disposent de trop capitaux par rapport à ce qui est nécessaire.* »[23]

À la fin des années 1990 et jusqu'au début des années 2000, les dirigeants des grandes entreprises de haute-technologie ont pris la posture du « *je-sais-tout* ». Leur raisonnement était le suivant : pourquoi servir un dividende, alors que nous pouvons réinvestir ce capital à votre place pour que le cours de l'action monte ? Il suffit

---

[22] NDE : Graham B., *The Intelligent Investor,* Harper & Row, New York, 1949, p. 224.
[23] NDE : id. p. 233

d'observer la hausse du cours de l'action pour prouver que nous pouvons faire fructifier votre épargne mieux que vous !

Et, chose incroyable, les investisseurs ont mordu à l'hameçon. L'expression « *je sais tout* » est devenue parole d'évangile au point qu'en 1999, seules 3,7% des sociétés introduites en bourse ont distribué un dividende, à comparer aux 72,1% dans les années 1960.[24] Observez dans la Figure 11 ci-dessous, l'effritement de la proportion de sociétés versant un dividende (en gris foncé sur le graphique).

FIGURE 11 : QUI DISTRIBUE UN DIVIDENDE ?

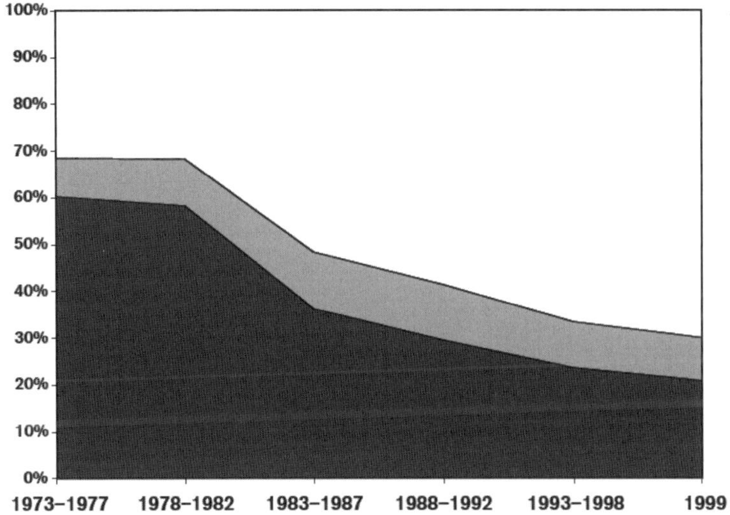

Note : Il s'agit de moyenne sur la période considérée.
Légende : Blanc (jamais aucun dividende n'a été versé), Gris clair (un dividende a déjà été versé), Gris foncé (un dividende a été versé sur la période considérée).
Source : Fama E., French K., *Disappearing Dividends*, Journal of Financial Economics, avril 2001.

En fait, le « *je sais tout* » est un piège. Si certaines sociétés font bon usage des capitaux à leur disposition, les autres entrent dans l'une des deux catégories suivantes : il y a celles qui le gaspillent et celles qui l'amassent plus vite qu'elles ne peuvent l'utiliser.

---

[24] NDE : Fama E., French K., *Disappearing Dividends: Changing Firm Characteristics or Lower Propensity to Pay ?* Journal of Financial Economics, vol. 60, n°1, avril 2001, pp. 3-43, voir plus particulièrement le tableau 1 ; voir également Dimson E., Marsh P., Staunton M., *Triumph of the Optimists*, Princeton Univ. Press, Princeton, 2002, pp. 158-161. Curieusement, le montant (ajusté de l'inflation) total des dividendes (en dollars) versé par toutes les actions américaines a augmenté depuis la fin des années 1970, mais le nombre d'actions servant un dividende a baissé de près des deux tiers. Voir DeAngelo H., DeAngelo L., Skinner D., *Are Dividends Disappearing ? Dividend Concentration and the Consolidation of Earnings*, disponible sur http://papers.ssrn.com.

Dans le premier groupe, nous avons *Priceline.com* qui a enregistré 67 millions de dollars de pertes en 2000, après s'être aventuré dans la distribution alimentaire et celle de carburant, tandis que la société *amazon.com* a brûlé au moins 233 millions de dollars de capital en « *investissant* » dans des « *dot-bombs*[25] » comme *Webvan* et *Ashford.com.*[26] Les deux plus lourdes pertes enregistrées dans toute l'histoire financière – celle de 56 milliards de dollars en 2001 avec *JDS Uniphase* et de 99 milliards de dollars en 2002 avec *AOL Time Warner* – sont arrivées quand les entreprises en question ont préféré fusionner, au moment où leur titre était surévalué, plutôt que verser un dividende.[27]

Dans le second groupe, il y a *Oracle,* qui avait empilé 5 milliards de dollars de liquidités à la fin 2001 ou *Cisco System* avec au moins 7,5 milliards de dollars de trésorerie. Quant à *Microsoft,* la compagnie a amassé pour pas moins de 38 milliards de dollars avec une trésorerie qui augmente au rythme de 2 millions de dollars par heure.[28] Quel prochain événement malheureux peut justifier un tel montant ?

Tous ces exemples montrent que beaucoup d'entreprises ne savent pas comment transformer leurs liquidités excédentaires en valeur pour l'actionnaire. Que veulent dire toutes ces statistiques ?

- Une étude, conduite par Robert Arnott et Clifford Asness, gérants de fonds, montre que lorsque les dividendes distribués sont faibles, les résultats des années suivantes sont également faibles et réciproquement, quand les dividendes distribués sont élevés, les bénéfices des années suivantes sont aussi élevés. Sur des périodes de 10 ans, le taux moyen de croissance des résultats est supérieur de 3,9%

---

[25] NDT : En référence à des sociétés de e-commerce qui avait un faible chiffre d'affaires, un résultat négatif et qui était promises à une faillite rapide après épuisement de leurs capitaux propres.

[26] NDE : Peut-être que Benjamin (Franklin), qui, dit-on, mettait ses pièces de monnaie dans une bourse en amiante pour ne pas faire un trou dans ses poches, aurait su éviter ce problème s'il avait été dirigeant.

[27] NDE : Une étude menée par *Business Week* a constaté que de 1995 à 2001 inclus, 61% des 300 plus grosses opérations de fusions recensées se sont terminées par une destruction de richesse du point de vue des actionnaires de l'entreprise acquéreuse – une situation qui a été qualifiée de « *malédiction du gagnant* » ou de « *remords de l'acquéreur* ». Les acquéreurs, qui ont préféré l'échange d'actions au paiement en numéraire pour financer l'acquisition, ont perdu environ 8% par rapport aux sociétés comparables. Source : Henry D., *Mergers: Why Most Big Deals Don't Pay Off,* Business Week, 14 octobre 2002, pp. 60-70. Une étude universitaire a permis de découvrir que si les acquisitions de sociétés non cotées en bourse ou de filiales de sociétés cotées ont offert un rendement boursier positif, les acquisitions de sociétés cotées en bourse ont généré des pertes pour les actionnaires de la société acquéreuse. Source : Fuller K., Netter J., Stegemoller M., *What Do Returns to Acquiring Firms Tell Us?* The Journal of Finance, vol. 57, n°4, août 2002, pp. 1763-1793.

[28] NDE : Avec des taux d'intérêts proches des plus bas historiques, une telle montagne de liquidités génère des rendements médiocres si ces sommes restent placées à court terme. Comme le fait valoir Graham : « *Tant que ces liquidités excédentaires restent dans l'entreprise, les actionnaires extérieurs n'en tirent que peu de gains* » (édition de 1949, p. 232). Et effectivement, fin 2002, la trésorerie de *Microsoft* était passée à 43,4 milliards de dollars – clairement une preuve que l'entreprise ne pouvait trouver aucun bon débouché pour les flux de trésorerie d'exploitation. Comme aurait pu le dire Graham, la gestion opérationnelle de *Microsoft* était efficiente mais la gestion financière ne l'était pas. Quand les dirigeants de *Microsoft* ont déclaré début 2003 que la compagnie allait commencer à payer un dividende trimestriel régulier, ils ont fait un pas dans la bonne direction.

pour les entreprises versant de généreux dividendes, par rapport à celles n'en versant pas ou peu.[29]

- Les professeurs de comptabilité Doron Nissim et Amir Ziv de l'université de *Columbia* ont montré que les entreprises qui augmentent leurs dividendes, non seulement offrent de meilleurs rendements, mais connaissent aussi une hausse de leur résultat pendant au moins quatre ans.[30]

En résumé, les dirigeants ont tort de croire qu'ils peuvent faire un meilleur usage de votre argent que vous. Le fait de distribuer un dividende ne garantit pas en soi de bons résultats, mais cela *améliore* mécaniquement le rendement du titre en arrachant au moins un peu d'argent aux mains des dirigeants avant qu'ils ne puissent le dilapider.

Vendre bas, acheter haut

Et que penser de l'argument des dirigeants, qui mettent des liquidités de côté pour mieux les utiliser dans le rachat de leurs propres actions ? Quand une entreprise rachète et détruit ses propres actions, cela réduit d'autant le nombre d'actions en circulation. Même si le résultat net reste inchangé, le bénéfice net par action va automatiquement augmenter, car le résultat va être distribué sur moins d'actions. Ce qui va avoir pour conséquence une hausse du cours du titre. Mieux encore, contrairement au versement d'un dividende, le rachat d'actions est exonéré d'impôts tant que les investisseurs ne vendent pas leurs actions. Ainsi le rachat d'actions a pour effet d'accroître le cours de l'action, tout en restant fiscalement neutre. Et si les actions sont sous-valorisées par le marché, le rachat d'actions est alors un excellent usage des capitaux.[31]

En théorie, tout ceci est vrai. En réalité, les rachats d'actions servent malheureusement un but inavouable. Maintenant que les stock-options représentent une part prépondérante de la rémunération des dirigeants, de nombreuses sociétés – notamment dans le secteur des hautes-technologies – doivent émettre des millions d'actions à distribuer aux dirigeants, qui exercent les options d'achat.[32]

---

[29] NDE : Arnott R., Asness C., *Surprise ! Higher Dividends = Higher Earnings Growth*, Financial Analysts Journal, janvier - février 2003, pp. 70-87.

[30] NDE : Nissim D., Ziv N., *Dividend Changes and Future Profitability*, The Journal of Finance, vol. 56, n°6, décembre 2001, pp. 2111-2133. Même les chercheurs qui sont en désaccord avec les travaux de recherche de Arnott-Asness et de Nissim-Ziv sont d'accord sur le fait que la hausse du dividende aboutit à une augmentation des rendements ; voir Benartzi S., Michaely R., Thaler R., *Do Changes in Dividends Signal the Future or the Past?* The Journal of Finance, vol. 52, n°3, juillet 1997, pp. 1007-1034.

[31] NDE : Historiquement, les entreprises ont eu une politique de rachat d'actions empreinte de bon sens, en réduisant leurs achats quand les cours étaient élevés et en les augmentant quand les cours étaient bas. C'est ainsi qu'après le krach boursier du 19 octobre 1987, 400 sociétés ont annoncé des programmes de rachat d'actions dans les 12 jours, qui ont suivi le krach, alors qu'à peine 107 avaient annoncé des rachats d'actions au cours des huit premiers mois de l'année, au moment où les cours étaient beaucoup plus hauts. Voir Jagannathan M., Stephens C., Weisbach M., *Financial Flexibility and the Choice Between Dividends and Stock Repurchases*, Journal of Financial Economics, vol. 57, n° 3, septembre 2000, p. 362.

[32] NDE : Les stock-options sont des options d'achat d'actions attribuées par la société à ses dirigeants et aux salariés, leur donnant le droit (mais pas l'obligation) d'acheter des actions à une certaine échéance (ou

Or, ces opérations entraînent une hausse du nombre d'actions en circulation, réduisant ainsi le bénéfice net par action. Pour effacer l'effet dilutif de l'exercice des options d'achat d'actions, les entreprises sont contraintes de racheter des millions d'actions à distribuer aux bénéficiaires. En l'an 2000, les sociétés ont dépensé des sommes astronomiques, représentant 41,8% de leur résultat net, afin de racheter leurs propres actions. Ce chiffre est à comparer aux 4,8% en 1980.[33]

Prenons le cas de la société *Oracle Corp.*, le géant du software. Entre le 1er juin 1999 et le 31 mai 2000, *Oracle* a émis 101 millions d'actions ordinaires destinées à ses cadres dirigeants et 26 millions d'actions supplémentaires pour ses salariés pour un coût total de 484 millions de dollars. Dans le même temps, pour empêcher que l'exercice d'options précédemment émises ne dilue le bénéfice par action, *Oracle* a dépensé 5,3 milliards de dollars – soit 52% des résultats de l'année – pour racheter 290,7 millions d'actions. *Oracle* a émis ses actions destinées aux heureux bénéficiaires au prix de 3,53$ l'action, pour les racheter en bourse au cours moyen de 18,26$. Vendre bas, acheter haut, est-ce la bonne méthode pour créer de la valeur pour l'actionnaire ?[34]

En 2002, le cours de l'action *Oracle* a chuté de plus de 50% par rapport à ses sommets de 2000. Maintenant que les actions étaient meilleur marché, les dirigeants ont-ils été incité à accroître le volume d'actions rachetées ? Non, car sur la période allant du 1er juin 2001 au 31 mai 2002, *Oracle* a réduit ses rachats à 2,8 milliards de dollars, apparemment parce que les dirigeants et les salariés ont exercé moins d'options sur cet exercice. Ce comportement conduisant à vendre bas et acheter haut est le même pour une bonne douzaine de sociétés high-tech. Pourquoi ? Pour deux raisons surprenantes :

- Les sociétés profitent d'un allégement fiscal lorsque leurs cadres dirigeants et leurs salariés exercent leurs options d'achat (alors que le fisc considère que le coût est

---

pendant une période définie) à un cours convenu. La conversion des options d'achat en actions est appelée *exercice* de l'option. Les salariés peuvent ensuite revendre ces actions au cours du marché et empocher la différence comme plus-value. Étant donné que des centaines de millions d'options peuvent être exercées au cours d'une année donnée, l'entreprise doit donc accroître le nombre d'actions en circulation. Le résultat net sera alors distribué sur un plus grand nombre d'actions, réduisant d'autant le bénéfice net par action. Par conséquent, en règle générale l'entreprise se sent obligée de racheter ses propres actions pour compenser l'émission d'actions pour le compte des détenteurs d'options. En 1998, 63,5% des directeurs financiers ont reconnu que la principale raison des rachats d'actions était d'annuler l'effet dilutif provoqué par les options exercées (voir CFO Forum, *The Buyback Track*, Institutional Investor, juillet 1998).

[33] NDE : L'un des principaux facteurs qui a conduit à cette situation est la décision de la *SEC* en 1982 d'assouplir les restrictions existant sur les rachats d'actions. Voir Grullon G., Michaely R., *Dividends, Shares Repurchases, and the Substitution Hypothesis*, The Journal of Finance, vol. 57, août 2002, pp. 1649-1684.

[34] NDE : Tout au long de ses écrits, Graham insiste sur le fait que les dirigeants ont le devoir non seulement de s'assurer que leurs actions ne sont pas sous-évaluées, mais également de veiller à ce qu'elles ne soient pas surévaluées. Comme il l'exprime dans *Security Analysis* (édition française p. 536) : « *Pour préserver l'intérêt de l'actionnaire, les dirigeants sont responsables de faire tout ce qu'ils peuvent pour que le cours du titre ne soit ni trop élevé, ni trop faible.* » Ainsi, la création de valeur pour l'actionnaire ne se résume pas à s'assurer que l'action ne tombe pas trop bas ; cela veut aussi dire qu'il faut que les prix ne montent pas à des niveaux injustifiés. Ah, si seulement les dirigeants des grandes sociétés Internet avaient entendu les paroles de Graham en 1999 !

assimilable à une charge salariale).[35] Entre 2000 et 2002, *Oracle* a, par exemple, enregistré pour 1,69 milliards de dollars de crédit d'impôt grâce à l'exercice des stock-options par les dirigeants et les salariés. *Sprint Corp.* a empoché 678 millions de dollars de crédit d'impôt alors que ses dirigeants et ses salariés empochaient pour 1,9 milliards de dollars de plus-values grâce à l'exercice de leurs options en 1999 et 2000.

- Un dirigeant détenant beaucoup de stock-options a tout intérêt à favoriser le rachat d'actions au versement d'un dividende. Pourquoi ? Tout simplement car la valeur des stock-options augmente avec la hausse de la volatilité du cours, alors que les dividendes ont tendance à réduire cette volatilité. Par conséquent, le dirigeant, qui décide d'augmenter le dividende, verra la valeur de son portefeuille de stock-options baisser.[36]

Sachant cela, il n'est pas difficile de comprendre pourquoi les dirigeants préfèrent lancer des programmes de rachat d'actions, plutôt que de payer des dividendes à leurs actionnaires, même si les actions sont surévaluées par le marché et que les capitaux propres sont gaspillés.

Garder les options

Finalement, l'apathie des actionnaires a permis aux entreprises d'avoir carte blanche pour surpayer leurs dirigeants de façon abusive. En 1997, Steve Jobs, le co-fondateur de *Apple Computer, Inc.*, est revenu dans l'entreprise en tant que directeur général intérimaire. Déjà très riche, il a insisté pour limiter son salaire à 1$ par an. Fin 1999, et pour remercier Jobs d'avoir dirigé l'entreprise « *pendant deux ans et demi sans être rémunéré* », le conseil d'administration lui a offert un avion *Gulfstream*, estimé à 90 millions de dollars. Un mois plus tard, Jobs accepta de supprimer le mot « *intérimaire* » de son titre et le conseil le remercia en lui accordant pour 20 millions de stock-options *Apple*. (Jusqu'alors, Jobs n'avait détenu en tout et pour tout que 2 actions *Apple*.)

---

[35] NDE : Chose incroyable, alors que le coût de l'exercice des stock-options est considéré comme une charge salariale pour le calcul du résultat fiscal de l'entreprise, elles n'apparaissent pas en charges sur le compte de résultat présenté aux actionnaires. L'investisseur n'a plus qu'à espérer que les réformes comptables vont changer cette pratique ridicule. NDT : Ce qui a plus tard été le cas.

[36] NDE : Voir Fenn G., Liang N., *Corporate Payout Policy and Managerial Stock Incentives*, Journal of Financial Economics, vol. 60, n° 1, avril 2001, pp. 45-72. Les dividendes stabilisent les performances boursières en assurant un flux de trésorerie qui protège l'actionnaire contre la fluctuation des cours de bourse. De nombreuses recherches ont montré que la profitabilité moyenne des entreprises, ayant des plans de rachats d'actions (mais ne distribuant pas de dividende en numéraire) est au moins deux fois plus volatile que celle d'entreprises qui payent des dividendes. Ces résultats plus instables font que les cours de bourse sont plus imprévisibles, ce qui rend les stock-options des dirigeants plus intéressantes, car la plus forte volatilité des cours crée plus d'opportunités d'exercice quand les cours sont temporairement élevés. Aujourd'hui, à peu près les deux tiers de la rémunération des dirigeants se fait sous forme de stock-options. Il y a trente ans, les deux tiers de la rémunération des dirigeants étaient en salaire.

L'idée qui se cache derrière l'attribution de stock-options est d'aligner les intérêts des dirigeants sur ceux des actionnaires minoritaires. Si vous êtes un actionnaire minoritaire de la société *Apple*, vous souhaiterez que les dirigeants ne soient récompensés que si le cours de l'action *Apple* monte. En tant que véritable propriétaire des actifs de l'entreprise, ceci paraît juste. Or, comme le souligne John Bogle, ancien président des fonds *Vanguard*, pratiquement tous les dirigeants revendent leurs actions dès qu'ils ont exercé leurs stock-options. Par conséquent, comment expliquer que la vente de millions d'actions, pour un gain financier immédiat, permette d'aligner les intérêts des dirigeants avec ceux des actionnaires fidèles à l'entreprise depuis longtemps ?

Dans le cas de Steve Jobs, si l'action *Apple* n'augmente que de 5% par an d'ici à début 2010, il pourra exercer ses stock-options pour un gain de 548,3 millions de dollars.[37] Autrement dit, même si la performance de l'action *Apple* n'est que de la moitié du rendement historique moyen du marché américain, cela rapportera à Steve Jobs une manne financière d'un demi-milliard de dollars.[38] Est-ce que cela va faciliter l'alignement des intérêts de Steve Jobs avec ceux des actionnaires ou n'est-ce pas plutôt une insulte faite à la confiance placée par les actionnaires dans le conseil d'administration ?

C'est une lecture attentive des documents remis lors de la convocation de l'assemblée générale, qui permettra aux actionnaires de voter contre la résolution portant sur la rémunération des dirigeants qui utiliseraient le mécanisme des stock-options pour s'octroyer plus de 3% des actions en circulation. Vous devriez exprimer votre désaccord contre un plan de stock-options, quand la distribution n'est pas conditionnelle à la réalisation d'un objectif quantifié démontrant des performances boursières, supérieures à la moyenne d'autres sociétés comparables sur une période d'au moins cinq ans, par exemple. Aucun dirigeant ne mérite de s'enrichir s'il n'a que de mauvais résultats.

Une dernière pensée

Revenons un instant à la suggestion de Graham pour que les administrateurs indépendants rendent compte par écrit aux actionnaires de la création de richesse actionnariale. Pourquoi ces administrateurs indépendants ne justifieraient-ils pas aussi de la politique de dividende et de rachat d'actions ? N'expliqueraient-ils pas pourquoi les principaux dirigeants ne sont pas trop bien rémunérés ? Pourquoi les investisseurs ne se transformeraient-ils pas en de réels actionnaires propriétaires et ne liraient-ils pas les documents de l'assemblée générale ?

---

[37] NDT : Steve Jobs n'en aurait pas beaucoup profité, car il est décédé le 5 octobre 2011.

[38] NDE : Voir le document d'information financière remis aux actionnaires pour l'assemblée générale de *Apple* en avril 2001 (p. 8). Il est dit que le plan d'octroi d'options de Jobs a été ajusté pour tenir compte d'un split de deux actions pour une.

CHAPITRE 20. LA MARGE DE SÉCURITÉ : UN CONCEPT ESSENTIEL

La légende raconte qu'un grand sage résumait l'histoire du monde à cet adage : « *Cela aussi passera.* »[1] Face au même défi, pour résumer le secret d'un bon investissement en trois mots, nous proposons la formule suivante : *MARGE DE SÉCURITÉ.* C'est le fil conducteur, plus ou moins explicite, de cet ouvrage où nous avons débattu de la politique d'investissement. Revenons maintenant de façon argumentée à ce concept.

Tous les investisseurs expérimentés savent très bien que la notion de *marge de sécurité* joue un rôle déterminant dans le choix de titres obligataires et d'actions de préférence. Par exemple, le ratio de couverture des charges financières par le résultat avant impôt doit être supérieur à cinq pour une compagnie de chemin de fer pour que sa dette obligataire soit peu risquée et qualifiée de première qualité (*investment grade*). La capacité de la compagnie à générer par le *passé* un résultat largement supérieur à ses charges financières, constitue la *marge de sécurité.* Elle est destinée à protéger l'investisseur des *futurs* aléas pouvant peser sur le résultat de l'émetteur. (Cette notion de marge, exprimée par le ratio de couverture des charges financières par le résultat, peut aussi être interprétée comme étant le pourcentage de baisse du résultat jusqu'à ce que les charges financières ne soient plus couvertes. Dans les deux cas, l'idée reste la même.)

En effet, l'investisseur n'est pas certain que les performances à venir seront les mêmes que celles d'hier. S'il en était sûr, il n'aurait pas besoin d'une grosse *marge de sécurité.* Par ailleurs, l'épargnant n'investit pas en s'interrogeant pour savoir si les résultats à venir seront meilleurs ou pires que par le passé. Si c'était le cas, il calculerait sa *marge de sécurité* en fonction des résultats *prévisionnels*, pas en fonction des résultats historiques. Par essence, la fonction de la *marge de sécurité* est de ne pas avoir à faire de prévisions. Si la *marge de sécurité* est importante, il suffit de considérer que les résultats à venir ne vont pas être très en dessous des résultats historiques pour se mettre à l'abri des aléas des marchés.

La *marge de sécurité* des obligations peut aussi être calculée en rapportant leur montant aux capitaux propres. (Le même calcul peut être fait pour des actions de préférence.) Si une entreprise est endettée à hauteur de 10 millions, alors qu'elle vaut 30 millions, elle a suffisamment de ressources pour se permettre de perdre les deux tiers de sa valeur – au moins d'un point de vue théorique – avant que les détenteurs de titres obligataires n'en pâtissent. Le montant de cette marge ou de ce « *coussin* »

---

[1] NDT : À l'origine il s'agit d'un adage perse. La légende raconte qu'un monarque oriental demanda un jour à ses sages de lui trouver une formule passe-partout, qui soit adaptée à toutes les circonstances de la vie. Ils lui proposèrent cette citation « *cela aussi passera* » pour signifier que rien ne dure éternellement. « *Cela aussi passera, même si nous espérons que cela ne serait pas trop vrai* », cette expression a également été utilisée par Abraham Lincoln.

entre dette et valeur de l'entreprise, peut être estimé en prenant le cours moyen des actions ordinaires sur plusieurs années. Dans la mesure où le cours des actions est fonction du résultat net moyen, la *marge de sécurité* calculée à partir de la valeur de l'entreprise ou à partir des charges financières donnera des résultats sensiblement les mêmes.

Voilà pour l'utilisation du concept de *marge de sécurité* aux obligations. Peut-on l'appliquer aux actions ordinaires ? Oui, mais sous réserve de certaines modifications.

Il y a des cas où investir dans une action est peu risqué, car la *marge de sécurité* est aussi grande que celle d'une obligation peu risquée. C'est par exemple le cas quand la capitalisation boursière est inférieure au montant de l'émission obligataire, elle-même garantie par les actifs et la capacité bénéficiaire de l'entreprise.[2] C'était le cas des nombreuses sociétés industrielles de qualité en pleine déprime des marchés en 1932 et en 1933. En pareille situation, l'investisseur bénéficie à la fois d'une *marge de sécurité* sur l'émission obligataire et du potentiel de hausse du cours des actions ordinaires. La seule chose qui peut lui manquer c'est de ne pas être sûr de percevoir un dividende, mais c'est un inconvénient marginal. Dans ce cas précis, les actions ordinaires offrent une combinaison idéale entre sécurité et potentiel de gain, mais c'est rare. Pour l'illustrer par un exemple récent, prenons une fois de plus le titre *National Presto Industries,* qui se vendait pour une capitalisation totale de 43 millions de dollars en 1972. Avec 16 millions de dollars de résultat avant impôt, l'entreprise aurait facilement pu placer le même montant en obligations.

Dans le cas le plus courant d'un investissement en actions, la *marge de sécurité* repose entièrement sur l'espoir de dégager une capacité bénéficiaire nettement supérieure aux rendements obligataires. Dans les éditions précédentes, nous avons illustré ce point par l'exemple suivant :

Supposons que la capacité bénéficiaire soit égale à 9%[3] du cours de l'action et que les rendements obligataires soient de 4%, l'actionnaire aura donc une marge de 5%, qui va se cumuler chaque année. Une fraction de cette marge est versée sous forme de dividende (c'est le rendement), qui, même une fois dépensé, entre dans la rentabilité globale de l'investissement. Les résultats mis en réserves seront réinvestis dans l'entreprise en son nom. Toutefois, le plus souvent, le résultat, mis en réserves et réinvesti, ne participe pas à la capacité bénéficiaire et à la hausse du cours. (C'est pour cette raison que le marché considère que la rentabilité offerte par le réinvestissement

---

[2] NDE : La notion de « *capacité bénéficiaire* » utilisée par Graham correspond aux perspectives bénéficiaires de l'entreprise ou, comme Graham l'explique, au montant que « *l'entreprise doit raisonnablement gagner année après année, si les conditions économiques restent les mêmes* » (Security Analysis, édition 1934, p. 354). Certains de ses écrits montrent qu'il prend en compte les perspectives bénéficiaires sur une période de 5 ans ou plus. Dans son esprit la notion de capacité bénéficiaire est aussi bien synonyme de résultat prévisionnel en valeur que de taux de croissance prévisionnel du résultat net. On peut sommairement estimer la capacité bénéficiaire d'une société cotée en prenant l'inverse de son PER. Par exemple avec un PER de 11, l'entreprise doit voir son résultat augmenter de 9% (soit 1/11) par an dans les prochaines années. Connaître cette capacité prévisionnelle (en pourcentage) permet aussi de savoir si le cours est surestimé ou non.

[3] NDT : Soit un PER de 11.

des dividendes est supérieure à la rentabilité offerte par les bénéfices réinvestis.)[4] *Pourtant, il y a une forte corrélation entre la croissance des réserves et la hausse de la valeur de l'entreprise.*

En 10 ans, le rendement excédentaire[5] *cumulé des actions sur les obligations peut atteindre 50% du cours d'achat. Cet écart est suffisant pour avoir une marge de sécurité, qui, en temps normal, évitera ou minimisera les pertes. C'est ainsi qu'avec une telle marge de sécurité sur chacune des 20 valeurs d'un portefeuille diversifié, la probabilité d'appréciation du portefeuille est, en temps normal, très élevée. Voilà pourquoi, la politique consistant à investir dans des actions diversifiées ne réclame aucune qualité d'anticipation et de prévision pour réussir. En achetant régulièrement, sur des niveaux moyens de marché, les cours payés devraient offrir à l'investisseur une marge de sécurité satisfaisante. Le danger pour les investisseurs est soit d'acheter quand les cours sont élevés, soit d'acquérir des valeurs, qui courent un risque élevé de voir leur capacité bénéficiaire baisser.*

Comme nous le constatons, tout le problème d'investir aujourd'hui en actions (1972), repose sur le fait qu'en général la capacité bénéficiaire, donnée par l'inverse du PER, est bien inférieure à ces 9%.[6] Imaginons qu'un investisseur passif puisse trouver suffisamment de grandes capitalisations avec un PER moyen de 12, autrement dit le rendement (capacité bénéficiaire) s'élèvera à 8,33%. En supposant que le rendement du dividende soit de 4%, les autres 4,33% seront réinvestis dans l'entreprise au profit de l'actionnaire. Dans ce cas, la différence entre capacité bénéficiaire de l'action et rendement obligataire sera trop faible pour conclure que la *marge de sécurité* est suffisante. C'est pourquoi, nous estimons qu'il est aujourd'hui risqué de détenir un portefeuille diversifié d'actions, même s'il est composé de titres de qualité. Le risque peut être totalement compensé par des opportunités de plus-values, mais l'investisseur n'a pas d'autres choix que de l'assumer, car il a encore plus de risques à détenir des titres – obligations ou actions de préférence – servant un revenu fixe, car il se dépréciera en termes de pouvoir d'achat. Par conséquent, l'investisseur doit reconnaître et même accepter en étant philosophe, qu'il n'y a plus *d'opportunités de plus-values sans risques* comme autrefois.[7]

---

[4] NDE : Cette question est largement abordée dans les *Commentaires sur le Chapitre 19* (cf. p. 390).
[5] NDT : Autrement dit la prime de risque de marché.
[6] NDE : Graham a très bien résumé ce qui suit dans une présentation qu'il a donnée en 1972 : « *La marge de sécurité est la différence en pourcentage entre d'une part le taux de croissance du résultat net (ratio inverse du PER, à savoir Bénéfice net par action / Cours) et d'autre part le rendement obligataire. La marge de sécurité est la différence qui permettrait d'absorber les aléas défavorables du marché. Lors de la publication de l'édition de 1965 de L'investisseur intelligent, le PER moyen du marché était à 11, soit un taux de croissance des bénéfices estimé par le marché égal à environ 9%, contre 4% pour les obligations. Dans ce cas de figure, vous avez une marge de sécurité de plus de 100%. Aujourd'hui (en 1972), la différence entre le taux de croissance des résultats et les rendements obligataires est nulle. Il ne faut pas en conclure que la marge de sécurité est nulle… Il faut en conclure que la marge de sécurité sur les actions est négative…* » Voir Graham B., *Thoughts on Security Analysis* (transcription d'une présentation prononcée devant l'école de commerce de la *Northeast Missouri State University* en mars 1972), Financial History, n°42, mars 1991, p. 9.
[7] NDE : Ce paragraphe – que Graham a écrit début 1972 – traduit très précisément les conditions de marché de début 2003. Pour plus de détails, reportez-vous aux *Commentaires sur le Chapitre 3* (cf. p. 82.)

Cependant, le risque de payer trop cher un titre de qualité n'est pas le principal danger auquel fait face l'actionnaire moyen. Notre longue observation des marchés, nous a enseigné que les *pertes* subies par les investisseurs résultaient de l'achat d'actions de *mauvaise qualité* dans des périodes de prospérité économique. En effet, les acheteurs considèrent que les bons résultats publiés sont synonymes de bonne « *capacité bénéficiaire* » et ils estiment que cette prospérité et synonyme de risque faible. C'est pourtant dans ces périodes que les obligations et les actions de préférence de mauvaise qualité sont proposées au public à un cours d'émission proche du pair, alors qu'elles offrent une prime de rendement faible ou une option de conversion inintéressante. C'est également dans ces périodes que les actions ordinaires d'obscures sociétés sont introduites en bourse à des cours largement supérieurs à la valeur des capitaux propres, au motif qu'elles ont connu deux ou trois bonnes années de croissance.

Ces titres n'offrent pas une *marge de sécurité* adéquate, quel que soit le sens donné au qualificatif. La couverture des charges financières (ou des dividendes préférentiels) doit être calculée sur plusieurs années et prendre en compte les périodes de récession comme celles des années 1970 et 1971. C'est également vrai pour le bénéfice net par action, si l'on considère qu'il traduit la capacité bénéficiaire. Par conséquent, les actions acquises en période de prospérité économique, à des cours élevés, sont condamnées à voir leur cours plonger dès que l'horizon économique s'assombrira et souvent même avant. L'investisseur ne pourra pas compter sur une reprise économique – même si cela est possible – car il n'aura plus aucune *marge de sécurité* pour résister aux aléas.

L'investissement dans les *valeurs de croissance* va à la fois dans le sens et à l'inverse du principe de *marge de sécurité*. L'investisseur dans les *valeurs de croissance* fonde son raisonnement sur le fait que la capacité bénéficiaire prévisionnelle est supérieure à la capacité bénéficiaire historique. Par conséquent, il peut calculer la *marge de sécurité* à partir des résultats prévisionnels aussi bien qu'à partir des résultats historiques. En fait, rien ne dit qu'une estimation prudente des résultats prévisionnels ne soit pas aussi fiable que l'usage des résultats comptables passés[8]. Dans les faits, les analystes financiers vont préférer se tourner vers des prévisions réalistes et fiables. C'est ainsi que la *marge de sécurité* peut être utilisée de façon tout aussi pertinente dans la sélection de *valeurs de croissance*, dès lors que les prévisions sont prudentes et que la *marge de sécurité* est suffisante par rapport au prix payé.

Néanmoins, le danger d'investir dans des *valeurs de croissance* repose précisément ici. En effet, pour ces titres très convoités, le marché pousse les cours à des niveaux qui ne sont pas en rapport avec une évaluation prudente des résultats prévisionnels. (La règle de base d'une gestion prudente est que des prévisions, qui s'éloignent des performances passées, doivent être légèrement sous-estimées.) La *marge de sécurité* est toujours fonction du prix payé. Elle peut être confortable à un cours donné, faible à un cours plus élevé et carrément inexistante à un niveau encore plus élevé. Si, comme nous le soulignons, le niveau des cours des *valeurs de croissance* est en général trop élevé pour offrir une *marge de sécurité* suffisante, diversifier avec

---

[8] NDT : Résultats qui peuvent souffrir de nombreuses manipulations comptables, légales ou non.

d'autres *valeurs de croissance* ne donnera pas de meilleurs résultats. Il faut être particulièrement perspicace pour choisir individuellement les titres qui traverseront les aléas de marché, quand ils se négocient à des cours élevés.

Le principe de *marge de sécurité* est encore plus évident lorsqu'il est appliqué aux actions sous-évaluées. En pareil cas, il y a un gros écart entre un cours faible et une valeur estimée plus élevée. Cette différence représente la *marge de sécurité*. Elle sert à absorber les éventuelles erreurs d'évaluation ou la malchance. L'acheteur de titres sous-évalués attache beaucoup d'importance au fait que le titre saura encaisser des imprévus défavorables. Le plus souvent, l'investisseur n'est pas vraiment enthousiasmé par les perspectives de l'entreprise. Il restera à l'écart du titre si les perspectives ne sont pas bonnes, quel que soit le cours. Notons que l'univers des valeurs sous-évaluées est formé d'entreprises dont les perspectives économiques ne sont ni particulièrement prometteuses, ni particulièrement sombres. Si leur cours d'achat est réellement sous-évalué, même une légère baisse de leur capacité bénéficiaire ne décevra pas l'investisseur. La *marge de sécurité* aura donc servi cet objectif.

La théorie de la diversification

Il y a une relation étroite entre le concept de *marge de sécurité* et le principe de diversification. Les deux notions sont corrélées. Même avec une belle *marge de sécurité*, un investissement peut mal tourner. La *marge de sécurité* ne fait que garantir que la probabilité de faire une plus-value est supérieure à celle de faire une moins-value, mais il n'y a aucune certitude. Au fur et à mesure que le nombre de lignes différentes augmente dans le portefeuille, la probabilité d'avoir des plus-values supérieures aux moins-values augmente. C'est le même principe que celui de la mutualisation des risques dans le secteur de l'assurance.

La diversification est un principe de prudence dans l'investissement. Très largement accepté par la communauté financière, le principe de diversification démontre que son corollaire – la *marge de sécurité* – est également adoptée par tous les investisseurs. Ceci peut être illustré par les probabilités de la roulette de casino. En pariant 1$ sur un chiffre (une case) de la roulette, le joueur gagnera 35$ si le chiffre sort, mais il n'a qu'une chance sur 37 de gagner. Il a donc une *marge de sécurité* négative. Dans ce cas, diversifier est stupide. Plus le nombre de paris différents augmente, plus la chance de gain net s'amenuise. S'il parie simultanément 1$ sur chaque case (y compris le 0 et le 00), il est sûr de perdre 2$ à chaque tour de roulette. Supposons maintenant que le gagnant reçoive 39$ au lieu de 35$. Il a dans ce cas une petite *marge de sécurité*, mais positive. Par conséquent, plus il parie et plus il a de chances de gagner. Il est même certain de gagner 2$ à chaque tour de roulette en pariant simplement 1$ sur toutes les cases. (Les deux exemples traduisent d'ailleurs les positions respectives des joueurs et de la banque au casino.)[9]

---

[9] NDT : À la roulette américaine, la roulette inclue le 0 et le 00 en plus des numéros allant de 1 à 36, pour un total de 38 cases. Le casino permet une cote maximale de 35 contre un. Que se passe-t-il si vous pariez 1$ sur chaque numéro ? Comme la bille ne peut tomber que dans une seule case, vous gagnerez 35$ pour

Un critère pour distinguer *investissement* et *spéculation*

Comme il n'existe aucune définition universellement acceptée du concept d'*investissement*, les autorités financières peuvent le définir comme bon leur semble. D'ailleurs, la plupart ne font aucune différence entre *investissement* et *spéculation*. Nous estimons que leur attitude est dangereuse. C'est grave, car cela encourage l'instinct naturel des gens à goûter aux plaisirs et aux malheurs de la spéculation boursière. Nous suggérons que le concept de *marge de sécurité* soit employé pour distinguer une opération d'investissement d'une opération spéculative.

Naturellement, les spéculateurs sont persuadés que la chance est de leur côté et constitue leur *marge de sécurité*. Tous estiment qu'ils achètent au bon moment, qu'ils vont battre le marché ou bien, que leur conseiller ou leur méthode est meilleure. Leurs affirmations sont gratuites, elles sont subjectives et ne sont pas argumentées par des faits. Nous doutons fort que, celui qui spécule sur une hausse ou sur une baisse du marché, puisse être protégé par une quelconque *marge de sécurité*, quelle qu'en soit la définition donnée.

À l'inverse, le concept de *marge de sécurité* de l'investisseur, tel que nous l'avons défini, repose sur un raisonnement mathématique simple et précis, à partir de données historiques. Nous estimons qu'il est aussi validé par l'expérience. Cependant, rien ne garantit que cette approche quantitative continue de donner de bons résultats dans un avenir qui reste incertain. En revanche, il n'y a aucune raison de se montrer pessimiste.

En résumé, nous pouvons dire que pour parler d'*investissement*, il faut qu'il y ait une véritable *marge de sécurité*. Et pour parler de *marge de sécurité*, il faut pouvoir la chiffrer, l'argumenter et la mettre en perspective avec l'histoire boursière.

L'extension du concept d'investissement

Pour compléter notre analyse sur le principe de *marge de sécurité*, il nous faut également faire la distinction entre les formes d'investissement conventionnelles et non conventionnelles. Les investissements conventionnels sont les plus appropriés pour les portefeuilles classiques. Sous ce label nous retrouvons les obligations du Trésor Public américain et les actions ordinaires de première qualité servant un dividende. Nous pouvons y ajouter les obligations des collectivités territoriales (*municipals*) pour ceux qui peuvent bénéficier d'exemption fiscale. Nous y incluons également les obligations d'entreprises de première qualité, peu risquées, quand,

---

1$ de mise sur la case gagnante, mais vous perdrez 1$ pour chacune des 37 autres cases, soit une perte nette de 2$. Cette différence de 2$ (ou un écart de 5,26% sur votre pari total de 38$) est à l'avantage du casino, ce qui lui permet de s'assurer qu'en moyenne, les joueurs de roulette vont toujours perdre plus qu'ils ne gagnent. Si l'intérêt du joueur de roulette est de parier aussi rarement que possible, l'intérêt du casino est au contraire de faire tourner la roulette aussi longtemps que possible. De même, l'*investisseur intelligent* doit faire en sorte de maximiser le nombre de positions qui offrent une meilleure chance de gains que de pertes. Pour la plupart des investisseurs, la diversification est le moyen le plus simple et le plus économique d'accroître leur *marge de sécurité*.

comme c'est le cas aujourd'hui, elles offrent un rendement nettement supérieur à celui des obligations d'État.

Les formes d'investissement non conventionnelles ne sont destinées qu'à l'investisseur actif. Elles couvrent un champ très large. La catégorie la plus représentative est celle des actions ordinaires sous-évaluées d'entreprises secondaires, que nous conseillons à l'achat quand elles peuvent être acquises aux deux tiers au plus de leur valeur. Ajoutons les obligations d'entreprise et les actions de préférence un peu plus risquées, qui sont cotées avec un rabais important sur leur valeur faciale. L'investisseur de base devra considérer ces investissements comme étant spéculatifs, car ils sont risqués et ne remplissent pas tous les critères d'un investissement.

Nous affirmons qu'un cours suffisamment faible peut transformer un titre de médiocre qualité en belle opportunité d'investissement – entendu que l'acquéreur est avisé et informé et qu'il sait diversifier. En effet, si le cours d'achat est assez bas, il pourra dégager une *marge de sécurité* substantielle et donc le titre répondra à nos critères d'un investissement de qualité. L'illustration, que nous préférons prendre, est tirée des obligations immobilières[10]. Dans les années 1920, des milliards de dollars se sont portés sur ces titres, vendus au pair et recommandés pour être des investissements de qualité. La plupart de ces titres avaient une si faible *marge de sécurité* (différence entre la valeur des biens immobiliers financés et le coût de la dette), qu'ils pouvaient être qualifiés de spéculatifs. Pendant la Grande Dépression des années 1930, la plupart de ces émissions obligataires ont suspendu le versement du coupon et leur cours s'est effondré, plongeant parfois à moins de 10% du pair. À cette époque, même ceux qui avaient conseillé l'achat de ces titres au pair, n'en voulaient plus, en raison de leur caractère spéculatif et du risque élevé, alors que la baisse des cours, d'environ 90%, les rendait extrêmement intéressants et relativement peu risqués. En effet, ces cours planchers ne représentaient que le quart ou le cinquième de la valeur des actifs.[11]

Même si ces obligations immobilières ont donné lieu à de belles « *plus-values spéculatives* », cela n'enlève en rien à ces titres leur qualité d'investissement. Le gain *spéculatif* n'est que la récompense pour avoir fait un investissement particulièrement avisé. Ces occasions peuvent être qualifiées d'opportunités *d'investissement* dès lors qu'il est évident qu'elles dégagent une *marge de sécurité* suffisante. C'est ainsi que, comme nous l'avons décrit plus haut, en période de prospérité, les achats à cours élevés sont la cause des pertes de l'investisseur naïf, mais peuvent offrir d'excellentes opportunités à l'investisseur averti qui saura attendre qu'elles reviennent à leur cours de base.[12]

---

[10] NDE : Ces obligations immobilières (*real estate bonds*) sont des titres obligataires adossés à des créances hypothécaires, qui servaient à l'époque à financer la construction des gratte-ciels.

[11] NDE : Graham nous rappelle qu'il n'y a pas de bonnes valeurs d'un côté et de mauvaises de l'autre. Il n'y a que des valeurs bon marché et des valeurs chères. Même la plus belle des entreprises sera *à vendre* quand son cours sera trop élevé et la pire sera *à acheter* si son cours descend suffisamment bas.

[12] NDE : Ceux qui considéraient que les actions des valeurs du secteur des hautes technologies et des télécoms étaient « *à acheter à n'importe quel prix* » à la fin de l'année 1999 et au début de l'an 2000, alors qu'elles étaient très chères, les fuyaient comme la peste en 2002 parce qu'elles étaient « *trop risquées* » – alors même que, pour reprendre la phrase exacte de Graham, qui date d'une autre époque, « *la baisse des cours, d'environ 90%, les rendait extrêmement intéressants et relativement peu risqués* ». De la même façon, les analystes de *Wall Street* ont depuis longtemps pris l'habitude de considérer qu'une action est « *à acheter* »

Le cas des situations spéciales[13] entre aussi dans notre définition des opérations d'investissement, car l'achat est toujours motivé par une analyse détaillée qui laisse espérer un cours de vente largement supérieur à celui d'achat. Naturellement chaque opération est en soit risquée, mais l'analyse montre que le risque peut être pris et absorbé en diversifiant.

À l'extrême, nous pourrions aller jusqu'à suggérer qu'une opération d'investissement défensive puisse être envisagée en achetant des instruments financiers, comme des options d'achat d'actions (*warrants*), à condition qu'ils s'échangent à des cours extrêmement bas. (Cet exemple est destiné à provoquer le lecteur.)[14] La valeur de ces warrants repose sur la possibilité de voir l'action sous-jacente dépasser un jour le prix d'exercice de l'option. Tant qu'ils ne sont pas exercés, ils n'ont pas de valeur. Mais, comme tout investissement s'estime en fonction des prévisions de gains, la valeur de ces warrants tient dans la probabilité d'avoir un marché haussier poussant vers le haut le cours de l'action sous-jacente.[15] Une analyse de ce type peut fort bien aboutir à la conclusion qu'il y a beaucoup plus à gagner qu'à perdre dans une telle opération. Si tel est le cas, il y a bien une *marge de sécurité* incorporée dans cette forme d'instrument financier, qui ne possède pourtant aucun des attributs des valeurs mobilières, le droit de propriété notamment. Par conséquent, l'investisseur actif peut très bien inclure un tel instrument financier dans son portefeuille d'investissements non conventionnels.[16]

En résumé

L'investissement est d'autant plus intelligent qu'il est traité comme le ferait un entrepreneur. Il est étonnant de voir combien d'hommes d'affaires compétents tentent d'investir en bourse en oubliant tous les principes les plus élémentaires, qui ont fait le succès de leur propre entreprise. Une valeur mobilière doit toujours être considérée comme un titre de propriété ou une créance sur l'actif de l'entreprise. L'individu, qui place en bourse, se lance dans une entreprise comme une autre, qui doit être dirigée selon des principes de gestion pour avoir une chance de réussir.

Le premier de ces principes – le plus évident aussi – est le suivant : « *Sachez ce que vous faites – comprenez votre entreprise.*[17] » Ce qui signifie pour l'investisseur : ne

---

quand son cours est élevé et de l'étiqueter « *à vendre* » après la chute du cours – soit exactement l'inverse de ce que Graham (et le simple bon sens) recommande.

[13] NDT : Graham fait référence aux opérations de fusion-acquisition ou de réorganisation des passifs.

[14] NDE : Graham utilise le terme option d'achat d'actions (warrant) pour évoquer les bons de souscription d'actions donnant au détenteur le droit d'acheter l'action de l'entreprise à un prix déterminé. Les warrants ont depuis été remplacés par les options sur actions. Graham précise ici qu'il donne cet exemple « *pour provoquer le lecteur* » car, les warrants étaient déjà considérés comme des produits financiers très risqués. Voir les *Commentaires sur le Chapitre 16* (cf. p. 332).

[15] NDT : Rappelons que la fameuse formule de Black & Scholes de valorisation des options a été publiée deux ans après la rédaction de ce chapitre.

[16] NDG : Cet argument est défendu dans Hallingby P., dans *Speculative Opportunities in Stock-Purchase Warrants,* Analyst's Journal, 3ème trimestre 1947.

[17] NDT : Ce principe est partagé par Warren Buffett, qui en a fait l'élément essentiel de sa politique de gestion.

cherchez pas à dégager un « *bénéfice d'entrepreneur* » – à savoir se limiter au rendement offert par une plus-value raisonnable et un dividende acceptable – sauf si vous en savez autant sur les valeurs mobilières, qu'un entrepreneur peut en savoir sur les produits qu'il fabrique.

Le second principe de gestion est : « *Ne laissez jamais quiconque s'occuper de vos affaires à votre place, à moins que (1) vous sachiez contrôler sa performance ou (2) que vous ayez de bonnes raisons de faire confiance à ses compétences et à son honnêteté.* »[18] Ce sont ces règles qui détermineront si l'investisseur peut déléguer ses pouvoirs ou non.

Le troisième principe de gestion est le suivant : « *Ne vous lancez jamais dans une opération de fabrication ou de commercialisation d'un produit, si un calcul digne de foi ne vous laisse pas espérer un profit raisonnable. Restez notamment à l'écart des affaires où vous avez peu à gagner et beaucoup à perdre.* » Ce qui signifie que l'investisseur actif doit s'engager dans des opérations rentables sur la foi de calculs, mais pas sur de faux espoirs. L'investisseur qui accepte un faible rendement – comme dans le cas d'un placement obligataire ou d'une action de préférence – doit pouvoir démontrer que le risque de perte en capital est très faible.

Le quatrième principe de gestion est plus positif : « *Ayez le courage de vos connaissances et de votre expérience, si vos conclusions sont argumentées et si vous êtes persuadés que votre décision est bonne, passez à l'action, même si d'autres hésitent ou remettent leur décision à plus tard.* » Ce n'est pas parce que la majorité n'est pas d'accord avec vous, que vous avez tort. Vous êtes dans le vrai au motif que les faits et votre raisonnement sont bons. De même, sur les marchés financiers, le courage est l'ultime vertu, *après* les connaissances financières et la capacité de jugement.

Fort heureusement, l'investisseur moyen n'a pas nécessairement besoin de toutes ces qualités, *dès lors* qu'il limite ses ambitions à ses capacités et qu'il restreint son horizon d'investissement aux seules valeurs peu risquées. Obtenir des performances *satisfaisantes*, c'est plus facile que beaucoup ne le croient. En revanche, *battre le marché* est bien plus difficile qu'il n'y paraît.

---

[18] NDT : Warren Buffett reprend quasiment mot pour mot ce principe dans l'énoncé de sa politique d'investissement.

COMMENTAIRES SUR LE CHAPITRE 20

Si nous sommes incapables de prévoir l'imprévisible ou d'attendre l'inattendu, dans un univers aux possibilités infinies, nous pourrions être à la merci de quelqu'un ou de quelque chose qui ne puisse pas facilement être programmé, classé ou référencé.

Agent Fox Mulder, The X-Files

Premier objectif : ne pas perdre

Qu'est-ce que le risque ?

Vous aurez différentes réponses selon la personne à qui, ou le moment auquel vous poserez la question. En 1999, le terme de risque ne signifiait pas perte en capital. Cela voulait dire gagner moins que d'autres. La crainte de beaucoup de gens était de rencontrer quelqu'un, à l'occasion d'un dîner, qui s'était enrichi encore et plus vite que vous en jouant en bourse sur les valeurs Internet. En 2003, le risque signifiait que les marchés financiers pouvaient encore plonger et effacer toutes traces de richesse.

Si la notion de risque peut évoluer aussi vite que les marchés, elle a quelques caractéristiques stables. Ceux, qui font les paris les plus insensés et qui enregistrent les plus gros gains dans un marché haussier, sont souvent ceux qui souffrent le plus dans le marché baissier, qui lui succède inévitablement. (Le fait « *d'avoir raison* » incite les spéculateurs à prendre toujours plus de risques, car ils sont habités par un sentiment d'invulnérabilité.) Et une fois qu'ils ont perdu gros, ils sont encore plus enclins à prendre toujours plus de risques pour se refaire, à l'image du joueur de casino ou du parieur au pari mutuel, qui en désespoir de cause double sa mise après chaque pari perdu. À moins d'être extrêmement chanceux, cela peut vous mener tout droit au désastre. Lorsque l'on a demandé au légendaire financier, J.K. Klingenstein de chez *Wertheim & Co*, de résumer ce qu'il avait appris au cours de sa carrière, il a répondu – ce qui n'a rien de surprenant : « *Ne perdez pas.* »[19] La Figure 12 (cf. p. 411) illustre ce que cela signifie.

Bien-sûr, perdre *un peu* fait partie du jeu et c'est inévitable. Mais, être un *investisseur intelligent*, c'est s'assurer de ne jamais *beaucoup* ou *tout* perdre. Lakshmi, la déesse hindoue de la richesse, est souvent représentée debout sur la pointe des pieds, prête à disparaître en un clin d'œil. Pour la forcer, symboliquement, à rester clouée sur place, les adorateurs de Lakshmi attachent la statue au sol avec des bandelettes ou clouent ses pieds au sol. Le principe de « *marge de sécurité* » joue le même rôle pour l'*investisseur intelligent*. En refusant de payer trop cher, vous minimisez les chances de voir votre capital disparaître ou s'envoler en fumée.

[19] NDE : Comme le relate Charles Ellis, expert financier, dans l'article de Jason Zweig, *Wall Street Wisest Man*, Money, juin 2001, pp. 49-52.

FIGURE 12 : LE COÛT DES PERTES

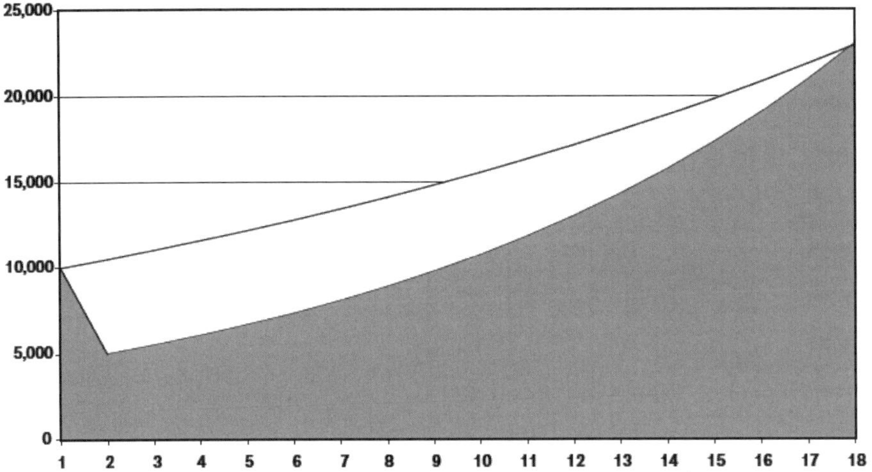

Légende : Blanc (rendement annuel constant de 5%) et Grisé (perte de 50% la première année et rendement annuel constant de 10% les années suivantes.

Imaginez que vous découvrez une action dont le rendement prévisionnel est de 10% alors que celui du marché est de 5%. Tellement optimiste, vous payez le titre bien trop cher et l'action perd 50% de sa valeur la première année. Même si les années suivantes, son rendement (10%) est le double de celui du marché (5%), il vous faudra patienter pendant plus de 16 ans pour dépasser le marché – tout simplement parce que vous l'avez payée trop cher et vous avez trop perdu, dès le départ.

Prenez cet exemple : Sur l'année 1999, *JDS Uniphase Corp.*, le spécialiste de la fibre optique, a généré un chiffre d'affaires de 673 millions de dollars pour une perte de 313 millions de dollars. Les capitaux propres s'élevaient à 1,5 milliards de dollars. Pourtant, le 7 mars 2000, le cours de l'action *JDS Uniphase* a touché un plus haut de 153$ par action, portant la capitalisation boursière de la société à 143 milliards de dollars.[20] Et comme pour les actions de la Nouvelle économie, le cours de l'action s'est effondré. Ceux, qui ont acheté l'action ce jour-là et qui l'ont conservé jusqu'à la fin 2002, devront conserver le titre pendant de nombreuses années pour récupérer le capital initial,[21] c'est ce qu'indique la Figure 13.

Même avec un rendement annuel constant et élevé (10%), il faudra attendre plus de 43 ans pour que le cours revienne à son cours du 7 mars 2000.

[20] NDE : Le cours de l'action *JDS Uniphase* a été ajusté compte tenu des divisions d'actions.

[21] NDT : Et encore plus de temps pour récupérer leur pouvoir d'achat.

FIGURE 13 : DIFFICILE DE RÉCUPÉRER LA MISE INITIALE

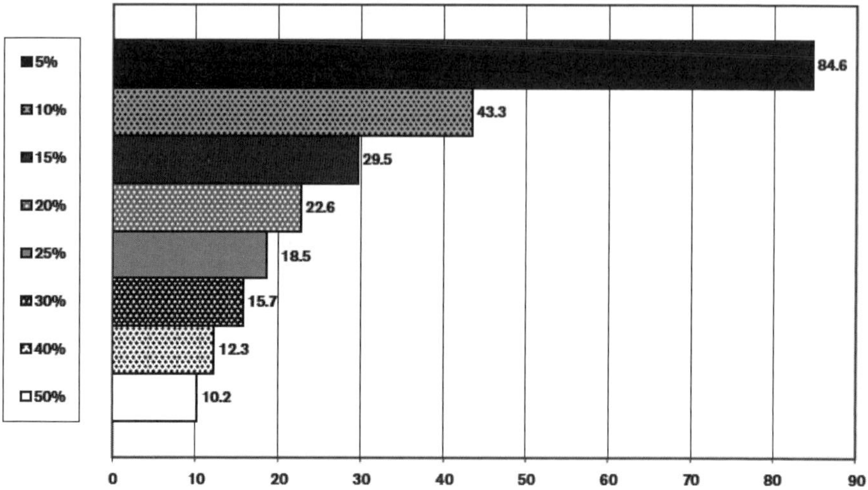

Légende : nombre d'années nécessaires, en fonction du rendement (de 5 à 50%), pour récupérer le cours d'achat.

Si vous avez acheté l'action *JDS Uniphase* à son plus haut à 153,42$, le 7 mars 2000 et que vous l'avez conservée jusqu'à la fin 2002 (quand elle clôtura à 2,47$), combien de temps devrez-vous attendre pour récupérer le cours d'achat en fonction du rendement attendu ?

Le risque *c'est vous* !

Le risque a une autre dimension : VOUS. Si vous surestimez votre capacité de compréhension de l'instrument ou de la valeur financière, si vous surestimez votre capacité à surmonter un plongeon temporaire des cours, alors peu importe les valeurs détenues et les mouvements du marché. Le risque financier ne se situe pas uniquement dans les caractéristiques des placements réalisés, mais dans votre profil d'investisseur. Si vous voulez vraiment savoir quelle image prend le risque, regardez-vous dans une glace. *Le risque, c'est vous.*

En vous regardant dans un miroir, que devez-vous observer ? Le prix Nobel d'économie, Daniel Kahneman, éminent psychologue, donne les deux facteurs qui caractérisent les bonnes décisions :

- « *Un niveau de confiance en soi bien calibré* » (est-ce que je maîtrise ce placement aussi bien que je le crois ?)
- « *Des regrets correctement anticipés* » (quelle sera ma réaction si mon analyse est fausse ?)

Pour savoir si votre niveau de confiance est bien calibré, regardez-vous à nouveau dans le miroir et demandez-vous : « *Quelles sont les chances que mon analyse soit bonne ?* »

Répondez aux questions suivantes :

- Quelle est mon expérience dans ce domaine ? Quelles sont mes performances passées dans des situations similaires ?
- Quelles sont les performances historiques sur ce type de placement ?[22]
- Si j'achète, quelqu'un d'autre vend. Quelles sont les chances que j'en sache plus que le vendeur ?
- Si je vends, quelqu'un d'autre achète. Quelles sont les chances que j'en sache plus que l'acheteur ?
- Quelle doit-être la hausse du cours du titre acheté pour payer les coûts de transaction et les taxes ?

Observez-vous à nouveau dans le miroir pour savoir si vous savez anticiper vos regrets. Interrogez-vous : « *Ai-je bien mesuré les conséquences si je me trompe ?* » Répondez à cette question en considérant les points ci-après :

- Si j'ai raison, je pourrai gagner beaucoup d'argent. Mais que se passera-t-il si j'ai tort ? En fonction des performances historiques, combien puis-je perdre ?
- Y a-t-il d'autres placements qui m'aideront si ma décision est mauvaise ? Est-ce que je possède des actions, des obligations ou des fonds, qui ont de bonnes performances si je perds sur mon placement ? Est-ce que je ne prends pas trop de risques avec ce nouveau placement ?
- Quand je dis avoir « *une forte tolérance au risque* » qu'est-ce qui le prouve ? Ai-je déjà perdu beaucoup sur un placement ? Quelle a été ma réaction ? Ai-je doublé la mise ou coupé mes pertes ?
- Est-ce que je suis capable de ne pas paniquer au mauvais moment ? Ou ai-je fait en sorte de me contrôler en diversifiant, en plaçant dans un fonds à capital garanti et en moyennant à la baisse ?

N'oubliez jamais ce que dit le psychologue Paul Slovic : « *Le risque se compose de deux facteurs à parts égales : la probabilité et l'impact.* »[23] Avant d'investir, vous devez vous assurer que vous avez évalué de façon réaliste vos probabilités d'avoir raison et comment vous allez réagir à ce qui arrivera si vous vous êtes trompé.

Le pari de Pascal

Le philosophe et investisseur, Peter Bernstein, le résume d'une autre manière. Il remonte à Blaise Pascal, le grand mathématicien et philosophe français (1623-1662), où, dans le cadre d'une réflexion philosophique, un agnostique doit parier sur l'existence de Dieu. L'enchère est fonction de sa conduite sur terre et le gain est ce qu'il

[22] NDE : Ceux qui auraient cherché la réponse à cette question ne se seraient jamais lancé dans le *day-trading* et n'auraient jamais participé aux introductions en bourse.
[23] NDE : Slovic P., *Informing and Educating the Public about Risk*, Risk Analysis, vol. 6, n°4 (1986), p. 412.

adviendra à son âme. Ainsi dans le cadre de ce pari, Pascal soutient que « *la raison ne peut pas décider* » de la probabilité de l'existence de Dieu. Soit Dieu existe, soit il n'existe pas – et seule la foi, pas la raison, peut répondre à cette question.[24] Or si les probabilités de ce pari pascalien sont inconnues, les conséquences sont claires et certaines. Voilà l'explication qu'en donne Bernstein :

Imaginons que vous vous comportiez comme si Dieu existe en ayant une vie faite de vertu et d'abstinence, alors qu'en réalité Dieu n'existe pas. Vous serez passé à côté de quelques bons moments dans la vie, mais vous serez récompensés. Maintenant supposons que vous agissiez comme si Dieu n'existait pas en ayant une vie de péché, d'égoïsme et de luxure, alors que Dieu existe. Vous aurez beau avoir passé du bon temps, quand viendra le jour du jugement dernier, vous aurez des problèmes.[25]

Et Bernstein de conclure : « *Dans la prise de décision, en environnement incertain, les conséquences doivent primer sur les probabilités. Or, le futur est toujours incertain.* » Comme nous le rappelle Graham dans chacun des chapitres de ce livre, l'*investisseur intelligent* ne doit pas uniquement veiller à ce que son raisonnement soit juste. Il doit aussi veiller à ne pas perdre si son analyse est fausse – comme cela arrive parfois même aux meilleurs des analystes. La probabilité de se tromper un jour ou l'autre est de 100%. En revanche, s'il n'y a rien à faire pour éviter de se tromper, vous pouvez maîtriser les conséquences d'une erreur. Beaucoup de soi-disant investisseurs ont placé tout leur patrimoine dans les valeurs Internet en 1999. Cette année-là, une étude du magazine *Money*, portant sur 1.338 Américains, a montré que près de 10% des investisseurs ont placé au moins 85% de tous leurs avoirs dans des valeurs Internet. En ignorant les avertissements de Graham pour conserver une *marge de sécurité*, ces gens ont choisi la « *mauvaise* » alternative dans le pari de Pascal. Persuadés d'avoir raison, ils n'ont rien fait pour se protéger des conséquences d'une possible erreur.

Avec un patrimoine diversifié et en refusant de se laisser tenter par la folie de Mr. le Marché, vous serez sûr que les conséquences de vos décisions financières ne seront jamais catastrophiques. Peu importe les affres causées par Mr. le Marché, vous pourrez toujours tranquillement dire : « *Cela aussi passera.* »

---

[24] NDT : La démonstration de Pascal montre qu'une personne rationnelle doit croire en Dieu, qu'il existe ou non, car s'il n'existe pas, croyants et incroyants n'ont rien à perdre. S'il existe, le croyant gagne le paradis, pas l'incroyant. C'est ce qui est suggéré dans le paragraphe suivant.

[25] NDE : *Le Pari*, dans Blaise Pascal, Pensée, Penguin Books, London et New York, 1995, pp. 122-125 ; Bernstein P., *Against the Gods*, John Wiley & Sons, New York, 1996, pp. 68-70 ; Bernstein P., *Decision Theory in Iambic Pentameter*, Economics & Portofolio Strategy, 1er janvier 2003, p. 2.

EN GUISE DE POST-SCRIPTUM

Nous connaissons très bien deux associés qui ont passé leur vie à gérer leur capital et celui des autres. Leur expérience, parfois douloureuse, leur a appris qu'il valait mieux la sécurité et la prudence à la cupidité. Ils ont développé une approche singulière de l'investissement en bourse, qui permet de combiner rentabilité et faible risque. Ils sont restés à l'écart des titres surévalués et ils ont rapidement vendus ceux qui étaient montés trop haut pour rester intéressants. Leur portefeuille a toujours été diversifié avec plus d'une centaine de lignes. Ainsi, ils s'en sont admirablement tirés malgré les vicissitudes du marché. Ils ont connu une performance annuelle moyenne d'environ 20% sur les dizaines de millions de dollars en gestion. Leurs clients ont été pleinement satisfaits de leurs résultats.[1]

L'année où la première édition de ce livre fut publiée, ces deux associés eurent l'opportunité de prendre le contrôle d'une *valeur de croissance*. En effet, le secteur d'activité de l'entreprise n'intéressait pas *Wall Street* et les banques d'investissement refusèrent de placer le titre en bourse. Pourtant, les deux associés étaient très impressionnés par le potentiel de l'entreprise, mais le prix d'achat rapporté aux bénéfices et à la valeur des capitaux propres fut déterminant dans la décision d'achat. C'est ainsi qu'ils firent l'acquisition de la moitié du capital, ce qui représentait un cinquième des fonds en gestion. Ils furent étroitement associés à la gestion de l'entreprise, qui prospéra.[2] Tout marcha si bien, que le cours des actions fut multiplié par plus de 200 par rapport au prix d'acquisition. La hausse du cours fut bien plus forte que celle du résultat. Or, les cours parurent trop élevés aux associés, compte tenu de leur politique d'investissement. Néanmoins, ils décidèrent de ne pas vendre, considérant l'entreprise comme étant une affaire de famille. Leurs clients firent de même et devinrent millionnaires en investissant dans cette entreprise et dans ses filiales.[3]

---

[1] NDT : Graham fait référence à deux associés, qui ne sont autres que Jérôme Newman et Benjamin Graham lui-même.

[2] NDE : Graham décrit ici la *Government Employees Insurance Co.*, ou *GEICO*, dans laquelle il prît avec Newman un intérêt de 50% en 1948, au moment où il terminait l'écriture de la première version de *The Intelligent Investor.* Les 712.500$ que Graham et Newman ont placés dans *GEICO* représentaient en gros 25% des actifs du fonds à l'époque. Graham a été membre du conseil d'administration de l'entreprise pendant plusieurs années. Par une heureuse ironie du sort, le plus grand disciple de Graham, Warren Buffett, paria aussi sur *GEICO* en 1976, à une époque où cette grande compagnie d'assurance se trouvait au bord de la faillite. Ce pari s'est révélé être un des meilleurs investissements de Buffett.

[3] NDE : En raison de subtilités juridiques, Graham et Newman furent obligés par la *SEC* de procéder à une scission de l'entreprise et à une distribution des actions *GEICO* aux actionnaires du fonds. Un investisseur qui aurait détenu 100 parts de Graham-Newman début de 1948 (soit 11.413$) et qui aurait ensuite conservé toutes les actions *GEICO* attribuées, aurait vu sa position atteindre 1,66 millions de dollars en 1972. Parmi les filiales de *GEICO,* qui ont été créées plus tard, nous pouvons citer *Government Employees Financial Corp.* et *Criterion Insurance Co.*

Il s'avéra que les profits découlant de cette unique décision d'investissement ont très largement dépassé le cumul de tous les autres enregistrés en vingt ans sur de nombreuses opérations financières, réclamant de nombreuses analyses, des débats sans fin et un nombre incalculable de décisions financières.

L'*investisseur intelligent* peut-il tirer une morale de cette histoire ? L'une, évidente, est qu'il y a plusieurs voies pour gagner beaucoup d'argent et préserver le capital acquis. Une autre, moins évidente, est qu'un coup de chance ou une décision particulièrement clairvoyante – sait-on les distinguer ? – peut rapporter plus qu'une vie d'efforts quotidiens.[4] Mais au-delà du facteur chance, il y a tout le travail d'analyse et toute la rigueur d'une discipline. Pour que les opportunités viennent à vous, il faut à la fois être réputé et reconnu pour cette approche[5]. Il faut aussi avoir les compétences, la perspicacité et le courage de savoir les saisir.

Nous ne pouvons naturellement pas promettre une aussi belle réussite à tous les *investisseurs intelligents* qui sauraient rester à la fois prudents et alertes sur la durée. Nous ne terminerons pas ce livre par la citation de J.J. Raskob, dont nous nous sommes gentiment moqués au début (cf. p. 21) : « *Tout le monde devrait être riche.* » Pour autant, les gisements de richesse existent dans l'univers financier et l'*investisseur, intelligent, actif,* doit pouvoir les exploiter en prenant du plaisir au milieu de tout ce cirque. Une chose est sûre, les émotions sont garanties.

---

[4] NDG : Pour être totalement transparent, il faut dire que cette opération a failli ne pas aboutir, car les associés voulaient avoir l'assurance que le prix d'achat était couvert à 100% par la valeur des actifs. Autrement dit, les plus-values réalisées – plus de 300 millions de dollars – n'ont dépendu que d'une négociation portant sur 50.000$. C'est seulement la chance qui a voulu que la transaction soit conclue.

[5] NDT : C'est en faisant largement connaître sa philosophie et sa politique d'investissement, que Warren Buffett a su attirer les dirigeants de sociétés souhaitant qu'il prenne une participation dans leur entreprise.

COMMENTAIRES SUR LE POST-SCRIPTUM

La réussite en bourse passe par la gestion du risque, pas par l'évitement. À première vue, en découvrant que Graham place 25% de son portefeuille sur un seul titre, vous vous dites qu'il fait un pari osé avec l'argent de ses clients. Mais quand vous lisez que Graham s'est donné le plus grand mal pour négocier un prix d'achat lui permettant de liquider les actifs de *GEICO* pour la valeur de son investissement, vous comprenez que Graham n'a pas pris un gros risque financier. En revanche, il a eu à prendre un risque psychologique en faisant un gros pari, sur un titre méconnu.[6]

Les titres des journaux mettent en évidence les risques de notre monde : l'explosion de la bulle Internet, une croissance économique anémique, des cas de fraudes dans les entreprises, le spectre du terrorisme et de la guerre. Or, les stratégistes de marché se délectent du « *les investisseurs n'aiment pas l'incertitude* ». C'est vrai et pourtant c'est la seule caractéristique des marchés qui n'a pas changé. Il y a toujours eu de l'incertitude et il y en aura toujours. En fait, « *incertitude* » et « *investissement* » sont synonymes. Personne ne saura jamais quel est le moment le plus opportun pour investir en actions. D'ailleurs, sans confiance en l'avenir, nul ne peut investir. Pour être un investisseur, il faut être optimiste.

L'investisseur le plus cultivé de tous, Ben Graham, adorait l'histoire d'Ulysse au travers des textes poétiques d'Homer, d'Alfred Tennyson et de Dante. Vers la fin de sa vie, Graham savoura cette scène de l'Enfer de Dante, où Ulysse décrit comment il motive son équipage pour naviguer, cap à l'ouest, dans des eaux inconnues, au-delà des colonnes d'Hercule.

Alors je dis : Ô frères, qui, à travers mille périls,
êtes parvenus à l'Occident, suivez le soleil,
et à vos sens, à qui reste si peu de veille,
ne refusez l'expérience du monde sans habitants.
Pensez à ce que vous êtes : vous n'êtes pas là pour vivre comme des brutes,
mais pour rechercher la vertu et la connaissance.
Par ces brèves paroles, j'excitai tellement mes compagnons à continuer leur route,
qu'ensuite j'arrivai avec peine à les retenir.
La poupe tournée vers le levant,
des rames nous fîmes des ailes pour follement voler, gagnant toujours à gauche.[7]

---

[6] NDE : L'anecdote de Graham vient rappeler que ceux, qui ne sont pas aussi brillants que lui, doivent toujours diversifier leurs investissements pour éviter de mettre « *tous leurs œufs dans le même panier* ». Quand Graham reconnaît que *GEICO* est un coup de chance, c'est bien le signe que nous ne pouvons pas compter sur une telle opportunité. Pour vous s'assurer qu'investir n'est pas un simple jeu de hasard, vous devez diversifier.

[7] NDT : Dante Alighieri, *L'enfer*, chant 26, traduction Lammenais

L'investissement est aussi une aventure et l'univers financier n'est pas encore totalement exploré. Avec Benjamin Graham pour guide, votre long voyage dans le monde de l'investissement boursier se fera en confiance et en sécurité, malgré les périls.

ANNEXES

1. LE SUPER-INVESTISSEUR DE GRAHAM ET DODDSVILLE

Note de l'éditeur : Rédigé par Warren Buffett, cet article est tiré d'un discours donné à l'université de Columbia en 1984 pour commémorer le cinquantième anniversaire de la parution du livre Security Analysis, écrit par Benjamin Graham et David L. Dodd.[1] *Cet ouvrage fut le premier à présenter les concepts qui furent vulgarisés plus tard dans The Intelligent Investor*[2]*. Le discours de Buffett fait un état sur la façon dont les disciples de Graham ont exploité sa philosophie de l'investissement dans la valeur pour réussir en bourse.*

L'approche de Graham pour sélectionner des valeurs, c'est-à-dire rechercher des titres avec une *marge de sécurité* suffisante entre leur valeur intrinsèque et leur cours, est-elle aujourd'hui désuète ? Beaucoup d'universitaires le croient. Ils prétendent que les marchés sont efficients ; autrement dit, que le cours des actions reflète toute l'information disponible sur les bénéfices prévisionnels des entreprises et sur leurs perspectives économiques. Ces théoriciens prétendent donc qu'il n'y a pas de titres sous-évalués, car il y a une multitude d'analystes financiers suffisamment compétents pour analyser l'information publique et faire émerger le juste prix d'un titre. Ce n'est que le facteur chance qui explique que certains battent marché. D'ailleurs « *si les prix reflètent parfaitement toute l'information disponible, il est impossible de battre le marché* », écrit l'auteur d'un ouvrage académique.

Peut-être. J'aimerais pourtant vous présenter un groupe d'investisseurs qui a réussi, pendant plusieurs années, à battre l'indice *S&P 500*. L'hypothèse du facteur chance mérite justement d'être examinée. Il faut néanmoins savoir que je connais toutes ces personnes et qu'elles sont considérées, depuis longtemps, comme de talentueux investisseurs. Sans cela, c'est-à-dire si j'avais sélectionné au hasard les quelques noms que je vous présente ce matin, je serais le premier à reconnaître qu'il serait inutile de m'écouter plus longtemps. Je préciserai que toutes leurs performances ont été auditées. J'ajouterai que je connais certains de leurs clients, qui ont leur ont fait confiance et dont l'enrichissement illustre cette performance.

Avant de démarrer cette analyse, j'aimerais que vous vous imaginiez une loterie nationale destinée à jouer à pile ou face. Supposons que nous demandions demain matin aux 225 millions d'Américains d'y participer, en misant un dollar. Chaque perdant donnerait un dollar au gagnant et chaque jour, les perdants seraient exclus de la loterie et les gagnants remettraient en jeu tous leurs gains le lendemain. Au dixième tirage ou au dixième jour, il ne resterait plus que 220.000 Américains, qui auraient gagné dix fois de suite. Chacun d'eux aurait un peu plus de 1.000$ en poche.

La nature humaine étant ce qu'elle est, il est probable que ces gagnants se feraient mousser. Et même s'ils restaient modestes, ils iraient sans doute se vanter de leur formidable intuition, à l'occasion d'une réception, auprès des invités de l'autre sexe.

---

[1] NDT : Graham B., Dodd D., Coutton D. (traduction), *Security Analysis - Analyse et évaluation financières des valeurs mobilières*, Valor Éditions, 2015.

[2] NDT : Graham Benjamin, Coutton D. (traduction), *L'investisseur intelligent*, Valor Éditions, 2018.

En supposant que le jeu continue, il faudra 10 jours de plus pour trouver 215 individus, ayant gagné 20 fois de suite et détenant chacun un million de dollars. En résumé, 215 millions de dollars auront été perdus et 215 millions gagnés.

À ce stade, il est fort probable que les heureux élus perdront la tête. Ils se mettront à écrire des livres du genre « *Comment en vingt jours gagner un million de dollars avec un dollar en poche, sans y consacrer plus de trente secondes par jour* ». Mieux encore, ils vont parcourir le pays pour participer à des conférences et des séminaires sur l'art du tirage à pile ou face, en s'en prenant aux sceptiques et aux scientifiques en leur disant : « *Pourquoi est-ce impossible si nous sommes 215 à y être arrivés ?* »

Il y aura toujours des universitaires pour rappeler que si 225 millions de singes avaient participés au même jeu, le résultat aurait été le même : 215 singes à l'ego démesuré auraient gagné !

Je dois néanmoins avouer qu'il a dans cet exemple quelques différences importantes à souligner. D'abord, (a) si vous devez prendre 225 millions de singes représentatifs de la population américaine, (b) qu'il ne reste que 215 singes gagnants après 20 jours et que (c) vous vous rendez compte que 40 singes viennent du zoo d'Omaha,[3] vous auriez peut-être un indice. Vous iriez ensuite voir les soigneurs du zoo pour connaître l'alimentation des singes, leur mode de vie, leurs lectures et je ne sais quoi d'autre. Autrement dit, si vous décelez un taux de réussite anormalement élevé dans une population, vous allez chercher à savoir pourquoi.

La recherche scientifique suit cette méthodologie. Si vous essayez d'étudier les causes possibles d'une forme rare de cancer, avec 1.500 cas par an aux États-Unis, si 400 cas ont été décelés dans une petite ville minière du Montana, vous allez sans doute vous intéresser à la qualité de l'eau, au métier des malades ou à d'autres facteurs environnementaux. Vous savez qu'un taux de cancer aussi élevé n'est pas le fruit du hasard. Vous ne connaîtrez pas nécessairement la cause des cancers, mais vous aurez un indice pour savoir dans quelle direction chercher.

Les causes tiennent peut-être au lieu, mais il en existe d'autres. L'origine peut aussi être liée au mode de pensée. En effet, vous ne tarderez pas à découvrir qu'un nombre extraordinairement élevé de joueurs gagnants dans le monde de l'investissement sont originaires d'un bien petit village d'intellectuels, que j'appellerai *Graham-and-Doddsville*. La concentration d'un tel nombre de gagnants, qui ne tient pas du hasard, s'explique par l'appartenance à cette école de pensée.

Plusieurs hypothèses pourraient contredire cette affirmation. Certains joueurs peuvent être sous l'influence d'un individu particulièrement convaincant. Quand il joue, son résultat est imité par 100 autres personnes... Et si ce leader est l'un des 215 gagnants, le fait que 100 autres pensent comme lui ne prouve rien. Vous ne feriez que ramener cent cas à un seul. De même, supposons que nous vivions aux États-Unis dans une société patriarcale où, par simplicité, chaque foyer serait composé de 10 personnes. Supposons que cette culture patriarcale soit si forte, que sur les 225 millions de joueurs du premier jour, tous les membres d'un même foyer suivent le pari du

---

[3] NDT : Les disciples de Benjamin Graham, avec Warren Buffett comme chef de file, est aussi appelée « *école d'Omaha* », car *Berkshire Hathaway*, holding financière de Warren Buffett est domiciliée dans cette ville du Middle West.

patriarche. Après 20 jours de tirage, nous aurions toujours 215 gagnants, issus de 21,5 familles différentes seulement. Les plus naïfs vont prétendre que le succès s'explique par un facteur héréditaire. Ce qui est absurde, car cela ne signifie pas qu'il y a 215 gagnants individuels, mais que 21,5 familles ont gagné après un tirage aléatoire.

Les investisseurs gagnants, qui nous intéressent, ont un patriarche intellectuel commun : Ben Graham. Pour autant, les enfants, qui ont très tôt quitté le foyer intellectuel ont faits des *paris* différents. Ils ont suivi des routes diverses, acheté et vendu des valeurs différentes et pourtant ils ont tous un palmarès, qui ne peut pas être expliqué par le facteur chance. Leur performance ne peut pas non plus être expliquée parce qu'ils ont fait les mêmes paris que leur leader. Le patriarche a simplement posé les fondations intellectuelles de la décision financière et chacun de ses disciples les a appliquées à sa façon.

Le fondement théorique partagé par les investisseurs venant de *Graham-and-Doddsville* est d'estimer l'écart entre la *valeur intrinsèque* d'une entreprise et le *cours de marché* d'une participation[4] dans cette entreprise. Ils ne font qu'exploiter les différences entre cours et valeur intrinsèque, sans se soucier de l'efficience des marchés. Pourquoi se préoccuper d'acheter le lundi plutôt que le vendredi, en janvier ou en juillet, etc. ? Est-il utile de préciser que lorsque des industriels[5] achètent une société – ce que font nos investisseurs à la Graham & Dodd en achetant des titres en bourse – ils se moquent complétement du jour de la semaine ou du mois de l'année pour prendre leur décision. S'il est inutile de savoir quel jour acheter un titre, je suis étonné par le temps et les efforts consacrés par les universitaires pour savoir quand il est préférable de prendre une participation dans une entreprise.[6] Est-il utile de préciser que nos investisseurs à la Graham & Dodd ne s'intéressent ni aux bêtas des actions[7], ni au modèle d'évaluation des actifs financiers[8], ni à la covariance des rentabilités de deux titres[9]. Ces sujets ne les intéressent absolument pas et je crois même que nombre d'entre eux auraient du mal à expliquer ces termes. Les investisseurs de *Graham-and-Doddsville* ne s'intéressent qu'à deux paramètres : *le cours et la valeur intrinsèque.*

Je suis également effaré par le nombre d'études consacrées à l'évolution des cours et des volumes, la passion des chartistes. Pouvez-vous décider d'acheter une entreprise au motif que son cours a fortement augmenté dans les dernières semaines ? L'explosion du nombre d'études sur les cours et les volumes s'explique tout simplement par l'usage de l'ordinateur et par une masse phénoménale de données.

---

[4] NDT : Buffett prend soin de dire qu'il s'agit d'une « *participation* » dans une entreprise, car il considère qu'un véritable actionnaire ne détient pas seulement un morceau de papier – une action – mais une part de copropriété, autrement dit une participation.

[5] NDT : Buffett distingue l'acheteur industriel, qui investit à long terme en prenant une participation dans une entreprise, et l'investisseur-spéculateur, qui ne garde les titres que quelques semaines ou quelques mois.

[6] NDT : Buffett fait référence aux nombreuses études universitaires, qui, dans les années 1980 et 1990, ont été consacrées à évaluer l'efficience des marchés et à identifier des anomalies : effet week-end ou effet janvier par exemple.

[7] NDT : Le bêta est un facteur de risque par rapport au risque financier moyen.

[8] NDT : Le *Modèle d'Évaluation Des Actifs Financiers* (*MEDAF*), développé indépendamment par John Lintner, William Sharpe Jack Treynor, met en relation le risque d'un actif et son espérance de rentabilité.

[9] NDT : La diversification, qui permet de réduire le risque financier pour un même niveau de rentabilité, est fonction de la covariance des rendements de deux ou plusieurs titres.

Ces données et ces techniques ne sont pas nécessairement utiles. Plus prosaïquement, c'est parce que les données existent et que les universitaires maîtrisent les statistiques qu'ils en font usage. En effet, ils trouveraient dommage de ne pas exploiter leurs connaissances, même si elles sont inutiles, voire dangereuses. Un de mes amis me disais : « *Lorsqu'un homme tient un marteau, tout ressemble à un clou.* »

Je crois que ces individus, qui appartiennent tous à la même communauté intellectuelle, méritent que l'on s'y intéresse. D'ailleurs, en dépit des nombreuses recherches universitaires pour expliquer la rentabilité d'un actif à partir des cours, des volumes, de la saisonnalité, de la taille et d'autres critères, aucune étude ne s'est intéressée aux performances des *investisseurs dans la valeur.*

Je commencerai cette analyse des performances de l'investissement dans la valeur avec quatre individus, qui ont travaillé pour le fonds *Graham-Newman,* entre 1954 et 1956. Nous n'étions que quatre. Remarquez que je n'ai pas sélectionné leurs noms par hasard. Je m'étais proposé de travailler, sans être rémunéré, pour *Graham-Newman* après avoir suivi le cours de Benjamin Graham[10]. Pourtant, Graham refusa mon offre de service, au motif que j'étais « *surévalué.*[11] » Il y tenait vraiment à cette notion de valeur ! Après pas mal de tergiversations, il se résolut enfin à me prendre avec lui. *Graham-Newman* était composé de trois associés et nous étions quatre au rang de simples assistants. Nous sommes tous partis entre 1955 et 1957, quand le fonds a été liquidé et j'ai pu reconstituer les performances historiques de trois d'entre nous.

Les performances du premier sont celles de Walter Schloss (cf. Tableau 64 p. 431). Walter n'est jamais allé à l'université, mais il a suivi les cours du soir de Ben Graham au *New York Institute of Finance.* C'était en 1955 et il a obtenu des performances époustouflantes en 28 ans.

Voilà ce que dit de lui l'auteur, connu par son pseudonyme Adam Smith, dans son livre *Supermoney* (1972) :

« Cet homme n'a pas aucune relation, n'est pas un initié, personne ne le connaît à Wall Street et personne ne le conseille. Il ne s'intéresse qu'aux chiffres des rapports annuels qu'on lui envoie, c'est tout ! Lorsque Warren me l'a présenté, il m'a dit : « Il n'oublie jamais qu'il gère l'argent des autres, ce qui ne fait que renforcer son aversion aux risques. » C'est un homme intègre, qui se connaît bien. Pour lui, l'argent et les actions, ne sont pas uniquement des morceaux de papier, c'est pour cela qu'il a adopté le concept de marge de sécurité. »

Walter est le roi de la diversification, il n'est pas rare qu'il détienne plus de 100 lignes en portefeuille. Il est doué pour identifier les valeurs qui se vendent bien au-dessous de leur valeur intrinsèque. *Il s'en tient à cela, c'est tout.* Il se fiche bien de savoir si nous sommes en janvier, si nous sommes un lundi ou en année électorale.[12] Tout ce qu'il dit, c'est que si une entreprise vaut 1 dollar et qu'il est possible de l'acheter

---

[10] NDT : À l'université de Columbia à New York.

[11] NDT : Sous-entendu *trop cher* et donc pas intéressant.

[12] NDT : Buffett fait référence à des anomalies des marchés financiers, qui ont aujourd'hui disparu, à savoir *l'effet janvier* où la performance des petites capitalisations dépasse celle des grandes et *l'effet week-end* où la performance moyenne du lundi est nettement inférieure à celle des autres jours de la semaine et notamment à celle du vendredi.

pour 40 cents, il ne peut lui arriver que du bon. Il ne cesse de le répéter. Il détient beaucoup plus de lignes de portefeuille que moi. Il s'intéresse moins que moi aux activités de l'entreprise ; il semble même s'en moquer. C'est d'ailleurs l'une de ses forces : rien, ni personne ne semble l'influencer.

Le deuxième exemple est celui de Tom Knapp, qui a également travaillé chez *Graham-Newman* avec moi. Tom est sorti major de Princeton avec un diplôme de chimie en poche, avant d'être envoyé à la guerre. À son retour, il a été plagiste pendant quelques temps, jusqu'au jour où il a appris que David Dodd[13] allait donner un cours du soir à *Columbia*. Tom suivit ce cours en auditeur libre, se prit de passion pour le sujet au point de s'inscrire dans la foulée à la *Columbia Business School,* où il obtint un MBA. Il suivit à nouveau le cours de Dodd, ainsi que celui de Graham. Je l'ai appelé pour préparer ma présentation. Il était encore à la plage, mais cette fois, la plage lui appartenait !

En 1968, Tom Knapp et Ed Anderson – un autre disciple de Graham – ainsi que deux autres individus, issus du même courant de pensée, ont créé *Tweedy, Browne Partners.* Leur palmarès (cf. Tableau 65 p. 432) est impressionnant. *Tweedy, Browne* enregistra de belles performances en étant très diversifié. Ils ont parfois été actionnaires majoritaires des sociétés qu'ils avaient en portefeuille. Cela étant, les performances des titres détenus et de leurs participations minoritaires sont également très bonnes.

Le Tableau 66 (cf. p. 433) synthétise les performances du troisième membre de ce groupe, qui créa en 1957 le *Buffett Partnership.* Il eut certainement raison de le liquider en 1969. D'une certaine façon, *Berkshire Hathaway* est la continuité de cette société de gestion. Aucun indicateur de performance ne permet à lui seul de juger des résultats de *Berkshire.* Cela étant, vous imaginez bien que les performances ont été bonnes.

Le Tableau 67 (cf. p. 434) illustre la performance du fonds *Séquoia* géré par un homme, que j'ai rencontré en 1951 dans le cours de Graham. Il s'agit de Bill Ruane. Son fonds enregistra une rentabilité annuelle moyenne de 18,2% entre 1970 et 1984, alors que, dans le même temps, le *S&P 500* s'appréciait de 10% seulement. À sa sortie de la *Harvard Business School,* il travailla à *Wall Street,* pour comprendre qu'il lui manquait des connaissances financières. Il suivi alors le cours de Ben à *Columbia,* où nous nous sommes rencontrés. Les performances de Bill, enregistrées entre 1951 et 1970, sur des montants en gestion relativement peu importants, sont bien supérieures à la moyenne. Quand j'ai quitté le *Buffett Partnership,* j'ai proposé à Bill de lancer un autre fonds pour s'occuper des capitaux de mes associés, c'est ainsi que démarra le fonds *Sequoia.* Il le lança au plus mauvais moment, alors que je décidai de me retirer du marché. Il débuta sur les valeurs moyenne[14]s, ce qui ne facilite pas l'évaluation des performances[15]. Je suis ravi de savoir que mes anciens associés sont restés avec lui et lui ont même confié d'autres capitaux en gestion, compte tenu de ses performances.

---

[13] NDT : Co-auteur avec Benjamin Graham du livre *Security Analysis.*

[14] NDT : En référence aux capitalisations moyennes : entre les petites et les grandes.

[15] NDT : Il n'existe pas d'indice de référence des « *valeurs moyennes* ».

Je ne veux porter aucun jugement. Bill était le seul gérant que je pouvais recommander à mes partenaires. À l'époque, je disais que s'il réussissait à battre le *S&P 500* de 4 points par an, ce serait une belle performance. Bill a fait encore mieux, avec des capitaux en gestion toujours plus importants, ce qui rend les choses d'autant plus difficiles. En effet, la taille d'un fonds est un facteur défavorable pour rechercher la performance, aucun doute là-dessus. Cela ne veut pas dire qu'il est impossible de battre le marché, mais les marges de manœuvre sont plus étroites, car si vous avez à gérer plus de 2.000 milliards de dollars, ce qui représente la capitalisation boursière mondiale, vous ne pourrez jamais battre le marché !

J'ajouterai que les performances, que nous avons passées en revue, ont été obtenues avec des portefeuilles si différents, qu'ils ne sont pas redondants. Tous ces investisseurs choisissent leurs titres en portefeuille sur la base de l'écart entre cours et valeur intrinsèque, mais leurs méthodes de sélection ne sont pas les mêmes. Les plus grosses lignes du portefeuille de Walter sont des sociétés réputées, dont les noms sont connus du lecteur de la presse économique, comme *Hudson Pulp & Paper, Jeddo Highland Coal* ou *New York Trap Rock Company* alors que les titres de *Tweedy Browne* sont beaucoup moins connus. En revanche, Bill s'est limité aux grosses capitalisations. Il y a peu de doublons entre les différents portefeuilles. On est donc loin du jeu à pile ou face où le leader décide et les 50 autres suivent.

Le Tableau 68 (p. 435) donne le palmarès de l'un de mes amis, diplômé en droit de Harvard, qui créa un important cabinet d'avocats. Quand je l'ai retrouvé en 1960, je lui ai dit que le droit c'était bien pour s'amuser, mais qu'il y avait mieux à faire en finance. Il ne tarda pas à lancer un fonds de gestion. À l'inverse de ce que fit Walter, son portefeuille était composé de très peu de lignes. Ses performances étaient donc bien plus volatiles, mais il investissait aussi dans la valeur. Il s'accommodait fort bien d'une forte variation dans ses performances, c'était d'ailleurs un garçon peu porté à la diversification. Ses résultats furent époustouflants (un rendement annuel moyen de 19,8% entre 1962 et 1975, à comparer à celui de 5% du *Dow Jones*). Ces performances sont à mettre au crédit de Charles Munger, mon vieux complice de *Berkshire Hathaway*. À l'époque où il gérait son fonds, les valeurs détenues étaient toutes différentes des miennes ou de celles des autres personnes évoquées.

Le Tableau 69 (p. 436) synthétise les performances d'un garçon, qui fut l'ami de Charles Munger, encore un homme qui n'était pas issu du sérail des *business schools*, avec un diplôme en mathématiques de *University of Southern California*. Après l'université, il travailla pour *IBM* en tant que commercial pendant plusieurs années. J'ai passé le virus à Charlie, ce dernier le lui refila. Je veux parler de Rick Guerin. Rick enregistra entre 1965 et 1983 une performance de 22.200% comparée à un gain de 316% pour le *S&P 500* sur la même période. Différence qu'il considère en tant que mathématicien comme statistiquement significative !

Ouvrons ici une parenthèse : j'ai toujours été surpris de constater la rapidité avec laquelle les gens adhéraient ou réfutaient l'idée d'acheter un billet d'un dollar pour 40 cents. C'est comme un vaccin. S'il ne fait pas effet rapidement, tous vos efforts n'y feront rien. Certains n'arrivent pas à comprendre le concept, pourtant simple. Un confrère comme Rick Guerin, sans formation financière, a tout de suite saisi l'intérêt de l'investissement dans la valeur pour être capable de l'appliquer cinq minutes plus tard. Je n'ai jamais connu personne capable de se convertir petit à petit à l'investissement dans la valeur. Cela n'a rien à voir avec le quotient intellectuel ou le niveau d'instruction universitaire. C'est maintenant ou jamais !

Le Tableau 70 (cf. p. 437) donne le palmarès de *Perlmeter.* Nous observons que le fonds, qu'il dirigea, enregistra un gain de 4.277% entre 1965 et 1983, soit une rentabilité annuelle moyenne de 23%, contre 7% pour le *Dow Jones.* Stan est un diplômé des Beaux-Arts de l'Université du Michigan et fut longtemps associé de l'agence de publicité *Bozell & Jacobs.* Il se trouve que nos bureaux respectifs sont dans le même immeuble à Omaha. En 1965, il abandonna la publicité quand il se rendit compte que je gagnais plus. Là encore, il ne lui fallut pas plus de cinq minutes pour se convertir à l'investissement dans la valeur.

Perlmeter n'a aucun autre titre que ceux détenus par Walter Schloss ou par Bill Ruane. Leurs performances sont *indépendantes.* Mais chaque fois que *Perlmeter* achète une action, c'est parce qu'il en a plus que ce qu'il paie. C'est la seule chose qui l'intéresse. Il ne se préoccupe ni des prévisions trimestrielles, ni des perspectives économiques, ni de savoir quel jour ou quel mois investir, ni de savoir ce que disent les analystes financiers de *Wall Street.* Il ne se soucie pas de l'évolution des cours ou des volumes. Il se demande tout simplement : combien vaut l'entreprise ?

Le Tableau 71 (cf. p. 438) et le Tableau 72 (cf. p. 439) illustrent les performances de deux fonds de pension, dont je me suis occupé. Je ne les ai pas choisis par hasard parmi les douzaines de fonds dans lesquels j'ai eu un conseil à donner. Non, je n'ai choisi que les fonds que j'ai influencés. Dans les deux cas, j'ai encouragé les administrateurs à faire appel à des gérants, qui sont connus pour investir dans la valeur. Très, très peu de fonds de pension sont gérés en fonction de la notion de valeur. Le premier (Tableau 71 p. 438) est le fonds de pension des salariés du *Washington Post.* Il était auparavant géré par une grande banque, jusqu'au jour où j'ai suggéré de prendre un gérant investissant dans la valeur.

Depuis lors, le fonds se classe aux premiers rangs en termes de performance. Le *Washington Post* a demandé aux gérants de conserver au moins 25% de la valeur du fonds en obligations, ce qu'ils ne voulaient pas. J'ai d'ailleurs inclus la performance du compartiment obligataire pour montrer que ces gérants n'avaient pas de compétence particulière en gestion obligataire. Ils n'ont d'ailleurs jamais prétendu en avoir. Malgré ce handicap, ils se sont retrouvés aux meilleures places du classement. Si cet historique est un peu court, il traduit néanmoins le résultat de très nombreuses décisions d'investissement prises par trois gérants, volontairement non identifiables par leur nom.

Le Tableau 72 (cf. p. 439) est celui du fonds de pension de *FMC Corporation.* Si je ne gère pas un seul centime de ce fonds, je suis à l'origine en 1974 du choix de leurs gérants, qui investissent tous dans la valeur. Auparavant, ils avaient des gérants venant de grandes entreprises. Ils sont aujourd'hui classés en tête du guide *Becker,* qui compare les fonds de même nature. L'an dernier, ils avaient 8 gérants actions avec au moins un an d'ancienneté chez eux. Sept d'entre eux avaient enregistré une performance cumulée supérieure à celle du *S&P 500* et tous battaient le marché dans l'année en cours. La différence entre la performance moyenne des autres fonds et la performance réelle de *FMC* s'élève au total sur la période à 243 millions de dollars. *FMC* l'explique uniquement par le profil des gérants retenus. Si ces gérants ne sont pas forcément ceux que j'aurais embauché, leur dénominateur commun est d'investir dans la valeur.

Ces performances sont donc celles de joueurs venant tous de *Graham-and-Doddsville*. Je ne les ai pas sélectionnées *a posteriori*. Ce n'est pas comme si je récitais la liste des gagnants du loto, que je ne connaissais pas avant le tirage. J'ai sélectionné ces investisseurs uniquement en fonction de leur philosophie d'investissement. Je savais ce qu'on leur avait enseigné et je me faisais une idée de leurs compétences, de leur caractère et de leur tempérament. Il faut comprendre que ces investisseurs ont pris moins de risques que les autres. Il suffit pour s'en convaincre d'observer leurs performances quand la bourse était au plus bas. Même si ces gérants ont des styles différents, *tous investissent dans des entreprises, pas dans des morceaux de papier,* à savoir des actions. Certains achètent parfois toute l'entreprise, d'autres prennent seulement une participation. En revanche, leur approche, qu'il s'agisse d'acheter tout ou partie d'une entreprise, est la même. Certains détiennent des dizaines de lignes en portefeuille, d'autres préfèrent se concentrer sur une poignée de titres. Mais tous exploitent les différences qui existent en le cours et la valeur intrinsèque de l'entreprise.

Je suis convaincu que le marché n'est pas si efficient qu'on le croit, car les investisseurs de *Graham-and-Doddsville* ont su tirer parti des différences entre cours et valeur. Quand les cours d'un titre sont influencés par la foule de *Wall Street,* avec des cours formés à la marge par les personnes les plus émotives, les plus cupides ou les plus anxieuses, il est difficile d'avancer que le marché est toujours rationnel. De fait, les cours n'ont bien souvent aucun sens.

Je voudrais signaler un fait important concernant le couple risque-rentabilité. Le risque et la rentabilité sont parfois corrélés positivement.[16] Si quelqu'un vient à me dire : « *J'ai un pistolet avec un barillet à 6 balles, j'en ai glissé une seule. Faites tourner le barillet et tirez. Si vous survivez, je vous donnerai 1 million de dollars.* » Je déclinerais l'offre, prétextant que ma vie vaut plus que cela. On pourrait alors m'offrir 5 millions pour pousser sur la gâchette deux fois. Il y aurait là une corrélation positive entre risque et rentabilité !

L'inverse est vrai pour l'investissement dans la valeur. Si vous achetez un billet d'un dollar pour 60 cents, c'est plus risqué que si vous l'achetez pour 40 cents. Pourtant l'espérance de rentabilité est plus grande dans le deuxième cas que dans le premier. Autrement dit, plus le potentiel de gain est élevé dans un portefeuille investi dans la valeur, moins c'est risqué.

Prenons un exemple concret. En 1973, le *Washington Post Co* pouvait être acquis en bourse pour 80 millions de dollars. Or, le même jour, vous auriez pu vendre ses actifs à plus de dix acheteurs pour au moins 400 millions de dollars et peut-être bien plus. La société détenait des titres comme le *Washington Post* ou *Newsweek* et plusieurs stations de télévision sur des marchés porteurs. Les mêmes actifs valent aujourd'hui 2 milliards de dollars. Celui qui les achetaient pour 400 millions de dollars savaient parfaitement ce qu'ils faisaient.[17]

---

[16] NDT : La théorie financière moderne démontre que la rentabilité est corrélée positivement au risque, autrement dit l'espérance de gain augmente proportionnellement au risque financier. Buffett souligne que c'est le contraire avec l'investissement dans la valeur.

[17] NDT : Le *Washington Post* est détenu par Buffett !

Néanmoins, si le cours de l'action avait encore plus baissé pour que sa capitalisation atteigne 40 millions de dollars au lieu de 80 millions, son bêta aurait mathématiquement augmenté. Et pour ceux[18] qui pensent que le bêta mesure le risque, l'investissement devenait plus risqué avec un cours plus faible. N'est-ce pas Alice au Pays des Merveilles ! Je n'ai jamais compris pourquoi il est plus risqué d'acheter pour 400 millions de dollars d'actifs en payant 40 millions, qu'en versant 80 millions de dollars. En fait, si vous achetez de tels titres sans savoir les évaluer, il n'y a aucun risque à acheter 400 millions de dollars pour 80 millions, notamment si vous ne prenez qu'une participation de 10% à hauteur de 8 millions de dollars. Comme vous n'avez pas le contrôle des 400 millions de dollars, la seule chose qui compte, c'est que la société soit gérée par des dirigeants honnêtes et compétents, mais ça n'est pas difficile à trouver.

Cependant, il vous faut aussi acquérir les compétences pour estimer la valeur intrinsèque de l'entreprise, mais il n'est pas nécessaire de le faire au centime près. C'est ce que Benjamin Graham veut dire en parlant de *marge de sécurité*. Il ne s'agit pas d'acquérir une entreprise évaluée à 83 millions de dollars pour 80 millions. Vous prendrez une *marge de sécurité* plus importante. Si vous envisagez de construire un pont supportant 30 tonnes, vous ferez en sorte qu'il puisse résister à 60 tonnes. Ce même principe est utilisé dans le monde de l'investissement.

En conclusion, les plus cyniques se demandent pourquoi j'écris un tel article. En effet, plus il y aura de convertis à l'investissement dans la valeur et plus l'écart entre cours et valeur sera faible. Je ne peux que leur répondre que le secret est connu depuis 50 ans, quand Ben Graham et David Dodd ont écrit *Security Analysis*.[19] Pourtant, depuis 35 ans que je suis à *Wall Street*, l'investissement dans la valeur n'a jamais été à la mode. C'est comme s'il y avait chez l'homme un trait pervers, qui l'encouragerait à rendre difficiles les choses les plus simples. Depuis 30 ans, le monde universitaire, pour ne parler que de lui, a fait marche arrière chaque fois qu'il fut question d'enseigner les méthodes d'investissement dans la valeur et il est probable que cela continue à l'avenir[20]. Les navires peuvent faire le tour de la terre, cela n'empêchera pas le *Cercle des Adorateurs de La Terre Plate* de prospérer. Sur les marchés, il y aura pendant encore très longtemps d'énormes écarts entre cours et valeur intrinsèque et ceux qui auront lu leur Graham & Dodd[21] continueront à prospérer.

---

[18] NDT : Les partisans de la théorie moderne du portefeuille.

[19] NDT : La première édition de *Security Analysis* est parue en 1934.

[20] NDT : Benjamin Graham a arrêté d'enseigner en 1954 (soit 30 ans avant l'écriture de cet article). Pour autant, le futur n'a pas donné raison à Buffett, car l'investissement dans la valeur est enseigné depuis la fin des années 1980 dans l'université de Columbia et plus récemment à Ivey et Stanford.

[21] NDT : En référence à leur livre *Security Analysis*.

TABLEAU 64 : PERFORMANCES DE WALTER J. SCHLOSS

Années	*S&P 500* dividendes inclus	Partenaires du fonds WJS Ltd	Associés du fonds WJS Ltd	Remarques
1956	7,5%	5,1%	6,8%	
1957	-10,5%	-4,7%	-4,7%	Performance annuelle moyenne du
1958	42,1%	42,1%	54,6%	*S&P 500* = 8,4%
1959	12,7%	17,5%	23,3%	
1960	-1,6%	7,0%	9,3%	Performance annuelle moyenne des
1961	26,4%	21,6%	28,8%	partenaires du fonds WJS = 16,1%
1962	-10,2%	8,3%	11,1%	
1963	23,3%	15,1%	20,1%	Performance annuelle moyenne des
1964	16,5%	17,1%	22,8%	associés du fonds WJS = 21,3%
1965	13,1%	26,8%	35,7%	
1966	-10,4%	0,5%	0,7%	Le fonds a détenu, pendant toute son
1967	26,8%	25,8%	34,4%	histoire, plus de 800 titres différents. Il
1968	10,6%	26,6%	35,5%	a détenu jusqu'à 100 lignes différentes.
1969	-7,5%	-9,0%	-9,0%	Le montant des actifs en gestion
1970	2,4%	-8,2%	-8,2%	s'élève à environ 45 millions de
1971	14,9%	25,5%	28,3%	dollars. La différence entre le
1972	19,8%	11,6%	15,5%	rendement du fonds et la performance
1973	-14,8%	-8,0%	-8,0%	des associés est liée à la répartition des
1974	-26,6%	-6,2%	-6,2%	bénéfices entre partenaires et associés.
1975	36,9%	42,7%	52,2%	
1976	22,4%	29,4%	39,2%	
1977	-8,6%	25,8%	34,4%	
1978	7,0%	36,6%	48,8%	
1979	17,6%	29,8%	39,7%	
1980	32,1%	23,3%	31,1%	
1981	6,7%	18,4%	24,5%	
1982	20,2%	24,1%	32,1%	
1983	22,8%	38,4%	51,2%	
1984 (1er t.)	2,3%	0,8%	1,1%	

TABLEAU 65 : PERFORMANCES DE *TWEEDY, BROWNE, INC.*

Exercice fiscal (au 31/10)	Dow Jones*	*S&P 500**	Fonds TBK	Associés TBK
1968 (9 mois)	6,0%	8,8%	27,6%	22,0%
1969	-9,5%	-6,2%	12,7%	10,0%
1970	-2,5%	-6,1%	-1,3%	-1,9%
1971	20,7%	20,4%	20,9%	16,1%
1972	11,0%	15,5%	14,6%	11,8%
1973	2,9%	1,0%	8,3%	7,5%
1974	-31,8%	-38,1%	1,5%	1,5%
1975	36,9%	37,8%	28,8%	22,0%
1976	29,6%	30,1%	40,2%	32,8%
1977	-9,9%	-4,0%	23,4%	18,7%
1978	8,3%	11,9%	41,0%	32,1%
1979	7,9%	12,7%	25,5%	10,5%
1980	13,0%	21,1%	21,4%	17,3%
1981	-3,3%	2,7%	14,4%	11,6%
1982	12,5%	10,1%	10,2%	8,2%
1983	44,5%	44,3%	35,0%	28,2%
Rendement sur 15 ¼ ans	191,8%	238,5%	1.661,2%	936,4%

Rendement actuariel du *S&P 500* sur 15¼ années	7,0%
Rendement actuariel des associés du fonds TBK sur 15¼ années	16,0%
Rendement actuariel du fonds TBK sur 15¼ années	20,0%

*Dividendes inclus

TABLEAU 66 : PERFORMANCES DU FONDS *BUFFETT PARTNERSHIP LTD*

Années	Dow Jones	Fonds	Associés
1957	-8,4%	10,4%	9,3%
1958	38,5%	40,9%	32,2%
1959	20,0%	25,9%	20,9%
1960	-6,2%	22,8%	18,6%
1961	22,4%	45,9%	35,9%
1962	-7,6%	13,9%	11,9%
1963	20,6%	38,7%	30,5%
1964	18,7%	27,8%	22,3%
1965	14,2%	47,2%	36,9%
1966	-15,6%	20,4%	16,8%
1967	19,0%	35,9%	28,4%
1968	7,7%	58,8%	45,6%
1969	-11,6%	6,8%	6,6%
Performance cumulée			
1957	-8,4%	10,4%	9,3%
1957-58	26,9%	55,6%	44,5%
1957-59	52,3%	95,9%	74,7%
1957-60	42,9%	140,6%	107,2%
1957-61	74,9%	251,0%	181,6%
1957-62	61,6%	299,8%	215,1%
1957-63	94,9%	454,5%	311,2%
1957-64	131,3%	608,7%	402,9%
1957-65	164,1%	943,2%	588,5%
1957-66	122,9%	1.156,0%	704,2%
1957-67	165,3%	1.606,9%	932,6%
1957-68	185,7%	2.610,6%	1.403,5%
1957-69	152,6%	2.794,9%	1.502,7%
Moyenne annuelle*	7,4%%	29,5%	23,8%

*Taux actuariel

TABLEAU 67 : PERFORMANCES DU FONDS *SEQUOIA*

Années	Fonds	SP 500*
1970 (à partir du 15 juillet)	12,1%	20,6%
1971	13,5%	14,3%
1972	3,7%	18,9%
1973	-24,0%	-14,8%
1974	-15,7%	-26,4%
1975	60,5%	37,2%
1976	72,3%	23,6%
1977	19,9%	-7,4%
1978	23,9%	6,4%
1979	12,1%	18,2%
1980	12,6%	32,3%
1981	21,5%	-5,0%
1982	31,2%	21,4%
1983	27,3%	22,4%
1984 (1er trimestre)	-1,6%	-2,4%
Sur la période	775,3%	270,0%
Moyenne annuelle**	17,2%	10,0%
Frais de gestion (1%)	1,0%	
Performance globale	18,2%	10,0%

*Dividendes inclus **Taux actuariel

TABLEAU 68 : PERFORMANCES DE CHARLES MUNGER

Années	Mass. Inv. Trust	Investors Stock	Lehman	Tri-Cont.	Dow Jones	Fonds	Associés
1962	-9,8%	-13,4%	-14,4%	-12,2%	-7,6%	30,1%	20,1%
1963	20,0%	16,5%	23,8%	20,3%	20,6%	71,7%	47,8%
1964	15,9%	14,3%	13,6%	13,3%	18,7%	49,7%	33,1%
1965	10,2%	9,8%	19,0%	10,7%	14,2%	8,4%	6,0%
1966	-7,7%	-9,9%	-2,6%	-6,9%	-15,7%	12,4%	8,3%
1967	20,0%	22,8%	28,0%	25,4%	19,0%	56,2%	37,5%
1968	10,3%	8,1%	6,7%	6,8%	7,7%	40,4%	27,0%
1969	-4,8%	-7,9%	-1,9%	0,1%	-11,6%	28,3%	21,3%
1970	0,6%	-4,1%	-7,2%	-1,0%	8,7%	-0,1%	-0,1%
1971	9,0%	16,8%	26,6%	22,4%	9,8%	25,4%	20,6%
1972	11,0%	15,2%	23,7%	21,4%	18,2%	8,3%	7,3%
1973	-12,5%	-17,6%	-14,3%	-21,3%	-23,1%	-31,9%	-31,9%
1974	-25,5%	-25,6%	-30,3%	-27,6%	-13,1%	-31,5%	-31,5%
1975	32,9%	33,3%	30,8%	35,4%	44,4%	73,2%	73,2%
Performance cumulée							
1962	-9,8%	-13,4%	-14,4%	-12,2%	-7,6%	30,1%	20,1%
1962-63	8,2%	0,9%	6,0%	5,6%	11,5%	123,4%	77,5%
1962-64	25,4%	15,3%	20,4%	19,6%	32,4%	234,4%	136,3%
1962-65	38,2%	26,6%	43,3%	32,4%	51,2%	262,5%	150,5%
1962-66	27,5%	14,1%	39,5%	23,2%	27,5%	307,5%	171,3%
1962-67	53,0%	40,1%	78,5%	54,5%	51,8%	536,5%	273,0%
1962-68	68,8%	51,4%	90,5%	65,0%	63,5%	793,6%	373,7%
1962-69	60,7%	39,4%	86,9%	65,2%	44,5%	1.046,5%	474,6%
1962-70	61,7%	33,7%	73,4%	63,5%	57,1%	1.045,4%	474,0%
1962-71	76,3%	56,2%	119,5%	100,1%	72,5%	1.336,3%	592,2%
1962-72	95,7%	79,9%	171,5%	142,9%	103,9%	1.455,5%	642,7%
1962-73	71,2%	48,2%	132,7%	91,2%	77,2%	959,3%	405,8%
1962-74	27,5%	40,3%	62,2%	38,4%	36,3%	625,6%	246,5%
1962-75	69,4%	47,0%	112,2%	87,4%	96,8%	1.156,7%	500,1%
Moyenne annuelle*	3,8%	2,8%	5,5%	4,6%	5,0%	19,8%	13,7%

*Taux actuariel

TABLEAU 69 : PERFORMANCES DE *PACIFIC PARTNERS, LTD.*

Exercice fiscal	***S&P 500***	**Associés**	**Fonds**
1965	12,4%	21,2%	32,0%
1966	-10,1%	24,5%	36,7%
1967	23,9%	120,1%	180,1%
1968	11,0%	114,6%	171,9%
1969	-8,4%	64,7%	97,1%
1970	3,9%	-7,2%	-7,2%
1971	14,6%	10,9%	16,4%
1972	18,9%	12,8%	17,1%
1973	-14,8%	-42,1%	-42,1%
1974	-26,4%	-34,4%	-34,4%
1975	37,2%	23,4%	31,2%
1976	23,6%	127,8%	127,8%
1977	-7,4%	20,3%	27,1%
1978	6,4%	28,4%	37,9%
1979	18,2%	36,1%	48,2%
1980	32,3%	18,1%	24,1%
1981	-5,0%	6,0%	8,0%
1982	21,4%	24,0%	32,0%
1983	22,4%	18,6%	24,8%

Rendement actuariel du *S&P 500* sur 19 ans	316,4%
Rendement actuariel des associés sur 19 ans	5.530,2%
Rendement actuariel du fonds sur 19 ans	22.200,0%
Performance annuelle moyenne du *S&P 500*	7,8%
Performance annuelle moyenne des associés	23,6%
Performance annuelle moyenne du fonds	32,9%

TABLEAU 70 : PERFORMANCES DE *PERLMETER INVESTMENTS*

Années	Fonds	Associés	Remarques
1/8-31/12/65	40,6%	32,5%	Performance du fonds entre le 1/08/65 et le 31/10/83 = 4.227,2%
1966	6,4%	5,1%	
1967	73,5%	58,8%	
1968	65,0%	52,0%	Performance des associés entre le 1/08/65 et le 31/10/83 = 2.309,5%
1969	-13,8%	-13,8%	
1970	-6,0%	-6,0%	
1971	55,7%	49,3%	Performance annuelle du fonds = 23,0%
1972	23,6%	18,9%	
1973	-28,1%	-28,1%	
1974	-12,0%	-12,0%	Performance annuelle des associés = 19,0%
1975	38,5%	38,5%	
1/01/76-31/10/76	38,2%	34,5%	
1/11/76-31/10/77	30,3%	25,5%	Performance annuelle du *DJIA* (dividendes inclus) = 7%
1/11/77-31/10/78	31,8%	26,6%	
1/11/78-31/10/79	34,7%	28,9%	
1/11/79-31/10/80	41,8%	34,7%	
1/11/80-31/10/81	4,0%	3,3%	
1/11/81-31/10/82	29,8%	25,4%	
1/11/82-31/10/83	22,2%	18,4%	

TABLEAU 71 : PERFORMANCES DE *MASTER TRUST* (31/12/1983)

	Dernier trimestre		Dernière année		Deux dernières années*		Trois dernières années*		Cinq dernières années*	
	Perf.	Rang	Perf.	Rang	Perf.	Rang	Perf.	Rang	Perf.	Rang
Tout invest.										
Gérant A	4,1%	3	22,5%	10	20,6%	40	18,0%	10	20,2%	3
Gérant B	3,2%	4	34,1%	1	33,0%	1	28,2%	1	22,6%	1
Gérant C	5,4%	1	22,2%	11	28,4%	3	24,5%	1		
Tous Gérants	3,9%	1	28,1%	1	28,2%	1	24,3%	1	21,8%	1
Actions										
Gérant A	5,2%	1	32,1%	9	26,1%	27	21,2%	11	26,5%	7
Gérant B	3,6%	5	52,9%	1	46,2%	1	37,8%	1	29,3%	3
Gérant C	6,2%	1	29,3%	14	30,8%	10	29,3%	3		
Tous Gérants	4,7%	1	41,2%	1	37,0%	1	30,4%	1	27,6%	1
Obligations										
Gérant A	2,7%	8	17,0%	1	26,6%	1	19,0%	1	12,2%	2
Gérant B	1,6%	46	7,6%	48	18,3%	53	12,7%	84	7,4%	86
Gérant C	3,2%	4	10,4%	9	24,0%	3	18,9%	1		
Tous Gérants	2,2%	11	9,7%	14	21,1%	14	15,2%	24	9,3%	30
Monétaires										
Gérant A	2,5%	15	12,0%	5	16,1%	64	15,5%	21	12,9%	9
Gérant B	2,1%	28	9,2%	29	17,1%	47	14,7%	41	10,8%	44
Gérant C	3,1%	6	10,2%	17	22,0%	2	21,6%	1		
Tous Gérants	2,4%	14	10,2%	17	17,8%	20	16,2%	2	12,5%	9

*Performances annualisées

Nota : les rangs sont donnés en percentiles (1 = meilleur performance, 100 = pire performance)

TABLEAU 72 : PERFORMANCES DE *FMC*

Période se terminant en	1 an	2 ans	3 ans	4 ans	5 ans	6 ans	7 ans	8 ans	9 ans
FMC									
1983	23,0%								17,1%
1982	22,8%	13,6%	16,0%	16,6%	15,5%	12,3%	13,9%	16,3%	
1981	5,4%	13,0%	15,3%	13,8%	10,5%	12,6%	15,4%		
1980	21,0%	19,7%	16,8%	11,7%	14,0%	17,3%			
1979	18,4%	14,7%	8,7%	12,3%	16,5%				
1978	11,2%	4,2%	10,4%	16,1%					
1977	-2,3%	9,8%	17,8%						
1976	23,8%	29,3%							
1975	35,0%								
Becker									
1983	16,6%								12,6%
1982	21,4%	11,2%	13,9%	13,9%	12,5%	9,7%	10,9%	12,3%	
1981	1,2%	10,8%	11,9%	10,3%	7,7%	8,9%	10,9%		
1980	20,9%	Nd	Nd	Nd	10,8%	Nd			
1979	13,7%	Nd	Nd	Nd	11,1%				
1978	6,5%	Nd	Nd	Nd					
1977	-3,3%	Nd	Nd						
1976	17,0%	Nd							
1975	24,1%								
S&P 500									
1983	22,8%								15,6%
1982	21,5%	7,3%	15,1%	16,0%	14,0%	10,2%	12,0%	14,9%	
1981	-5,0%	12,0%	14,2%	12,2%	8,1%	10,5%	14,0%		
1980	32,5%	25,3%	18,7%	11,7%	14,0%	17,5%			
1979	18,6%	12,4%	5,5%	9,8%	14,8%				
1978	6,6%	-0,8%	6,8%	13,7%					
1977	7,7%	6,9%	16,1%						
1976	23,7%	30,3%							
1975	37,2%								

2. FISCALITÉ DES VALEURS MOBILIÈRES (1972)

Note de l'éditeur : En raison de changements importants dans les règles fiscales régissant les valeurs mobilières, le document suivant est présenté à des fins historiques seulement. Quand il a été écrit en 1972, par Benjamin Graham, toutes les informations étaient exactes. Cependant, l'évolution réglementaire rend ce document aujourd'hui caduc. Le lecteur trouvera dans l'Annexe 3, une mise-à-jour des principales règles fiscales.

Règle 1 - Intérêts et dividendes
Les intérêts et les dividendes sont imposables en tant que revenu, sauf (a) les coupons des obligations du Trésor, des collectivités territoriales et certaines autres obligations défiscalisées, qui peuvent être soumises à une taxe de l'État de résidence du contribuable, (b) les dividendes exceptionnels versés au titre d'un rachat d'actions, (c) certains dividendes versés par des sociétés de gestion de portefeuille (voir ci-dessous) et (d) les premiers 100$ de dividendes ordinaires versés par des sociétés américaines.

Règle 2 – Plus et moins-values
Les plus et moins-values de l'exercice fiscal sont agrégées pour obtenir un solde représentant un gain ou une perte pour l'exercice. Les plus et moins-values des autres exercices fiscaux sont cumulées pour obtenir un solde représentant un gain ou une perte à long terme. Si les gains à court terme dépassent les pertes à long terme, 100% de cet excédent doit être inclus au revenu. Le taux d'imposition est de 25% jusqu'à 50.000$ et de 35% au-delà.
Une perte nette (le montant excédant les gains) est déductible du revenu à hauteur de 1.000$ pour l'année en cours et les cinq années suivantes. Sinon, les pertes non déduites peuvent compenser les gains en capital. (Les reports de pertes antérieures à 1970 sont traités de façon plus souple, que les pertes à partir de 1970.)

Note concernant les sociétés de gestion de portefeuille
Les fonds communs de placement (sociétés de gestion de portefeuille) tirent parti de dispositions fiscales, qui leur permettent d'être imposés comme des holdings. C'est ainsi que les plus-values à long terme peuvent être distribuées au titre de dividendes, mais sont traitées fiscalement par les bénéficiaires comme des plus-values à long terme. Ce qui leur permet d'être moins lourdement imposées que les dividendes ordinaires. Sinon, la société de gestion de portefeuille peut choisir de payer un impôt libératoire de 25% pour le compte de ses actionnaires, puis conserver le solde au titre de dividendes non distribués.

3. FISCALITÉ DES VALEURS MOBILIÈRES (2003)

Intérêts et dividendes

Les intérêts et les dividendes sont imposables en tant que revenu, sauf (a) les coupons des obligations des collectivités territoriales, qui ne sont pas soumis aux taxes fédérales, mais qui peuvent être imposés par l'État de résidence du contribuable, (b) les dividendes exceptionnels versés au titre d'un rachat d'actions, (c) les plus-values à long terme distribuées par les fonds communs de placement (voir ci-dessous).

Plus et moins-values

Les plus et moins-values de l'exercice fiscal sont agrégées pour obtenir un solde représentant un gain ou une perte pour l'exercice. Les plus et moins-values des autres exercices fiscaux sont cumulées pour obtenir un solde représentant un gain ou une perte à long terme. Si les gains à court terme dépassent les pertes à long terme, cet excédent doit être inclus au revenu. Les plus-values à long terme sont taxées à un taux préférentiel de 20%, taux qui passe à 18% pour les placements réalisés après le 31 décembre 2000 et détenus pendant plus de 5 ans.
Une perte nette est déductible du revenu à hauteur de 3.000$ pour l'année en cours. Les pertes non déduites peuvent être reportées sur les exercices à venir.

Fonds communs de placement

En qualité de société de gestion de portefeuille, les fonds communs de placement peuvent tirer parti de dispositions fiscales, qui leur permettent de ne pas être imposés sur les bénéfices. Après la cession de titres détenus pendant plus d'un an, les plus-values peuvent être distribuées au titre de dividendes, mais sont traitées fiscalement par les bénéficiaires comme des plus-values à long terme. Elles sont taxées à un taux plus faible (généralement 20%) que les dividendes ordinaires (jusqu'à 39%). Vous devez éviter d'investir massivement au quatrième trimestre, quand ces plus-values sont distribuées, sinon vous allez être imposé sur des gains non réalisés.

4. ÉVOLUTION DE LA SPÉCULATION BOURSIÈRE[22]

Je vais tenter de vous exposer le fruit de nombreuses années d'expérience à *Wall Street*. J'évoquerai aussi l'évolution des conditions de marché, qui remettent en cause l'intérêt de mon expérience. En effet, ce qui distingue l'économie, la finance et l'évaluation financière, des autres sciences appliquées, c'est que le futur n'est pas nécessairement une répétition du passé. Pour autant, il ne faut pas effacer les leçons du passé, sans les avoir assimilées au préalable. Mon propos est justement d'analyser les notions d'investissement et de spéculation en soulignant les différences avec le passé.

Je commencerai par un résumé de ma thèse. Par le passé, la composante spéculative d'une action était uniquement fonction des fondamentaux de l'entreprise. En effet, le caractère spéculatif d'un titre tenait aux incertitudes ou aux fluctuations inhérentes à la vie économique de l'entreprise ou aux faiblesses de son secteur d'activité. Ces facteurs spéculatifs existent toujours aujourd'hui, mais ils ont moins d'importance en raison d'autres éléments, que j'évoquerai plus tard. En effet, de nouveaux facteurs exogènes sont venus renforcer le caractère spéculatif de la bourse. Ils tiennent à l'évolution des attentes et des comportements des investisseurs individuels et de leurs conseillers, notamment les analystes financiers. Ils se résument en une seule phrase : *aujourd'hui, tout est dans les perspectives de l'entreprise*.

Rien n'est plus logique pour cet auditoire, que d'estimer la valeur d'une action en en fonction de ses perspectives bénéficiaires. Et pourtant ce concept, simple et clair au premier abord, cache de nombreux paradoxes et bien des pièges. Premièrement, il ne permet plus de distinguer l'investissement de la spéculation. Le dictionnaire nous dit que spéculer vient du latin *spécula* qui signifie *guet* ou *observatoire*. C'était donc le *spéculateur* qui observait et voyait les changements avant les autres. Mais de nos jours l'investisseur avisé ou bien conseillé doit lui aussi guetter le futur et donc partager son poste d'observation avec le spéculateur.

Deuxièmement, nous constatons que les entreprises ayant les meilleurs fondamentaux – à savoir celles qui sont les mieux notées par les agences – sont les sociétés qui ont le plus de chances d'attirer l'attention des spéculateurs, car tout le monde croit qu'elles sont promises à un bel avenir. Troisièmement, les hypothèses, notamment celle d'une croissance continue des résultats, invitent à utiliser des formules mathématiques complexes pour calculer la valeur actuelle de ces belles entreprises. Or, l'usage de formules aussi précises, avec des hypothèses aussi incertaines, permet d'estimer ou plutôt de justifier n'importe quel niveau de cours pour un titre de qualité. Par conséquent, paradoxalement, les mathématiques ne permettent pas de réduire l'incertitude dans l'évaluation d'une société en croissance, sauf si cette croissance est faible.

Pour en revenir à ma distinction entre les anciens et nouveaux facteurs spéculatifs, nous pourrions les définir au moyen de deux qualificatifs curieux, mais bien pratiques : endogènes et exogènes. Laissez-moi vous illustrer ceci par une valeur, autrefois dite spéculative, par opposition à une valeur à caractère d'investissement, en

[22] NDT : Présentation de Benjamin Graham lors de la Convention annuelle de la *National Federation of Financial Analysts Society*, mai 1958.

prenant les exemples de *American Can* et de *Pennsylvania Railroad* dans les années 1911 à 1913.[23]

Durant ces trois années, *Pennsylvania Railroad* cota entre 53$ et 65$, soit un PER de 12,2 à 15. Durant cette période, l'entreprise enregistra des résultats stables et versa un dividende constant de 3$. L'investisseur savait que le cours était justifié par les 50$ d'actifs tangibles nets, en valeur comptable. À l'opposé, le cours de *American Can* connu des variations plus fortes entre 9$ et 47$. Son résultat net fluctua entre 7 cents et 8,86$ et son PER entre 1,9 et 10. Le titre ne versait aucun dividende et l'investisseur avisé savait que les 100$ de valeur nominale des titres ne représentait que du vent.[24] *American Can* était incontestablement une valeur très spéculative, car l'entreprise était très endettée et opérait dans un secteur cyclique et incertain. Or, *American Can* était promis à un avenir plus brillant que *Pennsylvania Railroad*, ce que les spéculateurs et les investisseurs de l'époque étaient loin de suspecter. Même si cela avait été le cas, les véritables investisseurs seraient restés à l'écart, car le titre ne répondait pas à leurs critères d'investissement.

Maintenant, pour vous faire comprendre l'évolution des mentalités en ce qui concerne l'importance donnée aux perspectives à long terme dans l'évaluation financière, je voudrais prendre pour exemple l'une des plus importantes sociétés industrielles du pays, *IBM*, qui l'an dernier a intégré le cercle exclusif des entreprises ayant un chiffre d'affaires supérieur au milliard de dollars. Laissez-moi avant, ouvrir une parenthèse personnelle au sujet d'*IBM*. En 1912, j'ai quitté l'université, durant un semestre, pour participer à un projet de recherche dans une société de transport de colis express : *US Express Company*. Nous devions évaluer les bénéfices que pouvait tirer l'entreprise dans l'utilisation d'une machine révolutionnaire permettant de calculer automatiquement tous les barèmes des envois express. Pour cela, nous utilisions des machines appelées *Hollerith,* qui nous étaient louées par la société qu'on appelait encore la *Computing-Tabulating-Recording Company*. Ces machines étaient composées de perforateurs de cartes, de trieuses, de tabulateurs, etc., des équipements quasiment inconnus à l'époque en dehors des services du recensement. Je suis ensuite arrivé à *Wall Street* en 1914 et l'année suivante l'action et l'obligation de *C.-T.-R. Company* étaient cotées sur le *New York Stock Exchange*. J'avais une sorte d'attirance sentimentale pour l'entreprise et je me considérais un peu comme un expert de leurs produits, étant l'un des rares financiers à avoir eu l'occasion de les utiliser. Dès 1916, j'en profitais pour aller voir mon patron, que j'appellerai Mr A.N., pour lui faire remarquer que *C.-T.-R.* valait autour de 45$ avec un flottant de 105.000 actions, que les bénéfices s'élevaient à 6,50$ en 1915 et que ses actifs, avec peut-être quelques immobilisations incorporelles, difficiles à valoriser, valaient autour de 130$ par action. J'ajoutais que l'entreprise avait commencé à distribuer un dividende de 3$ et que j'étais très positif sur ses perspectives commerciales et ses nouveaux produits. Mr A.N. me

---

[23] NDT : Ces exemples sont repris dans Graham B., Dodd D., Coutton D. (traduction), *Security Analysis - Analyse et évaluation financières des valeurs mobilières*, Valor Éditions, 2015 (p. 338 et suivantes).

[24] NDG : À cette époque, c'était l'insulte suprême. Cela voulait dire que les actifs comptabilisés étaient essentiellement fictifs. De nombreuses sociétés industrielles, notamment *US Steel*, malgré la valeur faciale de leurs actions (souvent à 100$) ne représentaient rien que du vent. Étant donné que rien ne justifiait le cours, sinon leurs perspectives bénéficiaires, qu'aucun investisseur n'aurait cru.

regarda l'air empreint de pitié. « *Ben* », dit-il : « *Ne me parlez plus de cette entreprise. Je n'y toucherais même pas avec une perche de 3 mètres (c'était là son expression favorite). Ses obligations à 6% ne valent pas plus de 80% du pair, c'est du papier de mauvaise qualité. Alors comment l'action pourrait-elle être bonne ? Chacun sait qu'il n'y a rien que du vent dans cette société.* »

Ainsi châtié, je retournais penaud dans mon coin. En effet, Mr A.N. n'était pas seulement expérimenté et très respecté, il était également plein de discernement. Je fus tellement impressionné par sa condamnation sans appel de la *Computing-Tabulating-Recording* que, de ma vie, je n'ai jamais acheté un seul titre. Pas même après son changement de nom pour *International Business Machines* en 1926 !

Revenons à l'entreprise nouvellement baptisée *IBM,* en 1926, une année de forte hausse sur les marchés. *IBM* fit apparaître à son bilan, pour la première fois, les actifs incorporels évalués à une somme colossale de 13,6 millions de dollars. Mr A.N. n'avait pas eu tort. En fait, tous les actifs valorisés en 1915 n'étaient que du vent. Cependant depuis 1915, *IBM* avait enregistré des performances époustouflantes sous la présidence de T.L. Watson, Sr. Son résultat net avait été multiplié par 5, passant de 691.000$ à plus de 3,7 millions de dollars. Ce taux de croissance ne sera d'ailleurs plus jamais égalé par la suite. Ses bénéfices lui permettaient d'avoir des actifs tangibles pour justifier le cours de l'action, qui avait connu une division par 3,6. Les nouvelles actions distribuaient un dividende de 3$ pour un bénéfice de 6,39$. Je suis sûr que vous imaginez qu'avec de telles performance, la bourse a réservé un accueil enthousiaste au titre en 1926. En réalité, le cours fluctua entre un plus bas de 31$ et un plus haut de 59$. À 45$, le titre s'échangeait à un PER de 7 et offrait un rendement de 6,7%, comme en 1915. À ses plus bas de 31$, le titre n'était plus très loin de ses actifs tangibles et, vu sous cet angle, il était sous-évalué par rapport aux onze années précédentes (1915-1926).

Cet exemple illustre, autant que faire se peut, la différence de perception entre une opération d'investissement et une spéculation jusqu'en 1926. Ce qui s'est passé depuis peut être illustré en suivant les performances de la compagnie *IBM* sur des périodes consécutives de 10 ans. En 1936, le résultat net était deux fois supérieur à celui de 1926 et le PER était passé de 7 à 17,5. De 1936 à 1946, le résultat net a été multiplié par 2,5 et le PER est resté à 17,5. Puis, le rythme s'est accéléré. Le résultat net a été multiplié par 4 entre 1946 et 1956 et le PER a atteint 32,5. L'an dernier,[25] alors que le résultat net progressait, le PER atteignait 42, en excluant les participations étrangères non consolidées.

Quand nous comparons ces chiffres à ceux d'il y a 40 ans, nous observons des analogies et des différences intéressantes. Les actifs fictifs, autrefois présents dans les états financiers des sociétés industrielles, n'apparaissent plus et les bilans ont été nettoyés. En revanche, ce sont maintenant les investisseurs et les spéculateurs qui font des évaluations farfelues. En effet, quand le titre *IBM* s'échange à un PBR de 7 au lieu d'un PER de 7, cela revient à dire que le cours n'est pas justifié par les actifs.[26] Cela

---

[25] NDT : En 1957.

[26] NDT : Comprendre que le cours de l'action *IBM* s'échange à un multiple de 7 fois la valeur comptable des capitaux propres (le PBR : *Price-to-Book Ratio*) et non à un multiple de 7 fois le résultat net (le PER : *Price-Earnings Ratio*).

signifie qu'une partie des capitaux propres est assimilée à des actions de préférence et le reste représente la valeur que pourrait donner un spéculateur d'antan aux perspectives bénéficiaires, comme il aurait pu le faire avec *Woolworth* ou *US Steel.*

Au passage, observons qu'au cours des 30 années durant lesquelles le PER du titre IBM est passé de 7 à 40, les facteurs spéculatifs endogènes ont disparu ou se sont atténués. Désormais, les sociétés ont une assise financière solide, elles sont moins endettées et mieux gérées dans le respect des actionnaires. Par ailleurs, depuis un an, l'obligation légale de publication des comptes a fait disparaître le facteur spéculatif, découlant de l'ignorance et du mystère.

Laissez-moi ouvrir une deuxième parenthèse personnelle. À mes débuts à *Wall Street, Consolidated Gaz of New York*, aujourd'hui *Consolidated Edison*, était ma valeur favorite, même si elle était un peu mystérieuse. Cette société avait une filiale très rentable, *New York Edison Company*, mais elle ne comptabilisait que les dividendes de cette filiale et non ses bénéfices comptables. Ces résultats non distribués faisaient tout le mystère de cette société et représentaient aussi une « *valeur cachée* ». À mon grand étonnement, je découvris un beau jour que ces chiffres, tant convoités, étaient donnés chaque année par la *Public Service Commission* de l'État. Il suffisait tout simplement de consulter ses dossiers et de publier les bénéfices consolidés dans un magazine financier. Pour autant, la contribution aux profits de cette valeur cachée n'était pas énorme. Un de mes meilleurs amis me dit alors : « *Ben, tu te crois génial en publiant ces chiffres, pourtant Wall Street ne va pas te remercier. L'entreprise a plus de valeur avec un tel mystère, que sans. Vous les jeunes qui fouinez partout, vous allez ruiner Wall Street !* »

Il est vrai que les *trois M – Mystère, Manipulation et Marges* – qui étaient le combustible des incendies spéculatifs, ont aujourd'hui disparu. Cependant, en tant qu'analystes financiers, nous avons créé des méthodes d'évaluation tellement spéculatives, qu'elles n'ont fait que prendre la place des facteurs spéculatifs d'autrefois[27]. D'ailleurs, nous avons encore de nos jours les trois M avec *Minnesota Mining & Manufacturing (3M).* Ce titre n'illustre-t-il pas parfaitement la différence entre la spéculation d'aujourd'hui et d'hier ? Considérez ces quelques chiffres : quand l'action ordinaire de *3M* s'échangeait au cours de 101$ l'an dernier, le marché valorisait l'entreprise à 44 fois ses bénéfices de 1956,[28] lesquels n'ont pas progressé en 1957. La société était alors valorisée à 1,7 milliards de dollars dont 200 millions seulement étaient couverts par des actifs tangibles. Le reste, soit plus de 1,5 milliards de dollars, représentait l'évaluation financière du goodwill. Or, nous n'avons aucune idée de la méthode d'estimation du goodwill. En revanche, nous savons que quelques mois plus tard le marché révisa cette évaluation à la baisse de quelque 450 millions soit -30%. Il est évidemment impossible de calculer précisément la valeur du goodwill d'une si belle entreprise. Par conséquent, il en découle, comme pour une loi

---

[27] NDT : Benjamin Graham fait référence, sans les citer, aux méthodes d'évaluation actuarielle (*Discounted Cash-Flow* et *Dividend Discount Model*) développées par John Burr Williams dans sa théorie de l'investissement (John Burr Williams *The Theory of Investment Value*, Harvard University Press, Cambridge, Mass., 1938, Journal of Political Economy, vol. 47, n°2, avril 1939, pp. 276-278.)

[28] NDT : Soit un PER de 44.

mathématique, que plus le goodwill ou les perspectives de bénéfice prennent de l'importance dans la valeur de l'entreprise, plus son action est spéculative.

Il est intéressant d'observer comment l'évaluation des facteurs intangibles a évolué dans le temps. Il y a une génération, l'usage était d'évaluer les actifs intangibles en étant plus prudent que pour l'estimation des actifs tangibles. À titre d'exemple, une entreprise industrielle de bonne qualité devait offrir un résultat net de 6 à 8% de la valeur de ses actifs tangibles financés par des dettes obligataires et des actions de préférence ; le résultat net restant devait représenter environ 15% des actifs intangibles. (Vous retrouverez ces ratios dans l'évaluation du cours d'introduction des actions ordinaires et de préférence de *Woolworth* en 1911, ainsi que pour d'autres émissions.) Que s'est-il passé depuis les années 1920 ? Aujourd'hui, c'est tout le contraire. Une entreprise doit offrir une rémunération – un résultat net – de 10% sur ses capitaux propres pour que le cours soit égal à la valeur comptable des capitaux propres[29]. Les bénéfices au-dessus de ce seuil (au-dessus des 10%) sont en général estimés plus généreusement, autrement dit à un plus fort multiple, que les résultats de base qui servent à justifier la valeur comptable dans le cours. Ainsi une entreprise offrant une rentabilité de 15% sur ses capitaux propres[30] peut très bien être valorisée à un PER de 13,5 ou un PBR de deux. Cela revient à dire que les premiers 10% gagnés sur le capital sont valorisés à seulement 10 fois les bénéfices et les 5% suivants sont évalués à 20 fois les bénéfices.

Il y a bien sûr une raison à ce renversement dans la façon d'estimer une action. Il s'agit de l'importance, toute nouvelle, donnée aux prévisions de croissance. Les entreprises qui offrent une belle rentabilité financière, le peuvent, car non seulement elles sont très profitables et stables, mais aussi et surtout, car une belle rentabilité financière va, en général, de pair avec de belles performances et de belles perspectives de croissance. Par conséquent, pour ces entreprises très rentables, le marché ne paie pas tant le goodwill (dans son ancienne et stricte définition – à savoir des marques réputées et une entreprise florissante) que les perspectives de croissance des bénéfices.

Tout cela m'amène à vous présenter une ou deux notions mathématiques, qui sous-tendent les méthodes d'évaluation financière des actions. Je les aborderai simplement sous la forme d'une brève suggestion. Si, comme nous le montrent de nombreux tests, le multiple des bénéfices – le PER – a tendance à augmenter avec la profitabilité et la rentabilité financière – le ROE – alors, la conséquence arithmétique est que la valeur a tendance à croître en fonction du carré des bénéfices et en fonction inverse de la valeur comptable. La conséquence fondamentale est que la valeur des actifs tangibles s'écarte de plus en plus de la valeur de marché, plutôt qu'elle ne justifie cette valeur. Prenons l'exemple suivant, loin d'être extrême. Si la société A offre un bénéfice net par action de 4$ pour une valeur comptable de 20$ et si la société B a le même bénéfice pour 100$ de valeur comptable nette, la société A va sans doute se vendre à un plus fort multiple et donc à un prix plus élevé que la société B – disons 60$ pour les actions de A et 35$ pour celles de B. Il n'est donc pas faux de dire que les

---

[29] NDT : En d'autres termes, pour que l'on ait un PBR égal à 1.
[30] NDT : Autrement dit, un ROE égal à 15%.

80$ supplémentaires d'actifs par action pour B sont responsables d'un cours inférieur de 25$ à celui de A.

Mais plus que tout, ce qui est important, c'est la relation entre les modèles mathématiques et la nouvelle méthode d'évaluation financière d'une action. L'analyste financier a désormais à sa disposition une pierre philosophale, qui lui permet d'évaluer et de justifier la valeur de n'importe quelle « *belle* » action, dès lors qu'il a à sa disposition trois ingrédients : (a) des hypothèses optimistes de taux de croissance des bénéfices, (b) des perspectives de croissance à long terme et (c) la mécanique des taux composés. Dans un récent article dans *Analysts Journal,* j'ai commenté ce regain d'intérêt pour les mathématiques dans les marchés haussiers. J'ai aussi évoqué l'exposé de David Durand sur l'analogie déroutante entre l'évaluation des cours des *valeurs de croissance* et le fameux Paradoxe de Petersburg, lequel défia et troubla nombre de mathématiciens pendant plus de deux siècles[31]. Je veux souligner qu'il y a un véritable paradoxe entre l'usage des mathématiques et les stratégies d'investissement en actions. Ce paradoxe est le suivant : l'arithmétique est supposée produire des résultats précis et certains, alors qu'en matière boursière, plus les formulations mathématiques sont sophistiquées et obscures, plus les conclusions sont incertaines et spéculatives. En 44 années d'observation et d'expérience à *Wall Street,* je n'ai jamais vu d'estimations financières sérieuses sur la valeur d'une action ou sur l'intérêt d'une stratégie d'investissement, qui n'utilise autre chose que de l'arithmétique ou de l'algèbre élémentaires[32]. Chaque fois que l'on fait appel à des calculs ou à de l'algèbre complexes, il s'agit d'un indice pour montrer que son auteur tente de substituer une théorie à l'expérience et de donner à une opération spéculative l'apparence trompeuse d'un investissement.

Les vieux préceptes de l'investissement peuvent sembler bien naïfs à l'analyste financier moderne. L'accent était par le passé mis sur ce que l'on appelle aujourd'hui les aspects défensifs d'un titre comme, par exemple, la pérennité des dividendes en périodes difficiles. C'est ainsi qu'il y a 50 ans, les compagnies de chemin de fer en bonne santé étaient considérées de la même façon que les sociétés de production et de distribution d'électricité aujourd'hui. La seule exigence des investisseurs était d'avoir des performances historiques stables, elle n'était pas de faire des prévisions pour savoir si cela allait changer. De belles perspectives bénéficiaires étaient appréciées, mais les investisseurs n'étaient pas prêts à les payer.

Cela signifie que l'investisseur ne voulait pas payer le futur. Il l'obtenait sans réellement le payer, en compensation de sa perspicacité et de son choix. Autrement dit, les actions ayant les mêmes caractéristiques financières, les mêmes performances et le même historique de dividendes, servaient le même rendement en dividendes.

C'était là, une vision restrictive, mais qui faisait de l'investissement en actions, une activité simple, saine et très rémunératrice. Laissez-moi ouvrir une dernière parenthèse personnelle. Je me souviens que dans les années 1920, la société pour laquelle je travaillais avait distribué à ses clients une série de brochures dont le titre

---

[31] NDT : Ce paradoxe s'interroge sur la raison pour laquelle un joueur qui a une espérance de gain infinie, refuse de jouer. La réponse proposée est que c'est en raison de son aversion au risque et de sa mauvaise évaluation des probabilités en situation complexe.

[32] NDT : Graham fait référence à l'usage des multiples du bénéfice (PER).

était : *Leçons pour Investisseurs*. Il fallait bien sûr toute l'arrogance d'un jeune analyste de moins de trente ans, comme moi, pour trouver un titre aussi prétentieux. Il n'empêche que dans l'un des numéros, j'émis l'affirmation suivante : « *Si une action ordinaire est un bon véhicule d'investissement, c'est aussi un bon moyen de spéculer* ». Mon raisonnement était le suivant : si une action est si sûre que le risque de perte est faible, il faut la sélectionner pour avoir de très bonnes chances de gains. Si ma démonstration était exacte et intéressante, c'était tout simplement parce que jamais personne n'y avait songé. Quand, quelques années plus tard le grand public s'est convaincu de l'intérêt d'investir en actions, cet intérêt a fini par disparaître, car l'enthousiasme du public a fait monter les cours, effaçant la *marge de sécurité*, pour en faire des valeurs risquées. Puis, comme toujours, le balancier a oscillé dans l'autre sens et nous avons vu les autorités les plus respectables déclarer (en 1931[33]) qu'aucune action ne pourrait mériter un jour d'être qualifiée de bon investissement.

Quand nous mettons en perspective cette longue expérience, nous retrouvons d'autres paradoxes dans la modification des objectifs des investisseurs, qui sont passés de la recherche d'un revenu régulier (dividende) à la recherche d'une plus-value. C'est même un truisme de dire qu'autrefois l'investisseur était peu concerné par les plus-values. Il recherchait la sécurité et les dividendes, laissant aux spéculateurs le soin de s'intéresser aux plus-values. Aujourd'hui, nous dirions que plus l'investisseur est avisé et expérimenté, moins il s'intéresse au rendement pour porter plus d'attention aux plus-values à long terme. Peut-être, est-ce parce que l'investisseur d'antan ne s'intéressait pas aux plus-values, qu'il était sûr de les obtenir, au moins avec des sociétés industrielles. Et, à l'inverse, c'est parce que l'investisseur actuel est si concerné par les perspectives à venir, qu'il les paye trop cher. Pour autant, ce qu'il a anticipé peut très bien se produire sans qu'il en tire les profits attendus. S'il échoue, il peut faire, temporairement ou durablement, face à de lourdes pertes.

Quelles *leçons* – pour reprendre le titre prétentieux de ma brochure – l'analyste de 1958 peut-il tirer de cette évolution des comportements ? Pas grand-chose, serions-nous enclins de répondre ! Nous pouvons regarder le passé avec nostalgie, quand nous achetions le présent et nous obtenions le futur pour rien – un monde idéal. En hochant la tête avec tristesse, nous pouvons affirmer que « *ces jours bénis ont à jamais disparu* ». Investisseurs et analystes, n'ont-ils pas tiré de l'arbre du savoir tout ce que l'avenir nous promettait de bon et de mauvais ? Ce faisant, ne se sont-ils pas éloignés de cet Eden où l'on pouvait dénicher à des prix raisonnables, des valeurs pleines de promesses ? Ne sommes-nous donc pas condamnés à prendre le risque de payer un prix déraisonnable pour un titre et des perspectives de bonne qualité ou l'inverse en payant un prix raisonnable ?

Il semblerait bien que oui. Pourtant, nous ne pouvons pas en être sûr. Il y a peu, je me suis lancé dans une analyse historique sur 59 ans, des résultats et des dividendes de *General Electric*, publiés dans son rapport annuel de 1957. Ces chiffres révélaient de belles surprises, même pour un analyste expérimenté. Ils montrent qu'avant 1947, le taux de croissance de *General Electric* était plutôt modeste et irrégulier. Les résultats ajustés de 1946 n'étaient que de 30% supérieurs à ceux de 1902 (52 cents contre

---

[33] NDT : Au plus bas de la bourse, après le déclenchement de la crise financière de 1929.

40 cents par action) et pas une seule fois pendant la période, les bénéfices ont doublé par rapport à ceux de 1902. Pourtant, le PER est passé de 9 en 1910 et 1916, à 29 en 1936 et 1946. Nous pouvons bien sûr imaginer que le PER de 1946 reflétait le savoir-faire des investisseurs de l'époque. En tant qu'analystes, étions-nous capables d'anticiper la décennie de croissance à venir ? Peut-être. Certains se rappellent sans doute que l'année suivante, en 1947, le titre établit un nouveau record en termes de bénéfice par action, mais aussi en termes de baisse de son PER. À ses plus bas de 1947 à 32$ (avant division de 3 pour 2), *General Electric* s'échangeait à un PER de 9 et son cours moyen était à un PER de 10. En un an seulement, notre boule de cristal est devenue inutilisable.

Ce retournement étonnant s'est passé il y a tout juste 11 ans. Et cela jette quelques doutes dans mon esprit, quant au fait de croire que seules les sociétés prometteuses et réputées se traitent désormais à des PER élevés. C'est une observation que les investisseurs feraient mieux d'accepter et d'apprécier à sa juste valeur. Je ne veux pas être dogmatique sur ce point. Tout ce que je peux dire, c'est que ce n'est pas clair pour moi et que c'est à chacun d'en juger par lui-même.

Malgré tout, je pense enfin pouvoir apporter dans cette conclusion un élément clair sur la façon dont l'investisseur évalue les critères d'investissement et de spéculation. Autrefois, qualifier une action ordinaire d'investissement sans risques tenait à la notation de crédit de l'entreprise. Par conséquent, plus le rendement exigé sur ses obligations ou ses actions de préférence était faible, plus l'action ordinaire satisfaisait aux critères d'investissement et moins l'achat avait un caractère spéculatif. Cette relation entre le caractère spéculatif de l'action ordinaire et la qualité de crédit de la société pouvant être illustré graphiquement par une droite descendante de gauche à droite. Mais, aujourd'hui nous décririons ce graphe comme une courbe en forme de U. Sur la gauche du graphe, c'est le point où la société est très spéculative, avec une mauvaise notation de crédit, l'action est spéculative, comme par le passé. À l'extrémité droite, l'action est aussi spéculative, c'est le point où la société jouit de la meilleure notation de crédit, car ses performances historiques et ses perspectives à venir sont excellentes. Nous observons qu'aujourd'hui le marché tend à ajouter un élément spéculatif dans un cours si élevé, qu'il en fait un achat risqué.

Je ne peux m'empêcher ici de vous livrer une citation tout à fait adéquate, même si elle est exagérée, que j'ai récemment trouvée dans un sonnet de Shakespeare :

N'ai-je pas vu les fermiers s'épuiser à payer une rente trop élevée ?

Pour en revenir à mon graphique imaginaire, c'est dans sa partie centrale du U, que le caractère spéculatif de l'achat d'actions ordinaires est le moins fort. C'est là que nous trouvons de nombreuses entreprises de qualité, ayant pignon sur rue et dont la croissance historique et les perspectives futures sont celles de l'économie, pas plus. Ces titres peuvent être acquis à des prix modérés par rapport à leur valeur intrinsèque, à tout moment, excepté dans la phase d'essoufflement des marchés haussiers. De fait, à cause du travers que développent investisseurs et spéculateurs, qui consiste à favoriser les titres à la mode, je me hasarderais à dire que ces valeurs moyennes se vendent en général au-dessous de leur valeur intrinsèque. Elles offrent une *marge de sécurité* supplémentaire en raison des préférences du marché, qui réduisent la *marge de sécurité* des entreprises les plus prometteuses. D'autant que, dans ce vaste univers de sociétés moyennes, il est aujourd'hui plus facile d'analyser les données historiques et de sélectionner les titres en fonction de leurs perspectives. Enfin, ajoutons que la diversification permet de gagner en sécurité.

Lorsque Phaéthon insistait pour conduire le char du Soleil, son père, en homme d'expérience, donna quelques conseils au néophyte, que ce dernier, pour son malheur, s'empressa d'oublier. Ovide résuma à Phaéthon les conseils d'Apollon par ces trois mots

Medius tutissimus ibis
(Au milieu tu seras en sécurité)

J'ai la conviction que ce conseil vaut pour les investisseurs et leurs conseillers.

5. ÉTUDE DE CAS : AETNA MAINTENANCE CO

La première partie de cette histoire est tirée de notre édition de 1965, où elle est apparue sous le titre : *Un terrible exemple*. La deuxième partie résume bien la métamorphose de l'entreprise.

Nous pensons que décrire un mauvais exemple d'investissement peut avoir un effet salutaire dans l'attitude de nos lecteurs face aux prochaines introductions en bourse. L'exemple est tiré de la première page du *Standard & Poor's Stock Guide*. C'est une illustration poussée à l'extrême des failles des introductions placées entre 1960 et 1962, mais aussi des surévaluations extravagantes du marché et de l'effondrement qui a suivi.

En novembre 1961, 154.000 actions ordinaires de la société *Aetna Maintenance Co* ont été introduites à un cours de 9$; le cours s'est rapidement apprécié pour atteindre 15$. Avant augmentation de capital, la valeur comptable nette s'élevait à 1,20$ par titre et à 3$ après augmentation de capital. Les performances de l'entreprise avant l'introduction étaient les suivantes :

TABLEAU 73 : CHIFFRE D'AFFAIRES ET RÉSULTAT DE AETNA MAINTENANCE CO.

Année se terminant	Chiffre d'affaires	Résultat net	Bénéfice net par action
Juin 1961	3.615.000$	187.000$	0,69$
Juin 1960*	(1.527.000)$	(25.000)$	(0,09)$
Décembre 1959	2.2215.000$	48.000$	0,17$
Décembre 1958	1.389.000$	16.000$	0,06$
Décembre 1957	1.083.000$	21.000$	0,07$
Décembre 1956	1.003.000$	2.000$	0,01$
Après augmentation de capital			
Juin 1963	4.681.000$	42.000$	0,11$
Juin 19602	4.234.000$	149.000$	0,36$

*Pour 6 mois

En 1962, le cours est tombé à 2,66$ et, en 1964, le titre s'est vendu à un plus bas de 0,88$. Aucun dividende n'a été payé durant cette période.

Commentaires :

C'était une trop petite entreprise pour faire appel à l'épargne publique. Les titres se sont négociés sur la base d'une *seule bonne année* et de mauvais résultats pour les années précédentes. Rien ne permettait d'envisager des résultats constants dans cet environnement extrêmement compétitif. À son plus haut, très vite atteint après l'introduction, les actionnaires insouciants payaient plus cher chaque dollar de bénéfices ou d'actifs, que pour n'importe qu'elle autre entreprise plus grande et plus solide. Cet exemple est bien entendu extrême, mais il est loin d'être unique, car les actions surévaluées après introduction sont légions. Même si c'est moins flagrant, c'est tout aussi inexcusable.

Suite et fin de l'histoire (1965-1970) :

En 1965, l'entreprise changea d'activité. Les activités peu rentables de maintenance immobilière furent cédées et la société se lança dans une activité tout à fait différente : la fabrication d'appareils électroniques. Elle en profita pour transformer son nom en *Haydon Switch and Instrument Co.* Les résultats ne furent pas impressionnants. De 1965 à 1969, l'entreprise dégagea des bénéfices moyens de 8 cents par (ancienne) action, avec un record à 34 cents en 1967. L'entreprise succomba à la mode de la division de son titre en exécutant une division par 2 du nominal de l'action en 1968. Le cours du titre suivit les vicissitudes de *Wall Street.* Il passa de 0,88$ en 1964 à un équivalent de 16,52$ en 1968 (après division). À ce stade, le cours de l'action dépassait ses plus hauts de 1961 ; un cours encore plus surévalué. Le PER du titre s'élevait maintenant à 52 (calculé sur les bénéfices de sa seule bonne année) et à 200 (calculé sur les bénéfices moyens). Cette fois encore, l'entreprise était sur le point d'enregistrer un déficit l'année même où l'action avait établi son nouveau plus haut historique. En 1969, le cours s'effondra à 1$.

Questions :

Les sots, qui ont acheté le titre à plus de 8$, connaissaient-ils les antécédents de cette société ? Connaissaient-ils ses performances sur les cinq dernières années ? Connaissaient-ils sa valeur comptable nette par action (un chiffre dérisoire) ? Savaient-ils quelle serait la performance de leur placement ? Qui étaient les individus responsables de cette spéculation, une spéculation débridée menant tout droit à la catastrophe ?

6. IMPACT FISCAL DE L'ACQUISITION DES ACTIONS SHARON STELLE PAR NVF

1. *NVF* a acquis 88% des actions *Sharon* en 1989, en émettant pour chaque action achetée, 70$ d'obligations *NVF* à 5%, échéance 1994, plus une option d'achat d'une action et demie *NVF* à un prix d'exercice de 22$ par action. Les obligations ont, semble-t-il, été émises à 43% du pair et la prime de l'option s'élevait à 10$ par action *NVF*. Ce qui voulait dire que les actionnaires de *Sharon* ont seulement obtenu 30$[34] en obligations et 15$[35] en option pour chaque action apportée, soit 45$ par action. (Ce qui représentait le cours moyen de l'action *Sharon* en 1968 et le cours de clôture cette année-là.) La valeur comptable de *Sharon* s'élevait à 60$ par action. La différence entre la valeur comptable des capitaux propres et la capitalisation boursière atteignait 21 millions de dollars pour 1.415.000 actions *Sharon*[36].

2. Le traitement comptable retenu avait trois objectifs : (a) Traiter l'émission des obligations comme une souscription à un cours de 43$, permettant à l'entreprise de faire apparaître une charge financière correspondant au rabais de 54 millions de dollars sur l'émission obligataire. (En fait la société allait afficher une charge financière à un taux de 15% sur le produit des 99 millions de dollars de l'émission obligataire.) (b) Équilibrer cette décote sur le pair par un *gain* du même montant avec un crédit sur les revenus d'un dixième de la différence entre le prix d'achat de 45$ déboursé par action *Sharon* et les 60$ de valeur comptable des capitaux propres. (C'est le contraire de la pratique consistant à comptabiliser chaque année en produits la partie du prix payé pour l'acquisition en excès de la valeur comptable des capitaux propres.) (c) La beauté de ce montage, c'est que la société pouvait ainsi économiser autour de 900.000$ par an, soit 1$ par action, en impôts grâce à ce double enregistrement comptable, car l'amortissement de la décote était déductible de l'assiette fiscale.

3. Ce traitement comptable est reflété à la fois sur le compte de résultat consolidé et au bilan de *NVF* pour 1969 et sur les comptes proforma pour 1968. Comme une grosse partie du coût d'achat des actions *Sharon* devait être traité comme ayant été payé par l'exercice des options, il était donc indispensable de faire apparaître la prime des options comme faisant partie de la valeur des actions ordinaires. C'est pour cette raison que les options étaient portées au bilan à hauteur de 22 millions de dollars.

---

[34] NDT : Soit 70$ d'obligations x 43%.
[35] NDT : Soit 10$ de prime x 1,5 (taux de conversion).
[36] NDT : Soit (60$ - 45$) x 1.415.000 actions.

7. INVESTIR DANS DES VALEURS TECHNOLOGIQUES

Dans le guide des sociétés *Standard & Poor's*, nous avons trouvé en juin 1971, plus de 200 entreprises dont les noms commençaient par *Compu-*, *Data-*, *Electro-*, *Scien-*, *Techno-*. Une bonne moitié de ces dernières faisaient partie du secteur de l'informatique. Toutes étaient cotées en bourse ou sur le point de l'être.

Au total, 46 entreprises apparaissaient pour la première fois dans le guide des sociétés cotées *Standard & Poor's* en septembre 1971. Parmi celles-ci, 26 avaient enregistré des pertes, 6 seulement gagnaient plus d'un dollar par action et 5 versaient des dividendes.

En décembre 1968, dans le même guide, nous avions 45 sociétés portant des noms à consonnance technologique. En reprenant le guide en septembre 1971, nous avons pu synthétiser, ci-dessous, leur parcours boursier.

Nombre de sociétés technologiques étudiées	Nombre de sociétés dont le cours a été en hausse	Nombre de baisses de moins de la moitié du cours	Nombre de baisses de plus de la moitié du cours	Nombre de sociétés radiées de la cote
45	2	8	23	12

Commentaire :

Il est pratiquement certain que les sociétés technologiques que nous n'avons pas retrouvées dans le guide de 1968 ont eu des performances moins bonnes que celles qui y apparaissaient. De même, les 12 titres qui ont disparu entre 1968 et 1971 ont dû faire moins bien que les autres. Les résultats navrants enregistrés par notre échantillon sont sans aucun doute une bonne indication de la performance historique de ces valeurs technologiques. Le succès phénoménal de la compagnie *IBM* et d'une poignée d'autres valeurs ne pouvait qu'encourager une nouvelle vague d'introductions en bourse dans ce secteur, augurant des pertes quasiment assurées.

8. REMERCIEMENTS DE JASON ZWEIG

Mes remerciements les plus sincères vont vers tous ceux qui m'ont aidé à mettre à jour le travail de Graham, parmi lesquels je désire citer : Edwin Tan de *HarperCollins*, dont la vision et l'énergie débordante ont permis à ce projet d'éclore ; Robert Safian, Denise Martin et Eric Gelman du magazine *Money*, qui ont contribué à cet objectif grâce à leur soutien enthousiaste, patient et inconditionnel ; mon agent littéraire, John W. Wright qui est sans égal ; à Tara Kalwarski de *Money* qui n'a pas ménagé ses efforts. Un grand merci pour leurs superbes idées et leurs écrits passionnants à Théodore Aronson, Kevin Johnson, Martha Ortiz et le staff de chez *Aronson + Johnson + Ortiz*, L.P. ; à Peter L. Bernstein, président de *Peter L. Bernstein, Inc.* ; à William Bernstein de chez *Efficient Frontier Advisors* ; à John C. Bogle, fondateur du *Vanguard Group* ; à Charles D. Ellis, gérant fondateur de *Greenwich Associates* ; et à Laurence B. Siegel, directeur de la recherche sur la politique d'investissement à la *Ford Foundation*. Je remercie également Warren Buffett ; Nina Munk ; l'action infatigable de l'équipe du *Time, Inc. Business Information Research Center* ; Martin Fridson, président directeur général de *FridsonVision LLC* ; Howard Schilit, président, *Center for Financial Research & Analysis* ; Robert N. Veres, éditeur et rédacteur en chef de *Inside Information* ; Daniel J. Fuss de chez *Loomis Sayles & Co.* ; F. Barry Nelson de *Advent Capital Management* ; les employés du *Museum of American Financial History* ; Brian Mattes et Gus Sauter du *Vanguard Group* ; James Seidel de *RIA Thomson* ; Camilla Altamura et Sean McLaughlin de *Lipper, Inc.* ; Alexa Auerbach de *Ibbotson Associates* ; Annette Larson de *Morningstar ;* Jason Bram de la *Federal Reserve Bank de New York* et un gérant de fonds qui désire rester anonyme. Par-dessus tout, je remercie ma femme et mes filles, qui m'ont accompagné durant ces mois de travail. Sans leur amour indéfectible et leur patience, rien n'aurait pu être possible.

9. BIOGRAPHIE DE LA VIE DE BENJAMIN GRAHAM

Note du traducteur : Ce tableau chronologique des événements de la vie de Benjamin Graham est tiré de son autobiographie[37].

1894	Né le 9 mai à Londres sous le patronyme de Grossbaum.
1895	Déménage à New York.
1900	Entre à l'école élémentaire à l'âge de six ans et demi.
1901	Voyage en Angleterre. Mort de la Reine Victoria.
1903	Habite au 244 de la 116ème rue à New York. Entre au lycée. Livre des journaux pour *The Saturday Evening Post.* Suit son père dans diverses villégiatures où ce dernier vend des antiquités aux enchères. Mort de son père à l'âge de 35 ans.
1906	Entre au lycée *Townsend Harris Hall.* Étudie le français sous la houlette de Constance Fleischmann.
1907	Krach boursier. Chute du cours de la société *US Steel.* Sa mère perd toute son épargne. Change d'école.
1910	Obtient son diplôme de fin d'études. Travaille l'été dans une ferme. N'obtient pas sa Bourse d'étude pour aller à *Columbia.*
1911	Entre au *City College of New York*, mais arrête découragé. Fait de nombreux petits boulots : vendeur d'annonces classées, caissier de cinéma, ouvrier… Reçoit les excuses du doyen de l'université de *Columbia* pour l'erreur d'attribution de sa bourse. Entre à *Columbia* financé par la bourse d'étude offerte par les anciens élèves.
1912	Étudie à *Columbia*, les mathématiques, la philosophie, la littérature anglaise, le grec et la musique. Nombreux petits boulots pour vivre. Fait la connaissance de sa première petite amie : Alda Miller.
1913	À *Columbia*, travaille pour la société *US Express* sur une machine à cartes perforées fournie par la société *Calculating-Tabulating-Recording Company* (devenue *IBM*). Est promu cadre. Publie un article dans *Vogue.*
1914	Sort second de sa promotion, *Phi Beta Kappa*, de *Columbia.* Décide de faire une carrière dans la finance sur les conseils du doyen Keppel. Refuse trois offres d'emploi comme enseignant à *Columbia.* Assure le tutorat des enfants du général Leonard Wood. Enseigne l'anglais à des étrangers en cours du soir. Déménage dans un luxueux appartement à *Hunt's Point Palace.* Est invité par Carl Van Doren pour enseigner à l'école de *Brierly*, mais refuse. Entend Yvette Guilbert réciter un poème de guerre. En raison d'un sentiment antiallemand, change son patronyme Grossbaum pour Graham. Rejoins la société d'investissement *Newburger, Henderson and Loeb.* Fait l'évaluation du titre *Missouri Pacific Railroad* qui lui vaut une offre d'emploi de *J.S. Bache and Company* au poste d'analyste financier, mais *Newburger* refuse de le laisser partir.

[37] NDT : Graham Benjamin, *The Memoirs of the Dean of Wall Street*, McGraw-Hill, New York, 1996.

1915 Rencontre Hazel Mazur. Donne des cours du soir, tout en continuant de dispenser des cours aux enfants des officiers de *Governors Island*. Est chargé de lire les bandes et d'inscrire les cours de bourse dans la salle destinée aux clients de *Newburger*. Spécule sur le titre *Missouri Pacific Railroad* avant d'être interdit de bourse par *Newburger*. Réalise avec succès l'analyse de l'arbitrage des titres *Guggenheim Exploration Company*. Achète sa première voiture avec son cousin Lou. Fait don de sa collection d'ouvrages de Hebbel et de Lessing à la bibliothèque de l'université de *Columbia*.

1916 Annonce ses fiançailles avec Hazel. Hausse de son salaire qui passe à 50$ par semaine. *US Express* fait faillite. Négocie pour compte propre (*Newburger*). Joue le rôle de bookmaker pour *Newburger* dans le cadre de l'élection présidentielle.

1917 Se marie à Hazel. Son frère Leon se marie aussi. Ouvre sans succès un magasin de phonographes avec son frère, revendu à perte en 1919. Rejoint les officiers de réserve de l'armée. Investit pour le compte du professeur Tassin et perd le capital dans un minikrach. Rembourse le professeur 60$ par mois. Publie un article dans *The American Mathematical Monthly*.

1918 Sa mère emménage dans son appartement, tensions entre elle et Hazel. Travaille quelques mois comme consultant avec le frère aîné de sa mère, Maurice Gerard. Naissance de son premier fils, Isaac Newton. Écrit un article pour *The Magazine of Wall Street* expliquant comment évaluer le goodwill. Rédige plus d'une douzaine d'articles pour le magazine la même année.

1919 Termine sa formation d'officier de réserve. Réalise une étude comparative des obligations émises par les compagnies de chemin de fer. Hausse de la Bourse de *Wall Street* (marché haussier de 1919). Après une évaluation négative de l'obligation *Chicago, Milwaukee & St Paul*, rencontre son vice-président, Robert J. Marony, qui deviendra un fidèle ami et, plus tard, son associé. Réussit un beau coup sur les obligations *Pierce Oil*.

1920 Devient associé-junior chez *Newburger, Henderson and Loeb*. Effectue avec succès des transactions sur des obligations japonaises, avec son ami Junkichi Miki. Lance un bulletin d'information avec l'aide de Leo Stern. Analyse l'industrie du pneu. Accepte de placer les 20.000$ de son oncle Maurice Gerard qui souhaite prendre sa retraite et vivre de ses rentes. Est naturalisé citoyen américain. Déménage à Mt Vernon. Naissance de sa première fille, Marjorie.

1921 Recommande avec succès de faire un arbitrage entre les obligations court terme émises pour financer la Première Guerre mondiale et les obligations à long terme du Trésor. Fait mûrir l'idée d'un plan pour créer une monnaie représentative des matières premières.

1922 Maurice Gerard et toute sa famille emménage à New York pour être proche de Graham et de *Wall Street*.

1923 Quitte *Newburger* pour créer sa propre société d'investissement, la *Graham Corporation*, avec l'aide de la famille Harris. Effectue avec succès un arbitrage entre *Du Pont* et *General Motors*. Achète des actions *US Express*, en pleine liquidation.

1924 Fait un séjour de ski à Mahopac avec Hazel et ses deux enfants, Newton et Marjorie.

1925 *Graham Corporation* est dissout après le départ des Harris. Clôture le compte commun avec Benjamin V. Cohen. Naissance de sa deuxième fille, Elaine. Vacances à Deal dans le New Jersey.

1926 Crée une nouvelle structure, le fonds *Benjamin Graham Joint Account*, où sa rémunération est un pourcentage des profits. Lève 400.000$. Jerome Newman le rejoint et devient associé. Découvre la sous-évaluation de *Northern Pipeline*. Passe un autre été à Deal.

1927 Demande sans succès à l'assemblée générale des actionnaires de *Northern Pipeline* un dividende exceptionnel. Rencontre John D. Rockefeller. Son fils meurt de méningite. Commence à enseigner à *Columbia*. Fait la connaissance de Bernard Baruch et de Winston Churchill. David Dodd devient son étudiant, puis son collègue de travail. Hazel voyage en Europe.

1928 Se fait élire administrateur de *Northern Pipeline*, qui accepte de distribuer une partie de ses réserves aux actionnaires. Devient administrateur d'une société mal en point *Unexcelled Fireworks Company*. Naissance d'un fils, Newton II. Voyage en Europe. Emménage dans un très luxueux duplex à *Beresford Apartments*. Démarre un nouveau cours d'analyse financière approfondie à *Columbia* (jusqu'en 1954).

1929 Son fonds est évalué à 2½ millions de dollars. Refuse la proposition d'association de Bernard Baruch. Passe ses vacances sur son yacht. Partage l'opinion de Baruch sur l'imminence d'un krach, mais à la différence de Baruch, laisse une partie de son portefeuille investit en bourse. Son fonds perd 20% dans l'année.

1930 Plongeon de 50% de la valeur de son fonds. La pire année. Ne percevra plus de rémunération pour la gestion de son fonds pendant cinq ans. Vit de ses activités d'enseignant, d'auteur et de consultant. Avec Hazel, son couple chancelle.

1931 Baisse de 16% de la valeur de son fonds.

1932 Nouvelle baisse de 3% (70% des 2½ millions de dollars sont perdus). Dirige le comité de sauvegarde des créanciers de la société *Aeolian*. Déménage dans un appartement moins luxueux. Le *Dow Jones* est à 42. Participe à une conférence au Forum Économique. Publie dans *Forbes* un article en trois parties « *Is American Business Worth More Dead Than Alive ?* ».

1933 Valeur de son fonds estimée à 375.000$, une croissance de 50%. Publie un article pour le Forum Économique. Écrit deux pièces de théâtre (*China Wedding* et *The Day of Reckoning*) qui ne seront pas produites. Devient expert financier auprès des tribunaux et le restera pendant 40 ans.

1934 Publication de la première édition de *Security Analysis* par *McGraw-Hill* (les autres éditions sortiront en 1940, 1951, 1962, 1988 et 2009). Naissance de sa troisième fille, Winifried. Sa pièce *Baby Pompadour* (initialement baptisée *True to the Marines*) est jouée le 27 décembre au théâtre *Vanderbilt* à *Broadway* et s'arrête après quatre représentations. Son fonds adopte de nouvelles méthodes comptables et propose à Graham et Newman de toucher 20% des profits. Est consulté par le gouvernement pour la préparation de la nouvelle loi financière *Securities Exchange Act.*

1935 Toutes les pertes de la Grande Dépression sont comblées. Participe à la fondation de l'association des analystes financiers (*New York Society of Security Analysts*).

1936 Évolution des statuts de son fonds qui devient *The Graham-Newman Corporation* pour des raisons fiscales. Rencontre Carol Wade lors d'une croisière.

1937 Publie *Storage and Stability* (*McGraw-Hill*) et *The Interpretation of Financial Statements*[38] avec Charles McGolrick (Harper and Row, Second Edition, 1955). Carol devient sa maîtresse. Propose à Hazel de divorcer, qui refuse. Se rend à Reno sans écouter les conseils de son avocat, pour la rencontrer et la convaincre. Hazel donne finalement son accord pour divorcer.

1938 Se marie à Carol au *Sherry Netherlands Hotel* de New York.

1940 Divorce de Carol. Publie la seconde édition de *Security Analysis.* Célibataire esseulé, se met à la pratique du patin à roulettes et suit les matches de baseball des Brooklyn Dodgers. Démarre une relation avec sa secrétaire Estelle Messing, qui deviendra sa femme.

1941 Fait une présentation intitulée *A Program for Stabilizing the Purchasing Power of the Dollar* (Plan de stabilisation du pouvoir d'achat du dollar) lors du congrès de l'association américaine de statistiques.

1942 Propose la mise en place d'un comité d'agrément à la *New York Society of Security Analysts.*

1943 A un dernier contact avec Carol Wade. Naissance de sa première petite-fille, Cathy Janis, fille de sa propre fille Marjorie (il en aura dix autres).

1944 Meurtre de sa mère victime d'un braquage en pleine rue. Se marrie pour la troisième fois à Estelle Messing. Publie *World Commodities and World Currency* (*McGraw-Hill*).

1945 Rencontre John D. Rockefeller pour la troisième fois à l'occasion du banquet de la Chambre de commerce de New York. Défend la loi pour le plein-emploi face à un public hostile. Naissance de son petit-fils, Benjamin Jr. Commence à écrire des articles pour *The Analysts Journal* (qui deviendra plus tard *The Financial Analysts Journal*), sous le pseudonyme « *Cogitator* » et plus tard sous son propre nom.

1946 Fait une communication lors du congrès *Institute for Social Progress* (Wellesley, Massachusetts) sur *Our Economic Future, Its Direction and Control.* Participe à un débat sur l'intérêt d'acheter des sociétés en difficulté avec Floyd Odlum (président de *Atlas Corporation*, ami de Howard Hugues et mari de Jacqueline Cochran).

---

[38] Graham B., Meredith S., Coutton D. (traduction), *L'interprétation des états financiers*, Valor Éditions, 2003.

1947 Rencontre Dwight D. Eisenhower. Communique lors de la première conférence annuelle de la *Financial Analysts Federation* (qui deviendra *Institute of Chartered Financial Analysts*) préconisant de mettre en place une certification professionnelle et des standards pour l'exercice de la profession.

1948 Prend une participation majoritaire dans *GEICO* avant de l'introduire en bourse.

1949 Écrit et publie *The Intelligent Investor*[39]. Crée une nouvelle structure *Graham-Newman Partnership.*

1950 Devient administrateur du groupe *P&R Company*, propriétaire de diverses compagnies minières et de chemins de fer.

1951 Préside l'association des aveugles juifs (jusqu'à 1953). Enseigne la finance à la *Columbia Graduate School of Business.* Publie la troisième édition de *Security Analysis.*

1952 Fait une communication au congrès de l'association des analystes financiers (*Institute of Chartered Financial Analysts*) sur l'analyse financière dans les sciences de gestion (*Toward a Science of Security Analysis*).

1953 Écrit un livre *Stock Dividends* pour le magazine *Barron's.*

1954 Embauche Warren Buffett. Valeur du fonds *Graham-Newman* estimée à 6 millions de dollars. Séjourne en France pour récupérer les affaires personnelles de son second fils, Newton II, vétéran de la guerre de Corée, qui s'est suicidé. Commence à correspondre avec Malou, avec laquelle il tombe amoureux. Au fil des années, ils passeront de plus en plus de temps ensemble.

1955 Explique devant un comité de sénateurs américains, présidé par James Fulbright, les raisons de son succès financier. Sa deuxième fille, Elaine, obtient son doctorat en psychologie à l'université de Yale.

1956 Dissolution des deux sociétés, *Graham-Newman Corporation* et *Graham-Newman Partnership* avant de prendre sa retraite à *Berverly-Hills* avec Estelle et Benjamin Jr. Habite au 611 North Maple en face de la maison de sa cousine Rhoda Gerard Sarnat et de son mari le Dr Bernard Sarnat. Devient professeur honoraire à la *Graduate School of Business of UCLA* où il enseignera à titre gracieux pendant quinze ans.

1957 Commence à rédiger une autobiographie.

1958 Est auditionné devant des comités de parlementaires sur la politique de dividende, les appels de marge et l'imposition des plus-values (qu'il soutient). Arrête le tennis.

1960 Visite Londres et sa maison natale.

1962 Ses efforts pour professionnaliser l'analyse financière donnent lieu à la création de la *Financial Analysts Federation*, renommée par la suite *Association for Investment Management and Research,* puis *CFA Institute.* Publication de la quatrième édition de *Security Analysis.*

---

[39] NDT : Graham B., Coutton D. (traduction), *L'investisseur intelligent*, Valor Éditions, 2018.

1963 Fait réaliser son portrait par un peintre hollandais, Jan Hoowig, financé par Buffett et d'autres anciens étudiants, le tableau a été donné à la *Financial Analysts Federation.*

1964 Sa fille Marjorie publie un livre *A Two-Year-Old Goes to Nursery School: A Case Study of Separation Reactions* (Tavistock Press).

1965 Démissionne de son siège d'administrateur chez *GEICO.*

1966 Déménage à La Jolla (7811 Eads Avenue) avec Malou pour y passer une partie de l'année et consacrer le reste à séjourner à Aix-en-Provence (France), dans la maison de Malou et à Funchal (Madère – Portugal).

1967 Publie la traduction d'une nouvelle de Mario Benedetti, *The Truce* (Harper and Row).

1968 Warren Buffett et d'autres anciens étudiants font un pèlerinage pour le rencontrer et avoir son avis sur le marché et le rencontrent à l'hôtel *Del Coronado.* Correspond avec l'auteur de *The Money Game*, écrivant sous le pseudonyme Adam Smith.

1970 Fait un voyage en Australie.

1971 Jerry Newman se retire du conseil d'administration de *GEICO.*

1974 Fête ses 80 ans, fait un discours et se fait offrir, par son frère Victor, un recueil de ses poèmes imprimés. Donne une conférence à *Institute of Chartered Financial Analysts*, incitant les analystes à acheter les actions, qui sont sacrifiées (le Dow est à 600). Des extraits sont publiés dans *Barron's* le 23 septembre 1974.

1975 Reçoit une récompense (*Molodovsky Award*), la plus haute distinction de la *Financial Analysts Federation.*

1976 Avec James Buchanan Rea fonde le fonds *Graham-Rea.* Meurt le 21 septembre à Aix-en-Provence. Malou, Marjorie et Elaine organisent sa crémation et Marjorie ramène ses cendres aux États-Unis. Les cendres sont entreposées dans le tombeau de famille au cimetière de la synagogue de Hastings-on-Hudson (*Stephen Wise Free Synagogue Westchester Hills*). Une célébration est organisée à l'université de *Columbia. GEICO* est au bord de la faillite et Buffett rachète les titres.

1977 Mort de sa première épouse Hazel.

1979 Décès de sa sœur Winifred Graham Downsbrough.

1981 Mort de sa troisième femme Estelle Messing Graham.

1982 *Rea-Graham* devient un fonds commun de placement.

1984 Dodd est distingué par le titre de docteur *honoris causa.*

1986 Warren Buffett prononce son célèbre discours, *The Super-investors of Graham and Doddsville* (cf. Annexe 1 p. 422).

1987 Décès de David Dodd.

1988 Benjamin Graham rejoint le *US Business Hall of Fame* à Atlanta où se trouvent : Stephen Betchel, Andrew Carnegie, Walter Chrysler, Walt Disney, Pierre Du Pont, George Eastman, Thomas Edison, Henry Ford, A.P. Gianni, Conrad Hilton, Henry Kaiser, Henry Luce, Andrew Mellon, J. Pierpont Morgan, Adolph Ochs, William Paley, J.C. Penney, John D. Rockefeller, David Sarnoff, Alfred Sloan, sans oublier Benjamin Franklin et George Washington. La récompense a été reçue pour la famille Graham par

Benjamin Jr. Robert Heilbrunn a créé une chaire de Gestion d'actifs et de finance à la *Columbia Business School* pour devenir « la pierre angulaire du *Graham and Dodd Research Institute* ».

10. DÉFINITION DES TERMES UTILISÉS PAR B. GRAHAM

Note du traducteur : Dans son ouvrage de vulgarisation de l'analyse financière[40]*, Benjamin Graham consacre un chapitre complet à définir les termes et les concepts utilisés. Ces définitions sont entièrement reproduites ci-dessous.*

Actif à déprécier (*Wasting assets*) : Actifs corporels sujets à dépréciation dans le cadre normal de l'exploitation de l'entreprise (ex. : métaux, pétrole, bois).

Actif circulant (*Current assets* ou *Floating assets*) : Actifs liquides ou qui peuvent rapidement être convertis en liquidité dans le cadre de l'activité normale de l'entreprise. L'actif circulant comprend la trésorerie, les créances clients et les stocks. (Des stocks qui ne tournent pas rapidement devraient être exclus des actifs circulants, mais ce n'est pas une règle.)

Actif circulant liquide (*Quick assets*) : (a) Parfois utilisé pour évoquer l'actif circulant, mais plus souvent (b) représente l'actif circulant diminué des stocks.

Actif circulant net ou fonds de roulement (*Net current assets* ou *Working capital*) : Actif circulant net de l'endettement à court terme ou actif circulant diminué du passif circulant et des dettes financières à long terme.

Actifs immobilisés (*Capital assets ou Fixed assets)* : Actifs durables par nature et acquis en vue d'être exploités plutôt que vendus ou transformés. Les principaux actifs immobilisés sont les terrains, constructions et équipements. Les actifs incorporels tels que les brevets, le goodwill, etc., sont également des actifs immobilisés.

Actifs incorporels (*Intangible assets*) : Actifs (immobilisés) qui sont par nature ni physiques, ni financiers. Il s'agit des brevets, marques, copyrights, concessions, *goodwill*, contrats de location. Ces actifs sont enregistrés au bilan à leur coût historique, s'il est connu, mais se voient souvent estimés à une valeur purement arbitraire.

Actifs liquides (*Liquid assets*) : Même chose que l'actif circulant, s'applique parfois aux actifs circulants hors stocks.

Actifs tangibles (*Tangible assets*) : Actifs physiques ou financiers par nature – ex. : terrains, stocks, liquidités, créances client, équipements. Voir aussi *Actifs incorporels*.

Action de préférence (*Preferred stock*) : Action qui jouit d'un dividende versé jusqu'à une certaine hauteur avant que les actions ordinaires ne puissent exercer leur droit à dividende. Voir aussi *Action de préférence à dividende prioritaire*, *Action de préférence à dividende prioritaire mais limité*.

---

[40] NDT : Graham B., Coutton D. (traduction), *L'interprétation des états financiers*, Valor Éditions, 2003.

Action de préférence à dividende prioritaire cumulé (*Cumulative preferred stock*) : Action de préférence donnant droit à un dividende à taux fixe et à la perception des dividendes acquis mais non versés les années antérieures.

Action de préférence à dividende prioritaire mais limité (*Non-cumulative preferred stock*) : Action de préférence soumise à la condition que des dividendes préférentiels soient déclarés pour que l'actionnaire ne perde pas ses droits au dividende pour la période concernée.

Actions « *A* » (*Class « A » stock*) : Nom donné à une émission d'actions pour la distinguer d'autres émissions de titres de la même société, habituellement dénommée Actions « *B* » par exemple. S'il y a des droits préférentiels, ils sont portés par les actions « *A* » mais rien n'empêche d'offrir d'autres avantages aux autres classes d'actions.

Actions à droits limités (*Restricted shares*) : Actions ordinaires d'un type particulier puisqu'elles ne peuvent revendiquer le versement d'un dividende qu'à la survenance d'un événement ; souvent un objectif de bénéfice.

Améliorations apportées aux biens loués (*Leasehold improvements*) : Coûts des améliorations des équipements et constructions loués. Généralement, de telles améliorations reviennent au propriétaire au terme du bail ; par conséquent ce coût doit être amorti sur la durée du bail.

Amortissement (*Amortization*) : Processus qui éteint progressivement une dette, une charge à payer ou une immobilisation. Autrement dit, (a) un crédit immobilier est amorti par le remboursement régulier d'une fraction du montant du prêt ; (b) une obligation à coupon zéro est amortie en déduisant chaque année du bénéfice, et jusqu'à maturité, une partie du rabais total ; (c) des immobilisations corporelles sont amorties pour dépréciation ou obsolescence.

Amortissement cumulé (*Depreciation reserve*) : Montant représentant l'amortissement total à ce jour – donc indique la durée de vie utilisée – des actifs auquel il se rapporte. Un amortissement cumulé de 200.000$ pour des actifs de 1.000.000$ ne veut pas dire que le prix de revente des actifs est de 800.000$ mais plutôt que 20% de la durée de vie des actifs sont déjà consommées.

Amortissement non utilisé (*Unexpended depreciation*) : Voir *Amortissement.*

Année fiscale (*Fiscal year*) : Période de 12 mois choisie par la société pour calculer et communiquer ses résultats. Elle coïncide habituellement avec l'année civile (qui prend fin au 31 décembre). Pour beaucoup de sociétés commerciales, l'année fiscale se termine au 31 janvier pour faciliter l'inventaire après la fin de la période la plus active de l'année alors que pour les abattoirs c'est au 31 octobre pour la même raison.

Arbitrage (*Arbitrage*) : Réalisation simultanée d'une opération d'achat et de vente de titres (ou de matières premières) avec un écart de cours permettant un profit immédiat. Cela est rendu possible par (1) la négociation d'un même titre ou d'une même matière sur deux places de marché différentes ; ou (2) l'existence de deux titres différents dont les conditions de négociations sont liées. Il s'agit par exemple : (a) de la vente simultanée à la bourse de Londres et de l'achat sur celle de New York d'un titre *US Steel* avec une différence de cours suffisante pour payer les coûts de transaction et faire un profit ; ou (b) de la vente simultanée sur un même marché d'une action et de l'achat d'une obligation ou d'une action de préférence convertible suivant un ratio connu en action de la même société, ou de « *droits* » permettant aux détenteurs après règlement d'acquérir les titres, l'écart de cours doit être suffisant pour couvrir les coûts de transaction et faire un profit.

Association d'actionnaires (*Voting trust*) : Possibilité pour les actionnaires de transmettre leurs droits de vote (pour le choix des administrateurs seulement) à un groupe d'individus réunis en association. Le certificat de propriété est enregistré au nom de l'association, l'actionnaire reçoit en échange un certificat de l'association. Ces associations ont une durée de vie de 5 ans. Elles offrent à l'actionnaire tous les droits attachés à l'action à l'exception du droit de vote.

Audit (*Audit*) : Examen des comptes financiers et des opérations d'une société ; il est réalisé sur la foi des documents comptables et entrepris pour garantir l'information ou vérifier la sincérité du bilan et du compte de résultat. Voir aussi *Rapport annuel certifié.*

Bail (*Leasehold*) : Droit d'occuper un terrain pour une durée déterminée moyennant un loyer. Pour obtenir un bail à long terme avec un loyer intéressant, un droit au bail est fréquemment payé par le bailleur au propriétaire s'il s'agit d'un nouveau bail ou au bailleur précédent si le bail change de mains. Au bilan, le poste « *bail* » ne doit prendre en compte que le droit au bail et doit être amorti sur la durée du bail.

Banque d'affaires (*House of issue*) : Établissement financier impliqué dans la préparation d'une émission et la vente de titres.

Base (*Basis*) : Dans le cas d'obligations, c'est soit le rendement à maturité à un cours donné, comme indiqué dans les tables financières, soit le cours correspondant à un rendement donné à maturité.

Bénéfice par action (*Earnings rate*) : Bénéfice par action exprimé en valeur ou (moins souvent) en pourcentage du nominal.

Bilan (*Balance sheet*) : Rapport de la situation financière d'une société à une date donnée. Il récapitule sur une colonne tous les actifs détenus et leur valeur et dans une autre colonne tous les engagements envers les créanciers et le capital des actionnaires. La somme de chaque colonne est toujours égale.

Blue chips (*Blue chip issues*) : Terme familier qui s'applique aux actions connues pour être de qualité, pour avoir des PER anormalement élevés et pour être des leaders dans leur domaine.

Bons de participation (*Participating issues*) : Obligations (c'est rare) ou actions qui permettent d'avoir un intérêt ou un dividende plus élevé en fonction (a) du montant des résultats ou (b) du montant des dividendes payés sur les actions ordinaires.

Capacité bénéficiaire (*Earning power*) : Taux de profitabilité considéré comme « *normal* » ou probable pour une société ou un titre donné. Il est fondé sur les résultats passés et sur l'hypothèse que le futur ne sera pas très différent du passé. C'est ainsi que les sociétés ayant une forte volatilité dans leurs résultats passés ou celles n'offrant pas de certitude sur leur avenir ne peuvent pas faire partie de celles qui offrent une capacité bénéficiaire fiable. Le terme est toutefois utilisé de façon approximative lorsque l'on se réfère aux résultats moyens sur une période donnée ou lorsque l'on évoque le dernier résultat connu.[41]

Capital surévalué (*Watered stock*) : Capitaux propres dont la valeur nette des actifs rattachés est largement inférieure à la valeur comptable ou nominale, car certains actifs du bilan sont fictifs ou douteux.

Capitaux permanents (*Capitalization*) : Titres émis par une société comprenant obligations, actions à dividende prioritaire et actions ordinaires. (Savoir si les obligations à court terme font partie des capitaux permanents est une question d'appréciation. Si leur échéance est inférieure à un an, on les considère habituellement comme faisant partie du passif circulant et non comme faisant partie des capitaux permanents.)

Capitaux propres (*Capital of a business*) : (a) *Stricto sensu*, valeur des différentes émissions de titres enregistrées au bilan ; (b) dans un sens plus large, valeur représentée par les émissions d'actions et les réserves, et (c) dans un sens encore plus large, ce sont les dettes à long terme ajoutées à (b).

Capitaux propres (*Equity*) : Représente les intérêts des actionnaires dans une société ; ils se mesurent en additionnant le capital et les réserves.

Certificat d'investissement (*Banker's shares*) : Nom donné à des certificats, généralement émis par des banques, où chaque titre représente une fraction des actions déposées. Ils permettent d'émettre des actions pouvant se traiter à un cours inférieur à celui des actions d'origine.

Certificat de dépôt (*Certificate of deposit*) : (a) Titre émis par un établissement financier pour attester qu'il a reçu un dépôt remboursable à une échéance donnée. Ces certificats de dépôts, aussi connus sous le nom de « *cd* », sont négociables et sont considérés comme des titres ; (b) La même chose qu'un billet de trésorerie.

Charges d'investissement ou capitalisées (*Capitalizing expenditures*) : Certaines charges peuvent être considérées par la société, soit comme des charges courantes, soit comme des investissements. Dans ce dernier cas, la dépense apparaît au bilan en tant qu'actif, d'ordinaire amorti sur plusieurs années. On peut citer pour exemple : les coûts de forage (d'un puits de pétrole) ; les charges de R&D (dans les mines et les sociétés industrielles) ; les frais d'établissement ; les charges d'émission de titres, etc.

---

[41] NDT : La capacité bénéficiaire s'apparente aux flux de trésorerie disponibles.

Charges à payer ou Produits à recevoir (*Accruals*) : Charges ou produits qui ne nécessitent pas un règlement immédiat. C'est ainsi que les intérêts d'une obligation peuvent être enregistrés dans les journaux comptables chaque mois même s'ils ne sont payés que tous les six mois. Cela concerne aussi les produits à recevoir, par exemple les intérêts à percevoir sur des titres détenus.

Charges constatées d'avance (*Deferred assets* ou *Deferred charges*) : Les actifs comptables représentent des décaissements qui seront pour certains considérés comme des charges dans les années à venir. Ils ne sont pas immédiatement enregistrés dans un compte de charges, car ils ne viendront s'appliquer aux opérations de la société que dans les années à venir. Il s'agit des charges de R&D, des dépenses publicitaires déjà réglées, des assurances et loyers. Ces charges constatées d'avance sont parfois appelées actifs prépayés.

Charges d'entretien reportées (*Deferred maintenance*) : Montant des charges d'entretien et de maintenance nécessaires pour conserver l'outil de production dans de bonnes conditions d'exploitation, mais qui n'ont pas été dépensées et qui sont différées. Le montant de cette charge n'apparaît pas dans les rapports annuels même si son existence est implicite lorsque l'on a des charges d'entretien largement plus faibles que celles des années antérieures.

Charges d'exploitation (*Revenue expenditures*) : Charges ou décaissements en vue de conserver la valeur des actifs (ex. : charges d'entretien, de réparation mais pas d'amélioration) ou de générer un chiffre d'affaires (ex. : achat de matières premières, salaires). Voir aussi *Investissements*.

Charges de maintien en conditions opérationnelles (*Idle plant expenses*) : Coût d'entretien et d'amortissement d'équipements non utilisés.

Charges fixes (*Fixed charges*) : Charges d'intérêts et autres charges régulières. Il s'agit des loyers, des dividendes garantis et des amortissements d'obligations.

Chiffre d'affaires (*Gross revenues* ou *Gross sales*) : Montant total des ventes de marchandises et de services.

Clause « *or* » (*Gold clause*) : Clause intégrée à presque toutes les émissions obligataires avant 1933 qui précise que le paiement est assuré en dollar-or du même poids et de la même qualité qu'au moment de l'émission. Aboli en 1933.

Clause de remboursement anticipé : (*Acceleration clause*) : Clause contractuelle stipulant que le nominal peut être remboursé avant la date de maturité en raison du non-paiement des intérêts ou d'un défaut. (*Callable feature*) : Clause de remboursement stipulant qu'une obligation peut être remboursée avant la date de maturité à la demande de la société émettrice et non à celle du porteur. Cette condition peut s'appliquer quels que soient le cours et le moment. Cela vaut également pour les actions de préférence.

Coefficient de capitalisation des résultats (*Earnings yield*) : Ratio Cours sur Bénéfice. Par exemple : un titre qui offre un bénéfice de 6$ et qui se négocie à 50$ offre un coefficient de capitalisation des résultats de 12%. Voir aussi *PER*.

Compte à terme (*Time deposit*) : Capitaux portant intérêt et mis en dépôt dans une banque pendant une (courte) période.

Compte de pertes et profits (*Profit & loss statement*) : Voir *Compte de résultat*.

Compte de résultat (*Income account*) : Rapport des opérations d'exploitation sur une période déterminée regroupant les recettes ou produits et les dépenses ou charges attribuées à cette période et précisant le résultat net (bénéfice ou perte) pour la période. Parfois appelé compte de pertes et profit (*Profit & Loss Statement*).

Compte équipements (*Plant account*) : Voir *Compte d'immobilisations corporelles*.

Comptes d'immobilisations corporelles (*Property account*) : Coût historique (ou parfois évaluation) des terrains, constructions et équipements acquis pour conduire l'exploitation. La valeur nette du compte représente le coût ou l'évaluation des actifs diminués des amortissements cumulés à ce jour. Le terme *Equipements* est fréquemment utilisé comme synonyme, mais parfois exclut les terrains et les biens mobiliers tels que les véhicules.

Consolidation (*Consolidation*) : Rapprochement de deux sociétés ou plus pour n'en former qu'une. Voir aussi *Fusion*.

Contrat (*Indenture*) : Document faisant office de loi, préparé lors d'une émission obligataire, qui précise les conditions de l'émission, la nature des garanties, les solutions en cas de défaut de paiement, etc.

Convention de sauvegarde (*Protective covenants*) : Clause (dans un emprunt obligataire ou une émission d'actions de préférence) qui (a) engage la société à ne pas prendre de décisions à l'encontre de l'émission de titres, ou qui (b) décrit les mesures prises en cas de problèmes. Exemple pour (a) : accord de ne pas hypothéquer les terrains dans une émission de titres. Exemple pour (b) : donner un droit de vote aux actions de préférence si les dividendes ne sont pas versés.

Convention fiscale (*Tax free covenant*) : Accord d'une société de payer les intérêts sans déduire les taxes fédérales réglementaires. Cette convention signifie que la société devra s'acquitter des impôts pour un montant de 2% du coupon.

Cours à parité (*Conversion parity* ou *Conversion level*) : Cours d'une action ordinaire le rendant équivalent à la cotation d'une émission convertible ou réciproquement. Par exemple, si une action à dividende prioritaire cotée à 90$ est convertible en trois actions ordinaires, le cours à parité de l'action ordinaire est de 30$. Si l'action ordinaire se traite à 25$, le cours à parité de l'action à dividende préférentiel sera de 75$. On parle aussi de valeur de conversion de l'action à dividende prioritaire.

Cours de conversion (*Conversion price*) : Cours d'une action ordinaire équivalent à un cours de 100 pour une obligation convertible ou à un cours de 100$ pour une action à dividende prioritaire convertible. Par exemple, si une obligation de 1000$ est convertible en 40 actions ordinaires, le cours de conversion de l'action ordinaire est de 25$ par action.

Couverture (*Hedge*) : Engagement sur la livraison future d'une matière à un prix déterminé afin d'éviter le risque d'une évolution de son prix d'achat et une fluctuation du prix de revient des marchandises vendues. Sur les marchés financiers, c'est l'achat d'un titre convertible et la vente à découvert de la même quantité d'actions ordinaires si le privilège de conversion est exercé – (ou des opérations similaires).

Crédit (*Credit*) : Voir *Débit & Crédit.*

Débit & Crédit (*Debit & Credit*) : Terme comptable pour décrire les différents types de comptes et d'enregistrements comptables. Les entrées dans la partie gauche d'un compte sont appelées débits et les comptes qui habituellement ont une balance située à gauche (comptes d'actif et comptes de charges) sont appelés comptes de débit. Le débit d'un compte se traduit au bilan par l'augmentation des postes d'actif ou la diminution des postes de passif ou par une charge au compte de résultat. Les enregistrements dans la partie droite sont les crédits. Le crédit d'un compte se traduit par la diminution d'un poste d'actif, l'augmentation d'un poste de dette, un produit ou un bénéfice.

Décote non encore amortie (*Unamortized bond discount*) : Partie du rabais sur la valeur nominale de l'obligation qui n'a pas encore été amortie.

Dépréciation (*Depreciation*) : Perte en valeur d'un compte d'actif correspondant à l'obsolescence ou à l'usure ne pouvant être compensée par son entretien normal. L'objet de cette charge d'amortissement comptable est de déduire chaque année une fraction du coût historique équitablement réparti sur la durée de vie de l'actif. (Lorsque pour une année donnée, la provision pour amortissement dépasse les montants investis, cet écart peut être appelé « *amortissement non utilisé* »).

Dépréciation cumulée (*Depletion reserve*) : Montant représentant la dépréciation totale à ce jour des actifs auxquels se rapporte la dépréciation (habituellement appliquée à des ressources minérales ou forestières). La déduction de cette dépréciation du compte d'actif correspondant indique la valeur restante de l'actif, à savoir sa valeur nette.

Dépréciation d'une ressource naturelle (*Depletion*) : Baisse de la valeur d'un actif qui se dévalorise du fait de son exploitation. Par exemple : les exploitations minières ou forestières.

Dette contractuelle (*Funded debt*) : Dette obligataire ou contrat indiquant les obligations de l'emprunteur à rembourser le montant emprunté à une date donnée et à payer intérêt à un certain taux. Les dettes contractuelles regroupent les obligations ou les billets de trésorerie, mais excluent les emprunts bancaires.

Dette intra-groupe (*Intercorporate debt*) : Dette d'une société envers une autre qui la contrôle ou qui est contrôlée par elle, ou encore entre deux sociétés contrôlées par les mêmes intérêts.

Dette junior (*Junior issue*) : Titre dont l'exigibilité des intérêts et des dividendes, ou du principal, vient après d'autres titres (dette senior). Un deuxième emprunt hypothécaire est junior par rapport au premier emprunt hypothécaire pour le même bien ; les actions ordinaires sont juniors comparées aux actions à dividende prioritaire, etc.

Dette réelle (*Effective debt*) : Dette totale d'une société incluant le principal des crédits ou autres paiements équivalents aux intérêts. La dette réelle peut être calculée en capitalisant les charges fixes à un taux approprié. Lorsque les obligations à long terme offrent un coupon anormalement élevé ou trop faible, la dette réelle peut être réévaluée et être plus haute ou plus basse que la valeur faciale.

Dette senior (*Senior issue*) : Voir *Dette junior*.

Dettes conditionnelles (*Contingent liabilities*) : Dettes inconnues par leur montant et leur date de survenance. Exemples : montant réclamé à la suite d'un procès ou à un redressement fiscal ; coût d'une garantie.

Dettes fournisseurs et financières (*Bills payable*) : Représente techniquement les engagements de l'entreprise envers une autre entreprise ou une personne pour le règlement d'une somme d'argent. En pratique, ce sont généralement des emprunts bancaires.

Dilution (*Dilution*) : Augmentation du volume d'actions ordinaires sans augmentation simultanée des actifs de la société. La plupart des titres convertibles sont protégés par une « *clause d'anti-dilution* » qui réduit le cours de conversion en cas de dilution.

Diversification (*Diversification*) : Répartition du risque par investissement des capitaux sur plusieurs valeurs. Un fonds d'investissement peut se diversifier en investissant dans plusieurs secteurs industriels ou dans plusieurs sociétés d'un même secteur (c'est moins efficace) ; ou encore dans plusieurs zones géographiques.

Dividendes payés en actions (*Stock dividends*) : Dividendes versés sous forme d'actions de ladite société. Les actions attribuées n'ont pas nécessairement les mêmes droits attachés.

Dividendes payés en certificats (*Scrip dividends*) : Dividendes versés sous la forme de titres ou de promesses écrites de payer le dividende à une date ultérieure. La date peut être fixe, fonction de certains événements ou à la discrétion des administrateurs.

Division du titre (*Split-up*) : Division du capital en un plus grand nombre de titres en réduisant leur nominal. Une division consiste à échanger une action ordinaire en circulation de 100$ contre quatre nouvelles actions de 25$ de nominal par exemple.

La procédure inverse existe aussi (*Split-down*). Dans ce cas, le capital est consolidé en un plus petit nombre d'actions.

Document de référence (*Registration statement*) : Formulaire complété par la société et la *Securities and Exchange Commission* avant l'émission de nouveaux titres ou une introduction en bourse. Le « *prospectus* » mis à disposition des acheteurs potentiels contient une partie de l'information donnée dans le Certificat d'enregistrement.

Dotations (*Valuation reserves*) : Réserves destinées (a) à indiquer une baisse de la valeur des actifs qui lui sont rattachés, ou (b) à exprimer la forte probabilité de ne pas obtenir la valeur affichée. Exemples pour (a) : dotations aux amortissements ; dotations financières (diminution de la valeur des titres détenus à leur valeur de marché). Exemple pour (b) : dotations pour risque client.

Droit de préemption ou droit de souscription (*Preemptive right*) : Droit des actionnaires d'acheter de nouvelles actions ou de nouveaux titres avant que ceux-ci ne soient vendus à d'autres acheteurs. Ces droits peuvent être accordés aux actionnaires dans le cadre des lois fédérales ou par les statuts de la société.

Droit de souscription (*Right*) : Privilège accordé à chaque titre pour l'achat prioritaire de nouveaux titres. Ce droit doit être exercé dans un court délai et permettre un achat à un cours inférieur à celui du marché. Voir aussi *Warrants*.

Droits de vote cumulés (*Cumulative voting*) : Arrangement par lequel chaque action prise isolément donne autant de droit de vote pour élire un administrateur qu'il y a d'administrateurs à élire. Cela permet à une minorité d'élire plus d'un seul administrateur. Obligatoire dans certains États (Pennsylvanie, Michigan) ou précisé dans les statuts des sociétés dans les autres États.

Effet de levier (*Leverage*) : Condition permettant des fluctuations importantes du bénéfice par action et du cours. Un changement minime du résultat d'exploitation affectera proportionnellement beaucoup plus le résultat net et le cours.

Éléments exceptionnels (*Non-recurrent items*) : Produits ou charges d'origines diverses qui n'existeront probablement pas dans les années à venir. Ces éléments ne doivent pas être pris en compte dans l'analyse qui doit uniquement se faire sur les produits et charges réguliers. Exemples de produits exceptionnels : plus-value sur la vente d'un actif immobilisé, dividendes exceptionnels d'une filiale, indemnisation versée à l'issue d'un procès, etc. Exemples de charges exceptionnelles : perte sur la vente d'un actif immobilisé, perte d'inventaire, etc.

Émissions douteuses (*« Blue sky » flotations*) : À l'origine, le terme s'appliquait aux émissions des sociétés dont les titres ne valaient rien. Baptisée ainsi car l'acheteur ne recevait que du « *vent* » (*blue sky*) en échange de son argent. Des lois fédérales interdisent désormais ces émissions.

Emprunt cautionné ou hypothèque (*Guaranteed mortgage*) : Emprunt pour l'achat d'un bien immobilier sur lequel le paiement du principal ou des intérêts (souvent les deux) est garanti par un établissement financier ou une compagnie d'assurances.

Emprunt d'État ou municipal (*Civil loans*) : Emprunt contracté par un organisme public.

Entretien (*Maintenance*) : Charges pour entretenir et réparer les équipements afin de les maintenir en état d'exploitation.

Facteur de sécurité (*Factor of safety*) : Méthode pour connaître la couverture des charges fixes (intérêts, loyers, ...) par les bénéfices. Exemple : les résultats disponibles pour payer les intérêts de la dette s'élèvent à 175.000$, les intérêts (charges financières) à 100.000$. Le facteur de sécurité est égal à (175.000 – 100.000) ÷ 100.000 = 75%. Le facteur de sécurité est égal à (Ratio de couverture des intérêts – 1) x 100%. (Ce terme est devenu obsolète.)

Facteurs qualitatifs (*Qualitative factors*) : Considérations qui ne peuvent pas être mises sous forme chiffrée – par exemple : le positionnement stratégique, les conditions de travail, les perspectives, etc.

Facteurs quantitatifs (*Quantitative factors*) : Considérations qui peuvent être mesurées par des chiffres – par exemple : le résultat net, les dividendes, la capitalisation, les statistiques de production, etc.

Faire travailler les capitaux (*Trading on the equity*) : Lorsqu'un entrepreneur emprunte pour renforcer ses capitaux, on dit qu'il « *fait travailler ses capitaux* ». L'idée sous-jacente est que les capitaux empruntés généreront plus de profits qu'il n'y aura d'intérêts à payer. Cette maxime est aussi employée pour indiquer – dans le cas extrême – que la majorité du capital est emprunté.

Filiale (*Subsidiary*) : Société contrôlée par une autre (appelée société mère) par la détention de la majorité des droits de vote.

Fonds d'investissement (*Investment trust*) : Nom donné à une entreprise qui investit son capital dans des titres en vue d'offrir à ses actionnaires une expertise financière et une diversification de leur investissement. Nom mal employé, car d'une part de nombreux fonds fonctionnent comme des sociétés et, d'autre part leur gestion se rapproche plus de la spéculation que de l'investissement.

Fonds d'investissement (*Trust funds*) : Fonds d'investissement détenus par une association ou une fondation pour le bénéfice de ses membres. Les statuts de l'association déterminent les classes de valeurs dans lesquelles l'association peut investir.

Fonds de roulement (*Working capital*) : Actif circulant net de l'endettement à court et long terme obtenu en déduisant le passif circulant de l'actif circulant.

Frais d'établissement (*Organization expenses*) : Charges pour créer une nouvelle société (composés essentiellement d'impôts et de taxes). Peut apparaître comme une charge constatée d'avance.

Frais de R&D (*Development expense*) : (a) Coût de développement d'un produit. Les jeunes entreprises traitent ces charges comme des charges constatées d'avance ; celles qui sont mieux établies les traitent comme des charges courantes. (b) Le coût d'ouverture d'une exploitation minière est dans la plupart des cas traité comme une charge constatée d'avance.

Fusion (*Merger*) : Rapprochement de sociétés où l'une des sociétés absorbe une ou plusieurs autres sociétés.

Garantie hypothécaire (*« After acquired property » clause*) : Clause d'un crédit immobilier qui place un privilège sur le bien acquis.

Garantie solidaire (*Joint and several guarantee*) : Garantie regroupant plusieurs parties qui se trouvent solidairement engagées pour la totalité des capitaux impliqués si l'une des parties fait défaut.

Goodwill (*Goodwill*) : Actif incorporel prétendant refléter l'actualisation des profits excédentaires futurs résultant d'avantages intangibles tels que la marque, la réputation, la localisation ou la proximité de voies de communication. En fait, le montant du *goodwill* porté au bilan est rarement une mesure exacte de sa valeur réelle.

Hypothèque (*General mortgage*) : Privilège octroyé sur les actifs corporels d'une société au moment de l'émission.

Hypothèque de rang 1 (*Prior lien*) : Hypothèque classée prioritairement à d'autres. Une hypothèque de rang 1 ne signifie pas qu'il s'agit du premier emprunt hypothécaire.

Hypothèque divis (*Divisional Liens*) : Terme s'appliquant habituellement aux obligations garanties par une hypothèque sur un tronçon de ligne de chemin de fer. Si le tronçon couvert par l'hypothèque est de qualité, la garantie offerte sera bonne.

Immobilisations (*Assets*) : Ressources ou terrains et droits détenus par une société. Voir aussi *Actifs immobilisés*, *Actifs circulants*, *Actifs incorporels* et *Charges constatées d'avance*.

Instruments négociables (*Negotiable instruments*) : Titre de propriété – chèque, billet de banque, coupon d'obligation, billet à ordre, traite – qui s'éteint lorsqu'il change de mains et qui ne peut pas être remis en cause une fois dans les mains du porteur si le titre a été acquis légalement. Les actions ne sont pas des instruments négociables, si elles sont volées, elles peuvent être recouvrées par leur innocent détenteur.

Intérêt minoritaire (*Minority interest*) : Dans un compte de résultat consolidé, représente la part des actionnaires minoritaires d'une filiale dans les résultats de cette filiale. Dans un bilan consolidé, représente la part des actionnaires minoritaires dans la situation nette de la filiale.

Intérêt sans risques (*Pure interest*) : Taux d'intérêt théorique d'un investissement sans risques. Le taux d'intérêt d'un investissement donné est présumé être l'addition d'une prime mesurant le risque au taux d'intérêt sans risques.

Investissement à risques (*Business man's investment*) : Investissement où l'on estime que les risques sont compensés par une augmentation de la valeur du principal ou par une plus forte rentabilité. (À notre avis, cette deuxième considération n'est en règle générale pas fondée.) Ce terme vient du fait qu'un entrepreneur est à la fois capable d'assumer un risque et de gérer intelligemment son investissement.

Investissement sans risques (*Straight investment*) : Obligation ou action de préférence, limitée en performance (taux d'intérêt ou dividende) et achetée pour son seul rapport sans prendre en considération ses perspectives de croissance.

Investissement *versus* Charges (*Expenditures versus Expenses*) : Les investissements sont des décaissements ; le plus souvent, ils n'impliquent pas de dépenses d'exploitation. Les charges sont des coûts, à savoir des charges sur l'exploitation. Elles ne réclament pas nécessairement de décaissements (ex. : amortissements).

Investissements (*Capital expenditures*) : Dépenses ou décaissements en vue d'augmenter ou de moderniser les actifs immobilisés. Voir *Charges d'exploitation.*

Liquidation judiciaire (*Receivership*) : Mise en place d'un syndic nommé par le tribunal pour diriger la société compte tenu de son incapacité à remplir ses obligations.

Liquidité (*Marketability*) : Facilité avec laquelle un titre peut être acheté et vendu. Une bonne liquidité exige une relation étroite entre les cours offerts et les cours demandés pour permettre un achat ou une vente immédiate dans un volume suffisamment important.

Location de matériel (*Equipment rentals*) : Loyers payés par une société de chemin de fer à une autre pour l'utilisation de son matériel roulant. Les règlements se font à la journée sur la base d'un calendrier standard. Les montants payés ou reçus apparaissent dans le compte de résultat après la ligne impôts et taxes.

Loyers partagés (*Joint facility rents*) : Dans le compte de résultat des compagnies de chemin de fer, représente les loyers payés (débits) ou reçus (crédits) pour l'utilisation conjointe d'équipements et de constructions (gares) par plusieurs compagnies.

Mandataire (*Trustee*) : Partie qui détient un titre de propriété pour le compte d'une autre. Dans une procédure de faillite, le mandataire amène les titres de propriété en vue de la liquidation au bénéfice des créanciers. Il peut également remplir des obligations qui ne sont pas attachées aux biens dont il a la garde.

Marge bénéficiaire (*Margin of profit*) : Résultat d'exploitation divisé par le chiffre d'affaires. Les dotations aux amortissements sont généralement comprises dans les charges d'exploitation alors que les impôts et taxes ainsi que les charges financières ne sont pas incluses dans le calcul du résultat d'exploitation.

Méthode de calcul des intérêts réels (*Over-all method*) : Véritable méthode de calcul de la couverture des charges financières et des dividendes. Dans le cas d'intérêts obligataires, cela revient à chercher le nombre de fois que les intérêts (charges fixes) sont couverts. Dans le cas d'actions de préférence, c'est le nombre de fois que les intérêts (charges fixes) et les dividendes prioritaires sont couverts par les bénéfices.

Méthode de calcul du principal de la dette (*Capitalizing fixed charges*) : Calcul du principal de la dette qui supporte les charges fixes en question. Méthode : diviser les charges fixes par le taux d'intérêt supposé. Par exemple : une charge fixe de 100.000$ capitalisée à 4% donne un principal de 100.000$ ÷ 0,04 = 2.500.000$.

Méthode approchée de calcul des intérêts (*Cumulative Deductions Method*) : Méthode de calcul des intérêts obligataires qui prend en compte le taux d'intérêt d'une émission antérieure de rang égal ou inférieur. Les intérêts obligataires des dettes juniors (de rang inférieur) sont ignorés avec cette méthode. Cette méthode ne doit être utilisée que comme test de vérification de la méthode de calcul des intérêts réels. Voir *Méthode de calcul des intérêts réels.*

Obligation (*Bond*) : Créance qui (a) représente une part de l'emprunt d'une société privée ou d'un organisme public, (b) porte intérêt, et (c) vient à maturité à une date donnée. Parfois, mais c'est rare, une émission obligataire ne possède pas toutes ces caractéristiques. Les obligations à court terme (de durée inférieure à cinq ans) sont souvent appelées bons de trésorerie.

Obligation à fenêtres (*Sinking funds*) : Obligation (ou action à dividende prioritaire) qui vient en partie à échéance avant la date de maturité. Le retrait peut se faire par un appel à prix fixe, par consultation ou par rachat sur le marché.

Obligation à tranches (*Serial bond*) : Émission obligataire qui vient à maturité par tranche au lieu d'arriver à maturité en une seule fois. Les tranches sont généralement espacées d'un an.

Obligation convertible (*Convertible bond*) : Obligation convertible en autres titres en fonction d'un cours ou d'un ratio préalablement défini et à la demande du détenteur des titres. Généralement, elles sont convertibles en actions ordinaires de la société, mais parfois aussi en actions de préférence ou même en obligations. Le détenteur est dans la position d'un créancier de la société avec le privilège de bénéfices accrus si l'entreprise réussit.

Obligation de premier rang (*Underlying bond*) : Obligation prioritaire en termes d'exigibilité sur d'autres obligations.

Obligation du preneur (*Leasehold obligation*) : Dette inhérente au bail de payer un loyer pendant un certain temps.

Obligation garantie (*Collateral-trust bond*) : Obligation garantie par d'autres titres (actions ou obligations) déposés chez un mandataire. La qualité de la signature de ces obligations dépend de (1) la responsabilité financière de la société émettrice et (2) de la valeur des titres mis en dépôts.

Obligation garantie sur actifs (*Equipment obligations* ou *Equipment trust certificates*) : Obligation, venant généralement à maturité par tranche ; elles sont garanties par un nantissement du matériel roulant dans le secteur des chemins de fer.

Obligation indexée (*Adjustment bond*) : Voir *Obligation participante.*

Obligation participante (*Income bond*) : Obligation dont le paiement de l'intérêt est fonction du montant du résultat net. Pour certaines obligations, une partie de l'intérêt est fixe, le reste est défini en fonction des résultats. Ces obligations sont parfois appelées obligations indexées.

Obligation standard (*Straight bond*) : Obligation dont les flux sont connus ; par exemple : (a) droit sans réserve de remboursement du principal à une date connue, (b) droit sans réserve de paiement des intérêts à des dates connues, (c) aucun autre droit sur les actifs ou les bénéfices et aucun pouvoir de contrôle des dirigeants.

Obsolescence (*Obsolescence*) : Perte de valeur d'un actif immobilisé résultant du progrès technique ou d'innovations qui rendent l'actif invendable. Mais aussi, charge comptable (faisant partie de la dotation aux amortissements) pour prendre en compte la probable perte de valeur résultant de ces causes (progrès).

Passif (*Liabilities*) : Dettes ou engagements d'une société. Dans un sens strict, ne concerne que les dettes envers des créanciers. Autrement dit, cela exclut les engagements envers les actionnaires qui sont représentés par le capital et les réserves. Au sens large, le passif comprend tous les postes de la partie droite du bilan.

Passif circulant (*Current liabilities*) : Dettes exigibles à moins d'un an.

PER (*Price-Earnings Ratio*) : Cours de l'action divisé par le bénéfice net par action. Coefficient de capitalisation des bénéfices. Exemple : l'action qui se négocie à 84$ dont le bénéfice par action s'élève à 7$ a un PER de 12 pour 1 (on dit qu'elle se vend 12 fois ses bénéfices).

Perte (*Deficit*) : Portée au bilan, la perte représente l'écart entre les actifs et la somme des capitaux propres et des dettes. Au compte de résultat, elle représente la différence entre les produits et les charges. Une « *perte d'exploitation* » signifie une perte avant déduction des charges financières.

Pouvoir (*Proxy*) : Autorisation donnée par le détenteur d'un titre à une personne physique pour la représenter et faire valoir son droit de vote lors de la nomination des administrateurs ou lors des questions soumises au vote en assemblée générale.

Prime d'émission (*Premium on capital stock*) : Écart entre le montant reçu par l'émetteur et la valeur nominale du capital social.

Prime sur nominal (*Premium on bonds*) : Écart entre le cours et le nominal ou écart entre le montant reçu par l'émetteur et la valeur faciale de l'obligation.

Privilège de conversion (*Conversion privilege*) : Voir *Titres convertibles.*

Privilège sur titre (*Privileged issue*) : Obligation ou action qui a un droit supplémentaire (droit de conversion par exemple) ou un *warrant* qui lui est attaché.

Production jaillissante (*Flush production*) : Dans l'industrie pétrolière, c'est la plus grosse production offerte par un puits dans la première partie de sa vie. Cela dure peu, cette période est ensuite suivie par une « *production nominale* » moins importante. Dans l'analyse, les revenus offerts par une « *production jaillissante* » ne doivent pas être considérés comme des revenus récurrents.

Prospectus (*Prospectus*) : Document décrivant les caractéristiques de l'émission de titres. Dans le cadre de la loi *Securities Act* de 1933, une description détaillée de l'émission doit être donnée aux acheteurs potentiels.

Provisions (*Reserves*) : Vient en déduction de la valeur des actifs enregistrés en comptabilité (a) pour réduire ou réévaluer les actifs, (b) pour indiquer l'existence d'engagements d'un certain montant, ou (c) pour affecter une partie des réserves à de futurs usages. À proprement parler, les provisions ne représentent pas un actif mais une garantie contre une baisse de la valeur des actifs.

Provisions pour charges (*Liability reserves*) : Dettes dont l'exigibilité n'est pas remise en cause mais dont le montant exact n'est pas encore déterminé.

Provisions pour risques (*Contingency reserves*) : Provisions venant en déduction des résultats ou des réserves pour indiquer une perte potentielle, sa probabilité d'avènement reste inconnue (ex. : la possible dépréciation des stocks ou des valeurs mobilières de placement). Dans la plupart des cas elle est considérée comme faisant partie des réserves, mais indique parfois une probable ou possible perte.

Pyramider (*Pyramiding*) : Sur les marchés financiers, pratique consistant à utiliser les plus-values non réalisées comme garantie pour faire d'autres achats. En finance d'entreprise, pratique consistant à mettre en place une structure capitalistique en empilant les sociétés holdings pour que seuls quelques droits de vote permettent de contrôler un groupe de sociétés.

Rabais (*Bond discount*) : Dans les états financiers, représente la différence entre le pair et le prix d'émission. Ce rabais est habituellement amorti sur la durée de l'obligation. Dans le langage populaire, représente l'écart entre le cours et le pair. Une obligation qui se « *traite avec une décote* » se vend à un cours inférieur à 100 ou inférieur au pair. À l'inverse, une obligation qui se « *traite avec une prime* » a un cours supérieur au pair.

Rapport annuel certifié (*Certified report*) : Rapport financier d'une société (bilan et compte de résultat) dont la sincérité est certifiée par un commissaire aux comptes après réalisation d'un audit indépendant. Il est toujours utile de lire le rapport d'audit annexé au rapport annuel car le contenu de l'audit peut varier d'un rapport à l'autre. En effet, un audit peut donner lieu à de nombreuses restrictions et réserves.

Rapport consolidé (*Consolidated statement*) : Rapport financier d'une société (bilan, compte de résultat), qui agrège les états comptables de la société et de ses filiales. Le rapport consolidé élimine tous les rapports intermédiaires et montre le groupe de sociétés comme si elles ne formaient qu'une seule et même entité.

Rapport des réserves (*Surplus statement*) : Relevé financier montrant l'évolution des réserves dans l'année fiscale (ou une autre période). Il indique les réserves en début de période, plus les revenus nets sur la période, moins les dividendes déclarés, plus ou moins les produits ou charges en rapport aux réserves. La dernière ligne correspond aux réserves en fin de période.

Ratio d'exploitation (*Operating ratio*) : Dans le cas d'une société de chemin de fer, c'est le ratio obtenu en divisant les revenus d'exploitation par les dépenses d'exploitation (hors impôts). Dans le cas de sociétés de service public, c'est le rapport entre les charges d'exploitation (incluant les impôts et les amortissements) et le chiffre d'affaires. Même chose pour les sociétés industrielles.

Ratio de capitalisation des bénéfices (*Earnings ratio*) : (Voir *PER*) Relation entre le résultat net et le cours du titre, où le cours est exprimé en multiple du bénéfice par action. Par exemple : un titre qui offre un bénéfice par action de 6$ et qui se négocie à 50$ offre un ratio (PER) de 8,33 (50 ÷ 6).

Ratio de couverture des dividendes (*Dividend coverage*) : Nombre de fois que le dividende est couvert par le bénéfice sur une période donnée.

Ratio de couverture des intérêts (*Interest coverage*) : Nombre de fois que les charges financières peuvent être remboursées par les bénéfices. Le ratio est calculé en divisant les charges financières totales par les bénéfices avant ou après impôts et taxes.

Recettes brutes (*Gross income*) : Parfois employé comme équivalent aux ventes brutes. Plus souvent, il s'agit d'un chiffre intermédiaire entre les ventes brutes et les revenus nets.

Règlement ou statuts (*Articles of association*) : Document identique aux statuts des sociétés fixant les conditions autorisant une société à entrer en exploitation.

Rendement (*Yield*) : Rentabilité d'un investissement exprimé en pourcentage du coût. Le rendement est obtenu en divisant le dividende (actions) ou l'intérêt (obligation) par le cours. Ce taux ignore la maturité. Le rendement à maturité (d'une obligation) prend en compte l'éventuel gain ou perte de valeur du principal à la date de paiement du principal et tous les coupons. Lorsqu'une obligation peut être rappelée avant maturité, le rendement à maturité peut être plus faible s'il y a une probabilité que l'obligation soit rappelée.

Réserves (*Surplus*) : Excédent de la situation nette ou des capitaux propres sur le capital social. Une partie de cet excédant provient des bénéfices mis en réserves (mentionnés au bilan). Une autre partie, dénommée réserves en capital, a d'autres origines (réévaluation d'actifs, vente de titres avec une prime).

Réserves en capital (*Proprietorship reserves*) : Compte qui sert à affecter une partie des capitaux propres pour qu'ils ne soient pas distribués sous forme de dividendes. Il s'agit de capitaux propres et non de dettes.

Royalties (*Royalty*) : Paiement effectué (a) pour l'utilisation d'un brevet, (b) au propriétaire de champs pétroliers pour pouvoir en extraire le pétrole ou le gaz, ou (c) à l'auteur d'un livre, d'une pièce, etc.

Saisie (*Foreclosure*) : Processus légal pour forcer le paiement d'une dette garantie par une hypothèque en saisissant les biens pour les vendre. Cela peut arriver lorsque le principal ou les intérêts de l'emprunt hypothécaire ne sont pas payés.

Saisonnalité (*Seasonal variations* ou *Fluctuations*) : Évolution des résultats en fonction de la période de l'année. L'interprétation des résultats doit en tenir compte.

Scission (*Segregation*) : Séparation de filiales ou divisions de la société holding ou de la société principale qui s'effectue par distribution d'actions de la filiale aux actionnaires de la société mère.

Situation nette (*Net worth*) : Capitaux qui reviennent aux actionnaires pour le montant donné par la comptabilité. Il comprend le capital et les réserves.

Société contrôlée (*Controlled company*) : Une société dont les décisions sont contrôlées par une autre au travers d'une participation de 51% ou plus des droits de vote.

Société holding (*Holding company*) : Société qui détient la totalité ou la majorité du capital de ses filiales. La distinction parfois faite entre une société holding et une société mère est que cette dernière est une société d'exploitation qui détient ou contrôle également d'autres sociétés d'exploitation alors que la société holding ne fait que porter et contrôler des sociétés commerciales.

Société mère (*Parent company*) : Voir société holding.

Spéculation (*Speculation*) : Transactions financières dont le risque est connu dans le but de profiter d'événements anticipés.

Statuts (*Charter*) : Certificat d'enregistrement de la société ou concession obtenue du gouvernement, légalement ce document permet à la société de démarrer son exploitation dans les limites définies par son objet social.

Stock-options (*Option warrants*) : Warrants offerts aux dirigeants.

Stocks (*Inventories*) : Actifs circulants représentant le stock de produits finis, les en-cours, les matières premières et parfois d'autres articles tels que les produits d'emballage et de conditionnement. Ils sont généralement valorisés à la plus faible des valeurs entre leur coût historique et leur valeur de marché.

Structure capitalistique ou structure financière (*Capital structure*) : Répartition des capitaux permanents en obligations, actions de préférence et actions ordinaires.

Quand les actions ordinaires représentent la totalité ou la majorité des capitaux permanents, la structure est dite « *conservatrice* » ; si les actions ordinaires ne représentent qu'un faible pourcentage du total, la structure est qualifiée de « *spéculative* ».

Switching (*Switching*) : Action de vendre un titre et de le remplacer par un autre dans le but d'en retirer un avantage.

Taux de rendement en dividende (*Dividend yield*) : Exprimé en pourcentage, ce nombre s'obtient en divisant le montant du dividende par le cours du titre. Exemple : si un titre verse un dividende de 4$ et se traite à 80$, le taux de dividende est de $4 \div 80 = 5\%$.

Tendance (*Trend*) : Changement durable dans une direction (ex. : bénéfices) et sur une période donnée. Des précautions sont à prendre dans la projection à long terme d'un historique.

Tendance structurelle (*Secular trend*) : Évolution à long terme – des prix, de la production par exemple – dans une direction donnée. À l'opposé de variations saisonnières ou conjoncturelles.

Titre de dividende (*Dividend scrip*) : (a) Certificat émis en vue du paiement des dividendes. (Voir aussi : *Dividendes payés en certificats*) (b) Émission gratuite d'actions reçues au titre de dividende. Ces actions ne possèdent habituellement pas tous les droits des actions ordinaires : dividende ou droit de vote.

Titres agréés (*Legal investments*) : Valeurs mobilières qui respectent les lois réglementant les investissements faits dans les caisses d'épargne et les établissements financiers d'un État donné. Habituellement, l'État publie chaque année une liste de titres éligibles à l'achat par les caisses d'épargne et les établissements financiers.

Titres convertibles (*Convertible issues*) : Valeurs qui peuvent être échangées contre d'autres titres en accord avec le contrat (cas des obligations), des statuts ou de la loi (cas des actions).

Titres de capital (*Equity securities*) : (a) N'importe quel type d'actions, qu'elles soient ordinaires ou de préférence. (b) De façon plus spécifique, une action ordinaire ou n'importe quel titre offrant un intérêt illimité sur les actifs et les résultats de la société (après règlement des dettes).

Titres garantis (*Guaranteed issues*) : Obligations ou actions qui sont garanties pour le principal, les intérêts, les dividendes, … par une société autre que l'émetteur. Les garanties se font par la location de terrains de la société émettrice à une autre société par exemple. La valeur de la garantie dépend de la solidité et des résultats de la société se portant garante.

Titres obligataires (*Debentures*) : Obligations émises par une société et garanties par la qualité de la signature de la société. Aucun actif de la société n'est nanti.

Valeur comptable (*Book value*) : (a) d'un actif : valeur enregistrée au bilan comptable. (b) d'une action ou d'une obligation à l'émission : valeur des actifs au moment de l'émission déduction faite des dettes. Elle est généralement donnée par action ou par obligation. Il est accepté dans la pratique d'exclure les actifs incorporels de la valeur comptable calculée, autrement dit la valeur est égale à celle des autres actifs.

Valeur connue (*Seasoned issues*) : Titre d'une société bien établie et bien connue du public depuis des années ; augmentation de capital.

Valeur d'exploitation (*Going concern value*) : Valeur d'une entreprise considérée du point de vue de son exploitation et donc fonction de sa capacité bénéficiaire plutôt que fonction de la valeur liquidative de ses actifs.

Valeur de liquidation (*Liquidating value*) : Montant restant pour payer les titres si l'entreprise arrêtait son exploitation et vendait ses actifs. La valeur est inférieure à la valeur comptable, car les actifs vendus en peu de temps sont estimés à une valeur « *à la casse* ».

Valeur des actifs (*Asset value*) : Définition identique à celle de la *Valeur comptable* (a).

Valeur des actifs circulants (*Current asset value*) : Valeur par action de l'actif circulant déduction faite des dettes.

Valeur des disponibilités (*Cash asset value*) : Valeur des actifs liquides (disponibilités et équivalents) à la suite d'une émission de titres, déduction faite de toutes les dettes antérieures. Généralement donné par unité (par action ou par obligation). Cette valeur est parfois définie sans déduire les dettes des actifs liquides. Elle devrait s'appeler « *valeur brute des actifs liquides* », c'est une donnée intéressante si tous les autres actifs dépassent les dettes en valeur.

Valeur intrinsèque (*Intrinsic value*) : « *Valeur réelle* » d'un titre par opposition au cours du titre. C'est une notion mal définie. Le bilan et le compte de résultat offrent parfois des indices pour montrer que la valeur intrinsèque est bien plus élevée ou bien plus faible que le cours du titre.

Valeur nominale réelle (*Effective par*) : Dans le cas d'actions à dividende prioritaire, la valeur nominale correspond au taux de dividende. Estimé en capitalisant le dividende en dollars à un taux approprié, 6% par exemple ; la valeur nominale réelle d'une action à dividende prioritaire de 2,40$ sera donc de 2,40 ÷ 0,06 = 40$.

Valeurs mobilières de placement (*Cash equivalents*) : Actifs détenus à la place de liquidités qui sont rapidement convertibles en liquidités. Exemples : billets de trésorerie, bons du trésor et autres titres négociables.

Vente à découvert (*Short sale*) : Vente d'un titre qui n'est pas détenu. La livraison à l'acheteur se fait en empruntant le titre à un autre détenteur qui reçoit en garantie le cours du jour de la transaction. À l'achat du titre par le vendeur à découvert, le titre est retourné au prêteur qui remet alors l'argent reçu en garantie.

Warrant non détachable (*Non-detachable warrants*) : Voir *Warrants*.

Warrants (*Warrant*) : (a) Droit d'achat d'actions, qui court généralement plus longtemps que les droits de souscription accordés aux actionnaires. Ces warrants peuvent avoir d'autres actifs sous-jacents, être émis séparément ou détachés après émission. Des warrants non détachables ne peuvent pas être négociés séparément des titres sous-jacents et ne peuvent être exercés que sur présentation des titres originaux. Certains types de warrants sont émis lors de restructurations ou offerts aux dirigeants en guise de bonus sur leur salaire. (b) Nom donné à certains types d'obligations municipales.

TABLE DES MATIÈRES

TABLEAUX

FIGURES ET GRAPHIQUES